启真馆 出品

Schopenhauer
A Biography

叔本华传

[美]

戴维·E.卡特赖特 著

何晓玲 译

ZHEJIANG UNIVERSITY PRESS
浙江大学出版社

叔本华肖像

叔本华的父亲海因利希·弗洛瑞斯·叔本华

约翰娜·叔本华与阿黛勒·叔本华

1815 年的叔本华，伍尔所作的肖像画

Die

Welt

als

Wille und Vorstellung:

vier Bücher,

nebst einem Anhange,

der die

Kritik der Kantischen Philosophie

enthält,

von

Arthur Schopenhauer.

———————

Ob nicht Natur zuletzt sich doch ergründe?
Göthe.

....

Leipzig:
F. A. Brockhaus.
1819

《作为意志与表象的世界》扉页，1819年版

《作为意志与表象的世界》手稿中的一页

IV. ORDINIS PHILOSOPHICI.

1. *Professorum ordinariorum.*

G. W. F. HEGEL, Dr. Dec.

Privatim 1. *Logicam et metaphysicam* duce libro suo (Encyclopaedie der philosophischen Wissenschaften §. 12 — 191.) quinquies p. hebd. hor. V — VI. 2. *Philosophiam religionis* dieb. Lun. Mart. Iov. et Ven. hor. IV — V. exponet.

I. BEKKER, Dr.

Demosthenis Isocratisve orationem unam et alteram critice interpretabitur.

A. BOECKH, Dr.

Privatim 1. *Historiam litteraturae Graecae* enarrabit ad Passovii librum quinquies p. hebd. d. Lun. Mart. Merc. Iov. Ven. h. XI — XII. 2. *Terentii Andriam et Eunuchum* interpretabitur, et *metra, quibus prisci Romanorum poetae scenici usi sunt*, una explicabit, quater p. hebd. d. Lun. Mart. 'ov. Ven h. III — IV. 3. *Pindari Pythia, Nemea, Isthmia* ex sua editione minore interpretabitur quater p. hebd. d. Lun. Mart. Iov. Vener. h. X — XI.

P. ERMAN, Dr.

Privatim 1. de *magnetismo, electricitate* et *galvanismo* disseret. 2. *Atmosphaerologiam meteorologicam* docebit.

S. F. HERMBSTAEDT, Dr.

I. Publice *lectiones chemicas medicas* dieb. Merc. et Sat. hor. XI — XII. persecuturus *corpora metallica* demonstrabit. II. Privatim 1. *Technologiam universam* duce libro suo: Grundriſs der Technologie, sexies p. hebd. hor. mat. VIII — IX. exponet ac semel p. hebd. *excursiones technologicas* instituet. 2. *Chemiam analyticam corporum organicorum et anorganicorum* d. Lun. Mart. Merc. et Iov. hor. IX — X. explicabit et experimentis illustrabit.

A. HIRT, Dr.

Lectiones tempestive indicabit.

M. H. LICHTENSTEIN, Dr.

Privatim 1. *Zoologiam universam* sexies p. hebd. hor. I — II. 2. *Ichthyologiam* dieb. Lun. Ven. hor. V — VI. tradet.

F. DE RAUMER, Dr.

1. *Statisticam* duce Meuselio hor. XI — XII. 2. *Historiam antiquam* hor. XII — I. 3. *Historiam saeculi XVIII.* imprimisque turbarum Gallicarum inde ab anno MDCCLXXXIX. hor. IV — V. tradet.

I. G. TRALLES, Dr.

I. Publice *doctrinam aequilibrii solidorum et fluidorum* exponet dieb. Lun. et Iov. hor. III — IV.

《课程索引》（*Index Lextionum*），柏林大学 1821 年夏季学期

H. RITTER, Dr.

Gratis docebit *Logicen* quater per hebd. horis adhuc definiendis.

F. G. V. SCHMIDT, Dr.

I. Gratis *Horatii epistolam de arte poetica* explicabit d. Merc. h. V — VI. II. Privatim *historiam poesis dramaticae, et veteris et recentioris* enarrabit d. Lun. Mart. Iov. Ven. hor. V — VI.

A. SCHOPENHAUER, Dr.

Privatim *philosophiae universae*, sive doctrinae de essentia mundi et mente humana *principia* ac *fundamenta* explicabit, quinquies p. hebd. hora V — VI. et die Saturni hor. XII — I.

C. G. D. STEIN, Dr.

Privatim *statisticam civitatum Europae primariarum* exponet secuturus librum suum (Handbuch der Geographie und Statistik) dieb. Lun. et Iov. hor. V — VII.

E. STIEDENROTH, Dr.

Privatim tradet 1. *Encyclopaediam philosophicam et logicam* sexies p. hebd. hor. VII — VIII. 2. *Metaphysicam* quinquies p. hebd. hor. XII — I. 3. *Psychologiam* quinquies p. hebd. h. V — VI.

I. F. C. WUTTIG, Dr.

1. *Hylognosiam* ternis p. hebd. h. docebit et experimentis illustrabit. 2. *Technologiam chemicam* ex suis schedis ternis p. hebd. h. tradet.

RECENTIORUM LINGUARUM DOCTRINA ARTIUMQUE GYMNASTICARUM EXERCITATIO.

C. F. FRANCESON, Lector, gratis horis adhuc indicandis interpretari perget 1. *Dantis Aligherii divinam comoediam* semel in hebd. 2. *Cornelii tragoedias*, quarum interpretationi Voltarii commentarium adiiciet, semel in hebd. Idem litterarum recentiorum studiosis scholas offert privatissimas *Gallicas, Italicas, Hispanicas*.

Linguae Anglicae scholas offert C. A. E. DE SEYMOUR, Dr. Lector, qui gratis *Popii carmina* bis p. h. horis indicandis interpretabitur, et *de pronunciatione Anglica* disseret.

Musicam docebit KLEIN.

Arma tractandi et *in equum insiliendi* artem docebit **FELMY**.

Equitandi modos discere cupientibus copiam faciet **HIPPODROMUS REGIUS.**

《课程索引》（*Index Lextionum*），柏林大学 1821 年夏季学期

叔本华木刻肖像画

1854 年的叔本华照片

叔本华

叔本华照片

叔本华画像

叔本华肖像画

叔本华与卷毛狗

叔本华雕像，伊丽莎白·内伊作，1859 年

叔本华雕像，侧面

叔本华的墓地

叔本华雕像

少时所愿，

老来实现。

——歌德《诗与真》*

---

* 歌德的这部自传作品在此译为《诗与真》，只是因为这个译法在我国已是为大家广泛接受的通行译法。译者自己所认同的却是我在北京大学学习期间的老师范大灿先生所提出的译法《虚虚实实》。一则因为 Dichtung 确是源自动词 dichten（创作，虚构），而非名词 Gedicht（诗歌，诗作）；二则因为正如读者在后面章节所能读到的一样，歌德所追求的确是通过更高的倾向脱离低俗的现实，证实"更高的真实"，从而达到"真正的根本真实"（das eigentliche Grundwahre）。详见范大灿《德国文学史》第 2 卷，译林出版社 2006 年第 1 版，第 493—494 页。——译注，下同

目 录

第八章　落败柏林

第九章　我不是柏林人

第十章　法兰克福的哲学家

第十一章　声名乍现，生命尽头

前　　言

　　阿图尔·叔本华一直都是大学校园之外拥有读者最多的哲学家之一。
说学术界在近三十年内所给予他的关注，比他们在他 1818 年 12 月问世的
哲 学 巨 著《 作 为 意 志 与 表 象 的 世 界 》(*The World as Will and
Representation*)出版之后的任何时期所给予他的关注都多，只是稍显夸张
而已。然而，如果仅就英美学者的状况而言，这一说法却丝毫也未言过其
实。正如在学者之中再度出现的对他的关注一样，他在大众中的广受欢
迎，相对来说是不难理解的。除了采用为哲学家所钟爱的严格特有形式以
探讨美学、认识论、伦理学、逻辑学和形而上学等领域的传统话题之外，
他还在五十年间不断求索，致力于发现并解释经验作为整体所具有的意
义。这使得他几乎对人类经验的每一重要方面都进行了探究。他永远是那
么充满了生命活力。应对关乎人类境况的具有普遍意义的众多主题——诸
如爱情、性、苦难、死亡，生命的意义与价值，以及救赎——是他的日常
所为。他还探究了诸多为众多哲学家所忽略的现象，其中包括色彩、天
才、同性恋、幽默、疯狂、音乐的形而上学、动物的道德状况、神秘主
义、超自然现象以及哭泣。对于真理，他总是忠贞不渝，无论其轨辙驶向
何方，他都追随其后。他绝少为以写作取悦他人而忧心，他如何看待真
理，他就如何将其诉诸表达。他那难以餍足的好奇心和因见多识广所具有

的超凡鉴赏力，使他成为首位对东方思想进行严肃思考的重要西方哲学家。除了强调东西方视野间的共同点之外，印度教和佛教也对他哲学的形成不无裨益。他还认识到了东方思想超越西方思想之所在。

　　然而，让叔本华吸引读者的，却并非仅仅是他所谈论的为数繁多的话题。他憎恨任何形式的蒙昧主义，他将他许多同时代人晦涩难懂
x的文风视为思想贫乏的表现，这种思想的贫乏是他们试图借助于隐藏在冗长繁复句子结构中令人费解的术语来加以掩饰的。无论是与他同时代人，还是与大部分哲学家相比，他所写的东西，都既精彩又明晰。他的哲思发自心灵，出自一种对世界所怀有的真正惊异，而非仅仅是一种对于其他哲学家已说过的东西所感到的困惑。他用以进行写作的，有才智，有反语，有嘲讽；其写作方式充满了论战和挑衅的意味；而他写出的东西，则高雅而优美。阅读叔本华的作品，有时真可谓是第一流的美学体验。他的作品中充满了他基于自己广泛游历所做的种种个人思索、对于众多伟大艺术品的亲身体验，以及对于人类行为的敏锐关注。他喜欢援引歌德的作品，正如他援引康德的著作一般。为了说明某个问题，抑或为了澄清某个观点，他可能引用的出处，既包括世界文学与宗教以及诗歌与哲学，也包括多种自然科学。

　　叔本华那富于洞见、令人信服的阴郁世界观，以其富于表现力和吸引力的风格，以及对于本能冲动和非理性力量的强调，铸就了一段引人注目的影响史。一些学者在众多各不相同的重要人物著作中都发现了叔本华思想的印记，他们中包括雅各布·克里斯托弗·布克哈特（Jacob Christoph Burckhardt）、保罗·多伊森（Paul Deussen）、爱弥尔·涂尔干、阿尔伯特·爱因斯坦、西格蒙特·弗洛伊德、卡尔·荣格、埃尔温·薛定谔、施瓦密·维韦卡南达（Swami Vivekānanda）以及威廉·冯特。其他学者则在约翰内斯·勃拉姆斯、安东·德沃夏克、古斯塔夫·马勒、阿诺德·勋伯格和理查德·瓦格纳的音乐中听见了他的声音。而在夏尔·波德莱尔、塞缪尔·贝克特、豪尔赫·路易斯·博尔赫斯、约瑟夫·康拉德、

阿法那西·费特、古斯塔夫·福楼拜、台奥多尔·冯塔纳、安德烈·纪德、乔治·吉辛、托马斯·哈代、弗里德利希·黑贝尔、赫尔曼·黑塞、亨利克·易卜生、托马斯·曼、威廉·萨默赛特·毛姆、居依·德·莫泊桑、赫尔曼·麦尔维尔、埃德加·爱伦·坡、马赛尔·普鲁斯特、威廉·拉贝（Wilhelm Raabe）、奥古斯特·斯特林堡、列夫·托尔斯泰、伊凡·屠格涅夫、弗吉尼亚·伍尔夫以及爱弥尔·左拉的作品中，仍然有其他一些人读出了他的思想。此外，还有一些人在亨利·柏格森、爱德华·冯·哈特曼、马克斯·霍克海默、弗里德利希·尼采、路德维希·马尔库塞、马克斯·舍勒、理查德·泰勒、汉斯·维欣格（Hans Vaihinger）以及路德维希·维特根斯坦各自的哲学中，也注意到了他对他们的影响。

在学者中间再度出现的对于叔本华的关注，部分是因其丰富的影响史（Wirkungsgeschichte）所致。他曾宣称，我们从他那里学到了一些我们将永志不忘的东西。尽管事实的确如此，然而其原因却似乎更像是学者们正在复苏关于这些东西的作者的记忆。几十年来，叔本华一直被英美的分析哲学家视为对人生进行令人心酸的犀利评论的源泉之一，他们把他看作是一个在文学方面，而非是在哲学方面值得关注的重要人物。然而时代大潮却已变更。那些最初关注叔本华对康德哲学批判的研究康德的学者，也已经开始赞赏叔本华思想的哲学影响力；那些最初为理解叔本华对尼采和维特根斯坦所产生的决定性影响而为他所吸引的哲学家，也已经开始赞赏他作品的缜密和力量。如今，甚至是一个彻头彻尾、拒不妥协的分析哲学家，也已开始赞赏叔本华哲学的阐释力。然而，关于思想家本人，关于他是谁的问题，从前的说法却是：学生们知道得更多的，是关于他这个人，而不是关于他的哲学。

尽管叔本华被称之为头号悲观主义者、人类仇视者、女性仇视者、愤世嫉俗者、非理性主义者和无朋无友、不信上帝而推崇意志的哲学家；尽管他在别人看来，既无人爱、也不爱人、傲慢自大、藐视母亲；尽管他被称之为一个学术上的失败者、一套自相矛盾世界观的狂暴鼓吹者，甚至是一个殴打女裁缝、憎恨黑格尔的进行人身攻击（ad hominem）的谩骂者——尽管叔本华被冠之以这种种恶名，而当中的不少还确有其事，但知道他更多情况的人却寥寥无几。因为叔本华也是一位德语散文的大师，一位爱豢养卷毛狗、常吹奏笛子的罗西尼音乐的忠实仰慕者，一位多门语言的使用者，一位阅读《奥义书》（*Upanishads*）的佛教徒和一位极其尊重柏拉图、倾慕康德、崇敬歌德、为使命感所驱使的哲学家，他所探讨的，包括身体、性爱、艺术、宁静、激情以及救赎等一系列问题。事实上，就多种意义而言，阿图尔·叔本华都是一位卓尔不群的哲学家。但是，那隐藏于这众多表象后面的自在之物又是什么呢？

致　谢

怀着深深的感激之情，我谨向那些直接或间接促成我写成此书的人们　　xiii
致以谢意。我从早前传记作家的作品中获益匪浅，尤其是从帕特里克·布
莱吉怀特（Patrick Bridgwater）、威廉·格温纳（Wilhelm Gwinner）、阿图
尔·许布舍尔（Arthur Hübscher）和吕迪格尔·萨弗兰斯基（Rüdiger
Safranski）的研究中更是如此。乌尔利克·贝尔格曼（Ulrike Bergmann）所
写的约翰娜·叔本华的传记和伽布利勒·毕希（Gabriele Büch）所写的阿黛
勒·叔本华的传记，对我理解叔本华同母亲及妹妹的关系助益良多。我对
叔本华哲学阐释所需的资料来自于以下各位的著述：乌尔斯·阿普（Urs
App）、约翰·E. 阿特韦尔（John E. Atwell）、阿拉提·巴鲁阿（Arati
Barua）、道格拉斯·贝尔格（Douglas Berger）、迪特·比恩巴赫（Dieter
Birnbacher）、帕特里克·加德纳（Patrick Gardiner）、乔治·格德特
（George Goedert）、D.W. 哈姆林（D. W. Hamlyn）、戴尔·杰奎特（Dale
Jaquette）、克里斯多弗·杰纳威（Christopher Janaway）、镰田康男（Yauso
Kamata）、马提亚斯·柯斯勒（Matthias Koßler）、P. F. H. 劳特曼（P. F. H.
Lauterman）、鲁德格尔·吕特克豪斯（Ludger Lütkehaus）、布莱恩·麦基
（Bryan Magee）、鲁道夫·马尔特（Rudolf Malter）、G. 斯蒂芬·尼利（G.
Steven Neeley）、莫里亚·尼克尔斯（Moria Nicholls）、阿尔弗雷德·施米特

5

（Alred Schmidt）、伊万·索尔（Ivan Soll）、沃尔克·席比尔林（Volker Spierling）、F. C. 怀特（F. C. White）、罗伯特·维基斯（Robert Wicks）、朱利安·扬（Julian Young）和君特·措勒（Günter Zöller）。这些学者及作品为我理解叔本华生平和哲学给予了巨大帮助。

如果不提及我在威斯康星大学白水校区的同事向我所提供的帮助，那我将是疏忽的。我尤其感谢爱德华·E. 爱德曼（Edward E. Erdmann）同我进行的多次令人满意的交谈，进行这些交谈时，我们正在翻译叔本华作品的过程中劳神费力地将 nämlich, hingegen 和 eben 这些德文词挑拣出来放在一旁。我哲学和宗教研究系的同事，理查德·布鲁克斯（Richard Brooks）、韦德·德兹（Wade Dazey）、克里斯塔·勒本斯（Crista Lebens）、安·路德（Ann Luther）和戴维·西蒙斯（David Simmons），主动和我讨论叔本华，他们对我不离不弃，常常在我令人厌烦地（ad nauseum）地谈论这位哲学家时展现出圣人才有的耐心。威斯康星大学白水校区慷慨地为我完成该书所需的研究提供了 2006 年春季学期的带薪休假。位于我系图书馆内的斯蒂文·谢尔顿叔本华藏书室，为我查阅珍贵的原始和参考文献资料提供了便利快捷的渠道。承蒙我的友人，戴维斯植物园的理查德·拉松（Richard Larson），为我理解叔本华喜欢作为业余爱好者采集并研究植物的天性，以及为我辨认植物，提供帮助，本人对此感激不尽。

如果没有维基·施米特（Vickie Schmidt）细心的工作，这本传记将不可能得见天日。她将我一大堆乱七八糟的手写稿变成了可以阅读的文稿，让我的作品得到了无法尽述的改进。艾莉丝·斯密斯拜克（Elyse Smithback）和卡萝·罗莉·卡特赖特（Carol Lohry Cartwright）也在这一转变中起到了至关重要的作用。艾登·罗莉·斯密斯拜克（Eden Lohry Smithback）也几乎可以说凑了凑这个热闹。

我还必须感谢多佛出版社允许我使用 E. F. J. 派恩翻译的叔本华《作为意志与表象的世界》，感谢贝格出版社允许我使用派恩翻译的《阿图尔·叔本华：四卷本手稿遗稿》(*Arthur Schopenhauer: Manuscript Remains in Four Volumes*)，感谢牛津大学出版社允许我使用叔本华《附录与补遗》(*Parerga and Paralipomena*) 派恩译本的摘录。

已故的特伦斯·摩尔（Terence Moore）邀请我参与该项目，这是我自己从未想到过的事情。如若没有他的鼓励，这本书是不会被写成的。我还必须感谢贝特丽丝·利尔（Beatrice Rehl）的指导和耐心。

我将此书献给我的爱妻卡萝·罗莉·卡特赖特。

注　释

　　本书旨在讲述叔本华一生的故事，描写他如何逐步创立他的哲学，并就其哲学思想给出一个概略的描述。然而，我创作的这部作品却是为了服务于兴趣各不相同的读者。我假定所有读者都对叔本华的生平具有兴趣。毕竟，人们会因为什么其他的原因而阅读一部叔本华传记呢？此外，因为正如叔本华本人所反复强调的一样，他的一生是为哲学而活的，所以，他生平的重要主题包括他如何逐步创立他的哲学；而理解他哲学的起源对于理解他的生平至关重要。不过，一些读者可能对他的生平比对他哲学的特定领域更感兴趣。为适应兴趣不同的读者的需求，我尽可能使传记资料与对叔本华某些特定书籍的叙述区分开来，这样读者也许会忽略对特定书籍进行的议论，但却不会因此错过对叔本华生平的叙述；这样读者还可以重点阅读关于他哲学某些特殊领域的部分。因此，就叔本华书籍进行的议论出现在以某本书的书名为标题的章节中；我在合适的地方，使用小节以标明该书中那些具体主题。然后，我要么在该章节中以新的一节继续传记资料的讲述，要么就此结束该章节。比如在第五章中，我在"论充足理由律的四重根"（On the Fourfold Root of the Principle of Sufficient Reason）一节里谈论叔本华的博士论文，在这当中我加进了该论文在三十四年后发行第二版时所作的重大修订，之后，我在紧随其后

的"魏玛"一节中继续讲述他的生平故事。我用以结束第七章的是在
《作为意志与表象的世界》一节中对他主要作品进行的议论，而这一节
则包括了对应于该书四大主要部分的四个小节："认识论"、"自然的形而
上学"、"艺术的形而上学"和"道德的形而上学"。

　　该书中连续出现大量上标数字，或许到了令人受扰的地步，或许是 xvi
由于我自己对那些不标明引用资料出处的作者深感沮丧。如果读者觉得
脚注令人分神或刺人眼目的话，这些上标数字可以忽略不看。这些对文
章的注释主要是为引文和参考书目，以及研究叔本华的学者或许会感兴
趣的资料提供出处。我建议不要让这些注释强行打断文章的阅读，除非
你必须立即知道某一引文的出处，这时，你才在读完某一章之后，再去
参阅该章的注释。我还想建议读者，为了弄清那些信息量更大注释中的
某一个能否满足自己所需而去查看注释。

　　参阅注释的那些读者会发现，我为叔本华的作品和他的文学遗著或
遗稿（Nachlaß）提供了两套引注。第一套附注针对的是 E. F. J. 派恩的英
文译本，他翻译了叔本华的所有作品及其大部分遗稿。第二套附注则要
么针对在阿图尔·许布舍尔的历史考证版《阿图尔·叔本华全集》（*Arthur
Schopenhauer: Sämtliche Werke*）页码中找到的对应页边编码——这些页
边编码几乎和页码完全一致，要么针对阿图尔·许布舍尔《阿图尔·叔本
华手写遗稿》（*Arthur Schopenhauer: Der handschriftliche Nachlaß*）的页
码。我使用这套附注方法是基于两个原因。首先，这样做让读者能够通过
运用标准的德语文章以查阅叔本华德语原文而进行学术性引用。其次，叔
本华作品中的一些新英译本已经面世，首套英文版叔本华文集《剑桥版叔
本华作品集》（*The Cambridge Edition of the Works of Schopenhauer*）也即将
出版。由于这些新译本包括了许布舍尔书中的页边编码，因而读者将能够
按照许布舍尔书中的引注，来利用这些新译本。我还采用了常规的做法，
按照普鲁士皇家科学院编辑出版的《康德全集》（*Kants Gesammelte
Schriften*）（"AK"，页码随后）中的编码，来根据康德《纯粹理性批判》

（*Critique of Pure Reason*）第一和第二版（分别是"A"和"B"）对该作品进行摘引。这一摘引康德作品的方法将使读者能够查阅其作品的任一现代英文译本。在书目清单中，读者能够找到此处提及所有作品的完整摘引。

尽管我摘录了叔本华作品的派恩译本——有时进行了风格上的轻微调整——，我却在涉及以下术语时，自成体系地采用了不同于其他译本的译法。派恩将 Anschauung 译为 perception，而我则代之以 intuition，perception 是我用以翻译 Wahrnehmung 一词的。派恩用 knowledge 来翻译 Erkenntnis，而我用的则是 cognition。最后，我用 appearance 来代替派恩用以翻译 Erscheinung 的 phenomenon 一词。除非另行标注，我自己对德语引文的译文负责。

xvii

叔本华生平及作品编年表

1788 年 2 月 22 日：阿图尔·叔本华出生于但泽，其父海因利希·弗 xix
洛瑞斯·叔本华是一名显贵商人，其母约翰
娜·叔本华（娘家姓特罗西纳）后来成为一名走
红的作家和小说家。

1793 年 3 月：为躲避但泽落入普鲁士之手的命运，叔本华一家
迁往汉堡。

1797 年 6 月 12 日：叔本华唯一的手足，路易丝·阿黛莱德（阿黛勒）
出生。

7 月：同父亲到法国旅行，在勒阿弗尔待了两年，住在
其父生意上的伙伴家里。

1799 年 8 月：从法国归来，进入伦格博士的私人学校学习，这
是一所培育未来商人的机构。

1800 年 7 月：陪伴双亲进行为期三月的旅行，游历汉诺威、卡
尔斯巴德、布拉格和德累斯顿。

1803 年 5 月：除了阿黛勒外，叔本华一家开始欧洲之旅，地点
包括荷兰、英国、法国、瑞士、奥地利、西里西
亚和普鲁士。此次旅行是作为对于叔本华同意继

	续受训以使自己将来成为商人而放弃准备进入大学学习所给予的补偿。
6 月 30 日：	进入温布尔登的兰卡斯特牧师学校学习，为期十二周。
1804 年 8 月：	结束欧洲之行；叔本华在但泽接受了坚信礼。
9 月—12 月：	在但泽一商人处做学徒。
1805 年 1 月：	在汉堡一商人处开始学徒生涯。
4 月 20 日：	海因利希·弗洛瑞斯去世，他的妻儿均相信他死于自杀。
1806 年 9 月：	在清算了全家的生意之后，约翰娜和阿黛勒迁往魏玛。叔本华留在汉堡做学徒。
1807 年 5 月：	在母亲的鼓励下，叔本华结束了学徒生涯。
6 月：	进入哥塔的一所文理中学学习。
12 月：	在因写文章嘲讽老师而遭责备后，结束在哥塔的学习，移居魏玛，但同家人分开居住。
1808 年：	为进入大学学习做准备，延请家庭教师学习拉丁语和希腊语，并自学数学和历史。
1809 年 2 月：	一到法定年龄，即接受遗产：其父产业的三分之一。
10 月：	被哥廷根大学录取，学习医学。
1810 年冬季学期：	向戈特罗洛普·恩斯特·舒尔策学习哲学，听从其建议，阅读柏拉图和康德的作品，他因此开始了解这两位自己最为喜爱的哲学家；开始阅读弗里德利希·威廉·约瑟夫·冯·谢林的作品。
1811 年 9 月：	注册进入柏林大学学习哲学。
冬季学期：	听约翰·戈特利普·费希特的讲座，对费希特哲学的幻想开始日渐破灭。继续学习谢林的学说，并继续阅读费希特的作品。
1812 年春夏：	结束费希特和谢林学说的自学；继续自学康德和

xx

柏拉图的学说；阅读弗兰西斯·培根和约翰·洛克的作品。

夏季学期：　听弗里德利希·恩斯特·施莱尔马赫的讲座。

冬季：　在柏林慈善机构定期观察精神病患者。

1813 年 5 月：　因惧怕被征入伍和拿破仑军队的进攻，叔本华离开柏林，在魏玛作短暂停留。

6 月：　退隐到鲁多尔席塔特撰写自己的博士论文。

10 月：　在本人缺席的情况下，凭借《论充足理由律的四重根》，获耶拿大学颁发的哲学博士学位；其博士论文获出版。 xxi

11 月：　返回魏玛；叔本华特地寄送了一份自己的博士论文给歌德，而后者则激起了年轻的哲学家对于色彩学的兴趣，在其后的几个月里，他们将间或谈论这一话题。

12 月：　开始从魏玛的公爵图书馆借阅多卷《亚洲杂志》（ *Asiatisches Magazin* ）。

1814 年 3 月：　叔本华从魏玛的公爵图书馆借阅了《奥义书》（ *Upanishads* ）的拉丁文译本；该拉丁文译本叫作"Oupnek'hat"，会成为他的"圣经"。

5 月：　在同其母发生过一系列恶意争吵之后，叔本华迁往德累斯顿：无论生死，哲学家都再也不愿见到母亲。

1816 年 5 月：　叔本华同歌德在色彩理论方面的合作结出果实，《论视觉与色彩》（ *On Vision and Colors* ）出版。

1818 年 3 月：　叔本华完成了他的主要著作《作为意志与表象的世界》（ *Die Welt als Wille und Vorstellung* ）。

9 月：　初游意大利。

	12 月：	其主要著作面世，出版时间被注明为 1819 年。
	1819 年春：	叔本华在意大利时，其女在德累斯顿出生；这个孩子在当年仲夏夭亡。
	7 月：	返回德国，处理因穆尔的商行倒闭而导致的家庭财政危机。
	12 月：	向柏林大学申请编外讲师（Privatdozent，不拿薪金的讲师）资格；表明自己想在黑格尔开设其主要课程的同时开课的愿望。
	1820 年 3 月：	叔本华的试讲及格，在试讲期间，他和黑格尔之间发生了小争执。
	夏季学期：	首次，也是唯一的一次，开设并召集讲座，未能将课程开设到底；叔本华的讲座见诸 1820—1822 年和 1826—1831 年柏林的大学讲座简章。
xxii	1821 年：	开始同卡罗琳娜·里希特（Caroline Richter，后被称作"梅冬"）时断时续、长达十余年的暧昧关系。
	8 月：	据传，叔本华殴打了女裁缝卡罗琳娜·玛尔戈（Caroline Marquet），这一事件将导致长达五年多的一系列官司。
	秋季：	询问在吉森获得学术职位的事宜。
	1822 年 5 月：	再游意大利。
	1823 年 5 月：	叔本华返回德国；在慕尼黑过冬，饱受多种疾病和抑郁症的折磨。
	1824 年：	叔本华住在加斯坦（瑞士），曼海姆和德累斯顿。
	11 月：	试图获得将大卫·休谟《宗教自然史》（*Natural History of Religion*）和《自然宗教对话录》（*Dialogues Concerning Natural Religion*）译成德文，将乔尔

达诺·布鲁诺的《论原因、本原与太一》(*della Causa, principio ed Uno*) 译成拉丁文的合同。

1825 年 1 月：　试图获得将劳伦斯·斯特恩（Laurence Sterne）的《项狄传》(*Tristram Shandy*) 译成德文的合同。

　　　5 月：　返回柏林，开始学习西班牙语。

1826 年：　发现了康德《纯粹理性批判》的第一版。

1827 年 5 月：　法院就玛尔戈一案作出不利于叔本华的最终裁决。

　　　9 月：　询问在维尔茨堡获得学术职位的事宜。

1828 年 2 月：　询问在海德堡获得学术职位的事宜。

1829 年 5 月：　试图获得将格拉西安《智慧书：做人要义与修身之道》(*Oráculo manual arte de prudencia*) 译成德文的合同。

　　　12 月：　试图获得将康德主要作品译成英文的合同。

1830 年 6 月：　叔本华色彩理论的拉丁文版本《生理学色彩基本理论的历史与阐释》(*Commentatio undecima exponens Theoriam Colorum Physiologcam eandemque primariam*) 发表于《眼科学杂志》(*Scriptores Ophthalmologici minores*)。

1831 年 8 月：　因霍乱肆虐，叔本华从柏林逃往美茵河畔的法兰克福。

1832 年年初：　罹患抑郁症的叔本华将自己幽闭在房间里达两月之久。　　xxiii

　　　4 月：　完成格拉西安作品的译文，并再次试图将其付印；该译本在他去世后于 1862 年出版。

　　　7 月：　迁往曼海姆。

1833 年 7 月：　迁往法兰克福，并定居于此度过余生。

1835 年:	他夭亡于婴儿期的次女似乎在该年出生于法兰克福。
1836 年 3 月:	《论自然中的意志》（*On the Will in Nature*）出版。
1837 年 8 月:	叔本华开始同《康德全集》编辑通信，并说服他们出版康德《纯粹理性批判》的第一版，将在第二版中所作的修改降格为附录。
1838 年 4 月 17 日:	约翰娜·叔本华在波恩去世，叔本华未参加母亲的葬礼。
1839 年 1 月:	叔本华参加有奖征文比赛的《论人类意志的自由》（*On the Freedom of the Human Will*）获得位于特隆赫姆的挪威皇家科学院颁发的金质奖章；该文的挪威语译本于次年出版。
1840 年 1 月:	尽管叔本华参加有奖征文比赛的《论道德的基础》为参赛的唯一征文，却被位于哥本哈根的丹麦皇家科学院拒绝授予夺冠的金质奖章。
9 月:	叔本华的两篇参加有奖征文比赛的征文合为《伦理学的两个基本问题》（*The Two Fundamental Problems of Ethics*）出版（注明的出版年份为 1841 年）；他附上一篇篇幅颇长的前言，在前言里，他严厉斥责了丹麦皇家科学院和黑格尔。
1841 年春:	试图说服歌德色彩理论的译者查尔斯·洛克·伊斯特莱克*将《论视觉与色彩》译成英文，未果。
1842 年:	卡罗琳娜·玛尔戈去世。

----

* 伊斯特莱克（Charles Lock Eastlake, 1793—1865），英国画家、画廊经理、油画收藏家及作家。悬挂在位于伦敦格林威治的国家海事博物馆的拿破仑在英国皇家海军战舰"柏勒罗丰"号上的画像，即由伊斯特雷克所作，这也是唯一一幅由英国画家在这个法国皇帝在世时为其创作的画像。

夏季：　　　　同妹妹阿黛勒在法兰克福会面，这是他们二十年
　　　　　　　间的首次私人会面。

1844 年 3 月：　《作为意志与表象的世界》第二版以两卷本的形
　　　　　　　式出版。

　　 7 月：　　开始同约翰·奥古斯特·贝克尔（Johann August　xxiv
　　　　　　　Becker）通信。

1845 年夏：　　开始写作《附录与补遗》（*Parerga and Paralipomena*）。

1846 年 7 月：　与尤利乌斯·弗劳恩席德特（Julius Frauenstädt）
　　　　　　　初次会面。

1847 年 12 月：　大幅修订过的《论充足理由律的四重根》第二版
　　　　　　　出版。

1848 年 3 月：　法兰克福的街头战斗扰乱了叔本华的生活。

1849 年 3 月：　同妹妹最后的会面。

　 4 月 25 日：　阿黛勒·叔本华在波恩去世，叔本华未参加葬礼。

　 12 月：　　　为失去白色卷毛狗阿特玛而悲痛；不久之后即得
　　　　　　　到一只棕色卷毛狗，也取名为阿特玛。

1851 年 11 月：　《附录与补遗》出版。

1853 年 4 月：　一篇题为"德国哲学中的偶像破除"（Iconoclasm
　　　　　　　in German Philosophy）的匿名评论（实则为约
　　　　　　　翰·奥克森福德［John Oxenford］所写）发表于
　　　　　　　《威斯敏斯特评论》（*Westminster Review*）上。

　 5 月：　　　《福斯报》（*Die Vossische Zeitung*）发表奥克森福
　　　　　　　德所写评论的德语译文。

1854 年 9 月：　《论自然中的意志》第二版问世。

　 12 月：　　　《论视觉与色彩》第二版问世；理查德·瓦格纳寄
　　　　　　　给叔本华一份特地敬献给他的《尼伯龙根指环》
　　　　　　　（*The Nibelung's Ring*）。

1855 年 10 月：　　莱比锡大学的哲学教授发起了一场对叔本华哲学
　　　　　　　　　进行阐释和批评的有奖征文竞赛。

1857 年：　　　　在波恩和布雷斯劳的大学中举办了最初一批关于
　　　　　　　　　叔本华的讲座。

1859 年 11 月：　《作为意志与表象的世界》第三版问世。

1860 年 9 月：　　《伦理学的两个基本问题》第二版问世。

　9 月 21 日：　　阿图尔·叔本华在美茵河畔的法兰克福辞世。

第一章　意志的肯定

　　阿图尔·叔本华自视为无家可归之人。这种无家可归的感受，成为他 　1
生命及哲学的主旋律。他 1788 年 2 月 22 日出生于但泽，在那里度过了
生命中最初的五年时光。在这之后，为躲避普鲁士的控制，他和家人逃
离了这座当时的自由市。他说：从那一刻起，"我从未得到过一个新家。"[1]
他在汉堡时断时续地前后共生活了十四年，然而，他拥有他的最美时光
之际，正是他远离这座城市之时。当他离开汉堡的时候，他感到自己似
乎正在逃离一座监狱。他在德累斯顿生活了四年，却仅仅愿将这座城市
视为他主要著作《作为意志与表象的世界》的诞生地。在柏林生活的十
多年时间没有让他产生丝毫的归属感，他会愤怒地宣称他不是柏林人。
而当他作为一个不享有公民权的居民在美茵河畔的法兰克福度过了他生

---

[1] 阿图尔·叔本华《书信集》（*Gesammelte Briefe*，阿图尔·许布舍尔编，Bonn: Bouvier
　　Verlag Herbert Grundmann, 1987），第 48 页。这一说法见于叔本华为请求在柏林大学获准
　　授课和申请授课资格而附上的个人简历（1819 年 12 月 31 日）。这份个人简历系用拉丁文
　　所写，它同其德语译文均见《书信集》，第 47—55 页，第 647—656 页。阿图尔·许布舍
　　尔评论道，这份个人简历是了解叔本华一生的前三十年最为重要的资料。参见《阿图
　　尔·叔本华全集》（*Arthur Schopenhauer: Sämtliche Werke*，阿图尔·许布舍尔编，
　　Mannheim: F. A. Brockhaus, 1988，第四版，七卷本）中他所写的《阿图尔·叔本华生平事
　　略》（*Arthur Schopenhauer: Ein Lebensbild*）第一卷，第 141 页。这份个人简历是叔本华篇
　　幅最长的自传体反思。

命中的最后二十八年之后，在他倾尽五十年的时光力求理解世界的本质和意义之后，他会最终得出结论说，这个世界本身不是他的家。如果我们对他这一说法太过认真的话，那么，甚至就连但泽也不曾是他的家。从出生之时起，他便是无家可归的了。可是，从出生起就无家可归，并不意味着他的生命就没有意义可言。叔本华还会得出结论说，从出生之时起，他在生命中就肩负着使命。

2　　　然而，他却几乎被剥夺了在但泽出生的权利。在英国旅行期间，海因利希·弗洛瑞斯·叔本华（Heinrich Floris Schopenhauer）发觉妻子怀孕了。即将初为人母的约翰娜（Johanna Schopenhauer）自然想返回娘家，在母亲的照料下生产，这是完全合乎情理的事情。海因利希·弗洛瑞斯却坚持另行其道。他希望这个孩子是个儿子，在英国出生，并因此获得英国公民的权利。对一个未来的商人而言，这将是有用的证书。约翰娜顺从了丈夫的意愿。"（经历了）艰难的自我抗争之后，我完全忍受了……我成功地克服了内心对于留在伦敦的反对。"[2] 战胜了最初的对抗，欣然接受现状和"亲爱的朋友们"热情的接待，她开始"冷静地面向未来"。[3]

　　　然而，约翰娜的冷静却很快就被击得粉碎。伦敦多雾的白天和阴暗的夜晚引发了她丈夫的焦虑——一种抑郁和感伤情绪的模糊表现，这种表现在他生命中剩下的十八年间将变得日益清晰。海因利希·弗洛瑞斯在妻子怀孕期间那漫无边际的焦虑的直接目标，却成为妻子的幸事。在一次临时搬迁中，他决定他们应当返回但泽，尽管在秋季和初冬穿越北德旅行将会非常艰苦，然而，他却让伦敦一位非常有名的外科医生，约翰·亨特*，给妻子作了检查。亨特向这对紧张的夫妇保证，旅行中频繁的运动会对处于

---

[2]　约翰娜·叔本华《活力生命与漫游画卷》（*Jugendleben und Wanderbilder*，威利·多斯特〔Willi Drost〕编，Barmstedt Holstein: Velox-Verlag, 1958），第 214 页。

[3]　同上书，第 215 页。

　*　约翰·亨特（John Hunter, 1728—1793），英国外科医师，英国病理解剖学的奠基者，被誉为现代外科之父。

约翰娜目前状况中的妇女的健康有益。

叔本华一家 11 月底从多佛上岸，并于 1787 年元旦当晚到达但泽。约翰娜后来会说，是她的愿望促成了这次返程，但她却也知道，是丈夫对自己健康焦心的关怀促使他将她拖回了故土，因为她已经准备好在英国分娩。尽管叔本华的母亲是被他父亲给拖回但泽的，但至少阿图尔并非是被用钳子给拖进这个世界里来的。因此，从某种意义上来说，他并不像哥特霍尔德·艾夫拉姆·莱辛（Gotthold Ephraim Lessing）的儿子，叔本华在日后赞叹此人的智慧时说道："因为这个儿子断然拒绝来到这个世界，人们不得不借助于钳子将他强行拖进生命之中；可他才刚刚置身其中，就匆匆逃开了。"[4]

但泽

自 17 世纪晚期起，叔本华家族就居住在阿图尔的出生地。他的曾祖父，约翰·叔本华（Johann Schopenhauer），像他的儿子，阿图尔的祖父安德里亚斯（Andreas Schopenhauer, 1720—1794）一样，是一位成功的商人。安德里亚斯也是一位艺术品商人，拥有众多令人难忘的绘画收藏品。[5] 阿图尔的祖母，安娜·蕾娜塔（Anna Renata, 1726—1804）是荷兰商人及船主亨德利克·索斯曼斯（Hendrick Soersmans）之女，索斯曼斯来到但泽，从 1754 年至 1775 年担任这一区域荷兰人的教区牧师。[6]

叔本华的祖父子女众多。安娜·蕾娜塔生产了十五次，可她儿女中的

---

[4] 阿图尔·叔本华《作为意志与表象的世界》（两卷本，E. F. G. 派恩译，New York: Dover, 1969），第 2 卷，第 579 页 /《全集》第 3 卷，第 665 页。

[5] 参见许布舍尔《阿图尔·叔本华全集》之《阿图尔·叔本华生平事略》，第 1 卷，第 32 页。

[6] 参见帕特里克·布莱吉沃特（Patrick Bridgwater）《阿图尔·叔本华所受的英语教育》（*Arthur Schopenhauer's English Schooling*, London / New York: Routledge, 1988），第 3 页。

几人却拥有莱辛之子的智慧。在那些出生后活过最初几天的十一个孩子中，有六个儿子和五个女儿。这些儿子中的两位年纪轻轻就夭亡了，而其余两位则活过了中年。阿图尔的叔叔和教父，约翰·弗里德利希（Johann Friedrich），1794 年在他四十五岁时去世，而卡尔·哥特弗里德（Karl Gottfried），这位海因利希·弗洛瑞斯生意上的伙伴，于 1795 年在其年仅三十四岁时也过世了。只有生于 1747 年的海因利希·弗洛瑞斯和他最小的弟弟，米夏埃尔·安德里亚斯（Michael Andreas, 1758—1813），活到了五十多岁。然而，五个女儿的命运甚至还要更糟。只有玛利亚·蕾娜塔（Maria Renata, 1750—1807）幸存于世，直至成年。她于 1779 年嫁给一位商人，克里斯蒂安·哥特弗瑞德·提茨（Christian Gottfried Tietz），他俩为阿图尔诞下了他唯一的表兄，卡尔·哥特弗里德·提茨（Karl Gottfried Tietz, 1781—1833）。[7]

4　　海因利希·弗洛瑞斯将有幸继承父亲生意上的技能和各种交往关系。但不幸的是，事实证明，他从母亲那里所继承的一切却是灾难性的。安娜·蕾娜塔具有一种"病态的天性"。[8] 她易于陷入严重的阵阵抑郁和焦虑之中，据说，她还有暴力倾向。因为精神上的问题，她在丈夫死后被交

[7] 关于叔本华的家族史，参见赫尔曼·哈斯阿根（Hermann Haßargen）"阿图尔·叔本华的但泽祖先"（Die Danziger Vorfahren Arthur Schopenhauers），载《德国家乡同盟的家乡报》（Heimatblätter des Deutschen Heimatbundes, Danzig, 1928），第 4 页；瓦尔特·劳欣贝格（Walther Rauschenberger）"叔本华的先祖"（Schopenhauers Ahnen），载《叔本华协会年鉴》（Jahrbuch der Schopenhauer-Gesellschaft），第 21 卷（1934），第 131—149 页；"叔本华族谱补遗"（Nachträge zu Schopenhauers Ahnentafel），载《叔本华协会年鉴》，第 24 卷（1937），第 153 页；阿图尔·许布舍尔"叔本华的三位姨母"（Drei Tanten Schopenhauers），载《叔本华年鉴》，第 61 卷（1980），第 127—150 页；及库尔特·阿森多夫（Kurt Asendorf）"叔本华家族史的新旧资料"（Altes und Neues zur Schopenhauer-Genealogie），载《叔本华年鉴》，第 69 卷（1988），第 609—613 页。
[8] 许布舍尔《阿图尔·叔本华生平事略》，第 32 页。也请参见约翰娜 1835 年 7 月 22 日致阿图尔的信中关于海因利希·弗洛瑞斯家族疯病的叙述，刊于鲁德格尔·吕特克豪斯《叔本华一家：阿黛勒、阿图尔、海因利希·弗洛瑞斯和约翰娜的家庭通信录》（Die Schopenhauers: Der Familienbriefwechsel von Adele, Arthur, Heinrich Floris und Johanna Schopenhauer, Zurich: Haffmans Verlag, 1991），第 355—356 页。

给委托人照顾。她最小的儿子米夏埃尔·安德里亚斯，自出生起就被认为是"低能儿"，而卡尔·哥特弗里德在死前也已变得"半疯"。[9]海因利希·弗洛瑞斯在死前也将日渐做出愈加古怪的举动；他的抑郁，他的焦虑，他易于破口大骂的倾向，这一切似乎都植根于这个家庭的荷兰谱系一方。阿图尔将认识到，自己那易于抑郁、焦虑和伤感的天性均遗传自父亲。"从父亲那里继承的是连我自己都会诅咒并用尽我意志的全部力量来与之格斗的焦虑……"[10]后来，当被问及他的悲观是否源于早在童年时期就遭受过的痛苦时，他回答道："根本不是；还不如说，早在青少年时期，我就总是非常感伤的了。"[11]他后来将从理论上说明人们的意志继承自父亲。同这一理论矛盾的是，事实看起来似乎是海因利希·弗洛瑞斯的意志继承自他的母亲。

安德里亚斯·叔本华对海因利希·弗洛瑞斯进行教育，以确保他成为一名成功的商人。除了在但泽学习之外，海因利希·弗洛瑞斯还曾在国外居住过多年，积累关于世界的多种实际经验，磨炼自己的商业技能，发展与未来贸易伙伴的重要商业交往关系。他在波尔多贝特曼商行作过小职员。在法国期间，他对伏尔泰作品和消遣性的法国文学作品产生了浓厚兴趣，这其中包括那种绝对具有色情性质的文学作品。约翰娜在她回忆录中曾暗示过这点："他放在我手中的法国小说告诉我，在他多年的法兰西岁月中，他一定有过许多经历，它们不利于提升我们女性在他眼中

5

---

[9]　同上书，第 32 页。

[10]　《阿图尔·叔本华手稿遗稿四卷本》(E. F. J. 派恩译，阿图尔·许布舍尔编辑，Oxford / New York / Munich: Berg, 1988—1990)，第四卷，"关于我自己"（Eἰς έαυτόν），#28。

[11]　阿图尔·许布舍尔（编）《阿图尔·叔本华谈话录》(Stuttgart / Bad Cannstatt: Frommann-Holzboog, 1971)，第 131 页。奇怪的是，叔本华从未在自己任何一本准备出版的书中将自己的哲学称之为"悲观主义"，尽管正如鲁道夫·马尔特特别指出的一样，这是最为频繁地（同"非理性主义"和"意志论"这两个他也并未用于描述自己哲学的术语一道）被用于描述他哲学的术语，参见鲁道夫·马尔特《阿图尔·叔本华：超验哲学和意志的形而上学》(*Arthur Schopenhauer: Transcendentalphilosophie und Metaphysik des Willens*, Stuttgart / Bad Cannstatt: Frommann, 1991)，第 151 页。正如这一事件所展现的一样，他并不反对自己被称作悲观主义者。

的地位。"[12] 这种对于"法国小说"的偏好很快转移到约翰娜身上，她在丈夫死后努力避免让阿图尔接触到让·巴蒂斯特·鲁尔特·德·古弗尔（Jean-Baptiste Louvert de Couvray）的六卷本色情小说《骑士德·弗布拉斯的爱情故事》（*Les amours du chevalier du Faublas*）。她担心这样一些作品会将丈夫对女性的看法转移到儿子身上。至于她竭力避免让儿子接触到这些书籍的努力是否成功，我们并不知道。就算她成功了，她似乎在阻止儿子对女性抱持和其父相同的态度这一方面，完完全全地失败了。

除了在法国生活过之外，海因利希·弗洛瑞斯还曾在英国生活过，尽管我们对于他在那里生活的时间长短知之甚少。他在英国的时候是 1773 年，他可能在那里待到了 1780 年。[13] 在伦敦期间，他对于英国公民享有的自由和英国进步的宪法及其组织机构，都逐渐深为赞赏。他成为一个立场鲜明的亲英者，终其一生，他都将坚持阅读伦敦《泰晤士报》。阿图尔也将逐渐对英国产生并怀有一种持续终生的热爱，这往往抵消了他对于自己总与英国联系起来的心胸狭窄的宗教偏执所怀有的深深厌恶。正如父亲一样，他也将每天读着《泰晤士报》长大。当海因利希·弗洛瑞斯返回但泽的时候，他于 1780 年 11 月 9 日，和他那也是英语法语都很流利的弟弟卡尔·哥特弗里德一道，获得了打理叔本华兄弟船舶运输和贸易公司（Reederei und Kommissionen–Gebrüder Schopenhauer）名下生意的权力。兄弟俩的公司是船舶运输公司，但他们也从事一些银行和代理业务，此外，他们的公司还将波罗的海地区的谷物和原材料运往英国以换取英国的工业品。

海因利希·弗洛瑞斯并非英俊男子，他或许恰恰与此相反。他有着宽厚而强健的体格，圆圆的脑袋，宽宽的脸庞，突出的下颌，鼓起的蓝眼

---

[12]　约翰娜·叔本华《活力生命与漫游画卷》，第 147 页。

[13]　参见帕特里克·布莱吉沃特《阿图尔·叔本华所受的英语教育》（London / New York: Routledge, 1988），第 5—6 页。

睛和一张嘴唇厚厚的大嘴。不幸的是，无论是在阿图尔还是他妹妹阿黛 6
勒身上，都未能免于留下他们父亲外貌的印迹。尽管海因利希·弗洛瑞斯
相貌平平，但在他身上却一定仍然有着某种东西，让他在人群中显得鹤
立鸡群——至少他在 1773 年柏林的人群中的确如此。腓特烈二世
（Friedrich II，即腓特烈大帝）远途旅行归来之时，在一群围观者中发现
了海因利希·弗洛瑞斯，他叫住后者并问他住在哪里。海因利希·弗洛瑞
斯告诉他，自己是一名来自但泽的商人。不知什么原因，这位普鲁士国
王问他是否有一只西班牙猎犬。他回答说是，这一定让国王感到非常高
兴，因为他邀请海因利希·弗洛瑞斯次日清晨六点去拜访他。叔本华的狗
给国王留下了深刻印象，但海因利希·弗洛瑞斯本人则更是如此。在告知
他但泽的独立恐无前景之后，国王邀请他定居普鲁士。正如任何熟知海
因利希·弗洛瑞斯忠诚的人所能预料的一样，坚定的共和主义者拒绝了皇
家的邀请。[14]

　　同腓特烈二世相遇的这一事件，表明海因利希·弗洛瑞斯对于政治当
权者，尤其是对于普鲁士君主专制的态度。这一态度在叔本华家族的座
右铭中体现无遗："若无自由，则无幸福。"海因利希·弗洛瑞斯那近乎固
执的自由精神，在一则备受珍视的家庭故事中可略见一斑，这则故事讲
述的是发生在十二年后的 1783 年普鲁士封锁但泽期间所发生的一件事情。
叔本华的祖父安德里亚斯被迫将普鲁士士兵安顿在自己的庄园里，作为
一种表达善意的举动，弗里德利希·冯·劳美尔（Friedrich von Raumer）
将军提出免去海因利希·弗洛瑞斯的获奖种马所需草料的进口关税。海
因利希·弗洛瑞斯礼貌地拒绝了将军的慷慨善意，还加上一句："感谢
普鲁士将军的好意……如果我的饲料用光了的话，我就让人弄死我这
些马。"[15]

---

[14]　阿图尔·许布舍尔（编）《谈话录》，第 224 页。
[15]　约翰娜·叔本华《活力生命与漫游画卷》，第 147 页。

随着生意的蓬勃发展，一如处于他这个年龄和地位的男子的惯常所为，海因利希·弗洛瑞斯渴望娶妻。或许这仅仅是他所关注的次要问题。他想要的是一位继承人。究竟是约翰娜·亨利耶特·特罗西纳（Johanna Henriette Trosiener）身上的什么东西特别吸引他，我们不得而知。当然，她正当妙龄，青春年少，而且出生于受人尊敬的家庭，尽管她父亲的生意和政治倾向同她未来丈夫的生意和政治倾向相互冲突。她的父亲，克里斯蒂安·海因利希·特罗西纳（Christian Heinrich Trosiener, 1730—1797），是一个不及海因利希·弗洛瑞斯那么成功的商人。他是鞋匠和街头小贩的儿子。他的父亲克里斯蒂安·特罗西纳（Christian Trosiener）是从老苏格兰的乡村来到但泽的。而克里斯蒂安·特罗西纳的父亲，克里斯托夫·特罗西纳（Christoph Trosiener），也就是约翰娜的曾祖父，则是来自东普鲁士的农民。约翰娜的父亲以其智力上和体格上的强健有力而闻名。他是圣约翰娜教堂议事会的一名成员，还是捕鱼区的四名军需官之一。准确地说，他属于但泽地区的中产阶级，"第三等级"，该等级的商业利益，有时是与城中诸如海因利希·弗洛瑞斯之类显贵的商业利益相冲突的，与但泽的独立地位也是相冲突的。他短期担任过市政委员，大约在他长孙阿图尔出世前一个月，他愚蠢地提出一项动议：作为加强与波罗的海沿岸国家贸易的手段，但泽人应当成为普鲁士的臣民，向普鲁士国王宣誓效忠。尽管没有关于海因利希·弗洛瑞斯对于他岳父的这项动议作何反应的记载，但我们可以想见，在这样一个忠诚的共和主义者看来，特罗西纳被迫从市议会辞职，卖掉产业，举家迁往斯图德霍夫田庄，是既合情又合理的。特罗西纳家的财产大幅缩减，在克里斯蒂安·特罗西纳过世之后，他们一家靠叔本华一家供养。

约翰娜的母亲，伊丽莎白（Elisabeth，娘家姓勒曼［Lehmann］，1745—1818），是商人和药剂师格奥尔格·勒曼（Georg Lehmann）和苏珊娜·康可蒂娅·勒曼（Susanna Concordia Lehmann）（娘家姓诺伊曼［Neumann］）的女儿。叔本华的外祖父和外祖母，不像他祖父母那样生育众多，然而，就将其子女养育成人而言，他们更为成功。他们的第一个孩子，也是唯一的儿子，在 1765 年受洗的海因利希，少年就夭亡了。生于 1766 年 7 月 9 日的约翰娜是三个女儿中的长女。在她之后出生的是阿图尔的教母，夏绿蒂·伊丽莎白（Charlotte Elisabeth, 1768—1828），和尤丽安娜·窦绿台娅（Juliane Dorothea, 1773—1849）。[16] 他们还在 1771 年生有一女，但她刚一出世就夭亡了。

作为一名 18 世纪中期的女性，约翰娜所计划的生活道路是受制于她的性别的。颇为理想的是，她成为妻子和母亲。虽然她父亲通过经商旅行学会了法语、波兰语和俄语，但她父母却未接受过良好的教育。尽管如此，他们却允许约翰娜接受比她那个时代大多数女孩都要广博的教育。她在学校学习社交礼仪和家政管理。她学习弹钢琴，说法语，说这种上流社会要求的语言。大概三四岁的时候，她进入附近一家为年轻女子开设的学校，这所学校是由当时著名的画家和雕刻家丹尼尔·乔多维奇（Daniel Chodowieki）的母亲和两个妹妹经营的。[17] 她在那里学习社交礼仪，以及基础法语。[18] 后来，她又得以在乔多维奇的工作室观察过乔多维奇工作。无论是他的艺术，还是这位艺术家本人，都让这位年轻姑娘深深迷醉。约翰娜在她回忆录中写到，这段经历激励她成为一名画家，并在她年轻的心灵中唤起了对于艺术的深深景仰。运用法语这门人们或许觉得她是从她儿子那里学来的语言，她写道，从那一刻起，并且终其一

8

---

[16] 参见阿图尔·许布舍尔《叔本华的三位姨母》，第 127—150 页。

[17] 乔多维奇最为著名的作品是《从柏林到但泽的旅途绘画速写》（*Sketchbook of a Trip from Berlin to Danzig*）。它包括第 14 页，"乔多维奇问候母亲"，该页展示了他母亲学校的内部场景。

[18] 约翰娜可能是因为她波兰保姆的缘故，在说德语之前就学说波兰语了。后来，她将在玛穆舍尔·阿克曼（Mamsell Ackermann）的学校，这一年轻女士的团体，使自己的法语变得完美圆熟，因为自己所处的社会地位，她必须学习这门语言。参见乌尔利克·贝尔格曼（Ulrike Bergmann）《约翰娜·叔本华：活着，并尽你所能地幸福》（*Johanna Schopenhauer: Lebe und sei so glücklich als du kannst*, Leipzig: Reclam, 2002），第 35 页，第 41 页。

生，艺术成为"我的安慰和欢乐；通过艺术，我得以释放"[19]。

约翰娜这段关于艺术的重要性的评论，描绘了她七岁左右的经历。这一年，她在家里由一位名叫库歇尔（Kuschel）的神学学生教授德语、历史和地理，此人由于勃勃雄心而被古怪地称作"待选配偶"库歇尔。总之，在约翰娜十三岁那年，她的家庭教师向这位刚行过坚信礼的年轻姑娘求婚了。无论约翰娜本人还是她的父母，都对他的求婚置之不理。也许库歇尔开始迷上约翰娜，或许仅仅是他想通过娶雇主的女儿为妻来改善自己的命运，然而，他那表达善意的方式也太过冒失了。库歇尔秉持启蒙运动的理念，对存在于对男孩而言的正确教育和对女孩子更为合适的教育之间的差异漠然视之，库歇尔的这种观点也明显地体现在理查德·詹姆逊（Richard Jameson）身上，此人是约翰娜认为对她的早年生活产生过最大影响的人。正如她后来所回顾的一样："每个孩子都有一位引路天使：感谢我的……将我交托给一个像詹姆逊这样的男子……以负责使我为在前方等待着我的变化无常的生活做好准备。"[20]

9 　　詹姆逊来自苏格兰，他在 1764 年自己四十岁时来到但泽，担任自 16 世纪后半叶起就呈一派兴旺发达之势的"英格兰"社区的圣公会牧师。[21]英格兰社区的天主教堂位于圣灵胡同八十号，处于特罗西纳家和船主同业公会所在房屋之间。由于教堂同特罗西纳家的房子共有一个相连的露台，詹姆逊和约翰娜的父母便成为关系稳固的朋友。詹姆逊自约翰娜一出生起就认识她，并对她的教育深感兴趣。约翰娜说得一口流利的英语

---

[19] 约翰娜·叔本华《活力生命与漫游画卷》，第 33 页。

[20] 同上书，第 54 页。在《活力生命与漫游画卷》中，约翰娜经常将詹姆逊称作"詹姆逊博士"；参见，例如，第 28 页。然而，詹姆逊并未获得神学博士学位就离开了爱丁堡大学：关于詹姆逊生平资料更为详尽的描述，参见布莱吉沃特《阿图尔·叔本华所受的英语教育》，第 29—94 页。

[21] 具有讽刺意味的是，这一"英格兰"社区主要由苏格兰人构成，他们大多从 16 世纪中叶至 17 世纪末移民来到但泽。而苏格兰人的社区却在整个 18 世纪都呈现出兴旺发达之势，直至 1793 年波兰被二度瓜分，普鲁士占领但泽。参见布莱吉沃特《阿图尔·叔本华所受的英语教育》，第 1—3 页。

主要归功于他，而她流利的英语曾一度使约翰娜感到不安："一个姑娘，学习英语！你究竟要将它用于何处？亲戚朋友们天天都在问我同样的问题，因为这在当时的但泽简直闻所未闻。我开始对自己拥有的英语知识感到羞耻，并因此坚决拒绝学习希腊语。"[22] 在詹姆逊循循善诱的引导下，约翰娜渐渐熟悉了英国文学，这其中包括约翰·弥尔顿（John Milton）、托马斯·扬（Thomas Young）和莎士比亚的作品，以及蒲柏（Alexander Pope）翻译的《荷马史诗》。詹姆逊还逐步培养起这位年轻姑娘对于所有具有英国特质事物的热爱，这一特性将使约翰娜和她未来的丈夫具有共同的兴趣爱好。

没人知道海因利希·弗洛瑞斯是何时以及怎样遇见的约翰娜。尽管我们同样不知道他为何偏偏想娶她为妻，但她的确出自受人尊敬的家庭，并接受过良好完备的教育。她不是一个难看的女子，但蓝眼棕发的约翰娜可能同样也非旁人眼中的美人。她具有欢快的个性；生气勃勃、富于魅力、和善可亲，而这些却是她丈夫所缺乏的性格特征，它们能够为一位具有绅士风度的商人在家务操持和对外社交方面提供有益的帮助。约翰娜还同她未来的丈夫一样，具有共和理念和亲英心理。像他一样，她也说法语和英语。

当海因利希·弗洛瑞斯按照惯例和习俗，找到克里斯蒂安·特罗西纳，提出想娶约翰娜为妻并希望他同意这门婚事时，全家大为吃惊。当然，对于一个富有的显贵想娶自己的女儿为妻，她的父母备感荣幸。约翰娜在回忆录中写道：父母并未施压强迫她答应这桩婚事，是否接受求婚，完全由她自己决定。尽管她注意到自己并未对海因利希·弗洛瑞斯怀有炽热的爱情，后者对此也并不期待，她却还是同意了这桩婚事。[23] 后来，阿图尔在他那篇具有强烈仇视女性色彩的随笔"论女人"中，对于母亲的

[22]　约翰娜·叔本华《活力生命与漫游画卷》，第 56 页。
[23]　同上书，第 151 页。

缺乏激情给出了令人满意的解释：他声称，女人是被那些"年轻、强壮且英俊的男子"所强烈吸引的，这是这一物种想要确保人类健康繁衍的意志的一种下意识表现。[24]海因利希·弗洛瑞斯充其量只不过是强壮而已。然而，考虑到约翰娜的家庭状况以及社会对于一个年轻女子的诸多期待，或许是他的实力，加之他的社会地位和财富所许诺的大好前景，弥补了她丈夫在年龄和吸引力方面的缺陷。家中尚有两个妹妹待字闺中，如果她拒绝这桩在人们看来颇为般配的好姻缘，她就很可能得像她们一样还是住在娘家，因此完全可以得出结论说，除了接受海因利希·弗洛瑞斯的求婚之外，约翰娜实在别无选择。1785年5月16日，在但泽一座又旧又小，叫作"上帝的所有天使"的教堂里，二十八岁的富商迎娶了这位年方十八的女子。

新婚夫妇冬季住在位于但泽市中心的宅邸，而夏天则在自家位于奥利瓦附近的泊蓝吉庄园度过，奥利瓦这个小村庄乃是一块由那些归但泽富人所有的避暑住宅所形成的飞地，坐落在但泽西北面约四公里的地方。正如约翰娜所描述的一样，他们家中到处弥漫着"英国式的舒适"。[25]她颇为享受这片土地上的优美景色和田园风情——英国式的庭园，轻舟荡漾其间的小湖，八只被当作宠物豢养的羊羔，它们每一只的身上都系着一串铃铛以使它们发出音高各异的铃声。而在室内，环绕于她身旁的则是各式各样的艺术品——绘画、版画以及古代雕塑的模压品。庄园图书室里的英法文学作品更是数量丰富、种类繁多。

周一至周五这段时间，海因利希·弗洛瑞斯自己留在但泽，而让约翰娜和仆人住在泊蓝吉庄园。尽管庄园里风景优美，宅邸内陈设奢华，但约翰娜却过着一种离群索居的生活，避免造访左邻右舍。有时她会乘坐马车短程出游以自娱散心，而有时她则会在附近远离大道的草地上、森

---

[24] 阿图尔·叔本华《附录与补遗》（E. F. J. 派恩译，Oxford: Clarendon Press, 1974；2001年重印），第2卷，第618页／《全集》，第6卷，第654页。
[25] 约翰娜·叔本华《活力生命与漫游画卷》，第159页。

林里和田野中做长距离的散步。约翰娜采用一种意在消解海因利希·弗洛瑞斯对于自己忠诚所持猜疑的生存方式。她说，她受到引导而如此行事，她听从的是"某种内心的声音，它是自己终其一生都被引导着去加以遵循的，而当自己对它偶有违抗之时，我总会无一例外地后悔不已"[26]。尽管没有关于约翰娜面对海因利希·弗洛瑞斯求婚时她的引导灵（daimōn）所起作用的记载，但它却似乎为她与丈夫的关系定下基调——她的行为举止应该服从丈夫的意志。

然而，周末却给约翰娜与世隔绝的存在带来某种欢乐。丈夫常常会带着客人回来，还有一些别的客人也会在周日抵达，这就为她提供了多种机会，以历练自己的社交风度和展示其作为女主人的待客技巧。除了她深爱的良师益友詹姆逊"博士"之外，还有一些其他英国侨民也是她家中的常客，他们也是海因利希·弗洛瑞斯生意上的伙伴。当然，她的家人也会定期来访，还有一些名气稍逊的名人也是如此，比如，管风琴演奏家及教堂音乐作曲家，阿柏·乔治·约瑟夫·福格勒（Abbe Georg Joseph Vogler），以及 1758 年乘坐热气球穿越英吉利海峡的法国热气球运动员布朗沙（Blanchard）。

1787 年春末，海因利希·弗洛瑞斯变得焦虑不安，至少不太正常。由于担心普鲁士染指但泽，也许还敏感于年轻妻子的百无聊赖，他决定他们应该到英国去旅行，以实地考察一下是否可能移居英伦，并将生意也迁往那里。想到即将远行，面对这一亲身游历自己仰慕已久国度的机会，约翰娜真是喜不自胜。夫妇俩在 6 月 24 日，圣约翰施洗节这天，离开了但泽。俩人并不知道，阿图尔已经随他们同行了。他们乘坐自己携带着丰富物资的马车，穿过麻烦不断的沙滩艰难前行，沿途经过许多贫穷的城镇和村庄，直至到达柏林。约翰娜觉得拥有众多新近落成建筑物的柏林就像是一个剧院群。他们又从柏林旅行到汉诺威。海因利希·弗洛

---

[26] 同上书，第 162 页。

12　瑞斯在听觉方面早已出现问题，这一问题将来还会困扰他的儿子，因此，他向医生兼哲学家于一身的约翰·格奥尔格·里特尔·冯·齐默曼（Johann Georg Ritter von Zimmermann）[27] 征询建议。这位曾经担任过英国皇室私人医生和曾被弗里德利希二世封为贵族的服务于上流社会的医生，建议海因利希·弗洛瑞斯到派拉蒙浴场的矿物疗养地去。在派拉蒙浴场，齐默曼经常造访叔本华一家，而那位善讲故事的莱辛·克里斯托夫·弗里德利希·尼柯莱（Lessing Christoph Friedrich Nicolai）的朋友也是如此。尼柯莱曾于 1775 年出版过一本对歌德《少年维特之烦恼》（*Die Leiden des jungen Werther*, 1774）进行戏谑模仿的小说，他将其命名为《少年维特之欢愉》（*Die Freuden des jungen Werther*）。

在派拉蒙浴场疗养之后，他们又启程前往卡塞尔、美茵河畔的法兰克福、根特、安特卫普、里尔、布鲁塞尔和巴黎。他们在巴黎进行了为期四周的休假。当他们从加来出发前往伦敦之后，他们发现约翰娜怀孕了。这最终导致了他们匆匆返回但泽去为长子的出世做准备。尽管返回但泽让海因利希·弗洛瑞斯希望儿子获得英国国籍并因为这一称心如意的出生地而得享相应的权利、具备相关优势的愿望化为泡影，但他或许因

---

[27]　齐默曼强烈反对启蒙运动，是诗人克里斯托弗·马丁·维兰德（Christoph Martin Wieland）的好友。约翰娜 1787 年同他见过面，并在那时读过他写的《论孤独》（*Über die Einsamkeit*, 1784 / 1785）。在叔本华死后留下的藏书中的可能是约翰娜抄录的该书抄本。叔本华在自己哲学作品中曾两次提到过该书。在《作为意志与表象的世界》第一版中，叔本华摘引了该书的内容，以佐证可能因饥馑所导致的死亡，和作为自己找不到道德方面的理由来对之加以反对的某种自杀形式的例子。参见鲁道夫·马尔特编《作为意志与表象的世界》第一版的影印本》（*Faksimilenachdruck der 1. Auflage der Welt als Wille and Vorstellung*, Frankfurt am Main: Insel, 1987），第 575 页；和英文版《作为意志与表象的世界》，第 1 卷，第 401 页 / 德文版《全集》，第 2 卷，第 475 页，后面两个版本均采用 1859 年出版的第三版。在获奖征文《论道德的基础》中，叔本华引用齐默曼的话："请确信，直到你快死的一天，你才知道世界上最罕见的就是一位好裁判官。"《论道德的基础》英文版（E. F. J. 派恩［译］，Indianapolis: Hackett, 1997），第 43 页 / 德文版《全集》，第四卷，II,《论道德的基础》，第 111 页。不幸的是，齐默曼在他生命尽头将至之时丧失了作为一名优秀鉴赏家所具有的能力。在饱受多年的重度抑郁症折磨之后，他于 1795 年在孤独中死去。（译注：《论道德的基础》译文采用任立、孟庆时《伦理学的两个基本问题》中译文［北京：商务印书馆 1996 年版］，下同。）

为给儿子取名阿图尔而获得了某种安慰，这个在英语和法语中发音相同的名字象征着海因利希·弗洛瑞斯对于这两个国家的深深仰慕。[28]他还以一种极其非德意志的方式，决定不给儿子取中名。弗里德利希·尼采（Friedrich Nietzsche）的父亲具有非常不同于海因利希·弗洛瑞斯的思维方式，他给自己的儿子取了威廉的中名。而尼采自己则在后来去掉了这个中名，颇具叔本华风范。

约翰娜曾在回忆录中回顾道，"在那些日日夜夜，除了我儿子阿图尔之外，我几乎不再有任何其他思虑"[29]。多年以后，为使自己与她那抑郁不乐的儿子和解，她告诉他，他是她唯一的希望和"我生命中最美的欢欣"。[30]尽管这些话可能发自肺腑，但阿图尔是否愿意相信，却令人怀疑。他认为约翰娜是一位"糟糕的母亲"（mauvaise mere）。[31]不难想象，他在做如是说之时想到的是约翰娜："正如对动物而言的情形一般，对人类也是如此。原初的母爱部分出自本能，因此会随着孩子的无助而消失。此时，本应代之而起的是一种基于习惯和理智的爱；但它常常不会现身，尤其是当父亲对母亲并无爱恋之时，则更是如此。父亲对孩子的爱则另属他类，这种爱更为持久，它基于他在他们身上重新辨认出自己最为内在自我的事实，因此，它的起源更具形而上的特质。"[32]

也许海因利希·弗洛瑞斯并不爱他的妻子。我们知道，她对海因利希·弗洛瑞斯缺少"炽热的爱情"，而他对此也并不期待。根据她自己的描述，她对阿图尔怀有母爱，她回忆说，自己就像所有年轻母亲一样。"在归属于上帝的这个地球上，再没有比我的孩子更美丽、更纯洁、（就

[28]　约翰娜·叔本华《活力生命与漫游画卷》，第 225 页；也请参见叔本华《谈话录》，第264 页，脚注 433。

[29]　同上书，第 25 页。

[30]　吕特克豪斯《叔本华一家》，第 164 页，约翰娜 1807 年 4 月 28 日致阿图尔。

[31]　叔本华《书信集》，第 159 页，叔本华 1836 年 12 月 10 日致安蒂姆·格雷古尔·德·布雷兹迈尔。

[32]　叔本华《附录与补遗》，第 2 卷，第 625 页／《全集》，第 6 卷，第 662 页。

其年龄而言）更聪明的孩子了。"[33] 约翰娜和年幼的阿图尔在泊兰吉度过他们的夏日时光。他们偶尔会到斯图德霍夫去看望特罗西纳一家。对阿图尔外祖父母的拜访和约翰娜妹妹们的登门造访，以及海因利希·弗洛瑞斯周末时的常带回访客的返家，将会打破约翰娜惯常生活的单调乏味。然而，至少有一个不是周末的日子，她的丈夫出人意料地回家来。1789年7月的一个炎热的夏夜，海因利希·弗洛瑞斯策马回到庄园，满面红光，激动不已，喜气洋洋。巴士底狱被一举攻克了。和丈夫一样，约翰娜也对此感到兴高采烈。夫妇俩将继续满怀激情地在各种报纸中阅读关于法国大革命的后续故事。

　　1793年春，给叔本华一家的生活道路带来了重大却并非不可预料的变化。普鲁士和俄国开始瓜分具有领土主权的波兰疆域，普鲁士吞并了从前受波兰保护的自由市但泽和托伦。1793年3月11日，市议会一致通过决议，将但泽置于普鲁士的主权之下，这时，正如一些反普鲁士的家庭所做的一样，好斗的共和主义者海因利希·弗洛瑞斯立即决定举家迁离但泽。此次搬迁耗资不菲。全家损失了十分之一的财产用于纳税。叔本华一家因此在无意中成了普鲁士对革命的法兰西进行军事对抗的帮凶。后来，阿图尔声称自己由于那种终其一生无家可归的感受而付出了甚至更为巨大的代价："因此，还在童稚的幼年时期，我就已经是无家可归的了，那时，我不过才五岁。"[34] 然而，我们却难以理解他对但泽的依恋之情。他保留了但泽的公民权，因此，从法律上而言，他并非无家可归。阿图尔与他那决心再也不回但泽的父亲不同，父亲事实上再也没回去过，而阿图尔却返回过但泽探望亲戚。那里也是他短暂的初次学徒生涯的见习地，而且他的坚信礼也是在那里施行的。他完全可以留在但泽生活，然而，即便是在他远游他乡的游兴消失之后，即便是当他寻找永久定居

---

[33]　约翰娜·叔本华《活力生命与漫游画卷》，第225页。
[34]　叔本华《书信集》，第48页，博士论文中的《阿图尔·叔本华简历》(*Vitae Curriculum Arthurii Schopenhaueri,* Phil: Doct)，1819年12月31日。

地的时候，移居但泽的可能性也似乎从未成为过他用于做出决定的考量因素。但泽磁石般的吸引力似乎只是由于它在阿图尔生命中的缺位。或许，它象征着一个处所，在那里，他想象着约翰娜那源自本能的母爱为他的茫然无助所吸引；而随着自己出离于这种茫然无助的状态，他却无法想象但泽还能有什么爱可言。

汉堡

叔本华一家退到汉堡。无人知晓他们为何没有移居伦敦。海因利希·弗洛瑞斯曾为此两度到过伦敦进行探察，而他在那里也有着各色的熟人和贸易伙伴。然而，对于一个具有共和主义者敏感性的商人而言，汉堡也是顺理成章的选择。就像从前的但泽一样，它也是一座自由的汉萨城市，一个在 1772 年就实施了宪政的共和体，这个共和体取得了贵族和中产阶级两大阶层之间的微妙平衡。它还是一座拥有同但泽非常相似的贸易模式的海港城市。但最为重要的却是，由于它的自治地位受到荷兰和英国的保护，而且和法国也有着牢固的贸易联系，因此，它似乎可以免遭普鲁士的侵略。汉堡也是一座高效务实的商人城镇，在这样一座城镇里，海因利希·弗洛瑞斯会觉得自由自在，尽管它缺乏但泽的国际化大都市气息。在阿图尔直至他十八岁的成长历程中，他绝大部分时间都将在汉堡这座城市度过，他在这里的种种经历，以及他在法国度过的两年时光和用于游历欧洲的其他两年时光，都将塑造他的性格和种种根本的态度。汉堡也将是他唯一手足的出生之地，它还将是他母亲培养并磨砺自己作为女主人诸多技巧的所在地，这些技巧会被她后来在魏玛极其成功地加以施展。最后，它还将是海因利希·弗洛瑞斯的丧命之地。

一到汉堡，叔本华一家就在新街七十六号租下了一套公寓，这是老城区的一条街道，名字相当古怪。经过三年的艰辛工作和不懈努力，海因利希·弗洛瑞斯在生意上又再度站稳脚跟。尽管他的生意再未取得过他

15

的先祖在但泽曾有过的成功，但它的蓬勃兴旺却足以使叔本华一家得以在城市的富人区买下一所新的住宅。新万特拉姆街九十二号的围墙环绕的院落既是商用办公，又是全家居住的所在。院子后部紧靠一条运河，这使得装卸和运送货物都颇为便利。后院中分布着储藏室、仓库，以及商业用房或者"账房"，那是进行诸如记账、会计和通信等商业活动的场所。还有一个被雕花木廊环绕的内庭。而在院落的前部则是居住区，包括两间主要的大房间和八间较小的卧室。这套住宅里还有一个相当宽敞的画廊、一个藏书丰富的图书室和一个被精心装饰过、可容纳百余人的舞厅。

叔本华家凭着这套新居，几乎可以说是跻身于汉堡的商界精英之列——耶尼希、帕利熙、哥德弗罗耶斯、福格特和希维京。而希维京家的社交圈子成为他们往来其间的所在，更是尤其清楚地显现出，他们享受着汉堡最为优质的社交生活。格奥尔格·海因利希·希维京（Georg Heinrich Sieveking），被称作"汉堡的罗斯柴尔德"（Rothschild），是北德地区最具影响力的重要人物之一；而其妻约翰娜（"涵欣"）则是博学之士约翰·阿尔伯特·海因利希·莱玛乌斯（Johann Albert Heinrich Reimarus）博士之女。希维京是法国大革命旗帜鲜明的倾慕者，其倾慕程度或许更甚于汉堡城中的其他居民。当然，正如他的同时代人一样，随着大革命最终演变而为暴政，他的支持也热度渐消。1796 年，他带头率领一个代表团前往巴黎，设法解决了存在于法国和汉堡之间的重大商业和政治问题。他的这一举动博得了普遍赞誉，部分消除了人们对他可能是雅各宾党人的怀疑。此外，正如像具有他的社会地位的人惯常所为一样，他还为学者和艺术家提供赞助，支持法国大革命的逃亡者和汉堡的穷人。

在与汉堡的商界精英过从甚密的同时，叔本华一家也结识了众多汉堡的文化和学界名流，个中翘楚当推诗人弗里德利希·戈特利普·克洛卜施托克（Friedrich Gottlieb Klopstock）。当 1770 年迁居到汉堡时，他早已大名鼎鼎。尽管他的情感和宗教敏感性同汉堡人务实重利的倾向势同水

16

火，但克洛卜施托克自到达汉堡的那一刻起，就立即尽享了名流尊荣，（以一种重复的方式来讲）——名声本身就足以在汉堡扬名。约翰娜很可能是在希维京的府邸遇见的老诗人，早在青年时期，她就已经拜读过他的大作。而乐于提及任何与自己生活有过关系的名人同自己的私人交往的阿图尔，虽然从未提及与克洛卜施托克有过任何私人交往，却会在后来将他同克里斯托夫·马丁·维兰德、歌德与弗里德利希·席勒（Friedrich Schiller）一道，并称为"文人雅士"，将其树为正确使用德语语言的典范。[35]

叔本华一家还是涵欣·希维京的父亲，莱玛乌斯博士，身边的常客。莱玛乌斯博士是莱辛的朋友，而莱辛则编辑出版了莱玛乌斯博士的父亲，赫尔曼·萨缪埃尔·莱玛乌斯（Hermann Samuel Reimarus）的著作《论耶稣的目的及其早期信徒》（*Von dem Zwecke Jesu und seiner Jünger*, 1778）。[36] 莱玛乌斯博士兴趣广泛，才华横溢。除了为医学期刊撰稿（这其中包括关于治疗天花和在眼科手术中使用颠茄剂的文章）之外，他还撰写关于自然宗教、哲学和动物生理学的短文。他对于社会进步的责任感使他成为汉堡艺术及贸易促进会的创建者之一。然而，这一在其名称中将艺术置于贸易之前的团体并非实至名归，因为事实上它为贸易提供的资助胜于为艺术提供的资助。诚然，它的确资助过艺术家和学者，但它更乐于为之提供赞助的，却是致力于消灭对船舶构成威胁的啃噬木材的海虫的研究，而非是那些忍饥挨饿的艺术家，如果尚有一线机会，他

17

---

[35] 叔本华《附录与补遗》，第 2 卷，第 533—534 页 /《全集》，第 6 卷，第 566 页脚注。

[36] 叔本华将《论耶稣的目的及其早期的信徒》称之为一本"颇值一读的书"。他同意莱玛乌斯的观点：福音书基于一些在耶稣生时所写下的资料。莱玛乌斯用以支持这一论断的是，福音书中包括了被许诺在耶稣的一些同时代人尚在人世之时就会得以实现的预言。他论证说，如果说福音书是几百年之后所写的话，那么这些并未得以实现而令人尴尬的预言就不会出现了。参见叔本华《附录与补遗》，第 2 卷，第 384 页 /《全集》，第 6 卷，第 407 页。叔本华身后的藏书中收藏有三本赫尔曼·萨缪埃尔·莱玛乌斯的著作和四本约翰·阿尔伯特·海因利希·莱玛乌斯的著作。参见《手写遗稿》，第 5 卷，第 134—136 页，第 278 页。

们可能已经将木材吃到肚里去了。

叔本华一家同斯塔尔—霍尔施泰因男爵（the Baron de Stäel-Holstein）也有着亲密的关系，他是斯塔尔夫人的丈夫，曾担任过瑞典的外交官，尽管娶了一位富有的妻子，他却靠定期领取希维京家发放的财政资助为生。[37] 其他与阿图尔父母交往的名士包括：被拿破仑封为贵族，外交前途无量的卡尔·弗里德利希·莱因哈特（Karl Friedrich Reinhard）伯爵；1786 年陪伴歌德游历意大利的画家威廉·蒂施拜因（Wilhelm Tischbein）；大教堂参事会成员洛伦茨·迈耶（Lorenz Meyer），他也是艺术赞助人及阿图尔儿时玩伴的父亲；因夸张小说而闻名的奥古斯特·戈特利普·迈斯纳（August Gottlieb Meißner）教授；派驻汉堡的英格兰牧师约翰·奈普（John Knipe）[38]；汉堡的法国剧院明星演员舍瓦利耶夫人（Madame Chevalier）；普鲁士陆军元帅弗里德利希·阿道夫·冯·卡尔克罗伊特（Friedrich Adolf von Kalckreuth），他后来试图在拿破仑 1806 年占领魏玛之前安抚约翰娜[39]，以及 J. G. 毕希（J. G. Büsch）教授。

法国大革命将众多贵族流亡者和他们的同情者带到汉堡。奇怪的是，他们在这样一座对法国大革命虽有保留但却欣然接受、共和观念深入人心，直至穿衣风格均践行英国生活方式的城市里，竟然受到了欢迎。对立物仍在相互吸引，移民们轻快的心情和生活的欢乐渗透进这座商人城镇审慎理智的气氛之中。欢愉更多了——跳舞、赌博、饮酒，还有作乐，无论免费还是付费。城中多个区域出现了法国咖啡馆，而法国剧院也落

18

---

[37] 叔本华写道，歌德曾指责斯塔尔夫人在《论德国》（De l'Allemagne）中夸大了德国人的诚实，歌德担心这会误导和伤害游客。参见叔本华《论自然中的意志》（E. F. J. 派恩译，New York / Oxford: Berg, 1992），第 32 页/《全集》，第 4 卷，第 17 页。斯塔尔夫人的书还对德国人不问政治形象的推广起到了推波助澜的作用。

[38] 奈普后来将陪伴叔本华的儿时玩伴查尔斯·哥特弗罗伊（Charles Godeffroy）游览英国。参见阿图尔·许布舍尔"两位汉堡青年时代的朋友"（Zwei Hamburger Jugendfreunde），刊于《叔本华年鉴》，第 51 卷（1970），第 38 页。

[39] 参见约翰娜写给阿图尔的信，1806 年 10 月 18 日，载吕特克豪斯《叔本华一家》，第 82—83 页。

成了。但随着这些流亡者囊中日渐羞涩，他们中的多数人为情势所迫，不得不以教人法语、舞蹈和击剑为生，这样，他们的新奇感也就难以如初。他们未能改变汉堡的文化生活，相反，他们自己却被改变了。然而，法国将要在阿图尔的生活中起到类似的作用，但是在当他前往法国的时候，出现恰恰相反的情况。不同于那些在汉堡其光彩日渐暗淡的流亡者的是，阿图尔在法国的时光却将随着时光的流逝而明朗生辉。他在法国度过的岁月是"我童年最为欢乐的部分"，他在 1819 年写道。[40] 好一个强有力的论断！因为这是他在青少年时期唯一一段未与父母共同生活的岁月。

勒阿弗尔

通常，一旦孩子年满八岁，父亲和他们的关系就会变得亲密起来。在对儿子的成长进行了为期一年更为密切的关注之后，海因利希·弗洛瑞斯考虑该如何密切同儿子的关系，但他做出的决定却是同他保持距离。儿子被他寄放在一位生意伙伴的家里，在那里一住就是两年。这位生意伙伴就是法国勒阿弗尔的安德烈·查理·格雷古尔·德·布雷兹迈尔（Andre Charles Grégoire de Blésimaire）。在 1819 年所写的《个人简历》中，阿图尔声称，父亲希望他成为"一名成功的商人，同时，又是一名胸怀世界、举止优雅的男子"。[41] 海因利希·弗洛瑞斯试图将安德里亚斯·叔本华让自己具有的同类经历复制到儿子身上。这些经历的目标均在于在一个将同各式各样的贸易伙伴具有良好关系的儿子身上培养出开明而开放的心态，但这两类经历之间的相似之处却在关系重大的细节方面

---

[40]　叔本华《书信集》，第48页和第649页。这一说法摘自叔本华1819年12月31日寄往柏林大学哲学系的用拉丁文所写的《个人简历》。第一个页标所指的是拉丁文原文，而第二个页标所指则是德语译文。
[41]　同上书。

不复存在。不同于让已经成年的海因利希·弗洛瑞斯在国外生活工作的安德里亚斯·叔本华的是，海因利希·弗洛瑞斯将一个年仅九岁的小男孩置于异国他乡去生活。如果说年仅五岁的阿图尔在全家逃离但泽之后感到"无家可归"的话，那么，上述之举对于他的影响是不难想象的，尤其是因为他那时是一个害怕被人遗弃的小孩子。在一则写于 1833 年左右的私人日记中，阿图尔带着批判眼光对自己的性格进行反思："天性之所为，已然超出足以导致我心灵孤寂的程度，它让我天生多疑、敏感、狂暴、骄傲，其程度达到与一名哲学家所应有的沉着镇静（mens aequa）难以相容的地步。"但在注意到存在于自身性格与哲学家应有的沉着镇静之间冲突之后，他也注意到一个焦虑严重发作的例子，他将其归因于父亲的遗传："一天晚上，散步回家的父母发现年方六岁的我深深地陷入绝望之中，因为我突然觉得自己被他们永远遗弃了。"[42] 考虑到叔本华青少年时代生长于一个父母从未互表爱意的家庭之中的种种经历，他这一结论或许具有错误的因果关系。很可能是他早年家庭生活对于他的性格具有他的"天性"对之起到的同样重要的决定作用。

在阿图尔唯一的手足，取名路易丝·阿黛莱德·拉维莉亚（阿黛勒）（Louise Adelaide Lavinia［Adele］）的妹妹，出生后不久，父子俩出发前往法国。阿黛勒生于 1797 年 6 月 12 日。五十二年之后，阿图尔未能想起阿黛勒究竟是出生在 6 月还是 7 月，尽管他宣称"她出生那天的情景对我来说仍是历历在目"。[43] 海因利希·弗洛瑞斯决定在女儿满月之后将阿图尔带往法国，这使他得以逃脱家中的一片忙乱，返回法国故地重游，并将约翰娜从照顾幼子和襁褓中女儿的重负中解脱出来——这一重负却

---

[42]　叔本华《手稿遗稿》，第 4 卷，"关于我自己"（Εἰς ἑαυτόν），#28。

[43]　叔本华《书信集》，第 237 页，叔本华 1849 年 9 月 7 日致西比勒·梅尔滕斯－夏夫豪森（Sibylle Mertens-Schaafhausen）。

由于家中女仆索菲·杜格（Sophie Duguet）而得到缓解。[44]这一时期，政治上也相对平静。海因利希·弗洛瑞斯利用在当年较早时候已经结束的第一次同盟战争的尾声，因为当时的北德再次保持中立。

在花两周时间在巴黎观光游览，并同生意上的伙伴相聚会面之后，海因利希·弗洛瑞斯将阿图尔留在格雷古尔家，在这户人家中，阿图尔体验到自己家中所缺乏的亲密氛围。格雷古尔一家将他视为"次子"加以对待。[45]他们的"长子"让·安蒂姆，比阿图尔约年长一岁，成了他的朋友。如果考虑到叔本华一生鲜有真正密友的话，那么，从他整个一生这一更为广阔的背景来看，安蒂姆或许是他所有过的最为亲密的友人了。青年时代的安蒂姆，和叔本华可谓意气相投。几年之后，当他们有一天在远足途中在霍尔斯泰因的特里陶橡树林中躺下歇息的时候，阿图尔开始沉思起生命的不幸。阿图尔断言道，它是如此的短暂、脆弱和易逝，以至于甚至试图去做任何需要付出巨大努力的事情，都是不值得劳心费力的。安蒂姆回答道，对于这一切，他都了然于心，但他补充说，自己必须成为一名商人，这在他看来是"全然愚蠢而无用的"。[46]

一位名叫杜澜（Durand）的家庭教师教授孩子学习法语、基础拉丁语和法国文学。阿图尔的法语是如此炉火纯青，以至于当他最终回到自己家里时，父亲欣喜万分地听到他说的法语就像是法国人说的一样，阿图尔也写道，他却必须重学德语。[47]除了消遣性法国文学作品之外，孩子们还阅读伏尔泰的史诗《中国孤儿》（*Le Henriade*），这是一部强烈批评宗教狂热的作品。无论是海因利希·弗洛瑞斯还是约翰娜，都对伏尔泰仰

20

---

[44] 阿黛勒在小说《安娜：一部出自最近往昔的长篇小说》（*Anna: Ein Roman aus der nächsten Vergangenheit*, 1845）当中，让索菲与其丈夫约内斯·杜格（Johannes Duguet）作为仆人出场。阿黛勒的小说由约翰娜和阿图尔的出版商 F. A. 布洛克豪斯出版。

[45] 叔本华《书信集》，第48页，第649页，叔本华1819年12月31日致柏林大学教授。

[46] 同上书，第156页，叔本华1836年12月10日致安蒂姆。叔本华用法语同格雷古尔一家通信，在给他的"法国兄弟"写信时用的是亲密的"你"的称呼。

[47] 同上书，第48页，第649页。

慕备至，——《老实人》（*Candide*）是海因利希·弗洛瑞斯最为钟爱的书籍——两人都赞同伏尔泰反对宗教的不宽容立场。阿图尔也将慢慢成为伏尔泰的崇拜者。他坦言道，伏尔泰是一个精神贵族，"在帝王及其王子们就座的桌边应有他一席之地"。[48] 在格雷古尔家温馨关爱的氛围中，阿图尔还受到鼓励，培养自己善于感受他人痛苦的意识。后来，自身的经历和在伦格博士学校里所受的教育，强化了这种宗教宽容的理念和对于他人不幸所怀有的同情心。

在叔本华生命的不同阶段中，安蒂姆都将再度现身。而他每出现一次，两个朋友就同对方疏远一分，直至 1845 年之后安蒂姆从叔本华的生活中永远地消失不见。阿图尔的法国"兄弟"于 1806 年 5 月底旅行到达汉堡。他此行的目的在于学习德语，以便继续为他的经商生涯进行准备。他本来可以住在叔本华家里，但在安蒂姆到达之前，这个家庭业已土崩瓦解。海因利希·弗洛瑞斯已经过世；新万特拉姆街九十二号的院落已上市待售；生意正处于被清算关闭的过程之中；约翰娜正在探察魏玛，以便为自己和阿黛勒找到一个新的安居之所；而阿图尔则正因为在市参议员马丁·约翰（Martin Johann）处做学徒和在一个名叫鞠斯伯特·魏林克（Gysbert Willink）的保险经纪人家里寄宿而备受煎熬。尽管如此，约翰娜还是将安蒂姆安排在附近阿勒默尔的许博牧师（Pastor Hübbe）处寄宿。后来，在 1807 年 1 月，十九岁的安蒂姆同他的德国"兄弟"一道搬了进去。

除了在特里陶的森林中悲叹自己那毫无悬念的命运之外，——安蒂姆

---

[48] 叔本华《附录与补遗》，第 1 卷，第 431 页／《全集》，第 5 卷，第 460 页。如同他的父亲一样，叔本华对于"伟大的伏尔泰那部不朽的《老实人》"仰慕不已，尽管它对他而言并非像对海因利希·弗洛瑞斯而言那样是最为钟爱的书籍。参见叔本华《作为意志与表象的世界》，第 2 卷，第 582 页／《全集》，第 3 卷，第 668 页。叔本华还在他的"康德哲学批判"当中引用了伏尔泰《路易十四时代》（*Siècle de Louis XIV*）第 32 章中的内容："犯下大错而不受惩罚，是真天才所享有的特权，尤其是那些开启全新道路的天才所应有的特权。"同上书，第 1 卷，第 412 页／同上书，第 2 卷，第 488 页。

无法逃脱他那"全然愚蠢而无用的"商人命运——"兄弟"二人还参与了一些对处于他们社会地位的青年男子而言稀松平常的活动。他们参加舞会和社交聚会，上剧院看戏，试图勾引社会地位低下的女子，确切地说，勾引歌舞队女子、女演员和女仆。他们偶尔甚至还会去寻花问柳。[49]其哲学深深植根于对于自身经历所进行反省之中的叔本华，最终在 1844 年鼓足勇气，将他那篇运笔自如而又惊世骇俗，有时还显得荒唐可笑的随笔"性爱的形而上学"收录进了《作为意志与表象的世界》第二版中。他所写的这篇随笔，在哲学上既无先辈可以依傍，也无前人可以驳斥；早在西格蒙特·弗洛伊德之前，他就已经强调性在人类事务中的无处不在。他藉此特别提到了他对于性爱在自己生活中所扮演角色的颇为矛盾的看法：

> 除了生命之爱以外，它［性冲动］在此似乎是所有动机当中最为奇特和最为活跃的，一刻不停地对人类中较为年轻的那一部分所拥有的力量和思想理直气壮地进行操控。它是几乎所有人类努力的终极目的……它毫不迟疑地携其糟粕强行闯入，并干扰政治家进行谈判，干扰学者进行探究。它知晓如何将它的求爱便条和长长的鬈发偷偷塞入甚是是高官的公文包里和哲人的手写稿中。它天天都在酝酿和密谋最为恶劣和最令人为难的争吵和纠纷，摧毁最为宝贵的关系，砸碎最为牢固的桎梏。它时而要求人们牺牲自己的生命和健康，时而又要求他们牺牲自己的财富、地位和幸福。事实上，它使那些先前可敬

22

[49] 安蒂姆写信给阿图尔，回忆当他在汉堡期间，他俩如何享受"一名勤勉的妓女的拥抱"，参见保罗·霍夫曼（Paul Hoffmann）"叔本华与汉堡"（Schopenhauer und Hamburg），刊于《叔本华协会年鉴》，第 19 卷（1932），第 217 页；摘引自吕迪格尔·萨弗兰斯基（Rüdiger Safranski）《叔本华与哲学的狂野年代》（Schopenhauer und die wilden Jahre der Philosophie，沃尔德·奥泽斯［Ewald Osers］译，Cambridge, MA: Harvard University Press, 1990），第 66 页。（译注：萨弗兰斯基此书已有商务印书馆 2010 年版译本）

而正直的人天良丧尽，使那些曾经忠诚可信的人成为叛徒。[50]

两个年轻人过半的力量和思想可能都被性欲给操控了，这很可能既不古怪也不反常。然而，在同安蒂姆一道越轨胡闹的过程当中，叔本华无异于参加了一场自己必输无疑的比赛。他的朋友魅力十足，善于交际；而阿图尔不仅继承了父亲的意志，还继承了他的相貌。此外，阿图尔还缺乏富于魅力的个性，而这种个性本可以对他自己那难以吸引他人的外貌有所弥补。甚至就算他同朋友竞争的直接目的并非是为了赢得女子芳心，阿图尔也相信自己在他希望获胜的游戏之中是一个失败者。在一则收入他写于 1831 年左右的私人日记当中，叔本华摘引了一句他心目中的英雄，拜伦勋爵所说过的话："我看男人看得越多，就越不喜欢他们；如果对女人我也能这样说的话，那一切该是多好啊！" [51] 多年之后，年迈的哲学家向卡尔·格奥尔格·贝尔（Carl Georg Bähr）坦白道："至于女人嘛，我对她们还是喜欢过的——如果她们那时也想要我就好了！" [52] 这段叔本华在六十八岁时就自己同女性有过的种种关系所作的总结性回顾，揭示出了他对女性所怀有的憎恶的至关重要的根本原因。性行为那令人困扰的"糟粕"促使他以哲学的方式在他那篇臭名昭著的随笔"论女人"中对女性大泼脏水，将其贬为垃圾。这篇散文收录于最终为他赢得读者的《附录与补遗》（1851）当中。[53] 对于那些自己心向往之却无法拥有的东西，叔本华所做的就是贬低其价值。

在叔本华未对安蒂姆 1817 年所写的某封信给予回复之后，后者就从叔本华的生活中消失了。之后的 1836 年，他又再度出现。格雷古尔[*]

---

[50]　叔本华《作为意志与表象的世界》，第 2 卷，第 544 页 /《全集》，第 3 卷，第 610 页。

[51]　叔本华《手稿遗稿》，第 4 卷，第 502 页 /《手写遗稿》，第 4 卷，下册，第 117 页。

[52]　叔本华《谈话录》，第 239 页。

[53]　叔本华《附录与补遗》，第 2 卷，第 614—626 页 /《全集》，第 6 卷，第 650—663 页。

　　[*]　此处指安蒂姆。

在报纸上看到约翰娜一篇小说。他买下《姑母》（*Die Tante*, 1823）来读。他以为阿黛勒是小说的作者，就写信给她，询问她"亲爱的兄长"命运究竟如何了。[54] 阿黛勒将格雷古尔的信转给兄长，并附言道"他看起来非常爱你"。[55] 这时，叔本华即将年满四十九岁，而格雷古尔则刚好五十。

23

叔本华写给格雷古尔的信件包括一系列对他们最后一次通信之后的那十九年时光所做的私密注记。在这封用法语所写的信件里，叔本华用亲切的"你"（tu）而非正式的"您"（vous）来称呼安蒂姆，就仿佛他是自家兄弟一般。信的正文前附上了一首小诗：

> 一个善良渺小的男子
> 仍是生活得——
> 离你如此之切近
> 胜于你所能相信。

> (Petit bon-homme
> Vit encomme-
> Plus près de toi
> que tu ne crois.) [56]

他在信末加上一条附言，以更正安蒂姆关于《姑母》作者的错误印象。他称赞约翰娜的文学技巧，却猛烈抨击她作为母亲所应具有的技能："写这本小说的不是我妹妹，而是我母亲。她已是声名鹊起，并已出版了她二十四卷本作品全集的第二版。她是一位优秀的小说家，却是一位非

---

[54] 参见叔本华《书信集》，第526页，对第152封信所做的注释。

[55] 吕特克豪斯《叔本华一家》，第390页，阿黛勒1836年12月2日致叔本华。

[56] 同上书，第156页，叔本华1836年12月10日致安蒂姆·格雷古尔·德·布雷兹迈尔。

常糟糕的母亲。自 1814 年以来，我就再也没有见过她。她和我未婚的妹妹住在波恩。"[57]

这则附言所表现出的率直引人注目，叔本华对于约翰娜文学技巧所做出的积极评价，表明他觉得自己母亲将永无机会读到它。然而，即便约翰娜能够读到她是一位非常糟糕的母亲的陈述，叔本华也会毫不在意。他在无数场合都让她知道他自己对此的感受。相反，他却从未让她知道他对于她作为一个作家所具有的技巧所作出的评价。事实上，他告诉她的恰恰是完全相反的情况。1813 年，在他博士论文《论充足理由律的四重根》（ *Über die vierfache Wurzel des Satzes vom Zureichenden Grunde* ）出版不久，他就开始了同她的激烈交锋，而多次这样的争论最终促使他在 1814 年作出了再也不见约翰娜的决断。当约翰娜挖苦地问他——在回击对手尖酸刻薄的俏皮话方面，她同儿子一样技艺娴熟——他的书是否是为药剂师所写之后，阿图尔反驳道，就算是在旧货店里连一本她写的书也再难找到之时，他的书仍会有人在读。然而，约翰娜却掌控了局面，她以"而你的书仍是悉数待售"[58]一语结束了这场对峙。

或许，叔本华竟会背着母亲称赞她的文学技巧，实在颇显怪异，但他对于母亲的极端疏离已足以解释他为何不愿当面称赞她。此外，他还将她视为"一位非常糟糕的母亲"，并且，从两个层面上来看，他都认为，对一名女性而言，是一位好母亲乃是远为重要的赞美之词。从个人方面而言，他认为自己因为约翰娜缺乏履行母亲职责所需的训练而深受其苦。他还坚称她是一个不称职的妻子，正如后来可以看到的一样。从理论上而言，她也未能完成她作为一名女性的使命，他宣称，对于一名女性而言，来到尘世间的悲惨命运便是做一名贤妻良母。在"论女人"中，他满怀称赞地引用拜伦《萨丹那帕路斯》（ *Sardanapalus* ）中的诗句

---

[57] 同上书，第 159 页，约翰娜·叔本华的二十四卷本作品集（《全集》）于 1830 年至 1831 年由莱比锡的出版商 F. A. 布洛克豪斯出版。该全集第二版 1834 年出版。

[58] 叔本华《谈话录》，第 17 页，由威廉·格温纳记录。

来表明自己的观点：

> 人类原初的生命
> 定是源于女子的胸怀，
> 你初吐的小词学自她的唇间，
> 你初流的热泪乃是她所吮尽，还有你最后的叹息
> 也常常是在女子的聆听之中声息渐无，
> 在那一刻，男人却都畏缩不前
> 害怕去给予那曾引领自己的男子临终的关怀。[59]

后来，叔本华对于约翰娜去世的态度将同拜伦的泛泛之论完全吻合，而阿黛勒则圆满完成了自己的使命。

叔本华具有多重理由来称赞母亲的写作才能。约翰娜的成功乃是无可规避的事实。十几年间，她一直是全德最为成功的女性作家，而她作品中相当一部分都得以再版。此外，在长达数年之久的时间里，叔本华自己并非是以哲学家叔本华而闻名，使他为人所知的是他作为小说家约翰娜·叔本华的儿子。尽管这使得他耿耿于怀，但在同安蒂姆的竞赛中，约翰娜的知名度却可以被他用以自我吹嘘。认可母亲的文学成就便是认可他自己的成就。还在1836年之前，他就已经从哲学方面支持孩子是从母亲处继承得到他们才智的理论。因此，认可约翰娜的智力水平便是认可他自己的智力水平，而且是以一种让他自己更显睿智的方式，因为"考虑到女性那普遍而言较为弱势的天性，这些［智力］才能在女子身上从未达到过在理想状况之下继而在他们儿子身上得以拔高的程度"。[60]

沿着这一思路，叔本华声称，如果考虑到自己情况的话，他应该给

25

---

[59]　叔本华《附录与补遗》，第2卷，第614页 /《全集》，第6卷，第650页。他摘引的是拜伦英文原文，引文出自《萨丹那帕路斯》，第1幕，第2场。

[60]　叔本华《作为意志与表象的世界》，第2卷，第522页 /《全集》，第3卷，第598页。

予母亲的赞扬似乎多于他所愿意给予她的:"但当说到女人自身的时候,我们必须在此种关联之中给予她的成就以更高的评价。"[61] 然而,这一说法却并不意味着约翰娜的作品就胜过阿图尔的作品。他视自己的作品为天才之作。他从母亲那里所继承的东西,他的智力,有幸找到一个男性的头颅,它能为一个更大的大脑提供发展空间,而这是成其为天才的必要条件,却并非是充分条件。女人仅仅拥有对于伟大的智力而言太过弱小的脑袋;而这些脑袋充其量能够包含的只是天赋而已。[62]

在这封信中,还有着一些阿图尔同安蒂姆进行性竞赛的残留证据。在不顾自己几乎须发皆白的事实的情况下,阿图尔在吹嘘自己健康的身体和皱纹全无的红润面色之后,说道,他仍然不得不有偶尔的"性行为"(petiti liaison),并生下了两个非婚生的孩子,但她们都年纪轻轻就夭亡了——"两个非婚生的、年少即夭的孩子。"(2 batards, quev j'avois, sont morts jeunes)[63]他补充道,他还经年累月地同一个自己深爱的女子保有一种秘密的男女关系。他接着说,这段关系的结局很糟,当他离开柏林之时,她未能遵守诺言随他同行。这令他颇为伤悲,因为"她是我唯一难以割舍的东西"。[64]他向安蒂姆保证,时间已最终抹去了这一伤痛。

26

---

[61] 同上书,第 523 页 / 同上书,第 599 页。

[62] 有关叔本华关于大脑、大小以及性别的令人好奇的说法,参见叔本华《作为意志与表象的世界》,第 2 卷,第 392 页 /《全集》,第 3 卷,第 448—449 页,和《附录与补遗》,第 2 卷,第 620 页 /《全集》,第 6 卷,第 656 页。

[63] 叔本华《书信集》,第 159 页,叔本华 1836 年 12 月 10 日致安蒂姆·格雷古尔·德·布雷兹迈尔。当他 1819 年夏天在意大利度假期间,一户德累斯顿人家的女仆生下了叔本华的女儿,这个孩子在当年仲夏就夭亡了。他次女是在 1835 年间或是 1836 年年初生于美茵河畔的法兰克福。就像他前一个孩子一样,这个女儿也早在幼年之时即已夭亡。阿黛勒 1836 年 1 月 16 日和 1836 年 6 月 6 日致奥蒂莉·威廉妮·爱纳斯蒂娜·亨丽耶特·冯·歌德(Ottilie Wilhelmine Ernestine Henriette von Goethe)的信中,间接提到了这第二个孩子。参见伽布利勒·毕希(Gabriele Büch)《人生皆梦:阿黛勒·叔本华传》(Alles Leben ist Traum: Adele Schopenhauer, eine Biographie, Berlin: Aufbau Taschenbuch Verlag, 2002),第 226 页。

[64] 参见叔本华《书信集》,第 159 页,叔本华 1836 年 12 月 10 日致安蒂姆·格雷古尔·德·布雷兹迈尔。叔本华所指的是卡罗琳娜·梅冬。

为了重建两个相亲相爱兄弟之间的亲密关系，叔本华还向格雷古尔吐露了一个甚至连家人都不知道的秘密。1826 年，在一些生意伙伴的建议下，叔本华将一笔数额可观的金钱投资购买了墨西哥公债。和他们信誓旦旦的保证相反的是，事实证明这笔投资实为巨额的损失，它使得叔本华的年收入减少了三分之一。他希望能收回这笔钱，并告诉安蒂姆，但又害怕由美国人，这一"由无赖和骗子组成的民族"，所挑起的德克萨斯独立运动，会延缓他对于这笔投资的回收。[65] 叔本华的财政事务一定激起了格雷古尔的兴趣。两年之后，当叔本华就投资巴黎一家人寿保险公司的事宜向他寻求建议时，他提议由自己来为叔本华管理资金。叔本华并未听从他提出的建议，而是反其道而行之，投资了巴黎的这家公司，这一举动导致了俩人通信的中断，直至七年之后，当格雷古尔写信说他将携女儿到美茵河畔的法兰克福来旅游的时候，叔本华将他们安排在英吉利饭店下榻。两位老友对于此次重聚的反应截然不同。格雷古尔两度结婚，并有了孩子，这个从前的商人已经几乎变得和他的父亲一般；而叔本华则未曾结婚，是一个和自己的父亲丝毫也不相像的哲学家。格雷古尔叙述道，他们在就餐时进行的交谈令人愉快。[66] 但在十三年后的 1858 年，更为老迈的叔本华却告诉卡尔·格奥尔格·贝尔说，他对两人之间的交谈感到失望。贝尔叙述道，叔本华说，"人们之间的分歧随着年华的日益老去而变得越来越大。最终，人们就彻彻底底地形单影只了。"[67]

老迈的哲学家所做的这一反思，清楚地表明叔本华作为一个茕茕孑立的男子所持有的立场。同时，我们再回过头来审视这个年仅十一的小男孩，他正在为离开法国，离开他那自己在其间才觉得拥有一个充满爱的家庭的唯一家园而做着准备。在度过青少年时期最为快乐的两年时光之后，阿图

---

[65] 同上书，第 159 页。

[66] 参见叔本华《谈话录》，第 15 页。

[67] 同上书，第 264 页。贝尔记述道，这次交谈是 1858 年 5 月 15 日在美茵河畔的法兰克福进行的。

尔于 1799 年 8 月离开勒阿弗尔，独自一人旅行到达汉堡。父母安排他走海路，而非陆路，是因为他们害怕英法之间会重开战端，当然参战者还包括它们的同盟国。尽管叔本华说自己一回到家中，就不得不拼命重新寻回自己的母语语感，然而，"我那亲爱的父亲却在他听见我如法国人一般用法语侃侃而谈之时，喜不自胜，跳将起来"。[68]

伦格的私人学校

海因利希·弗洛瑞斯继续培养阿图尔，以使他成为一个成功的商人，为此，他将儿子送入约翰·海因利希·克里斯蒂安·伦格（Johann Heinrich Christian Runge）博士开办的私人学校学习。这是一所旨在训练巨商后裔以使他们子承父业的机构。伦格的学校声名卓著，被誉为汉堡的该类学校中的个中翘楚，阿图尔将在那里度过四年的时光（1799—1803）。伦格是位思想进步的教育家，具有非凡的个人魅力。他曾在汉堡的约翰诺依姆和学术性文理中学学习，并最终在虔信教派的学术大本营所在——哈勒大学——获得神学博士学位。虔信教派是发生于 17 和 18 世纪期间路德教派内部的一场改革运动，致力于让路德教的虔信理念重新焕发出生机和活力。

伦格的教授，奥古斯特·赫尔曼·尼迈耶尔（August Hermann Niemeyer, 1754—1828），是奥古斯特·赫尔曼·弗兰克（August Hermann Francke, 1663—1727）的重孙，而后者正是向自然而然地颇受地主乡绅欢迎的路德教派正统神学教义叫板的挑战者。在弗里德利希·威廉一世（Friedrich Wilhelm I）的支持下，弗兰克让虔信派的理念传遍了普鲁士。然而，在 1794 年之前，国王的君主专制和宗教的正统派却又再度联手，而尼迈耶尔同他哈勒的同事，约翰·奥古斯特·罗瑟特

---

[68] 叔本华《书信集》，第 48 页，第 649 页，叔本华写于 1819 年 12 月 31 日的《个人简历》。

（Johann August Rösselt），以及法兰克福的约翰·古斯塔夫·莱因贝格（Johann Gustav Reinbeck）和柯尼茨堡的伊曼努尔·康德（Immanuel Kant）一道，均被弗里德利希·威廉二世（Friedrich Wilhelm II）列为背叛教会的大学教授。伦格同尼迈耶尔一样，表达了同样的人文态度，却是以一种将宗教降至伦理和个人行为层面的方式。

伦格从哈勒大学毕业之后，未能找到一个稳定的牧师职位，这种命运对于和他一样修习神学的同伴来说并不鲜见。他因此成为一名教师，并在凯瑟琳娜教堂墓地创办了一所学校。该校招收了大约四十名学生，他们被分成两个班。在《个人简历》中，叔本华说道，在伦格的学校里，"我学习对于一名商人而言最为基本的和有所助益的所有一切"[69]。关于叔本华的受教育经历，以及何为对一名商人而言最为基本的和有所助益的东西，我们可以从伦格出版的一本名为《就我的学校向我的学生家长所做的报告》（*Bericht über meine Schulanstalt an die Eltern meiner Schüler*, 1808）的书以及阿图尔那时的密友之一——洛伦茨·迈耶（Lorenz Meyer）的日记中，窥见一斑。[70]

伦格的学校有两个班，初级班和高级班。两个班级共用一套课程。在初级班里，每周两小时为一单元的课程被用于教授拉丁文、法语、德语、智力练习（Denkübungen）和自然历史。而每周四个小时则被专门用于学习宗教，其余六个小时则被用于学习地理学和地形学。而在高级班

28

---

[69]　同上书，第48页，第649页。

[70]　在他的《个人简历》中，叔本华提到过伦格是一本教育学著作的作者。同上书，第49页，第649页。除了在文中所提到的这部作品之外，伦格还至少出版过两本其他的作品：《为恪尽职守地对孩子进行教育的家长们所写的教育学家用条例和必要的行为规范》（*Pädagogische Haustafel oder notwendige Verhaltungsmassregeln für Eltern zur pflichtmässigen Erziehung ihrer Kinder*, 1800）和《为我成年的学生们所开设的宗教性课程的入门读本》（*Leitfaden zum Religiös-Unterricht für meine reiferen Schüler*, 1804）。

里，英语代替了地形学，而数学则代替了智力练习。[71]语言、地理及地形学和数学的学习是针对学生将来职业所需而设置的。写作信件以及阅读运用法语、德语和英语所下订单的能力，则具有重大的实际意义。而关于贸易线路、贸易中心和进出口贸易的知识，以及草拟账单与核算资产的能力，均是对于商人而言甚为基本的技能。而更为专业和实用的课程则要等到这之后才会开设，那时，学生们会为成为商人而去做学徒。在这一合理而实用的教育框架内，所包括的拉丁语课程显得有些古怪。然而，所进行的拉丁语教学却是敷衍塞责的，充其量只是使得学生具有读出拉丁语单词的能力。正如叔本华所注意到的一样，拉丁语教学"并不严肃认真，仅仅流于表面"。[72]

29   每周四小时的宗教课仅次于用于地理学和地形学的课程。如果洛伦茨·迈耶的日记能被算作可靠指南的话，那么，我们最好将其视为道德教化课。在这门课上，没有祈祷仪式，没有宗教狂热，或是什么不和谐的赞美诗的吟唱。取而代之的是，男孩子被教以关于不同道德责任的内容，诸如尊重他人的感情，对于兄弟姐妹和仆人的责任（奇怪的是，从未提及对于父母的责任），以及改善他人的生活。各式各样的需求和要求均被加以强调。人们需要避免激怒他人，避免在背后说人坏话，并杜绝搬弄是非。而需要被加以表达的则是：友谊、善意、同情、大度、慈悲和助人所急。学生被告之，即使是无伤大雅和并无恶意的谎言，也是不可原谅

[71] 关于就洛伦茨·迈耶和伦格学校课程表所进行的讨论，参见帕特里克·布莱吉沃特《阿图尔·叔本华所受的英语教育》，第282—283页；吕迪格尔·萨弗兰斯基《叔本华与哲学的狂野年代》，第32—33页；希尔德格拉特·冯·马赫塔勒（Hildegrad von Machtaler）的《洛伦茨·迈耶的日记》（Lorenz Meyers Tagebücher），刊于《叔本华年鉴》，第49卷（1968），第95—111页；最为重要的是，阿图尔·许布舍尔《一位被忘却的叔本华的同学》（Ein vergessener Schulfreund Schopenhauers），刊于《叔本华年鉴》，第46卷（1965），第130—152页。

[72] 叔本华《书信集》，第49页，第649页。这段关于伦格学校拉丁语课程的话是准确的，但对于叔本华而言，它仍嫌太多。叔本华的母亲曾经基于他在伦格学校的经历，提到过他在拉丁语学习中所遇到的困难，这是她日后在阿图尔想为进入大学学习做准备时所担忧的事情之一。

的；诚实和真实一直是必需的要求。[73] 尽管叔本华将关于责任的观点从他的伦理观中剔除了出去，尽管他对于无伤大雅和并无恶意的谎言将会表达一种颇为矛盾的态度，但那总是关乎如何对待他人问题的伦格的伦理观对于叔本华所进行的最初引导，却长存于他的道德思想中。

　　海因利希·弗洛瑞斯也引领着阿图尔在道德方面的成长，但却是以一种远距离的方式。他送给儿子一本马蒂亚斯·克劳蒂乌斯*所写的十六页小册子。它最初的标题是《致吾儿 H》(*An meinen Sohn H-*, 1799)。海因利希·弗洛瑞斯在扉页上用铅笔写上自己儿子的名字，就仿佛是克劳蒂乌斯在对阿图尔说话一般。克劳蒂乌斯是《万茨贝克信使》(*Wandsbecker Bothen*) 杂志的特写作家和编辑，这是一份以用直接、随意和闲聊式的语言所写成的以诗歌、书评及小品文为主要特色的杂志。克劳蒂乌斯自己采用假名 "阿斯慕斯"(Asmus) 进行写作。令人好奇的是，"阿斯慕斯" 在叔本华的精神生活中起到了某种间接的作用，这是一种当叔本华后来对他有所提及并引用其作品的时候，在叔本华哲学生涯中变得仅仅是若隐若现的作用。可是后来，在叔本华位于美茵河畔的法兰克福的公寓里，克劳蒂乌斯的画像却会和康德的画像共享一 "框" 之地。克劳蒂乌斯谴责宗教正统，反对教条主义，而对于早期虔敬主义通过神秘的倾诉方式加以表达的澎湃激情，他也同样抱持怀疑的态度。在阿斯慕斯看来，宗教旨在改变个性，以使它能逃脱将某个个人束缚于俗世并令其沦为红尘奴隶的东西，并借此将人带入到能够接触到美好及永恒之物的境地之中。　30 然而，这一对于克劳蒂乌斯思想的接受，却是在后来才得以实现的。年轻的叔本华从父亲的礼物中有何斩获，实在不甚明了。然而，对于小册子中虔信派生活原则中的两条："将自己视为断然不会作恶的至善之人"

---

[73]　参见帕特里克·布莱吉沃特《阿图尔·叔本华所受的英语教育》，第 283 页，该页总结了洛伦茨·迈耶对于伦格学校宗教性课程的描述。

*　马蒂亚斯·克劳蒂乌斯（Matthias Claudius, 1740—1815），德国诗人。

和"让美好之物永驻心中"[74]，他确是强调有加。或许，这两条原则暗含着他对于自己的实际自我认识以及自己心中的惯常所想所做的纠正。

然而，男孩子就是男孩子。阿图尔和同伴参与了对十多岁的少年人而言司空见惯的各种瞎胡闹和恶作剧行为。伦格不得不多次地教导学生要尊重白天授课的教师，他们是社会底层人物的代表。（看起来，他的道德教化课似乎应该包括对于老师责任的内容。）男孩子又是争吵，又是打斗。不知是何原因，捉迷藏是最受大家喜爱的游戏。阿图尔有一对精致的手枪，据说，他曾在用火药做实验的时候忘乎所以，以至于发生了轻微的走火。而他的友人，查尔斯·哥特弗罗伊（Charles Godeffroy），则在玩磷的小意外中尝到了更大的苦头。[75]他们抽雪茄烟，喝烈性酒。他们练习击剑，策马而行。早在 1799 年就开始吹奏笛子的阿图尔，还会继续吹笛——这一活动促使弗里德利希·尼采对叔本华的悲观主义提出了质疑。[76]

夜晚之时，男孩子参加聚会、舞会和假面舞会，享受他们班级的社交便利，磨炼自己的社交技巧和社交仪态。然而，却并没人知道阿图尔是否曾经参加了在霍拉提欧·纳尔逊*勋爵、爱玛·汉密尔顿（Emma

[74] 关于叔本华从克劳蒂乌斯《致吾儿 H》中所标出加以强调的段落，参见《手写遗稿》，第 5 卷，第 404 页。他还拥有克劳蒂乌斯的《万茨贝克信使全集》（*Sämtliche Werke des Wandsbecker Bothen*, 1775—1790）。在一封 1853 年 10 月 25 日致约翰·奥古斯特·贝克尔的信中，叔本华写道，他觉得克劳蒂乌斯所写的关于皈依的发展史尤其值得注意。参见叔本华，《书信集》，第 325 页。在《作为意志与表象的世界》第三版（1859）中，他加入了许多对克劳蒂乌斯（阿斯慕斯）作品的引用，第 1 卷，第 394、395、398、403 页 /《全集》，第 2 卷，第 466、467、471、477 页。

[75] 查尔斯·歌特弗罗伊 1803 年 9 月 8 日致叔本华，摘引自帕特里克·布莱吉沃特《阿图尔·叔本华所受的英语教育》，第 250 页；关于玩磷发生的事故，参见第 252 页。

[76] 在一封约翰娜 1799 年 4 月 8 日致叔本华的信中，她写道："你父亲准许你用一个路易购买一只象牙笛子……"吕特克豪斯《叔本华一家》，第 49 页。尼采在《论道德的谱系》（*On the Genealogy of Morality*）第七节第三篇文章中对叔本华的悲观主义提出了质疑。他关于叔本华吹奏笛子的描述，见《善恶的彼岸》（*Beyond Good and Evil*），第 186 节。

* 霍拉提欧·纳尔逊（Horatio Nelson, 1758—1805），英国 18 世纪末及 19 世纪初的著名海军将领及军事家，在 1798 年尼罗河口海战及 1801 年哥本哈根战役等重大战役中带领（转下页）

Hamilton）夫人以及她被戴上绿帽子的丈夫——威廉·汉密尔顿（William Hamilton）爵士来访期间所举行的一些庆典活动。[77] 对他们的来访，汉堡市民只觉得心醉神迷。汉密尔顿夫人那并不怎么清白的美貌激发了年老的克洛卜施托克的灵感，促使他写下了《清白无辜的人们》（Die Unschuldigen）一诗，之所以这么说，是因为汉密尔顿实乃纳尔逊的情妇，而且一年之后还为霍拉提欧诞下一女。纳尔逊及其一行于1800年10月21日到达汉堡，并一直待到当年的10月31日。英国商人在滚木球场赞助举办了盛大的庆典活动以示对纳尔逊的敬意，而纳尔逊在公众场合现身之时，均无一例外地受到热烈欢迎。约翰娜在自己回忆录的概要中，提到了纳尔逊勋爵和汉密尔顿夫人，这可能是因为叔本华一家同他们两人都会过面。在战争中身躯慢慢损毁的纳尔逊——他失去了一只眼睛和一只手臂——将会在五年之后的特拉法尔加战役（the Battle of Trafalgar）中捐出自己所剩的残躯。可能是纳尔逊这个名字所具有的声望，成了后来促使叔本华一家将阿图尔送往位于兰卡斯尔教区的温布尔登学校就读的因素之一。

伦格博士积极主动地关心学生，他鼓励他们父母合理但却坚定地对待自己的孩子，避免因使用不同标准而导致的留给孩子的伪善印象，避免独断专行地滥用权威。尽管完全可以说，阿图尔对于成为一名见习商人的恐惧是他大多数同伴所共有的，但伦格却觉察到阿图尔想成为学者的渴望。叔本华认为伦格具有使他确信自己具备为过精神生活所必需的必要智力条件的能力。伦格加入叔本华的阵营去劝说他父亲同意他进入

（接上页）皇家海军胜出，他在1805年的特拉法尔加战役击溃法国及西班牙组成的联合舰队，但自己则在战事进行期间中弹阵亡。伦敦特拉法尔加广场上至今还矗立着纳尔逊的铜像，他在特拉法儿加战役中的旗舰胜利号也在为保护船体不被压坏而将主炮更换为木质模型之后，永久陈列在特拉法尔加广场上，以供后人参观。

[77]　在《贵族夫人与海军上将》（Die Lady und die Admiral, 1933）中，汉斯·莱普（Hans Leip）记录了一段虚构的十二岁叔本华同纳尔逊和汉密尔顿夫妇所进行的充满早慧的闲聊。帕特里克·布莱吉沃特在《阿图尔·叔本华所受的英语教育》，第20—22页，有一段关于这一假托场景的精彩论述。

文理中学学习："伦格博士为我作证，说我所具备的心智能力不同于且高于那种作为一名商人所必需的能力。"[78] 也许是为了避免独断专行地滥用权威，而让阿图尔听从自己内心的召唤，海因利希·弗洛瑞斯搁置了自己为儿子制订的计划，向儿子的要求作出让步，但他采取了一种试图使儿子免受贫困之苦的方式，他和约翰娜都认为贫困是同学者及艺术家的生活密不可分的。他试图为儿子向主教大教堂购买一份牧师薪俸，但达成这一资助的代价却太过高昂。[79]

32　海因利希·弗洛瑞斯愿意为实现阿图尔成为学者的愿望而采取行动的意愿，软化他的强硬形象，尤其在他儿子的眼中，则更是如此。试图为儿子谋求一个稳定的主教大教堂受俸牧师职位，实乃将儿子之福祉置于任何事情之前的"父爱"之举。阿图尔觉得，父亲之所以这样做，是因为他将贫困视为学者生活的衍生物。[80] 然而，阿图尔却未能觉察到父亲对于儿子的特定态度。对于儿子具备的智力水平远远胜过做一个商人所需的智力水平的观点，他也许是乐于接受的，可他的态度却暗示着，阿图尔的能力并不足以为自己挣得一份好生活。但他却未强迫阿图尔放弃自己的渴望。为使阿图尔放弃自己的愿望，也为了达成自己的意志，海因利希·弗洛瑞斯策划了一种境况，它会使得阿图尔通过他自己的意志而向父亲的希望妥协。因此，在1803年年初，他就给阿图尔提供了一个选择的可能。他和约翰娜会在当年春天踏上一场历时甚长的漫游欧洲的消遣之旅。阿图尔可以留在汉堡学习拉丁语，为自己的学者生涯做准备，或者他也可以与他们同行，条件是他得承诺准备成为一个商人。没人清楚约翰娜对这一选择作何感想。多年以后，她会对阿图尔说，他成为学者的渴望是她"最最热切的希望"，但她的意见却并不具备多少分量。因

---

[78]　叔本华《书信集》，第49页，第649页。

[79]　萨弗兰斯基估计这一薪俸的数额为两万塔勒，而海因利希·弗洛瑞斯的资产在1805年的价值为五万七千塔勒。参见《叔本华与哲学的狂野年代》，第37页。

[80]　叔本华《书信集》，第49页，第649页，约翰娜1807年4月28日致阿图尔。

此，她并未为他说话，而是抑制住她自己的希望。[81] 约翰娜非常善于令自己的意愿服从于丈夫的意志。在这种情况下，她是一位尽责的妻子，但并非是一位慈爱的母亲。[82]

多年以后，阿图尔认识到，父亲用以引诱一个十五岁少年的乃是一个难以抵挡的诱惑，它让他自己的渴望诱使他步入一种为自己所憎恶的生活。他《个人简历》对他这一所谓拥有的选择权进行了一番颇为不易的分析。他写道，由于海因利希·弗洛瑞斯那种"与生俱来的对于每一个人所拥有自由的尊重"[83]，父亲并未强迫自己放弃正规教育。然而，尊重每一个人所拥有的自由，却显然并非就必须忽视或者利用那种可能导致自己儿子背叛自我的东西。他注意到，父亲知道他渴望出去看世界，也知道他迫切希望重游勒阿弗尔。（诚然，是海因利希·弗洛瑞斯提供了这一可能性。）此外，他还知道，这一远程旅行是一颗年轻的心所不能放弃的。阿图尔选择了远程旅行，而不是作为学者继续深造。他向父亲承诺，一旦旅行归来，他将为商人生活进行准备。他郑重其事地立下这一誓言。甚至是在父亲去世之后，他仍作为学徒商人艰难地熬过了两年多的时光。仅仅是在家中生意盘清和母亲给予鼓励之后，他才进入一所文理中学，一所为进入大学学习而进行准备的学校。

33

---

[81] 吕特克豪斯《叔本华一家》，第164页。
[82] 叔本华认为，在丈夫同妻子之间存在着天然的紧张关系，因为由于自身对于下一代的无意识的关心，妻子所偏袒的是孩子，而非丈夫。参见《附录与补遗》，第2卷，第618页/《全集》，第6卷，第654页。如果叔本华将这一普遍结论用于他母亲身上的话——很难想象他没有这样做——这将会成为衡量约翰娜作为母亲失败的另一尺度。由于某种原因，叔本华从未认真考虑过何谓贤妻的问题，他可能会相信约翰娜由于屈从丈夫的意志而确为一名贤妻，但这也会成为他作出她是一名糟糕母亲的判定所依据的基础。
[83] 叔本华《书信集》，第49页，第649页。

第二章　交易之旅

34　　　正如后来阿图尔告诉卡尔·格奥尔格·贝尔的一样，阿图尔做出的参与这次大旅行的决定，延续了父亲让儿子"阅读世界之书"的策略。[1]这一"阅读"是为使年轻的叔本华为国际化商人生活做好准备而设计的。同其他国度的稔熟无间，磨砺自己语言技巧的机会，以及同父亲的生意伙伴及其熟人的个人交往，凡此种种，无论是对培养雍容大度的心态，还是对扩展知识，扩大交往面，以及形成被海因利希·弗洛瑞斯视为对生意成功切实可行的价值观而言，都是颇有帮助的。这一早期的超越常规的教育方式，对于叔本华在心智方面发展成为一名哲学家来说，起到了至关重要的决定性作用。对于世界之书的阅读，似乎成了叔本华哲学方法论的基本原则，以及他对于自己的哲学英雄伊曼努尔·康德所进行的批判的重要基础之一。在叔本华看来，康德哲学中所着手的是对于事物的评判，而非事物本身。叔本华打了一个比喻，康德似乎是在试图通过丈量塔影以测定塔高，而他自己的哲学则是在丈量塔本身。[2]他宣称说，甚至是进行哲理探究的冲动本身，也必须是源自对世界所感到的惊

[1]　叔本华《谈话录》，第264页。
[2]　参见叔本华《作为意志与表象的世界》，第1卷，第452—453页／《全集》，第2卷，第537页。

40

奇，只有伪哲学家才会基于某个别的什么哲学家曾说过的话而被动地进行哲学活动。[3] 因此，他才会对他未来的老师之一——约翰·戈特利普·费希特（Johann Gottlieb Fichte）——的哲学感到加倍的沮丧。他认为，促使费希特成为哲学家的，乃是他对于康德曾经说过的话，尤其是他关于自在之物曾经说过的话所感到的惊奇。[4] 费希特的作品不过是一个影子变了形的投影罢了。

　　无论是阿图尔还是约翰娜，都记下了此次旅行的旅行日志。1813—1814 年，约翰娜将自己的旅行日志定名为《对于 1803、1804 和 1805 年期间所做旅行的回忆》（*Erinnerungen von einer Reise in den Jahren 1803,1804, und 1805*）出版。后来，该书第二版 1818 年以《穿越英格兰和苏格兰的旅行》（*Reise durch England und Schottland*）的书名由 F. A. 布洛克豪斯再版。布洛克豪斯是阿图尔的作品《作为意志与表象的世界》未来的出版商。母亲与儿子所写旅行日记之间的种种反差，颇能予人以启发。更让约翰娜这位永远的社交名流感兴趣的是对人物、国家的种种时尚以及社交事务的描写。她对英国庭院的热爱澎湃如潮，这是一种可以回溯到奥利瓦的热爱。她描写贵族豪宅的富丽堂皇，但她也保持了对自己所属阶级的忠诚和共和主义者的敏感。她"对于伟人和圣者的日常生活无话可说：在任何一个国家，他们都没有真正地反映一个民族，而是无论何处都彼此相似，在俄国的就像在法国的，在英国的就像在德国的……在我们的旅程中，我们总是试图去了解到访国家真正民众的风俗习惯，正因如此，我们既不能过于仰望，也不能过于俯瞰，因为它仅仅在中产阶级身上才得以保存下来"[5]。当然，她认真细致地描写了全家所参

[3]　同上书，第 2 卷，第 170 页。／同上书，第 3 卷，第 188 页。

[4]　同上书，第 1 卷，第 32 页。／同上书，第 1 卷，第 38 页。

[5]　约翰娜·叔本华《一位女士在旅行：约翰娜·叔本华的日记》（*A Lady Travels: The Diaries of Johanna Schopenhauer*，露丝·米歇丽丝［Ruth Michaelis］和威利·梅森［Willy Merson］合译，London: Routledge, 1988），第 146 页。

观的各个博物馆和剧院，以及不同城镇的建筑。然而，这位社交名流同时也是一位重要商人的夫人（Frau），她游览了许多对于一位"女士"来说极少到访的地方：煤矿、铸币厂、钢铁厂、啤酒厂和军工厂。

约翰娜的旅行日记所表达的，既没有当代女权主义者的警觉，也没有她所处时代的前卫人物的敏感，事实上，在她旅行日志第二篇导言中，她运用了自身的性别来降低读者的期望值："它包含的是一名女性对自己看到的和观察的事物所进行的简简单单的记述，写作的目的在于为人们提供愉快的消遣，而非进行深入的引导。"[6] 看来，她的书似乎是为尽到一名女性的责任。然而，社会习俗对于女性所具有的发展可能性的限制，却是她敏感于心的东西。因此，她注意到在伦敦的一次晚宴行将结束之时，妇女们所经历的无聊乏味。相同性别的人各自聚集在一起，男人进入一个房间，而女人则进入另一个房间。男人继续一边抽着雪茄烟，一边喝着葡萄酒；他们讲着粗野下流的笑话，谈论着政治话题。这样，就留下女人"围炉而坐……互相对视，打着哈欠"[7]。生性活泼的约翰娜本来更愿意加入到男人之中。后来，她对在位于伦敦附近小城绍施瓦克的一所女子寄宿学校举行的一场舞会进行了观察。她觉得节目的正式部分令人生厌，她也注意到那些年轻女孩子机械性的表演中所传达出的内心冷漠。然而，在这之后，一些外来的寄宿者表演了乡村舞蹈，那些女孩子所表现出的欢愉喜悦，令她以一种同她儿子后来的风格颇为相似的方式对此进行了反思："她们明亮的双眼充满了对于未来的期盼，她们也是如此的充满自信：这定会是一曲欢乐之舞。而很有可能正是这些眼睛，会在她们回忆起这些终将无可挽回地一去不返的无忧无虑日子的时候，盈满了渴念的泪水。对于她们的未来，我们有着一种不祥的预感。当她们相聚正欢之时，我们抽身而退，默默地为她们的幸福向上帝祈

[6] 同上书，第 11 页。
[7] 同上书，第 159 页。

祷。"[8]然而，不同于儿子的情况，促使约翰娜意识到女孩子们那缺少欢乐的未来的，却并非是生之不幸，而是她们将为人妻为人母的事实——这是一种具有同病相怜意味的反思。

约翰娜将自己的旅行日记保存起来，是为了最终将它付梓成书。而阿图尔将自己的旅行日记保存起来，则是由于父母的坚持。但这却并非是因为他们希望他同父母一起观察思考。事实上，他们将之视为儿子能够藉此提高自己写作技巧和逐渐将字写得好看而清楚的有效手段。考虑到阿图尔反思的主要读者是自己的父母，我们便不难想象他不会是完全地毫无保留，他只会写下他觉得适合写给父母看的东西。因此，他的旅行日记所记录下的，并非是他内心深处的想法和最为隐私的秘密。日记中的多数内容都平淡乏味。他恰当地记录了一家人从不同场所的启程和到达，记录了旅途的舟车劳顿、天气，以及众多旅馆房间的质量——"坏"、"一般"、"好"和"相当好"。他提到了一家人所拜访过的人和遇见过的名士。然而，当他在品评建筑和城市设计的质量、上演的戏剧、演员的技巧以及艺术画廊和博物馆的时候，他却更显老练。他记下了不同徒步旅行中的惊心动魄，并对登山这一活动备感乐趣。鸟眼所看到的远景，以及为将雄伟山川尽收眼底，并从远处审视人的所作所为而进行的向下俯瞰，使他获得了采用普遍视角的意识，这种普遍视角意味着对于事物全貌完整无缺的认识。这一体验预示了他的哲学所具有的理论上的雄心壮志，他的哲学所寻求的正是对于所有可能经验给出一种总体性的描述。而随着旅程的推进，他对于自己做出和父母同游的选择那令人伤怀的后果的意识也愈加清晰：经商生涯。这种后来被他母亲所批评的沉思，随着他对人类的苦痛和贫穷的日渐敏感，而变得越发明显——这恰恰同日后为他就人生的虚幻所作的思考提供了质料的东西不谋而合。

从多个方面来看，阿图尔都是一个老练而早慧的小男孩，尽管如此，

---

[8]　同上书，第197—198页。

他也还只是一个小男孩而已。他喜欢通过指出那些全家人所碰到的各式各样贵族是如何的其貌不扬，来对他们进行抨击。[9]而在伦敦的一场口技表演则完全把他给迷住了。也正是在伦敦，在莱斯特广场*进行的名为"看不见的女孩"的诱人表演令他惊讶不已，在那里，人们可以花两个先令和六个便士，就一个用缎带悬挂在天花板上的玻璃球问一个问题。[10]从玻璃球中伸出了四个喇叭，大家听得见一个女孩用以回答问题的声音从其中的一个喇叭传出。从玻璃球中传出的还有音乐，那个只闻其声不见其人的声音会对提问者进行描述，并用英语、德语和法语进行回答。阿图尔大为困惑："这个博得最热烈掌声的奇怪把戏，在当时的我看来简直是不可思议，正如它今天对其他所有人而言仍然不可思议一样。"[11]在圣弗尔里奥，在朗格多克运河流域的旁边，开启地下水闸时所发出的令人心惊胆战的咆哮声使他深为震撼。那声音真是震耳欲聋。[12]后来，在赫希贝格，他在一天清晨苏醒之后揽镜自照，发觉自己面呈黄色，双耳肿胀。但他仍然外出散步；"当我沿街走了一小段路，我惊恐万分地看见了自己的影子，在这个影子当中，两只长长的耳朵从我的帽子下面投射出来。我浑身战栗地想着国王理查三世的哭叫：'艳阳高照吧！直至我带来一面

38

---

[9] 参见阿图尔·叔本华《1803—1804 年间的旅行日记》（夏绿蒂·冯·格温纳编，Leipzig: F. A. Brockhaus, 1923），第 59 页，第 258 页。

　* 位于伦敦西区的步行广场，与南面的特拉法加广场相聚约三百米。

[10] 参见阿图尔·叔本华《1803—1804 年间的旅行日记》，第 44 页。1803 年 6 月 8 日的日记对该口技表演者进行了描写，而在第 65 页，1803 年 10 月 7 日的日记则描写了与看不见的女孩的相遇。

[11] 同上书，第 65 页。叔本华对这一体验是如此着迷，以至于十五年之后，他在《作为意志与表象的世界》第一版中写道，当我们试图脱离于我们对之进行认识和对之怀有意愿的物体而意识到我们自己的时候，我们会徒劳无功。而当我们进行自省，并试图去做那本不可能的事情，试图明白我们自己是认识主体本身的时候，"我们就会迷失在无底的空虚中；就会发现我们自己像个空心玻璃球，似乎从球内的空际中发出一种什么声音而又不能在球内找到这声音的来源。于是在我们想要把握自己的时候，我们便会战栗悚栗，除了一个摇摆不定的幽灵之外，我们什么也拿不到手。"第 1 卷，第 278 页脚注 /《全集》，第 2 卷，第 327 页。

[12] 参见叔本华《旅行日记》，第 131 页，1804 年 3 月 28 日的日记。

镜子，／好让我在经过之时得见自己的影子！'"[13] 这一小小的意外事件或许直截了当地俘获了年轻的叔本华。他通过引用莎士比亚的英文原著而深受震撼，理解了一种奇异而短暂的苦痛。

在将快满六岁的阿黛勒及其保姆送往约翰娜在但泽的父母处之后，叔本华一家于 1803 年 5 月 3 日的这个星期二，开始了他们精心计划的欧洲之旅。由于艾伯河上刮起的逆风，他们延迟四个小时到达汉堡，在那里，他们取到自己的四轮大马车。当晚，他们即启程前往吕伦堡，同行的还有一名仆从。他们携带的食物可谓丰富，其中包括葡萄酒和肝酱。次日凌晨四点，他们动身出发，并于当晚到达不来梅。阿图尔游览了铅窖，这是当地的一个旅游景点，收藏有众多木乃伊尸体。相对而言，那些木乃伊遗体并未引发他的多少思绪，令他注意的是，它们那并无臭味、头发完好的状况，以及它们那"仍可辨认得出的面部特征"。[14] 与这些坚韧不烂死尸的直面相对，并未激发起他对人类存在的转瞬即逝进行哲学思考。而后来在伦敦，他在绞刑场上目睹的肉乎乎的死尸，同样未能引发他的哲学探究。只有关乎威斯敏斯特大教堂那些伟大和英雄般的死者，以及他将之与尼姆的古罗马圆形剧场遗迹联想在一道的遥远的和想象中的死者的时候，才会引发他一闪而过地表达出自己的信念："死亡乃是真正鼓舞人心的保护神抑或那引领哲学的缪斯女神的领袖……"[15] 那天晚上，他同父母观看了一场奥古斯特·弗里德利希·费迪南德·冯·科策布（August Friedrich Ferdinand von Kotzebue）的《贫穷与高贵》（*Armut und Edelsinn*）的演出。他写道，剧团差强人意，但在剧中客串角色的布雷达夫人却"出类拔萃"。[16] 他将继续扮演自己的批评家角色，来对整个旅程

---

[13] 同上书，第 302 页，1804 年 8 月 2 日的日记。引文摘自莎士比亚《理查三世》（*Richard III*），第 1 幕，第 2 场。

[14] 同上书，第 20 页。1803 年 5 月 5 日的日记。

[15] 叔本华《作为意志与表象的世界》，第 2 卷，第 463 页／《全集》，第 3 卷，第 528 页。

[16] 叔本华《旅行日记》，第 20 页，1803 年 5 月 5 日的日记。

39 中所观看过的戏剧和演出作出评论。对于女演员，就算有的话，他也鲜有微词。

　　全家人从不来梅出发，踏上旅程，穿越荒凉的威斯特伐利亚。他们于5月8日抵达荷兰边境，并于次日到达了名叫阿默斯福特的村庄。在那里，他们从一份荷兰报纸上获知，英法之间可能已经重开战端，这使得他们放弃了到法国旅行的计划。他们前往阿姆斯特丹、海牙、鹿特丹、贝亨奥普佐姆和安特卫普旅行，并于1803年5月20日穿越法国边境。三天之后，叔本华一家到达了法国西北部的海港城市加来，他们准备渡海前往多佛。糟糕的风向延迟了他们跨越多佛海峡，直至凌晨两点他们才得以成行。阿图尔几乎是立即就晕起船来："我是晕船晕得最厉害的人之一，我度过了一个极为不快的夜晚。"[17] 然而，还有人情况比他更糟。四小时之后，当加来仍然只是远望在目之时，三艘划艇接载从一艘因为战事重开而未被获准靠岸的法国班轮上下来的游客。阿图尔对那些甚至未被允许携带行李的可怜人深怀同情，而对于那些爬上这艘颠来簸去的船只的妇女和儿童所怀有的恐惧，他更是尤为注意。几乎就像是他成为自己父亲的灵媒在行动一般，他注意到每个人都必须付费，每个人都必须给将他们划船送往这艘船上来的水手两个几尼："我猜想［他们］在法国班轮上同样如此［缴付了费用］。一般而言，这里［法国］的人会变着法子地敲竹杠。"[18] 经过十一个小时的跨海航行之后，叔本华一家在多佛上岸了。

　　他们从多佛出发，前往坎特伯雷。次日清晨，他们在罗彻斯特吃了早餐，而他们吃午餐的地方则是距离伦敦二十六公里处的射手山。被阿图尔称作"射击山"的"射手山"，颇负盛名，一方面是因为它那俯瞰伦敦全城的地势，另一方面则是因为那里各式各样的恶棍无赖，以及常常出没于附近地区、对无论是本地人还是旅游者均实施抢劫的公路响马。

---

[17]　同上书，第35页。1803年5月23日和24日的日记。
[18]　同上书，第35页。

山脚下设有一座绞架，用以快速处决这些持枪歹徒，而他们的尸体则被置于山顶上示众。阿图尔并未提及是否有人在全家人造访该山期间被吊起行刑，但在他的旅行日志中却有着这样一句稀奇古怪的话："人们从这里可以看到伦敦城及其周边地区的壮观景象，但我们却因为浓雾而无法看见它。"[19] 并没有任何像未曾得见的壮观景象之类的东西啊！

1803 年 5 月 25 日下午，叔本华一家到达伦敦。伦敦城给阿图尔留下了深刻的印象："我觉得，事实上，伦敦胜过我所期望的样子。我未曾想到它竟然会是这般模样。我吃惊地看着它漂亮而高大的房屋、宽阔的街道，以及每条街上、每幢屋前那些色彩纷呈的富足店铺。"[20] 伦敦将成为他衡量其他城市的标准。他后来强调说，巴黎无法与伦敦比肩。对于行人而言，它不像伦敦那样道路铺设状况良好，不像伦敦那样整洁和安全。[21] 尽管偌大的伦敦城容纳了超过百万的居民，尽管它的大街上马车如流，人行道上行人如织，活力四射，使阿图尔赞赏不已的，却是其街道上车流的井然有序以及整个城市富于理性的设计。他断言道，这种富于理性的设计使得旅游者可以轻松地在城中四处游走。在他的旅行日志中，他常常自豪地强调指出，他毫无困难地独自四处闲逛。

海因利希·弗洛瑞斯在伦敦的生意往来有着令人钦佩的特性。全家人率先拜访的是多萝西·安德森（Dorothy Anderson）夫人，她是约翰·威廉·安德森（Johnn William Anderson）爵士的太太，而这位安德森先生的出生地正是但泽，正如海因利希·弗洛瑞斯一样，他也是一位但泽商人的儿子。安德森无论是在英国的金融界还是政界都颇为成功。他是 1797 年的伦敦市长，并三次入选议会。他开设的生意机构，约翰·威廉·安德森·德鲁爵士公司，则是叔本华家族先辈们的贸易伙伴和代理商。安德森的生意伙伴，撒缪尔·德鲁（Samuel Drewe），后来将成为英格兰银行的

---

[19]　同上书，第 36 页。1803 年 5 月 25 日的日记。

[20]　同上书，第 36 页。

[21]　参见上书，第 81—82 页，1803 年 11 月 30 日的日记。

董事（1828—1830）。[22] 叔本华一家到达伦敦后不久，德鲁就立即拜访了他们。他将充当阿图尔在温布尔登学校就读期间所用资金的中转人，而安德森和德鲁公司则会充当叔本华一家往来信件的中转站。其他富有名望的生意合作伙伴是艾撒克·索利（Isaac Solly）——艾撒克·索利和商氏公司的首脑，后来他以董事长的身份执掌伦敦船坞公司达二十年之久——和克劳德·斯科特（Claude Scott）爵士，他是皇家交易保险公司的总裁和伦敦大学的创办人之一。[23]

41　　由于贵族在每个国家均毫无二致，约翰娜在自己的作品中便忽略了对他们的描写。而阿图尔尽管未对自己与他们的相遇进行不厌其烦的详细描写，却察觉到他们在不同意义上的普通粗俗。正如他对于不同的城市、建筑物、庭园、艺术画廊、博物馆、剧院以及旅游景点所做的思考一样，叔本华事先所怀有的期盼决定了他对于贵族进行的描写。一个星期日的下午，叔本华加入到温莎城堡的人流当中去观看正在散步的皇室家庭。阿图尔认为，国王是一位相貌堂堂的老者，而王后和她的女儿们则另当别论："王后丑陋不堪，毫无淑女风范。公主们全不漂亮，而且她们都已显出老态。"[24] 后来，奥地利皇帝及皇后得到了完全相反的评价。皇帝有着一副"蠢笨的面容"，看到他，叔本华就想起了裁缝。而皇后尽管"并不漂亮"，但却让叔本华觉得胜过她的丈夫，因为她看起来"更为

---

[22]　参见帕特里克·布莱吉沃特《阿图尔·叔本华所受的英语教育》，第 120 页，脚注 4。

[23]　同上书，第 126 页，脚注 20。

[24]　同上书，第 59 页，1803 年 6 月 26 日的日记。颇为古怪的是，叔本华关于全家对威廉·赫歇尔（William Herschel）爵士登门拜访所谈论的内容，少于他关于观看英国皇室家庭所谈论的内容。来自汉堡的赫歇尔，在叔本华一家拜访他之时，已经因为他在天文学方面的著述而声名卓著。阿图尔只是特别提到了被固定在他家花园中的像房屋一般高平台上的那些望远镜的超大外观。而带着介绍信去拜访赫歇尔的约翰娜则和儿子不同，她简要地描述了他的生平，讲述了他如何从在汉堡时一贫如洗的境地而逐步发迹到在英国稳获皇室赞助的辉煌。参见她的《一位女士在旅行》，第 237—240 页。赫歇尔的儿子，约翰·赫歇尔（John Herschel），也被授予了爵士封号，他承继了父亲的事业，凭借自身的努力而超凡出众。在《论自然中的意志》（1836）中，叔本华引用了约翰·赫歇尔《关于天文学的论著》（*A Treatise on Astronomy*, London: Longman, Rees, Orme, Brown, Green, and Longman, 1833）中的一个段落，以支持重力表达了一种为身体所固有的（转下页）

聪明"。[25]

温布尔登学校

1803 年 6 月 30 日，在旅行了大约五周之后，阿图尔成为托马斯·兰卡斯特（Thomas Lancaster）牧师学院一名特殊的寄宿生。这所学院也被称作为贵族与绅士开办的温布尔登学校。他在温布尔登学校度过的十二个星期是他旅程中最不开心的日子，它们或许还是他青少年时期最为不快的岁月。可能正是他在那里的经历，将会促使他写信告诉他年轻的友人洛伦茨·迈耶，他已开始"憎恨整个［不列颠］民族"。[26]然而，他为何产生如此负面的情感呢？不幸的是，他现存的旅行日记仅仅包括关于他到达和离开学校当天的内容，而在这两次旅程中，他均是独自一人。此外，他写给父母、妹妹和朋友的信件均已不复存在。然而，他保存了他在此期间所记录下的旅行日志的事实，却是不甚明了的。尽管如此，我们却猜测他是这样做了的，因为约翰娜后来使用了他的旅行日志，以帮助自己为将要出版的旅行日志进行准备，而她出版的旅行日志中就包括对温布尔登学校所进行的毫不留情的描写。[27]我们完全有理由相信，阿图尔的日记毫无保留地记录了他自己的不快，而他的父母则在阅读了他的日志之后，知道他是何等的绝望。如果情况果真如此的话，那么，父母或许有可能由于其阴郁的内容而毁掉了这些内容。

42

（接上页）意志的论点。参见《论自然中的意志》（E.F.J. 派恩译，New York / Oxford：Berg，1992），第 85—86 页 /《全集》，第 4 卷，第 80—84 页。后来，在他主要著作第二版中，他引用了赫歇尔父子的话来阐明自己的观点：是勤奋和毅力，而非卓绝的智力能力，足以使人在知识的某些学科中出类拔萃。参见《作为意志与表象的世界》，第 2 卷，第 522 页 /《全集》，第 3 卷，第 598 页。

[25]　叔本华《旅行日记》，第 258 页，1804 年 6 月 25 日的日记。

[26]　叔本华《书信集》，第 1 页。叔本华 1803 年 9 月致洛伦茨·迈耶。

[27]　约翰娜在《一位女士在旅行》第 198—200 页，对温布尔登学校进行了并无谄媚的描写。

当叔本华作出为了大旅行而放弃智性生活这个极有可能使自己深陷困境的决定之时，他可能是在不知道自己会在一所专为男童开设的英国寄宿学校里度过三个月的情况下作出的这一选择，而他的父母在这三个月中因为不必细心照料一个小孩子却得以尽情享受在英格兰和苏格兰两地的旅行。然而，并没有任何史料记载表明，他因为注册进入该校学习而觉得自己被父母亲给哄骗和出卖了。他只是在《个人简历》中极其简短地提到，这一插曲的目的在于让他深入地学习英语语言，而事实上他也的确做到了。[28]海因利希·弗洛瑞斯支持儿子学习英语的目标，但他却胸中自有定见。他希望儿子"书写时笔迹流畅且富于阳刚之气"，练就"最为上乘和最为清楚的书法"。这两者对一名商人而言均是长期受用的技巧，而它们也正是他要求阿图尔在每周必须寄送的信件中需要加以展示的特质。[29]叔本华书写的方式一直都未能使父亲感到满意，父亲不断向他提出改进书法的建议，诸如在书法中避免花哨的花饰以及更加仔细地观察自己的大写字母。他建议阿图尔临摹母亲的信件，学习"不用移动整支手而只需动用手指就能移动钢笔、并能轻松运笔的握笔方法。"[30]他宣称，此乃优美而清楚的书法的全部秘密之所在。

海因利希·弗洛瑞斯在阿图尔在温布尔登学校学习期间写给儿子的信件，在语气上与那些他寄给当时在勒阿弗尔的年龄尚小的儿子的信件迥然有别。寄往勒阿弗尔的那些信件还有着几分温情。他甚至还在其中一封信的信末签名写道"你的好爸爸叔本华"，在这三封尚存的信件中，没有一封带有在六封寄往温布尔登信件中的每一封中随处可见的吹毛求疵的批评指责。[31]这两套信件有着一个共同的特点，它们长度都相当短。语气上的差异或许仅仅是同阿图尔的年龄和海因利希·弗洛瑞斯的期望密切

43

---

[28]　参见叔本华《书信集》，第49页和第649页。

[29]　吕特克豪斯《叔本华一家》，第61页，海因利希·弗洛瑞斯1803年8月25日致阿图尔。

[30]　同上书，第62页。

[31]　同上书，第51页，海因利希·弗洛瑞斯1799年8月9日致阿图尔。

相关。他最后一年在法国的时候年方十一，而他在英国的时候则已年满十五。因此，海因利希·弗洛瑞斯可能一直都在努力试图在两种情况下都成为一名好父亲，但因为阿图尔年龄的缘故而采取了不同的方法来尽到好父亲的职责。对于一名幼童，他是温柔的，而对于一名处于人生转折点、正在为进入艰难时世做着准备的少年，他却是严厉的。然而，即便是海因利希·弗洛瑞斯是在为阿图尔将来的福祉考虑，他那令人烦心的批评却似乎更像是他自己越来越失常心理的一种表现。约翰娜似乎在一封写给阿图尔的信中对此有过暗示："你知道，你父亲是在实无烦恼之时，制造烦恼。"[32] 而将父亲在其死后日渐奉若神明的阿图尔自己，则清楚地认识到，父亲是将自己的福祉系于心上的。但正如他向一位熟人所坦白的那样，"我确实因为父亲的严厉，而不得不在求学期间吃够了苦头。"[33]

海因利希·弗洛瑞斯那没完没了的担忧和抱怨，成为他写往温布尔登的信件的主要内容，无论这些担忧和抱怨是他自己想象出来的也好，还是确实存在的也罢。除了觉得在阿图尔的写作技巧和书法，以及儿子来信所耗的邮资及其少有及时送达的状况等方面存在着问题之外，他还为儿子的游泳课程中潜藏着的危险及其是否有用的问题，以及儿子的教育费用，操心不已。他甚至建议阿图尔应该试着让他的歌唱老师免收一个几尼的学费，而"与此同时，你的钢琴课将帮助你在歌唱方面依靠自身取得进步"。[34] 再者便是关于阿图尔仪态的问题。阿图尔一定是易于显得萎靡不振，因为他父亲这样写道："你母亲和我一样，都希望你将不必被提醒要像其他受过良好教育的人那样挺直腰板走路，［她］寄送给你她的爱。"[35] "你母亲希望"或"你母亲对你最近写来的几封信并不满意"之类的句子，表明阿图尔父母的惯用手法。海因利希·弗洛瑞斯所不满意

44

[32]　同上书，第 63 页，约翰娜 1803 年 9 月 13 日致阿图尔。
[33]　叔本华《谈话录》，第 230 页，由尤利乌斯·弗劳恩席德特记录。
[34]　吕特克豪斯《叔本华一家》，第 63 页，海因利希·弗洛瑞斯 1803 年 9 月 17 日致阿图尔。
[35]　同上书，第 63 页。

的东西，便是约翰娜所不满意的东西。约翰娜在自己那些写给儿子的篇幅更长、更为亲密的信件中一再重申丈夫所关切的事情，但却是以一种更为温和的方式："无论如何，我对于你写的所有东西都相当满意。你提出上两小时写作课的要求，你父亲对此非常高兴，而我也认为这是你所能做的最为聪明的事情。"[36] 阿图尔的父母共同结成了联合阵线。

父母的批评，分量甚轻，无论是对改进他的仪态，还是对提高他的写作技巧，都谈不上产生什么影响。在他逃离温布尔登学校之后一年多一点时间的时候，阿图尔在但泽接受学徒训练，开始为自己的经商生涯进行准备。海因利希·弗洛瑞斯再次全神贯注地关注着自己那萎靡不振儿子的体态：

亲爱的儿子：

既然你现在已经向我做出了书面保证，要去学习将字写得优美而流畅，学习准确地进行运算，那么我便相信你会这样去做，但我恳请你在行走之时像其他人那样挺直腰板，这样，你就不会形成难看的驼背。而在书桌前的良好仪态就如同在日常生活中的良好仪态一样，是同样不可或缺的，因为，如果人们在餐厅进餐的时候看见另一个人弯腰驼背的样子，就会以为他是一个乔装改扮的裁缝或鞋匠……

如果你能通过接受在马术学校受到的合理教导，或是通过在某个优秀教练的指导下进行体格上的训练，而获得更为良好的社交仪态的话，那么，我将非常乐于为你支付所需的费用……[37]

令人感到疑惑的是，海因利希·弗洛瑞斯之所以不无嘲讽地提及儿子

---

[36] 同上书，第56页，约翰娜1803年8月4日致阿图尔。
[37] 同上书，第64页，海因利希·弗洛瑞斯1804年10月23日致阿图尔。

那貌似乔装改扮的鞋匠的外貌，是否是因为他回想起阿图尔在自己旅行日志中将奥地利皇帝描写为像裁缝一般粗俗的字句。然而，即便他是在试图为了使儿子碰巧获得为避免有辱自己的社会地位而重修仪态的意识，而对儿子以其人之道还治其人之身的话，那么，他的努力也并没有能够取得立竿见影的效果。行走和写字构成他写给儿子最后一封信的主题："关于行走和端正坐姿的问题，我建议你请求任何一个在你身旁的人，在你疏忽这件大事的时候，给予你重重一击。因此，王室子弟都有过这样的体验，而且他们并未对这样的一时之痛感到过羞惭，原因非常简单：这样他们便不会终身都无异于粗汉莽夫……我还发现，你潦草难辨的笔迹之中的那些大写字母，到处都是确确实实的丑陋无比，尤其是在你所写下的德语当中，则更是如此。德语作为你的母语，是不能在你书写它的时候显现出任何一个错误的啊！"[38] 阿图尔从未能够练就一手清楚的字体，但他却的确练就了一副良好的步态。至少，他是这样认为的。年近四十九岁的哲学家后来曾对他少年时代的友人安蒂姆·格雷古尔·德·布雷兹迈尔提道："我的举止和步态坚定而敏捷。我仍然是经常走得比其他所有人都快。"[39] 45

　　海因利希·弗洛瑞斯所写下的信件特征，几乎可以用托马斯·霍布斯（Thomas Hobbes）用以描写尚处于未开化状态生命的术语来加以描述。但他所写下的信件并非是"令人不快、充满兽性和短促易逝的"，而仅仅是"令人不快、吹毛求疵和篇幅短小的"。而约翰娜所写下的信件则大不相同——截然不同。为履行她作为母亲的职责，她直指儿子关心的问题，但却是以一种大肆彰显她作为一名尽职妻子的方式来如此行事的。她的信件中充满戏谑的，有时候则是欢快的语气。然而，这其中却还有着一种以自我为中心的亲密无间，而这种亲密无间将注意力的焦点投射回作

[38] 同上书，第65页，海因利希·弗洛瑞斯1804年11月20日致阿图尔。
[39] 叔本华《书信集》，第157页。叔本华1836年12月10日致格雷瓜尔·德·布雷兹迈尔。

者身上，投射回那些她比儿子更为优越的方面。当然，她强化了丈夫的抱怨，甚至是在表示对阿图尔因为父亲的意志而饱受的痛苦感同身受的时候，她都还表明自己所抱怨的事情。

阿图尔一定在他在温布尔登学校学习期间写给父母的第一封信中，抱怨过不能与同班同学建立起任何富有价值的友谊，抱怨过自己因为这所学校僵化而拘谨的氛围而日渐觉得自己被孤立、被疏远。约翰娜不同于海因利希·弗洛瑞斯，她直接针对儿子感到孤独无依的问题，提出乍看之下颇为有益的建议。他应该更加友善，采取主动同其他小男孩建立起伙伴关系。当谈到他在勒阿弗尔度过的两年时光的时候，约翰娜提醒阿图尔注意到以下事实：他尚在年幼之时就已经具有了同外国人共同生活的经历，而他的那些英国同伴却不曾有过。此外，她理解阿图尔为何会觉得学校的繁文缛节非常古怪，并坦言她自己也并不喜欢陈腐和僵化，然而，她却说道，这对于端庄的举止而言是不可或缺的。她引导阿图尔将他自己也看作是问题的部分原因之所在，因为，他易于自鸣得意和自我

46 满足，这"正如我常常不胜烦恼地注意到的那样"。[40] 她希望这一体验将会重塑他的性格："我非常高兴，你必须和属于不同类型的人生活在一起，尽管他们不合常态，或许甚至走到另一个极端。如果当我回到伦敦之时能够看到你已经运用了这种被你称之为'恭维的天性'的特性中某种东西的话，我将不胜欣喜；我并不担心你会把这件事情做得太过分。"[41]

约翰娜能够体会阿图尔所感觉到的孤独和局促，她也知道遵从丈夫意志的重要性。她援引自己在奥利瓦附近私家庄园里的亲身经历，告诉儿子，"绘画、阅读、吹奏你的笛子、击剑以及外出散步，这些活动仍然是颇为丰富的。这些年来，我几乎就不知道还有什么其他活动和生之欢

---

[40] 吕特克豪斯《叔本华一家》，第52页，约翰娜1803年7月19日致阿图尔。
[41] 同上书。

乐，但我做得非常不错。"[42] 因为他才刚刚开始生活之旅，他必须懂得应该如何生活，她继续说道，他在温布尔登停留的日子将使他能够在将来享受所有的生活乐趣。然而不久之后，她外柔内刚、绵里藏针的个性便显露出来：

> 我想，我们大约会在六周之后返回伦敦。如果你希望加入到我们之中，陪伴我们周游欧洲的话，那么，我建议你，非常友好地建议你，设法在我们归来之时，让你父亲对你的书法真正地感到满意；否则，郑重其事地说，你就什么也别想。如果我处于你的境地，那么我将花费我所有的时间，全力以赴地达成这一目标。如果你仔细考虑一下这件事情的话，你就完全能够明白，优美、快速而清楚地进行书写，对于你未来的成功而言，是多么的不可或缺。我无法想象，只要足够留心，多加练习，学习这样一种机械性的技巧，竟会是如此困难。我们能够做成一切我们郑重其事地想要做到的事情；我自己的亲身经历，让我对此坚信不疑。因此，如果你的字写得不好的话，那是你自己的过错，你必须为此吞咽苦果，因为，为促成自己的进步而倾尽全力，乃是我们的责任与意愿。而我们用以达成此事的方式和方法，却不能用你是否赞同来加以衡量。[43]

约翰娜传达的消息清楚之极。阿图尔的父母将会做一切他们认为能够引领他进步的事情，哪怕是他觉得他的经历令人不快。之后，她提到那些当阿图尔未能同行之时她和海因利希·弗洛瑞斯在旅程中所欣赏到的壮观而漂亮的大厦、公园和庭院，以及绝佳的自然美景。她所关心的事情，似乎既不是要让儿子了解父母的种种经历，也不是要让阿图尔意识

---

[42]　同上书，第52—53页。
[43]　同上书，第54页。

47　到自己究竟错过了什么。相反，看起来她似乎是希望阿图尔明白自己能够期待些什么，如果他重新加入到旅程中来的话；也即是说，如果他的书法有长进的话。她还在无意之中说了一句古怪的话。在说到他们没有在某个地方长时间地停留，而这又妨碍她结交朋友之后，约翰娜对此做出了解释："你知道，你父亲不喜欢与人相聚。"[44] 有其父，则必有其子。阿图尔对待同班同学的那种冷淡态度，反映出他父亲的态度。约翰娜通过欣赏不断变换的风景和勤奋地记录日记，超越了丈夫不喜社交的立场；而通过享受儿子未曾同行的时光，通过远远地对他进行批评，通过让这两件事情都显得像是他父亲所希望的一样，她凌驾于阿图尔那令人不快的性格之上。她用以结束这封信的是用古怪的措辞加以表达的脉脉温情："再见，亲爱的阿图尔，因为为你着想的缘故，我对你没有和我们在一起感到抱歉，但是你正在高效地利用你的时间，如果说你没有也在愉快地利用你时间的话。将我所写的每一句话都放在心上，并按照我的建议去做。相信我所说的话，这样，你会过得很好。你父亲期盼着你尽快来信，但请将信写在更好的纸张上。"[45]

　　无论是海因利希·弗洛瑞斯也好，还是约翰娜也罢，两人都对儿子来信的拖沓抱怨不已。海因利希·弗洛瑞斯在他从爱丁堡寄出的信中写道，对于阿图尔未能每个星期写一封信来，他感到"吃惊"，甚至"担忧"。[46]而阿图尔的书法也令他烦恼不已。一周多之后，约翰娜则在从格拉斯哥寄出的信中猜测道，阿图尔之所以未能按照他的原订计划给父母写信，是因为他在等待着父母的回信，而他们则没有义务这样去做。她写道，但"你却有义务向我们报告你是如何运用你的时间的，并悉数描述你的所作所为"。[47]对阿图尔信件的外观，她并未感到不快，但她却很关心它们的内

---

[44]　同上书，第54—55页。

[45]　同上书，第55页。

[46]　同上书，第55页，海因利希·弗洛瑞斯1803年7月26日致阿图尔。

[47]　同上书，第56页，约翰娜1803年8月4日致阿图尔。

容："我还必须就你的书写向你提出一些忠告，亲爱的阿图尔，它们并不关乎你写来信件的外在形式，而是同这些信件更为重要的部分，也就是说，内容有着关系。让它成为你必须遵从的法则：即便在匆忙之中，也绝对不要在没有仔仔细细、逐字逐句、从头到尾地读完之前，就将某一封信或最不起眼的便条寄送出去。如果你不照此行事的话，我预言你将会时常对此痛悔不已，此外，这是你改进文风和改正错误的唯一途径。"[48]

约翰娜决定给他一个教训。阿图尔曾经使用一个伏尔泰的短语"无 48 耻的偏执"，来描绘他在温布尔登学校所体验过的一种普遍态度。她写道，这种风格的措辞，是任何一个有教养的文明人，无论他是男是女，都不会从自己的口中无意说出的，哪怕是他们在进行激烈的争论时，也依然如此。当谈及这种偏执的时候，他希望"真理将会执其火炬，燃烧穿透笼罩在英格兰上空的埃及的黑暗"。[49] 由于未能找到一个恰当的德语表达法来描述儿子那英勇无畏的愿望，她使用了一个英语词"豪言壮语"。这甚而完全是一派胡言乱语："你怎么能够指望真理去做这样的事情？就我所知，黑暗可以被照亮，但是被燃烧，我的儿子，燃烧黑暗是实难办到之事。"[50] 尽管叔本华在其哲学作品中的表述常常稍显浮夸，尽管他一直喜欢使用有教养的文明人在激烈争论中加以避免的措辞，然而，在遣词造句方面，他却的确是小心谨慎的。九年之后，当时正在柏林大学求学的叔本华，满怀嘲弄地思考着费希特就康德的道德原则——绝对命令——的明白易懂性所发表的观点："绝对命令的明白易懂性！多么荒

---

[48] 同上书，第57页。

[49] 同上书，第59页。在《书信集》第1页，阿图尔1803年7月25日致约翰娜信中的片段，收集自约翰娜的信件。

[50] 同上书。

谬绝伦的概念！埃及的黑暗！"[51] 我们能够想象，约翰娜也会觉得这种说法令人费解。因黑暗而模糊的是视线，而非思想。

约翰娜的格拉斯哥来信是一份内容尤为丰富的文献资料。它揭示出了阿图尔当时在温布尔登学校所进行的某些"额外"学习，揭示出他早期所进行的阅读和所接受教育的方方面面；它提出旨在使他接受他的经商生涯的有益建议；它还表明她对于自己那为人妻为人母无法摆脱生活的应

49 天顺命般的安之若素。她鼓励阿图尔在绘画上勤下苦功，——这曾是她少女时代的爱好之一——因为他可能再也不会有充裕的时间用来绘画。她还告诫他，千万不能因为绘画的缘故而忽略吹奏笛子。她非常关心他在歌唱课上的进展情况，她提出一个问题，这在未来哲学家的心中唤起一幅奇异的影像。当他演唱《上帝拯救国王》（*God save the King*）的时候，他能够"如女子一般地用女高音"[52] 来进行演唱吗？无人知晓阿图尔对此是如何作答的。但我们却希望，十五岁的他并不能这样做。在回复她上一封来信的时候，阿图尔一定提到了自己只能和来自德国的男孩子建立起友谊。约翰娜赞成他这种和自己同胞抱成一团的做法，因为英国男孩并不习惯和像他这样的人交往。

阿图尔一定还在某封写给约翰娜的信中提到过，他在自己的业余时

---

[51] 叔本华《手稿遗稿》，第 1 卷，第 401 页／《手写遗稿》，第 2 卷，第 340 页。弗里德利希·尼采在他的《曙光：关于道德偏见的思考》（*Daybreak: Thoughts on the Prejudices of Morality*）（《曙光》[*Morgenröthe*]，1881 年；R. J. 霍林斯戴尔 [R. J. Hollingsdale] 译，Cambridge: Cambridge University Press, 1982）第 142 节中，援引了叔本华关于"绝对命令"的令人费解特性所说过的话，但却并未标明引文的出处。他可能是从威廉·格温纳"熟人眼中的亚瑟·叔本华"（Arthur Schopenhauer Depicted from Personal Acquaintance），《私人交往中的阿图尔·叔本华》（*Arthur Schopenhauer aus persönlichem Umgange dargestellt*，夏绿蒂·冯·格温纳编，Lepzig: Brockhaus, 1862）中摘引的这段话，尼采在《论道德的谱系》（*Zur Genealogie der Moral*, 1887）第三部中曾对此有过提及。叔本华或许回想起约翰娜对他在以下句子中所用比喻的批评："无论我们点亮的是何种火炬，无论这一火炬可以照亮何种空间，我们的视野将永远被夜之深沉所环抱。"《作为意志与表象的世界》，第 2 卷，第 185 页／《全集》，第 3 卷，第 206 页。——没有燃烧的真理，有的只是光亮与黑暗！

[52] 吕特克豪斯《叔本华一家》，第 57 页，约翰娜 1803 年 8 月 4 日致阿图尔。

间阅读弗里德利希·席勒的悲剧作品。约翰娜劝告他不要进行这样的课外阅读。他在温布尔登是为了提高自己的英语，而阅读自己母语所写的作品将会使这一目标受阻。然而，她并非仅仅是对阿图尔所阅读读物的语言感到不安，它的内容也让她觉得颇成问题。阅读过多的诗歌作品会使她儿子的经商生涯变得更加的令人忧惧。因此，她建议儿子暂时放弃诗歌作品，而专注于更为严肃的读物。约翰娜采用双重策略来让阿图尔恢复理智。她对儿子对于文学的激情表示感同身受，但她却以席勒为例来反驳他自己。约翰娜写道，她知道沉浸于艺术天才的作品之中是一件何其愉快的事情，但这却会令人丧失欣赏更为严肃作品的能力。她强调道，席勒曾经说过，"生活是严肃的，而艺术则是无忧无虑的，"他还曾指出过，如果他在青少年时期阅读的仅仅是诗歌作品的话，那么，他将不能成为他自己。[53] 她提醒阿图尔，他正值将遭遇生活严峻一面的时刻；她告诫他，过多地阅读令人愉快的作品，只会令自己的生活变得更加难以忍受。生活是严肃的事务，而现在正是应该严肃起来的时候了。她写道，十五岁的他，已经阅读了最为优秀的德语和法语诗人的诗作，以及一些优秀英语诗人的诗作，然而，除了一些小说之外，他却连一部散文作品都未曾读过；除了伦格博士要求学生阅读的历史作品之外，任何其他的历史作品他也还未曾读过。她告诉他，这是不对的！ 50

之后，约翰娜以自己对于现实的顺遂之举为例，激励阿图尔严肃对待经商事务，从而为生活这一严肃的事务进行准备：

> 你知道，我本是爱美之人，而对于你或许从我身上承继了这种爱美之心，我也非常高兴，但这种爱美之心现在却不能充当我们步入

---

[53] 同上书，第58页。1800年夏，阿图尔曾在魏玛一个公园中遇见过席勒。然而，除了特别提到他和父母遇见过席勒之外，他对此便再少有其他的只言片语。参见"从汉堡到卡尔斯巴德，再从卡尔斯巴德到布拉格的旅行日志；在返回汉堡归程中的旅行日志"（1800），刊于威廉·格温纳《阿图尔·叔本华》，第224页，1800年7月30日的旅行日志。

我们所存在的这个世界的向导。在它前面先行的，必须是有用之物，而我也更乐于看到你变成了其他的什么，而不是所谓的"美丽的精神"（Bellesprit）。这些绅士谈论着诗歌、演员、作曲家和画家，仿佛人活着就只是为了看戏和听音乐会。他们自鸣得意，他们为自己能够轻易地学会技术术语和时髦的用词而沾沾自喜，而对那些勤劳但却呆板的商人，他们则报之以轻蔑，自觉高人一等。最终为他们那些著名艺术家埋单的，却正是这些商人；而这些商人很有可能还必须得为这种自觉聪明、自高自大的艺术爱好者让出一席之地，以便他们除了对于艺术的激情之外尚有可食之物——除非这种艺术爱好者爸爸灵魂中的某种东西，实乃如此的平庸无味，以至于要去为他那更为聪明的儿子的图画和书籍挣得所需之资。你可永远也别走到那一步，但在你给我来信的最后，你却令我忍俊不禁，哑然失笑。[54]

约翰娜的格拉斯哥来信，似乎给叔本华留下一种深刻而持久的印象，但并非是她所希望留下的那种。当即将行至生命尽头之时，在和一位熟人的交谈当中，叔本华使用了一些似乎应该回溯到这封信件的措辞来描述自己的父母。他提到，他的父亲，"这位来自但泽的呆板商人"，鼓励并支持他吹奏笛子，而他"那充满诗意的母亲，那个魏玛超凡脱俗的美丽灵魂（Schöngeist），却反对我所希望的事情"。[55] 他因此赞同约翰娜的观点：勤奋的商人为他们儿子的艺术抱负提供资助，而所谓的"美丽的精神"表达出了和艺术截然相反的只顾自己的美学态度。尽管阿图尔正如母亲所预言的那样，从未变成过她信中所描写的"美丽的精神"，但阿图

---

[54] 同上书，第58—59页。或许阿图尔关于真理燃烧穿透笼罩在英格兰上空埃及的黑暗的"豪言壮语"，使得约翰娜面露微笑。

[55] 叔本华《谈话录》，第223页及随后一页，由罗伯特·冯·赫恩施泰因（Robert von Hornstein）记述。叔本华一定忘记了，约翰娜曾建议他不要因为绘画而牺牲吹笛子的爱好。

尔的母亲在他眼中却恰恰是她在自己信中所辱骂过的那种人的化身。海因利希·弗洛瑞斯作为商人的辛苦劳顿，为约翰娜在魏玛丰富的文化生活，打下了坚实的基础，但仅仅是在他过世之后。约翰娜坚决要求阿图尔放弃欣赏艺术天才的作品而为某种有用的职业进行准备，其最终目的在于完成生活这一严肃的事务。这一定最终将他母亲的伪善向他展露无遗，因为在魏玛，她变成了一个"美丽的精神"。 51

　　或许约翰娜精确地描写了，儿子是如何充分地调动自己对于美的感受力来超越温布尔登学校那枯燥乏味的常规生活，而他的父亲又是如何唠叨个不停，督促着儿子掌握自己的书写方法。而如果他并非是从母亲身上承继了自己对于艺术鉴赏力的话，那么，阿图尔位于汉堡的家所具有的那种氛围，也足以培养出他的美学品位，在汉堡的家中，环绕他身旁的可都是些精美的艺术品和高雅的文学作品。他们的欧洲之旅，包括经常性的定期看戏和听音乐会，参观博物馆和艺术画廊，探寻庭园和自然景区，以及观赏欧洲那些最为伟大城市的雄伟建筑等诸多内容，这种安排本身也是为了让阿图尔得以享受到第一流的美学教育。如果说作为小男孩的叔本华像他母亲所警告的那样，犯下滥用艺术的过错，并因此让自己在他所畏惧的命运面前更加束手无策的话，那么，作为哲学家的叔本华所奉行的美学，却使得对于艺术天才作品的欣赏，同生活那最为严肃的方面——从这个就其实质而言充满苦痛和毁灭的世界中得以释放——并行不悖，和谐共处。此外，在他看来，母亲过着一种"美丽的精神"所过的肤浅生活，这种生活正是由于呆板的商人所付出艰辛工作才成为可能；而他则不同于母亲，他认为他所获得的遗产乃是"一笔交托给我的神圣财富，其目的仅仅在于使我能够解决与生俱来的问题，以及为了我自己和全人类而做一个天性希望我所应该做的人"。[56]

　　直至在温布尔登学校有此经历后又过了十一年，叔本华才会将艺术

---

[56]　叔本华《手稿遗稿》，第4卷，第503页／《手写遗稿》，第4卷，下册，第118页。

视为对生活这一严肃的事务所进行的准备工作，而非令人分心而不能严肃生活的消遣活动。但当他在温布尔登学校之时，他年方十五，在承受母亲教导的时候，他从席勒的作品中汲取安慰。我们或许会问：父母为何要选择温布尔登学校作为阿图尔的求学之地呢？当然，还有着为数众多的其他学校，能够使他的父母因摆脱携带孩子同行的负担而得以享受旅行的同时，同样可以供他好好修习自己的英语知识。为什么他在那里的经历会使得他说道，自己已开始憎恨这整个民族？在到英国旅游之前，他就已经是一个亲英者了，并且终其一生未曾改变。但究竟是什么使他觉得是不列颠性格中的严重缺陷呢？而又为什么他是在托马斯·兰卡斯特牧师学校的时候，才将其视为不列颠性格中的严重缺陷呢？

52

无人知晓究竟是什么使得叔本华的父母选择了温布尔登学校。全家人可能在开始欧洲旅行之前，就已经从海因利希·弗洛瑞斯的生意伙伴那里，听闻了关于这所学校的情况。洛伦茨·迈耶，这位叔本华在伦格博士学校就读时的年轻友人，同阿图尔在欧洲旅行期间保持着通信联系。他曾在马丁·阿尔伯特·吕克尔（Martin Albert Rücker）手下做学徒。而后者兄弟的住所同温布尔登学校位于同一条路上。迈耶自己则在附近的万兹华斯的约翰·阿图尔·鲁克尔（John Arthur Rucker，此人去掉了自己姓氏中的变元音）*的家中，度过了 1802 年的夏天。[57] 迈耶的委托人是海因利希·弗洛瑞斯的生意伙伴，他同迈耶那也名叫洛伦茨的父亲很熟。然而，叔本华一家在伦敦时常常与之交往的撒缪尔·帕齐法尔（Samuel Percival）和玛丽·帕齐法尔（Mary Percival）夫妇，或许劝说过他们选择该校。而阿图尔在求学期间到伦敦旅游的时候，也曾和他们共进晚餐。帕齐法尔夫妇那同阿图尔年纪相当的儿子乔治，曾经领着阿图尔游览过

---

* 即指从 Rücker 变为了 Rucker。

[57] 参见布莱吉沃特《阿图尔·叔本华所受的英语教育》，第 261 页及第 238—241 页，洛伦茨·迈耶 1803 年 7 月 22 日致叔本华。

伦敦。[58]他们还曾在阿图尔到校前的三天，即 1803 年 6 月 27 日，陪同叔本华一家参观过这所学校。约翰娜在她出版的旅行日志中曾特别指出，温布尔登学校位列同类学校中的佼佼者之列，"纳尔逊爵士就曾让他的两位侄子在那里接受教育"。[59]她或许是从托马斯·兰卡斯特牧师本人那里，获得关于这所学校的这种印象。尽管兰卡斯特认识纳尔逊本人，同纳尔逊也有着间接的交往，并于 1805 年将该校更名为"纳尔逊之家"，但纳尔逊的侄子却不大可能曾在该校就读。[60]更为可能的是，纳尔逊这个名字将叔本华一家吸引到了他的学校，因为，约翰娜一定因为自己 1800 年在汉堡遇见了纳尔逊爵士和汉米尔顿夫人而引以为傲。

　　为年轻的贵族和绅士所开设的温布尔登学校的外观结构本身，或许深深地吸引了叔本华一家。四周环绕着几座宽阔的庭园和一所果园的这座高大的建筑物，1613 年以荷兰的雅各布风格设计建成，它原本是一位成功的商人罗伯特·贝尔（Robert Bell）的住所。贝尔本人是东印度公司管理委员会的成员之一，也是伦敦基德勒公司的所有人。[61]在这之后的一百五十年中，这栋建筑物几易其主，甚至还成为过经营不善的小客栈。1789 年，它被英国圣公会牧师托马斯·兰卡斯特所购买，兰卡斯特是附近墨顿公园这一村庄圣母玛利亚圣母教堂的教区牧师。正是在担任这一职务期间，兰卡斯特结识了纳尔逊爵士，后者 1801—1803 年期间在墨顿居住了一年半的时间。当叔本华在该校就读之时，那里大概有六十名年龄在六到十六岁之间的学生。正如叔本华一定曾向洛伦茨·迈耶所描述过

53

[58]　约翰娜是在一封 1803 年 7 月 19 日致阿图尔的信中提到帕齐法尔一家（吕特克豪斯《叔本华一家》，第 53 页），而叔本华则在自己旅行日记中两次提到小帕齐法尔。参见叔本华《旅行日记》，第 40—41 页，1803 年 6 月 3 日和 6 日的日记。

[59]　约翰娜·叔本华《一位女士在旅行》，第 198 页。

[60]　参见布莱吉沃特《阿图尔·叔本华所受的英语教育》，第 205 页。布莱吉沃特提出的看法是，纳尔逊的几位侄子或许参观过这所学校，纳尔逊或许是因为想表明他们都曾是他的学生的缘故，而留下"纳尔逊"这一姓氏。这或许对诌上傲寸的约翰娜颇具吸引力。

[61]　这座高大的建筑物曾被修葺过，并被更名为"鹰屋"。它现在是阿富汗伊斯兰基金会的所在地。这或许会使兰卡斯特牧师和叔本华都倍感沮丧，却是出于不同的原因。

的一样，这些学生都是些"难以管教的傻子"。[62]该校有四名全职的驻校教师和几名兼职教师，这些兼职教师负责那些额外收费的增开课程，例如舞蹈、绘画、击剑、音乐和唱歌。按照兰卡斯特的《教育计划》(*A Plan of Education*)所写的内容，在他的办学机构里所开设的常规课程，包括演讲技巧、阅读、拉丁语写作、法语写作、希腊语写作、算术、"商业账务"、数学、地理、历史和生物。[63]约翰娜特别指出，温布尔登学校的课程完全忽视了"其他值得一学的科目，比如那些我们在德国为孩子所教授的科目"。[64]尽管她并未提及这究竟是些什么科目，但诸如物理学和天文学之类的科学类科目并未包括在课程表中，却是显而易见的。

学生被分为两组：常规寄宿生和特殊寄宿生。根据约翰娜的说法，后者所付的费用三倍于前者所付的费用。阿图尔自然属于特殊寄宿生之列，他母亲特别指出这种特殊待遇使他不必像那些常规学生一样吞咽劣质饭菜，相反，还使他享有在做休闲之用的花园和果园中进行消遣娱乐的特权，而其他学生则被限定在"阴郁的庭院之中，如果他们潜入那些禁区，便会受到无情的痛打"。[65]然而，所有这些学生的家长却全是富人。但她也注意到，这些常规寄宿生，因为被排除在这些只能为特权人士所享用的游乐场之外，而受到了特别的教训，那便是"金钱应当成为奋斗的目标"。[66]由于阿图尔并非普通的学生，因而，约翰娜似乎是无意识地剥夺了儿子受此教训的权利。然而，事实或许并非如此。很可能是阿图尔作为富商之子的身份，以及约翰娜本人对于社会地位的敏感意识，使她觉

54

---

[62] 洛伦茨·迈耶曾在一封信中将阿图尔的同学称作"难以管教的傻子"，仿佛他是在重复阿图尔已经写过的内容。参见布莱吉沃特《阿图尔·叔本华所受的英语教育》，第247页。

[63] 关于兰卡斯特的教育计划和其他更为进步英国学校的教育计划之间的比较，参见上书，第288—300页。兰卡斯特的《教育计划》出版于1794年，再版于1797年。

[64] 约翰娜·叔本华《一位女士在旅行》，第198—199页。

[65] 同上书，第199页。

[66] 同上书。

得必须让儿子得到好中之好的东西，尽管海因利希·弗洛瑞斯对此抱怨费用太贵。此外，她或许还希望，其他学生对阿图尔地位的嫉妒，能够起到激起他追求财富雄心的作用。

温布尔登学校的教学，属于在绝大多数英国学术机构中司空见惯的那种，它同伦格博士的学校以及英国少数的进步学院所具有的进步精神相去甚远。伦格致力于避免粗暴的极权专制，致力于逐步培养学生的人文精神和理性态度。温布尔登学校的教学方法则是机械的、死记硬背式的，而且总是以棍棒相威胁。约翰娜将其称之为"极端迂腐的教育方式……[它]在英国人年纪尚幼之时便剥夺了他们获得独立生活观的所有机会"。[67] 尽管阿图尔作为特殊寄宿生享有某些优势，但温布尔登学校那呆板而平庸的氛围，对他而言一定是尤其难以忍受。他动辄就会高声喧哗、独自行事并好奇不已，他还易于卷入争端中，无论心智方面还是体格方面均是如此。难以想象他的性格经过痛苦的转型之后而变得安静、庄重和恭顺。因此，他有可能不止一次地饱尝了棍棒之苦，而约翰娜对在温布尔登学校所实施的惩戒措施所进行的描写，也正是来源于阿图尔的亲身经历。如果学生未能学会一篇课文，或是在玩耍之时行为不端，便会受到默背一页拉丁文或希腊文的惩罚。如果这项任务学生也未能完成的话，那么，这名学生便会被送往兰卡斯特的办公室，在那里，他会 55 被人用藤条结结实实地抽上七八鞭。约翰娜评论道，这一切"不会顾及这名男孩究竟是六岁还是十六岁，并且是以一种最为可耻的方式加以进行的"[68]。而一名被自己的某位同伴控诉犯下过错的学生，也会受到同样的惩罚。只要被控者否认自己犯下这一过错，那么惩罚也就会被免除，但告发者或许会在此之后找来证人列队成行，"哪怕是他和他们显

[67] 约翰娜·叔本华《作品全集》（*Sämtliche Werke*，24卷本，Leipzig / Frankfurt am Main: F. A. Brockhaus，第1版，1830—1831；第2版，1834），第16卷，第118页，摘自布莱吉沃特《阿图尔·叔本华所受的英语教育》，第316页。
[68] 约翰娜·叔本华《一位女士在旅行》，第200页。

而易见地是在撒谎，被控者也会被施以惩罚，除非他能转而找来其他证人证明自己的清白无辜。一切都冷冰冰地照章办理，就像是在英国法庭之上一样。根本没人考虑过试着去了解孩子的性格，了解他们对于是与非的判断力如何，或是去鼓励他们热爱真正的正义"。[69]

我们不难理解，叔本华为何未能与他的英国同学建立起友谊。十五岁的他属于温布尔登学校较为年长学生中的一员，而他也比他的不列颠同伴更为见多识广和老练成熟。学校那沉闷乏味的常规生活，以及他的同学对之加以遵从时所表现出的轻松自在，都令他觉得格格不入。他一定觉得，兰卡斯特坚持要求他那些年轻的绅士在晨祷和晚祷之间的时间段里说法语的做法，非常之可笑。维塞西姆斯·诺克斯（Vicesimus Knox），这位英国当时更为进步的教育家就曾说过，这种做法导致两种不良后果。男孩子要么就学会说一口粗鄙而蹩脚的法语，要么就"不得不自甘沉默"[70]。叔本华说得一口流利的法语，他一定满含轻蔑地看着其他男孩要么说着支离破碎的法语，要么愚蠢不堪地沉默不语。考虑到他那爱搞恶作剧的性格，他很可能嘲笑过这些可怜的人。而他们也可能对他进行过报复。约翰娜曾经提到过，阿图尔丢失过她作为礼物邮寄给他的领带别针、铅笔和折叠式小刀。它们很可能是被偷走的。[71]叔本华的郁郁寡欢似乎是源自诸多因素的综合作用：温布尔登学校那令人窒息的氛围及其沉闷而机械的教育模式、该校学生那不讨人喜欢的天性、父母对于自己书法的吹毛求疵以及约翰娜关于自己在苏格兰经历欢快的描述。然而促使他向他远在汉堡的友人洛伦茨·迈耶诉说自己对于这整个民族憎恨的，却似乎是他所体验到的在英国式的安息日礼拜仪式当中展现出来的

[69] 同上书，约翰娜对在温布尔登学校所实施惩罚的描写，强烈地暗示着阿图尔也曾身受棍棒之苦——或许还不止一次。

[70] 维塞西姆斯·诺克斯《人文教育》（*Liberal Education*，第 9 版，1788），第 1 卷，第186 页；摘录于布莱吉沃特《阿图尔·叔本华所受的英语教育》，第 296 页。

[71] 参见吕特克豪斯《叔本华一家》，第 53 页，约翰娜 1803 年 7 月 19 日致阿图尔。她向儿子承诺，当他在伦敦同她相会之时，她会给他一枚甚至更为精美的领带别针。

浅薄宗教狂热。每一天都是以祈祷开始和作结，但阿图尔却觉得星期日的情况甚至更糟。兰卡斯特开始星期日的方式，是强迫他的学生聆听他所做的具有实验性质的一连串布道，而这些布道是他之后会在位于墨顿的附近教堂中进行的。接着这些身着星期日盛装的男孩子，在老师的看管之下，徒步行进到位于温布尔登的教堂去聆听长达两小时之久的布道。下午和晚上的时候，他们都被迫出席额外的仪式。在仪式之间的时间段中，他们被允许阅读《圣经》或是同老师出去散步。任何一个偏离这一常规的男孩子，都会被牧师用他的黄金棍，向其指出其自身行为的不妥之处。我们不难想象阿图尔因为承担此类偏离后果而有过的亲身经历。

正是在安息日所有过的可怕经历，促使叔本华表明自己那受到母亲严厉批评的希望：真理将"执其火炬"，燃烧穿透"笼罩在英格兰上空埃及的黑暗"。在抱怨儿子语言中夸大其词的成分之后，约翰娜戏谑地呵斥着阿图尔："我一定得被允许也笑一笑了。你知道今年冬天和在此之前，当你因为觉得自己在那时的职责是休息，而不想在星期日和节假日做任何正事的时候，我和你之间爆发过多少次战争了吗？现在，你可受够了每一个星期日都休息了吧！"[72] 阿图尔自然没有从母亲的答复中获得任何安慰。而他也不大可能对引得母亲发笑的反话持欣赏态度。

约翰娜还在自己出版的旅行日记中，抱怨"这种在此地用以保卫星期日的神圣不可侵犯性狂热的迂腐，这种狂热的迂腐甚至超过了只禁工作不禁玩乐的犹太人所具有的迂腐"。[73] 而对于它给年轻人所造成的伤害，她也非常敏感："孩子们，唉！他们境遇相当的糟糕，因为在星期日晚上还有专门为他们开设的特殊学校。在不得不在教堂中将那毫无意义和沉闷乏味的英国圣公会礼拜公祷文背诵两遍，并在家中将其背诵一遍之后，他们在那里列队行进。"[74] 注意到约翰娜那带有轻蔑意味的语言是何其接 57

[72] 同上书，第59页。约翰娜1803年8月4日致阿图尔。
[73] 约翰娜·叔本华《一位女士在旅行》，第162页。
[74] 同上书，第163页。

近地预示着阿图尔的语言，是颇为有趣的；而注意到她最后一句话对于温布尔登星期日的描写，则更为有趣。[75]像儿子一样，她也憎恨不列颠式的安息日。然而，她并未对儿子的痛苦表示同情，而是对其进行了嘲笑。说句公道话，约翰娜所说的这些话是在事情发生的十年之后才出版发行的，而情况有可能是，她后来被人说服而采用了阿图尔的视角。但如果我们承认她回忆录具有真实性的话，那么，这就并非是一个可信的解释了，因为她也很乐于回忆，当她讲述她们在德国是如何在星期日玩纸牌游戏，甚至"有时候所赌的钱还金额颇大"[76]的时候，她是如何令她那些英国熟人大为震惊的。当然，无忧无虑、活泼欢快的约翰娜可能对阿图尔对安息日所做的抱怨，表示过自己的同情，但她却选择了抓住机会，尽其所能地让情况有利于她自己。儿子在温布尔登的种种经历，应该教会了他，她在汉堡关于星期日和节假日的所言所为实乃正确无误。他如今在英国得到了他觉得自己在德国所想得到的东西，并发现这是令人不快的。这将告诉他，母亲才是看问题最为透彻的人。此外，约翰娜还暗示道，父母将他安置在温布尔登学校，也是将他最大福祉放在心上的表现，尽管他们并不赞同他当时的愿望。但阿图尔却不大可能得出这样的结论。在读到约翰娜出版的旅行日记的时候，阿图尔倒可能觉得，母亲对于儿子的绝望感到好笑。

叔本华既不会忘记这种心胸狭窄的宗教狂热，也不会忘记这位牧师本人。他具有在事隔数十年之后重温和重塑自己曾怀有轻蔑的不可思议的超凡能力，并将之用于尽情地谴责那种被他视为圣公会教堂及其牧师对于整个不列颠民族性格所产生的极具危害性影响的东西。他的一些抨击之词出现在未曾料到的地方。因此，当他在英国经历了这一切的四十八年后，在《附录与补遗》第一卷"理想与现实事物的历史概略"里，

---

[75] 常见的说法是，约翰娜在撰写《一位女士在旅行》之时，使用了阿图尔的旅行日志以复苏自己的记忆。这极有可能是一个明显的例子。

[76] 同上书，第162页。

他对从法国哲学家勒内·笛卡尔到他自己的欧洲哲学进行了总结。在他作出的这一总结当中，他把就人类对于事物的种种经验（理想之物）和事物本身（真实之物）这两者之间关系作出令人满意的解释，视为现代哲学最为困难的两大难题之一。[77] 尽管他在这篇文章中的目的，其一是将自己的哲学置于欧洲现代哲学的主流之中，其二是宣称他自己的哲学首度解决了这一中心问题，但他却提到了约翰·洛克曾经承认说思维有可能是物质的，以及"在他自己所处的时代里，他如何遭受了奸诈的圣公会牧师，沃切斯特主教的恶毒攻击"[78]。接着，叔本华附上了一个颇为冗长的脚注：

58

　　没有其他任何教派比英国圣公会更怕见光的了，这仅仅是因为没有其他任何教派像它一样拥有如此数额巨大的金钱利益遭人质疑：它的收入竟然高达五百万英国英镑，据说比全球其他基督教神职人员的收入总和还高出四万英国英镑。另一方面，除了在智力方面胜过其他所有民族的英格兰民族之外，再没有其他民族如此痛苦地看到因为最为堕落的盲目信仰而有条不紊地陷入的麻木无知的境地。罪恶的根源在于缺乏对公众进行教化的神职人员，而对公众进行教化这一事务，迄今为止都一直完全掌握在牧师手中。这些牧师尽心操持，以使全国三分之二的民众既不能读也不能写；事实上，他们甚至时不时地胆敢采用最为滑稽可笑的自以为是的做派，向自然科学大肆咆哮。因此，人类有责任通过每一种可以想见的渠道，将光明、

---

[77]　第二大难题关乎的是意志的自由。叔本华以他特有的毫不谦逊的做派，宣称自己解决了这两大难题。参见他《论意志自由的获奖征文》（E. F. J. 派恩译，Cambridge: Cambridge University Press, 1999）。

[78]　叔本华《附录与补遗》，第 2 卷，第 16 页 /《全集》，第 6 卷，第 16 页。叔本华此处所指的是爱德华·斯蒂林弗里特（Edward Stillingfleet，1635—1699），沃切斯特的主教。此人在《三位一体教义的合理性证明》（*Vindication of the Doctrine of the Trinity*, 1696）中，对洛克发起了攻击，尤其是因为他"动摇了三位一体原则的基础"的缘故。

自由的精神和科学悄悄地带入英国，以使所有牧师中的最为养尊处
优者停止他们所干的勾当。当接受过教育的英国人在欧洲大陆上展
示他们所持犹太人式严守安息日的迷信和其他偏执的时候，他们应
当被待之以不加掩饰的嘲弄，直至他们羞愧难当而回到常识中来［叔
本华的英语］，因为这些事情对于欧洲而言乃是丑闻，再也不应该被
加以容忍。因此，哪怕是在生活的日常进程之中，我们也决不应该
对英格兰教会的迷信作出哪怕是最小的让步，而应该在其即将抬头
的任何时刻，都立即以最为辛辣和最为尖锐的方式奋起对之进行反
击。因为，英国圣公会牧师的傲慢骄横，实在是无人能及；因此，它
必须在欧洲大陆上蒙羞受辱；这样一来，它的一部分便会被带回到缺
少了它的家中。因为，圣公会牧师及其奴性十足的追随者的大胆和
放肆，哪怕是在现今，也令人难以置信；因此，它应当被限定在英伦
三岛之上，如果它胆敢在欧洲大陆现身的话，那么，等待它的命运
便应该是成为白昼之中的猫头鹰。

　　叔本华对于圣公会教会和"圣公会牧师"的谴责在《附录与补遗》
59 中继续展开。但此次的谴责并非是出现于脚注当中，而是跻身于一篇对
于诸如鬼魂现身、预言未来、动物磁性和意念移物之类神秘现象所作的
充满理想主义色彩的分析中——《论视灵及与之相关的一切》。在这篇文
章中，他指出向教会提供金额巨大钱财资助的原因之所在："长子继承法
乃是令人愤慨的欺骗人民的英国愚民政策的真正根源，换言之，这是一
项使贵族（就最为宽泛的意义而言）必须得为他们较为年幼的儿子准备
其将来之所需的法律。如果他们不适合参加海军或是陆军的话，那么，
拥有五百万［英国英镑］年收入的'教会权力机构'［特殊术语］就会为
他们提供一套慈善机制（charitable institution）。如此一来，一个年轻乡
村绅士的'生计'要么通过施恩要么通过花钱得到解决［又一个特殊表

达法]。"[79]他自然对这一做法进行谴责："它是世界上最为无耻的圣职买卖行为。"[80]尤其是当这一做法同爱尔兰的悲惨境况相比形成反差的时候，其实质则更是如此。在那里，"成千上万的居民死于饥馑，他们除了自愿从自己钱袋中拿出钱来交给自己的天主教教士之外，还必须得养活一大群人数多得不切实际的新教教士，这其中包括一位大主教、十二位主教以及由众多主任牧师和教区长所构成的寄生体，尽管这笔费用并非由民众直接负担，但却是从教会资产中支付。"[81]考虑到牧师对安息日的看法所产生的那些令人沮丧的后果，教会在道德方面的伪善甚至更让叔本华深恶痛绝："当牧师谎话连篇地告诉民众说，美德中的一半都在于将星期日在无所事事中打发掉和在教堂中进行忏悔，而最大的恶行之一，为其他所有人铺平道路，便是'不守安息日'[叔本华的英语]，也即是说，不在无所事事中打发掉星期日。还有那些记录了被判死刑的罪犯罪行的文件，它们从'不守安息日'这一令人震惊的恶行出发，解释了他们整个的犯罪过程。"[82]

叔本华认为，这种关乎严守安息日美德的布道，在道德方面毫无意义，其后果尤具毁灭性，因为它曾使得它的实行者问心无愧地参与到在道德方面最应受到谴责的行为之中：

想必普通人一定相信，如果他像他的精神引导者让他铭记于心的那样，"严格遵守神圣的安息日不得工作的训诫，并定期出席神圣的仪式"[叔本华的英语]，换言之，如果他在星期日雷打不动、彻彻底底地虚掷时光，且并未忘记在教堂坐上两个小时之久，以将同样的连祷文听上千遍，再将其快速背诵出来——如果他能做到这一切的话，那么他就能够

60

[79] 同上书，第1卷，第270页／同上书，第5卷，第287页。
[80] 同上书，第1卷，第271页／同上书，第5卷，第288页。
[81] 同上书，第1卷，第272页／同上书，第5卷，第289页。
[82] 同上书，第1卷，第272—273页／同上书，第5卷，第289页。

指望为他偶尔允许自己所做下的某一件错事而得到赦免。那些披着人皮的恶棍，也即是说，那些北美洲自由的合众国（它们应该被称作奴隶合众国）中的奴隶主和奴隶贩子，通常都是些正统的、虔诚的圣公会教徒。这些会把在星期日工作视为重罪、自信满满地如此行事、自信满满地定期前往教堂的恶棍，希望自己能够长乐无极。[83]

当然，这些披着人皮的严守安息日的恶棍，也可能真心诚意地做下甚至是更为邪恶的事情："然后想想那些美洲的基督徒吧！美洲的居民大部分都被悉数灭绝了，还有古巴的。"[84] 然而，奴隶和美洲的土著民并未遵守安息日，因此，他们是有罪的，他们犯下了"不守安息日"的恶行。

叔本华用于对圣公会牧师进行毫不留情控诉的术语，类似于他用以强烈攻击后康德主义的德国哲学家，尤其是那些他最喜欢痛骂的目标人物的术语，诸如约翰·费希特、弗里德利希·谢林和格奥尔格·黑格尔等人。他们个个都被他指责为具有"挣钱吃饭"的动机，干着愚弄民众的勾当，并对各自的读者施加了令人道德败坏的影响。根据他自己所强调的要点，那些由和他同时代的从事哲学活动的人所犯下的罪行，常常比这些圣公会牧师所犯下的罪行还更为严重。然而，有时情况却恰恰相反。他因此认为这两类人都因为受自私自利的动机和金钱利益的驱策而犯有罪过，但后康德主义者是因为靠哲学谋生而贬低了一项更为崇高的使命，而不列颠的牧师则是滥用宗教。然而，他却认为，圣公会牧师影响的是更为聪明的公众，而德国唯心主义者则抽空了康德的思想，他们抹去了德国最伟大哲学家的重要洞见，并以此使哲学理解的水平返回到对康德哲学甚为无知的不列颠人的水平。他认为，如果这些唯心主义者让康德在德国变得过时了的话，那么，康德和其他哲学家就可以被作为战胜教

---

[83]　同上书，第 2 卷，第 355—356 页／同上书，第 6 卷，第 376—377 页。
[84]　同上书，第 2 卷，第 356 页／同上书，第 6 卷，第 377 页。

会的手段输出到英国去："总体而言，为了阻止那些自封为教士
（reverend）的牧师们——这些世界上最为傲慢和放肆的人——所干的营
生，并使丑闻得以终结，现在是一手持冯·勃伦（von Bohlen）和施特劳
斯（Strauss）批判圣经的言论而另一手持《纯粹理性批判》，来将理性、
启蒙和反教会专制的使命传送到英格兰的时候了。"[85] 叔本华能够接受这 　61
一对不列颠人所抱有的希望，并将试图将康德的第一批判*带入英国，因
为英格兰的教会采用的是仅仅对科学和哲学进行打压的方式蒙蔽了启蒙
运动，而德国的愚民政策则是以更为暗中为害的方式来产生影响的。后
康德主义者那难解而笨拙的文风，不仅仅是用隐藏在冗长句型结构之中
令人费解的语言掩盖他们思想的贫乏；他们所产生的影响使得整整一代德
国人的心智变得麻木。他们学会整日言说却空无一物，他们显得无力辨
认出被清楚地加以表述的真理，比如他**的哲学所表达的那些真理。[86]

　　如果说叔本华在温布尔登学校度过的三个月，以及他在英国逗留的
另外三个月，造就了他对英国所怀有持久怨恨的话，那么，这种怨恨所

---

[85]　同上书，第1卷，第269—270页／同上书，第5卷，第287页。叔本华此处所指的是彼
　　　得·冯·勃伦（1796—1840）和大卫·弗里德利希·施特劳斯（1808—1873）。冯·勃伦是一
　　　位东方学家，同时也是《创世记：从历史及批判的角度加以解释的》（*Die Genesis,*
　　　historisch-kritisch erläutert, 1835）的作者。而施特劳斯则是一位神学家，同时也是《圣经》
　　　的批判者，他这方面最为有名的作品是《被批判地考证过的耶稣生平》（*Das Leben Jesu,*
　　　kritisch bearbeitet, 1835—1836）。这两位作者都倾向于拒绝接受基督教中违反科学的因素，
　　　倾向于在其所处的历史语境中来对基督教文献进行阐释，并从人类学及世俗的角度出发来
　　　理解基督教信仰。施特劳斯试图在他的《新旧信仰》（*Der alte und der neue Glaube,* Stuttgart,
　　　1872）中否定叔本华的悲观主义，这一攻击使得尼采大为光火，他在《不合时宜的思考》
　　　（*Untimely Meditations*）中的"大卫·施特劳斯：告解神父与作家"（David Strauss, der
　　　Bekenner und Schriftsteller, 1873）第六及第七部分加以反驳（《不合时宜的思考》，R. J. 霍林
　　　戴尔译，Cambridge: Cambridge University Press, 1983）。

　　*　即《纯粹理性批判》。

　　**　此处指叔本华自己。

[86]　他特别谴责了黑格尔"对于哲学，以及通过哲学对德国文学所起的影响是极其可恶的，
　　　完全应该受到谴责的，人们甚至可以说是瘟疫性的"。他想，问题在于，黑格尔那难解而
　　　笨拙的文风被其他人模仿，仅仅使得人们终日言说却空无一物。参见《论道德的基础》，
　　　第14页／《全集》，第4卷，《伦理学的两个基本问题》，第xvii页。

针对的仅仅是英国的教会，以及他所认为的它对于这个民族社会和精神生活方方面面所产生的令人窒息的后果。他终生都是亲英者。他一直相信，英国人是所有欧洲人中智商最高的民族；终其一生，他都在阅读伦敦《泰晤士报》；对于英国作家和哲学家，他怀有深深的、持久的尊敬之情。此外，比之为他所深爱的康德和许多与他同时代的从事哲学活动的人的文风，约翰·洛克、乔治·贝克莱和大卫·休谟的文风与他自己的文风更为相似。在离开英国二十七年之后，当他或许一直在试图将康德推介给不列颠人的时候——尽管他并未另一手手持冯·勃伦和施特劳斯批判圣经的言论，他用英语给一位不知名的编辑写下这样一段话："至于我的英语知识，我主要得将它归功于自己曾在英国接受过部分的教育——我甚至还于 1803 年在温布尔登的兰卡斯特牧师学校做过一段时间的寄宿生，——以及自那时开始所进行的大量英语阅读，最后则是因为在欧洲大陆上和英国人的频繁而密切的相处。我的英国口音如此之重，以至于我在和英国人初次相识之时频频被他们误以为是他们的同胞，尽管我承认他们在半小时之后就能弄清真相。"[87]

62

所有这些思考都是在多年之后才做出的，它们完全符合事实。在他生命这一阶段，叔本华还是一名品味着对这个民族仇恨的小男孩，他梦想着用燃烧的真理去将黑暗点燃。然而，这些早年的经历却有助于揭示出隐藏于叔本华哲学方法后面的天资。最初的充满感情回应令人注意到某个问题。随后的经历则使人作出解释，在此之后却是对于用以清除导致情感至上因素手段的认可。是真理使这一切成为可能。除了他对无论是大自然之中还是伟大艺术品之中的优美和壮美之物的反应另当别论之外，叔本华最初的哲学思考就其基调而言，都是消极的。甚至于他对自己由惊异所引起的进行哲学探究动机本身的陈述，也是基于对痛苦和死亡无处不在的承认，而能够满足进行哲学探究的渴望的乃是真理，它是

---

[87]　叔本华《书信集》，第 119 页，叔本华 1829 年 12 月 21 日致"达米荣分析的作者"。

对"永困人心的存在之谜"[88] 所给出的解释及其解决之道。最终，他会发现是真理本身给人以安慰。可现在所需要的却是，阿图尔从温布尔登学校的烦恼不安中被解救出来。

记录阿图尔于 1803 年 9 月 20 日被从温布尔登学校解脱出来的旅行日志，令人吃惊的平淡无奇。我们或许指望它当中包括一些对善良的兰卡斯特牧师和阿图尔那些乏味的同班同学所做的不快的猛烈抨击，但他却只是说道，他是独自一人旅行到达的伦敦。在伦敦，他同已在那里待了两周的父母亲会合。那天的雨下个不停，阿图尔到达目的地的时候，全身都湿透了。第二天，雨仍然在下，这使得全家观看恩费尔德赛马比赛的计划落了空。四天之后，他继续记录他的旅行日志，特别提到他未曾添加那几天的条目内容，因为全家在早前逗留伦敦期间已经观赏过伦敦所有的重要景观。事实上，叔本华一家发觉自己在伦敦待的时间比最初预计的要长，因为再次出现于英法之间的敌对状态，使得从多佛到加莱的旅行再无可能。

看世界

叔本华一家重游了早前已经游览过的名胜古迹，游览了大户豪宅，参观了博物馆，并和朋友们共进晚餐，消磨时光。在伦敦期间，他们观看了好几部莎士比亚的戏剧，包括在特鲁里街上演的《无事生非》(*Much Ado about Nothing* ）和在考文特花园上演的《哈姆雷特》和《理查三世》。阿图尔显然已经对莎士比亚非常熟悉，他旅行日志的焦点在于演出的质量，而非戏剧的内容。然而，他却对《理查三世》的演出颇有微词，因为它篡改了剧本台词，使人难以辨认出所演的是这部剧作。尽管如此，阿图尔却仍然对扮演国王理查三世的演员库克对于角色的诠释赞叹有加，

---

[88] 叔本华《作为意志与表象的世界》，第 2 卷，第 171 页 /《全集》，第 3 卷，第 189 页。

称赞他的表演胜过"所有我看过的英语剧的表演。我喜爱他远胜于肯布尔。他唯一的不足在于自毁形象的程度还不够充分，因为他的丑陋和畸形在整场剧中只是被加以暗示"。[89] 约翰娜也被库克先生"这个伟大的和真正的演员"给吸引住，她也像儿子一样被库克扮演的理查三世给迷住了："他的表演真可谓空前绝后。"[90]

　　莎士比亚，或者更确切地说是他的墓冢，已然给年轻的叔本华留下了深刻印象。像他们之前和之后的无数游客一样，叔本华一家在初次停留伦敦期间去游览了威斯敏斯特大教堂。位于墓前莎士比亚雕像的严肃神态，以及那些摘自《暴风雨》(The Tempest)中描写人生的转瞬即逝的"优美"

64　诗句，深深地震撼了阿图尔。这些诗句本来是写在羊皮纸上的，诗人的石刻雕像伸手直指它们，而它们自然也就出现在阿图尔的旅行日志之中：

> 云彩笼罩的塔楼，华美的宫殿，
> 庄严的寺院，还有伟大的地球本身，
> 啊！它所承继的一切，将会化于无形
> 正如这一虚幻的盛典光彩淡去[91]，
> 不留下一丝苦痛。我们便是这样的质素
> 如梦亦如幻，我们微不足道的生命
> 圆满完结于安眠之中。

　　这一伤感的思绪在阿图尔的旅行日志中，同被他自己所记录的约翰·盖伊(John Gay)的连珠妙语互为补充，那些连珠妙语是被刻于盖伊

---

[89]　叔本华《旅行日记》，第 65 页，1803 年 10 月 3 日的旅行日志条目。阿图尔将 Cooke 误写为 Cook。肯布尔是库克的劲敌，他是当时最伟大的悲剧演员。

[90]　在《一位女士在旅行》第 178 页，约翰娜提到了库克的批评者抱怨说，在库克扮演的其他角色身上都可以看到他所扮演的理查三世这一角色的影子。她也对演员常常篡改莎士比亚剧本中的台词而颇有怨言。

[91]　叔本华《旅行日记》，第 50 页，1803 年 6 月 14 日的旅行日志条目。

半身雕像之下的：

> 生命是一个玩笑，所有事情都说明了这一点：
> 我曾经这样想过，而现在，我明白了这一点。[92]

　　三年后，阿图尔在一封回复母亲关于魏玛战役恐怖描写的信件中，用到盖伊的这些诗句。[93] 约翰娜在回信中，斥责儿子对于生命不幸的悲叹，她似乎在建议儿子将自己对此的反应作为典范："我现在完全是在依照自己内心的愿望生活，十分平静，为杰出的人们所爱戴……"[94] 阿图尔的心因他人的痛苦而作痛；而他母亲的心之所以跳动，则是为了了解她自己的愿望。她暗示道，困境能够诱发出人身上最为美好的品格，对生命的悲苦始终漠然视之，能够成为使人免受这些悲苦重创的手段。最终，阿图尔也将完全依照自己内心的愿望生活，他将通过对它们进行哲学反思，而超然于生命的艰难悲苦之外。然而，他并非会在被那些爱戴他的杰出人物所包围的情况之下而如此行事。

　　约翰娜也在自己的旅行日志中摘引了莎士比亚《暴风雨》中的相同诗句，但不同于儿子的是，她并未对人类的境况进行哲学反思。阿图尔注意到，国王、英雄和诗人，这些被社会地位和时空所分隔开来的人，他们的墓冢都合并成那唯一的场所。死亡乃是伟大的平均主义者，阿图尔思忖着，这些伟人究竟带走了些什么。他回答了自己所提出的问题：65 "国王留下了王冠和权杖，英雄留下了自己的武器，而诗人则留下了自己的名望；但他们之中那些是因为自己本身而非因为外在于自己的事物而出类拔萃的伟大人物，却带走了他们自身的伟大。他们带着他们曾在此处

---

[92]　同上书。

[93]　叔本华《书信集》，第 1 页，叔本华 1806 年 11 月 9 日致约翰娜。

[94]　吕特克豪斯《叔本华一家》，第 116 页，约翰娜 1806 年 11 月 14 日致叔本华。

拥有过的一切。"[95] 而约翰娜所思考和批评的则是大教堂的建筑、组织机构和它破败不堪的状况。她觉得英国国王和王后的蜡像特别令人厌恶："这些名副其实的稻草人早就应该毁掉了，因为唯一令人感兴趣的是那些他们生前穿过的衣物。尤其是如果伊丽莎白女王知道，她在此处给后人所展示的是一副何等丑陋不堪形象的话，那么，作为她生命特征的虚荣心会令她在九泉之下也不得安宁。"[96] 但阿图尔却并未注意到国王和王后遗留下的衣物。

最后，在延误两周之后，叔本华一家离开了伦敦。在这两周当中，阿图尔每天都希望当天是他们的启程之日。他们在经过两天旅行之后到达哈维希，这座阿图尔觉得又小又脏又毫无东西可看的小镇。由于全家人等待着顺风风起跨海前往鹿特丹，他们在这个糟糕的地方又被困上一天。经过四十个小时令人难受暴风雨中的跨海航行之后，他们到达马尔维斯，又乘坐马车行进了三英里到达鹿特丹。一向深受晕船之苦的阿图尔难受至极，在跨海航行的途中便病倒在床上。父母的情况也只是稍稍好些。在穿越荷兰的逗留期间，他们在哥库姆停下歇息，在那里，阿图尔观察了他曾外祖父的曾外祖父曾在那里做过牧师的哥特式教堂。之后，叔本华一家继续旅行，途中经过布雷达、安特卫普、马林斯、布鲁塞尔、卑尔根、佩罗拉和桑利斯，他们于 1803 年 11 月 27 日到达巴黎。

巴黎让阿图尔感到失望，他觉得它和伦敦相比有失水准。除了主要的林荫大道之外，巴黎的其他区域均肮脏不堪，且照明不足。在它狭窄的街道上徒步旅行是危险的，因为人们不得不留意来往的载人马车和运货马车。即便是它最好的时装店，也会在伦敦的时装店面前黯然失色。全家人享受了为富人所特享的观光旅行，它包括和法国大革命及其影响相关联的那些场所。巴士底狱的一举攻克，曾令兴奋不已的海因利希·弗

66

---

[95]　叔本华《旅行日记》，第 51 页及随后一页，1803 年 6 月 14 日的旅行日志条目。

[96]　约翰娜·叔本华《一位女士在旅行》，第 225 页。她还抱怨道，他们一家未能找到斯威夫特、蒲柏以及她和阿图尔所深爱的劳伦斯·斯特恩的墓冢。

洛瑞斯在一个并非周末的日子匆匆赶回自己的乡间别墅，去和约翰娜分享这些好消息。而巴士底狱的所在地，则促使着阿图尔去认真思考那"永恒的苦痛、无言的哀叹和被囚之人的断无希望的苦痛"。[97] 年轻的叔本华对于巴黎植物园（the Jardin des Plantes）*里收藏的珍稀动物大为惊奇，尤其是那些大象，更是令他惊奇不已。但他却并未对于这些被俘动物所处的困境表示出任何同情。全家人自然去游览了卢浮宫，而且还不止一次。那里收藏品的高品质和重要性，使得阿图尔自觉眼花缭乱、不能自持。他还有幸观赏了一批新近被拿破仑"解放出来"的艺术珍品，比如拉奥孔、梵蒂冈的阿波罗、梅蒂斯的维纳斯以及将死的角斗士。九天前，他就已经在法兰西剧院观察过这位手上沾血的铁腕人物本人。第一执政官一踏入剧院，就受到暴风雨般掌声的热烈欢迎。这使得叔本华为了能够将他的脸庞看得更加清楚而立即向前靠近。然而，他仍然未能看清拿破仑的面容。剧院里光线太暗。尽管如此，波拿巴制服的简单风格以及他仅有两名军官相伴的事实，却令阿图尔印象深刻："否则，他可就是完完全全的孤家寡人了。"[98]

大约六周之后，亦即1804年1月15日，叔本华在杜伊勒里广场再次瞥见第一执政官。他此次骑着一匹白色的高头大马，正在检阅六千人之众的意大利军队。阿图尔是从附近一家旅馆一个颇为舒适的窗边座位观看到这一盛况的。但他再次感到失望。尽管他能够清楚地观看到拿破仑的身影和动作，但仍然未能看清他的面部特征。最终，他于次日晚上在法杜剧院，更为仔细地打量了这位即将为自己加冕的法兰西皇帝："第一执政官就

---

[97] 叔本华《旅行日记》，第92页，1803年12月12日的旅行日志条目。

   * 巴黎植物园位于法国巴黎市区的塞纳河左岸，紧邻法国国家自然博物馆，它不仅是一座举世闻名的植物园，而且其附设的动物园在世界动物园发展史上也具有里程碑意义，实乃风景花园与大型奇异动物园相结合的第一个范例，这些动物代表着另一种更科学的自然观，它是"动物花园"（zoological gardens）这个词的根源。

[98] 同上书，第81页，1803年11月28日的旅行日志。

在那里。我保持着坐姿，以便能够在整场演出中都能清楚地看到他。"[99] 奇怪的是，叔本华并未记录下自己对于拿破仑面容的印象。

大约在两年半之后，叔本华后来的哲学黑兽（bête noire），G. W. F. 黑格尔，也巧遇了骑马检阅部队的拿破仑。具体时间是 1806 年 10 月 13 日，即耶拿战役的前一天。在耶拿战役中，法国人迅速击溃了普鲁士军队，并藉此彻底粉碎了德国人重建拿破仑在三个月之前凭借操纵其所属的十六个邦联将其架空并进而将其置于死地的神圣罗马帝国的一切希望，黑格尔观察到："我看见皇帝——这位世界精神（Weltgeist）——骑马出城执行侦察任务。看着这样一位全神贯注地策马出行，凌驾于世界之上并将其玩弄于股掌之中的人物，实在是一种难以言传的绝妙感受……"[100] 在黑格尔拼尽全力以求保全和完成《精神现象学》（*Phänomenologie des Geistes*, 1807）的时候，由于这位骑在马上的"世界精神"的恶行，他觉得自己无法不崇拜拿破仑。但一旦黑格尔将这种"绝妙感受"置于哲学沉思之下，他便认识到，自己当天在耶拿所观察到的并非就是世界之魂。事实上，它乃是一个"世界历史的伟人"，此人的激情和雄心对精神发出命令，有助于推动历史行进到下一阶段，使其向着使精神最终认识自身的目标行进。[101]

黑格尔对于拿破仑的最初反应，亦即那种源自于因看见马背上的世界精神而产生的"绝妙感受"，比之于叔本华对于拿破仑的反应要更为复杂，尽管黑格尔本人将感受视为最为低级的认知形式。然而当时三十六岁的他，是耶拿大学的讲师，正处于为自己的哲学体系奠定基础的进程中。而当时的叔本华则还是一个十多岁的小男孩，他被拿破仑的名声吸引，但对于其

---

[99]　同上书，第 108 页，1804 年 1 月 16 日的旅行日志。

[100]　黑格尔《书信集》（*The Letters*，克拉克·巴特勒［Clark Butler］与克里斯蒂安娜·塞勒［Christiane Seiler］合译，Bloomington: Indiana University Press, 1984），第 114 页。这是一封黑格尔写给友人兼策划者弗里德利希·伊曼努尔·尼特哈默（Friedrich Immanuel Niethammer）的信件。

[101]　黑格尔《历史哲学》（*The Philosophy of History*，J. 西布利［J. Sibree］译，New York: Dover, 1956），第 31 页。在该页中，拿破仑，连同亚历山大大帝和尤利乌斯·恺撒一道，作为世界历史上的伟人而被提及。

历史重要性却并无好奇心。然而在 1813 年的解放战争和接踵而至的法国入侵之后，叔本华正在德累斯顿开始致力于写作《作为意志与表象的世界》。而战败的拿破仑仍然保留着皇帝的称号，他被流放到厄尔巴岛。尽管许多人要求砍下他的头颅，但这个以肉身显现的世界之魂，却成为叔本华哲学思考的目标。他写道，拿破仑并不比其他为数众多的个人更应遭受惩罚。这些人如果拥有拿破仑所拥有的超凡思考力与理解力，拥有他的勇气与他所拥有的历史机遇的话，那么，他们也会做出同样的事情。他仅仅是像大多数人一样，被自己的自我主义所驱使，他就像他们一样，牺牲他人以追逐自身的利益。如果其他人拥有拿破仑所拥有的影响力，他们也会做出同样的事情。但拿破仑所拥有的罕见影响力却也　　68

> ……揭示出了人类意志的全部恶毒；而作为意志不可或缺的另外一面的他所处时代的苦痛，则揭示出同邪恶意志如影随形的苦难，而邪恶意志的总体外表即是世界。但这仅仅是世界的目的：它将辨认出同生命意志紧密相连的不可言说的苦难，严格地来说，它是太一。因此，波拿巴的外表对于这一目的贡献颇大。世界的目的并非是成为乏味傻子的天堂；相反，它是要成为一幕生命意志在其中辨认出自身并远离自身的悲剧。波拿巴只不过是一面强有力地反映出人类生命意志的镜子而已。
>
> 造成苦难的人同承受苦难的人之间的差异，仅仅存在于现象的世界之中。这所有一切均是那个与巨大的苦难同为一体的生命意志，而经由对于这一点的认知，生命意志便能够远离于自身，并终结自身。[102]

在黑格尔与叔本华对拿破仑的重要性所进行的分析之间，有着令人吃惊的相似性。两人都将他视为异于常人之人，而两人也都将他与世界

---

[102]　叔本华《手稿遗稿》，第 1 卷，第 222 页／《手写遗稿》，第 1 卷，第 202—203 页。

的目的联系起来。对于黑格尔而言，他是一位世界历史上的伟人，他的雄心和激情是用以推动历史去达成目标的，就像亚历山大大帝和尤利乌斯·恺撒在他们所处时代所做的一样。他们每个人都在精神跨越时间长河的行进历程之中起到了极其重要的作用。而在叔本华看来，他具有独特的才能与勇气，以及罕见的影响力。它们使他能够将与自身处于搏斗之中的生命意志那令人惊骇的壮观景象，以及那些用以对意志进行否定的基石，呈现于世界舞台之上。

　　然而，这些相似性只是局部的，他们二人所朝向的，是截然不同的观点。拿破仑使历史向着其目标迈进。此外，黑格尔还敏锐地意识到历史的"屠宰台"，但却借助于对"精神的最终目的、命运，抑或精神的本质和概念"所进行的沉思而将其揭示出来。他之所以进行这一沉思，是为了使自己免于沉溺于感伤的思考和抑郁的情感之中，它们所针对的是以下事实：诸如拿破仑之流的那些人，"可能会肆无忌惮地来对待其他伟大的，甚至神圣的利益，而对他人却毫不顾及——这种行为事实上会令他们陷入遭受道德谴责的境地。但如此强势的人物，却一定会践踏许多

69　无辜的花朵，一定会在其所经过的小道上将许多东西碾为碎片"。[103] 在叔本华看来，拿破仑类型的现象并未使得世界上的事物变得更好。它只是重复着相同的东西——生命意志饱餐着自身。[104] 亚历山大和恺撒所做之事与此相似。而世界历史舞台上的拿破仑也全无新意。它是一个用一种不同的方式讲述的相同故事。假如人们有足够的眼光看到它的话，那么它也是一个在任何时间和任何地点都可以看得到的故事。叔本华辩称，除

---

[103]　黑格尔《历史中的理性》（*Reason in History*，罗伯特·S. 哈特曼［Robert S. Hartman］译，Indianapolis / New York: Bobbs-Merrill, 1953），第 27 页。

[104]　然而，由于忘却了拿破仑事实上所起到的将与自身处于搏斗之中的生命意志那令人惊骇的壮观景象，呈现于世界舞台之上的作用，叔本华 1850 年对他的看法比自己 1814 年对他的看法更为严厉："……在波拿巴率领之下法国群氓的掠夺性入侵，以及由此为了驱逐和惩罚这群强盗而必须作出的巨大努力，导致了对于科学的暂时忽视，以及由此引起的在知识广泛传播方面所出现的一定程度上的退步。"《附录与补遗》，第 2 卷，第 346—347 页 /《全集》，第 6 卷，第 367 页。

此之外，即便是事物最终结局完满，它也从不能消除所做的事情所产生的影响。血腥的手段并不能因为高尚的目的而得以洗脱罪责。而正是这些因为"被践踏的花朵"而被勾起的抑郁情感和感伤思考，为确定世界的目的提供了手段。当他在德累斯顿为了表达出对自己哲学最初想法而继续努力的时候，这些普遍主张将会落实到具体的细节，但并非是以一种针对黑格尔观点的方式。那时，黑格尔完全处于叔本华的哲学意识之外。他只是当叔本华在德累斯顿辛勤劳动的成果归于失败之后，才成为后者的"黑兽"。

让我们转头来看看十多岁时的叔本华。在巴黎待了半个多月之后，叔本华被自己胸中那股强烈的渴望所驱使，而从父母的身边逃离开去。这种强烈的渴望，曾经令他背叛了自己更愿意成为学者的希望，也似乎使他命中注定地要成为父亲生意的未来掌舵人。他乘坐驿站马车旅行了两天，到达勒阿弗尔。对于自己和格雷古尔·德·布雷兹迈尔一家的即将重逢，他欣喜不已，以至于他甚至觉得那些与他同行的三教九流的乘客"全都非常的不错"。阿图尔觉得自己仿佛是在做梦一般，当他到达的时候，"我几乎无法使自己相信，我是真真正正地置身于勒阿弗尔了"。[105]阿图尔在到达时所体验到的，正是那种对于任何重游年少生长之地的人而言都极为平常的感觉。城市似乎比他记忆中的要小，但片刻之后，他却又觉得自己仿佛从未离开。他竭尽所能，见遍了所有少年时代的故交，他再次体验了城中所有他觉得意义重大的东西。尽管他在勒阿弗尔待了　　70
八天，但他为这些日子所留下的旅行日志却简短之至，仅仅是对自他离开巴黎之后日子的日志的一种延续而已。它未曾记录下任何他不想让父母阅读到的东西，也未曾提及他和自己的"法国兄弟"安蒂姆在此期间的所作所为，它们很有可能是些淘气顽皮的时刻，或许还有些想象中的情爱之事。然而他却强调指出，他在那里得以满足自己的所有希望，而

---

[105]　叔本华《旅行日记》，第 95 页，1803 年 12 月 15 日的旅行日志。

这在伦敦则很可能无法办到。在一个是圣诞节的星期天,他离开勒阿弗尔,去和在巴黎的父母会合。

全家人在巴黎又待了大约一个月。他们又到卢浮宫去了几次,还去游览了巴黎圣母院,而巴黎圣母院并未能达到阿图尔的期望值。他觉得它不但比威斯敏斯特大教堂小,而且也不如后者漂亮,虽然它宽大的玫瑰花窗令他印象深刻。他们自然也被吸引去参观了凡尔赛宫,在那里,法国大革命所留下的创伤仍然清晰可见。但阿图尔却仍然像无数其他游客一样,为其深深折服、不能自持,抱怨自己缺乏时间来充分消化它所有的一切。正如在伦敦逗留期间一样,全家人参观了艺术画廊和博物馆,观看了戏剧演出,还去听了音乐会。

叔本华父母,尤其是母亲约翰娜,鼓励并引导着他形成自己的审美感受力,尽管她早前曾害怕他会变成一个美丽的精神。欧洲之旅对他的艺术教育产生了巨大而深远的影响。他得以见识不计其数各式各样的伟大艺术品,而对于各类艺术的亲身体验,则会在后来为他的美学注入内容,并引领他形成一套比他同时代大多数人都更为精致细腻和打动人心的艺术哲学。他为自己对那些伟大艺术品的亲身体验而深感自豪,并且他还将以此来对抗康德美学,他将其矫揉造作的特性,归因于康德"也许从没有机会看到一件有分量的艺术品"的事实。[106] 尽管他相信康德以自己的方式长期服务于美学,亦即将人们的注意力从被称之为"美的"物体以及对那些物体特性或属性的探寻上引开,而使其回到做出某物是美的这一判断的人身上来,但他对于美的个体体验的缺乏,却使得其美学的出发点"不从美自身,从直观的直接的美出发,而是从美的判断,从名称极为丑陋的所谓趣味来判断出发的"。[107] 他将康德的理论比作一个由一位冰雪聪明的盲人不得不依靠别人关于色彩的一些精当的陈述构成

[106] 叔本华《作为意志与表象的世界》,第 1 卷,第 529 页/《全集》,第 1 卷,第 627 页。
[107] 同上书,第 531 页/同上书,第 629 页。

一个色彩学说。[108] 因为自己的父母和此次欧洲之旅的缘故，叔本华却从未陷入过这种尴尬境地。

在巴黎待了两个月后，叔本华一家离开了。问题从一开始就出现了。甚至还在离开巴黎城的边界之前，一只车轮就从马车上脱落下来。通往波尔多的旅途是崎岖难行的。崎岖不平的山路和雨水让他们必须得对马车进行额外的维修。我们能够想象，阿图尔认为他们旅途当中所做的努力完全值得，因为他将波尔多看作是"法兰西最美丽的城市"。[109] 在继续自己穿越法国南部的旅行之前，他们一直待在波尔多长达八周之久。在蒙彼利埃，阿图尔为香水制造商瑞本的那些花园所深深迷醉，而也正是在那里，他为自己早到一个月而不能品味那里数以千计的玫瑰花丛所散发出的芬芳和欣赏其缤纷的色彩而深感痛惜。这种对错失欣赏瑞本花园美景良机的感觉，显示出阿图尔的美学品味所具有一种奇异特征。香水制造者的花园具有实用主义的目的，其建造目的就在于有效地采集玫瑰花蕾和花瓣；但在整篇旅行日志中，叔本华都倾向于对自然之美，表达出一种胜于对艺术作品所表达的更为伟大的鉴赏力。尽管这或许可以简单地归因于他的年龄，但其美学思想中的自然之美，却最终显现为是先于伟大艺术品所具有的美而存在的。因此，它是作为艺术中的美所需的基础而存在的。然而，自然之美却将会在最终分析之中被证明是非自然的，因为它是那在特殊个体之中发现普遍共性的艺术家所具有的天赋才能，这样的艺术家凭借其直觉就感受得到，究竟是何物最终会被证明就是那具有非柏拉图特征的柏拉图理念。情况并非是：美是寓于某一物体的一系列特性之中的，无论这种美是自然的还是人为的；情况也并非就是：美，仅仅是存在于观看者眼中的；相反，对于优美之物的体验，乃是观察者和被观察者双方共同作用的功效，它包括对某种柏拉图理念的沉思冥

---

[108] 同上书，第 531 页／同上书，第 629 页。

[109] 叔本华《旅行日记》，第 120 页，1804 年 1 月 5 日的旅行日志。

想，在这种沉思冥想之中，感知者丧失了其自我存在的意识，同客体合二为一。那些作为达成令人餍足或与人作梗欲望的可能手段的体验事物的日常方式，消失无踪了，而时间似乎也停滞不前。

72 然而，就对于优美享受所进行的美学分析，却仍要留待将来再来进行。在旅行期间，年轻的叔本华仍然在积累着对于自然和艺术的经验，这些经验将会为他关乎优美之物的哲学提供质料。诚然，他在自己的旅行日记中使用了诸如"美"、"优美的"和"壮美的"之类的术语，但那时的他还只是一个有着几分老练的十多岁小男孩，他还缺乏他可能在九年制文理中学里所能接受到的更为正式的和更为正统的教育。他对于人人都能接触得到的事务常规状态的体验，为哲学家将来那些洞见提供了基础。比如说，在奥地利，他对于自然之美的享受就被粗鲁地打断："以最为令人不快和令人烦心的方式打断了一个到劳特布伦来观察最崇高的优美的陌生人的，是农民的孩子。他们尾随着他，包围着他，不停地行乞。而在毛里求斯却是怎样的截然不同啊！在那里，除了白痴之外，人人都会耻于向一个陌生人行乞。"[110]叔本华似乎对未来之事早有预见，他在这里认识到美学问题所在。对于优美和壮美这两者的审美享受——哲学家叔本华再也不会写下任何关于"壮观之美"的作品——只能暂时地平息意志的冲动所带来的剧痛。[111]缺衣少食的农民孩子是一直都有的，他们的乞讨让我们回到这个作为意志的世界。审美带来的逃避并不长久，这令人感到悲哀。

---

[110] 同上书，第210页，1804年5月29日的旅行日志条目。

[111] 优美感和壮美感二者都包括了从常规的将客体视为使愿望得到满足或受到阻碍的手段的感知状态，向一种在其中某个个人变成一种纯粹的、毫无意志、毫无痛苦也毫无时间性可言的感知主体状态的转变，在这种状态中，观察者失去了所有关于自我的意识，并似乎已经迷失在对之进行沉思冥想的客体之中。这些感受之间的本质区别所关乎的是，从普通的、具有自己感兴趣对象的感知类向成为这种纯粹主体的感知类别的转变；"……壮美感和优美感的不同就是这样一个区别：如果是优美，纯粹认识毋庸斗争就占了上风。"《作为意志与表象的世界》，第1卷，第202页/《全集》，第2卷，第238页。促使人产生崇高感的客体是那些对于某个个人而言构成威胁和怀有敌意的事物，比如海上肆虐的风暴，而同优美相关联的那些事物却是不具有威胁性的，比如阳光灿烂、五彩缤纷、绿树成行的山谷。后面会就此进行更多的论述。

然而，阿图尔在旅途中还碰到比令人烦心的乞丐更为糟糕的事情。他在伦敦目睹了对三名罪犯进行的处决：

> 今天早上，我碰上悲惨的一幕。我看见三个人被处绞刑。目睹有人被以暴力终结生命，总是最为令人恐怖的场景。尽管如此，这种英国的绞刑却不像某些处决那样令人毛骨悚然。那不幸之人受苦的时间一定不足半分钟：绞架刚刚落下，那人便不动弹了。人们看不见他那被罩上白脸罩的脸。我相信，这种速死，并非是因为窒息所致；相反，它完全是因为绳索上所打的一个结，那落下的绞架所具有的势能弄断了他的脖子。他们所有人的头颅都被吊向相同一边的事实，便能有力地证明这一点。此处的这一场景并不像其他地方的那样恐怖，因为它并非是以一种仪式化的方式来进行的。这里没有为这些可怜罪人敲响的隆隆钟声，也没有死刑服和其他类似的东西；绞刑架就立于监狱大门之外，而围观的人群也并非是人山人海，因为每六个星期就会定期用绞刑来处决犯人。我是从监狱对面的一个窗口看到这一幕的，距离如此之近，以至于我都几乎能够看清这些违法者的面部特征。当他们的脖子被套上绳索之时，我只觉不寒而栗。这是一个可怕的时刻。他们的灵魂似乎已经被带往另一个世界，而他们也似乎并未注意到任何东西。和他们一起在绞架上的是一个神父；他专门对着他们中的一个人，不停地说着什么。看到那种驱使这些人在他们生命最后时刻进行祷告的焦虑，真是令人顿生怜悯之心。他们中的一个人在祷告的时候，上下移动着双手，在他倒下之后，他还将同样的动作做了好几次。[112]

73

---

[112]　叔本华《旅行日记》，第43—44页，1803年6月8日的旅行日志。此次处决犯人的地点可能是在新门监狱，而叔本华及父母可能是花钱在一个叫作"喜鹊与树桩"的小酒馆里得到一个靠窗的座位来观看以绞刑来处决犯人。参见布莱吉沃特《阿图尔·叔本华所受的英语教育》，第125页，脚注18。

叔本华似乎也在自己的祖国观看过处决罪犯，因为他觉得不列颠的行刑仪式并不像其他地方行刑仪式那样注重仪式。他的反应似乎也证实了这一推测。虽然他对于这一平常难得见到的场景在生理上有着不适的反应——当绳索在死刑犯脖子上被套紧之时，他"不寒而栗"，他却清醒地观看了死刑的全过程。正如他后来会在巴黎心怀敬意地打量拿破仑的面容一样，他也仔细地观察了这些罪犯的面容。尽管他觉得那名祈祷着的男子手势"令人怜悯"，尽管他将整个事件判定为一幕"令人伤感的场景"，但他却通过对死因进行分析而使自己置身事外：死亡是因脖子断裂而非是因窒息所致。他认为，上述情况经由所有犯人的脖子均被吊向同一边的事实，而得到证实。他断言那些人都是快速死去的，而过程还不足半分钟。

就在行刑的当晚，叔本华观看了一场口技表演。奇怪的是，他花费了几乎和自己用以描绘早上的行刑场景数量相当的笔墨来描写晚间的娱乐活动。早上的行刑场景仅仅似乎是他早前已经历过的某种东西的一种变异，而晚间的娱乐活动却不同于此，它是一种全新的体验："我还从未观看过像这名口技者一样令人称奇和令人钦佩的事物。"[113] 从所看到的被悬吊于绳索尽头的男子，到所听见的向着不同方向调试着自己声音音高的那名男子所发出的声音，阿图尔并未认识到，这两件事情均被视为娱乐的方式。绞刑使他享受到恐惧和怜悯的乐趣，而口技表演者则带来惊奇和愉悦。如果这名口技表演者也在行刑现场的话，那他或许会将自己的声音投向那些被吊起的男子，如此一来，他便会得到一次不同寻常的经历。正如父母为他观看口技表演者的表演购买了入场券一样，他们也为他观看处决死刑犯的窗边座位支付了费用。

阿图尔就其肉身已然死去的罪犯所进行的思考并不深刻。这些评论充其量只是在对他们死亡原因的分析方面，显出几分聪明。而就威斯敏

---

[113]　同上书，第44页，1803年6月8日的旅行日志条目。

斯特大教堂的那些伟大死者而言，他至少认识到死亡是伟大的平衡者。但无论是卑微的死者也好，还是崇高的死者也罢，他们都仍然未能使他产生任何共鸣。然而，这一情况却将会在十一个月之后发生改变，当时，全家人正在参观位于尼姆的古罗马圆形露天剧场遗迹：

> 当我发觉自己坐在古罗马人最先坐在上面观看演出的座位上面的时候，那种感受真是好生奇异。我看见了那些刻在不少座位上面的依稀可见的字符和字母，它们很可能是那些两千多年前坐在这里的人们的名字。而在其他石头上面，同名字和盾形纹章一道被刻上的还有年代和世纪，它们使得这些刻在石头上的文字成为引人注目的古董，这可是那些在 16 和 17 世纪时到此游览的游客所不可能想到过的。由被这些灰色石头见证过的不同世纪所留下的痕迹，让人很快便想到那些成千上万早已化为枯骨的人。千百年来，他们在自己所处的时代漫步穿过这些遗迹，就像我今天所做的一样。如果说人类的寿数能够被称之为短暂的话，那么，当同自己作品的存在时间相比较而言的时候，则情况更是如此。[114]

这个年轻人对于一代又一代人的作别人世所进行的思考，表现出一种感伤的情绪，隐含着一种对于自己必然死去的模糊意识，这是一种他既未对被处死刑的囚犯，也未对被埋葬于威斯敏斯特大教堂的死去名人所产生过的反应。当他沿着这些遗迹漫步之时，他将自己的行为视为与那些剧场早期观众以及离他自己所处时代更近的 16 和 17 世纪时游客的行为完全相同的东西。他观察着那些被乱涂乱画上的东西，观察着罗马人所留下的刻在石上正日渐模糊的文字，以及那些仍然依稀可辨的游客名字。这一切促使他认识到，人类创作的作品的存在时间比人类自己血

75

---

[114]　同上书，第139—140 页，1804 年 4 月 6 日的旅行日志。

肉之躯的存活时间更为长久，而诸如圆形露天剧场本身之类的更为坚固持久的作品，则比由其他人刻在这些作品上的文字，存在得更为长久。叔本华对那些生活在他自己所处时代之前的人，亦即"那些早已化为枯骨的人"，所产生的共鸣，唤起了一种"难以言传的奇异感受"。令人奇怪的是，这种感受并未在其作品中加以描述。正如他的旅行日记未能清楚地给出关于他对于优美体验的哲学阐释一样，他的旅行日记也并未能够提供对于壮美所进行的哲学分析。"我们直观的一些对象之所以引起壮美印象，即是由于其……年代的久远，也就是时间悠久，而我们在这种广大悠久之前感到自己的渺小近于零，然而我们仍然饱尝观赏这种景物的愉快。"[115]然而在叔本华能够将自己的体验转化为其美学的质料之前，他却还必须得阅读康德的作品。

全家人从尼姆旅行到达马赛。像波尔多一样，马赛也因其城市新区中的建筑格调高雅的石质房屋，而被叔本华评判为"法兰西最美丽的城市"。[116]在这方面，他给予马赛最高的赞美：它"实际上和伦敦非常相似"。[117]四十六年后，叔本华将清晰地回忆起全家旅行的下一段旅程："只要无机的种类并非由水组成，那么，当它现身之时却并无任何有机物质的话，它便会令我们感到悲伤和压抑。诸如此类的便是这样的一些区域：它们呈现在我们面前的仅仅是些裸露的岩石，尤其是那条长长的满是岩石却毫无植被的山谷。这条山谷距土伦不远，通往马赛的道路便得穿过它。"[118]然而，土伦却包括某些比那条荒芜的、满是岩石的山谷更为令人悲伤和压抑的东西。它的大军械库包括一座监狱，这座监狱里的因犯就像毫无人性可言的动物园里的动物一样被展示给公众观看。叔本华一家自然也被吸引到这个人们喜欢的旅游景点。

---

[115] 叔本华《作为意志与表象的世界》，第 1 卷，第 206 页／《全集》，第 2 卷，第 243 页。

[116] 叔本华《旅行日记》，第 146 页，1804 年 4 月 8 日的旅行日志。

[117] 同上书，第 147 页，1804 年 4 月 8 日的旅行日志。

[118] 叔本华《附录与补遗》，第 2 卷，第 425 页／《全集》，第 6 卷，第 453 页。

因犯，亦即那些声名狼藉的"橹舰奴隶"，干着军械库里的所有重体力活。阿图尔对那些服刑因犯所处的悲惨境地深感震惊。橹舰奴隶根据其所犯罪行的严重程度而被分为三个等级；而对他们的惩罚则是对应于罪行的严重程度而加以实施的，如果这些惩罚不完全是作为惩罚性手段而言的话。第一等级的奴隶由因犯、军队里的逃兵及不听从命令的士兵组成，他们的服刑时间最短，受到的重罚最轻。虽然他们每人一条腿上都系着一条沉重的铁链，但他们却被允许在军械库里自由地随处走动。第二等级的奴隶所犯的罪行更为严重，尽管叔本华并未提及他们所犯的罪行抑或那些由第三等级的奴隶所犯下的罪行。第二等级的那些奴隶，不得不在被同另一歹徒用铁链拴在一起的状态下工作和生活，但犯罪情节最为严重的第三等级奴隶，则有着最为糟糕的命运。他们被拴在那些老旧破败、已不堪其用的船只的长凳上。这些长凳既是他们的工作场所，又是他们的生活区域。供给这些可怜人的食物仅有面包和水，当叔本华设身处地地感受他们那令人生厌的生存境况的时候，他们的无望、苦痛和绝望，对他而言变得切实可感："我们还能想到一种比这些不幸之人中的任何一个在被拴在暗无天日橹舰长凳上的时候心中所怀有的感受更为恐怖的感受吗？除了死亡之外，再无他物能够将他与它分开。"[119] 他沉思道，这种残酷的刑罚有时甚至更糟，因为这些因犯中的许多人在其长凳的每一边都有他人比邻为伴，不能分开。

军械库里那些地狱般的境况，引得叔本华揣测起少数那些在被囚十年、十二年，甚至二十年之后获释出狱、重返社会的因犯命运来。像这样的无望之人究竟将会有着怎样的遭遇呢？他回答了自己的问题："他返回到对其而言自己已经死去十年之久的世界；那些他若年轻十岁或许还曾拥有的指望，已经荡然无存；没有人愿意接受任何一个从橹舰上服刑归来的因犯，而十年的惩罚也并未能洗清他一时犯下的罪行。他不得不再度

76

---

[119] 叔本华《旅行日记》，第 155 页，1804 年 4 月 8 日的旅行日志。

沦为罪犯，在绞架上结束自己的生命。"[120] 获悉橹舰奴隶竟达六千之众，叔本华惊愕不已。但他凭借在旅行日志中返回到有关面相的主题而克服了这一反应："这些人的面容可以为就面相进行的思考提供适合的素材。"[121]

77　　被悬吊的脖子断裂的罪犯、威斯敏斯特大教堂的伟大而著名的死者、行乞的农民子嗣、法国大革命和雅各宾暴政血淋淋的遗物及其造成的破坏，以及土伦那些令人怜悯的橹舰奴隶，为叔本华对自然之美和艺术的体验提供了某种平衡。在年轻的叔本华看来，衡量存在于令人恐怖和令人愉悦的事物之间平衡的标准，开始向着生命那更为黑暗的一面倾斜。苦痛与死亡的无处不在将成为一种令人烦恼的现象，它最终将驱使他上下求索，去对一个弥漫着邪恶的世界进行解释，去确定生活于一个如此令人绝望境地的意义。但在生命这一阶段中，叔本华试图通过逐渐获得关于激起这些感受的那种现象的一种系统性理解，来超越自己对于生命恐怖的感情冲动的反应。绞刑并未使得那些被处决的男子窒息而亡，但却折断了他们的脖子；他们的头颅都被吊向同一边的事实，证实是猛拉绞架使其落下所产生的势能折断了他们脖子。这些罪犯的脸庞或许能为理解他们的天性提供线索，正如拿破仑的脸庞和那些橹舰奴隶的脸庞都是被用于面相学解释的深奥对象一样。后来，在他在汉堡做学徒那段不快乐的日子里，他将会偷偷地跑出去听弗兰茨·约瑟夫·加尔*关于颅相学的讲座。他的注意力因此而被从脸庞引向了头颅。再后来，他甚至还会在哥廷根大学注册学习医学。更后来，他将发觉科学仅仅停留于事物表面，而他却想要触及本质。

　　当全家人在马赛和土伦一带作短途旅行期间，阿图尔看到了伊夫堡，

---

[120]　同上书，第156页，1804年4月8日的旅行日志。

[121]　同上书，第156页。

　　*　加尔（Franz Joseph Gall, 1758—1828），德国神经解剖学家，生理学家，19世纪颅相学创始人。

即路易十四将神秘的铁面人（Masque der Fer），即带着铁面具的人，在其中监禁多年的国家监狱。数年之后，在将监狱和世界进行类比的语境之中，叔本华将会模糊自己对于橹舰奴隶和路易十四那不幸囚徒的不同体验。此外，他是以一种将自己关于面相的思考结果包含于其中的方式，来这样做的："……一座监狱的恶魔之一也就是我们相逢于其中的社会。这所为何物，将被任何一个值得拥有一个更好社会的人在我不告诉他的情况下所知晓。美丽的灵魂和天才，有时会觉得自己在这个世界上就如同那在橹舰上置身于普通罪犯中的高贵政治犯一般；而他们将因此像后者一样试图离群索居。然而，一般而言，上述看待事物的方式将使我们能够毫不惊讶，并肯定毫不愤慨地对待所谓的缺陷，亦即，大多数人那无论是道德上还是智力上都可悲又可鄙的天性，这种天性在他们的脸上有着相应的印记。"[122]"上述看待事物的方式"指的是，将这个世界和人类的存在视为本不该有的东西，对叔本华而言，这种陈述意味着，无论是人类的命运也好，还是大多数人的行为也罢，全都令人不快。甚至是天性美好之人和天才，也都包括其中，因为他们这些人事实上也是囚犯。因此，尽管有着使自己远离他人的本能需求，但无论是高贵的人也好，还是卑微的人也罢，无论是天才的人也好，还是普普通通的平常人也罢，他们所有的人都是被判了刑的囚犯，对于彼此而言，他们的正确称谓应该是"……Leidensgefährte*、socci malorum**、compagnon de misères***、我的 fellow sufferer****，而非先生等等诸如此类的称呼。无论这听起来是多么的奇怪，但它却符合事实，它最为正确地理解了他人，并令我们想起那些最为必需的东西，比如宽容、耐心、克制以及对于邻人的爱，每

78

---

[122]　叔本华《附录与补遗》，第 2 卷，第 303 页 /《全集》，第 2 卷，第 322 页。
　　* 　德语词，意为难友。
　　** 　拉丁语词，意为难友。
　　*** 　法语词，意为苦难伴侣。
　　**** 　英语词，意为受苦的同伴。

个人都需要这些品质，而我们中的每一个人也因此负有义务来以此对待他人"[123]。

但要将世界视为一处监禁地，并将每个个人视为获罪的同伴，叔本华却还得花费些时间。此时距他将欧洲之旅的概况（aperçu）清楚地诉诸表达的时候，所跨越的时间竟长达近四十年之遥，尽管它那时就已经于大约十四年前在《作为意志与表象的世界》中被加以了表达。尽管如此，他却在1831年为安全起见的缘故从霍乱流行的柏林匆匆逃往法兰克福之后，在自己那加上了阴郁的标题"霍乱之书"（the Cholera Book）的笔记本上，记录下此次旅行改变世界的根本性结果："在我十七岁的时候，在还未接受过正规的学校教育之前，我被生命不幸（wretchedness of life）所深深影响，正如佛陀在其青年时代目睹病、老、痛、死时的情况一样。这个世界清楚而高声地所宣告的真理，很快就彻底击败了铭刻在我心中的犹太教教义。对我产生的结果即是，这个世界不可能是一个至善存在的作品，相反它却是一个恶魔的产物，这个恶魔为了能在目睹生灵们承受身心上的巨大痛苦时幸灾乐祸，而赋予了它们以生命。"[124]

79 　　然而，年轻的叔本华在生命这一阶段中的行为，并未展示出任何同其将造物主妖魔化的做法相一致的变化。在结束欧洲之旅后，叔本华在但泽接受了自己的坚信礼，没有任何关于反对他的坚信礼或对其有所保

---

[123]　同上书，第2卷，第304页／同上书，第2卷，第323页。

[124]　叔本华《手稿遗稿》，第4卷，第119页／《手写遗稿》，第4卷，上册，第96页。尼采之所以被叔本华所吸引，原因之一在于叔本华对于痛苦和邪恶的敏感性，以及他对待这两者所产生的问题的诚实态度。另一个连接点便是，二人在试图理解生活于一个被悲愁和死亡所主宰的世界中所具有的意义和价值的方面极为相似。尼采也描述过一段与叔本华类似于佛陀的经历具有可比性的经历："事实上，当我还只是一个十三岁小男孩的时候，关于邪恶起源的问题就已经在困扰我了。……至于回首那时我对于这个问题的'解决之道'嘛，我恰如其分地将此荣誉归于上帝，将他作为邪恶之父。"弗里德利希·尼采《论道德的谱系》（莫德玛丽·克拉克［Maudemarie Clark］与阿兰·J. 斯温森［Alan J. Swensen］合译，Indianapolis／Cambridge: Hackett, 1998），前言，第3部分，第2页。这段话也暗示了年轻的尼采在其哲学成熟之后将会背离叔本华的原因之一。年轻的叔本华妖魔化了上帝，指其制造邪恶，而年轻的尼采则神化邪恶，将其作为上帝的作品。参见我的"尼采对于叔本华的生命道德哲学的运用和误用"（Nietzsche's（转下页）

留的记载。尽管叔本华一家按任何标准来看都的确算不得是极其虔诚的教徒，但青年时代的阿图尔却坚持进行忏悔，直至二十四岁。[125]然而，甚至当他拒绝承认上帝存在的可能性时，他都对宗教始终保持着一种令人不解的矛盾态度，无论这个上帝是唯一的上帝还是多个的神祇。这一点在他那篇著名的散文"论宗教"中以非常戏剧化的方式加以表述。在这篇文章中，在"人的朋友"德摩菲勒斯和"真理的朋友"菲拉勒特斯之间展开了一场对话。对于争论的双方，叔本华都给予他们机会以表达自己的观点，他所采取的方式，与大卫·休谟在叔本华最钟爱的一本哲学书籍《自然宗教对话录》（第二版，London：1779）中所采取的做法非常相似。尽管他希望宗教慢慢地绝迹，亦即"宗教的安乐死"，并因而总是站在真理一边，而非站在能够取悦于人的事物一边，但他却辩称，这种好的死法只能够通过被清楚地和以一种能够为人所理解的方式加以表述的真理来进行管理，因为宗教充当的是真理的代理人。[126]后来，尼采和弗洛伊德二人，都会将叔本华对宗教进行的分析当中的要素，运用到他们各自的洞见中去。[127]

叔本华一家从土伦那毫无人性可言的人工动物园返回到马赛，又从

（接上页）Use and Abuse of Schopenhauer's Moral Philosophy for Life），刊于克里斯托弗·杰纳威编《意愿与虚无：作为尼采的教育者的叔本华》（*Willing and Nothingness: Schopenhauer as Nietzsche's Educator*, Oxford: Clarendon Press, 1998），第128—131页。

[125] 阿图尔·许布舍尔评论道，"我们不能忘记，叔本华直至二十四岁之前一直是其所属教堂的定期忏悔者。"《在智性语境中的叔本华哲学》（*The Philosophy of Schopenhauer in Its Intellectual Context*），第8页。

[126] 叔本华《附录与补遗》，第2卷，第119页/《全集》，第2卷，第119页。

[127] 参见，例如，尼采《快乐的科学》（*Die fröhliche Wissenschaft*, 1882；瓦尔特·考夫曼 [Walter Kaufmann] 译，New York: Vintage, 1974），第357节，在这部分，尼采称赞叔本华是德国人中第一个自我表白的无神论者，赞扬他"诚实无欺的无神论"，以及他对于"存在的非神圣性"的承认。在《弗洛伊德：道德主义者的头脑》（*Freud: The Mind of the Moralist*, Chicago: University of Chicago Press, 1979），第295—299页，戴维·利夫（David Rieff）辩称，弗洛伊德《幻觉的未来》（*The Future of an Illusion*, 1928）紧紧地追随着叔本华《附录与补遗》中的文章"关于宗教的对话"（Dialogues on Religion）的精神。

80 那里出发前往瑞士。他们首先去往艾克斯，然后去往阿维尼翁，蒙特马桑、泰恩、瓦朗斯和圣瓦利耶，最后去了里昂，在那里，他们穿行进入瑞士。他们5月10日晚上到达蓬丹，并于次日晚上到达日内瓦。在日内瓦城外，在去往斯塔尔—霍尔施泰因夫人刚刚去世的叔叔的庭园的短途旅行中，阿图尔被自己眼前的高达一万五千七百八十一英尺的阿尔卑斯山最高峰勃朗峰所深深震撼。尽管年轻的叔本华觉得自己无法用言语来描绘阿尔卑斯山的宏伟壮观，但它却给他留下难以磨灭的深刻印象，并在当叔本华年老之时，被这位哲学家用于比喻天才所具有的忧郁和宁静："正如我们常常见到的一样，天赋极高的有才之人具有郁郁寡欢的天性，而其标志便是峰顶常常隐藏于云雾之中的勃朗峰。但是偶尔地，尤其是在凌晨时分，云雾的面纱会被撕开，在朝阳中泛着红光的高山从其处于云端之上的空中高度向下俯瞰夏莫尼 *，然后便是一幅每个人的心灵都会为之受到最为深刻震撼的景象。个性忧郁的天才也常常如此，他们有时会显示出宁静的性格……这仅仅在他独自一人之时才有可能，它源于头脑所具有的最完美客观性。"[128]

如果说尼姆的废墟和土伦的大军械库里的那些橹舰奴隶激起了叔本华抑郁而感伤思考的话，那么，这些高山本身则为这位年轻人带来欢乐和宁静。仰头凝视着成形于地平线之上的那些参差不齐又凹凸不平的轮廓，叔本华隐约地意识到某种永远在向着下面变化的景致不可阻挡地逼近的东西，这当中包括他自己那短暂易逝的存在。但他却更喜欢从山巅之上向下俯瞰，而不喜欢抬头凝望某种比观看者存在得更为长久的东西。在此次旅程之中，他至少有三次攀登高山——沙波峰（5月16日），皮拉图斯山（6月6日）和斯涅可珀峰（7月30日）——而他每一次都被那种将细小而具体的东西融合进一幅色彩斑斓全景图中的壮观远景所震惊，

* 位于勃朗峰脚下的法国东南部小镇，欧洲滑雪胜地。

[128] 叔本华《作为意志与表象的世界》，第2卷，第383页 /《全集》，第3卷，第438—439页。

以至于自己无法动弹，全然改变。攀登高山，更好的是在高山之中徒步远行，使得年轻的叔本华激动不已，正如数不胜数的人曾经感受过和将会继续感受到的一样。迷醉于从高处所欣赏到的景象中，给予未来哲学家对自然之美所进行的完全个人性的分析而言是为根本性的众多体验，以及对那些幸运地逃脱人类魔爪的天然而未经开发的区域的深深赞赏。

叔本华一家继续在瑞士旅行，先从日内瓦到阿旺什，接着又到了伯 81
尔尼，然后到达布格多夫，在那里，阿图尔记录道，"我们到达那里以后，就立即去看著名的裴斯泰洛奇（Pestaluzzi）［原文如此］的学校，关于那里的新型教学法，人们谈论和描写得非常之多"。[129] 出生于瑞士的约翰·海因利希·裴斯泰洛奇（Johann Heinrich Pestalozzi, 1746—1827）1799 年在布格多夫城堡创办了一所学校，他在该校为当地孩子免费授课。在德语国家中，他因其表达了自己许多关于社会变革和教育观点的小说《李恩哈特和盖特露德》（*Lienhard und Gertrud*, 1781）和他就教育进行更为直接论述的专著《盖特露德是如何教育她的子女的》（*Wie Gertrud ihre Kinder lehrt*, 1801）而颇负盛名。受卢梭《爱弥尔》（*Emile*）的启发，裴斯泰洛奇提倡教导出完整意义上的儿童——手，心和脑并重。他放弃了以棍棒相威胁的机械式记忆的教学法，并试图在自己学校中营造出一种家庭般的相互合作、雪中送炭、充满关爱的氛围，这种氛围着眼于将孩子的直觉和直接而具体的经验作为其学习的基础。当学生能够通过听、看、闻或触摸感受物体的时候，裴斯泰洛奇便从不会使用词语。他鼓励学生去主动感受事物，描绘自己的经历，并听从自己天生的好奇心的召唤。后来，亚历山大·冯·洪堡和费希特两人都对"裴斯泰洛奇主义"称赞有加，裴斯泰洛奇的教学方法在普鲁士中小学体制中举足轻重，在英国实行的方式有所变化，而在美利坚合众国，则是通过他一个名叫约瑟夫·尼夫（Joseph Neef）的助手在费城开办的学校而

---

[129] 叔本华《旅行日记》，第213—214页，1804年5月31日旅行日志。

大行其道。[130]

　　然而，全家人却失望地发现，这位著名教育家在当天并不授课。尽管如此，他们还是花好几个小时观摩几何、算术、阅读和语言方面的教学。一名八岁的学生在不借助于直尺和圆规而画出的几何图形中所展示出的技巧，令他们印象深刻。而他们不借助于纸笔解决数学问题的能力，同样令阿图尔惊叹和佩服。他记录下了这样一个例子："'十二乘以一再乘以四'是'八乘以二'的多少倍？答案：'三倍'。"[131]但孩子用纸条来数数的方法却并未给他留下什么印象，他们在数数时并未按常规的方式说着"一，二，三，"而是说着"一乘以一，二乘以一，三乘以一"。叔本华觉得这太过机械，以至于这样做的学生并不比直接数数的学生所认识到的东西更多，而说"三乘以一"时，学生已经有了三的概念。然而，多年以后，他却回忆起这些学生所做的乘法练习，以支持自己关于算术是基于对时间的纯粹直觉感受的论点："但单纯地数数这种做法本身即是乘以一的乘法，因此，在裴斯泰洛奇所创办的教学机构中，孩子总是不得不在以此做着乘法：'二乘以二等于四乘以一。'"[132]

　　阿图尔还注意到，这些学生学习阅读的方式并不是首先学习字母，而是学习辨认音节和整个单词。他并未记录下自己对这种教授阅读方法的所思所想，但他却的确认为这种语言教学"怪异之极"。教师会让学生

[130]　关于裴斯泰洛奇的教学原则的总结，参见威廉·克尔帕特里克（William Kilpatrick）《教书育人——格言警句》（*The Education of Man-Aphorismus*, New York: Philosophical Library, 1951），与K.西尔伯（K.Silber）《裴斯泰洛奇：其人其作》（*Pestalozzi: The Man and His Work*, London: Routledge & Kegan Paul, 1965）。关于裴斯泰洛奇的传记和历史资料，及其教学方法论和历史影响，参见彼德·斯达德勒《裴斯泰洛奇：从旧秩序到革命的历史传记，1746—1797》（*Pestalozzi: Geschichte Biographie von der alten Ordnung zur Revolution, 1746—1797*, Zürich: Neu Züricher Zeitung, 1988），和赫尔曼·勒文·戈尔德施密特（Hermann Levin Goldschmidt）《裴斯泰洛奇未完成的革命：从卢梭到图埃尔因瑞士才有的哲学》（*Pestalozzis unvollendete Revolution: Philosophie Dank der Schweiz von Rousseau bis Turel*, Vienna: Passagen, 1995）。

[131]　叔本华《旅行日记》，第215页，1804年5月31日的旅行日志条目。

[132]　叔本华《作为意志与表象的世界》，第2卷，第35页/《全集》，第3卷，第40页。

站成几排。其中一个男孩子会触摸自己身体的某个部位，并用德语说出其名字，然后再用法语重复一遍。而其他男孩子则会接着按相同程序再做一遍。对于这种语言教学的方法，阿图尔表示赞同，他注意到那位教师"总是尝试为他们［学生］提供一种对于被言及事物的可被感知到的表象"。[133] 尽管年轻的叔本华当时还并未认识到这一点，但"直觉"（Anschaung）与"可被感知到的表象"（sinnliche Vorstellung）这样的观念却会成为他哲学方法体系的基石。他将辩称，所有实质性的知识论点最终都必须立足于直觉，而可被感知到的诸多表象乃是我们关于这个世界的知识基础。如同裴斯泰洛奇一样，叔本华也总是坚称，对于事物本身的直接体验存在于任何抽象的、概念性的知识之前。[134] 然而，他却会说，"我们所有知识的支柱和实质，均是基于通过直觉所获得的对于世界的理解。但这只能从我们自身获得；它不能以任何方式被灌输进我们脑中。因此，我们的价值，无论是道德方面的还是精神方面的，却并非是由外界进入我们自身，而是源于我们自身天性的最深处；没有任何裴斯泰洛奇式教学法能够将一个天生的白痴变成一位思想家；从未有过！"[135] 对于叔本华而言，思想家实乃天生。

83

全家人才刚回到客栈中房间，裴斯泰洛奇便亲自来登门拜访。阿图尔觉得他看起来很老——他那时五十八岁——但却被他那"异乎寻常的活力"所吸引。可他却仍然不喜欢这位教育家那差劲的德语和法语发音，还有他说话时的口吃，以及他那看似不知道说什么才好的样子。（叔本华并未提及裴斯泰洛奇是否是在寻找什么他可以用手指着的东西。）他还不

---

[133] 叔本华《旅行日记》，第216页，1804年5月31日的旅行日志。

[134] 叔本华去世后留下的藏书里藏有裴斯泰洛奇的《我对〈李恩哈特和盖特露德〉的作者对于人种进化过程中的自然进程所进行的研究》（*Meine Nachforschungen über den Gang der Natur in der Entwicklung des Menschengeschlechts vom Verfasser von Lienhard und Gertrud*, 1797）。许布舍尔并未记录下叔本华所作的注释。参见《手写遗稿》，第1卷，第123页。

[135] 叔本华《附录与补遗》，第2卷，第479页／《全集》，第6卷，第510页。

无嘲弄地评论说，他那所学校里的师生也说着同样差劲的瑞士德语。令人惊奇的是，叔本华并未对裴斯泰洛奇新教学法的友好且予人以帮助的特点给予评论，尤其是他刚刚才有过在兰卡斯特的温布尔登学校的惨痛经历。然而，他却特别提到，尽管他没有充裕的时间获得对这种教学法的全面理解，但它同其他方法相比而言所具有的成功却必须得通过其结果来加以衡量。然而，当地村民对裴斯泰洛奇的新型教学法却更为怀疑，他被迫关闭了学校，在叔本华一家到校参观之后不久，他便离开了布格多夫。

旅行继续进行，他们去了洛桑，苏黎世、夏夫豪森、康斯坦茨、奥格斯堡、慕尼黑和布劳瑙，然后去了维也纳，在那里，阿图尔发觉几乎不可能理解当地普通民众所说的德语方言。全家人又从维也纳出发前往施米德贝格，阿图尔在那里雇了一名向导为他在两天里攀登斯涅可珀峰带路。到达山顶之前，他和向导在一户木制农舍中过了一夜。次日清晨，他抵达山巅，此时，初升的朝阳照亮了山顶，而下面的乡村则仍然浸没在黑暗之中。置身于这个有利位置，"人们看见自己脚下的世界处于混乱之中"[136]。他在山巅停留了大约一小时之久，之后便被寒风驱赶回到尘世中。下山回到山下的混乱中后，叔本华投身于作为业余爱好者对植物所进行的采集和研究工作当中，他让阿尔卑斯水杨梅（Geun montanum）和高山银莲花（Anemone alpine）的色彩和芬芳作为暂时的消遣，并从中获得了些许慰藉。

叔本华徒步旅行，南下到达赫希贝格同父母汇合。他已是筋疲力尽。他抱怨说自己还从未像现在这样躁动和疲惫。风、太阳和长距离的步行造成了之前所提到的奇怪效果。次日清晨，他被对面镜中自己的影像吓了一大跳。他的皮肤看起来是金色的，而他的双耳则肿胀成了大得古怪的形状。尽管如此，他却仍然如约在清晨时分散步穿越了村庄。叔本华

[136] 叔本华《旅行日记》，第298页，1804年7月30日的旅行日志。

似乎意识到了，重归这个世界和山下的混乱之中，已经将年轻的旅行者变为怪物，变为了一名商人的学徒。[137]

从赫希贝格出发，叔本华一家返回到施米德贝格，之后又到了兰茨胡特、瓦尔登堡和布雷斯劳，在穿越低地中的沙滩之后，到达海瑙，接着又到达德累斯顿，在那里，他们停留十天。他们终于抵达柏林。在叔本华的旅行日记中，就这最后三周所记下的旅行日志非常之短，在一份所记录的内容跨时约十六个月之久、篇幅约达三百页之长的旅行日志中，充其量只占了五页多一点。[138] 阿图尔似乎在从斯涅可珀峰下山之后便向自己的命运屈服了。他最后一条旅行日志，标注的日期为 8 月 25 日，其内容可谓单调乏味："今天下午，我们终于抵达柏林。"[139] 他的青春已经度过了。现在，生活这一严肃的事务来到面前。然而，此次旅行更为恰当的终点，却是出现于构成叔本华旅行日记的三本习字簿中第一本的最后。在罗列了自己对于旅途沿线不同客栈的评价之后，他摘引了莎士比亚的《理查二世》(Richard II) 中的诗句：

> 在降临于我们身上的所有恶魔之中，
> 最为糟糕的或许便是死神了——死神定会来临。

在这条令人振奋的评注下面，他写下了结束语："在天国的宁静中，世间一切均归于终结。"(In coelo quies, tout finis bas.)[140]

---

[137] 同上书，第 302 页，1804 年 8 月 2 日的旅行日志。
[138] 这段时间不包括他在温布尔登学校求学的三个月，没有关于这三个月的旅行日志条目。
[139] 叔本华《旅行日记》，第 310 页，
[140] 同上书，第 18 页，夏绿蒂·冯·格温纳的简介。

第三章　父亲亡故；哲人诞生

85　　　海因利希·弗洛瑞斯从柏林返回汉堡，而约翰娜与阿图尔则去往但泽，他们将在那里待上三个月。在但泽期间，约翰娜接回阿黛勒，探望了自己的家人，并受到朋友们的款待。阿图尔去往但泽，则是为了接受坚信礼，是为了承受他所作出的放弃自己成为学者的更为深切愿望而选择进行漫游欧洲的观光之旅的令自己深陷困境决定的可怕后果，是为了再次收到身处远方的父亲寄来的同样枯燥乏味和吹毛求疵的信件。事实上，父亲寄至但泽的信件，几乎就是阿图尔被迫待在温布尔登学校的三个月当中所收到的那些信件的复制品。无论阿图尔如何保证决不辜负父亲的期望，也不论从儿子那里收到的消息是如何之好，海因利希·弗洛瑞斯都总是百般挑剔。因此，他写信给阿图尔，谈到母亲说他变成了一位杰出的年轻绅士，以及她对别人是如何评论他那中规中矩的举止的看法，但他之所以这样做，却仅仅是为了提出另一项要求："让这种中规中矩也在你的房间和行李中一以贯之吧，因为，在布劳瑙，事情非常令人烦心。"[1] 在回应儿子所作出的改进自己的书写和运算技巧的另一承诺的时

---

[1]　吕特克豪斯《叔本华一家》，第 64 页，1804 年 10 月 23 日。我们并不知道，叔本华在布劳瑙的旅行用具究竟遭遇何种麻烦，或许海因利希·弗洛瑞斯此处所提（转下页）

候，他不是鼓励他如此行事，而是要求他挺直腰板行走，"就像其他人所做的那样，这样你便不会变成难看的驼背。以良好的仪态站立在使用的写字台旁，就如同在日常生活中一样重要；因为如果在外出进餐之时，人们看见旁人弯腰驼背地坐着，就会以为他是一个乔装改扮了的鞋匠或裁缝。"[2] 对于在假定阿图尔能够找到一名好老师的情况下儿子有可能被误导而成为一名小商贩，而自己还得为他所上的练习课程付费，吝啬的海因利希·弗洛瑞斯感到沮丧不已。

86

在但泽期间，阿图尔在父亲的商业伙伴与友人雅各布·卡布伦（Jakob Kabrun）那里做了时间短至三个月的学徒。父亲希望儿子学习用德语、法语和英语正确地写作商业信函，这样当他返回汉堡的时候，他就不会全然如新手一般地去见自己的下一位委托人了。海因利希·弗洛瑞斯还希望阿图尔会去学习如何让自己变得更讨他人喜欢，并学习如何提高自己的社交技巧。在写给儿子最后一封信中，他清楚地表达了自己的这些忧虑，并不断强调着阿图尔那马虎的书法和糟糕的举止。信中展现出的唯一温情实属老生常谈。赞许的目的在于提出对于更好之事的要求："你将在但泽接受坚信礼，实在是好极了，但你却仍然必须在这里［汉堡］聆听伦格博士就神学所开设的晨课。"[3] 年长的叔本华似乎从未对自己儿子感到过满意。

约翰娜与孩子于 1804 年 12 月中旬返回汉堡。新年的元月，阿图尔几乎是立即就又有了一位新的师傅，参议员马丁·耶尼希（Martin Jenisch），他是全家人的友人和海因利希·弗洛瑞斯的生意伙伴。青年叔本华对这份工作厌恶之极，并非因为耶尼希参议员是一位严苛的监工，

（接上页）及的，只是阿图尔就获得离开城市大门所需的许可与警察所发生的一次小争执。《旅行日记》，第 254—255 页，1804 年 6 月 19 日。

[2]　同上书，第 64 页。

[3]　同上书，第 66 页，1804 年 11 月 20 日。叔本华 1804 年 8 月 25 日在自己曾受洗的圣玛丽教堂接受了坚信礼。

而是因为商界生活实在是大违自己的天性。他后来抱怨说，"从未有过比我更为可怜的学商的学生。我全部天性都在与这个职业进行着抗争。"[4] 阿图尔采取将书籍偷偷带到工作地点的做法，这样，他就可以偷偷地进行阅读了。他还晚间在自己房间里进行阅读，试图以在账簿房里被忽视的方式，来激发自己的想象力和思考力。当著名的颅相学家弗兰茨·约瑟夫·加尔开设系列讲座的时候，他设法通过小施自己非常拿手的欺骗和狡诈手段，以满足自己对于观相术的好奇心。他骗得委托人允许他告假外出。如果说海因利希·弗洛瑞斯期待儿子让自己更讨他人喜欢的话，那么阿图尔则认识到，他那不快乐的生活正在让自己同父亲的期望反其道而 **87** 行之。他选择进行欧洲之旅所需付出的代价很快便水落石出。他的选择给他带来"令人厌恶的职业和最糟的薪水……我越来越认识到我同意选择一条错误的生活之旅——一个我完全怀疑能够重新加以改正的错误"。[5]

当阿图尔拖着沉重步伐行进在自己所认为的令人厌恶的生活之路上的时候，海因利希·弗洛瑞斯的生命却在向着其终点疾驰。自结婚以来，他那不幸继承自己母亲家族谱系的东西便逐渐显现出来。当他步入花甲之年的时候，便必定出现司空见惯的体力衰竭。在欧洲旅行期间，他常常借口推脱去进行为妻儿所喜爱的更为艰苦和消耗体力的远足。除了身体上的活力衰退之外，他在听觉方面的问题也更加严重。[6] 当全家返回汉堡之后，他还罹患了一种不明疾病。多年之后，阿图尔回忆起这种疾病，对自己母亲和广大女性大加抨击："我熟悉女人们。她们只是把婚姻当作一种获得照顾的手段。当我自己的父亲患病，悲惨地不得不终日坐

---

[4] 叔本华《书信集》，第 651 页。

[5] 同上书，第 651 页。

[6] 海因利希·弗洛瑞斯一定饱受多年的听觉之苦。一则著名的逸闻趣事讲述的是他向其雇员宣告阿图尔的诞生。据说，一名雇员向众人说道："如果他将来越来越像他父亲的话，那么他就会变成一只体格健硕的狒狒。"而他却毫无反应。参见叔本华《谈话录》，第 381 页。据说，叔本华曾向他的朋友威廉·格温纳讲述过这个故事。

着轮椅之时，如果没有那个履行着所谓爱的责任的老仆人的话，他就将被弃之不顾了。当他在孤独中形容消瘦之际，他的妻子，我的母亲，却在大开派对；当他正在忍受极度的悲苦之时，她却在寻欢作乐。那便是女人的爱！"[7]

海因利希·弗洛瑞斯之死

海因利希·弗洛瑞斯的心理即将衰竭，而其蛛丝马迹早在他成婚之初即已出现。他毫无根据地担忧约翰娜对自己的忠诚，这使得她在奥利瓦自家夏季宅邸中过着事实上离群索居的生活，而那种隐秘的恐慌则驱使他在隆冬时节将怀孕的妻子从伦敦拖往但泽，凡此种种，都已开始表明他在精神健康方面出现诸多问题。之后，约翰娜便在欧洲之旅中抱怨，她因为丈夫不愿遇见陌生人而常常同他人不相往来；她还私下对阿图尔抱怨道，他父亲常常在无烦恼时制造烦恼。海因利希·弗洛瑞斯在一年半载里弃生意于不顾而漫游欧洲作观光之旅的事实本身，或许意味着他已经丧失对自己希望儿子将来所从事职业的兴趣。他心境日渐阴郁，也在写给儿子的那些吹毛求疵责骂不休的信件中显露无遗。一旦回到汉堡的家中，他便常常大声咆哮，他的行为举止也颇为古怪。他夜里还会在房中踱步。他变得不信任他的雇员，常常会仔细查看账簿。当他 1805 年 4 月 20 日被人发现漂浮在他家院子后面运河的冰冷河水中的时候，约翰娜和阿图尔都认为他死于自杀，尽管他有可能失足落入水中，而不是从仓库阁楼跳入河中。

父亲之死将叔本华的心完全掏空。他在《个人简历》中谈道，尽管没有任何东西能够阻止他放弃自己的差事，但自己在想到背弃对父亲所

---

[7] 叔本华《谈话录》，第 152 页。这是叔本华对他一名年轻的早期追随者亚当·路德维希·冯·多斯（Adam Ludwig von Doß）所说的话，是他试图劝阻他步入婚姻而作的部分努力——除非他未来的妻子很富有。

立誓言时心里所怀有的负疚感，以及不能自持的悲哀，却让他仍旧待在耶尼希那里作学徒。他还说道，因为失去父亲的缘故，"自己情绪的阴郁极度加剧，几乎就要变成真正的忧郁了。"[8] 五个月之后，他的朋友安蒂姆·格雷古尔告诉他应该振作精神，以更为哲学的方式来直面悲哀。[9]

　　叔本华从未对他的悲哀和抑郁进行过哲学分析，但却终生对自杀的问题进行着哲学思考。父亲去世七年之后，当时尚在柏林大学就读的叔本华，在一篇名为"反对自杀"的笔记中记录下自己最初的一些想法。他写道，生活是个玩笑，因为它所有的欢愉和痛苦都没有触及某个个人内在的和更好的自我。然而，却有一些人未能认识到这一点，他们对待生活太过严肃。因此，当出现不幸之时，一些人便过着充满罪恶的生活，并藉此试图滥用他们内在的和更好的自我。其他人则通过自杀显示出他们开不起玩笑："因此，作为糟糕的玩家（mauvais joueur），他不能镇定自若地承受失败，但当有不好的牌发给他的时候，他便怒气冲冲又极不耐烦地拒绝继续玩下去，扔下牌，中断了游戏。"[10]

89

　　难道他父亲仅仅是一个"糟糕的玩家"，一个坏家伙？难道他对待生活太过严肃？难道他是个开不起玩笑的人？很难想象他在就自杀进行写作之时，没有想到他的父亲。但在他言论当中，却没有任何使人联想到他个人的东西。两年后，当他在德累斯顿伏首写作《作为意志与表象的世界》的时候，他开始认识到他将在该书第四篇中清晰地加以表达的东西："由不平、失败和不满引发的常规自杀，只不过是存在于与对生命而言是为不可或缺的自我之间内在冲突的最为显白的表达……自杀不能放弃意欲，但他却不再存活；他通过意欲，而非废除意欲本身，摧毁了

---

[8]　叔本华《谈话录》，第651页。

[9]　《阿图尔·叔本华通信集》（*Der Briefwechsel Arthur Schopenhauer*，卡尔·格布哈特［Carl Gebhart］编，Munich: R. Piper, 1929），第16卷，第19页。摘引自吕迪格尔·萨弗兰斯基《叔本华与哲学的狂野年代》，第55页。

[10]　叔本华《手稿遗稿》，第1卷，第33页/《手写遗稿》，第1卷，第32页。

意欲的表象。因此，自杀乃是最大的矛盾。"[11] 自杀是一种不愿再有欲望的意欲。

叔本华对于自杀的思考继续趋向成熟。三年后，当他仍然在德累斯顿伏首写作的时候，他认识到某种可能遏制自杀的伦理上的激励："我不愿逃避苦难，这样它便或许能够对废除有着可怕表象的生命意志有所助益。因为它强化了我对于自己已经开始认识到的世界本质特性的认识，这样它或许能使我的意欲变得安静一些。"[12] 最终，叔本华将这些观点同其他观点一道，糅进《作为意志与表象的世界》第六十九章，他援引这一点作为"这就是几乎一切伦理学，不管是哲学上的或宗教上的，何以要谴责自杀行为的理由，虽然它他自己对于这一点除了古怪的、诡辩的理由之外，并不能提出别的理由"[13]。

然而，在接下来的二十年当中，叔本华却都不会发表任何关于自杀 90 的论著。他仍然苦思冥想着自己笔记本中的那个话题。当他专注于此之时，父亲的鬼魂呈现出更为重大的意义。1828 年前后，他希望出版《作为意志与表象的世界》第二版，并为这一版本草拟了好几篇前言。这些前言中的第一篇被直接放在一篇关于自杀的讨论之后，在这篇讨论中，他得出这样的结论：自杀的遗传特性显示出，自杀中的决定性因素，乃是个体的天性，而非个人生活的外部情况。之后，他写下下面的文字：

[11] 同上书，《附录与补遗》第 1 卷，第 275 页；参见阿图尔·叔本华《作为意志与表象的世界：第一版影印本》，第 572—577 页。后来该书的英译本，事实上保留了他就自杀所做论述的原貌。进行了轻微改动的是其余涉及自愿挨饿致死的地方。

[12] 《手稿遗稿》，第 1 卷，第 530 页 /《手写遗稿》，第 1 卷，第 479 页 /《全集》，第 2 卷，第 473 页。

[13] 叔本华《作为意志与表象的世界》英译本，第 1 卷，第 399 页 /《全集》，第 2 卷，第 473 页。叔本华认识到有一种类型的自愿死亡，不属于他从道德上反对的自杀范畴，那便是自愿挨饿致死。因为他认识到在该种类型自杀和由绝望导致的常规自杀之间存在着多种各不相同的阶段，所以觉得很难最终对自杀作出解释。他因此说道，"人类心灵本有一些深邃、阴暗和错综复杂的地方，要揭露和展出这些地方是极度困难的。"参见叔本华《作为意志与表象的世界》，第 1 卷，第 402 页 /《全集》，第 2 卷，第 476 页。

题献给 [《作为意志与表象的世界》] 第二版：献给我的父亲，商人海因利希·弗洛瑞斯·叔本华的亡魂。

我为我之所是与我之所成而感恩的高贵而杰出的灵魂，您积极的关心，生育并庇护了我，令我不仅穿越了童年的无助与青年的轻率，而且还达致成年并直至今日。您将像我这样儿子置于世间，并同时为他提供衣食，以使他能够藉此在这样一个世界里存在和发展……因此，我将我这部唯有在您护佑之下方能诞生，并在此意义上也即是您作品的作品，敬献给您；我向您致以我仅仅亏欠于您却不亏欠于其他任何人的谢意。

……我得以发展我的天赋才能，并将之运用于它们为其而生的所在；我得以按照天生的冲动行事，为无数人思考和工作，但却没有任何人为我做任何事情；为了这所有的一切，我感谢您，父亲，感谢您的辛劳，感谢您良好的判断力，感谢您的节俭，感谢您为未来所做的周全考虑。因此，请让我赞美您吧，父亲！每一个在我作品中发现些许愉悦、慰藉或指引的人，都会意识到您名字的存在，并且知道，如果海因利希·弗洛瑞斯·叔本华并非如其所是的话，那么，阿图尔·叔本华便会数百次地被毁灭。因此，请让我的感激做它为已然放手的您所能做的唯一事情；让它承载着您的名字，只要我的名字还能够承载得起这个名字。[14]

然而，海因利希·弗洛瑞斯·叔本华为阿图尔·叔本华所做的，究竟是什么呢？他为他提供了为哲学而生的财力保障。他生活节俭且善于理财，因而不必为支持自己的哲学研究而为谋生去奔波劳顿。他既不必像斯宾诺莎那样打磨光学镜片，也不必像康德那样保有大学职位。因此，他有时间致力于著述，而不必取悦于读者或教会和执政者。

---

[14]　叔本华《手稿遗稿》，第 3 卷，第 413 页/《手写遗稿》，第 3 卷，第 379 页。

　　而海因利希·弗洛瑞斯却只是在亡故之后，才为儿子的哲学生涯提供了资财。叔本华对此心知肚明；为克服自己的负罪感，他赋予父亲的牺牲以最高价值："我将我所获得的遗产视为一笔交托给我的神圣财富，其目的仅仅在于使我能够解决与生俱来的问题，以及为我自己和全人类做一个天性希望我所应该做的人。我将它视为一份契约，没有它，我对整个人类便毫无用处；没有它，我便会以一种天性如我之人所曾有过的最为不幸的方式存在。因此，如果我可能将我收入的一半用于裁缝、制帽商和售卖价格昂贵商品的商人的身上，期望过着一种更加舒适的生活（那常常是令人失望的）的话，那么我会将之视为对这样一种难得命运的最忘恩负义和毫无价值的滥用。"[15]当叔本华继续草拟前言，承诺海因利希·弗洛瑞斯的名字将会因其子的著述而延续下去之时，他所想的似乎是：一种承载着这一家族姓氏的哲学，就如同一所保有"叔本华"姓氏的商号一样，将会抚慰自己的父亲。然而他却从未发表过这些向父亲致敬前言的任何版本。[16]

　　大约在叔本华首次在《作为意志与表象的世界》中发表了自己关于自杀看法的二十年之后，他将会在他那篇未能获奖的有奖比赛征文《论道德的基础》（*Über das Fundament der Moral*）中重拾话题。[17]此时，他决定猛烈抨击他所喜爱的康德这一观点：自杀违背了对自身的责任。叔本华甚至没有详述康德的论点，就干脆将其称之为"可鄙的，根本不值得回答。

---

[15]　同上书，第 4 卷，第 507 页／同上，第 4 卷，第 118—119 页。许布舍尔将该条目的日期注明为"1831 年左右"。

[16]　当叔本华继续草拟前言之时，其中已出现了某种变化，早前是对父亲的敬献，而后来则变为对他同时代哲学家的谴责，这其中尤以黑格尔为甚；例子参见《手稿遗稿》，第 3 卷，Adversarial（对手／敌手的），《附录与补遗》，第 120 章；第 4 卷，"总结 II，"《附录与补遗》，第 51 章和"例证"，《附录与补遗》，第 82、94、96、97、98、100、103 章。叔本华《手写遗稿》，第 3 卷也作了相同的区分。

[17]　这是该文最初的标题。1841 年，该文收于《伦理学的两个基本问题》中，出版时标题被改为《论道德的基础的有奖征文》（*Preisschrift über die Grundlage der Moral*）。但叔本华在《伦理学的两个基本问题》的封面仍采用了最初的标题。

认为这样一种想法就能够从加图[*]，从克里奥佩特拉，从克塞西乌斯·涅尔瓦^{**}（塔西陀《编年史》[*Annals*] Ⅵ. 26）或从皮埃图斯的妻子阿莉娅（普林尼^{***}《书信集》Ⅲ. 16）的手里，夺下自杀的匕首^{****}，这确实是太可笑了。"[18] 后来，叔本华宣称，自杀在某些特定情况下是无意识的："因为绝对无疑的是（正如日常经验所证明），绝大多数情况下，当人们固有的维持生命本能的巨大力量被沉重痛苦压倒时，他们便径直诉诸毁灭生命本身。"[19]

大约在父亲去世四十五年之后，叔本华在刊于《附录与补遗》第二卷的"论自杀"（On Suicide）中，继续猛烈抨击那些谴责自杀的人。他对不列颠人将自杀视为犯罪的行为进行了专门的攻击："正如我所说过的

---

* 加图（Cato, 前 234—前 149），罗马共和国时期的政治家、国务活动家、演说家，公元前 195 年的执政官。罗马历史上第一个重要的拉丁语散文作家。

** 克塞西乌斯·涅尔瓦（Cocceius Nerva），古代罗马帝国五贤帝时代的第一位君主，在位期为公元 96—98 年，他也是最后一位在意大利半岛出生的非罗马公民出任君主。

*** 此处指小普林尼（Gaius Plinius Caecilius Secundus, 61~62—113），古罗马帝国元老及作家，传世的有诗作、演讲稿和书信集，其中以书信集最为有名。著有《自然史》一书的古罗马百科全书式作家老普林尼，是他的舅舅与养父。

**** 阿莉娅的丈夫皮埃图斯因为参与了叛乱而被皇帝克劳狄乌斯勒令自尽，但却无法下手自裁，本可免死的阿莉娅从他手中夺过匕首，刺入自己的身体，接着又将其拔出交还给丈夫，并对他说她其实并不觉得痛。

[18] 叔本华《论道德的基础》（E. F. J. 派恩译本，Indianapolis: Hackett, 1997）第 59 页 /《全集》，第 4 卷，第 127 页。叔本华此处所指的是康德的《道德形而上学的基础》（*Grundlegung zur Metaphysik der Sitten*, 1785；H. J. Paton 译，New York: Harprer & Row, 1964），AK. 422.（所有关于康德参考资料所涉及的均是由普鲁士皇家学院编辑的《康德全集》相关各卷中的页码编号。[Berlin: Walter de Gruyter, 1902—]）。所有康德作品的优秀译本都将包括普鲁士皇家学院的页码编号。）

[19] 同上书，第 93 页 / 同上，第 4 卷，第 159 页及随后一页。在此，叔本华对康德在《道德形而上学的基础》AK. 422 的论点直接进行了质疑。在该页中，康德曾说道，以下格言不能成为一条普遍有效的自然法则："出于自爱，我将在自己生命的延续存在着带来比它本可能引发的痛苦更多威胁之时而缩短自己的生命，并以此作为我的原则"，因为它本身就是自相矛盾的；确切地说，它将某种其功效在于延续生命的情感，转化为一种将其终结的情感。康德因此得出结论：我们有责任不去自杀。叔本华对康德该格言是自相矛盾的论点提出质疑，他声称，在某些特定的情况下，巨大的痛苦击垮了那种天生的自我保存的冲动，这是一条普遍法则。我们将会看到。叔本华会将康德式的关于责任，事实上也将他关于伦理的任何约定俗成形式的观点从自己的道德哲学中剔除了出去。

一样，尤其是在庸俗和偏执的英格兰，自杀甚至被视为犯罪，并被同其联系起来，这是一种对于人古已有之的权利的无耻废弃和剥夺；陪审团几乎因此无一例外地做出精神错乱的裁决。"[20] 他继续写道，道德感应该起决定作用，不同于诸如谋杀、欺诈、盗窃和强奸等唤起我们强烈愤慨和怨恨之情以及复仇欲望的真正罪行的是，自杀之言激起我们的悲伤之感、同情之心，或许还有些许对于自杀者勇气的钦佩之情。[21] 之后，他便用被他视为自己读者常见经历的事情，来对此加以印证："有谁未曾有过自愿作别人世的熟人、朋友和亲戚？难道我们所有人都应嫉恶如仇地将他们视为罪犯吗？我对此所说的是，没有人会这样做，绝对不会这样做！（Nego ac pernego）无论如何，我们都应当要求教士告诉我们，他们有何权利将一种由许多为我们所尊敬和爱戴的人所采取的行动，污蔑为犯罪。"[22] 他还说，教士既不能为这种污蔑从《圣经》当中找到具有权威性的引言，也不能给出有效的哲学论据。

叔本华在"论自杀"中声称，大卫·休谟驳斥了全部现有反对自杀的论据，接着，他让读者去阅读他主要著作第六十九章。为使他们免去阅读该书的麻烦，他将自己的观点直接呈现给读者。[23] 然而，他却并未描写对自杀行为具有制约作用的"道德上的激励"，而是描写了"反对自杀唯

93

---

[20]　叔本华《附录与补遗》，第 2 卷，第 306 页 /《全集》，第 6 卷，第 325 页。

[21]　道德感，抑或更好的是对某些行为情感上的回应，是叔本华对道德价值进行考量的基础。唤起毫无偏袒的目击者和事情当事人赞同感的行为，具有道德价值；引起毫无偏袒的目击者和事情当事人反感的行为，应受到道德谴责；而那些既未唤起毫无偏袒的目击者和事情当事人赞同感，也未引起他们反感的行为，在道德方面则是无关紧要或完全中立的。叔本华对此最为清楚的陈述见 1844 年 12 月 10 日致约翰·奥古斯特·贝克尔。参见叔本华《书信集》，第 220 页。

[22]　叔本华《附录与补遗》，第 2 卷，第 307 页及随后一页 /《全集》，第 6 卷，第 326 页。

[23]　在这篇文章中，叔本华提到了大卫·休谟的"关于自杀"（Of Suicide），认为他驳斥了当时反对自杀的那些论点。在"关于自杀"中，休谟认为，自杀并未违背我们对上帝、邻人以及自身的责任，而成为罪犯则必定是对责任的违背："如果说自杀即犯罪的话，那么它一定违背我们无论是对于上帝、邻人，还是对于我们自身的责任。"参见休谟《伦理、政治及文学文集》（Essays Moral, Political and Literary, Indianapolis: Library Fund, 1987），第 580 页。叔本华并未像休谟那样宣称，上帝赋予人类为自己终结可怕（转下页）

一有效的道德原因。此原因在于自杀是与达到更高道德目标相对立的，因为它用一种仅仅是表面上的解脱，替代了从这个充满悲苦和不幸的世界所得到的真正解脱"。即使有着反对自杀的道德原因，叔本华却仍然宣称，这并非就意味着基督教士会坚称的自杀即犯罪之说的合理性。他继续写道，基督教之所以反对自杀，至多是因为它认识到，受苦乃是生命的真正目的，但它却站在一个更高道德立场来谴责自杀："然而，反对自杀的理由却是禁欲的，并因此适用于一个比欧洲的道德哲学家所曾经占据过的道德立场更高的道德立场。但如果我们抛开这种高高在上论点的话，那么，便再也没有任何有效的用以谴责自杀的道德原因。"[24] 这一更高的道德立场便是他否定意欲的埋论，据他所言，这一理论也是为佛教和印度教所认可的。

最终的情况似乎是：叔本华对于自杀的分析，既是在为父亲进行辩护，又是在对其进行谴责。欧洲的教士和哲学家尽管会谴责海因利希·弗洛瑞斯，但他们却没有令人信服的论据来支持自己的观点。这只有从一个比之于风行全欧道德立场更高的道德立场出发，才有可能达到。要做到这一点，他们必须得认识到，只要痛苦能够达到对意欲的否定，它便具有一种潜在的神圣化维度。叔本华自然认识到这一立场。因此他可以谴责自杀。或许"谴责"是一个太过激烈的措辞。关于这一道德立场的认识似乎并不能够阻止海因利希·弗洛瑞斯自杀。反对自杀的道德理由，

（接上页）生命的手段，而是认为自然给予人那种特权——正如我们所看到的一样。紧随休谟之后，叔本华摘引了普林尼《自然史》（*Historia naturalis*）中的语句"甚至上帝也不是全能的。因为即便是他愿意的话，他也不能作出赴死的决定。但由于生命中有着如此之多的痛苦，这样的死法却是他赠予人类的最佳礼物"。参见叔本华《附录与补遗》，第 2 卷，第 307 页 /《全集》，第 6 卷，第 326 页，以及休谟《文集》（*Essays*），第 589 页。

[24]　叔本华《附录与补遗》，第 2 卷，第 309 页 /《全集》，第 6 卷，第 328 页。

并不能够触动"受一种病态的深深抑郁驱使而去自杀"的人。[25] 因为这关乎的是意欲而非理智，一旦这种人超越了对死亡的恐惧，他们便不可能有其他行为方式。自杀所涉及的问题在于，它是因为意欲在起作用，而非意欲已被否定所致；它缩短了获救的可能周期。从更为世俗的层面来看，自杀注重的仅仅是自杀者（不论男女）自身的痛苦，却未能认识到这也是其他所有被弃之于危难而不顾的人所处的困境。

如果说年轻的叔本华在与父亲之死的阴影抗争的话，那么约翰娜的反应又是如何的呢？丈夫意外身亡四天之后，她在 1805 年 4 月 24 日的《汉堡之公正记者的国家和学者报》(Staats-und Gelehrtenzeitung des Hamburgischen unparteiischen Correspondenten) 上刊登了一则古怪的启示："我在此悲痛地向亲朋好友宣布家夫海因利希·弗洛瑞斯·叔本华先生的死讯，他的死亡乃是一桩不幸的意外所致。不必对此表示哀悼，它们只会加剧我的悲伤。"[26] 是约翰娜悲伤难禁到了慰问之词只会加剧而不是减轻她伤痛的地步，还是她不希望又被人重提她已然抛诸身后的事情？很可能是后一种情况。约翰娜喜欢向前看，而不是向后看。除了自身获得金钱上的自由之外——她继承了亡夫三分之一的产业——她还有两个孩子需要照顾。

95

[25] 同上书，第 2 卷，第 310 页／同上书，第 6 卷，第 330 页。有关叔本华关于自杀见解的最新研究，参见迪特·毕恩巴赫（Dieter Birnbacher）《叔本华与自杀的伦理问题》(Schopenhauer und das ethische Problem des Selbstmordes)，载《叔本华年鉴》，第 66 卷（1985），第 115—130 页，与德尔·杰奎特（Dale Jacquette）"叔本华谈自杀伦理"(Schopenhauer on the Ethics of Suicide)，载《大陆哲学评论》(Continental Philosophy Review)，第 33 卷（2000），第 43—58 页，及《叔本华哲学》(The Philosophy of Schopenhauer, Chesham: Acumen, 2005)，第 132—143 页。

[26] 摘引自乌尔利克·贝尔格曼（Ulrike Bergmann）《约翰娜·叔本华："活着，并尽你所能地幸福"》(Johanna Schopenhauer: 'Lebe und sei so glücklich als du kannst', Leipzig: Reclam, 2002)，第 111 页。我对于约翰娜·叔本华的理解，由于贝尔格曼的作品而得以大为增强。

约翰娜的重生

丈夫去世四个月之后，约翰娜出售了全家的宅邸，举家迁往位于汉堡城另一端的临时住所，科尔赫芬街八十七号。在新万特拉姆街的高屋大厦中，有着太多悲伤的回忆在盘旋回荡，其中并无一丝一毫是由于睹物伤情想到海因利希·弗洛瑞斯的亡故所致。由于既无兴趣也无技能去经营家族生意，加之还有两个需要她照顾的孩子，约翰娜因此便在亡夫的生意伙伴威廉的帮助下解散了商号。现在，她拥有了自行谋生的资金手段。如果循规蹈矩的话，她就会回到但泽去，因为她母亲与妹妹和海因利希·弗洛瑞斯的亲戚仍然在那里居住。但由于不再有丈夫意志的干预，传统观念便对她失去影响力。她渴望着某种更为激动人心的东西。在常规居丧之年结束后，她出发前往魏玛这座被称为"德国的雅典"的城市，为自己和阿黛勒寻访一个新的家园。阿图尔会留在汉堡，去开始他那令人不快的学徒生涯。

约翰娜的情感和品位使得魏玛成为她乔迁的自然之选。魏玛，这座"诗人之城"和德意志诸邦国的文化和智性中心，能够为她提供心向往之的环境。正如她在当儿子承受温布尔登学校呆板和沉闷的煎熬之时写给儿子一封信中所承认的一样，她懂得将自己浸润于艺术天才的作品中而获取快乐。她对儿子对于优美之物所怀有的深邃情感感同身受。但是，她却建议他抑制住那些渴望，因为它们禁锢了人对抗生活那严酷一面的能力。[27] 约翰娜也曾为了履行她贤妻良母的义务而需要压抑自己深理于心的愿望，她也曾像儿子一样不得不应付讲究颇多和情绪抑郁的海因利希·弗洛瑞斯。他的亡故和她所继承的遗产将她从自己的严酷事务中解脱出来，正如它们也会将阿图尔从生意中解脱出来一样。约翰娜因此从自己对命运的屈从中脱身出来。她会将这种对命运的屈从留给自己未来小

96

---

[27]　参见约翰娜 1803 年 8 月 4 日致阿图尔；《叔本华一家》，第 56—60 页。

说中的女主人公。一旦在魏玛安定下来，她便会告诉儿子"我现在完全是在依照自己内心的愿望生活"。[28]

但魏玛有的却不仅仅是天才的作品，它还拥有天才本人。自 1775 年起，歌德便在此居住。他被孀居的女公爵安娜·阿玛丽亚（Anna Amalia）的儿子卡尔·奥古斯特（Carl August）延请至此，奥古斯特后来成为萨克森－魏玛－埃森纳赫的大公。歌德在奥古斯特的宫廷里担任多种政治职务；他的最终身份是后者的"枢密顾问"。歌德将弗里德利希·席勒吸引到魏玛，而席勒从 1799 年到 1805 年去世一直定居于此。歌德和席勒两人共同筹划了修建魏玛剧院。约翰·戈特利普·赫尔德（Johann Gottlieb Herder）被召来魏玛改革公国的教育体制，歌德和克里斯托弗·马丁·维兰德从旁协助，加以必要的限制，但当本可以冷酷无情和直截了当的赫尔德，告诉待他不好的歌德，他更喜欢自己的亲生儿子，而不是歌德剧作《亲生女儿》（Die natürliche Tochter）的时候，歌德同他之间关系紧张的友谊便最终破裂了。[29]1772 年，维兰德这位诗人和莎士比亚作品的译者到达魏玛，担任安娜·阿玛丽亚儿子的家庭教师。

魏玛也不乏风头稍逊的名人和昙花一现的流星。出生于魏玛的多产而反动的奥古斯特·冯·科策布，这位 1819 年在曼海姆被一名神学学生刺杀身亡的剧作家，试图融入魏玛的文化生活，却未能如愿。约翰娜初到魏玛之时，便是向科策布的姐姐租借的房间。科策布的姐姐用阿玛丽·贝尔格（Amalie Berg）的笔名写作了一些供女性阅读的简单道德说教小说，比如《露易丝或轻浮的不幸后果》（Luise oder die unseligen Folgen des Leichtsinns）。[30]浮夸而癫狂的查哈里阿斯·维尔纳（Zacharias Werner）也

---

[28]　同上书，第 116 页，约翰娜 1806 年 11 月 14 日致阿图尔。

[29]　参见 A. 吉力斯（A. Gillies）"赫尔德与歌德"（Herder und Goethe），载《德国研究：由学生、同事和朋友献给莱奥纳德·阿希利·维罗哥比》（German Studies: Presented to Leonard Ashley Willoghby by Pupils, Colleagues and Friends），第 83 页。

[30]　参见乌尔利克·贝尔格曼《约翰娜·叔本华》，第 118 页。

曾短时间地名噪一时。1807 年冬，阿图尔阅读了他的《马丁·路德或权力的神圣》(*Martin Luther oder Weihe der Kraft*)，并将它推荐给自己母亲。约翰娜听取了阿图尔的建议，阅读之后却发觉该剧有些过火，并不

97　适合自己的口味。她写信告诉阿图尔，希望维尔纳去师从歌德学习培育自己的"伟大天赋"。[31] 约翰娜的愿望部分地得以实现。歌德将维尔纳带到魏玛，但这并不是说维尔纳就会向他学习。相反这只是为了向其同僚展示，他仍能将被包括斯塔尔夫人在内的许多人视为将会顶替席勒下一个意义重大的人物召至他的宫廷。尽管歌德与维尔纳保持着令人啼笑皆非的距离，但他却在 1808 年年初上演了维尔纳的《万达，萨马提亚的女王》(*Wanda, Königin der Sarmaten*)。无论是对该剧还是其作者，阿图尔都评价颇高：

> 他［维尔纳］是我青年时代的朋友，自然对我产生影响，这是一种积极的影响。当我十几岁的时候，我醉心于他的作品；当我二十岁时，在我母亲在魏玛的住宅里，我得以尽享和他的相聚。他对我心怀善意，常常甚至就严肃的哲学话题同我进行交谈。对我而言，关于他的记忆依然珍贵，袅袅不绝。我能够向你讲述很多关于他的事情。他那时创作了《万达》，这部在公爵夫人生日当天首演的剧作。我常看这部戏剧，但却从未读过它的剧本。我仍能背诵"迷雾中的圣女之歌"。尽管他们的着色太过主观，但他的戏剧却仍然令其他任何一部完成的同类风格的作品难以望其项背。去年冬天，我读过他的《路德》。[32]

---

[31] 吕特克豪斯《叔本华一家》，第 151 页，约翰娜 1807 年 3 月 10 日致阿图尔。

[32] 叔本华《书信集》，第 328 页，叔本华致约翰·奥古斯特·贝克尔。叔本华关于自己向贝克尔讲述众多关于维尔纳情况的能力所做的论断，或许是在暗指女仆声称维尔纳试图强暴她的事件。然而维尔纳却是个古怪的人，易于受崇高假象的迷惑。他最终皈依了天主教，成为一名神父。

当约翰娜外出前往魏玛之时，阿图尔和阿黛勒仍然处于他们的法国仆人，约翰内斯和索菲·杜格的照顾和监护之下。令阿图尔非常不快的是，她旅行时并非是独自一人。陪伴她的是菲利克斯·拉茨基（Felix Ratzky），这个近来在汉堡现身以求转运的人。拉茨基被人视为轻率鲁莽之人——一个"坏男人"，正如约翰娜后来所说的一样——让特罗西纳一家陷入丑闻。约翰娜的妹妹，阿图尔的教母，夏绿蒂·伊丽莎白（Charlotte Elisabeth），在同弗里茨·莱瑟尔（Fritz Reyser）离婚之后，同还是有妇之夫的拉茨基，搬了进来。拉茨基的妻子去世之后，她嫁给了他。[33] 无论如何，拉茨基都为一位独自旅行的女性提供安全保障，他是她妹妹的丈夫。

约翰娜1806年5月14日到达魏玛。一路上，她渐渐变得醉心于哥塔 98 以至于都考虑在那里居住了，但她却仍然为魏玛的文化生活所吸引。她决定在魏玛住上十天半个月，这将解决她身处的两难窘境——哥塔抑或魏玛。同其社会地位相符的是，她在魏玛有着为数众多的熟人。她率先拜访了本也是来自但泽的约翰内斯·丹尼尔·法尔克（Johannes Daniel Falk）。法尔克是一位慈善家、私人教师和讽刺文学作家，他还是歌德的友人。[34] 她还拜访了自己曾与丈夫1800年在去卡尔斯巴德的旅途中遇见过的弗里德利希·尤斯丁·贝尔图赫（Friedrich Justin Bertuch）。这位商人、艺术爱好者和出版商，也是卡尔·奥古斯特的顾问、王室司库和法律顾问。他还创办了著名的《耶拿文学汇报》（*Jenaische Allgemeine Litteraturzeitung*），这份期刊将为阿图尔的博士论文刊载一篇态度冷淡的评论文章，而非常凑巧的是，阿图尔的博士论文恰好又是由贝尔图赫的宫廷书店与工艺品美术商店协会（Commission der Hof-Buch-und Kunsthandlung）出版的。约翰娜还与汉堡参议员科内琉斯·约翰·里德

---

[33]　参见阿图尔·许布舍尔《叔本华的三位姨母》，第129页。

[34]　法尔克在魏玛创办了一所孤儿院，"祖国慈善院"。

（Cornelius Johann Ridel）的儿子见面，他的妻子阿玛丽的妹妹正是歌德《少年维特之烦恼》中绿蒂的原型夏绿蒂·布夫（Charlotte Buff）。在这部作品中，歌德为了自救枪杀了维特。可歌德本人却仍是闪烁其词。他原定要带约翰娜参观图书馆，但却由于患病取消了这一计划。然而她却幸运地被引荐给卡尔·路德维希·费尔诺夫（Carl Ludwig Fernow），这位耶拿的哲学教授、艺术品鉴赏家和图书馆管理专家。费尔诺夫将会在两位叔本华的生活中起到至关重要的决定性作用。约翰娜还结识了维兰德。她写信给儿子说，在与维兰德会面的前一天，她整晚都在想（此处她是用英语所写），"哦，上帝，哦，上帝，这是多么荣幸啊！"

约翰娜在魏玛的诸多经历消除了她迁居哥塔的可能性。在诗人之城所待的二十天足以使她重新选择最初的决断。在坦陈她对于与维兰德会面所怀有忐忑的那封信中，她阐明了选择魏玛的原因："此处的社交环境似乎非常宜人，花费并非很贵。为获得惬意的生活而至少每周一次地将魏玛的，或许是德意志的，顶级精英聚于我的茶桌四周，并非难事。魏玛周边的区域并非异常美丽大气，但却非常小巧秀美。况且它的公园99 实在是非常美丽。我希望从剧院中获得巨大的欢乐。我已经去过三次，实在是相当出色。这样的机会，是我们在汉堡连一丁点影子都几乎不会有的。"[35]

约翰娜有理由确信自己会获得成功。她具有活络的人脉、在汉堡磨砺出的娴熟待客之道以及创办沙龙的资金。她说英语和法语，画油画和素描，弹奏钢琴，热爱文学，此外，她广泛的旅行也为她提供丰富的谈资。就其自身而言，她精力充沛，天性活泼，对客人殷勤有加。她还拥有头衔。她将使用继承自亡夫的波兰头衔，以"宫廷女参事叔本华"而闻名，尽管海因利希·弗洛瑞斯自己从未使用过它。然而在魏玛，人们却尤其热衷于各种头衔。在此种潮流中，她就能像枢密顾问歌德和宫廷顾

---

[35] 吕特克豪斯《叔本华一家》，第 73 页，约翰娜 1806 年 6 月 4 日致阿图尔。

问维兰德一样了。一旦安顿下来，约翰娜便每周举办两次茶会——分别在周四和周日。

安排了在魏玛的住处之后，约翰娜匆匆赶回汉堡处理留下的琐事，向友人和熟人们告别，接走九岁的阿黛勒及其仆人，将阿图尔留在原地。9月21日，她并未亲自向阿图尔道别便离开汉堡。她采用的是留书道别的替代方式，那封信是儿子在她离开当天才发现的："你刚刚离开，我仍能闻见你雪茄的烟味，我知道自己很长一段时间都见不到你。我们共同欢度了这个夜晚；就让它作为我们的告别吧。再见，我亲爱的好阿图尔。当你收到这些字句的时候，我想必再也不在此处；但即便是我仍在此处，你也别来见我，我不能承受别离。相反，我们能够在愿意之时彼此相见；我希望不用太长的时间，理智就能允许心怀此愿的我们这样去做。再见，这是我第一次欺骗你。我预定了六点半出发的马车。我希望自己的谎言将不会带给你痛苦；我这样做是为了自己，因为，我知道自己在这样的时刻是多么的软弱，我知道任何一种狂暴的情感都会给我带来怎样的侵袭。"[36] 约翰娜让自己免于动情伤怀。在阿图尔读到这封信之前，她已经消失无踪。

在约翰娜向丈夫和儿子所做的告别之间，有着有趣的相似之处。在海因利希·弗洛瑞斯的讣告上，她拒绝别人表示慰问，以使自己免于悲痛。而在她写给阿图尔的告别信中，她则在清晨时分悄悄溜走，以使自己免于忧伤。尽管在这些描述自己情感过度夸张的措辞之中或许有着某种真实的东西，但情况却似乎是更多地关乎她逃离儿子的行为，而不是关乎丈夫的亡故。阿图尔尽管也因为父亲之死获得解放，但他的悲痛和负罪感却隐隐背叛了自己的真实愿望。但对约翰娜而言，情况却并非如此。在遵照习俗度过常规服丧期之后，她听从自己内心的愿望。或许使

100

---

[36]　同上书，第74页，约翰娜致阿图尔，其时间简单地标注为"周日晚上"。约翰娜于1806年9月20日这个周日早晨出发前往魏玛。

她最初和最为害怕去同儿子当面道别的，并非是自己的悲伤，而是她担心
得去应付一个可能悲伤得难以自持的儿子。毕竟她是他的母亲，而他则是
她的儿子，他的福祉是她所关心的。儿子不快乐的生活会给约翰娜带来麻
烦，她最终会一言九鼎地将阿图尔从他自己怠惰无力的陷阱中解救出来。
毕竟，阿图尔雪茄烟的味道很可能让她想起了海因利希·弗洛瑞斯。[37]

就在约翰娜向着魏玛飞奔之际，她的儿子却仍然陷在原地做学徒，
在保险经纪人居斯伯特·维利内克（Gysbert Willinck）处搭伙。只有工余
的阅读和"法国兄弟"安蒂姆·格雷古尔的周末来访，才带给阿图尔慰
藉。当时的安蒂姆，为完善自己的商用德语知识，于5月底抵达汉堡，
寄宿在附近堤坝内的村庄阿勒默尔的许贝牧师处。约翰娜旅行前往魏玛，
完全不顾当时的政治形势。叔本华一家在欧洲旅行期间，曾密切关注着
拿破仑的恶行，他们小心翼翼地要么延迟旅行，要么改变计划，以避免
受其所害。约翰娜对于迁居所怀有的热情，令她未能认识到自己正在靠
近风暴的中心。在她旅行前一个月，拿破仑试图与英国人达成协议，条
件是将汉诺威归还给他们，此举目的也在于削弱普鲁士在北德的地位。
这自然激怒了普鲁士国王弗里德利希·威廉三世，他随之便让普鲁士与俄
国结成联盟。拿破仑对此恼怒不已，将法国军队部署到莱茵河东岸。普
鲁士对此的反抗便是要求拿破仑撤兵并废除莱茵同盟。当约翰娜9月28
日靠近魏玛之时，战争固有的危害已经是迫不及待地急于现身。10月9
日，弗里德利希·威廉三世向法国宣战。

卡尔·奥古斯特并未听从枢密顾问歌德的建议，而是反其道而行之，
极不明智地选择与普鲁士同舟共济。10月初，十万之众的普鲁士和萨克
森士兵在魏玛四周安营扎寨。弗里德利希·威廉三世和露易丝王后于10

101

---

[37] 海因利希·弗洛瑞斯也抽雪茄。令人感到奇怪的是，阿图尔记不起妹妹出生的月
份——五十二年之后——但却对父亲"用在自己鼻子下面旋转着的烟圈"宣告阿黛勒的
诞生的场景记忆犹新。参见叔本华《书信集》，第237页，叔本华致西比勒·梅尔滕斯－
夏夫豪森（Sibylle Mertens-Schaaffhausen）。

120

月 10 日前后到达魏玛。约翰娜焦虑不安，考虑逃离魏玛。10 月 11 日，她得知自己的但泽老友和汉堡派对上的常客，陆军元帅弗里德利希·卡尔克罗伊特就在城中，便让仆人约翰内斯·杜格带上便条去见普鲁士指挥官。后者承诺当晚去拜访她，但却未能兑现诺言，而是拖到次日晚上才去。同时，她向人寻求对于自己所处困境的建议。朋友向她保证说，她在魏玛应该是安全的，因为战斗可能是在莱比锡附近进行。但如果她能够搞到马匹的话，仍有可能逃离魏玛。然而 10 月 12 日，一位甚至比卡尔克罗伊特更为尊贵的访客到达她的住所："被告知有陌生人来访；我步入前厅，看见了一位一袭黑衣、神态严肃的英俊男子，他深深鞠躬、谈吐优雅：'请允许我向您介绍枢密顾问歌德。'我环视四周，想看看歌德究竟身在何处，因为在他生硬地向我介绍完后，我并不能够将他视为歌德。"[38] 奇怪的是她并未发觉，对歌德而言，用第三人称来指代他自己是何等的拘谨。尤其是当歌德用自己的双手抓紧她的双手，让她不必为将来担心的时候，她自然是欣喜若狂。歌德仅仅逗留片刻，但向她许诺还会再度登门拜访。当晚，陆军元帅弗里德利希·卡尔克罗伊特也到了。他不满于事态的进展情况，但他却告诉约翰娜，如果留在魏玛，她并不会有危险。但卡尔克罗伊特也是矛盾的。如果她希望离开魏玛，她可以前往埃尔福特，再从那里前往马堡。约翰娜决定留下，但仍然徒劳地尝试搞到马匹，以防必须逃跑时可以使用。为了搞到马匹，她甚至还去见了公爵夫人。安娜·阿玛丽亚可谓毫无保留。当她的侍女次日出逃之时，她便邀请约翰娜与阿黛勒与其同行。[39] 约翰娜拒绝了，因为她不想扔下自己的忠实仆人不管。

102

---

[38]　吕特克豪斯《叔本华一家》，第 82 页，约翰娜 1806 年 10 月 19 日致阿图尔。

[39]　约翰娜先前遇见过公爵夫人的侍女戈希豪森小姐（Fräulein von Göchausen），她安排了安娜·阿玛丽亚与约翰娜之间半小时的会面。威廉·蒂施拜因，为约翰娜给戈希豪森和歌德两人都写了推荐信。蒂施拜因是画家，也是约翰娜在汉堡派对上的常客。他曾陪伴歌德游览过意大利。

约翰娜在拜会公爵夫人之后便返回家中。那天下午，卡尔克罗伊特第三次拜访她。约翰娜被老将军的关心深深感动，当他准备回到队伍中时，她为他的命运满怀忧虑。白天的奔忙让她渴望能够独处片刻。因此，她将阿黛勒和索菲打发去观看科策布喜剧《馥颂》（Fanchon）的晚间演出。尽管如此，约翰娜在家中并没待多长时间，就让杜格带她穿过拥挤的街道去拜访里德一家。事实证明此次拜访是令人愉快的，因为他们判定关于法国人将会在莱比锡作战的传闻并非虚言。她回到家中，发觉看戏归来的阿黛勒和索菲兴高采烈。她说，那天夜里，他们无忧无虑地睡着了；夜静得像墓穴一般。次日清晨，也就是 14 日，已经能够听见远处的炮声。尽管传闻获胜的是普鲁士一方，但约翰娜却做好最坏的准备。她藏好值钱的东西，购买尽可能多的食物，将葡萄酒从地窖搬到自己居住的房间——因为，如果法国人来了，这是他们最先想要的——同邻居与房东太太聚在一起准备着绷带。与此同时，当黑格尔那骑在马背上的世界精神*在耶拿迅速解决掉普鲁士和萨克森联军，达沃特元帅在奥尔斯德特大败普鲁士军队的主力之时，黑格尔则在耶拿疯狂地争取保全《精神现象学》的手稿。

普鲁士和萨克森军队在战场上获胜的错误传言继续在魏玛境内流传。一位朋友敲打着约翰娜的窗户，叫喊着说（普鲁士和萨克森军队）大获全胜。邻居们、孔塔一家、房东太太、阿黛勒、索菲及其丈夫和约翰娜欢呼着互相拥抱。但约翰娜却仍然觉得有什么事情不对劲。事实证明她的直觉是准确的，因为，普鲁士士兵不久便仓皇穿过街道、匆忙逃生。几分钟之内，"法国人来了"的尖叫声便响彻空中。约翰娜那位敲窗的朋友是对的。的确是有人大获全胜，但庆祝者却得出获胜者是普鲁士一方的错误推断。隆隆作响的大炮很快便让约翰娜那位朋友敲过的窗户格格作响；一枚哑弹在距约翰娜住处五十步以内的范围内落下；子弹呼啸而过，发出嘶

103

---

*　指拿破仑。

嘶声，在空中飞扬，几栋建筑物很快便着了火——一束火柱飙升到勃朗峰般的高度，约翰娜在信中这样向阿图尔描述。幸运的是，魏玛那天夜里并未起风，因为，整座城市否则很可能就会笼罩在一片火海之中；而拿破仑是不会允许魏玛的居民灭火的。轰鸣的大炮趋于平静，其发出的噪声被步枪尖利的子弹声所取代，这时，法国人正在街上采取行动以肃清残敌，而街道上很快便横七竖八地躺满伤号和死人。约翰娜完全听天由命了。她抱着阿黛勒坐在沙发上："我希望只需一颗子弹便可杀死我们两人，至少我们中的某一个就不必为另外的那个人悲恸了。死亡的念头从未如此地贴近过我，也从未如此令我感到恐惧。"[40]

　　普鲁士与萨克森军队的溃败将魏玛的公民置于独自应对灾祸的境地。为了截住行动迅速和极为灵活的敌军，拿破仑轻装前行，并未携带库存弹药和供应粮食的辎重部队。这意味着他的士兵需要像实际上所做的那样，就地生财，以此为生，他们因此要求当地人满足他们的物质需求。[41]尽管拿破仑明令禁止部队抢掠，却并非不愿意给敌人以教训。因此，他对他那将魏玛当作其战时犒劳的步兵部队的所作所为视若无睹。约翰娜是幸运的，因为突然到达她家的第一拨士兵全都是骑兵部队的成员，她将他们称作"轻骑兵"。他们中有一个人是约翰娜女仆索菲的同乡，索菲的欣然款待和高超厨艺，以及约翰娜的葡萄酒，起到了将他们化敌为友的作用。约翰娜自己所说的一口流利法语也颇有帮助。她们适时地同这些"轻骑兵"建立起融洽的关系，他们在她家的出现，实则为这个地方提供了某种保护。经过一天一夜的混乱之后，事态平息下来，这时一名骑兵陪同约翰娜和阿黛勒去面见缪拉（Murat）亲王。亲王拒绝同约翰娜交谈，但却愿意同这名士兵说话。这名士兵安排一名战事特派员（Commissaire des Guerres）返回她的住处保护她。而住在她家的一名轻

---

[40]　吕特克豪斯《叔本华一家》，第88页，约翰娜1806年10月19日致阿图尔。

[41]　参见罗伯特·霍尔特曼（Robert B. Holtman）《拿破仑式的革命》（*The Napoleonic Revolution*, Philadelphia / New York / Toronto: Lippincott, 1967），第40—41页。

104　骑兵也适时地带着一位著名宝石商及其乳娘、一名新生儿和两个孩子，还有一名女仆，来到她的住所栖身。这家人是被用刺刀赶离家园的。事实上，这栋房屋里住满了流离失所的人，他们来自魏玛的除了贵族之外的各个阶层。他们都是逃亡者，公爵夫人不在此列，她同拿破仑达成了终止敌对状态的协议。魏玛—萨克森保证重新在法兰西和普鲁士之间保持中立。

　　索菲的欢快情绪和热情好客，小阿黛勒的甜美可爱，以及约翰娜对法国风俗的熟悉和说法语的能力，使她们同在宫廷女参事叔本华家寻求食宿的法国士兵建立起了某种联系。当一名粗鲁的轻骑兵向她索要一个小金盒时，她主动双手奉上，此举几乎让这个轻骑兵感动得落泪："如果你要，我就把它给你。"（Si vous la demandez il faut que je vous la donne.）这名士兵并未接受这个盒子，而是取了一小块金子。最终，战事特派员的在场确保了约翰娜的住所成为少有的逃脱了拿破仑教训可怕后果的住所之一。战前，魏玛的居民人数略多于七千五百人，而在备战期间，不少人撤离该城。法国人刚刚占领魏玛，许多人便逃到附近的森林里和荒野中。住在约翰娜那里的一个轻骑兵，估计掳掠的法国士兵达五万人之多，而她则觉得步兵士兵就是抢劫者的代名词。在写给阿图尔的信中，她将骑兵视为绅士，而将步兵看作蛮子："第一类士兵有着完美的教养，而后一类则是对一切都麻木不仁的野蛮人。"[42] 在这封信的稍前部分，她将这些步兵描述为"穿着磨破的白上衣的野蛮而残忍的人（我不能将他们称之为士兵），以及他们眼中的凶手和死神"。她继续写道，这些残忍的野蛮人唱着歌大肆地胡作非为，"让我们吃、喝、抢吧！把所有房屋烧得片瓦无存！"空无一人的住所也难逃劫掠，所有能拿走的值钱东西全被偷走，而窗户和家具则化为碎片。不如约翰娜那样幸运的居民被赶出家园，而其住所则如无人之屋一般被肆意践踏。自然，也还是有一些其

[42]　吕特克豪斯《叔本华一家》，第 99 页，约翰娜 1806 年 10 月 19 日致阿图尔。

他逃脱了这一疯狂行径的人。贝尔图赫一家由于为法军上将贝尔迪
（Berthier）提供住宿而免受侵害，维兰德则因为是国家学院的成员而受到
保护。但那些免受侵害的人的数量远不能被那些深受其害的人的数量所
抵消。赫尔德的遗孀遭到了洗劫，亡夫的手稿全部被毁。里德一家除了
一台抢劫者未能认出是银制品的饮茶机＊之外，财物尽失。甚至连伟大的
歌德也未能免于受辱。若不是歌德的情人和"管家"克里斯蒂安娜·乌尔
皮乌斯（Christiane Vulpius）和其他人出手相救，他可能就被殴打了。[43]

　　约翰娜相比之下的好运将她置于令人艳羡的地位。情况近乎像是她
打算向全魏玛敞开家门，殷勤待客。她将自家的亚麻布拿给伤员做绷带；
为不幸的人们提供食物和葡萄酒。甚至连歌德都听从她的指引，为康复
中的战士打开自家的葡萄酒窖。没有什么能像灾难一样将人聚在一起了。
正如她在给儿子的信中所写的一样："我在此处的生活将是令人惬意的；
人们在十日之内，就比在其他情况下的十年之内都更好地熟悉了我。歌
德今天告诉我说，经由一场火的洗礼，我已经变成了魏玛人。"[44] 歌德甚
至告诉她想在冬季碰面，好让阴郁沉闷的冬日亮丽起来。为了激励自己，
振作自己的精神，她每天都将熟人聚在一起，为其提供茶水和黄油面包。

105

　　＊　此处的饮茶机是指俄式茶炊，俄式茶炊的内下部安装有小炭炉，炉上为一中空的筒状
容器，加水后可加盖，炭火在加热容器内的水的同时，还可烤热安置在顶端中央的茶壶。茶炊
的外下方安装有小水龙头，水开后，把茶壶从茶炊上取下，即可通过小水龙头将开水直接注入
茶壶中泡茶。

[43]　令人奇怪的是，拿破仑并未向歌德的住所派遣保护者。他无疑是歌德的书迷，并宣称
　　　自己曾将《少年维特之烦恼》读过七遍。或许是拿破仑因为歌德在卡尔·奥古斯特的宫廷
　　　里担任过多项职务的缘故，也想给他一点教训。1808 年 9 月，在占领魏玛近两年之后，拿
　　　破仑将歌德召至埃尔福特的亲王会议——或许这与浮士德式的召唤完全相反。据传，歌德
　　　曾问这位皇帝，是否仍会有悲剧基于命运的观念而发生。拿破仑据说是这样作答的："我们
　　　现在要命运来做什么？政治便是我们的命运。"詹姆斯·希恩（James Sheehan）《德国历史：
　　　1720—1866》（German History: 1720—1866, Oxford: Oxford University Press, 1989），第 358
　　　页。叔本华同约翰内斯·法尔克一道前往此次会议，据说，叔本华在那里就宫廷贵妇们进
　　　行了令人反感的评论，她们起初将拿破仑视为可怕怪物，其后又转而把他看作世间最具魅
　　　力的男子。参见《谈话录》，第 21 页，法尔克的报告。

[44]　吕特克豪斯《叔本华一家》，第 102 页，约翰娜 1806 年 10 月 19 日致阿图尔。

正如她告诉阿图尔的一样，这是一项比表面上看起来都还要难以达成的功绩。瑞士画家和艺术学者约翰·海因利希·迈耶（Johann Heinrich Meyer）、老费尔诺夫，以及歌德本人，都是这些聚会的常客；维兰德则承诺会定期造访。

在魏玛所发生的这些事件，使得歌德转而接受常规，使克里斯蒂安娜成为一个在人前清白无欺的女子。尽管她只是歌德名义上的管家，但他却已经以半公开的方式与她同居了十八年。1789 年，她为他生下儿子，歌德为其取名奥古斯特。但在 1806 年 10 月 19 日，他同她结婚了。约翰娜记录道，这位伟人告诉她说，"我们或许可以在和平年代里忽视法律，但在像我们现在所处的时代，却必须尊重它。"[45] 或许是约翰娜接纳克里斯蒂安娜参加其茶会的做法，使得歌德喜欢参加她的派对，因为其他人对枢密顾问歌德的夫人仍旧是嗤之以鼻。他觉得约翰娜这个在多座大城市居住过的陌生人，会在对待他妻子的态度上更为开明。约翰娜的解释则更为直接："我认为，如果歌德能够让她取用自己的姓氏，那我们事实上给她一杯茶又有何妨。"[46] 歌德在茶会上的出现，使得约翰娜众多的聚会具有了极富魅力的氛围，它将无数显要名人吸引到她的住所，这其中包括她那当时尚未成名的儿子。在她两个孩子的生活当中，歌德都将起到不可小觑的作用。

在歌德婚礼的当天，约翰娜给阿图尔写了一封长约八千字的长信。在这封信中，她用夸张的措辞描述了自己的战时经历。[47] 她在信中频频对收信人直呼其名："哦，亲爱的阿图尔"，"哦，我的儿子"，"亲爱的阿图

[45] 同上书，第 107 页，约翰娜 1806 年 10 月 24 日致阿图尔。尽管他们是在 10 月 19 日结的婚，但歌德让人在戒指上刻上的日期却是 10 月 14 日，即耶拿与奥尔斯德特战役发生的当天。

[46] 同上书，第 107 页。

[47] 见上书，第 80—103 页，约翰娜 1806 年 10 月 19 日致阿图尔。上述约翰娜对于魏玛被占的反应，摘引自该信。她还在 1806 年 10 月 20 日、23 日和 26 日的信中，描述了魏玛的情况；参见同上，第 103—110 页。

尔";她在信中也同样对上帝惊呼不止:"哦,上帝","伟大的上帝","哦,我主上帝"。该信并非只是写给阿图尔看的。她让他将信拿给蒂施拜因、甘斯兰德、维利内克和其他在汉堡的人看。他照此办理之后,她又指示他将其寄给她但泽的妹妹尤丽安娜。约翰娜觉得该信太长,自己无法抄写,但其抄本实则广泛传播。我们或许可以说,它标志着约翰娜作为作家的初次亮相。[48] 尽管约翰娜描述了魏玛的悲惨境况,但她却也告诉儿子,"人们只有在像我一样看到战争的细节之后,才会具有关于战争恐怖的概念;我可以告诉你不少能令你毛骨悚然的事情,但我不会这样做,因为我深知你是何等地沉迷于沉思人类的苦难。"[49]

　　约翰娜的信件并未促使阿图尔拿起武器反抗法国人,而拿破仑的胜利也未能在这名年轻人心中激起统一德国的愿望,这是一种在他那一代的许多人中相当普遍的渴望。他大概不会热衷于参加费希特 1807 年至 1808 年冬在法国人占领的柏林所发表的《致德意志民族的演说》(*Reden an die deutsche Nation*),这些演讲被普鲁士新闻检察机关禁止出版。海因利希·弗洛瑞斯成功地在儿子身上培育出世界公民的开明大气的态度,这种态度甚至超越了尼采后来"有教养的欧洲人"的观念,并使得阿图尔对东方思想抱持开放的心态。[50] 母亲的这些信件并未使得叔本华对无论是一般的魏玛人抑或是约翰娜和阿黛勒两人所处的悲惨困境产生同情。相反,他将母亲试图令人振奋地巧手构造惬意生活的做法,阐释为是以忘却法国人击败普鲁士和萨克森军队所带来的所有恐怖为基础的。

　　　绝望中的忘却之举:这是人类天性中如此奇怪的一项特质;人们

[48] 我的这一观点得自于乌尔利克·贝尔格曼。她也认为,约翰娜"将自己定位成了历史剧中的女主人公"。《约翰娜·叔本华》,第 127 页。索菲·阿黛勒和更为年轻的孔塔,也各自在信中有所提及。
[49] 吕特克豪斯《叔本华一家》,第 100 页,约翰娜 1806 年 10 月 19 日致阿图尔。
[50] 见尼采《快乐的科学》,第 357 节,在该节中,他宣称叔本华提出了"有教养的欧洲人"存在意义的问题。

不会相信未曾看见的东西。蒂克大致用以下的话语对此作出了绝妙的解释："我们站立着，恸哭着，询问那曾比我们更不快乐的星星，此时，在我们身后站立着嘲弄着的未来，它嘲笑着人类转瞬即逝的痛苦。"但情况的确必定如此：没有任何东西必定常驻于转瞬即逝的生命之中。没有无尽的痛苦，没有永恒的欢乐，没有长久的轰动，没有持续的热情，没有能够压制生命的更高决定。一切都被流逝的时间粉碎消解。那些瞬间，那些由每一行为蜕变而成的小细节的难以计数的微粒，都是吞噬一切伟大和醒目之物的蠕虫。那可怕的日常生活，将所有向上奋争的事物向下猛推。生命中没有严肃的事物，因为尘埃并不值得费心。由于不幸的缘故，还能有什么永恒的激情？[51]

阿图尔对于约翰娜的战事报道的反应，显示出他日后对于生命虚无所进行哲学思考的大致轮廓。正如托马斯·曼回应叔本华对生命不幸所做的优雅描述时所评论的那样："每个人都深知，当这个统帅人物和伟大作家对世间的痛苦泛泛而论之时，他谈论的是你我的痛苦，我们所有人都对自己因为这充满英雄气概的话语才得以复仇而感到胜利的喜悦。"[52] 约翰娜是不可能完全赞同曼的评判的，她有可能会将阿图尔的信件视为儿子那重度抑郁而具有批判性精神的另外一种表达。一方面，他指责约翰娜展示出人类天性的奇怪特质——忘却的绝望；另一方面，他又试图破坏她的欢快情绪——它就像痛苦一样转瞬即逝，不值得为之努力。在更

---

[51] 吕特克豪斯《叔本华一家》，第 116 页，阿图尔 1806 年 11 月 8 日致约翰娜的信件。叔本华摘自"音乐的奇迹"（The Marvels of Music）一文的引言并不精确。其原文是"当我的一个兄弟死去，在这样一个生命事件中，我大约会展现出深深的悲哀，坐在狭小的角落哭泣，询问所有曾比我更感悲恸的星星，——然后——此时，嘲弄者已经站在我的身后，嘲笑着人类飞逝而过的痛苦……"参见威廉·海因利希·瓦肯罗德《告解与幻想》（Confessions and Fantasies，玛丽·胡斯特·舒伯特［Mary Hurst Schubert］译，University Park / London: The Pennsylvania State University Press, 1971），第 181 页。

[52] 托马斯·曼《叔本华》（Schopenhauer, Stockholm: Bermann-Fischer Verlag, 1938），第 27 页。

为直接的层面上，她的欢快也不堪一击。在那封他答复的信件中，约翰娜指明他易于沉思人类不幸的倾向，并宣称自己避免告诉他那些会令他毛骨悚然的事情。此外，阿图尔还知道，约翰娜将他的这一倾向归因于他从父亲家族一方所继承的特质。母子二人都相信海因利希·弗洛瑞斯是自行了断了自己的生命。或许阿图尔信件的目的，在于暗示他自己正处于类似之举的边缘——毕竟，生命中并无"严肃的事物""值得"为之费心。事实上，在读过一系列阿图尔哀叹自己在汉堡情形的信件之后，约翰娜在那封将为阿图尔获得解放进行准备的信件当中，提到了"抑郁症"，并"沉思着你得自于父亲遗传的东西"。[53]无论是约翰娜的同情也好，还是内疚也罢，都不能挫败他母亲的幸福。毕竟，这封信此时的实际作用是为了强化她对于儿子那不讨人喜欢个性的定见——他绝对会败人兴味。然而，在短短的四年之后，这名抑郁的青年就会找到某种需要自己加以严肃对待的事情，而那也值得他去严肃对待。

　　尽管阿图尔的这封信明显地具有操控母亲的企图，但它却表露出不折不扣的忧伤。他的家庭生活因为父亲的亡故而支离破碎。尽管他早前的生活远远谈不上处于理想状态，却为一个终其一生担忧遭人遗弃的年轻人提供了稳定和安全。如今他独自在汉堡生活，假装要成为一名商人。他想同在魏玛的母亲和妹妹以及杜格一家会合。他仍然呆呆地留在汉堡。在思考自己那一阶段生活时，他曾说过，没有任何东西迫使他留在那里做学徒；"可以这样说，"他是自己的主人。父亲去世了，而母亲并未阻碍他。他仍留在原地，"部分原因是因为我把在父亲死后不久就废弃他决定的做法，当成了事关良心的问题。"[54]然而将他拴在账房里的，既不是死人的鬼魂，也不是一桩等待着他去经营的不存在的家族生意，而是他自己的良心。海因利希·弗洛瑞斯无论生时还是死后，都往往将阿图尔置于

109

[53]　吕特克豪斯《叔本华一家》，第 164 页，约翰娜 1807 年 4 月 28 日致阿图尔。
[54]　叔本华《书信集》，第 651 页。

进退维谷的困境。首先是欧洲之旅和学者生涯之间的抉择。其次，他不得不在遵守对父亲发下的誓言或违背这一誓言之间做出选择。阿图尔所做出的那些决定，出卖了他自己。他做出选择即刻旅行以获得短期快乐的决定，而不是追寻自己内心更深的愿望。如今为了维持某种同父亲愿望之间的关系，也为了规避某种良心上的负疚感，他自己的责任感击溃了他对智性生活所怀有的更深的愿望。他想要约翰娜帮助自己摆脱困境。或许引用"蒂克"所说过的话，并引申出他觉得这一观点所具有含义的做法，也将会向母亲表明他命中注定要成为某种比商人更为伟大的人物。

　　阿图尔的回答，也准确地反映出他凭记忆引用其话语的那位作者所使用的语言和所具有的心境。但他却将引文出处张冠李戴到了蒂克，这位诗人、小说家、文学批评家和《为艺术之友所做的艺术幻想》（ *Phantasien über die Kunst, für Freunde der Kunst*, 1799）的编辑和撰稿人的头上。[55] 叔本华的引文摘自该作品中的一篇文章"论音乐的奇迹"（Über die Wunder der Tonkunst），该文为威廉·海因利希·瓦肯罗德所写，他不幸于二十五岁之时死于斑疹伤寒，但却有幸拥有蒂克的友谊，因为后者将会"半是自信，半是焦虑地"将瓦肯罗德的诸如《为艺术之友所做的艺术幻想》之类的作品，作为自己已故朋友的遗作出版。[56] 类似于蒂克，瓦肯罗德也是早期德国浪漫派成员之一，以及所有男性和（一些）女性，众多哲学家、神学家、文学批评家、作家和诗人的中坚力量，这

110

---

[55]　叔本华去世后的藏书中，包括了《为艺术之友所做的艺术幻想》，以及瓦肯罗德1796年（尽管其标明的出版时间为1797年）秋匿名发表的《一位热爱艺术的修士的内心倾诉》（ *Herzensergiessungen eines Kunstliebenden Klosterbruders* ）。叔本华1824—1825年冬在德累斯顿遇见的蒂克。据说，他俩卷入了一场关于不同哲学体系的争论，在此过程中，蒂克提到上帝，他的话使得叔本华仿佛是被塔兰托大蜘蛛蜇了般地从座位上跳起来，同时还不断地嘲笑着说"什么？您需要一位上帝？"叔本华的友人及其遗嘱执行人和首位传记作家威廉·格温纳记录说，此次争执的主要内容是关于对蒂克青年时代友人弗里德利希·施莱格尔的批评。参见叔本华，《谈话录》，第53页。

[56]　瓦肯罗德《告解与幻想》，第163页，蒂克为《为艺术之友所做的艺术幻想》所写的"序言"。

些人开始扰乱启蒙运动那冷漠而精于算计的理性产生影响的艰巨长期性工作，致力于用一种将自然视为自我生发又自我安排的具有神学结构、充满活力的有机整体的观念，来取代启蒙运动那僵化机械的自然观。这些早期浪漫派成员推动人们培育自身的情感和想象力作为知识手段，提倡极富个人特色的个性，自觉运用神话、人们喜闻乐见的童话以及美化了的东方艺术——尤其是音乐——寻求通过与某种更为伟大的整体融为一体，以超越所有的有限性、局限性和二元对立。蒂克将最终在耶拿这座自18世纪中期起就居住有众多早期浪漫派成员的城市生活一段时间。他们中包括：施莱格尔兄弟，即（卡尔·威廉·）弗里德利希（Carl Wilhelm Friedrich）和他后来的妻子窦绿苔娅，以及奥古斯特·威廉（August Wilhelm）和卡罗琳娜；诺瓦利斯（Novalis）（弗里德利希·利奥波德·冯·哈登贝格男爵［Friedrich Leopold Freiherr von Hardenberg］）；弗里德利希·荷尔德林（Friedrich Hölderlin），弗里德利希·威廉·冯·谢林等人。[57]

叔本华信件中的时间功效，使人联想到《为艺术之友所做的艺术幻想》中的另一篇文章"关于一位裸体圣者的奇妙东方童话"（Ein wunderbares morgenländisches Märchen von einem nackten Heiligen）。在这篇浪漫派童话的典范之作中，裸体圣者一直为不停转动的时间之轮发出的巨大声响所困扰，最后，他不得不行动起来，似乎是他自己在转动这个轮盘一般。当有人漫游路过他的洞穴时，"……他常常会突然歇斯底里地大笑起来，嘲笑在时间可怕的转动中竟仍有人能够想到这些红尘琐事；每当此时，只要他能抓获这个倒霉蛋，他便会像老虎一般从洞中一跃而出，一举将其摔死在地。之后，他快速跳回洞中，比先前更为狂暴地转动起时间之轮；然而他狂怒良久，口中断断续续地念念有词、拒绝考虑

---

[57]　关于展示19世纪早期各类名人住所的耶拿地图，参见卡尔·阿梅利克斯（Karl Ameriks）《剑桥德国唯心主义指南》（*The Cambridge Companion to German Idealism*, Cambridge: Cambridge University Press, 2000），第 xiv 页。

人类如何能够去做其他事情，如何能够接受一种毫无策略的职业。"[58] 除了当月亮可能出现在洞前的时候之外，圣者都继续在绝望中转动着轮盘；一种强烈之极的愿望萦绕心间，他想要找寻到某种自己能够攫取并且紧

111　紧抓住的未知的美好之物，这时的他才会停止转动轮子。几年的时间过去了，在一个皓月当空的美丽夏夜，一对恋人驾着一叶轻舟，沿着流至圣者所在的天然洞穴的河流，逆流而上。当他们细诉衷肠之时，"缥缈的音乐从小舟飘浮而上，进入到宽阔的天空；甜美的号角和其他我所不知道的令人着迷的乐器，造就出一个飘浮着的声音世界，在飘然而上的和声之中"，恋人们开始歌唱。[59] 恋人们的歌声使得时间之轮停止了转动，圣者摆脱了自己裸露的躯体，他的魂魄被牵引向上，跳跃着，摇摆着，最终消失于无垠的苍穹。

　　叔本华的信件表达出与瓦肯罗德赤身裸体的圣者完全相同的绝望感。时光无情的流逝使得所有红尘俗事都毫无意义；它们不能被严肃对待；它们不值得费神。然而在叔本华那充满了虚无主义的论调背后，我们却能够觉察到一种对某种会将他提升而起超越于"嘲弄者"之上的东西的渴望。在写下这封信不久之后，他动笔写下另一封延续他瓦肯罗德式主题的信件。音乐成为拯救手段："还有一位富于同情心的天使代表我们恳请得到天国之花，植根于不幸土壤之中的天国之花，极为高贵地抬起了尾巴——圣乐的脉动未曾停止，跳动着穿越了众多野蛮的世纪，其结果是永恒的直接回音留在我们这里，为每一善于接受新事物的头脑所颖悟，超越于所有邪恶与美德之上。"[60] 叔本华将一直通过对音乐的赞美，同早期的德国浪漫派保有某种联系。在他将构建出艺术等级的时候，音乐将会位于顶端。他将构建出一种比他同时代哲学家的美学规模更为宏大、细节更为丰富的美学，其中可能只有谢林是个例外。1812 年，在他研习

[58]　瓦肯罗德《告解与幻想》，第 176 页。

[59]　同上书，第 177 页。

[60]　吕特克豪斯，《叔本华一家》，第 125—126 页，阿图尔 1806 年 11 月致约翰娜。

谢林《哲学与宗教》(*Philosophie und Religion*, 1804)的笔记当中，他草草写道："哲学是艺术，其质料是理解。因此，它是不折不扣的散文。"[61]他将特别针对音乐的表现力扩展自己的这一洞见。哲学类似于音乐，因为它用观念复制世界，而音乐则用音调做着同样的事情。[62]

然而，青年叔本华却很有可能发现关于瓦肯罗德奇妙的东方故事的 112
某种使人困惑和颇成问题的东西。赤身裸体的圣者被缥缈的音乐和恋人的歌声从中解脱而出的，既有时间之轮，又有自己的躯体：

> 期盼所带来的甜美狂喜
> 流淌在原野上、小溪间，
> 月光为恋人们那肉感的幻梦
> 做好准备。
> 波涛在怎样地低语，哦！它们
> 怎样地在自己那漆黑的深渊之中
> 呼唤和映射着天国的整一。[63]

在其生命的这一阶段当中，叔本华找到了另一种针对爱之诱惑的引导。在一首写于1804年至1806年间的某个时间的诗作当中，他对于肉欲的态度显然不是瓦肯罗德式的：

> 耽于肉欲的快美，地狱一般的欢愉，
> 难以餍足又不可克服的爱情！
> 从天国的云端

[61]　叔本华《手稿遗稿》，第2卷，第337页／《手写遗稿》，第2卷，第325页。
[62]　参见叔本华《作为意志与表象的世界》，第2卷，第533页／《全集》，第3卷，第610页。
[63]　瓦肯罗德《告解与幻想》，第177页。

你使我跌至情绪的低谷

并将身处桎梏的我抛入

俗世的尘埃之中

我该如何渴望并腾飞至

那永恒之物所在的王座

还是被映射于

那至高无上的想法的烙印之中

抑或被轻轻地环抱于芬芳

或是飞越无边无际的空间

满怀虔诚，心存敬畏，

骤然欢笑，

还是处身于谦恭，

抑或仅仅听见和声？

我该如何忘怀

这尘土的卑琐

抑或勿做斥骂的愚人，

对伟大者，不嫉妒；

对老弱者，不嘲笑；

对恶毒者，不注目？

我该如何在其作品中看见并敬慕大师，

还有那在躯体中的精神？

然而，弱之纽带，

113　你却使我身体衰弱、情绪低落，

那些线和网

将我牢牢抓住。

我所有试图站立起来的努力

全都落空，徒劳无功。[64]

后来，叔本华将坚称，"所有色情均仅植根于性冲动本身"，"它［性冲动］毫不迟疑地携其糟粕强行闯入，干扰国家的谈判，干扰学者的研究"。[65]性将人们捆绑于由奔流不息的时间所统治的世界，并将其与那个世界连在一起。性并未具有将人们提升而起超越于这个不幸世界之上的作用，实际恰恰相反。性也不可能是音乐这种促使消费者获得救赎的东西的源泉。赤身裸体的圣者可能——充其量——是个偷窥狂，他为恋人的性游戏所迷醉，并为它所携来的糟粕所毁灭。

一位伟大的妈妈？

约翰娜希望安蒂姆在汉堡的现身会为阿图尔单调乏味的生活带来些许亮色，当他搬进去同阿图尔一道住在保险代理商维利内克家里时，她颇为高兴："我想象着你现在将会同你朋友一道过着非常欢快的生活；在此期间，好好享受它，让自己感到快活吧。"[66]尽管叔本华因为友人的陪伴而获得了些许安慰——他们分享阅读书目，沉溺于哀叹自己那毫无意义的注定经商的命运，参加派对和音乐会——但他俩的好色历险带给阿图尔更多的却是绝望，而非欢愉。安蒂姆是更受女性青睐的男子，他的成功凸显了阿图尔的失败。此外，他的欲望将他操控于股掌之中，而满足他的欲望似乎常常并未成为那些他无法买到其款款柔情的女子的目标。性的糟粕因此使他情绪低落，而那些他想与之寻欢作乐的人，却仅仅是通过对他的拒绝而使得他蒙羞受辱。但他最终将会在《附录与补遗》第二卷中，用毫无节制的措辞在"论女人"中记录下自己对于女性的看法。

---

[64]　叔本华《手稿遗稿》，第 1 卷，第 1—2 页／《手写遗稿》，第 1 卷，第 2—3 页。

[65]　叔本华《作为意志与表象的世界》，第 2 卷，第 533 页／《全集》，第 3 卷，第 610 页。

[66]　吕特克豪斯《叔本华一家》，第 143 页，约翰娜 1807 年 1 月 30 日致阿图尔。

114   约翰娜那些写给自己那灰心丧气儿子的信件，对振奋其精神而言帮助甚微。她鼓励他振作起来，鼓励他直面逆境，并战胜逆境——就像她曾经做过的那样——告诉他逆境能够激发出人们身上的最佳品格。她对他的慢性听觉问题表达关切："它是现在唯一阻碍我获得完满无缺幸福的东西……事实上，勇气和镇定乃是我们用以对抗世界上所有不幸的唯一武器。"[67] 为分散其注意力，并使其成为有用之人，她打发他去为自己跑腿办事——递送信件，为她取回自己的书籍、彩色蜡笔以及一顶草帽。她曾两度建议他去认识获得歌德高度评价的画家菲利普·奥托·伦格（Phillip Otto Runge），而他自己也一直在与伦格通信。但这却是一项无法完成的任务。[68] 伦格在约翰娜作此建议前大约一年半的时候，已经离开汉堡。她送上阿黛勒和索菲的问候。然而关于阿图尔妹妹的情况，她却所言甚少。她正在上钢琴课。歌德喜欢到她房间去探望她，用木偶戏逗她开心。她记述了在但泽的家庭成员之间为日常琐事所发生的口角，并提到他在但泽的第一位师傅雅各布·卡布鲁姆（Jakob Kabrum）被迫让八名普鲁士士兵在家中栖身："可怜的人哪！你一定对他心生怜悯。"[69] 她正在让曾为歌德和维兰德画过肖像的前途远大的画家卡罗琳娜·巴尔杜阿（Caroline Bardua）为自己画肖像画，但这仅仅是因为约翰娜被苦苦纠缠而不得不答应所致。油画所画的人物是她，而非阿黛勒。在这幅肖像画中，约翰娜坐在画架前，手拿调色板，而忧郁的阿黛勒则双手合拢，靠在约翰娜所坐椅子的椅背上，凝视着那幅在画布上看不见的作品。这的确是阿黛勒一生恰如其分的写照，她在母亲生活场景的背后观察着周遭。约翰娜被描画为凝视着任何一个注视这幅油画的人，似乎她正在注意着

---

[67] 同上书，第132页，约翰娜1806年12月19日致阿图尔。

[68] 在由 E. F. J. 派恩翻译、戴维·卡特赖特作序的《论视觉与色彩》，第28页／《全集》，第1卷，第28页，叔本华因其清楚地显示出每种颜色从白到黑的最大的纯度和自由，以及各种不同的颜色是如何从一种向另一种逐渐过渡的情态，而赞扬了伦格那设计灵妙的色域。

[69] 吕特克豪斯《叔本华一家》，第130页，约翰娜1806年12月22日致阿图尔。

那些注意到她的人，而不是正在注视她手下面的油画。她告诉阿图尔，它并非杰作，却是免费之作。她将会在春天把它寄给他。她告诉阿图尔一些在她举办的茶会上发生的戏谑古怪之举，以及众多可能招来十分明智和注重实际的汉堡人嘲笑的活动，在此过程中，她摘录了蒂克的话：115
"……对于谨慎而明智的人而言，我们的这些活动几乎就会是显得愚蠢了。如果一位参议员或市长看见我同迈耶一道将小纸条粘在一起，而歌德和其他人则站在一旁，急切地出谋划策，他将会对我们可怜而幼稚的灵魂怀有纯粹基督徒般的同情；但那只是艺术的神性，你亲爱的蒂克如是说，如果我没弄错的话。"[70]

十分自然的是，约翰娜不得不描述茶会圈子的辉煌成功。巴尔杜阿、费尔诺夫、迈耶、孔塔一家、里德一家、法尔克一家以及贝尔图赫一家，均是茶会的常客。约翰娜对之怀有真挚情感的老诗人维兰德，只有在知道歌德不会在场的情况下，才会出席茶会。她将这归因于维兰德在歌德庄严宝相的重压之下自觉压抑，但她也知道，作为安娜·阿玛丽亚"缪斯宫廷"中的成员之一，老人同一帮与歌德及其门人为敌的文化界人士交好。安娜·阿玛丽亚与席勒的遗孀夏绿蒂曾获得过约翰娜的探望，而她们也会拜访她。歌德自然是她茶会上星光熠熠的焦点人物，一切常常围绕着他的心情而旋转。歌德可能是欢快而迷人的，也可能是冷淡甚至是暴躁的。然而，歌德知道自己就是歌德！约翰娜小心翼翼地以这样一种方式安排着茶会：常常会局促不安地出场的歌德，会发现某种能够让他感到和蔼可亲、无拘无束的东西：

　　我将一张桌子放在角落，上面放着为他准备的用于绘画的材料。这是他的朋友迈耶给我出的主意。这位歌德是怎样的生灵哦，如此之伟大，又如此之善良！由于我从不知晓他会何时达到，因而每当

---

[70]　同上书，第141页，约翰娜1807年1月30日致阿图尔。

他进入房间之时，我都会大吃一惊。他似乎比其他所有人都具有更高的心性，因为我清楚地看到他给每个人都留下了相同的印象，甚至是对于那些比我认识他时间更长，同他更为亲近的人而言，情况也是如此。他本人总是在到达之时稍显沉默，在一定程度上来看，还可以说局促不安，直至他仔细地打量并看清所有在场的人。然后，他便挨着我坐下，坐在比我稍微靠后的地方，以便他能将自己整个人靠在我所坐椅子的后背上。之后，我会开始同他交谈，而他则会变得活跃起来，魅力十足，无法形容。他是我所认识的人当中最为完美无缺的，在外貌上也是如此：身材修长、姿态挺拔、衣着考究，总是全身素黑或深蓝着装，头发的梳理和扑粉均颇具品位，适合于他所处的年龄，一张高贵不凡的脸上，有着一双清澈的棕色眼睛，眼神既温润柔和，同时又犀利夺人。开口说话之际，他更是变得俊美至极，令人难以置信。我对他，真可谓百看不厌。他如今已是年届半百；年纪更轻时的他又一定会是何等风采啊。[71]

116　　一旦歌德开始对屋里的人心生好感，并察觉到自己能够以本来面目示人，他便常常会成为舞台上的明星，而不是观众中的名人。有时候，他如此行事的方式相当的轻柔。约翰娜写信给阿图尔谈到过一个类似例子，她在其中将歌德与他父亲做了对比："歌德开始谈到自己正在迈向暮年，他柔声细语，显示出一种极其高贵的局促不安，所有的人都被深深地打动了。同时，他将我的手紧紧握住，就像他常常所做的那样。看着他，我觉得你父亲仿佛就近在眼前，他在这样的时刻也会将我紧紧抱

---

[71] 同上书，第 123 页，约翰娜 1806 年 11 月 28 日致阿图尔。

住。"[72] 有时候，歌德又会极其活跃，他声音沙哑，戏谑地玩闹着。他会读诗歌，读信件，读故事，并用狂放的手势和高声的喊叫，精力充沛地表演出所读篇章的意境。一旦他开始在房间里如此精神焕发地大步快走，约翰娜的女房东便会对所发出的噪声多有抱怨。有几次参加茶会的时候，他朗读了选自奥古斯特·施莱格尔翻译的 17 世纪剧作家佩德罗·卡尔德隆·德·拉·巴尔卡（Pedro Calderón de la Barca）《坚贞不屈的亲王》（*El príncipe constant*）中的场景。歌德拥有该剧在德国的舞台演出权，并将在 1811 年 1 月 30 日制作并导演它。叔本华将会出席观看其首演，并深受该剧的影响，他将成为卡尔德隆终生的戏迷。[73] 歌德偶尔也会吹奏玻璃口琴。

　　只要歌德并未刻意要求登台，约翰娜便会确保朋友得到娱乐。有时候，他们分桌而坐，一道画素描、粘纸条，谈论近期上演的音乐会和戏剧。而在其他时候，约翰娜则会弹奏她的新钢琴，或是让阿黛勒的钢琴 117

---

[72]　同上书，第 165 页，约翰娜 1807 年 4 月 28 日致阿图尔。因为约翰娜销毁了儿子所有的来信，所以我们并不知道他对母亲将歌德同海因利希·弗洛瑞斯进行比较是作何反应的，或者说如果他作出反应的话。叔本华总是觉得母亲喜欢卖弄风情，总是害怕母亲会再嫁他人。然而，令人怀疑的是，他是否曾担心过这位新婚的歌德有此嫌疑，他对歌德是如此的敬畏，以至于他对母亲与这位伟人拥有如此良好的关系有可能留下了深刻印象。

[73]　后来，为了能够用原文阅读卡尔德隆的作品，叔本华将会学习西班牙语。该剧本身将会对他具有深远的影响。在《坚贞不屈的亲王》中，卡尔德隆刻画了一位为信仰而殉道的殉道者形象，他恬淡坚韧地忍受终身的监禁，获得了对生命的所有欢乐和痛苦都心存反感的状态，直至死亡将他从死亡本身中解放出来。该剧有助于将关于人类存在那转瞬即逝的特性的诸多主题深深印刻在人心中，在这些主题中，超越尘世和死亡乃是生命的目标，而死亡则象征着对于某种永恒之物的一种回归。参见阿图尔·许布舍尔的《在智性语境中的叔本华哲学：反潮流的思想家》（*The Philosophy of Schopenhauer in Its Intellectual context: Thinker against the Tide*，巴尔·约阿西姆 [Baer Joachim] 与戴维·卡特赖特译，Lewiston, N. Y.：Edwin Mellen Press, 1989），第 27 页。叔本华将莎士比亚和卡尔德隆视为现代最伟大的戏剧诗人。参见叔本华《附录与补遗》，第 1 卷，第 369 页 / 《全集》，第 5 卷，第 393 页。叔本华将卡尔德隆与莎士比亚相提并论，或许是受歌德影响所致。约翰娜曾提及，在完成了《坚贞不屈的亲王》之后，歌德曾说过，"我们可以将卡尔德隆的名字置于莎士比亚之后。"吕特克豪斯《叔本华一家》，第 156 页，约翰娜 1807 年 3 月 23 日致阿图尔。

教师为这群人逗乐。孔塔和巴尔杜阿常常表演二重唱，孔塔则会表演独唱，并用吉他为自己伴奏。偶尔还会有来访的歌剧演员为茶会带来更为专业的表演。当然常常会有人讲闲话、说笑话、谈论度假旅行的最佳去处。约翰娜自然也为大家奉上了茶水和黄油面包。她会对阿图尔反复重申，自己的茶会并不费钱。

叔本华写给母亲的信件并未留存下来。当他们在大约十二年之后最终分道扬镳以后，她毁掉了他的来信。然而，约翰娜所写信件的内容却仍然清楚地表明了，阿图尔继续哀叹着自己在汉堡的生活和自己为经商生涯所做的准备。此外，他一定还继续言明自己想要进入大学学习的愿望，更为重要的是，他一定向约翰娜吐露了自己是否够格进入大学所怀有的疑虑。他所接受的教育，是一种为成为国际商人而受的训练。要是他能够进入文理中学的话，那么他可能已经学习过希腊语和拉丁语了。在《个人简历》中，叔本华给出了自己并未在父亲去世之后辞掉学徒职位的三点原因。其中有基于深切悲痛的惰性，还有因为废除对父亲所许下的诺言而可能背负良心不安的负罪感。"最后，"他写道，"我相信自己尽管年纪太大但仍有能力学习古典语言。"[74]

约翰娜同歌德谈论了阿图尔对自己就学习古典语言而言年纪已经过大所怀有的忧虑。她告诉他阿图尔作为一个青年人学习拉丁语所面临的困难，尽管她也告诉了歌德，他已经相当轻易地熟练掌握了英语和法语。歌德回答道，如果说阿图尔觉得熟练掌握拉丁语极为困难的话，他并不会对此感到吃惊。约翰娜推断自己或许应该让阿图尔放弃这样的愿望，但歌德却告诉她别去那样做，而应该告诉阿图尔说，"如果你仍然想这样做的话，那将是非常不错和有用的，尽管你也许不能使其臻于完美。"[75]现在，似乎两位叔本华都开始关心起阿图尔继续求学的能力来。这一主

---

[74]　叔本华《书信集》，第 50 页，阿图尔 1819 年 12 月 31 日致柏林弗里德利希·威廉国王大学哲学系教授。

[75]　吕特克豪斯《叔本华一家》，第 133 页，约翰娜 1806 年 12 月 22 日致阿图尔。

题一定已经变成了参加宫廷女参事叔本华茶会的圈中人士之间所谈论的 118
话题之一。大约三个月之后，约翰娜传递给儿子另外一条好坏参半的
消息：

> 我常常怀着真爱思念你。我常常希望，你就在我的身边。当费尔
> 诺夫和斯蒂凡·许策（Stephen Schütze）告诉我，他们是在何等为时
> 已晚之时才开始自己的大学学习，而我现在又看到他们俩成为何等
> 人物的时候，许许多多的计划掠过我的脑海。然而，他们俩却自然
> 把中学里所学会的知识，以及通过自身的艰苦努力所获得的知识都
> 带入学术之中，考虑到你所接受的和从我们所处境地出发来看你不
> 得不接受的精良教育，这些都恰好是你所缺乏的。他们俩都出生于
> 某个小地方的某个备受限制的平庸环境当中，他们俩也都能够放弃
> 诸多的享乐，而此类享乐你是一定视为必不可少的，至少在将来是
> 必不可少的。因此，你很有可能将不得不留在你所选的那一行
> 当中。[76]

约翰娜还断言了儿子心怀绝望的根源所在，似乎他是自己茶会上的
一名来客，而她则试图带给他些许欢乐。她写道，她早已知晓他不满于
自己在这世上的命运，但这并不令她担忧，因为这是处于他这个年龄的
青年男子所共有的态度。她接着写道，你将达到一种对自我的了解，然
后世界就会令你满意。约翰娜还认识到，考虑到阿图尔在汉堡的孤立处
境，他或许在向一种有效生活的过渡当中有着比其他人更大的困难，但
他有她的支持："我可怜的、亲爱的阿图尔……也许只有我一个人理解你，
只有我一个人能够耐心倾听你的心声，为你出谋划策，为你带来安

---

[76]　同上书，第149页，约翰娜1807年3月10日致阿图尔。

慰……"[77] "你的问题在于你不知道如何作决定;你摇摆不定,你不知道
什么适合你,"她这样写道,展示出对儿子的理解。她提出建议:耐心一
些,你将会改变,你将会发现自己的真正愿望。为了安慰忧郁的儿子,
她预言说,一旦他达到自我了解,他的优柔寡断便会消失无踪,他便会
过得很好,开开心心。认为她的看法错误,实属正常,约翰娜是在预计
儿子会做出回应的情况下,给儿子写的信,但在读过她这封信一年左右
后,他会发现她是正确的。情况似乎是,约翰娜在提议与儿子缔结一个
联盟,一个会取代他与海因利希·弗洛瑞斯之间所达成协议的联盟,而不
是一个会让他留在汉堡去实现父亲计划的联盟。

119 　　也许是为了激励叔本华超越自己那种抱怨现状的犹豫状态,促使他
做出掌控自己生活的决定,她告诉了他她同"父亲"维兰德之间所进行
的一次推心置腹又颇为私密的谈话:"他讲了很多关于他自己的情况……
他并非天生就是诗人,仅仅是外部环境,而非他自己天赋的力量,令他
成为诗人。对于他真正的职业,他曾经是念念不忘的:他本来应该是去学
哲学或数学的,因为那有可能使得他已经成就了某项伟业。"[78]约翰娜继
续写道,他不得不学习法律,不得不成为一个小镇上的行政人员,通过
写诗来逃避官僚事务给自己带来的不快。"从来没有,"他说,"我从来没
有一个我能够与之分享或谈论自己工作的友人。我总是形单影只。没人
理解我,没人走近我的内心。"维兰德伤感的告白刺向了对自我节制的赞
美,这是他自己绝大部分作品中的重要主题,但它却引来了叔本华母亲
满含讥讽的回应:"亲爱的阿图尔,听一位几近耄耋之年的老者说这些话,

---

[77]　同上书,第 151 页,约翰娜 1807 年 3 月 10 日致阿图尔。
[78]　同上书,第 153 页,约翰娜 1807 年 3 月 10 日致阿图尔。

实在令人压抑，他可是被称作'优雅的诗人'的啊。"[79] 约翰娜试图通过提及伏尔泰的例子，来安慰觉得自己失去了创造动力并正在被死亡逼近的老诗人。约翰娜写道，他因为被与伏尔泰相提并论而深感荣幸，但他说伏尔泰完全不同于他，因为伏尔泰在晚年仍能写出一些有价值的东西，而他自己却再也没有想象力。因此，他如今唯一的欢乐便是偶尔翻译一下西塞罗的作品。约翰娜用一则附言结束了该信，在这则附言中，她写道，她给阿图尔寄出的是一幅描画歌德的素描："难道我不是一位伟大的妈妈？"

阿图尔的解脱

120

1807年3月28日，阿图尔写下一封约翰娜称之为既冗长又严肃的信件。在这封信寄出之后，他紧接着又寄出另一张便条。她在4月13日，即收到便条当天，对之进行了答复。然而她却并未准备为他提供一个同

---

[79] 同上书，第154页，约翰娜于1807年3月10日致阿图尔。约翰娜之所以在此将维兰德称之为"优雅的诗人"，是在暗指他的《穆萨里翁，或优雅的哲学》（*Musarion, oder die Philosophie der Grazien*, 1768），这部作品常常被视为他叙事诗作中最为成功的范例，以及达成了作者的美学和说教意图之间平衡的作品。维兰德在《穆萨里翁》中提倡自我节制的美德，反对极端的激情和极端的冷漠。青年歌德将这部作品深深地铭刻于心："对我影响最大的是《穆萨里翁》；我仍能记得自己看见首份校样的场所和确切位置……我觉得自己看见古物重新鲜活起来。各种在维兰德这部作品里所表现出的天赋才能中可以被塑造的东西，全都以其极致的完美展现着自身。"《约翰·沃尔夫冈·冯·歌德自传》（*The Autobiography of Johann Wolfgang von Goethe*，约翰·奥克森福德译，Chicago and London: University of Chicago Press, 1974），第1卷，第291页（原书名为《出自我的生平：诗与真》[*Aus meinem Leben: Dichtung und Wahrheit*, 1811, et al.]）。也请参见伊丽莎白·博厄斯（Elisabeth Boas）刊于詹姆斯·M. 里奇（James M. Ritchie）编《德语文学中的各个时期》（*Periods in German Literature*, London: Wolff, 1968），第2卷，第23—41页"维兰德的《穆萨里翁》以及洛可可式叙事诗"（Wieland's *Musarion* and the Rococo Verse Narrative）；关于维兰德作品的概要，参见尤塔·赫克尔（Jutta Hecker）《维兰德：那一时代中的某个人的故事》（*Wieland: Die Geschichte eines Menschen in der Zeit*, Stuttgart: Mellinger, 1971）与约翰·A. 麦卡锡（John A. McCarthy）《克里斯托弗·马丁·维兰德》（*Chrisoph Martin Wieland*, Boston: Twayne, 1979）。

等严肃的回复；那是以后再说的事了。她向他保证，她已经怀着深切的关心仔细思考了他的来信，他的满意牵动着她的心。阿图尔的绝望和她由于担忧自己儿子未来而怀有的极度痛苦，使得她吐露出揪心的悔恨。如果她的意见能够在关系到儿子的命运之时具有更重分量的话，那他就不会处于如今的不幸境地了。最后，她向郁郁寡欢、抱怨不止和犹豫不决的儿子承诺，她将会给他一个严肃的回复，一个会展现出她是多么地爱他的回复。

半个月之后，即 4 月 28 日，约翰娜写了一封长约三千字的信件。当她写完信时，她说自己的手指受伤了。这是一封郑重其事的信件，它并未带给因渴望而日渐憔悴的见习商人的他所希望的东西。她知道阿图尔希望她解决他所处的改变人生的两难困境——他是应该将为经商生涯所接受的训练继续下去呢？还是应该为进入大学学习做准备呢？——他的未来悬于这两者之间的平衡。这也是一个即便是对于这个欢快的寡妇来说也太过沉重的决定。她知道阿图尔期待着她作出决定，因此她解释自己为何不会那样做，以及自己会做什么。阿图尔的情况完全不同于她自己的情况，这使得她太难想出解决之道，而即便她能够做到，她也认识到自己是一个与儿子十分不同的人。事实上，她写道，在重要的事情上，她展现出与儿子所犯错误完全相反的错误。他太过犹豫不决，而她又或许太过鲁莽轻率、不守常规。因此她明确指出，他必须做出决定，而一旦他作出决定，她便会予以支持并提供具体的建议。

然而，约翰娜却采用了一种丈夫在阿图尔作出参与欧洲之旅的极有可能尽毁终生的决定之时所使用过的策略，但不同于海因利希·弗洛瑞斯的是，她促使他选择他最终向往的东西，而不是引导他选取短期的享乐而付出牺牲长期福祉的代价。她知晓儿子真正想做的事情，而她仅仅是让他如此行事成为可能。她在一封信中做到了这一点，在这封信中，她展示出对儿子的了解，并讲述了她对自己在阿图尔生活中所扮演角色的看法。她还用诚挚与由衷的措辞，阐明她对他未来的关

121

切，以及她对备受折磨的儿子所怀有的爱。她坦言道，她知道过着一种与自己内在天性背道而驰的生活意味着什么，并承诺会采取所有必要的行动以使他免受此难。她再次哀叹自己的意见对他的生活是如何的影响甚微，并补充说自己的愿望如何受到了阻挠而无法实现："事实上，你现在所希望的事情乃是我最热切的希望；为了使它成真，我曾经多么艰难地不顾一切阻挠地进行过抗争啊。但我仍然认为自己成功了，然而我俩却都被一种残酷的方式给欺骗了，对此，我们宁愿保持沉默，我们事后的抱怨于事无补。"[80] 尽管约翰娜并未说出他们两人均对之保持沉默的事情，然而那残酷的欺骗却或许就是海因利希·弗洛瑞斯强迫儿子所作的决定。她后来在信中又再次谈到这一话题，她声称自己所做的一切全都是为了阿图尔的福祉，这包括进入伦格和兰卡斯特的学校进行学习："这所有的一切都是我的分内之事……如果我的计划没有被如此无情地破坏掉的话，那你现在就会有典可循，身处大学了……仅仅一个残忍的诡计便能挫败我的计划。你父亲并不自认有错；他也想对你有好处，他只知道一件事，或许那也是最好的事。"[81]

尽管约翰娜在关乎阿图尔所处悲惨境地的问题上，试图将指责转移到亡夫身上，但阿图尔却不大可能不捕捉到她信中的前后矛盾之处。除了暗示海因利希·弗洛瑞斯本人对他目前的处境负有完全责任之外，她还提及，他易于感伤的天性也是他得自父亲的继承物当中令人悲伤的一部分，她对此无能为力，但认为时间可以将之清除。然而如果说她意见的分量真的是如此之轻的话，阿图尔却一定会惊异于在关于自己进入伦格和兰卡斯特的学校学习问题上她的计划是如何得以成功的。此外，那些他在温布尔登学校收到的母亲来信实乃对父亲意旨的重申，只不过是用

---

[80]　吕特克豪斯《叔本华一家》，第 164 页，约翰娜 1807 年 4 月 28 日致阿图尔。

[81]　同上书，第 164 页，约翰娜 1807 年 4 月 28 日致阿图尔。吕特克豪斯毫无理由地否认海因利希·弗洛瑞斯提出让阿图尔进行欧洲之旅和在商人与学术生涯之间做出选择是挫败了约翰娜计划的"残忍诡计"，第 171 页脚注。

更为亲密和不那么生硬的语言来加以表达罢了。甚至如果说约翰娜为了扮演好尽职妻子的角色而使自己对儿子所怀有的希冀屈从于丈夫意志的话，那么，从她这些信的特点出发来看，儿子也会是很难认识到情况的确如此。但如果说阿图尔甚至得出了这个结论的话，他很可能会将之视为母亲的一项过失，因为适为人母者会将自己孩子的利益置于其丈夫的利益之上，他后来对此进行了哲学思索；母亲们在行事之时全不自知，她们似乎想着"这一物种的体格与由此而生的福祉，被置于我们手中，交托给我们照顾，而其途径便是通过那来自于我们的下一代"[82]。一位好母亲自然是会为自己孩子的福祉做出努力的，即便是这会导致她和丈夫之间的冲突与不和。

然而，约翰娜对假如选择智性生活的阿图尔是否真的能够幸福快乐的担忧，却是合情合理的。她假设他会有家，也知道他所继承的海因利希·弗洛瑞斯的财产并不足以供他以自己已经习惯的方式来养家糊口。她也目睹了众多受过良好教育的男子的命运，他们为了安身立命而不得不要么投靠豪门，要么侍奉贵族。因此，她试图提出一个能够说服阿图尔留在父亲为其划定生活道路上的论据。然而，她并未提出一个强有力的论据，其原因或许是因为她知道自己不可能说服儿子，又或许是因为并没有任何能够说服儿子的强有力论据。无论情况如何，她都赞扬阿图尔在学徒生涯中所取得的进步，并预见他具备成为商人的能力，她将其称之为最好的可能。她说，如果他能够致富，那他就能做无数的好事，过上一种享有比其他任何人都更大的自由生活。她建议他去读雷纳尔的一部自己已经想不起书名的作品。[83] 他能够建立家庭，获得美誉，生活在大

---

[82] 叔本华，《附录与补遗》，第2卷，第618页／《全集》，第6卷，第654页。

[83] 约翰娜此处提及的是法国的纪尧姆神父——托马斯·弗兰索瓦·雷纳尔（Thomas François Raynal, 1713—1796）。吕特克豪斯提出说其标题是《欧洲政治回忆录》（*Mèmoire de politique de l'Europe*）。参见《叔本华一家》，第171页。叔本华藏有雷纳尔《纪尧姆的思想，为指挥者和服从者所需要的》（*Esprit de Guillaume-Thomas Raynal, receivl également nécessair à ceux qui commandent et à ceux qui obéissent*, 1782）。

城市。此外，他还能够在她年老之时赡养母亲，使她在辞世之时不必担忧阿黛勒的幸福。

为了让阿图尔明白如果自己追求大学教育以及去过一种建立在自己学业上的生活会面临何等前景，约翰娜超出了自己的经验范围，向一位知晓内情者而对这种生活提供意见的男子寻求忠告。她因此去征询意见的人是费尔诺夫，她已经对阿图尔把他称为自己"最好的朋友"，她说，他是一位如果阿图尔能够结识便会爱戴和尊敬的男子。[84] 她写道，他的判断力和辨别力均值得信赖，因此她将阿图尔信中与眼下境况相关的部分念给他听。她还将一封由费尔诺夫所写的信件和她自己的附在一起，在这封信中，这位就艺术与美学进行写作的老作家专门谈到了阿图尔的处境。尽管费尔诺夫并未告诉阿图尔应该去做什么，但阿图尔却发现费尔诺夫关于找到自己与规划自己生活的话是如此强有力的打动人心，以至于他在大约四十七年之后讲述它对于自己影响时说道，当他双手捧信时，"他在内心的最深处体验到一种自己以后再未有过的战栗，顷刻之间，泪如雨下。"[85]

费尔诺夫打消了阿图尔对自己学习拉丁语和在学校取得成功的能力所怀有的疑虑。当他开始大学学习之时，他比叔本华更为年长（尽管约翰娜曾经提到，费尔诺夫懂得拉丁语，并具有比阿图尔更为良好的教育背景），费尔诺夫还提到一名青年男子，他在阿图尔现在这个年纪开始起

---

[84] 这位为叔本华一家所爱戴的费尔诺夫 1807 年夏被诊断患上了动脉硬化症，这在当时实属绝症。获知诊断结果不久之后，他便开始写作自传，与约翰娜分享自己的生平故事。当其妻 1808 年 9 月过世之后，这位病重的男子搬来与约翰娜同住。他于同年 12 月死在她家，这一事件使得这位平日里兴高采烈的寡妇深感悲伤。后来，约翰娜充实并扩展了这位知己的著述，成为《卡尔·路德维希·费尔诺夫的一生》(Carl Ludwig Fernows Leben, 1810) 一书。参见贝尔格曼《约翰娜·叔本华》，第 157—162 页。

[85] 叔本华《谈话录》，第 482 页，由威廉·格温纳讲述其在 1854 年间与叔本华所进行的一次交谈中的内容。叔本华在《个人简历》中认为费尔诺夫的信比他母亲的帮助对他下定决心终止自己学徒生涯起到了更大的作用。他将费尔诺夫称为"天赋异禀"的男子，并提及自己被他的信感动得落泪。参见《书信集》，第 50—51 页，第 651 页。

步，并成功地成为一名颇具影响力的学者。约翰娜和费尔诺夫两人一致认为，如果他具备对于知识不知疲倦的渴求，以及对于忍受为通过大学入学考试所进行的艰苦准备所必需的坚韧，那么他便有可能成功。但阿图尔却需要为自己做出判定，自己进入大学学习的愿望是否是源于自己内心的最深处，而不是因为对于目前状况的深切不满。他得到忠告说，这种自我检视至为重要，因为如果没有这种对于智性生活的内在渴求，那他对自己新的职业也会产生同样的不满和倦怠。这将是毁灭性的，会导致他不相信自己，并缺乏勇气去打造出一条全新的生活道路而忠贞不渝地加以实践。

约翰娜告诉阿图尔，如果他决定为进入大学进行准备，那她将会为他安排一位拉丁语老师。然而他不能够迁往魏玛。她将会为他在附近安排住所；在魏玛有着太多令人分心的东西，而他将需要在两年之中日日

124 夜夜地学习拉丁语。之后她建议他先进入文理中学学习一年，并为此推荐了哥塔的一所文理中学。她仍然希望他极其认真地考虑自己的决定。一位富有造诣的学者所过的生活并不令人着迷，那是一种劳神费力又困难重重的生活，一种并不带来财富的生活；连挣得满足基本需求的所需之资都常常不易。她建议他要么成为医生，要么成为律师。她继续写道，更好的是成为律师，因为律师拥有比医生更多的自由，因为医生受到病人需求的限制。她建议说，最好是成为一名法律教授，因为他能够摆脱日常事务的枯燥乏味，而如果他能够在法律方面取得某种不同寻常的成就，那他便能赢得荣誉。她评论说，如果要作为一名作家获得成就，你就需要创造出某种出类拔萃的东西。费尔诺夫便是这样做的，他凌晨五点就已经在伏案工作了，并且辛勤劳作至正午。之后每天夜里，他还会再返回到写字台边去工作好几个小时。这便是他日复一日所做的事情。他为何有此一举？仅仅是为了享受自己工作当中的欢乐而已。这种生活不可避免地损害了她这位友人的身体健康。四十二岁时，他已是白发如雪；她写道，他看起来老态龙钟，他已经毁掉了自己的健康。然

而他却因为所从事的职业适合于自己，而仍然开心快活、精神振奋。（叔本华最终将会在哥廷根大学注册入学，他会到那里去学习医学。）

约翰娜还向阿图尔保证，他有自由按照自己的希望行事，而她不会在他通往幸福的道路上设置任何障碍。一旦作出决定，他就应该坚定不移、持之以恒。这会使他达到目标："选择你所想要的东西……我眼含热泪地恳求你不要欺骗自己。严肃认真而又令人尊敬地对待你自己吧，这关系到你的生活能否幸福美满。这与我晚年的欢乐密切相关，因为只有你和阿黛勒能够弥补我已经失去的青春，我也希望你们能够弥补我已经失去的青春。"[86] 她写道，一旦他作出决定，她便会提供建议，而他则不应该因为对她的反抗而伤害她的感情。她以一种可能的方式同时提及了亡夫和儿子，她宣称，"你知道我并不固执；我懂得向理智让步，我绝对不会向你要求任何我不能用诸多理由来支持的东西。"[87] 然而，阿图尔却绝少发现她的许多要求有充分的理由，而当她这样做时，他并未被她说服。

约翰娜用以结束该信的，是就自己社交生活所进行的喋喋不休的唠叨，"糖果"，正如她在早前的信件中提到这样传闻时所做的一样。她似乎需要在花费如此之多的时间在阿图尔身上后，转而回归到她自己的世界之中。歌德生了病——濒临死亡的边缘——她已有两周之久未见过他。明天，他将会登门造访，而她则会举办她在这个季节的最后一次茶会。夏季即将来临，人们将外出旅行。她观看了一场《唐·卡洛斯》（*Don Carlos*）的演出，席勒在自己辞世前不久曾对之进行过修改。她并不欣赏它；它太过反常。她提到了费尔诺夫、里德和蒂施拜因。老是唠叨这些"鸡毛蒜皮的琐事"会使她面临错过寄出信件的危险。最后，她以请求阿图尔快速答复的方式结束该信。

[86]　吕特克豪斯《叔本华一家》，第168页，约翰娜1807年4月28日致阿图尔。
[87]　同上书，第168页，约翰娜1807年4月28日致阿图尔。

约翰娜究竟是于何时收到了阿图尔的答复，实在不甚明了，但情况确如她所预计的一样。在收到回信之后，她几乎是即刻就写信告诉耶尼希和维利内克，阿图尔将会离开汉堡。情况似乎是，一旦她从犹豫不决的儿子那里得到一个明确无误的答案，她便会烧毁桥梁以阻断他回归到早前生活的退路。她写信告诉阿图尔，没有用于后悔的时间；那是以后再说的事了。约翰娜这个实难对过去进行反思的人，告诉阿图尔，"对于我们而言，现在只有一条路可走，它伸向前方。"[88] 她还称赞阿图尔快速作出了决断，如果这一快速决断是由其他人作出的话，那会令她感到困扰的，但这一快速决断是由他所作出的事实，则令她得出结论："驱使你行动的是大生本能的力量。"[89] 约翰娜为阿图尔迁往哥塔的公爵城镇做出了安排和部署，那里距魏玛约有二十里远。她是在按照费尔诺夫的建议行事，她将阿图尔的回信读给他听，而他则对于该决定表示赞同，并承诺会提供额外的建议和帮助。

叔本华5月底离开汉堡，将一座经济状况自世纪之交以来便每况愈下的城市抛在身后。当他离开时，情况已快糟到极点。在前一年11月，它被法国人占领，而法国人所期待的强制性殷勤待客之道实在是耗资不菲。在普鲁士惨败之后，当拿破仑准备与俄国这一自己在欧洲最后的威胁对决之时，他颁布了柏林法令以作为对付不列颠人的经济制衡点，后者已经宣布了对从艾伯河至布勒斯特的整个欧洲大陆海岸线进行封锁。因为与不列颠进行的贸易实乃汉堡财富的强劲来源，因此，柏林法令所带来的后果完全是灾难性的。汉堡仅仅是在拿破仑最终失败之后，才会开始复苏。

困扰叔本华的似乎并不是汉堡的经济困境。从约翰娜对他所写信件回复的内容来看，他从未说过任何足以激起她发表评论的话。如果说

---

[88] 同上书，第171页，约翰娜1807年5月14日致阿图尔。
[89] 同上书。

汉堡的诸多问题对他生活产生影响的话，那他很有可能将它们用作了就生之不幸所进行的"伤感的沉思"源源不断的额外素材，这是他采用特例并将之融入普遍之中的另一例证。唯一看似一直以来特别困扰他的事情乃是他自己的绝望。就离开汉堡而言，约翰娜对于儿子后悔自己所做出决定的担忧是毫无根据的。事实上，在他日后的生活当中，当他考虑自己应当在何地落地生根的时候，他从未考虑过汉堡。

　　叔本华7月16日被接受进入Selekta（部分）这样一个由哥塔听德语讲座的学生所组成的特殊班级学习。他寄宿在文理中学的教师卡尔·戈特霍尔德·棱茨（Karl Gotthold Lenz）的家中，他每天接受该校校长弗里德利希·威廉·德林（Friedrich Wilhelm Doering）两小时的拉丁语指导。叔本华记录说，他早前的拉丁语知识基础是如此的薄弱，以至于他不得不对变格和变位进行学习。尽管如此，他却在学业上取得了令人吃惊的进步，以至于德林预言他将会取得应该受到高度赞扬的成果。[90]德林的赞扬有助于消除叔本华早前对于自己就学习古典语言而言已经"年纪过大"所怀有的恐惧，但约翰娜却并未将德林的预言当真，并且还让儿子知道这一点。她的一位熟人，在魏玛的文理中学教书的弗兰茨·路德维希·卡尔·弗里德利希·帕索夫（Franz Ludwig Karl Friedrich Passow）曾经告诉过她，德林因为"大肆吹嘘"自己的学生而声名狼藉。[91]德林学生的不俗表现反映出他自己作为老师的技巧，这也令为儿子所受教育付费的学生家长感到高兴。奇怪的是，约翰娜暂时并未对帕索夫的话抱持怀疑的态度，她对帕索夫的结论信以为真。她或许认识到，帕索夫和德林实为竞争对手，而帕索夫或许还有可能通过对同事进行批评而获得职业和金钱上的利益。当阿图尔日后报告说，费尔诺夫的朋友，语文学家克里斯蒂安·弗里德利希·雅各布（Christian Friedrich Jacob）对

[90]　参见叔本华《书信集》，第51页，第651—652页。
[91]　吕特克豪斯《叔本华一家》，第179页，约翰娜1807年8月12日致阿图尔。

他用母语所写文章的品质大加赞赏的时候，约翰娜却写信告诉他说，这并不令她感到吃惊，因为这对具备他所拥有天赋的人来说，应该是轻而易举才对。她期待着阿图尔表现良好，但她却也警告他说，假如他真想完成任何严肃的事情，那他就需要超越那种甚至是在理发师的学徒中间也存在着的常见半吊子习气。[92]

尽管叔本华用德语所写的东西赢得了雅各布的赞扬，但这位年轻学者却对于那些以德语为母语的同胞——他们的生活在令人难忘的福里登斯泰因城堡脚下渐次展开——并无赞美之词。他发觉哥塔的居民尽是些从性情上看既自鸣得意又墨守成规的男男女女，他们注重等级与地位，却对所有更为高尚的文化、艺术、文学与哲学毫无感觉。没过多长时间，他便对那些宫廷官员、商人和农夫嗤之以鼻了，他将他们视为嗅探他人隐私之人，他们对于某人如何能够增进他们自身的利益敏感之极。由于被恶作剧般高傲的缪斯女神所驱使，他将自己对于哥塔的物质利益至上的公民评价写成了诗句：

> 他们窥探着、聆听着、关注着
> 所发生的一切。
> 什么驱使着每一个人，每一个人做着什么，
> 每一个人说着什么，无论是高声地，还是轻柔地，
> 没有什么逃过他们的眼睛和耳朵，
> 透过窗户，他们盯梢。
> 他们的耳朵曾经紧贴在门上，
> 没有任何事件没被他们看到，
> 没有猫能够在他们未曾察觉之时
> 就溜到屋顶之上。

---

[92] 参见前注。

127

为获知某人的心思、想法以及价值

他们侧耳倾听。

他每年花销多大，

以及他是否真正属于

镇上的名流，

他是否必须被率先问候

是"威风凛凛的大人"，还是仁慈宽厚的，

是议员，还是教士，

是路德教的，还是罗马天主教的，

是已婚的，还是单身的，

他的房子有多大，他的衣服有多考究，

全都被精心地琢磨过。

仍然是那个问题：他能为我们所用吗？

这个问题同那些就伟大与渺小所做的考量相比

自然才是他们更愿意考虑的事情。

或者是另一个被考虑的问题：他们对我们看法如何？　　　　128

他所想的和所说的是什么？

他们询问每一个普通的无名氏，

仔细地掂量对方的每一句话，

他们眯缝起自己的眼睛。[93]

　　然而，叔本华在哥塔的举动却使他够格成为当地居民窥探欲的某个对象，用他诗作所暗示的那些标准来看，他还同他们一样庸俗不堪。他花钱大手大脚，在五周的时间里便挥霍掉一百五十塔勒，这相当于一名高级政府职员一个月的薪水，在去利本斯泰因的一日游当中，他花掉了

---

[93]　叔本华《手稿遗稿》，第 1 卷，第 3 页及随后一页 /《手写遗稿》，第 1 卷，第 3 页。

十塔勒，而这相当于一名商人一个月的收入。[94] 他还迷恋贵族，他曾经向母亲吹嘘自己同那些男爵与伯爵夫人的交往。叔本华的铺张挥霍及其与贵族的交往，十分自然地使得约翰娜忧心忡忡。她一贯强调自己的生活方式是如何的节俭，以及对于财物的使用是如何精打细算。她几乎是无休无止地（ad infinitum）告诉阿图尔，自己每周两次的茶会花销甚小——她仅仅提供茶水和黄油面包。当她在耶拿寻找夏季的临时居所时，她又强调花销是如何之小。现在，母亲正在指责他，指责他做着他曾指责母亲所做的事情——过着挥霍无度的生活，母亲的做法可谓无可指责。她还为儿子对贵族的迷恋颇伤脑筋："你属于布尔乔亚的世界，驻足于此吧，别忘了你曾向我保证过，如果能够为知识而生，你便愿意放弃所有的华丽，这同对华而不实和外表的追逐相比，会带给你更多的荣耀。"[95] 她自然还告诉他不要饮酒过量，晚餐时喝一杯啤酒，以及此后在房间里喝一到两杯葡萄酒，便会恰到好处。她告诉他，她不想对他进行说教，但年轻人的确不知应该如何恰如其分地进行庆祝，而她在年轻时曾看到过不少习惯于狂饮烂醉的男子。[96] 她心里很可能指的是她自己的父亲。

129　　然而阿图尔在哥塔的好日子相当短暂，正如他在《个人简历》当中十分戏剧化地加以描述的一样，"但是，唉，真是倒霉啊！我还没有学会结束我那些毁掉自己的危险玩笑。"[97] 他的"危险玩笑"指的是他为一名名叫克里斯蒂安·费迪南·舒尔策（Christian Ferdinand Schulze）的教员所写的一首讽刺诗，那是一个他说自己甚至都无法想起与之见过面的家伙：

---

[94] 参见吕迪格尔·萨弗兰斯基《叔本华与哲学的狂野年代》，第88页。

[95] 吕特克豪斯《叔本华一家》，第181页，约翰娜1807年8月12日致阿图尔。

[96] 参见上书，第175—176页，约翰娜1807年7月15日致阿图尔。之所以谈到饮酒的话题，是因为阿图尔的房东在他进餐时只提供水，而不提供葡萄酒。棱茨似乎不喝葡萄酒。约翰娜告诉阿图尔，他在晚餐时要求得到啤酒喝并非不合情理，因为他为自己在此寄宿支付了足够的费用。

[97] 叔本华《书信集》，第51页，第652页。

杰出的布道人士，教席上的讨喜之人，

小镇要事的宣告者，共济会分会的传声筒，

完美无缺的基督徒，彻头彻尾的犹太人，异教徒

他在早晨听读大部头的书籍，又在夜间卖弄才能种种。

自由七艺的大师，

一位全知全能的男子，

所有杰出才俊的至善至圆，

他的朋友成千上万，——那些名字他无一不晓。[98]

教师很快就知道了这首诗在，而德林校长感到不得不惩罚阿图尔。他因此停止给后者的拉丁语私人授课，尽管他告诉阿图尔他喜欢做这件事。他可以继续留在文理中学，却必须得另觅他人为自己继续单独授课。叔本华说自己不想这样做，于是他决定离开哥塔。

叔本华1807年12月23日离开哥塔，而他的到达，既没有作为早到的圣诞礼物，也没有作为欢乐新年的信使被自己的母亲看到。约翰娜不同于自己那将其离去视为自愿之举的儿子，她认为是他的恶作剧导致他被逐出校。在她将此判定为他的哥塔生涯终结原因的那封信中，她决定要毫无保留地分析他的性格，并会以此揭示出她为什么曾经希望在自己和"亲爱的阿图尔"之间保有距离：

你并非邪恶之人；你不无才智，也不乏教育；你拥有能够让你为人类社会增光添彩的所有一切。此外，我熟知你的心灵，并且知道能出其右者寥若晨星，然而，尽管如此，你却让人气恼、令人无法忍受，我认为与你共同生活实在极其困难。你所有的美好品质全都

[98] 叔本华《手稿遗稿》，第1卷，第4页／《手写遗稿》，第1卷，第4页。他还在那时为他老师弗里德利希·雅各布斯写了一首他最喜爱的诗作，以及一首以主的祈祷文为基础的讽刺诗，它是写给"我们的父亲荷马"的，参见上书，第5卷，第377页。

130　　　因为你的过分聪明而大打折扣，它们全都仅仅因为你出于想要凡事
都比他人技高一筹，以及想要改进和精通你所不能掌控的东西而陷
入暴怒，并变得对世人全无用处。你因此使周围的人感到痛苦，因
为没有人愿意以这样一种被强迫的方式得到提高或受到启迪，尤其
是不愿意被一个像你现在这样的无名小辈来引导；没有人能够容忍遭
受你这样一个自己都还表现出如此之多弱点的人的责备，尤其是不
能容忍被你以这种令人反感的方式来加以责备：带着一副神谕般庄严
而难解的腔调，妄下定论，从未假定自己会受到别人的反对。如果
你是一个和现在的你绝少相似之处的人，那你只会显得滑稽可笑，
但正是因为你就是现在的你，所以你非常令人烦恼。[99]

　　约翰娜知道自己对阿图尔性格的描述实属严酷无情，但她却试着采
用一种外柔内刚、绵里藏针的方式来这样做，正如她自己从前所做过的
一样。她的描述是一面她举在他面前的镜子，以使他能够看到自己在世
人眼中究竟是何模样。她说这是一种告诫，除非他能改进自己的行为，
否则他只会自毁生活。因此它是一种关爱之举，约翰娜这样想。如果他
不相信她爱他的话，她建议阿图尔就应该去想想她为他所做的一切。约
翰娜所做出的评价是无情的，但也是诚实的。从多方面来看，它都是真
实的。她抓住了叔本华天性中某种至关重要的东西，这关系到他对自己
凡事都比他人高明状态的热衷，以及他通过一种令人痛苦的方式来使他
人得到改进和受到启迪的不良嗜好，尤其是因为这种改进和启迪来自于
一个尚无建树的毛头小伙。在此后不到十二年的时间里，当他同歌德一
道致力于色彩学研究的时候，约翰娜对于自己儿子的描述会被证明极富
预见性。甚至就连叔本华同歌德的"巨人兄弟"康德的哲学关系，也会

---

[99] 吕特克豪斯《叔本华一家》，第 187—188 页，约翰娜 1807 年 11 月 6 日致阿图尔。

表现出他性格当中诸多令约翰娜甚感焦虑的因素。[100]当然，康德已经过世，因此他不可能为阿图尔那些神谕般的断言而感到痛苦，但歌德并未过世。然而他的反应并未像约翰娜所预计的那样。如果说约翰娜易于在儿子身上看到海因利希·弗洛瑞斯影子的话，正如阿图尔对性格遗传自父亲这一现象可能会进行的哲学分析一样，那种被两位叔本华都忽略的情况正是：阿图尔具有与母亲相同的天性：诚实得冷酷无情，即便是真相令他人不快，也要将之说出。

然而在叔本华离开哥塔之前，却还有一系列不得不做出的决定。他 131 会怎样继续接受教育呢？地点又在哪里？各式各样的文理中学都被列入考虑。然而，慕尼黑的那所费用太贵，而哥廷根的那所拉丁语教学不好。布伦瑞克的天主教文理中学适合骑士，而尼采将来就读的文法学校舒尔普弗塔则太像修道院。距魏玛约八里之遥的阿尔滕堡，像魏玛一样也有一所不错的文理中学。约翰娜写信说，要在魏玛注册入学却无可能，因为其校长克里斯蒂安·路德维希·棱茨（Christian Ludwig Lenz）这位阿图尔在哥塔房东的兄弟知道哥塔的恶作剧，他将会"全心全意"反对他注册入学。约翰娜因此建议他在附近的阿尔滕堡注册入学。如果他不想入读阿尔滕堡学校的话，她能够为他所做的最佳安排便是聘请家庭教师为他每周单独辅导六个小时的古典语言，而他将必须得自学其他科目。无论怎样，约翰娜都估计他在学业进展顺利的情况之下，能够在两年之后进入哥廷根大学学习。约翰娜曾希望他选择去阿尔滕堡，但他却自然而然地选择去魏玛。

约翰娜无法理解儿子的选择，她将其归因于某种比他想同家人团聚的愿望更为险恶的东西。她害怕他的目标在于僭取对家庭的掌控权，在

---

[100] 叔本华《作为意志与表象的世界》，第2卷，第529页／《全集》，第3卷，第529页。叔本华是在对康德《判断力批判》所进行的分析当中做出"巨人兄弟"这一评语的，他评论说，康德很可能不知道歌德，"这个在他所处的世纪和国度里唯一适于作为他的巨人兄弟同他并驾齐驱的人"的存在。

于占据由已故父亲空出的位置。她知道他认为她"挥霍无度的"生活方式会耗尽父亲的财产，而母亲可能会再婚的念头则令他恐惧之极。她很可能认为，她对于自己生活方式勤俭节约的一贯强调，应该已经让他消除了这个念头，尽管她曾经戏谑地提到过几位求婚者，但她已经尽力表明自己并无重为人妻的意向。她已经结过婚，而结婚则意味着受丈夫操纵。她希望自己既不服从丈夫，也不服从儿子。约翰娜也认识到，自己经常寄给阿图尔的"糖果"，即自己茶会上的故事，使得这些事件更具吸引力，她承认歌德具有磁铁般令人无法抗拒的魅力。然而她告诉阿图尔，他将是沙龙中唯一的年轻人；他会被认为无足轻重到不值得其他沙龙来客注意的地步，尤其是对歌德而言，则更是如此；如果他在阿尔滕堡上文理中学的话，他仍然可以出席她的茶会。当然，她害怕阿图尔会显露出她在信中所描述过的所有消极的性格特征，并因此毁掉为她茶会上那些美丽精神所欣赏的平静而随和的氛围。

132　　约翰娜接受阿图尔的决定，却对在她允许他从落败的哥塔偷偷溜走之前在魏玛的生活做出严格的限定。她这样做，有着充分的理由，因为阿图尔在早前造访魏玛期间是个添乱的麻烦角色。在他探亲期间，母亲同儿子常常发生激烈的冲突。约翰娜并未记述这些争执的具体细节，但其程度却已达到约翰娜告诉阿图尔说自己宁愿做出牺牲也不愿意与他共同生活的地步。她爱他，她这样说是为了让儿子安心，她知道他有自己的优点，他最内在的特质并不令她厌恶。问题在于他的"外在"，他的看法、论断、习惯以及使她感到讨厌的恶意幽默。他的举止令她沮丧；它毁掉了她的安宁。她告诉他，她无法容忍他的"满面怒容，以及由你说出的仿佛不容抗辩神谕一般的古怪论断"，她说这些外在的方面已经"令我既烦且忧……我现在生活得非常平静，多年来，我还未曾有过任何一个不是拜你所赐的不快时刻。我平静自处，没人冲撞我，我也不冲撞任何人，在我家里听不到一句高声说的话……当你年纪渐长之时，亲爱的阿图尔，当你看待某些事情更为明澈之时，我们将能更好地彼此和谐相处，而我或许将同你孩子一道住在你家，正如适合一位老祖母所做的一样"。[101] 她继续写道，在那之前，为了达成那一和谐的时刻，他们不得不分开居住。他可以到她家探望她，但他只是客人而已，确切地说，他对诸如阿黛勒的教育和仆人的职责等家庭事务没有任何发言权。他可以每天在下午一点时到她家来，然后待至三点。他可以在周四和周日来参加她的茶会，并于当日与她共进晚餐。而在其他日子里，她会为他在他临时住所安排膳食。然而，当他在她家做客之时，她却要求阿图尔应该"避免同人进行令人厌烦的争执等诸如此类让我生气的事情，以及为愚蠢的世人和人类的不幸悲恸叹息，因为这总是令我长夜不宁、梦魇缠身，而我却喜欢安享睡眠"[102]。

　　阿图尔接受了母亲的条件，因为他如果要到魏玛来的话，实在别无选择。对于这位十九岁年轻人而言，被自己的母亲告知"为了使我自己能够感到幸福，我必须知道你是幸福的，但却不必见证你的幸福"。[103] 一定是艰难之极的事情。为了克服这种被人遗弃的感觉，阿图尔抗争了整整一生，现在母亲将距离作为他靠近自己家人的条件。更为糟糕的是，母亲几乎是告诉他说，关于他的一切都是令人厌恶的，除了他内在天性之外，而这种天性就同母亲的关联而言，却并未将自身表现出来。他在她家里必须得像客人一般，而她的来信尽管口口声声宣称自己爱他、关心他，却什么也不做而让阿图尔感到自己像是一个被邀请的客人。他或许还觉得母亲盼望在他家——作为房客，而非客人——度过儿孙绕膝晚年的想法颇具讽刺意味。

　　约翰娜将阿图尔安排在与教授他语言的家庭教师相同的临时居所处寄宿，这位惯于抨击同事的帕索夫，比自己的学生年长不足十九个月。叔本华在《个人简历》中提及自己未与母亲同住的理由时不甚直率；与老

133

---

[101]　吕特克豪斯《叔本华一家》，第 199 页，约翰娜 1807 年 12 月 13 日致阿图尔。

[102]　同上书，第 200 页。

[103]　同上书，第 198 页

师同住一处令他能够随叫随到。歌德曾经于 1807 年举荐过帕索夫到魏玛的文理中学任教，他在那里一直待到 1810 年，他当年加入到但泽的孔拉迪努姆学校；1815 年，他成为布雷斯劳大学一名颇有名气的教授。帕索夫原本是指导叔本华学习拉丁语和希腊语的，但他很快便将重点放在了希腊语上，而阿图尔则单独跟随魏玛文理中学的校长棱茨学习拉丁语，棱茨不会接受这位可怕的哥塔恶作剧捣蛋鬼进入自己所在的学校学习，但却对为他私人授课获取报酬不觉得有任何难处。阿图尔刻苦努力地学习这两门语言，在迈向娴熟掌握这两门语言的道路上取得了特出的进步。在进入大学时，叔本华曾经宣称，对这些古典语言，他比自己的同龄人所知更深，甚至比某些"语文学家"都还要精通。[104] 因为他们的指导，叔本华一直觉得自己对帕索夫与棱茨这两位老师感激不尽。除了所进行的私人语言学习之外，叔本华还投身于经典名著、数学与历史的自学当中。1809 年秋，他已经获得进入大学学习的资格。

134 　　叔本华在《个人简历》中记述道，对于知识的渴求驱使他学习到子夜，这一说法，人们可以在一份他为自己寻求获得在大学执教资格的文件当中找到。然而他在魏玛的生活却不乏消遣。他参加舞会和假面舞会，上剧院看戏，有时一周达三次之多。他继续吹奏笛子，随便弹弹吉他。费尔诺夫指导他学习意大利诗人的作品。在冬季，他喜欢乘坐雪橇出行。然后便是他母亲举办的每周两次的茶会，只要听闻歌德届时将会现身，他便会勤勉地出席这些茶会。正如约翰娜所预言的一样，歌德与年轻的叔本华冷淡地保持着距离。或许约翰娜告诫过他，阿图尔具有抑郁又好斗的天性，这种天性可能因为它对于某种安详静谧的生活所构成的威胁，而使得约翰娜的行为典范心生怨愤。然而，歌德的冷淡又或许是因为阿图尔倍伴于帕索夫左右所致。帕索夫因为用自己谴责早期浪漫派所

---

[104]　叔本华《书信集》，第 51 页，第 652 页。普勒提夏（Pleticha）（编）《古典时期的魏玛：文章与证书》（*Das Klassische Weimar:Texte und Zeugnisse*, Munich, 1983）；摘引自萨弗兰斯基《叔本华与哲学的狂野年代》，第 98 页。

用的语气对席勒进行批评，而导致自己与这位伟人的疏远。这一蓄意冒犯使得帕索夫成为约翰娜茶会上不受欢迎的人（a persona non grata），她将儿子导师拒之于自己茶会门外。对自己被逐一事，帕索夫自然是愤愤不平，他将那些约翰娜茶会上的来客称之为"粗俗的两足动物"（the common bipeds），这成为叔本华最喜欢用于描述绝大多数人的字眼之一。[105]

在此期间，叔本华甚至还受到触动，写下了自己唯一传世的情诗：

> 唱圣歌的人们穿过小巷和街道，
> 我们站立在你的房子前面；
> 我为自己所感到的悲伤，将化为喜悦
> 如果你站立窗前，向外眺望。
> 大街之上，唱圣歌的人们在歌唱
> 在倾盆大雨中，在漫天飞雪里
> 裹在一袭微微发白的斗篷之中
> 我抬头仰望你家的窗户。
> 太阳为云层所覆盖，
> 然而，在这个冬日的清晨
> 你眼中闪现出的亮光和微光
> 令我沐浴着天国的暖意。
> 窗帘遮住了你的窗户，让人无法得见；
> 你在丝质坐垫上沉入梦乡
> 梦见爱之欢乐即将到来，
> 你可察觉到命运所开的玩笑？

---

[105]　普勒提夏（编）《古典时期的魏玛：文章与证书》，摘引自萨弗兰斯基《叔本华与哲学的狂野年代》，第98页。

135　　　　唱圣歌的人们穿过小巷和街道，

我的双眼满含渴望，徒劳无益地不愿离开；

你的窗帘遮蔽了太阳

我的命运实乃一片阴霾。[106]

　　激发叔本华写出这首打油诗的缪斯女神，是女演员和名闻遐迩的美人卡罗琳娜·雅格曼（Caroline Jagemann），她也是魏玛－萨克森公爵卡尔·奥古斯特的情妇。叔本华是在参加了在魏玛市政大楼举办的盛大假面舞会之后，突然诗兴大发的，这之后的不久，便是他的二十一岁生日。这项由歌德和法尔克所发起的盛事，促使叔本华装扮成渔夫，他试图靠近艳光逼人的雅格曼。后来，他告诉母亲，"如果我在街上碰到她砸碎石头的话，我会带她回家。"[107]然而雅格曼却从未参与道路施工，相反她被自己那身为公爵的情人晋封为贵族。大约是在叔本华一无所获的捕鱼之旅后的二十三年某时，他偶遇了"光荣的魏玛时期"的"冯·海根多夫夫人"（Frau von Heygendorf）*，告诉她那个关于豪猪的寓言[108]："一个寒冷的冬日，一群豪猪为了用体温使自己免于受冻而紧紧地挤作一团。但它们却很快便感觉到自己会受到其他豪猪身上刺的伤害，这使得它们再度散开。而一旦当取暖的需要将它们重新聚在一起之时，它们身上的刺又再次对彼此都构成威胁，它们因此在这两种恶果之间辗转反侧，无法定夺，直到它们发现能够使它们以最佳方式容忍彼此的适当距离。"[109]雅格曼对此作何反应，我们不得而知。尽管她仍然没有冷到不得不靠近叔本

---

[106]　叔本华《手稿遗稿》，第 1 卷，第 6 页／《手写遗稿》，第 1 卷，第 6 页。

[107]　叔本华《书信集》，第 17 页。

　　*　"冯"为德国贵族的专用姓氏，此处的夫人即为雅格曼。

[108]　叔本华《书信集》，第 273 页，叔本华 1852 年 1 月 2 日致尤里乌斯·弗劳恩席德特。与从前的雅格曼的这次会面发生在写这封信的大约十八年前。1852 年的时候，冯·海根多夫夫人已经过世四年之久。

[109]　叔本华《附录与补遗》，第 2 卷，第 621 页／《全集》，第 6 卷，第 640 页。

华身上刺的程度，但叔本华还是喜欢将这个寓言讲给她听。

　　1809 年 2 月 22 日，叔本华年满二十一岁。已经成年的他获得了继承海因利希·弗洛瑞斯财产当中自己应得那一份遗产的权利，父亲将自己的财产分做等额的三份，分别留给约翰娜、阿图尔和阿黛勒。约翰娜本来更愿意掌管阿图尔的那一份遗产，而为了办到这一点，她还做了有欠考虑又徒劳无功的努力："同你讨价还价实在是棘手。难道我们的利益不是相同的吗？"[110]然而她的儿子却有着不同的利益，他们唯一的共享利益是彼此对对方铺张浪费的担忧。阿图尔会得到一万九千塔勒，这笔钱会带来大约九百五十塔勒的年利息。正如母亲所指出的一样，他们继承的遗产并未使他们变得富有，但足以使他们过得不错。年利息本身就已经比附近耶拿大学薪酬颇丰的教授薪水两倍还要多。约翰娜还试图说服儿子将他的钱投资在但泽银行家亚伯拉罕·路德维希·穆尔（Abraham Ludwig Muhl）那里，他承诺会给他们百分之八的收益。总是小心谨慎、并对于母亲的建议持怀疑态度的叔本华只投资了六千塔勒在穆尔那里，他更愿意把自己资金的剩余部分投资在更为保守的政府公债上面。十二年之后，约翰娜将会发现自己和阿黛勒的那些钱陷入了巨大的危险之中。

136

---

[110]　吕特克豪斯《叔本华一家》，第 206 页，约翰娜 1809 年 9 月致阿图尔。

第四章　大学岁月

137　　1809 年 10 月 9 日，叔本华在哥廷根大学作为一名医科大学生注册入学了。他并未留下任何关于自己前往哥廷根就读理由的记录。乍看之下，附近的耶拿大学似乎会是自然之选。歌德关注着这所大学，并在其发展中起着积极的作用。在 19 世纪初，它乃是德国的智性生活所围绕进行的中心所在，在此居住着由大批极富影响力的作家、诗人和哲学家所组成的文化精英，这在德国之前从未有过。1787 年，歌德将席勒劝说到此处执教，直到他 1793 年迁往魏玛。它成为最重要的康德哲学研究中心，甚至使得位于康德家乡柯尼斯堡的康德研究本部也相形见绌。克里斯蒂安·戈特弗里德·许茨（Christian Gottfried Schütz）早在 1784 年已经开始讲授康德的哲学——康德《纯粹理性批判》1781 年问世——他创建了用以传播和讨论康德哲学最为重要的媒介，即期刊《文学汇报》（*Allgemeine Litteratur Zeitung*）。康德哲学的伟大推广者和支持者卡尔·莱昂哈特·莱因霍尔德（Carl Leonhard Reinhold）1787 年到任，当他 1794 年离开之时，歌德便请来费希特接替他的位置。谢林 1798 年到任，而黑格尔则是在 1801 年。耶拿还成为许多早期德国浪漫派最重要人物的大本营所在地。弗里德利希·施莱格尔（Friedrich Schlegel）1799 年迁居来到耶拿，不久之后，他的弟弟奥古斯特也随后到达。弗里德利希·冯·哈登贝格，即诺瓦利斯（Novalis），这位醉心于谈论死亡的《夜颂》作者，如同叔本华所爱戴的路德维希·蒂克（Ludwig Tieck）一样，也在此登台亮相。甚至连当时神志尚且清醒的约翰·克里斯蒂安·弗里德利希·荷尔德林，为了待在其同伴维腾贝尔吉安·席勒（Württenbergian Schiller）的近旁，也都曾在耶拿城中短暂地停留过。然而，荷尔德林却在谢林与黑格尔这两位自己在图宾根神学院求学时期的密友到达之前，便已消失无踪了。

　　一幅由卡尔·弗里德利希·卡茨（Karl Friedrich Kaaz），这位席勒和歌德的友人，在那一时期的魏玛所绘制的袖珍肖像画，展示出这位准大学生是如何炫耀自己那紧跟时尚的发型的。[1] 随意卷过的头发瀑布般地以一定的斜度落至前额正中，使得其宽度不再那么明显。头部两侧的头发则被向前梳于双耳之上，几乎快要靠近眉毛的外侧，这对位于一双清澈而深邃的蓝色眼眸之上的眉毛，呈现出拱形的形状，而他的双眼则彼此相距甚远，以至于可能难以被置于一副标准的眼镜镜片范围之内。他头发看起来是红色的，但这仅仅是因为用于混合他那本是黄中带灰金发的颜色的某种绿色颜料褪色所致。他脸是圆形的，在他有着两片厚厚嘴唇的小嘴上，留着一小撮微微泛红的金色小胡子，它们安驻于一个好看的稍显肥圆的鼻子之下。他穿着一件黑色的礼服外套，其式样在当时颇为时髦，但他却会终生都让裁缝采用这一样式来为他缝制外套，而不管时尚如何变化。一副高高的白色衣领高耸于颈部之上，其转角处向上延伸至外套之上，而于其尾部处则倾斜下来。他并未打上白色领结，这个领

138

***

[1] 参见阿图尔·许布舍尔《叔本华肖像画：对于古画内容与形式的解释》（*Schopenhauer-Bildnisse: Eine Ikonograhie*, Frankfurt am Main: Kramer, 1968），第39页。1851年，在收到这幅肖像画两年后，时间紧接在阿黛勒去世之后，他让人将画裱了起来，并附上一张拉丁语写的便条，以说明为什么自己的头发看起来是红色的。在叔本华刚一去世之后，画作便被转到他的遗嘱执行人威廉·格温纳的手中。1960年，画作被格温纳的孙女夏绿蒂·冯·维德尔（Charlotte von Wedel）捐赠给它现在的所有者阿图尔·叔本华档案馆（美茵河畔的法兰克福）。

结后来会成为他一项着装标准，它将会覆盖住他那相当短又粗的脖子。据说，他身材中等。他身型健壮，似其父；而头部硕大，如其母。

然而当叔本华取得进入大学入学资格之时，耶拿曾有的光辉岁月却已经风光不再。原定会在周日开设与当地的教堂仪式同时进行的讲座的费希特，因为宣称宗教的伦理基础仅仅要求在事实上假定上帝的存在，并被某些人指责为具有雅各宾派的种种倾向，而被冠之以无神论者的恶名，并于1799年被取消了教授资格。谢林也在自己卷入丑闻之后，发觉权宜之计乃是离开耶拿，走为上策。这位二十三岁的哲学家爱上了一位三十五岁的有夫之妇，奥古斯特·施莱格尔的妻子卡罗琳娜。关于她的恶意谣言四处传播，说她为将谢林据为己有，杀害了自己与前夫所生的十五岁女儿。当一所新兴的大学在维尔茨堡被筹建之时，谢林便乐得于1803年迁居到那里去了。同年，许策转入哈勒大学，并带走了自己的期刊。当拿破仑到达之时，再没有任何早期浪漫派的成员留在那里，看到他推翻那本已是摇摇欲坠的一切了。耶拿战役之后，城中的许多地方惨遭劫掠，大学绝大部分被火焚烧殆尽。仅仅是因为它所享有的良好声誉，才使得拿破仑正如他在其他地方所做的一样并未将其关闭。[2] 黑格尔这个从大学领不到任何薪水的苦苦挣扎着的编外讲师，不得不向听他讲座的学生收取费用。新近诞下一名私生子，又焦虑不安地想要完成《精神现象学》的黑格尔，已是破产之身，他十分乐意地于1807年离开耶拿，到班贝格去担任《班贝格报》（*Bamberger Zeitung*）编辑。颇具讽刺意味的是，拿破仑还会让叔本华从耶拿大学获得自己的博士学位，但却是在本人不在场的情况之下（in absentia）。

然而，叔本华或许还有更多的个人原因，使得他决定不到耶拿大学去注册就读。在约翰娜的茶会上一直对他非常冷淡的歌德，尽管极其喜

---

[2] 参见马克斯·斯泰因梅茨（Max Steinmetz）（编辑）《耶拿大学的历史》（*Geschichte der Universität Jena*, Jena: VEB Gustav Fischer, 1958），第240—243页。

爱阿黛勒，或许并不愿意见到他在耶拿大学学习。毕竟，约翰娜为其描述了一幅关于自己那好斗而抑郁的儿子令人恐怖的画像，而他与帕索夫的亲密关系或许更进一步令歌德对他心生厌恶。1808 年夏，约翰娜和阿图尔两人前往耶拿，要求得到一封为阿图尔所写的推荐信。但歌德并未写。约翰娜或许并未鼓励阿图尔同往耶拿，因为她希望在自己与儿子之间保持更大的距离，而阿图尔或许对此也有同感。此外，经过两年的时光，约翰娜的茶会或许已经光彩渐淡。后来叔本华会告诉自己的友人尤里乌斯·弗劳恩席德特说，他在自己母亲及其茶会上的圈中人士周围，总是感到怪异和孤独，他们对他甚为不满。[3]

叔本华隐约觉得，自己和哥廷根仿佛似曾相识。1800 年夏，他同父母一道从汉堡出发，旅行经过卡尔斯巴德和哥廷根，而到达布拉格。他参观了博物馆和由阿尔布莱希特·冯·哈勒尔（Albrecht von Haller）所创办的那些植物园。哈勒尔还创办了一所产科医院和一座图书馆，并因为自己所写的生理学方面作品而给哈勒尔带来盛名。[4] 这座图书馆令年轻的叔本华印象深刻，据他保守估计，它的藏书达两万册之多——在 19 世纪中期，其藏书量更是多于三十万册，而当时耶拿大学的藏书量仅六万册。[5] 然而这些少年时代所留下的印象，却不大可能对引导他做出决定起到实质性作用。更为可能的是，哥廷根大学所享有的进步声誉和在科学领域中所处的卓尔不凡地位，对叔本华颇具吸引力。具体而言，他似乎是认真地采纳了母亲的建议，为了谋生的目的而注册进入大学学习，一种为谋生而进行的学习（Brotstudium），从字面上翻译过来便是"面包学习。"尽管她清楚地说明学习法律比学习医学好处更多，但对于一个对拿破仑的面相怀着深切好奇心的年轻小伙，以及一个会偷跑出去听颅相学

140

[3] 参见叔本华《书信集》，第 130 页。
[4] 参见叔本华"从汉堡到卡尔斯巴德的旅行日志"（Journal of a Trip from Hamburg to Karlsbad），附于威廉·格温纳《私人交往中的阿图尔·叔本华》之后，第 214—216 页。
[5] 参见阿图尔·许布舍尔《在智性语境中的叔本华哲学》，第 483 页，注释 2。

家加尔讲座的见习商人而言，学习医学实乃自然之选。

哥廷根是一所相对较"新"的德国大学，1737 年由汉诺威的亲王所建。这所大学及其所在的城市，因其与英国王室所具有的种种关联，而具有一种英国式的情调，这一特征对于具有亲英品味的叔本华极具吸引力。更为重要的是，这所大学得到了贵族的大力支持，同其他大学相比，它支付的薪水相对较高，实力强劲的师资因而被吸引至此。这所大学所遵循的是现代原则，在绝大多数德国大学中占有中心地位的神学学习，则被加以弱化。这保证了教授们免遭那些诸如 1723 年对哈勒大学构成重重困扰的财政窘境，那里的虔信派信徒说服国王弗里德利希·威廉一世，革除了当时在德国首屈一指的哲学家克里斯蒂安·沃尔夫（Christian Wolff）的大学教职。它还努力招收贵族入校就读，这些贵族所付的费用较高，如不来此就读，他们则常常会进入一所"骑士学院"（Ritterakademie），渴望在那里成为一名具有文艺复兴时期风范的翩翩绅士。为此目的，哥廷根扩展了自己的课程设置，使其不仅包括法律，还包括了舞蹈、击剑、骑马、音乐与诸多现代语言等课程。[6] 在校的贵族并不会吓退年轻的叔本华，他曾经因为自己乐于同哥塔贵族结交的癖好，而使得自己母亲大为苦恼。

叔本华在自己的第一学期，即 1809—1810 年冬季学期，选修了一系列以科学学科为主的课程，这并不令人吃惊。他选修了由贝恩哈德·弗里德利希·蒂鲍特（Bernhard Friedrich Thibaut）所开设的数学讲座，蒂鲍特还为叔本华享有在图书馆借书的特殊待遇充当担保人。令人奇怪的是，他还选修了阿诺德·赫恩（Arnold Heeren）所开设的关于"从蛮族入侵直到近代欧洲国家的历史"的诸多讲座。赫恩采用一种跨学科的，或者说是"普遍的"方法来研究历史，运用经济、政治和地理等需要考虑的事

141

---

[6] 参见查尔斯·E. 麦克莱兰（Charles E. McCleland）《德国的国家、社会与大学：1700—1914》（*State, Society and University in Germany: 1700—1914*, Cambridge: Cambridge University Press, 1980），第 32—45 页。

实因素来解释一个国家的风俗和制度。然而叔本华却似乎对赫恩讲座的
细节，比对其方法论中的细节更感兴趣。后来，叔本华将会在《作为意
志与表象的世界》第二版中，回想起赫恩就谋杀爱德华二世的虐待狂般
的杀人犯所进行的生动描述，尽管他不忍心重复记录自己笔记本中赫恩
的原话，因为"对我而言，提及这个杀人犯实在是太过恐怖。"[7]但历史事
件不可提及的细节才更合他的口味。在他第二学期，即1810年夏季学期，
叔本华作为观众听取了赫恩就"中世纪主要事件的历史，尤其是十字军
东征的历史"所开设的系列讲座。后来叔本华会否定历史是一门科学的
观点，而得出历史仅仅展现出过去和现在之所是，以及将来总会重复相
同之事的结论。[8] 1811年夏，叔本华在自己最后一个学期里，登记注册进
入赫恩就人种论所开设的讲座课程进行学习。这是一个意义尤其重大又
实属偶然的选择，因为这些讲座可能使得叔本华在受到鼓励学习哲学的
同时，开始对东方思想产生兴趣。对于印度，赫恩具有浓厚的兴趣。当
叔本华在他讲座课程上学习的时候，他正在埋头写作他的《关于古代世
界中最为高贵的民族的政治、商业以及贸易》(*Ideen über die Politik, den
Verkehr und den Handel der vernehmsten Völker der alten Welt*, 1791, 1795)
第三版，在此过程中，他扩展了发表于该书第二版（1804—1805）中关
于印度的部分。叔本华在自己就关于日本讲座所做的笔记当中，对日本   142
人的性行为进行了强调——正如人们可能会估计到的一样——并特别提

---

[7] 叔本华《作为意志与表象的世界》，第2卷，第520页／《全集》，第3卷，第593页。他
      将赫恩关于谋杀英格兰爱德华二世的杀人犯所进行的描述，记录如下："一根烧红的管子被
      插入他的直肠，它烧焦了他的肠子，以至于这个躯体毫无被谋杀的迹象。"《手稿遗稿》，
      第2卷，第4页／《手写遗稿》，第2卷，第4页。
[8] 叔本华说，"相同的事物，但又互不相同"（Eudem, sed aliter），应该是历史的座右铭，
      "如果有人读过希罗多德的著作，他便已经为了哲学的目的而对历史进行了足够的研究"。
      参见《作为意志与表象的世界》，第2卷，第444页／《全集》，第3卷，第508页。

到，佛教在缅甸大行其道。[9]

叔本华在第一学年当中遇到的最重要教授是约翰·弗里德利希·布鲁门巴赫（Johann Friedrich Blumenbach），他在哥廷根大学超过三十六年之久的教学生涯当中，声名显赫，引人注目。这位"自然科学的条顿骑士团德意志分团团长（Magister Germaniae）"，是德国比较解剖学研究的先驱，以及现代人类学的创始人，他向这位雄心勃勃的医科大学生，展示了四门讲座课程。[10]叔本华在第一学期参加了布鲁门巴赫的两轮讲座：自然历史与矿物学。在第三学期，即 1810—1811 年冬季学期，叔本华注册进入他就比较解剖学和生理学所开设的讲座；而在最后一学期，即 1811 年的夏季学期，他选修了布鲁门巴赫所开设的生理学课程。叔本华在学完最后这门课程的三十四年之后回忆道："当我在哥廷根读大学的时候，布鲁门巴赫在他的生理学讲座上异常严肃地向我们谈到，活体解剖是何等的恐怖，并且向我们指出，这是一桩何其残忍与骇人的事情。他因此说道，这应当是人们绝少诉诸的手段，仅仅在极其重要的观察研究当中，它才应当被直接运用。但它必须是在所有医科学生受邀参加之后，当着大演讲厅里人数最多观众的面来加以进行的，以便这种在科学祭坛上所

---

[9] 叔本华就赫恩所开设的关于东亚、北亚以及南亚讲座所做的笔记包括："他们［日本人］实行一夫一妻制。未婚姑娘不必保持贞洁，她们在多家妓院中一家待了很长一段时间之后再行婚嫁。然而，她们在婚姻之中却必须忠贞不渝［叔本华的强调］"；"这个国家［日本］的古老宗教是为神道教，其领袖叫作大老（译注：大老为 13 世纪时镰仓幕府时期的一种宗教组织的首领，其地位相当于我国袍哥组织的首领，比大老地位稍低的是中老。）。此外，佛陀的宗教［叔本华的页边注释——"在缅甸人当中大行其道"］已经得以确立。它也应被视为特定的哲学和宗教派别。他们也像中国人一样有印刷刊物与书籍。然而，其文献资料却丝毫未曾被翻译成其他文字。"乌尔斯·阿普（Urs App）《叔本华 1811 年夏季学期所做的关于东亚、北亚以及东南亚的笔记》（*Notizen Schopenhauer zu Ost-, Norde-und Südostasien vom Sommersemester 1811*），刊于《叔本华年鉴》，第 84 卷（2003），第 39 页。阿普的文章包括了叔本华为赫恩的人种论讲座所做的笔记，第 21—39 页。

[10] 阿图尔·许布舍尔"前言"，《手稿遗稿》，第 2 卷，第 viii 页／《手写遗稿》，第 2 卷，第 viii 页。

进行的残酷献祭，或许能够起到尽可能大的作用。"[11] 布鲁门巴赫反对活体解剖的立场，将会有助于促使叔本华形成自己关于非人类的动物道德立场的观点。

除了其关于活体解剖的观点以及对于许多解剖学与生理学方面事实的掌握之外，布鲁门巴赫并未以任何直接察觉得到的方式对叔本华的哲学产生影响。他将"形成驱力"（Bildungstrieb）的观念引入到生理学当中，这一在有机生物之中不为人知地起着作用的活跃形成驱力，对应于在无机领域内部起着作用的物质所固有的机械形成驱力。康德在《判断力批判》（*Kritik der Urtheilskraft*, 1790）中，赞扬了布鲁门巴赫关于形成驱力的观念，但歌德并未对此留下如此深刻的印象。他认为它未能阐明有机生物那隐秘的根基，却成功地给它起了一个拟人化的名字。[12] 多年之后，叔本华站在歌德一边。它是众多名字中的一个，同"自然的力量"或"生机勃勃的力量"一道，表明对于这个世界所进行科学解释的富于意义的终结，意味着那些——在这一点上，他支持康德的观点——需要一个形而上学解释的终结点。[13] 叔本华敬佩布鲁门巴赫的博学多识，当他考虑开创学术生涯的时候，他写信给布鲁门巴赫询问自己在哥廷根大学执教的

---

[11] 叔本华《附录与补遗》，第 2 卷，第 373 页 /《全集》，第 2 卷，第 396 页及随后一页。叔本华以一种类似于彼得·辛格（Peter Singer）的方式，继续描述这些在非人类的动物身上进行的残忍、重复和不必要的实验。参见辛格《动物解放：一种关于我们对待动物的新型伦理学》（*Animal Liberation: A New Ethics for Our Treatment of Animals*, New York: Avon Books, 1975）。正如后面将会谈到的一样，叔本华的伦理学中极具当代气息的维度之一，便是他就对于非人类的动物所持道德立场所作出的贡献。与杰里米·边沁（Jeremy Bentham）和彼得·辛格相似的是，叔本华将会认为感受力乃是一个存有具备道德状况的充分条件，但不同于边沁和辛格的是，叔本华并非是功利主义者。令人奇怪的是，叔本华 1825 年曾在柏林做过一些有关提取含铁的氰化钾蒸馏液的实验。在这些实验中，他在两只幼猫身上做毒药测试，这两只猫都中毒而亡。我们丝毫也不清楚，这名哲人为何致力于这一练习，他似乎对自己用于实验的动物看似毫无痛苦的速死漠然视之。参见《手稿遗稿》，第 3 卷，第 242—243 页 /《手写遗稿》，第 3 卷，第 221—222 页。

[12] 参见阿图尔·许布舍尔为叔本华《手稿遗稿》第 2 卷所写"前言"，第 viii—ix 页，/《手写遗稿》，第 2 卷，第 ix 页，以及《在智性语境中的叔本华哲学》，第 160—162 页。

[13] 参见叔本华《论自然中的意志》，第 21 页 /《全集》，第 4 卷，第 4 页。

可能性，也就是询问获得在大学教书资格的可能性。尽管叔本华为得到恩惠而讲了一大堆奉承得对方言听计从的恭维话，但在他将布鲁门巴赫描述为哥廷根大学所有杰出学者中"最具价值的一位"，却是某种发自内心的肺腑之言。[14]

144 　　除了布鲁门巴赫的讲座之外，叔本华还注册学习了一系列至关重要的自然科学领域的课程。他选修了由内科医生和化学及药学教授弗里德利希·斯托梅耶尔（Friedrich Stromeyer）开设的化学讲座，这位先生也是镉的发现者；他还选修了由海因利希·阿道夫·施拉德尔（Heinrich Adolf Schrader）所讲授的植物学课程，他为叔本华在第三和第四学期享有在图书馆借书的特殊待遇充当"保证人"，施拉德尔那所位于叔本华1800年曾游览过的那些植物园中的住所也是叔本华的寄宿之地；他还选修了由数学家和物理学家约翰·多比亚斯·迈尔（Johann Tobias Mayer）所开设的物理学课程。所有这些课程都是叔本华在第二学期选修的。在第三学期，即1810—1811年的冬季学期，他选修了迈尔开设的另一轮讲座，物理天体学及气象学。在哥廷根大学学习期间，叔本华还曾经去听过解剖学家及外科医生康拉德·约翰·马丁·朗恩贝克（Conrad Johann Martin Langenbeck）的一些讲座，以及由阿道夫·弗里德利希·亨普尔（Adolf Friedrich Hempel）所开设的关于"人体解剖"的讲座。[15]

　　叔本华在最后一个学期，选修了由统计学的堂吉诃德式挑战者奥古斯特·费迪南特·吕德尔（August Ferdinand Lueder）所开设的"帝国的历史"。吕德尔是在创办于1576年的赫尔姆施德特大学在1809年关闭之

---

[14] 叔本华《书信集》，第43页，叔本华1819年12月初致约翰·弗里德利希·布鲁门巴赫。布鲁门巴赫1819年12月15日的回信并不令人鼓舞，而叔本华则排除了将哥廷根大学作为自己从事学术工作场所的可能性。

[15] 叔本华在自己《个人简历》中曾经提到过朗恩贝克和亨普尔，但却并未说到是于何时去听的他们的讲座。在一封1850年9月30日致弗劳恩席德特的信中，他提到朗恩贝克，"我1809年听过他的关于解剖学的讲座……"如果叔本华没记错的话，这应该是在他的第一学期；参见叔本华，同上书，第249页。

后来到哥廷根大学的，在拿破仑占领期间，德国大学中的半数以上命运均是如此。[16] 尽管哥廷根大学在此事上的收益并非就是赫尔姆施德特大学的损失——吕德尔是 1814 年前后并不风光地离开而前往耶拿大学的——但他从赫尔姆施德特大学逃亡出来的同伴，戈特洛普·恩斯特·舒尔策（Gottlob Ernst Schulze），却是一项确定无疑的积极进项，因为他在 1810年夏的到达使得哥廷根大学的哲学师资得到双倍的增强，另一成员则是弗里德利希·鲍特维克（Friedrich Bouterwek）。叔本华最初的几门哲学课程，是 1810—1811 学年冬季学期跟着舒尔策学习的，具体地说，这其中包括形而上学和心理学，而第三门哲学课程，即逻辑学，则是在他最后一学期，即 1811 年夏季学期所完成的。叔本华同舒尔策的结识，是一桩改变其人生的经历。在一则为《自康德以来德国思辨哲学的发展》（*Entwicklung der deutschen Spekulation seit Kant*, 1853）所写的简短传记资料中，叔本华写道，"当我［在哥廷根大学］读第二学期的时候，经由G. E. 舒尔策，埃奈西德穆 * 所开设的那些讲座，我被唤醒去学习哲学。他给了我明智的忠告，让我首先仅仅专注于对于柏拉图和康德学说的自学，在我熟练掌握它们之前，不要去看任何别的学说；确切地说，不要去看亚里士多德或斯宾诺莎的学说。"叔本华补充道，由于听从了这一忠告，"我做得很好。"[17]

　　叔本华将舒尔策称之为"埃奈西德穆"并非是出自个人癖好，也并非是因为将他同公元 1 世纪那位同名古希腊怀疑论者混淆所致。情况恰恰相反，舒尔策 1792 年匿名出版了一本名为《埃奈西德穆，或者，关于

145

---

[16]　参见特奥多尔·茨奥科夫斯基（Theodore Ziolkowski）《德国浪漫派及其事业》（*German Romanticism and Its Institutions*, Princeton; NJ: Princeton Universiy Press, 1990），第 228 页。

　　*　埃奈西德穆（Aenesidemus，公元前 1 世纪），古希腊哲学家，怀疑论者，皮浪的思想继承者，提出了放弃对任何事物作出判断（即悬搁判断）的观点，并列举了十点理由，称为"悬搁判断的十点论式"。

[17]　叔本华《书信集》，第 260—261 页，叔本华 1851 年 4 月 9 日致约翰·爱德华·埃尔德曼（Johann Eduard Erdmann）。

由莱因霍尔德教授在耶拿所传授的初级哲学的基础，连同怀疑论针对理性批判的自以为是所做的辩护》（*Aenesidemus, oder, über die Fundamente der von dem Herrn Professor Reinhold in Jena gelieferten Elementar-Philosophie: nebst einer Verteidigung des Skeptizismus gegen die Anmassungen der Vernunftkritik,* 1792）的著作。其身份不久便被识破的舒尔策，因此被冠以书中的主人公埃奈西德穆的名字，这位主人公在贯穿全书的过程中，开始发起对于一位具有康德风格的哲学家赫尔米亚斯（Hermias）休谟式的攻击。舒尔策最初的攻击目标是卡尔·莱昂哈特·莱因霍尔德（Carl Leonhard Reinhold），这位私人生活比谢林哲学更似变色蜥蜴般多变的男子。他是一位耶稣会见习牧师，在丧失对天主教的信仰之后，成为一名共济会会员，转而皈依新教。他成为耶拿大学一名教授，迎娶了维兰德的女儿，并同维兰德一道致力于重要期刊《德意志信使》（*Teutscher Merkur*）的工作。1786 年至 1787 年期间，莱因霍尔德在这份期刊上发表了四篇文章，使得康德哲学得到极大的普及，他将这些文章进行了修订，并在从 1790 年至 1799 年这段时间里将它们与新的"信件"一道用《关于康德哲学的信件》（*Briefe über die kantische Philosophie,* Leipzig: Georg Joachim Göschen, 1790）为名予以出版。然而莱因霍尔德却做出决断，认定康德在《纯粹理性批判》中所做的将形而上学置于成为一门科学的路径上的尝试不过如此，他声称他将会在实际上用自己"初级哲学"（elementare Philosophie）来办到这点。莱因霍尔德说，我们所需要做的，便是将康德的批判哲学，重塑为一种基于某种明确无误和确定无疑的首要原则——"意识原则"——的演绎体系的形式。[18]

---

[18]　参见莱因霍尔德《一种关于人类想象力的新型理论的尝试》（*Versuch einer neuen Theorie des Menschlichen Vorstellungsvermögens,* Darmstadt: Wissenschaftliche Buchgesellschaft, 1963；1781 年版的相机翻拍件，Widtman and Mauke, Prage and Jena）与《关于哲学知识的基础》（*Über das Fundament des Philosophischen Wissens,* Hamburg: Felix Meiner, 1978；1790 年版的相机翻拍件，Mauke, Jena）。也请参见特瑞·平卡德（Terry Pinkard）《1760—1860 年的德国哲学：唯心主义的遗产》（*German Philosophy 1760—1860: Legacy of Idealism,* Cambridge: Cambridge University Press, 2002，第 98—106 页。）

　　《埃奈西德穆》是一部雄心勃勃的著作，它尽管名为"埃奈西德穆"，　146
而非"戈特洛普"（Gottlob）*，却试图为舒尔策扬名立万。他重兴了由宗
教狂热主义者和启蒙运动的强有力反对者弗里德利希·海因利希·雅各比
（Friedrich Heinrich Jacobi）所推进的某种对于康德的批判，雅各比宣称，
康德的过度理性主义导致了虚无主义，过度理性主义是一个被认为由他
所新造的词。[19] 舒尔策认为，莱因霍尔德与康德两人的学说，均与批判
哲学——亦即康德哲学——的一大根本信条相矛盾，因为他们声称，我
们对于事物的经验或对于世间物体的再现，是由独立于我们的经验而存
在的物体所引起的，也就是说，是由自在之物所引起的。问题在于，这
两位哲学家均持有这样的见解：因果律是人类认知的某种先验形式，它
决定了我们对于事物经验的方式，并且仅仅在我们的经验领域之内有
效。因此，将原因归于自在之物便毫无意义。针对莱因霍尔德的初级哲
学，舒尔策反驳道，他的意识原则并没能为批判哲学提供一种确知无疑
的基础，因为他对于意识原则的描述永远都无法根基牢固。所有的意识
都具有目的性，也即是说，它总是关于某事的意识。结果，某个具有自

---

　　*　Gottlob 的字面意思为"赞美上帝"。
[19]　雅各比挑起了 18 世纪 80 年代中期声名狼藉的"泛神论之争"（Pantheismusstreit），他宣
　　　称戈特霍尔德·埃弗拉姆·莱辛（Gotthold Ephraim Lessing）这位德国启蒙运动最受尊重的
　　　人物之一，在去世前不久，曾经承认自己是一名斯宾诺莎主义者。对于很多人而言，这是
　　　个骇人听闻的断言，因为斯宾诺莎被一般人视为泛神论者和宿命论者。而在其他人当中，
　　　德国哲学家摩西·门德尔松则被深深激怒，奋起捍卫他那过世的朋友，他通过一系列有失
　　　文明的出版物对雅各比发起攻击。雅各比厌恶启蒙运动对于理性的推崇，觉得它虚无空
　　　洞，也即是说，否定了诸如自由、灵魂不灭和上帝等超自然的东西。雅各比似乎热爱论
　　　战。他还在针对费希特的无神论论战中火上浇油，宣称谢林是泛神论者。关于雅各比与
　　　门德尔松交锋的精确描述，参见刘易斯·怀特·贝克"从莱布尼兹到康德"（From Leibniz
　　　to Kant），载于罗伯特·C. 所罗门（Robert C. Solomon）与凯斯林·M. 希金斯
　　　（Kathleen M. Higgins）编《德国唯心主义的年代》（The Age of German Idealism,
　　　London / New York: Routledge, 1993），第 28—33 页，以及保罗·弗兰克斯（Paul
　　　Franks）"一切皆有或一切皆无：雅各比、莱因霍尔德与麦蒙身上的系统性与虚无主义"
　　　（All or Nothing: Systematicity and Nihilism in Jacobi, Reinhold and Maimon），载于卡尔·艾
　　　美里克斯（Karl Ameriks）编《剑桥德国唯心主义指南》（Cambridge: Cambridge University
　　　Press, 2000），第 95—100 页。

我意识的主体就不得不具有一种它将之与其自身相联系的对于其自身的再现，但这要求该主体将与其自身相联系的对于其自身的再现，再次与其自身相联系，如此循环往复不已，直到永远（ad infinitum）。

舒尔策并未满足于揭示出莱因霍尔德与康德理论哲学中所存在的问题。他发觉康德的实践哲学或道德哲学颇成问题，尤其是康德的道德神学更是如此。康德在《实践理性批判》（*Kritik der praktischen Vernunft*，刘易斯·怀特·贝克［Lewis White Beck］译，Indianapolis: Bobbs-Merrill, 1788）中，曾经论证过，如果他的伦理学成立的话，那么，我们便有充分的理由接受他关于实践理性所作的那些假设：亦即尽管我们不能知道，因为我们并无相关经验，但我们却能够认为人类是自由的，灵魂是不灭的，并存在着一位上帝。第二位埃奈西德穆认为康德在此的推理缺乏说服力，因为对于理论理性而言，以下情况显而易见：认为某事如此，并不能使得它的确如此。最终舒尔策坚称：休谟的怀疑论并未被莱因霍尔德与康德当中的任何一人推翻；我们并不知晓每一事件均有一个原因，我们并不知晓存在着一个自我或思维主体，存在着一个存在于我们不断变换且流逝着的感知之外的世界，或存在着一位上帝。[20]

叔本华 1810—1811 年冬季学期在舒尔策所开设的关于形而上学和心理学讲座上做笔记用的笔记本，实为有趣的文献资料。除了照录舒尔策口授的内容，它们之中还偶尔插进一些他自己的观点和想法。他对莱因霍尔德、康德和柏拉图的提及，表明他正遵循着这位教授针对后两位哲学家向他所提出的建议。而莱因霍尔德则是一个例外。[21] 他可能是因为某种刺激而阅读了莱因霍尔德的作品，因为他 1809 年 6 月在他母亲沙龙上

[20] 后来，叔本华会觉得康德对于实践理性所做的那些假设颇成问题。他还会同意舒尔策关于上帝以及自我或思维主体的那些观点，但他却会回到康德关于每一变化均有原因，以及外在世界在经验上而言为真的观点。

[21] 哥廷根大学图书馆的借书记录显示，叔本华在旁听舒尔策 1810 年夏季讲座之前，借走了一些哲学书籍。这些书籍包括谢林《关于世界的灵魂》（*Von der Weltseele, eine Hypothese der höhern Physik zur Erklärung des allgemeinen Organismus*, Hamburg: Friedrich Perthes, 1798）和《针对自然哲学的观点》（*Ideen zu einer Philosophie der Natur*, 1797，艾洛尔·E. 哈里斯（转下页）

遇见后者，当时，莱因霍尔德同妻子一道来到魏玛探望岳父维兰德。叔本华对舒尔策讲座的见解显示出超凡的聪明才智（Superklugheit），这种聪明才智被他母亲视为他性格当中令人生厌的一面。或许，用以描述它更好字眼应该是"自作聪明"才对。对舒尔策的如下观点：从不会有任何事件是如此令人不快，以至于有人不能从中找到有益的东西，这位初学哲学的大学生写下了"哦，上帝，哦，上帝 / 可怜可怜这位绅士吧"的诗句作为回应。[22] 讽刺的是，当他提及自己老师时，将其称为"智者舒尔策"和"戈特洛普"。但当他有一次提及自己老师时，他却曾经将自己这位教授称作"大傻瓜（Rindvieh）舒尔策"，当时他声称，年轻人更喜爱悲剧，而年长者更喜爱喜剧的原因在于：年轻和年长之人需要在经历过真正悲剧之后放声大笑，由于这一需求，他们投入到冒险中去，并在其中体会到欢愉。舒尔策声称，年轻人还能够迅速地将忧愁抛诸脑后。叔本华说，"但我为何今日口出恶言，既然我日日都在沉默中再痛苦一回"，之后他引用了荷马的诗句："我的心，将你已然忍受过的更为严酷的事情，容忍到底吧"——但用的却是希腊文！[23] 然而同舒尔策截然相反的是，年轻的叔本华却并不能迅速地忘愁忘忧，尽管他一直都会更加喜爱悲剧。

148

叔本华是 1810 年至 1811 年之间某时阅读了《埃奈西德穆》[24]。该书似乎说服了他放弃自在之物的观点，正如它对费希特所产生的影响一

（接上页）[Errol E. Harris]与彼得·赫斯[Peter Heath]译，Cambridge: Cambridge University Press, 1988），以及柏拉图《谈话录》。他似乎是在旁听舒尔策 1810—1811 年冬季学期所开设的那些关于形而上学讲座期间开始阅读康德的，引导他的正是他导师《理论哲学批判》（Kritik der theoretischen Philosophie, 1801），而他最初关于康德所作的注释或许正是来源于这一时期。参见阿图尔·许布舍尔《在智性语境中的叔本华哲学》，第 162 页，第 181 页，以及叔本华《手稿遗稿》，第 1 卷，第 10—13 页 /《手写遗稿》，第 1 卷，第 11—13 页。

[22] 叔本华《手稿遗稿》，第 1 卷，第 10 页 /《手写遗稿》，第 1 卷，第 9 页。

[23] 同上书，第 12 页及第 14 页 / 同上书，第 12 页及第 14 页。

[24] 许布舍尔《在智性语境中的叔本华哲学》，第 189 页。

样。[25] 然而不同于费希特的是，康德那伟大的未知之物一直盘旋在他的脑海里，而费希特则会帮助他返回它。事实上，他的哲学长期挣扎之一将会取决于他对获得这一关键性康德概念的明晰性及其终结的追寻。只有当叔本华 1844 年出版了自己主要著作第二版的时候，他才会确认是"埃奈西德穆"舒尔策揭露出康德关于自在之物的具有缺陷的推断，甚至在更晚的时候，即当《附录与补遗》1851 年出版时，他才会更多地，而不是顺带地，提及他首位哲学教授最为著名的作品。[26] 然而在这两种情况当中——其中第二种更甚于前者——他都是在努力为自己那些书籍吸引读者，他使用的策略之一便是将自己置于欧洲哲学的框架之内，并同德国后康德主义的唯心主义者保持距离。在叔本华做此努力之前，舒尔策在其哲学著述当中被提及的次数极其有限，之后被提到的也仅仅是舒尔策《普遍逻辑学基本原理》（ *Grundsätze der allgemeinen Logik*, Helmstädt: Fleckeisen, 1810）与《理论哲学批判》（ *Kritik der theoretischen Philosophie*, Hamburg: Carl Ernst Bohn, 1801），但重述舒尔策早期对康德关于自在之物不合规则的使用指责的部分，并未被提及。舒尔策的新休谟主义怀疑论，对从不严肃对待任何形式怀疑论的叔本华而言，也缺乏吸引力。尽管他被大卫·休谟强烈吸引，但这却仅限于后者那些通俗文章以及关于宗教的著述。休谟在《人性论》（ *A Treatise of Human Nature*，两卷本，London: 1793）和《人类理解研究》（ *Enquiry concerning Human Understanding*, 1748）两书中的工作那持怀疑论调的结果，使得他头脑冷静。甚至是休谟那被康德说成是将

[25]　费希特 1794 年为《文学汇报》写了关于《埃奈西德穆》的评论。他既接受了舒尔策对于莱因霍尔德的批评，也接受了他所作出的关于康德观点"自相矛盾"的断言，因为它将自在之物用作了我们感觉的原因。参见丹尼尔·布雷齐尔（Daniel Breazeale）编译《费希特：早期哲学著述》（ *Fichte: Early Philosophical Writings*, Ithaca, NY: Cornell University Press, 1988）中"关于《埃奈西德穆》的评论"（Review of *Aenesidemus*），尤其是第 69—70 页。

[26]　参见叔本华《作为意志与表象的世界》，第 1 卷，第 463 页 /《全集》，第 2 卷，第 561 页，与《附录与补遗》，第 1 卷，第 89 页、第 90 页与第 94 页 /《全集》，第 5 卷，第 95 页、第 96 页与第 101 页。

其从教条的睡梦中唤醒的关于因果律的怀疑论，也被叔本华称之为休谟的"关于其因果法则的显而易见错误的怀疑论"。[27]

　　然而叔本华在 1810 年夏旁听的舒尔策那些讲座，却标志着他生命中的一个转折点。这些讲座足以唤醒他沉睡的哲学兴趣，足以促使他最终超越父母对于他未来生涯所作的安排。母亲帮助他放弃了父亲为他所做的将来经商的规划，而舒尔策则帮助他拒绝了母亲希望他为谋生而学习的愿望。1811 年 4 月复活节假期期间，叔本华返回魏玛家中。他与七十八岁的维兰德进行了一场谈话，后者试图劝说这名青年放弃哲学。叔本华并未记录他是否对老诗人提到，他知道维兰德曾向约翰娜坦言自己后悔当初因为为了谋生去学习法律的缘故而放弃哲学。老人认为哲学并非一门切实可靠的学科，叔本华回答说，生命是一桩麻烦的事情，他已经下定决心要花费自己的生命来对之进行思考。这一见解赢得了维兰德对他的支持："年轻人，我现在了解你的天性了。坚持搞哲学吧。"[28] 后来，在一次探望约翰娜的过程中，维兰德告诉她说，"叔本华夫人，我最近结识了一位有趣的人"。约翰娜问道，"他是谁呢？"维兰德回答说："您的儿子。啊！能够结识这位年轻人，真是令人不胜欣喜。终有一日，他将成就伟业。"[29]

150

　　从医学到哲学这一忠诚的转变，迫使叔本华离开哥廷根大学。该校的强项在于科学学科，因此，对一名医科大学生而言，它曾经颇具吸引力，但对一名学习哲学的大学生来说，情况却并非如此。除了舒尔策之外，该校只有另外一名哲学教授。那便是在舒尔策的岳父约翰·格奥尔格·海因利希·费德尔（Johann Georg Heinrich Feder）退休以后，1797 年来到哥廷根大学的弗里德利希·鲍特尔维克（Friedrich Bouterwek）。费德尔曾经为 1782 年 1 月 19 日的《哥廷根学者报》（*Göttingische gelehrte*

[27]　叔本华《作为意志与表象的世界》，第 2 卷，第 338 页 /《全集》，第 2 卷，第 386 页，
[28]　叔本华《谈话录》，第 22 页。
[29]　同上书。

Anzeigen）编辑过康德《纯粹理性批判》最早评论当中的一篇，他还在这篇评论当中添加了将康德同贝克莱和休谟两人进行比较的段落。[30] 在哥廷根大学教授哲学达三十年之久的鲍特尔维克，为自己是在大学里传播康德哲学的第一人深感自豪。但当叔本华到达该校的时候，鲍特尔维克却已经被雅各比这种并不可能吸引这位年轻哲学家的令人着迷的人物给取代了。后来叔本华对于鲍特尔维克所做的评论，总是满含嘲弄。[31]

即便叔本华在哥廷根的社交生活极为活跃，它所提供的哲学课程的缺乏仍足以使他抽身离去。但他并未在那里有过生龙活虎的社交生活。他在《个人简历》中记录说，他继续将主要精力集中保持在学业上，这是他在魏玛养成的习惯，而其他学生并不能诱使他离开他自己的书本，因为他更为成熟（至少年长五岁以上），经历更为丰富，并有着与其他学生迥然有别的天性。因此他说自己是在幽闭和孤独之中度过自己绝大部分时间的：博览群书，独自研读柏拉图与康德的学说，定期去听讲座。[32] 在他房间里，有一尊苏格拉底的半身塑像和一幅歌德的画像，还有他的卷毛狗阿特玛。他在这些日子里，采用了他将终生遵守的节奏和普遍形

151 式。清晨用于从事高强度的脑力劳动，在这之后，他吹奏笛子。下午他带上狗做长距离的散步，晚上则去剧院看戏或参加聚会。

叔本华对于自己在哥廷根生活的描述，稍显夸张。毕竟他当时正在为获得在柏林大学开设讲座的权利进行申请，如若提及自己对莱茵葡萄酒的迷恋或是聚会的细节，将会是不智之举。而考虑到他早前在汉堡的

---

[30] 参见曼弗雷德·库恩（Manfred Kuehn）《康德传》（*Kant: A Biography*, Cambridge: Cambridge University Press, 2001），第251—252页。

[31] 叔本华之所以引用鲍特尔维克的话，是因为将其作为一个不能认识到柏拉图与康德之间种种联系的哲学家，因为他们两人运用了不同术语来描述相同的观念。他还嘲笑他关于"善"空洞无物的概念。参见叔本华《作为意志与表象的世界》，第1卷，第174页 /《全集》，第2卷，第205页，与《论道德的基础》，第204页 /《全集》，第4卷，《伦理学的两个基本问题》，第265页。

[32] 参见叔本华《书信集》，第52页，第653页。

行为举止，实在不难想象他并未忽略自己性生活的事实。[33] 他也有自己一帮朋友：在哥塔期间结识的恩斯特·阿诺尔德·莱瓦尔德（Ernst Arnold Lewald），此君将成为海德堡大学的语文学教授；在魏玛结识的弗里德利希·戈特西尔夫·奥桑（Friedrich Gotthilf Osann），此君将会在叔本华生活当中起着某种相当连续的作用；以及年仅十岁便进入哥廷根大学就读的神童卡尔·维特（Karl Witte），此君在十六岁时便获得博士学位，后来成为一名著名的但丁研究学者。然后便是他的狐朋狗友：克里斯蒂安·卡尔·约西阿斯·布恩森（Christian Karl Josias Bunsen），此君曾使用过会令约翰娜深为赞同的字眼来描述叔本华——"他的辩论粗鲁而暴躁，声调就像他的眉毛一样闷闷不乐，他的争论是激烈的，而他那悖论式的论据，则是可怕的。"威廉·拜克豪斯·阿斯托尔（William Backhouse Astor），此君是在德国出生的美籍超级巨富资本家约翰·雅各布·阿斯托尔（Johann Jacob Astor）的儿子，其父也是美国皮草公司的创始人。[34] 叔本华喜欢在自己后来日子里反思布恩森、阿斯托尔和他自己的生活："一个人取得了地位，另一个赢得了财富，而第三个人则获得了——智慧"；"第一位……如今是一名外交官，另一位是一位百万富翁，而第三位则是一位哲学家"。[35] 布恩森成为一名普鲁士外交官和男爵。叔本华追踪着他的仕途运程，常常在伦敦《泰晤士报》上读到他的消息。[36] 阿斯托尔则最终将掌管他父亲各式各样的风险投资。

---

[33] 见前书，第157页，叔本华1836年12月10日致安蒂姆·格雷古尔·德·布莱兹迈尔。
[34] 摘引自萨弗兰斯基《叔本华与哲学的狂野年代》，第102页。
[35] 叔本华《谈话录》，第318页（由格温纳记录），及第131页（由弗劳恩席德特记录）。
[36] 叔本华《书信集》，第414页，叔本华1857年3月28日致布恩森。叔本华还用英语写道，他在《泰晤士报》上读到关于"公爵及主教们，以及布恩森爵士的一次极为出色的招待"。他还取笑了信教的布恩森，后者曾写过一本神学方面的著作："你仍然是信主之人，但那对我而言，却极其糟糕……因为在我房间角落里，在螺型托脚的小桌上，端坐着一尊来自西藏的漂亮镀金神像，哦！忧伤！"布恩森或许是他在哥廷根大学最亲密的同伴，他曾陪伴叔本华在1811年复活节假期返回魏玛的母亲家中，在那里，叔本华还将他引见给歌德。

费希特与柏林

约翰·戈特利普·费希特，这位萨克森的织带工的儿子，1762年出生于一个极其普通的家庭。然而他却有幸拥有一种几乎过目不忘的记忆力。一个星期天早上，来参加教堂早间仪式的冯·密尔提茨（von Miltitz）男爵迟到了，他被领到了年轻费希特跟前，后者将祈祷文一字不差地向他背诵出来。这令男爵留下极其深刻的印象，以至于他资助了费希特完成自己的学业，先是在当地牧师家中接受私人辅导，然后是在普佛尔塔读文理中学，最后是从1780年至1784年在耶拿、维腾堡和莱比锡念大学。之后，费希特的赞助人并未留下足以使他得以继续完成学业的资金便去世了。为了供养自己，他被迫成为一名家庭教师。他1790年返回莱比锡，向一名学生教授康德哲学。因为在重新审视康德第一"批判"时受到触动，以及为第二"批判"，即《实践理性批判》所折服，他1791年迁往柯尼斯堡，去参加康德的讲座，并面见他的哲学英雄。他发觉这位六十七岁哲学家所讲授的讲座既干瘪乏味又贫弱无力。然而尽管如此，他却仍然面见了康德，正如其他被吸引到这位伟人那儿的人一样，他的拜会仅此一回，这对康德而言已是极限。这样为了赢得康德的关注，也为了建立自己的哲学流派，他在六周内完成了《试评一切天启》（*Versuch einer Kritik aller Offenbarung*, 1792）的写作。为落实出版商而寻求大师祝福和帮助的他，将手稿寄给了康德。意料之中的是，对于他的两个愿望，康德都加以满足，因为他这部作品在广义上与其十分相似的作品，是康德在其中将自己的伦理学作为自己道德神学支撑物的第二部《批判》。费希特在其手稿中谈到了启示的状况问题，并将大致勾勒出的康德伦理学作为宗教启示的基础。他声称，我们自身的自律性，我们在未被许诺以奖赏或受到被惩罚威胁的情况之下，根据自身对道德律令概念而进行行动的能力，是如此的崇高与高贵，就好像存在着宗教启示一般。正如康德会做的那样，费希特将伦理学同神学区分开来，他所赋予神学观点的可信性，是依附于道德性之上的。费希特似乎将宗教启示加于康德实践理性的三个假设之上。

　　尽管费希特的《批判》是康德 1791 年秋收到的，但其出版却由于检察机关一定程度上的迟疑不决而拖延至 1792 年。然而该书在出版之时却是匿名的。但起初看似极不利于作者的事情，后来却被证明是一种行之有效的市场推广策略。许多人因为该书是通过康德的出版商哈尔通出版发行的事实，以及该书书名本身，而推测这是康德的第四《批判》，这一猜测为该书吸引来大批读者以及众多的大唱颂歌的评论。康德自然否认自己是该书作者，他赞扬了它真正的作者。费希特开始吉星高照，他希望其他人心中也会充满他们在内心对于道德律令所感到的同样敬畏。

　　当莱因霍尔德丢弃了耶拿的低薪职位而转投基尔大学以求更高的报酬的时候，他受到来自"埃奈西德穆"舒尔策的痛击。他的离去，给耶拿大学的哲学系师资造成了亟待填补的空缺，歌德决定由费希特来填补这一空缺而使其光鲜如初。而费希特已经通过自己于 1794 年，即莱因霍尔德离去的同一年，发表于《文学汇报》上的关于埃奈西德穆的评论，而使得自己进一步卓尔不群。在这篇评论中，费希特娴熟地对莱因霍尔德和舒尔策两人都进行了打击。他同意舒尔策所持的关于他在耶拿前任未能为康德哲学提供一个牢固基础的观点，但他却不赞同舒尔策的怀疑论以及他满足于让自在之物停留于不被理解状态的态度。在费希特看来，这对他们会意味着是无用的废话，一种"空洞的想法"。[37] 但他却声称，莱因霍尔德未能建立起一套单独的首要原则以使批判哲学具有牢固根基，这并不意味着莱因霍尔德的探寻便毫无意义。当然，他会将此作为他自

153

---

[37] "关于《埃奈西德穆》的评论"，载丹尼尔·布雷齐尔编译《费希特：早期哲学著述》（Ithaca, NY: Cornell University Press, 1988），第 71 页。对于德国唯心主义更为细致的论述，参见特瑞·平卡特《1760—1860 年的德国哲学：唯心主义的遗产》，尤其是第 87—130 页；关于雅各比、莱因霍尔德、舒尔策和费希特的内容，也请参见洛尔弗－彼得·霍斯特曼（Rolf-Peter Hostmann）"费希特与谢林的早期哲学"（The Early Philosophy of Fichte and Schelling），载《剑桥德国唯心主义指南》，第 117—140 页。

己的宏图大业。正如能够被预计到的一样，这篇评论提高了费希特的声誉，只是它也降低了他在莱因霍尔德、舒尔策，以及出人意料地也将康德包括在内的这样一些人心目中的地位。

　　学生成群结队地涌向费希特的讲座，欢迎他对他们将加诸他们身上的道德责任作为自在之物接受说法的坚持。费希特似乎提供了一种替代物，来替代对被德国哲学界和拿破仑的恶行所动摇的宗教确定感丧失的意识。当时神智尚且清醒的诗人荷尔德林听了费希特的那些讲座，并向他图宾根神学院的同伴黑格尔极力赞美这些讲座。他的另一位密友，日后将会加入耶拿大学哲学系的谢林，看起来似乎是一名彻头彻尾的费希特信徒。语含讥讽且只顾自己的弗里德利希·施莱格尔将会宣称"法国大

154　革命、费希特的哲学和歌德的《威廉·迈斯特的学习时代》（*Wilhelm Meisters Lehrjahre*, 1795—1796）是那一时代最为伟大的方向性事件"[38]。似乎费希特使他将康德忘得一干二净。

　　尽管费希特激励、吸引并促使了一些学生谴责秘密的兄弟之爱、决斗和过度饮酒的行为，但这却也使得他不受其他人的欢迎。然而，学生仍然蜂拥而至来听他的讲座，这种状况在那些丧失了财源的年老而怀有戒心的教员当中引起敌意。他还由于在他到耶拿大学任教前所写的一些出版物，而被他人视为极端的雅各宾分子。[39]之后便是由他的哲学和他的行为两者所引起的对他宗教信念的质疑。这所谓的"无神论之争"导致

---

[38]　"雅典娜神殿－断篇"（Athenäum-Fragment），第216页，载弗里德利希·施莱格尔《哲学断篇》（*Philosophical Fragments*，彼得·弗乔［Peter Firchow］译，Minneapolis: University of Minnesota Press, 1991），第52页。

[39]　这些书是《一篇关于将思想自由从迄今为止一直对其进行压制的欧洲王公们手中收回的论文》（*A Discourse on the Reclamation of the Freedom of Thought from the Princes of Europe, Who Have Hitherto Suppressed It*）和《一篇致力于修正公众对法国大革命之评价的稿件》（*A Contribution toward Correcting the Public's Judgment of the French Revolution*）。尽管这两本书均以匿名方式出版的，但一般都认为费希特是它们的作者。参见丹尼尔·布雷齐尔"费希特和谢林：耶拿时期"（Fichte and Schelling: The Jena Period），载《唯心主义的年代》（*The Age of Idealism*），第143页。布雷齐尔提供了一幅关于费希特和谢林在耶拿时期所写哲学作品的丰富概貌。

他 1798 年夏被耶拿解除教职。事情开始变得对这位萨克森织带工的儿子糟糕起来。谢林 1799 年到达耶拿，他并未继续做一名忠实的费希特信徒，而是开始从事他自己的主题——自然哲学——的研究。康德谴责了费希特和他的体系，据说，"不可能提及费希特及其学派而不激怒康德"[40]。喜欢引起争执（早前的泛神论之争）和火上浇油的雅各比，写下了《致费希特的公开信》(*Sendschreiben an Fichte,* 1799)，声称费希特的哲学，即所谓的知识学（Wissenschaftslehre），导致了虚无论，导致了根本不相信任何东西。[41]

费希特舔愈了伤口，逃往柏林。在耶拿，他仅仅是一颗一闪而过的流星。正如歌德言简意赅地评论的一样，"一颗星星陨落了，另一颗又升了起来。"他仍然满足于让生活顺其自然地继续下去。[42]当费希特到达柏林之时，那里还没有大学。他不得不通过著书立说、做家庭教师和开公开讲座的方式以维持生计。他还致力于他知识学的构建工作，但他从未能够得出某种他认为值得发表的解释——他害怕将自己尚未定型的想法公之于世会继续引起对他哲学的种种误解。[43]因此他发誓"自己仅限于进行口头交流，这样就能立时发现并清除误解"[44]。在1805年夏季学期，他进行口头交流的地点是埃尔朗恩大学，他 1806 年返回柏林。但拿破仑对于普鲁士的毁灭性重创和对于柏林的占领，促使他返回柯尼斯堡，伟大

155

---

[40]　曼弗雷德·库恩《康德传》，第 390 页。

[41]　参见弗里德利希·海因利希·雅各比《主要哲学著述与小说〈阿维尔〉》(*The Main Philosophical Writings and the Novel* Allwill，乔治·迪·乔万尼［George di Giovanni］编译，Montreal: McGill-Queens University Press, 1994)，第 519 页。

[42]　摘引自布雷齐尔《费希特和谢林：耶拿时期》，第 45 页。

[43]　特瑞·平卡德认为，在费希特的全集中有十六个各不相同的《知识学》版本。参见他的《1760—1860 年的德国哲学：唯心主义的遗产》(*German Philosophy 1760—1860: The Legacy of Idealism*)，第 108 页。

[44]　约翰·戈特利普·费希特《巴伐利亚科学院作品全集》(*Gesamtausgabe der Bayerischen Akademie der Wissenschaften*，24 卷，劳特［Lauth］等编辑，Stuggart-Bad Cannstatt: Frommann, 1964—　），第 3 卷，第 5 部分，第 223 页。摘引自布雷齐尔《费希特和谢林：耶拿时期》，第 146 页。

的康德已经于两年前在那里过世。但他还是再次传播了另外一种方式的知识学。在东普鲁士的弗里德兰特战役之后，俄国沙皇亚历山大一世觉得最好还是同拿破仑停战，在提尔希特条约 1807 年 6 月 1 日签订之后，费希特返回柏林。在回去不久，他便发表了《致德意志民族的演说》，宣扬教育是形成一种明确德意志民族意识的手段，并将具有个性定义为成其为德国人的特征。这一姿态立即使他成为在新建的柏林大学（1810）领导哲学系极具吸引力的候选人。柏林大学的建立，是为了抵消暂时失去哈勒大学的后果，也是为了形成一种与普鲁士希望通过进行军事改革而获得与实力相匹配的新型知识实力。在柏林大学在柏林成立的同一年，约翰娜携自己的著作《卡尔·路德维希·费尔诺夫的一生》（*Carl Ludwig Fernows Leben*）正式作为作家登台亮相了。她亲密的魏玛老友，为她提供了一段自己的故事而开启她成功的文学生涯。

费希特的吸引力使得叔本华并未绕道魏玛，而是从哥廷根出发翻越哈尔茨山到达柏林。他于 1811 年 9 月 8 日，在靠近厄尔利希的某个地方发表了如下意见：

> 哲学是一条高山中的道路，它只能经由布满尖石和荆棘的陡峭小径到达。它是一条偏僻的道路，而我们爬得愈高，它就变得愈加荒凉。无论何人，只要他踏上这条小径，他便必须毫无惧色，但却必须将所有一切都抛诸身后，必须自信满满地在冬日白雪之中走出自己的路来。通常，他会突然来到悬崖旁边，向下俯瞰郁郁葱葱的山谷。一阵强烈的眩晕感猛然袭来，将他逼近悬崖边缘，但他必须控制住自己，竭尽全力抓住岩石。作为回报，他很快便看到了脚下的世界；它的沙质荒漠和沼泽消失于他的视线之中，它的凹凸不平的地方变得平坦划一，它刺耳的声响不再进入他耳中，它的丰盈向他展露无遗。他自己一直处身在纯净而清冷的山间空气之中，现在，他看见了太阳，而此时脚下的一切还仍然被吞没在黑夜的死寂

156

之中。[45]

叔本华之前至少到过柏林两次。在 1800 年与父母同游的旅途当中，他在这座城市待了十天。柏林建筑物的美丽和许多单家独栋住宅的存有，给他留下深刻的印象。[46] 而第二次游览柏林则是令人沮丧的——并非是因为他觉得柏林有什么具体的问题——而是因为它是 1804 年欧洲之旅的终点。父亲离开柏林去了汉堡，而叔本华则去往但泽，开始他的经商训练。这三次柏林之行都充满了魅力，叔本华穿过其沙质荒漠南下来到柏林，象征着对尼采那下山去到世人中间分享其智慧的查拉图斯特拉下山之旅的某种反转。叔本华的南下是受他自己对智慧热爱的驱使所致。叔本华将会像查拉图斯特拉一样地感到失望。

叔本华带着他的雪茄、手枪、笛子和数目仍在增加的藏书，以及"他那聪明异常的卷毛狗"[47] 到达柏林。他渴望着既锤炼自己的头脑，又陶冶自己的心灵。至少他在自己《个人简历》当中是这样说的，他认为自己将会在柏林大学办到这一切，因为那里有众多名师。在同一份文档中，他迅速罗列出了自己教授的名字：沃尔夫、施莱尔马赫、埃尔曼、利希滕施泰因、克拉普洛特、费舍尔、博德、魏斯、霍克尔和罗森塔特。之后他似乎是事后想起的一样，作了如下的补充："还有讲授他自己哲学的费希特，我跟着学他的哲学，为的是能够继而正确地评价它。"[48] 这段摘自他《个人简历》（1819）的话显得情况似乎是：在他转学的时候，费希特只是碰巧在柏林而已。在那时候，费希特哲学几乎像其作者一般的

---

[45] 叔本华《手稿遗稿》，第 1 卷，#20。

[46] 参见叔本华"1800 年中所做的一次旅行日志"（Journal einer Reise aus dem Jahre 1800），载威廉·格温纳《私人交往中的阿图尔·叔本华》，第 245—249 页。

[47] 叔本华《论充足理由律的四重根》（E. F. J. 派恩译，理查德·泰勒作序，La Salle, IL: Open Court Press, 1974），第 110 页 /《全集》，第 1 卷，第 76 页。这一关于他聪明的卷毛狗的论断，出现于对于非人的动物具有理解力一说法的论证之中。

[48] 叔本华《书信集》，第 53 页 / 第 654 页。

157 死掉了。1814年四十一岁的费希特突然患上斑疹伤寒，骤然间离开人世。他是被在救护受伤士兵的过程中感染上斑疹伤寒的妻子传染上这种疾病的。如今黑格尔在柏林掌权，而《作为意志与表象的世界》已获出版。有人在这部作品当中觉察到了费希特的影响，这让叔本华颇为不快。因此，上上之法乃是淡化他与费希特的接触，并强调他之所以去听费希特的讲座，仅仅是为了正确评价他的哲学，而不是追随其后。三十二年之后，他关于自己迁居的表态更为直接："1811年，我迁往柏林，怀着将会通过结识费希特而结识一名真正哲学家和一位伟人的期望；然而这样一种先期的崇拜很快就变成了鄙视和轻蔑。"[49]

　　为了招徕学生，并阐明即将开始的新一轮讲座那些主题，费希特将会在新学期开始之前，举办一系列的入门讲座。叔本华在1811年秋季学期，因为自己所选的"意识实况和知识学"这门课程而去听了费希特的这些入门讲座。就许多方面而言，费希特都是一名非常规的讲座老师。大多数老师都会口述他们的讲座内容，按照那些内容经年累月地保持不变的书本来照本宣科。他们学生就会变成事实上的速记员，他们疯狂地写着，试图捕捉住从讲台上的明星嘴里所吐出的深奥字句。费希特则完全不同。尽管也是出场的明星，但费希特在展示其哲学的时候却并不是照着一本固定讲座用书照本宣科。这也是他留下如此之多《知识学》（*Wissenschaftslehre*）版本的原因之一。他还热切地培养学生自己对他思想的理解。他禁止他们试图去捕捉住他所说的每一个词和所有的话。他相信这种做法是一种干扰。他们需要集中精力，需要聚焦在他观念的形成过程当中。他说，他们可以匆匆记下一些短句以帮助记忆。讲座结束后，他建议他们就他所说的话进行深入的思考，然后将其整理成一个他认为在某种程度上符合他个人特性的有机整体；这应当用文字记录下来。[50]

---

[49]　同上书，第261页，叔本华1851年4月9日致约翰·爱德华·埃尔德曼。
[50]　叔本华《手稿遗稿》，第2卷，第30页／《手写遗稿》，第2卷，第28页。

　　叔本华在费希特的入门讲座上全神贯注，侧耳倾听。之后他将讲座内容整理成有机整体，并在此时加入他自己的观点。起初当他未能领会某些观念和观点的时候，他会责备自己。但随着费希特讲座内容的展开，这一态度将会发生改变。不过当他未能理解某一点的时候，他常常将其归因于他未能记录下费希特所说过的某些东西："这是晦涩难懂的，解释得也不够清楚，但也许是我未能理解一些观点，因为费希特的授课确实是清晰的，而他说话的语速也很慢。"[51] 不久，他发现费希特的授课重复啰唆，用不同的话来表述同样的观点，这种做法在他看来令人分神。尽管费希特鼓励学生们得出自己的观点，但他或许会吃惊地发现，叔本华立即就办到这点，但得出的观点却总是与老师的完全相左。因此当费希特发表意见说，天才是神圣与疯狂的动物，有着位于这两个极端之间健康的理解力的时候，叔本华提出异议：天才更接近疯狂，而不是健康的理解力；而疯狂更接近天才，而不是动物。[52] 他还援引康德的话来反驳费希特。然而在他就康德这位柯尼斯堡智者在其中试图简洁和直接地阐明他那难懂的第一《批判》研究成果的《未来形而上学导论》(*Prolegomena zu einer jeden künftigen Metaphysik*, 1783) 所做的笔记当中，叔本华对自在之物却仍然持与费希特相同的态度："……自在之物，这个康德学说中的弱点所在。难以理解康德为何没有用更为详细的细节来考虑这一概念，为何没有表述说，被用于第二和第三人称的存在 (being)，仅仅意味着'在感官上被认知到的存在' (being sensuously cognized)，为何并没有因此说，在扣除'在感官上被认知到的存在'之后所剩下的东西——抑或说自在之物——相当于空无一物。"[53]

　　在叔本华处于萌芽状态的哲学和费希特的思想之间，还将会有其他关联点。还在他成形于 1811 年初期的最早针对康德思想所做的眉批当中，

158

[51]　同上书，第 18 页／同上书，第 17 页。

[52]　参见前注。

[53]　同上书，第 290—291 页／同上书，第 265—266 页。

他就已经试图在充分理解和掌握"神圣的柏拉图"和"不朽的康德"这两位舒尔策建议他率先阅读的哲学家思想了，而对他们的这种称谓是他将会在针对费希特讲座所做笔记当中首次写下的。[54] 他写道，"《纯粹理性批判》可以被称作是理解力（也就是哲学）的自杀。"他继续写道，打个比方。一个人在说谎，另一个知道真相的人说这是谎话连篇，并说出了真相。第三个人非常敏锐和聪明，他揭示出矛盾所在，以及在谎言中那不能成立的论断，并将其展示为欺骗和错误："谎言乃是生命，然而那个敏锐和聪明的人便是康德；真相被很多人带给我们，比如说柏拉图。"[55] 之后，费希特在他第二场入门讲座当中，谈到一种乍现的灵光，它使人超越对于事物的常规感觉，达到所有经验领域的范畴，达到那超越意识和可以理解的东西。叔本华怀着极大的兴趣，对此表示赞同：

> 在经验的局限之内，我们不能够走得更远，而是只能够意识到大多数可靠的、最终的和基本的真相，意识到所有经验根本基石都不过是谬误而已。这便是当康德在展示出空间与时间的虚空和虚幻，并将理解力降格为自杀的时候所达到的结论。那种乍现的灵光是存在的，却只是存在于真知的领域从所有经验之中脱胎而出的地方。出现的是这样一个特定时刻：此时，整个现象界因为那对自己本身和超感知世界的实况均有认知的自我而相形见绌、黯然失色，便逐渐褪去；当一盏灯被点亮之时，它便像一个阴影一样地消失无踪了。这一时刻会向少数人，会向那些真正的哲学家现身。柏拉图因此说："许多人带着拜神之物，但却只有少数人真正地受到神启。"[56]

---

[54] 叔本华《手稿遗稿》，第2卷，第99页，第109页／《手写遗稿》，第2卷，第84页，第101页。

[55] 同上书，第1卷，第12—13页／同上书，第1卷，第12—13页。

[56] 同上书，第2卷，第24—25页／同上书，第2卷，第23页。

尽管对费希特稍有疑虑，但他还是在 1811—1812 年冬季学期注册选修了费希特关于意识的实况和关于"知识学"的讲座课程。然而奇怪的是，当费希特在他那些入门讲座上宣告说，"我被认为具有不论是在笔头上还是口头上均能清晰地进行自我表述的优秀品质"的时候，叔本华并未做出任何嘲弄的评论。[57] 或许费希特是用一种具有讽刺意味的语气作如是说的，因此叔本华便不再追究。费希特在其著述中的表述丝毫也不清楚，叔本华将会越来越多地发现，关于他的口头表达，情况也同样如此。然而叔本华却迟疑着，并未表达出自己对费希特将其思想诉诸言说方式的批评。正如他在费希特那些入门讲座上所做的一样，当他未能跟上某一点的时候，他是慷慨大度的。或许他听讲座的时候不够专心；或许他的头脑并不善于接受新事物；更糟糕的或许是，他不具有能够跟得上这位"我"和"自我"强有力假设者的智力水平。但在第十一次讲座上，他受够了费希特那转弯抹角的病态说话方式。他觉得费希特那关于知识的学说全无知识，"知识的学说"（Wissenschaftslehre）是"知识的空白"（Wissenschaftsleere）[*]："在这次讲座（第十一次讲座）上，除了他所写下的东西以外，他还说了一些逼迫我产生想要被允许拿手枪顶着他胸膛，然后对他说出这样一些话的愿望：你现在必死无疑，毫无逃脱之侥幸。但为了你那可怜灵魂的缘故，告诉我们，你说了那样一大堆杂乱无章的

160

---

[57] 同上书，第 30 页／同上书，第 28 页。近期翻译费希特《知识学》的一些译者提供了对于他写作的描述："……费希特在众多极为严重缺陷的影响之下劳心费力地苦干着，这其中尤以其笨重而完全不必那么复杂的文风为甚。他那即便是在采用最为明晰表述方式的时候也难于被人理解的思想，因为其写作的模糊性和含混性而变得晦涩难懂。糟糕的标点符号、带有怪异个人癖好的句子结构，以及对于并无实用功能咒骂语的令人惊恐的过度使用，干扰了理解的任务，具有讽刺意味的是，一位对于统一性的要求在其哲学当中起着如此显著作用的思想家，却再也无法赋予这部作品以比其所展示出的结构更易辨认得出的结构。"《知识学》（The Science of Knowledge，彼得・希斯［Peter Heath］与约翰・拉赫思［John Lachs］译，Cambridge: Cambridge University Press, 1982），第 vii 页。

　* 在德语中，两词的发音完全相同，但"h"与"e"的一字之差，却令其褒贬有别，境界顿殊，因此更具讽刺意味。

话，究竟是因为你对于某种东西有着明晰的概念，还是因为你仅仅是在愚弄我们。"[58]对于费希特而言幸运的是，叔本华将手枪放回他房间，勇敢地坚持到学期结束，仅仅是对他老师的那些观点进行言语上的肆意攻击而已。将他吸引到柏林的对于费希特的先期崇拜，"很快就变成了鄙视和轻蔑"[59]。尽管如此，他却还是留下了为数众多的关于这些讲座的笔记，它们在他《遗稿》（*Nachlaß*）中所占的篇幅竟达两百多页。但一个学期的讲座，对于叔本华而言却已足够。费希特的声音已令他厌烦得不愿再听。然而1812年春季－夏季学期，他却开始大量阅读自己早前这位教授的著述，他从约翰·巴布提斯特·赖纳特（Johann Baptist Reinert）在费希特1812—1813冬季学期就法学和道德哲学所开设讲座上所做的笔记中，进行摘录。

"哲学，"叔本华记录说，费希特曾断言道，"是一门关于知识的学说，这门学说阐明一切所知的根基……哲学这个词本身毫无用处，因为它并不意味着某种知识，而只是意味着某种对知识的爱好和求索，以及某种去查看它是否可以获得的尝试。"[60]之后在下一次讲座上，他记录下将会在他自己哲学中得到附和的某种见解。费希特继续说，知识学是通过一系列的思想得以阐明的，尽管它事实上仅仅是一种思想（ein Gedanke）而已。[61]在《作为意志与表象的世界》第一版序言中，叔本华宣称，该书所表述的是"一个单一的思想（ein einziger Gedanke）……我认为这一思想就是人们在哲学的名义之下长期以来所寻求的东西"[62]。然而就像据传存在于这些哲学家之间许多关联一样，这只是一个相切的点而

161

[58] 同上书，第43页／同上书，第41页。在一封写给我的电子邮件中，克里斯托弗·杰纳威巧妙地将叔本华关于费希特《知识学》（*Science of Knowledge*）同音异义的双关语转记为《关于空虚的学说》（*Science of Nulledge*，知识的空白）。

[59] 叔本华《书信集》，第261页，叔本华1851年4月9日到约翰·爱德华·埃尔德曼。

[60] 叔本华《手稿遗稿》，第2卷，第28页／《手写遗稿》，第2卷，第26页。

[61] 同上书，第28页／同上书，第27页。

[62] 叔本华《作为意志与表象的世界》，第1卷，第xii页／《全集》，第2卷，第vii页。

已。叔本华将费希特的著述解读为呈现出一套基于一种根本性的、无条件的首要原则的思想体系。所有一切均从这一承载着整套体系的原则推演而出。这样的一套系统，在且仅在每一个支撑性思想产生出下一个思想，而那个根本性思想支撑着它们全部的时候，才具有合理性。然而叔本华那个单一的思想，却不得不为了被用于交流的缘故而被分为诸多部分，而"这些部分间的关联仍必须是有机的，亦即这样一种关联：其中每一部分都同样涵蕴着全体，正如全体涵蕴着各个部分一样；没有哪一部分是首，也没有哪一部分是尾。整个思想通过各个部分而显明，而不预先理解全部，也不能彻底了解任何最细微的部分"[63]。因此并不存在什么根本性的、无条件的首要原则。

　　费希特的知识学是一门在他一生之中不断被改动和修订的哲学，叔本华去听过的那些讲座将其呈现出来的方式和用以对其进行描述的术语，都不同于费希特在自己耶拿时期对其进行表述的方式。叔本华 1812 年春季 – 夏季学期对费希特学说所做的私人研读，还包括他耶拿时期的著述：《全部知识学的基础》（*Grundlage der gesamten Wissenschaftslehre*, 1794）和《关于知识学在对理论能力进行考虑的前提下所具有的独特性的概貌》（*Grundriß des eigenthümlichen der Wissenschaftslehre in Rücksicht auf das theoretische Vermögen*, 1795）。令人感到奇怪的是，当叔本华在数次提及费希特哲学的时候，所提及的是这些耶拿时期的著述，而不是费希特那些讲座。他之所以这样做，绝对有着充分理由。这些书籍均是被公之于众的文献，而那些讲座因为其并未出版的缘故，只能是道听途说罢了。此外，费希特在耶拿的著述是他最为著名和最具影响力的著述。然而，叔本华或许通过在听了费希特那些使他常感困惑的讲座之后对这些书籍所进行的阅读，也获得了对这一知识学的更为清晰的理解。

　　在他出版的著作中，叔本华将会常常提到自己这位从前的教授，但　162

[63]　同上书／同上书，第 vii 页。

他所做评论中绝大部分却都是人身攻击（ad hominem attacks）。在叔本华全部作品当中，仅仅有两则简短的、略有所思的对费希特哲学所做的考量，他在非常之晚的时候，才试着对为何他学说的评论家在他哲学当中觉察到费希特所留下的影响做出解释。然而，他却从未谈论过费希特，以表明其哲学所固有的某种优点，或是仔细对之进行洞察而将其在构建他自己理论的过程之中来加以扩展。因此当他在自己主要著作当中谈论费希特的时候，其原因仅仅在于，费希特代表着那唯一傻到试图从体验的主体得出客体、从知者得出所知之物以及从主体得出客体地步的哲学家。而当他对费希特的道德哲学进行考虑的时候，他仅仅是在运用费希特的伦理学，来阐明康德的道德哲学所具有的种种问题。然而即便是在这样一些情况下，他用于辱骂费希特的时间，也同他用于认真评价其哲学的时间一样地多，如果说它并不比后者更多的话。

为了理解叔本华对于费希特哲学所持的种种反对，我们必须提供一幅就费希特那艰深、晦涩却丰富的思想所勾勒出的最为简略的概貌。我们还必须指出他那演变着的知识学的固定不动的所在。考虑到叔本华对费希特所做批判的性质，《全部知识学的基础》中的那些基础便可以说是提供了这样一个固定支点。费希特就如康德一般地试图阐明就所有可能经验而言的必要条件，而同莱因霍尔德有着某种共识的他，相信自己不得不为批判哲学确立一种确定无疑和稳固不变的基础。他因此在《全部知识学的基础》中，寻求"发现所有人类知识的那个原初的、绝对无条件的首要原则"[64]。除了这个其形式和内容均不能从其他任何事物推演而出的"绝对无条件的首要原则"之外，他还进一步地提出其他两个原则：第二个仅就其形式而非就其内容而言是无条件的；第三个则仅就其内容而言而非就其形式而言是无条件的。

---

[64] 费希特《知识学》（彼得·希斯与约翰·拉赫思译，Cambridge: Cambridge University Press, 1982），第 93 页。

费希特的首要原则，他的绝对无条件原则，陈述道，"自我（ich）起始于一种关于其自身存在的绝对假设。"[65] 也即是说，"自我"或"我"，在某种它在其间变得意识到它自身的过程之中，构成了其作为自我意识的自身。这种关于其自身的假设是一个事实／行为（Tathandlung），而因为此为构成自我意识之所是，因此，费希特的首要原则既是切实存在的，同时又是假想中才有的。此外，因为它是主体自己那构成其自身的行为，故而自治或自决是其体系的基础。第二个原则是指"我"（I）假设一个"非我"（Not-I），这一行为为"我"的活动设置一个范围，但它却也对"我"起到了限制作用。这一原则通过对存在于知者（"我"）与被知之物（"非我"）之间，及主体与客体之间的分裂产生影响，而为知识创立了那些必要条件。它还打算对于某种基于常识的现实主义做出合理的解释，这种现实主义认为有着那些存在于外部且独立于觉知者的客体。当然，由于这些"客体"乃是"我"的作品，费希特因而保留了唯心主义。他的第三个原则，或许是最为晦涩和最成问题的原则，宣称"'我'在自我之中，设置一个可分的'非自我'（the divisible not-self），来对立于这个可分的'自我'（the divisible self）"[66]。也即是说，"我"假设一个受限的"我"对立于一个受限的"非我"，因为它要求某种东西，这种东西不同于作为特定之物存在的它自己本身，这种东西也不是由它自己来假设的。因此，这个"我"发觉它自己处于某种自相矛盾的境地之中，这是一种无法忍受的状态，这种状态驱使它通过展示出"非我"如何并非仅为特定之物，而是由自我意识的必要性出发所构成的某种东西，来奋力克服这种矛盾。

163

[65]　同上书，第99页。德语动词"放置"（setzen）在此处被翻译为"假设"。它还可以指"断言"、"说"、"设定"、"产生出"，以及作为反身动词（setzen sich），也可以指"坐下"或"就座"。叔本华在他就所抄写的费希特《根据知识学诸原则所构建的伦理学理论体系》（*Das System der Sittenlehre nach den Prinzipien der Wissenschaftslehre*, Jena and Leipzig: Gabler, 1798）副本第70页所做旁边批注当中，在谈及费希特的断言"理性假定自己是绝对独立的"（Das Vernunftwesen setzt sich absolute selbständig...）的时候，画了一把椅子。参见《手写遗稿》，第5卷，第54页。

[66]　费希特《知识学》，第110页。

这第三个原则有助于激发出对于绝对"自我"与那些有限的"自我"或具体的人们之间的明确区分。

叔本华在《作为意志与表象的世界》第一版中，简要地论述了知识学理论性那一面。还在他博士论文中，他就已经将主体与客体的相互关系确立为最为基本的认识特性。他认为，对于所有经验而言，都必须得有被经验之物（客体）与经验者（主体）："一个客体也立即像主体一般地被假设（gesetzt）出来（因为甚至是这个词也可能并没有任何意义），而该主体也同样像客体一般地被立即假设出来。因此，是为主体与拥有某个客体的含义完全相同，是为客体仅仅意味着被该主体所认知而已。"[67] 对于该观点的信奉，使得叔本华对于两种完全与己相左的看法进行了考量。第一种看法是一种唯物主义者与现实主义者的立场；这是一种试图基于某种对存在于外部且独立于主体存在的物质客体的强烈依赖，而对包括主体在内的一切事物作出令人满意解释的观点。与唯物主义截然对立的第二种看法，则是一种试图为了主体而得出包括客体在内的一切事物的观点。这使得他不情愿地采纳了费希特的观点，因为这第二种观点"只有唯一的例子并且是很新的一个例子那就是 J. G. 费希特在这'唯一'而'新'的意义上，这里必须指出，他那学说虽然只有那么一点

164

---

[67] 叔本华《论充足理由律的四重根》，第 209 页/《全集》，第 7 卷，第 70 页。叔本华在这第一版（1813）当中，仍对康德将自在之物作为某种存在于认知之外的事物的观念不再抱有幻想。"然而，显而易见的却是，我们的探究并不会因为某个自在之物而陷于停顿。"同上书，第 71 页。令人也感奇怪的是，叔本华使用了费希特式的动词"假设"（setzen）来描述主体与客体之间的相互关联："客体也立即像主体一般地被假设出来"（Wie mit dem Subjekt sofort auch das Objekt gesetzt ist），同上书，第 70 页。尽管叔本华在此处使用了费希特的语言，但不同于曾在叔本华听过的一次讲座上说"直接经验者（主体）"与被直接经验之物（客体）的本体性体现于某种"绝对直接的直接经验"（absolute unmittelbare Anschauung）的费希特的是，他否定这种直达费希特的终极物的特权方式："只有一个直接经验者，那就是'我'；正是因为这一原因，这个'我'从未被直接经验到。"《手稿遗稿》，第 2 卷，第 72 页/《手写遗稿》，第 2 卷，第 68 页。正如在康德学说中一样，主体或"我"实难捕获，从来就不是认知的某个客体。相反，主体与客体却必然会相互关联，它们只有在思考之时因为确定就经验和再现而言是为必需的诸多条件才被分割开来。

儿真实价值和内在含义。"[68]

他并未对他情愿对其置之不理的费希特的"原初的、绝对无条件的首要原则"提出质疑，而是质疑了在其观念中"我"或主体假设出"非我"或客体的第二原则。他发觉费希特在此处犯下了和现实主义者完全相同的错误，但其方向却与后者全然相反。现实主义者试图思考一个没有主体的客体，而费希特的唯心主义则试图思考那个没有客体的主体。在叔本华看来，现实主义者所持的客体处于某种同主体的因果关系之中的观点，和唯心主义者所持的主体导致客体产生的观点，都是颇成问题的。叔本华遵循着康德学说的主导思想，宣称说，在主体与客体之间不可能存在什么因果关系，因为因果律乃是某种理解的先验范畴，因而其仅仅在经验的领域之内是为有效，仅仅是一种存在于客体之间的关系。他写道，费希特"使自我产出我，有如蜘蛛结网一样；如果我要指出他的线索是充足理由律的哪一形式，那么，我认为那就是空间中的存在的充足理由律。只有关涉到这一定律，费希特那种艰涩的演绎还能有某种意义和解释。须知这些如此这般的演绎，譬如自我产生并制成非我，实构成了这自来最无意味的，就拿这一点说已是最无聊的一本书的内容"[69]。叔本华相信自己通过用经验或表象作为其哲学的开端，而避开了现实主义和费希特主观唯心论所具有的诸多难题。他的哲学因此与费希特的哲学和现实主义者的哲学都完全相反，其开端是"意识的事实"："我们的方法在种类上完全（toto genere）不同于上述两种相反的谬见，我们既不从客体，也不从主体出发，而是从表象（representation）出发的。表象是意识上最初的事实。"[70] 在他主要著作第二版中，他将声称自已通过从表

165

---

[68]　叔本华《作为意志与表象的世界》，第 1 卷，第 32 页／《全集》，第 3 卷，第 38 页。在这段话中，叔本华对费希特唯一的赞美之词是"他修辞学上的天才"。（译注：《作为意志与表象的世界》第 1 卷引文采用石冲白《作为意志和表象的世界》中译文［北京：商务印书馆 1982 年版］，下同。）

[69]　叔本华《作为意志与表象的世界》，第 1 卷，第 33 页／《全集》，第 2 卷，第 40 页。

[70]　同上书，第 34 页／同上书，第 40 页。

象这一意识事实出发的做法而保有一种唯心主义者的立场:"……哲学的基础限于意识的事实;换言之,哲学从本质上而言是唯心主义的。"[71]

在接触到费希特那些讲座之后,叔本华花费六年时间,才出版了他对这人和知识学的理论结构进行攻击的批判性言论。尽管他在听了那些讲座之后很快便研习了费希特哲学中关于道德的部分,但将他关于知识学实践方面的负面评论付印成书却会花费他二十九年的时间。然而,情况却似乎再次像是:费希特是被事后给添加上去的。他首次谈论费希特其人,仅仅是因为后者的哲学是偏狭得足以试图从主体推演出所有事物的唯一例证。如果他能够想到其他某个例子的话,人们怀疑他就会对压根也未曾谈及费希特而感到高兴了。然而,他实际上并未能够办到,而费希特也因此成为他首当其冲的靶子。

至于他对于费希特的伦理理论的考量,则另当别论。他乐于抨击费希特的伦理学,但他首当其冲的靶子却是他自己的哲学英雄康德。叔本华指责费希特的理论哲学忽视了康德的认识论及形而上学方面的种种洞见,这其中尤以康德就表象及其自在之物之间所作的区分为甚,而他觉得费希特的实践哲学则是就康德哲学所画的一幅讽刺漫画:一幅以某些令人生厌的方式歪曲了那种具有原创性见解的漫画,但它也彰显了这种见解的种种不足之处。但在这一场景中,情况却似乎并不是费希特得以毁坏了某种具有精美价值的东西。相反,费希特施以援手,清楚地展现出"康德式道德基础是如何的毫无价值。费希特的作品实对此作出阐释的一种手段"[72]。因此,他在"论道德的基础"(1841)中,使用了"费希特的伦理学作为彰显康德伦理学所具有的错误的镜子"[73],在这篇文章中,他花费了达三分之一强的时间来试图驳倒康德的道德基础。被他在这部分

---

[71] 同上书,第2卷,第5页/同上书,第3卷,第5页。

[72] 叔本华《论道德的基础》,第115页/《全集》,第4卷,《伦理学的两个基本问题》,第180页。

[73] 这是第二部分的标题。参见上书,第115页/同上书,第179页。

中称作是康德"既俗且蠢的小丑"的费希特，让他的读者更加清楚地看清康德道德哲学中的根本缺陷。

"知识学"的实践哲学假设出那个貌似某种自由地行动着、以实际经验为依据的自我意识的"我"：某个力图实现其表达出世界应然状态的目标的个人。费希特的伦理学所展现出的对于康德实践哲学的认可，更甚于其对于康德理论哲学的认可，因为它旨在展示康德的最高道德原则——绝对命令（the categorical imperative）——的有效性，而他的伦理学理论的物质结果则类似于康德伦理学的物质结果。[74] 仍然抱持自己早前对费希特态度的叔本华，花费了更多的精力来攻击哲学家本人，而非其道德哲学。他大量提及费希特的《根据知识学原则构建的伦理学体系》（*Das System der Sittenlehre nach den Prinzipien der Wissenschaftslehre*）和《知识学概论》（*Wissenschaftslehre in ihrem allgemeinem Umrisse dargestellt*, Berlin: J. E. Hitzig, 1810）这两部作品，这在那些强调费希特那笨拙而冗长的语言或包括某种反直觉见解的段落当中颇为典型。例如，他从后一部作品中援引了一则关于"应然的清晰度的某种应然性"的声明，从前一部作品中则援引了这样的论点："每一个人的身体均是一个推进理性规定的目的之工具，即理性的实现；所以每一个工具的最大可能的健康，必须构成我的一个目的：因此我必须为每一个人担心。"[75]

叔本华看待费希特伦理学的具体情况，说明他既无兴趣去对费希特 167 为自己断言中的任何一个所进行的辩解认真地作出评价，也无兴趣去对他那些表述晦涩思想中任何一个的意义进行阐释。他所写下的东西似乎表明，费希特是在无意之间采用了康德道德哲学的诸多要素，并制造出

---

[74]　我必须为此向洛尔弗－彼得·霍斯特曼致谢。参见他的"费希特与谢林的早期哲学"，载《剑桥德国唯心主义指南》，第 127 页。

[75]　《论道德的基础》，第 118 页，第 117 页 /《全集》，第 4 卷，《伦理学的两个基本问题》，第 182 页，第 181 页。叔本华向那些认为自己不值得在费希特那些冗长作品上浪费宝贵时间的读者推荐《知识学概论》，因为该书用四十六页的篇幅简明扼要地呈现出知识学的全貌。

了归谬法（a reductio ad absurdum）。他因此断言道，费希特将绝对命令变成了"一种专制命令，而绝对的'应该'，制定法则的理性，以及义务的训谕"，并将其发展成为"一种道德的宿命，一种深不可测的必然性，要求人类严格按照某些格律行事"。[76]他继续写道，其后果便是，费希特制造出一套沦为滑稽剧的"道德宿命论体系"（System of Moral Fatalism）。为了阐明这一点，他接着从《伦理学体系》（*The System of Ethical Theory*）中摘录了十个段落，其中两段足以体现出这些段落的特点："我只不过是一个工具，一个道德法则的纯粹工具，在任何意义上都不是一个目的"；"摆在每个人面前的目的，就是成为实现理性的手段：这是他的实存的终极目的，他之所以存在只是为了这一目的，并且，如果达不到这一目的，他便没有一点儿必要或理由活下去。"[77]

叔本华早前也曾在文章中谴责过康德在道德上的迂腐。他再次发现费希特也在进行申讨："按照同情的、怜悯的和仁爱（philanthropy）的命令而行动，无疑是元道德观念的，确实，这种行为方法本身是和道德背道而驰的。"[78]当然，对于一位将在同一篇文章中继续声称同情是道德基础的哲学家而言，费希特好似康德一般地有着一套非道德的理论。叔本

168

---

[76] 同上书，第116页／同上书，第180页。

[77] 同上书，第116页，脚注。／同上书，第181页，脚注。在他自己那本《伦理理论体系》（*The System of Ethical Theory*）中，叔本华就已经写下了"道德宿命论体系"的标题。这两处引文摘自《根据知识学的原则所构建的伦理学理论体系》（*Das System der Sittenlehre nach den Principien der Wissenschaftslehre*, Jena／Leipzig: Gabler, 1798），第342页和第343页。他还从第196页、第232页、第347页、第360页、第376页、第377页、第388页和第420页中引用了文字，以阐明人们是如何被用作道德律令的工具或器具的。叔本华在该书抄本中所作的注释，满是充满嘲弄的负面评论。参见叔本华《手写遗稿》，第5卷，第53—58页。这些注释中的绝大部分均写于他1812年春季及夏季在柏林自学费希特学说期间。

[78] 《论道德的基础》，第117页／《全集》，第4卷，《伦理学的两个基本问题》，第181页。他早前已援引过席勒《道德顾忌与决断》（*Gewissensskrupel und Entscheidung*）用以描述康德在道德上的迂腐，叔本华从康德《实践理性批判》（AK. 84）中摘录了一段话来展示这一点："服从道德法则，一个人感到义不容辞，这不是建立在自发的爱好上，也不是建立在自愿努力做上，没经任何必须服从的命令，而是建立在一种义务感上。"同上书，第66页／同上书，第134页。

华将会论证说，道德规则适用于对具有道德价值的行为方式进行规定，行事者仅仅会因为得到奖赏的许诺和受到惩罚的威胁而受到促动去遵守道德规范。叔本华继续写道，费希特总是谴责好心同情的做法，显示出费希特的授课从未给他留下任何的学习时间。此外，他还表明他自己实在是缺乏哲学头脑，因为他将自由的而冷淡的选择（liberum arbitrium indifferentiae）这一概念，提升成为人类行为的基础，而"对支配人行为的严格必然性的理解力，形成划分哲学头脑和所有其他头脑的分界线"[79]。后来，尼采将会采用这一观点，他尽管对之完全赞同，却反将其用于回击叔本华本人。[80]

对于叔本华而言，听一个学期费希特的讲座已经足够。他觉得更好的做法是去研习他的那些成名作。那里面或许还有着某些思想。但1812年夏末之前，他得出了与自己在讲座结束之时所得出的结论完全相同的结论。被传言的康德接班人是个小丑："难道曾经有某位模仿者因为未能认识到何为本质之物和因为夸大非本质的东西，而对他自己的榜样进行了更为宏大的滑稽模仿吗？"[81] 在这一"就费希特进行的总体"普遍评价当中，他赞扬了费希特："费希特授课的最高成就在于，他将绝对命令［道德哲学］讲授得明白易懂，并将其从必要的法则之中推演出来。"[82] 然而，我们却看到了，这位成熟的哲学家也会将《知识学》这一部分视为起到了使康德伦理学的那些缺陷"大白于天下"的作用。在自己讲座笔记的封面，叔本华写下他那句沿用终生的双关语：《知识的学说》乃是《知识的空白》。在封面的背面，他摘引了康德的话："谎言（'所有的

---

[79]　同上书，第 117 页及随后一页／同上书，第 181 页。

[80]　参见弗里德利希·尼采《人性的，太人性的》（*Human, All Too Huaman*，霍林戴尔译，Cambridge: Cambridge University Press, 1986），第 2 卷，第 33 章，第 223 页。在这一页里，尼采因为叔本华未能从这一论断中得出恰当结论而对其进行责备；亦即，责备他应该抛弃所持的道德具有形而上学基础的偏见："哲学家因为自己不相信道德具有形而上学的重要性而使自己比其他人更为杰出。"

[81]　叔本华《手稿遗稿》，第 2 卷，第 413 页／《手写遗稿》，第 2 卷，第 357 页。

[82]　同上书，第 413 页／同上书，第 413 页。

169　罪恶均是通过撒谎的始祖*降临人间')实乃人类天性中的邪恶渊薮,不论其惯常的语气(按照许多在自己店面上悬挂着'童叟无欺'**的金字铭文的中国店主行为方式来看)同时是一种何其真实可信的腔调,也全都概莫能外,尤其是在关乎超自然之物的时候,则更是如此。"[83]然而,康德却仍显不足。他还不得不唤来歌德,他的另一位智性英雄来好好审视费希特:"世人常常闻言即信,/以为其中必有什么值得深思的东西。"[84]

　　但古怪的是,对于费希特这样一位在德意志那些固守传统大学里的进步人士,叔本华却绝无好感。在叔本华到达柏林前不久,费希特被任命为柏林大学校长。正如叔本华本人一样,费希特也大力反对大学生所具有的对于决斗、酗酒、秘密社团、对骂以及常见粗暴行为的癖好。但他在实行校园文化内部的变革方面,却并不比他在让自己那些思想为叔本华所明了的方面更卓有成效。1812年2月中旬,在未能争取到教授们对一名拒绝参加决斗学生所受到的不公正惩戒的支持之后,他辞去了校长职务。[85]费希特同那些不少持"男孩子将会是男孩子"的教授之间产生冲突的时候,正是叔本华在听费希特那些讲座的时候,但他似乎罔顾这一冲突,正如他全然忘却费希特的任何优点一样。他给予费希特的唯一赞词是将其称之为"天才",即使是这一充满善意的评语,也只是铸就了一个借语焉不详的赞美极尽贬抑之能事的例证而已。[86]这是同黑格尔相

---

　　*　即魔鬼撒旦。

　　**　书中原句为'此处无人行骗'（In this very place no one cheats）。

[83]　同上书,第31页/同上书,第29页。康德的这段引文摘自《哲学中永久和平的宣告》（Announcement of Perpetual Peace in Philosophy, 1798）。

[84]　同上书,第31—32页。/同上书,第29页。歌德的引言摘自《浮士德》,第1部,第2565—2566行诗句。

[85]　一位名叫布罗基（Brogi）的犹太学生两度受到其他希望激怒他卷入决斗的学生的攻击。他将此事向费希特进行申诉,而费希特则将两个案子都转交给荣誉法庭。每次都是寻衅者和受害者双方均受到惩处。费希特认为布罗基的受罚是因为他未能参加决斗。在第二桩案子之后,费希特辞去校长职务;关于布罗基事件的概况,参见吕迪格尔·萨弗兰斯基《叔本华与哲学的狂野年代》,第122—123页。

[86]　叔本华《论道德的基础》,第14页/《全集》,第4卷,《伦理学的两个基本问题》,第xxvii页。

比较而言的，叔本华相信黑格尔并无才能。事实上，他甚至将费希特对他而言是所有可以被算得上的哲学家当中最为糟糕一位的情况，归功于洛克。[87]

考虑到叔本华这些对于费希特无论是作为人还是作为哲学家都极端负面的评价，他在《个人简历》中当谈及自己那些柏林教授的时候最后才提及费希特，就并不令人吃惊了。在这份文献中，他还写道，他并不后悔注册进入哥廷根大学学习医学，因为他对于科学的学习使得他"听悉了那些对于哲学家而言颇有用处、事实上甚至是不可或缺的课程"[88]。终其一生，叔本华都对自然科学表现出一种难以餍足的求知欲。他在柏林大学上过的自然科学课程比他上过的其他任何领域课程都要多，这其中包括哲学课程。他的哲学学习主要是由他自己来进行引导的，康德、谢林、费希特、弗里斯、雅各比、柏拉图、培根和洛克的学说，他都是靠自学完成。他过世的时候，其私人藏书包括了近两百本自然科学方面的书籍，而叔本华的哲学作品集提及了众多并未见诸其私人藏书的自然科学书籍。[89]无论是他所上过的正规自然科学课程，还是他所继续阅读的自然科学读物，都使得叔本华比与他同时代哲学家在自然科学方面更具修养，而终其一生，叔本华都坚持哲学家必须知晓自然科学最佳研究成果的观点，在第四本书《论自然中的意志》(*Über den Willen in der Natur*, 1836)中，他将运用经验主义的各个学科来证实他的哲学，他将像他所钟爱的康德一样，声称自然科学需要一种形而上学的根基。[90]他的私人生活以及他对于

170

---

[87]　同上书，第 22 页／同上书，第 xxvii 页。

[88]　叔本华《书信集》，第 52 页，第 653 页。

[89]　然而，叔本华所阅读的哲学方面书籍，却有助于扭转这种关乎他自然科学学习的局面。简单地细读一下他死后所留下藏书的书目，就会发现有六百一十二本哲学方面的书籍，相比之下，自然科学方面的书籍仅有一百九十六本，而数学方面的书籍仅为十本。

[90]　《论自然中的意志》那冗长的副标题，部分地说明了情况:《对本书作者的哲学问世以来通过经验科学获得之证明的讨论》(*A Discussion of the Corroborations from the Empirical Sciences That the Author's Philosophy Has Received since Its First Appearance*)。

哲学的自修，似乎最终地压倒了他[91]的公众生活以及他对于自然科学课程的参与，尽管他在其公众生活中所有过的科学实则多过哲学。当然，他一到达柏林大学，便自认为首先是一名哲学家。

171 然而，叔本华却听了三门由马丁·海因利希·利希滕施泰因（Martin Heinrich Lichtenstein）这位集探索者和博物学者身份于一身的动物学教授所开设的三门课程。他在第一学期注册修习了利希滕施泰因就鸟类学、两栖动物学、鱼类学和诸多冷血动物所开的讲座课程。之后，1812 年夏，他听了利希滕施泰因所开的两门课程，一门是动物学课程，而另一门则是昆虫学课程。在所有老师中，利希滕施泰因同叔本华的关系很可能是最好的，他们可能早在 1808 年春就在魏玛叔本华母亲的茶会上见过面了。利希滕施泰因还收到过叔本华特地敬献给他的一份自己博士论文的抄本，他也是叔本华就自己在柏林大学开始学术生涯的可能性向其寻求建议的唯一之人。事实上，利希滕施泰因鼓励他寻求这一可能性，叔本华在为获入职资格进行的试讲当中，同黑格尔发生了小小的争执，此时的利希

---

[91] 据说，叔本华在大学学习的七个学期中（四个学期在哥廷根大学，三个学期在柏林大学），学了五门涉猎面广泛的哲学课程。在哥廷根大学第三个学期（1810—1811 年冬季），他注册进入了两门舒尔策的讲座课程进行学习："形而上学"和"心理学"，1811 年夏，他随舒尔策学习了"逻辑学"。除了在柏林的第一学期（1811—1812 年冬季）所听过的费希特"关于意识的实况和关于知识学"那轮讲座之外，叔本华还注册进入了另外两门哲学课程进行学习：语文学家伯克"关于柏拉图的生平及著述"所开设的那些讲座（这是些他不论是在 1811—1812 年冬季还是 1812 年夏季学期均不常去的讲座）以及他 1812 年夏季学期去听过的神学家施莱尔马赫的"基督教时期的哲学的历史"讲座。与此相对照的是，据说他听过十七个自然科学方面的讲座，其中七个在哥廷根大学，十个在柏林大学。在哥廷根大学第一学期，叔本华听了布鲁门巴赫的"自然史"和"矿物学"；在第二学期（1810 年夏），他体验了斯托迈耶尔的"化学"、迈尔的"物理学"和施拉德的"植物学"；在第三学期（1810—1822 年冬），他听了迈尔的"物理天文学和气象学"和布鲁门巴赫的"比较解剖学与生理学"；在最后一学期（1811 年夏），他听了布鲁门巴赫的"生理学"。在柏林大学，叔本华在第一学期（1811—1812 年冬）注册进入了克拉普洛特的"实验化学"课程进行学习，其他的还包括厄尔曼的"磁学与电学"和利希滕施泰因的"鸟类学、两栖动物学、鱼类学与诸多冷血动物"等方面的课程；他在柏林大学 1812 年夏季学期的课程包括：魏斯的"地球构造学"、利希滕施泰因的"动物学"和"昆虫学"；他在柏林大学 1812—1813 年冬季学期的课程包括：费舍尔的"物理学"、博德的"天文学"、霍克尔的"普通生理学"以及罗森塔尔关于人脑解剖所开设的系列讲座课程。

滕施泰因站在叔本华一边。而如果说利希滕施泰因的鼓励有助于叔本华
做出在柏林大学执教决定的话，那么当这位未获成功的讲课者离开这所
大学的时候，他同样施以援手。叔本华将自己的财产清单交托给他，请
求他"好生保管它们，并等我一过世便即刻打开它们"[92]。利希滕施泰因
永远也不必打开叔本华的这些清单，因为他过世于1857年，比他这位从
前的学生早逝了三年。他的遗孀不合时宜地在叔本华去世两年之后，也
是在其遗产得以处理之后，将这些清单寄往了美茵河畔的法兰克福。

当叔本华1811—1812年冬季学期去听费希特讲座的时候，他还注册
进入了两门以自然科学为主题的讲座课程中进行学习。他听过著名的马
丁·海因利希·克拉普洛特（Martin Heinrich Klaproth）的那些实验化学
讲座。克拉普洛特在无机化学领域的发现方面作出过贡献，他被认为是
锆、铀、钛和铈这四种化学元素的发现者。然而，令叔本华本人更为赞
赏克拉普洛特的原因，很可能仅仅因他是其子尤里乌斯的生身父亲，尤 172
里乌斯成为一位小有名气的东方学家，叔本华后来会在自己作品中引用
他——而从没引过他父亲。[93]在那个学期，他还"非常高兴地"体验了保
罗·厄尔曼（Paul Erman）就磁学和电学所开设的讲座。[94]后来当他成为
柏林大学的编外讲师的时候，他听了厄尔曼的电磁学讲座，将得自这些
讲座的想法加入他早前的讲座笔记当中。克里斯蒂安·萨穆埃尔·魏斯
（Christian Samuel Weiß），这位在晶体学方面作出开创性贡献的人，给了

[92]　摘自叔本华《手稿遗稿》，第2卷，第xxi页/《手写遗稿》，第2卷，第xxi页。
[93]　H.尤里乌斯·克拉普洛特是《亚洲杂志》编辑。叔本华在《作为意志与表象的世界》
　　　第一版一条脚注当中就已经提到两篇摘自《亚洲杂志》第一卷的克拉普洛特的文章："论
　　　佛教"（Über die Fo-Religion）和"薄伽梵歌或克里希纳和阿朱那间的对话"（Bhagvat-
　　　Geeta oder Gespräch zwischen Kreeshna und Arjoon）。这条脚注意义重大，因为叔本华在
　　　其中列出他在写作自己主要作品时已经熟悉的许多关于东方思想的著述。参见《作为意
　　　志与表象的世界》，第1卷，第388页脚注/《全集》，第2卷，第459页脚注。叔本华
　　　还在《论自然中的意志》，第130—131页/《全集》，第4卷，《论自然中的意志》，第
　　　131页中提到过克拉普洛特。
[94]　叔本华《书信集》，第52页，第653页，叔本华《个人简历》。

叔本华 1812 年夏季学期学习地球构造学的机会。

叔本华不能在自己的学业中流于表面。在最后一学期，即 1812—1813 年冬，他听了约翰·埃勒特·博德（Johann Ehlert Bode）的天文学讲座；为了将事物置于一个更大的理论视野之中，他注册进入由恩斯特·戈特弗里特·费歇尔（Ernst Gottfried Fischer）这位像厄尔曼一样康德学说追随者所讲授的物理学讲座进行学习。他加强自己对自然科学学习的方式，是去听约翰·霍克尔（Johann Horkel）的普通生理学课程，这让他了解了鹿角甲虫的蜕变过程，他将把这一描述用作关于本能行为是如何说明了不受认识引导的意志活动的例子。[95] 最后，叔本华还去听了弗里德利希·克里斯蒂安·罗森塔尔（Friedrich Christian Rosenthal）在阶梯解剖室所讲授的人脑解剖学讲座。总是渴望引出种种关联并将现象合为整体的叔本华在这里发觉了某种类似之处：哲学同大脑的解剖具有极大的相似性；伪哲学（即某种错误的世界观）与不正确的大脑解剖将那种同属一体和同为一体的东西切割并分解开来，但在之后将得自那些被分隔开部分的性质互异的部分合为一体。真正的哲学和真正的大脑解剖学对所有一切进行正确的分割和分析，将是为一体的东西作为整体来加以发现和对待，并将性质互异部分分割开来加以展示。[96] 对叔本华而言，哲学乃是大脑的产物，像大脑一样，它应该提供一种关于由所有经验构成整体的一致的解释。坐在费希特讲座课上的他，感到一种与日俱增转化为蔑视的烦躁，这时，他去听了由历史学家克里斯蒂安·弗里德利希·吕斯（Christian Friedrich Rühs）这位后来的普鲁士官方史官就斯堪的纳维亚诗歌所开设的讲座。他就吕斯讲座所做的笔记总共还不足四页，这也许是因为他购买了他老师就此主题新出著作的缘故，而不是因为他缺乏兴

---

[95]　参见《作为意志与表象的世界》，第 1 卷，第 114 页 /《全集》，第 2 卷，第 136 页。
[96]　叔本华《手稿遗稿》，第 1 卷，第 45 页 /《手写遗稿》，第 1 卷，第 43 页。

趣。[97]在第二学期，即1812年夏，他参加了由古典语文学家奥古斯特·伯克（August Boeckh）就柏拉图的生平和著述所开设的课程。七年之后，当他寻求获得在柏林大学执教资格的时候，他写信给当时担任系主任的伯克："七年之前，我听过您那些以柏拉图对话为题的讲座。当我已然熟悉材料的时候，我就越发喜欢您对它们的讲授了。"[98]但他在自己附于请求获得在柏林大学执教资格申请后面的《个人简历》中，却并未提及伯克是自己柏林大学众多教授中的一位。叔本华未能提及收到他《个人简历》的伯克的名字，这很可能是一个关于无意识诚实告白的例证。他不常去听这些讲座，觉得远远地听伯克授课就足以使自己感到快乐。他使用了另一名学生卡尔·易肯（Carl Iken）的笔记。

令人奇怪的是，叔本华在语文学家弗里德利希·奥古斯特·沃尔夫（Friedrich August Wolf）那里所上的课，多于他在其他教授那里所上的课。沃尔夫是歌德的熟人，歌德曾经为叔本华给沃尔夫写过一封介绍信。歌德同沃尔夫的关联，以及他那些生趣盎然又增进知识的讲座，似乎使得这位未来哲学家渴望去听沃尔夫的讲座。[99]事实上，1812年夏季学期乃是沃尔夫之夏，叔本华上了他讲座课程中的三门："希腊文学史"——沃尔夫借去叔本华的笔记，并对它们进行修改——"论阿里斯托芬的《云》"和"论贺拉斯的讽刺诗"。他最后一学期最后一门课"古希腊的古迹与古物"是在沃尔夫那里上的。然而，甚至更让人奇怪的却是，对沃尔夫颇

174

---

[97] 叔本华购买了吕斯的《埃达，附关于斯堪的纳维亚诗歌与神话的前言》（*Edda, Nebst einer Einleitung über nordische Poesie und Mythologie*, 1812），它是吕斯讲座的基础。参见《手写遗稿》，第5卷，第404页。

[98] 叔本华《书信集》，第56页，叔本华1819年12月31日致伯克。

[99] 格温纳记录说，叔本华几乎听过沃尔夫所有的讲座，并对其"无论是作为人还是作为学者"都颇为尊重。见《私人交往中的阿图尔·叔本华》，第47页。

为尊重的叔本华，几乎从未在自己出版的作品中提过沃尔夫。[100] 但在他私人日记"关于我自己"中，沃尔夫得到了有所保留的赞美。1831年，在提及自己那可怕的孤独和未能遇"人"的境况之后，他写道，"我在幽闭之中停驻过，但我却能够坦诚地说，这并非我自己的过错，因为我不曾离开，也不曾躲开，任何在心智方面都成其为人的人。我找到的只是些智力有限、心肠歹毒和天性低下卑鄙的可怜虫。歌德、费尔诺夫，或许还有 F. A. 沃尔夫，以及其他少数几个人不在此列，他们所有人都比我年长二十五至四十岁。"[101] 叔本华为何未能明确地给予沃尔夫是一个完全够格的人的评价，实在是不甚清楚。

除了星运日衰的费希特之外，柏林大学的另一位名人便是早期浪漫派的伟大新教神学家弗里德利希·丹尼尔·恩斯特·施莱尔马赫（Friedrich Daniel Ernst Schleiermacher）。这位弗里德利希·施莱格尔从前的密友和柏拉图作品的翻译者，被维尔纳·耶格尔（Werner Jaeger）称作是"柏拉图研究的奠基者"。[102] 叔本华听过他就"基督教时期的哲学的历史"所开设的那些讲座，他自己就这些讲座所做的笔记清楚地表明，不同于最初面对费希特时的坦荡胸怀，他走近施莱尔马赫时所怀有的是一种好斗情绪。当然，他对费希特的开诚布公乃是因为他想要听到一名伟大哲学家授课

175 的愿望所致，而费希特也并未讲授任何叔本华自诩为所知甚佳的科目。

---

[100] 叔本华只有两次在自己哲学出版物中提到过沃尔夫，而这两次还都是以批评的方式。他质疑了沃尔夫关于爱比克泰德（Epictetus）《手册》（*Encheiridon*）是由阿里安所写的主张，他提及沃尔夫就荷马的个性和身份所提出的质疑，以及托勒密的体系、牛顿的色彩理论与尼布尔（Barthold Georg Niebuhr, 1776—1831）对古罗马皇帝所进行的毁灭性批判来作为那些被"法官般的后人"所推翻的观点例证之一。分别参见《附录与补遗》，第 1 卷。第 55 页；第 2 卷，第 477 页 /《全集》，第 5 卷，第 60 页；第 6 卷，第 507 页。

[101] 叔本华《手稿遗稿》，第 4 卷，第 501 页 /《手写遗稿》，第 4 卷，下册，第 112 页。

[102] 维尔纳·耶格尔（Werner Jaeger）《教养：希腊文化的理念》（*Paideia: The Ideals of Greek Culture*, Oxford: Oxford University Press, 1933—1944），第 2 卷，第 383 页，注释 8；摘引自弗里德利希·施莱尔马赫《论宗教：对其有教养的蔑视者们所作的演说》（*On Religion: Speeches to Its Cultured Despisers*，理查德·克劳特尔［Richard Crouter］译，Cambridge: Cambridge University Press, 1988），第 3 页，注释 5。

然而，他自哥廷根求学时期起就一直在研习柏拉图的学说，因此，任何会阻止他将自己那天生爱吵好斗癖性给暴露出来的外界境况，都是不存在的。此外，沃尔夫或许一开始就已经败坏了施莱尔马赫的形象，因为他告诉过叔本华，尽管经院哲学是施莱尔马赫谈资话料，但施莱尔马赫却从未读过这些作品。[103] 无论怎么说，叔本华在公开场合都是随意地记着课堂笔记，他常常因为在施莱尔马赫思想中发觉了谢林的影响而压低了前者思想的原创性。比如说，在谈论了柏拉图与普罗提诺*间的区别并断言普罗提诺将思考与存在混为一谈之后，叔本华写道，"思考与存在被混为一谈；谢林的一种表述；通过之间关联所展示出的是，施莱尔马赫是如何将其用之于此的，对他而言，事物与存在并无二致。"[104]

然而让叔本华觉得颇成问题的，却是施莱尔马赫就宗教与哲学间关系所讲过的那些话。尽管他在其生命这一时刻尚未成为令尼采如此钦佩的坦诚无神论者，但他却正在沿着这一方向前行。因此，当他老师宣称宗教和哲学都共同认知有上帝存在的时候，叔本华评论道："当然，哲学在此之后便不得不假设出上帝这一概念，当该概念发展到足够程度的时候，它应该接受或拒绝，同样也可以随时既接受又拒绝。"[105] 之后，施莱尔马赫断言说，自然科学和伦理学诸原则的巅峰表现在于具体之物，而先验哲学则终结于对上帝的认知，此时他的学生觉得这一观点是在"将上帝的概念恬不知耻地强加于人"，"他似乎将形而上学与先验哲学这两种互为头号劲敌的东西混为一谈"。[106] 当施莱尔马赫提出古代宗教总是与古代哲学势同水火，但情况在现代却恰恰相反看法的时候，叔本华立刻想出两个反例："康德不得不向国王做出不写任何与宗教相关东西的承诺。

---

[103] 参见格温纳《私人交往中的阿图尔·叔本华》，第47页。

　*　普罗提诺（Plotinus, 205？—270？）古罗马哲学家，新柏拉图学派主要代表，亚历山大－罗马新柏拉图学派创始人，提出"流溢说"，著有《九章集》。

[104] 叔本华《手稿遗稿》，第2卷，第242页／《手写遗稿》，第2卷，第225页。

[105] 同上书，第2卷，第240页／同上书，第2卷，第224页。

[106] 同上书，第2卷，第241页／同上书，第2卷，第225页。

费希特因为是无神论者而被逐出［耶拿］大学。"[107] 更糟的是，当神学家

176 宣称无人能不信教而做哲学家的时候，未来的哲学家毫不买账："没有任何信教之人会迈向哲学，他并不需要它；没有任何真正进行着哲学思考的人会是教徒，他漫步前行，并不受人摆布，虽然不乏危险但却自由自在。"[108] 当施莱尔马赫分析圣奥古斯丁（St. Augustine）"罪恶是一种否定，并不能将其归因于上帝"的论点时，叔本华回想起自己自学舒尔策《普通逻辑学基本原理》（*Grundsätze der allgemeinen Logik*，第二版，1810）时的情形："谬误在于不当的皈依；他因此得出以下结论：（1）事物的本质导致了否定。所有的罪恶都是否定（正确）；（2）所有的否定都是罪恶的（错误）；（3）因此，所有事物的本质都会导致罪恶。否定的延伸比罪恶的延伸更甚。"[109] 叔本华知道，某个一般肯定命题的有效反转，导致某个带有反极性主体和谓项术语的特殊肯定命题的产生："所有的罪恶都是否定"的结果便是"某些否定是罪恶的"，正如"所有的猫都是哺乳动物"的结果是"某些哺乳动物是猫"一样。[110] 在叔本华看来，施莱尔马赫将会作出"所有的哺乳动物都是猫"的论断。

直至施莱尔马赫 1834 年去世时，叔本华都会在公众场合不置可否，将自己对施莱尔马赫所持的具有批判性反对态度给掩饰起来。他曾经将自己博士论文一份抄本寄送给自己从前的教授，而在这篇博士论文中，他对这位神学家毫无提及。在他主要著作第一版当中，他援引了施莱尔马赫的话来支持自己的观点：在我们认知到数学和逻辑学方面的

---

[107]　同上书，第 2 卷，第 242 页 / 同上书，第 2 卷，第 225 页。

[108]　同上书，第 2 卷，第 243 页 / 同上书，第 2 卷，第 226 页。

[109]　同上书，第 2 卷，第 244 页 / 同上书，第 2 卷，第 227 页。

[110]　在自己所抄的舒尔策《普通逻辑学基本原理》抄本第 160 页，叔本华总结出关于四大经典范畴命题的有效直接结论。在一般肯定命题"所有的 a 都是 b"下面，他列出了带有局限性的话题，作为一个有效结论："一般的肯定判断只是偶然被反转过来：所有的 a 都是 b；因此，某个 b 是 a。"《手写遗稿》，第 5 卷，第 160 页。"所有的猫都是哺乳动物"以及"某些哺乳动物是猫"，并不会在逻辑上得出施莱尔马赫所会得出的结论"所有的哺乳动物都是猫"。

真理之前，我们并未对这些真理具有理性认识，而只是在感性层面上，"只要仅仅是直观地意识到的"这些真理。这便是"F. 施莱尔马赫在他《伦理学批判》（*Critique of the Theory of Ethics*）中也谈到逻辑感和数学感，还谈到两个公式间的相同感或不同感"[111]要点所在。在施莱尔马赫去世两年后，他再次赞扬了后者对这种感觉的认识，但就其从这种感觉推断出的结果进行指责。他因此在某次谈论那些试图证明上帝存在而归于失败的尝试的时候，通过援引休谟言辞的方式，在一条脚注当中提到施莱尔马赫："……甚至是神学家施莱尔马赫曾试图获得的证据，也或许能够从这种依附感中得到真相，尽管它并非恰恰是提供这一证据的人所期待的真相。"[112]在1844年再版的《作为意志与表象的世界》中，叔本华再一次地声称自己从前这位老师具有某种洞见，但这一洞见却是后者伦理学中此时所有的唯一洞见，而他还诽谤施莱尔马赫传授这一洞见的成效："……在实践哲学中并无能够从纯粹抽象的概念当中被显露出来的智慧，这是从神学家施莱尔马赫的道德说教当中唯一能被学到的东西。他所讲授的这些内容，正是他令柏林科学院烦扰多年的东西。"[113]然而，他却进而甚至还更为严苛："从大卫·休谟一页书中所能学到的东西，比将黑格尔、赫尔伯特和施莱尔马赫这三个人所有哲学著作放在一起所能学到的东西还要多。"[114]尽管施莱尔马赫从未成为叔本华憎恨的终极目标，但露出本来面目的他，却像黑格尔一样，适时地通过讨好与其

177

---

[111] 叔本华，《作为意志与表象的世界》，第1卷，第52页／《全集》，第2卷，第62页。

[112] 关于叔本华对于休谟《宗教自然史》的提及，及其对某种关于上帝存在的证据所作的批评，参见叔本华《论自然中的意志》，第50页，注释／《全集》，第4卷。《论自然中的意志》，第38页注释，叔本华将此证据称之为"惊恐（a terrore）的证据"，也即是说，畏惧是信神的基础。叔本华认为这是佩特洛尼乌斯（Petronius）所说过的话。施莱尔马赫事实上将这种"全心依附（Abhängigkeit）的感情"等同于他对宗教所下的定义。参见他的《基督教信仰》（*Der christliche Glaube nach den Grundsätzen der evangelischen Kirche in Zusammenhängen dargestellt*, 1821—1822），命题4。

[113] 叔本华《作为意志与表象的世界》，第2卷，第84页／《全集》，第3卷，第92页。

[114] 同上书，第2卷，第582页／《全集》，第3卷，第668页。

同时代人，而最终被误尊为伟人。[115]

叔本华如果在费希特和施莱尔马赫的讲座中察觉到某些愚妄之物——"粪便"——的话，就常常将其写在他从费希特的法学和道德哲学讲座上借来的笔记摘要上——他的求知欲驱使他去亲自观察实物。[116] 他常常到柏林慈善机构的"忧郁症患者收容室"去观察那里面的病人，他们中的两位给他留下印象。他后来会送给其中一位一本《圣经》，而他送给另外那一位的则是一首诗。[117] 早前，他在费希特的入门讲座上，就已立即质疑这位老师所持的疯子像动物、天才像神圣的观点。他写道："我相信，天才与疯子尽管彼此大相径庭，但两者之间的关系，却比天才与常人以及疯子与动物之间的关系要更为紧密。"[118] 他会在后来将这些自己早期就天才和疯子所持的看法，妥帖地放进自身哲学中去。

然而突如其来地扰乱了叔本华求学生涯的，还有另外一种形式的疯狂。1812 年春，当他正准备撰写自己博士论文的时候，拿破仑的大部队（Grand Armée）行军路经柏林。为迫使俄国的亚历山大一世留在大陆体

---

[115]　参见叔本华《附录与补遗》，第 2 卷，第 279 页 /《全集》，第 6 卷，第 296 页，在该页中，"伟大的施莱尔马赫"与"黑格尔那巨人般的头脑"被视为"德意志哲学空话"的始作俑者。

[116]　许布舍尔认为叔本华借来抄下的费希特法学和道德哲学讲座的讲稿抄本，是约翰·巴布提斯特·莱纳特（Johann Baptist Reinert）这位《瑞士民法典》（the Solothurn Civil Code）执笔者的笔记。莱纳特很可能是在费希特就意识的实况及知识学所开设的讲座上遇见叔本华的。参见《手稿遗稿》，第 2 卷，第 xxvii 页 /《手写遗稿》，第 2 卷，第 xxvii 页。在费希特每次宣称世界是将对人的道德教化作为其计划，以及世界仅仅是为此目的而存在之后，叔本华都着重写下了"粪便（Mist）"一词！

[117]　叔本华将《圣经》送给恩斯特·赫夫纳（Ernst Hoeffner）。这名从前的普鲁士军队士兵，来自波美拉尼亚的克斯林，罹患了"轻度躁狂症"（mania partialis）。赫夫纳交给叔本华一份关于自己精神错乱原因的不连贯的陈述。特劳戈特·舒尔策（Traugott Schultze），这名早前的神学学生，来自萨克森的葛洛森海恩，他就是那位诗人。在《逃入忘却：叔本华作品中的弗洛伊德精神分析的发端》（Die Flucht ins Vergessen: Die Anfänge der Psychoanalyse Freuds bei Schopenhauer, Darmstadt: Wissenschaftliche Buchgesellschaft, 1995）中，马塞尔·岑特纳（Marcel Zentner）在附录第 199—208 页提供了赫夫纳那篇奇怪文章当中的选段，第 23—24 页提供了舒尔策的诗作。第 1—33 页，岑特纳谈到叔本华数次造访柏林慈善机构的情况。

[118]　叔本华《手稿遗稿》，第 2 卷，第 118 页 /《手写遗稿》，第 2 卷，第 18 页。

系之内，并阻止其入侵波兰，拿破仑可谓不顾一切。而拿破仑对俄战争的后果又实在是招灾引难。大部队被迫进行大撤退。先前人数超过六十万的大军，饱尝了连串战役的蹂躏和俄罗斯凛冽严冬的摧残，加之挨饿致死以及被敌所俘的缘故，而锐减至三万人左右。眼见波拿巴江河日下的弱势，普鲁士胆气倍增，加入到由英、俄、瑞典、奥地利和其他德意志邦国所组成的阵营一方，对法宣战。1813 年 5 月的吕岑战役之后，柏林似乎处于将会遭受攻击的态势。叔本华的许多教授和同学都拿起武器。沃尔夫与费希特将自己武装到牙齿，施莱尔马赫则向众人布道，将萌芽的情绪转化为爱国的壮举。但正如约翰娜就法军对魏玛的洗劫所进行的描述并未能激起儿子身上的爱国激情一样，叔本华所受的感动，只到了为自己一位友人买下了制服和武器装备的程度而已。他的这位叫费迪南·赫尔姆霍茨（Ferdinand Helmholtz）的朋友，是大物理学家赫尔曼·路德维希·费迪南·赫尔姆霍茨（Hermann Ludwig Ferdinand Helmholtz）的父亲。叔本华逃离柏林，行色之匆匆，使得他未能向沃尔夫道别。[119]他的这一举动绝非出自爱国心，而是另有原因。正如他在自己私人日记中所写的一样，他之所以逃离柏林，是因为"我极端害怕自己会被强征入伍"。[120]此外，他脑子里还想着自己的博士论文。

179

---

[119] 在同自己博士论文抄本一同寄出的那封信中，叔本华为自己未向沃尔夫道别便逃离柏林而向其致歉。参见《书信集》，第 7 页，叔本华 1813 年 11 月 24 日致沃尔夫。

[120] 叔本华《手稿遗稿》，第 4 卷，第 2 部分，第 507 页／《手写遗稿》，第 2 卷，下册，第 121 页。

第五章　更优的意识、原因、根据及冲突

180　　叔本华成为一名深谙疏离之道的大师，无论从身体上来看，还是从心理上而言，均是如此。他最初从柏林的逃离——他还将于 1813 年再次逃离——是为了逃避由黑格尔那骑于马上的世界精神的军队所表现出无意识结局所带来的诸多后果。但历史的目标却在别处，拿破仑并未进攻柏林，叔本华的逃离因而并无必要。但如果我们信得过哲学家在他五十六岁时经过思考而得出的看法的话，那么，他在自己年纪尚小之时便已将此道用诸己身："在我青少年时期某一阶段，我一直尽心竭力地从外部审视自己，并将审视结果向自己展现出来；我很可能是为了让它们令我自己觉得愉悦。"[1] 他日后得出这样的哲理：出名从来就不是乐事，乐事是观照事物的本来面目，只要自己没有牵扯进去。从山巅凝眸俯瞰脚下的混沌并最终一眼看透脚下的世界，在此过程中，通过不再将事物视为用以满足或挫败欲望可能手段的方式而忘却自身，是为了逃离这个梦幻般的，抑或甚至是梦魇般的、正在形成着却又消亡着的世界。如同他日后诉诸理论一样，这是在变成一种没有时间、没有意志也没有痛苦的认识主体，并不具有任何关于自我或世间俗事的观念。为达成这一观点，就需要有

---

[1]　叔本华《作为意志与表象的世界》，第 2 卷，第 372 页 /《全集》，第 3 卷，第 425 页。

一种完全客观的立场：一种正确领悟事物的立场，这一立场"只有在我们无个人参与，故而全然止息了意欲的时候，才有可能"。[2]不同于他从柏林的出逃，这一类型的逃离不可或缺。

当叔本华听完他所有柏林讲座课程，认真在讲座大厅外学习着康德、谢林、柏拉图、费希特、雅各布·弗里德利希·弗里斯（Jakob Friedrich Fries）[3]、雅各比、弗兰西斯·培根和洛克学说的时候，他殚精竭虑于将自己种种哲学洞见诉诸明确的表达。[4]他发觉，这个悲惨苦痛、转瞬即逝的毁灭与死亡的世界被超越于其间的那些时刻，是确实存在的。艺术，尤其是音乐，以及美德，表达出某种要物，它能够免受吱嘎作响的时间之轮那吞噬万物的转动所具有的影响。如同他给自己母亲所写的那样，确实有着某些能够加以严肃对待的事情，它们不同于这个悲惨世界上那些不值努力的其余一切。此时的他将蒂克混同于瓦肯罗德。艺术、德行以及圣人般的绝尘弃世，意味着某种比之于飞逝即过的欢快愉悦、耽于声色以及为那些诸如"哥塔市侩"之类所乐享的舒适中产阶级生活要更为纯净、更为高尚和更为持久的东西。

181

---

[2] 同上书，第 2 卷，第 373 页／同上书，第 3 卷，第 426 页。

[3] 弗里斯生于萨克森的巴尔比，在尼斯基的莫拉维亚学院及莱比锡大学和耶拿大学接受的大学教育。他在耶拿大学听过费希特的讲座，却对这些讲座绝少好感。他后来在海德堡大学和耶拿大学教授哲学和数学。弗里斯自认为是康德的信徒，他写下了论战书《莱因霍尔德、费希特与谢林》（*Reinhold, Fichte und Schelling*, 1803）来攻击这三个人。叔本华在 1812—1813 年这段时间研习了他名为《新理性批判》（*Neue Kritik der Vernunft*, 1807）的康德式著作，发觉弗里斯大部分观点都是"胡言乱语"或"枯燥乏味的胡言乱语"（seichtes Geschwätz）。关于叔本华大学时代的弗里斯读书笔记，参见《手稿遗稿》，第 2 卷，第 417—425 页／《手写遗稿》，第 2 卷，第 358—366 页。

[4] 许布舍尔将叔本华自学这些哲学家学说的时间标注如下：康德，1812 年；谢林，1811 年至 1812 年上半年；柏拉图，1812 年；费希特，1812 年春夏；弗里斯，1812—1813 年；雅各比，1812—1813 年；培根，1812 年；洛克，1812 年夏。参见上书，第 2 卷，第 xxix 页／同上书，第 2 卷，第 xxix 页。

更优的意识

1812 年，他偶然间产生一个想法。他首次使用"更优的意识"（the better consciousness）这一表达法，这是一种"超越于所有经验，也因此超越于所有理性（无论是理论理性也好，还是实践理性也罢）的意识"。[5] 叔本华似乎是在试图将费希特的先验"自我"这一概念诉诸清晰的表述，这一概念是在其假定出一个"非我"之前就被设想出来的，或者也许是先于一个关于在超越"非我"——即世界——之后对于某种存在状态回归的理念，就被设想出来了。更优的意识"通过其效果而向知性显

---

[5] 叔本华《手稿遗稿》，第 1 卷，第 23 页 /《手写遗稿》，第 1 卷，第 23 页。镰田康男认为叔本华"更优的意识"这一概念可能是来自于费希特的"更高的意识"（höheres Bewußtsein）这一概念，他还指出，叔本华这一概念还与谢林"知性直觉"的概念也有相似之处。参见《青年叔本华：〈作为意志与表象的世界〉基本思想的起源》（*Der junge Schopenhauer: Genese des Grundgedankens der Welt als Wille und Vorstellung*, Munich: Alber, 1988），第 120—121 页。叔本华对谢林在"关于哲学作品中的教条主义与批评的哲学信件"（Philosophische Briefe über Dogmatismus und Kriticismus in philosophischen Schriften，载《哲学作品》[*Philosophische Schriften*, Landshut: Philipp Krüll, 1809]）中的观点"知性直觉正是我们最为内在的经验，我们关于某个超越感觉之上的世界所知和所信的一切，仅基于此"。参见《手稿遗稿》，第 2 卷，第 347 页即该页脚注 /《手写遗稿》，第 2 卷，第 309 页，第 468 页。然而，叔本华却在 1812 年六七月份时写道："但谢林的知性直觉是某种不同于我认为人类所具有的更优的意识的东西。读者应当将此常记心中。"参见上书，第 2 卷，第 373 页。/ 同上书，第 2 卷，第 369 页及随后一页。叔本华将谢林知性直觉的概念理解为对知性的知识发展的要求，而他更优的意识的理念却是自然天成，仿佛乍然顿悟，无关知性；参见上书，第 2 卷，第 351 页。/ 同上书，第 2 卷，第 312 页。关于叔本华早期哲学中更优的意识的其他研究，参见其他作品中的汉斯·岑特"叔本华的双重意识哲学"（Schopenhauers Philosophie des doppelten Bewußtseins），载《叔本华年鉴》，第 10 卷（1921），第 3—45 页；鲁道夫·马尔特（Rudolf Malter）《那种思想：阿图尔·叔本华哲学入门》（*Der Eine Gedanke: Hinführung Philosphie Arthur Schopenhauers*, Darmstadt: Wissenschaftliche Buchgesellschaft, 1988），第 5—12 页；吕迪格尔·萨弗兰斯基"高高在山——是逃脱！叔本华的更优的意识：观者的狂喜"（Hoch auf dem Berge und - entronnen! Schopenhauers besseres Bewußtsein: Ekstase des Sehers），载《路德派月刊》（*Lutherische Monatshefte*），第 28 卷（1989），第 267—271 页；弗里德赫尔姆·德谢尔（Friedhelm Decher）"更优的意识：论叔本华哲学起源中的一个概念的功用"（Zur Funktion eines Begriffs in Genese der Schopenhauerschen Philosophie），载《叔本华年鉴》，第 77 卷（1996），第 65—83 页；以及尼科勒塔·德·西安（Nicoletta De Cian）和马可·塞加拉（Marco Segala）"意志何为？"（What Is Will?），载《叔本华年鉴》，第 83 卷（2002），第 13—42 页。

182

现出自身"。但知性所看见的却从不会多于其外部世界。[6]他写道，"我身上的更优的意识，将我提升至一个其间再无个人与因果或主体或客体的世界。我希望并相信，这一更优的（超越感觉的和超越时间的）意识，将会成为我唯一的所有，因此之故，我希望它并非上帝。但如果有谁想要使用上帝这一表述，来象征更优的意识本身或许多我们能够分割或命名的东西的话，那就悉听尊便吧，但在我可能会想到的哲学家中间，情况却并不会如此。"[7]希望更优的意识成为他唯一的所有，便需要允许该意识"甚至是在黑暗之中也掌控着生命之舟的航向，直至死后仅有更优的意识留存下来"[8]。这种永恒存在的更优的意识，象征着同这个世界之间的终极距离。

　　叔本华在柏林所做的沉思默想，发展了他对于死亡、艺术、美德以及初露端倪的禁欲主义的普遍看法。在它们其中任何一个后面，他都发现了更优的意识：一种对现时世界，对以经验为根据的意识及其对可被感觉的世界的认知，所具有的超越。他沉思道，优美之物的本质"乃是对于现时世界理论上的否定，以及对永恒的肯定"[9]。同自然美形成反差的艺术美，乃是天才的作品："忠实与客观……艺术美的条件。对艺术客体把握最佳的诗人与画家，让那存在于时间之外并超越于自然之上的东西为人所识，同时又总是对自然最为客观和最为忠实。"[10]这种关于艺术杰作的沉思冥想，也激起了冥想者的更优的意识："我们不再专注于考量（有益于我们的个体存在的）时空及因果的关联，而是看见了柏拉图关于客体的理念。"[11]对大学生叔本华而言，对柏拉图理念的直觉，意味着一种

183

---

[6]　同上书，第 2 卷，第 431 页 / 同上书，第 2 卷，第 370 页，叔本华关于雅各比《论神物》
　　（ *Von den göttlichen Dingen*, Leipzig: Fleischer d. Jung, 1811 ）的笔记。
[7]　同上书，第 1 卷，第 44 页 / 同上书，第 1 卷，第 42 页。
[8]　同上书，第 1 卷，第 48 页 / 同上书，第 1 卷，第 45 页。
[9]　同上书 / 同上书。
[10]　同上书，第 1 卷，第 49 页 / 同上书，第 1 卷，第 46 页。
[11]　同上书，第 1 卷，第 50 页 / 同上书，第 1 卷，第 47 页。

对某种完美无缺、超越时间和纯净无瑕的客体的认知。后来他对柏拉图理念那极其非柏拉图的理解，在他的形而上学和美学当中起到了一种至关重要的作用；而在其音乐哲学中，则并非如此。还在这些早期思想当中，音乐即已被甄选出列："它〔音乐〕不同于其他艺术，它们是一种对于更优的意识在这个物质感官世界中作用的再现，而它本身却是这些作用当中的一种。"[12]

在早期浪漫派精神激励之下的叔本华，对启蒙运动将理性奉若神明的做法心存异议，他渴望着某种比日常世界更为深沉的东西，渴望着某种比理性和具有理性更为伟大的关乎于人的东西。他以康德的理由为依据贬低了理论理性的作用，却并未秉承康德的精神。理论理性因为康德的二律背反，因为其引发出对于宇宙问题所作的既令人信服又自相矛盾回答的能力而体无完肤、不堪一击。[13] 理性所固有的对绝对无条件之物的向往是康德曾予以警示的东西，它将我们引入歧途。[14] 叔本华因此写道，

184

---

[12] 同上书，第1卷，第52页 / 同上书，第1卷，第49页。

[13] 在《纯粹理性批判》A426 / B454—A460 / B488 中，康德详述了四对二律背反的命题：前两个他称之为数学命题，后两个则被他称之为能动性命题。这些二律背反命题详情如下：（1）命题："世界有其时间上的起点，而在空间上它也囿于边界之内。"反命题："世界在空间上并无起点，无远弗届，但就时空而言，均为无限。"（2）命题："世间的每一个复合体均由单一的部分构成，没有什么存在于单一物或是由单一物构成的东西之外的事物。"反命题："世间并无任何由单一部分构成的复合物，而在它之中也并无任何单一物。"（3）命题："符合自然诸法则的因果律，并非世界所有表象均能由之推导而出的唯一法则。为对这些法则进行解释，还必须经由自由设想出另一个因果律。"反命题："不存在什么自由，但世间所有的一切仅仅应和于自然法则而发生。"（4）命题："属于世界的，是某种是为绝对必须之存有的东西，它要么是世界的一部分，要么是世界的缘由。"反命题："那种作为世界的缘由，要么存于世上，要么存于世外的绝对必须之存有，并不存在。"叔本华认为所有这些二律背反命题的证据都是诡辩，只有那些反命题是从作为表象之世界的诸多法则所必然得出的推论，在每种情况下都是一种先验之物。参见《作为意志与表象的世界》，第1卷，第493—494页。/《全集》，第2卷，第586页。

[14] 康德在《纯粹理性批判》第一部分"先验辩证法"（Transcendental Dialectic）A310 / B366—A338 / B396，谈论过理性对于关乎被经验到的特定客体的绝对之物的追寻。叔本华认为理性对于绝对之物的要求不合理，因为"充足理由律的妥当性在意识的形式中是如此根深蒂固，以致人们根本就不能想象一个客观的东西，说它再没有一个为什么可问，也就是不能想象一个无条件的绝对，犹如我们面前一堵白墙"。同上书，第1卷，第483页 / 同上书，第2卷，第573页及随后一页。

用于思辨的理性"乃是一切谬误的根源"，当"理论理性被用于思辨之时，被制造出的是教条主义者；而当其被用于经验之时，被制造出的则是常规的学者……比如《浮士德》中的瓦格纳"。[15] 尽管康德对思辨理性的批判是为了澄清信仰的基础，但实践理性却自有其稳固的根基。然而在这位柏林大学的大学生看来，实践理性却颇成问题。理性并不能发现道德法则，道德行为也并不理性："从理性推导出行为中的道德因素，乃是对神明的亵渎。在道德因素中，更优的意识显而易见，它远胜于一切理性，在行为中展其圣颜，它是对世界的真正拯救。这种意识在艺术中显现为天才，它是对于尘世生活的一种安慰。"[16] 理性是工具，它服务于行事者的目标。如若人的目标邪恶，理性则服务于为达目的而不择手段的精心算计。因此之故，"理性距离是为道德之源迢遥如斯，以至于其本身便足以使我们成为恶棍……"[17] 反之，"也可以想见一位更优的意识常附其身的有德之士，更优的意识在他身上鲜活灵动得无时不现，并从不允许情感强至令他尽受其控的地步。他因此总是直接接受更优的意识的引导，而非经由通过箴言与道德原则的形式而现身的理性介质。由是之故，尽管理性孱弱，知性乏力，但高尚的道德和善行却仍然可能……"[18]

叔本华对于这种经验性的更优的意识所作的沉思，驱使他去思考那种将个体的人禁锢于这个朝生暮死、满是悲苦与绝望世界当中的东西，以及种种将人从这座泪谷解放出来的东西。他援引了他钟爱的斯特恩的语句："没有如性欲一般严肃的情欲。"[19] 性欲的严肃性即是动物性的严肃性，而动物是不笑的。交媾的夫妻表达出这一严肃性，这一行为使得这个世界永存不朽，并藉此对之予以肯定。事实上，"[对于这一短暂意识

185

---

[15]　叔本华《手稿遗稿》，第 1 卷，第 46、47 页 /《手写遗稿》，第 1 卷，第 43、44 页。
[16]　同上书，第 1 卷，第 47 页 / 同上书，第 1 卷，第 44 页。
[17]　同上书，第 1 卷，第 54 页 / 同上书，第 1 卷，第 51 页。
[18]　同上书，第 1 卷，第 55 页 / 同上书，第 1 卷，第 51—52 页。
[19]　同上书，第 1 卷，第 45 页 / 同上书，第 1 卷，第 42 页。

的〕肯定的焦点之所在，乃是性冲动的满足。"[20]然而在那些杰出而聪明的人身上，却有着他们的性行为与心智活动同时达到高潮的时刻，而在这样的时刻，理性只能再次发挥工具性的作用："然而作为领悟在其一体性中生命总体性的能力，作为介于现世的与更优的意识之间的纽带……对于这两种原则，理性在历史上却都熟知……它能在意识溺于贪婪时，让自身真切地体认出'另择他向'箴言的深意——这一箴言源自更优的意识。然而，理性的能力只是将这样的箴言当作一个对抗生命欲望的毫无生气的概念来加以举起，但它却将其呈现为此种状态，并使得选择成为可能，也即是说，使得以其为条件的自由成为可能。"[21]他继续写道，这是在黑暗、需求、欲望与幻想的王国同光明、宁静、欢乐、亲和、和谐与和平的王国之间作出的选择。这一选择是在自相矛盾的无比艰难又无比容易之间。为了阐明这一观点，叔本华提到了一首描写一位骑士的诗作。骑士的任务是进入一座被一堵快速旋转、开有唯一一扇窄门的墙所环绕的城堡。骑士闭上双眼，策马扬鞭，全速疾驰地穿过那扇门。他继续写道，该诗象征着美德这一通往光明的途径："为了做到极端困难的不可能的事，我们仅仅需要意志便可，但具有意志是我们必做之事。"[22]这并非是信仰那相当克尔凯郭尔（Søren Kierkegaard）的飞跃，但却是更优的意识这一骑士迎向美德的疾驰。使意志得以止息的是一种充满了意志的行动。

　　1812年，在认识到这首描写骑士诗作重要性的近一年之前，叔本华就已经使用意志这一理念。在一篇名为"小体系"的残篇当中，他以费

186　希特和谢林的方式（à la Fichte and Schelling），将意志与目的归因于大自然。为了它所有的造物，大自然决心尽可能全面而长久地要求生命与福

[20]　同上书，第1卷，第74页/同上书，第1卷，第69页。
[21]　同上书，第1卷，第58页/同上书，第1卷，第54页。
[22]　见前注/见前注。

祉。[23] 邪恶是对立于大自然目标的东西。他写道，我们应当催生生命，增进福祉，我们"应当想要大自然所想要的东西"。[24] 他声称，这是我们应当做的事情，"因为我们的内心深处仅仅关注于服务和满足大自然的目标，我们纯粹的意志仅仅是她的意志而已……"[25] 至于究竟是这个"小体系"不止于思考上的一种探索，还是它揭示出叔本华自己的哲学信念，该残篇并未让人明了。但他很快便推翻了这篇笔记中的想法。美德并非出于对大自然意志的遵从，救赎是存在于对尘世的逃离。假如这个世界本身本质如此的话，那它是不应该有的事情：

　　这个世界是一个毁灭智慧的或然、谬误及愚行横行其间的王国，邪恶在此处以肆无忌惮的强势大行其道，永恒之物那每一道反射出的光辉，仅仅在偶然间才有立锥之地，但其所受的压制却数不胜数，这一切怎么会真正令我们惊讶？我是说，这怎么能令我们惊讶？因为事实上，这个世界（亦即，我们那存在于时空中的以经验为根据、凭感官去感觉和由理性去操控的意识）仅仅是通过在我们那更优的意识看来本不该有的东西而获得了自身的起源，这种东西是误人的歧途，美德和禁欲正是远离它的回程正道，因此之故，安详辞世就是解脱，如同成熟的果实会从树上落下一样；柏拉图（《斐多篇》[Phaedo]）因此将"哲人"的整个一生称之为"一种长时间的死亡"，亦即，遁世绝俗。[26]

[23]　同上书，第 1 卷，第 21 页／同上书，第 1 卷，第 21 页。
[24]　同上书，第 1 卷，第 22 页／同上书，第 1 卷，第 22 页。
[25]　见前注／见前注。
[26]　同上书，第 1 卷，第 43 页／同上书，第 1 卷，第 41 页。此处指柏拉图《斐多篇》64a："……那些真正致力于追随哲学正道的人，是在直接并自愿为死亡和赴死做着准备。"柏拉图《对话录》（*The Collected Dialogues*，艾迪丝·汉密尔顿[Edith Hamilton]与亨廷顿·卡恩斯[Huntington Cairns]编，Princeton, NJ: Princeton University Press, 1973），第 46 页（休·崔德尼克[Hugh Tredennick]译本）。

后来，他会将"世界不应存在"的断言用作"悲观主义"宗教的标志，他会辩称，认识到死亡与痛苦的无处不在，催生出对于世界所做的哲学和宗教思考。[27]

187 但这首关于骑士的诗也促使叔本华承认"想要"等词的重要性："想要（wollen）！豪言壮语！末日审判这一标尺上的指针，天堂与地狱之间的桥梁！理性并非是从天堂照耀出的光芒，相反，它只是由我们自己所设置的标杆，导向被选定的目标。当目标本身被遮蔽之时，它或许能为我们指明方向。但我们也能够将它指向地狱，就如同能够将它指向天堂一样。"[28] 然而，在叔本华哲学思想形成的这一节点，他却既没有认识到意志这一概念形而上学的重要性，也没有认识到它在基督救世说方面的重要性，这两者将会在接下来的两年中合二为一。尽管如此，当叔本华离弃柏林之时，他却是因为考虑到自己的哲学成果以及惧怕自己活不到足以将自己思想最终定型的寿数，才有此举；我们不难想象，对某个在战争状态下计划完成博士论文的人来说，这样的态度并不反常：

　　在我手中，更多地是在我头脑中，生长着一部作品、一种哲学。这种哲学应当使伦理学和形而上学成为一体，因为它们只是曾经被错误地分割开来，正如人被分为灵魂和肉体一样。这部作品生长着，渐进而缓慢地扩展着，犹如子宫里的孩子。我不知道何为最先，何为最后，正如子宫里孩子的生长状况那样。坐在此处和朋友所认识的这个我，并不了解这部作品的起源，正如母亲并不了解她子宫里孩子的起源一样。我像母亲一样地看着它，对它说："得以怀胎，我

[27]　参见叔本华《作为意志与表象的世界》，第2卷，第170页/《全集》，第3卷，第188页，他在此处声称，宗教间的根本差异在于，它们悲观并声称世界不应存在，抑或是乐观并声称世界自有其存在的合理性；在《作为意志与表象的世界》，第2卷，第161页/《全集》，第3卷，第176—177页，叔本华宣称，对于死亡和生命的痛苦与不幸的认识，为哲学思考以及对世界所作的形而上学解释，提供了最强有力的动因。

[28]　叔本华《手稿遗稿》，第1卷，第59页/《手写遗稿》，第1卷，第55页。

何其有幸呀。"机会，真是物质世界的主宰者啊！让我再多享几年宁
静吧！因为我爱我的作品就如同母亲爱她的孩子一样。当它成熟到
被生下来以后，再来行使您的权利，收取您因给予我的宽宥而应得
的贡品吧。……但如果在这一严峻时期，我在自己的机会到来之前就
将死去的话，哦，那么但愿这些尚未成熟的萌芽之作，这些我所完
成的研究，能够被交付到世人的手中，以便被如其所是地保存下来。
将来某一天，或许会出现某个心气相通的知己，他懂得该如何将这
些部分合在一起，来修复这一古物。[29]

当叔本华带着一种不确定的命运感逃离柏林之时，他发觉通往德累
斯顿的旅程行进缓慢。具有讽刺意味的是，他碰上了那些他极力想要避
免的事情。他被迫充当法国军队和某萨克森小城市长之间的口头翻译。
十二天之后，他到达德累斯顿，却只是因为害怕法军会来进犯而再次惶
恐不已。焦虑驱使他到自己母亲在魏玛的住处去寻求庇护，但家中的情
况并不更好，其原因并非因为法军："某些家务安排令我如此不快，以至
于我退往鲁多尔席塔特去另寻避难所。"[30] 叔本华不快的根源是一位名叫　188
格奥尔格·弗里德利希·康拉德·路德维希·缪勒（Georg Friedrich Conrad
Ludwig Müller）的枢密档案顾问，他会在 1815 年左右在他这已颇为冗长
的名字后面，再加上"冯·格斯滕贝克"（von Gerstenbergk）这一采自他
母亲谱系一位受封为贵族的叔叔的名号。"缪勒·冯·格斯滕贝克"1810
年在龙讷堡与约翰娜·叔本华相遇，在约翰娜前往那里度假期间，他是当
地的市政官和约翰娜的房东。尽管他比宫廷女参事叔本华夫人小十四岁
之多，但约翰娜却仍被这位在社交方面颇爱炫耀的文职人员所吸引，他
同她一样对艺术、文学与诗歌充满激情。格斯滕贝克随约翰娜一同前往

[29]　见前注／见前注。
[30]　叔本华《书信集》，第 53 页，第 654 页。

德累斯顿做了四月之久的旅行，约翰娜在那里描摹那些过往大师的画作。他们两人是如此的难分难舍，以至于歌德的妻子克里斯蒂安娜曾传言说他两人极有可能结婚，而格斯滕贝克的初恋情人则在情感上深受打击，"她都疯了"。[31] 当叔本华 1813 年 5 月到达他母亲的公寓时，这位枢密档案顾问正占据着这所房子的顶层房间，并经常同约翰娜与阿黛勒一道用餐。叔本华像歌德的克里斯蒂安娜一样对两人心存怀疑，并对母亲对父亲姓氏的不忠心怀厌恶。

叔本华试着让自己去听从那些令他如此不快的家务安排，但看着格斯滕贝克对家里佣人发号施令，看着他同约翰娜共谋写作，看着他陪伴她去参加各类社交活动以及同桌进餐，这位年轻人为进行哲学思考所需的平静即被摧毁无遗。在魏玛待了不到一个月之后，他便再次决定远离麻烦，他向南逃往一座名叫鲁多尔席塔特的小村庄去寻求安身之所和幽然独处。他在一家名叫"成为骑士"（Zum Ritter）的小客栈要了一个房间，这令人联想到它是那些他在离开柏林之时试图避开人的目的地。但并非所有的骑士都是士兵，客栈名字所隐含的令人啼笑皆非的意味，被那首描写骑士的诗给冲淡了，这首诗向叔本华所展现出的，是一次向着美德与光明的全速疾驰。无论如何，叔本华都不觉得自己这座避难所的名字有什么令人啼笑皆非的意味。他在那里从 6 月中旬至 9 月下旬伏首于自己博士论文的写作。

189　　　　叔本华对他在鲁多尔席塔特停留的时光所进行的描写，令人感到奇怪。他在《个人简历》中，表达出对自己的怀疑，他写道，自己已变得"情绪抑郁"。[32] 他感到远离于自己所处的时代，因为它要求的似乎是出世的天赋，而非他所具备的才能。他有可能像任何一个"身处某个动荡乱世的无家可归之人"一样，对自己放任自流。但那些惨淡无趣的描述却

[31]　汉斯·格哈德·格雷夫（Hans Gerhard Gräf）《信中的歌德婚姻》（Goethes Ehe in Briefen），第 346 页，摘引自贝尔格曼《约翰娜·叔本华》，第 170 页。

[32]　叔本华《书信集》，第 53、654 页。

因为诸多补偿性因素的加入而得以出彩。鲁多尔席塔特环绕于郁郁葱葱的青山之中，他为"此地那无法言喻的魅力"而沉醉，并像自少年时代起即已习惯的一样，通过在巍巍群山和图林根的森林中徒步旅行来寻求安慰。还有其他令人愉快的事情："由于我天生就反感军务，因此，身处青山环抱的山谷，在这战火即起的整个夏季，既看不到一个士兵，也听不见一声军鼓，我感到非常高兴。处在最深的孤独之中，没有任何事情令我心烦意乱，不受任何搅扰的我潜心于最为深奥的问题与探究之中。"[33] 鲁多尔席塔特的地理位置，使得叔本华的身体远离了战火纷飞的世界，而伏首于他的哲学，则令他在心理上远离了他的苦难。

然而叔本华博士论文的题目，并不是他那形而上学与伦理学同处一体的尚在展望中的哲学。他也未获得灵感，要将那首描写骑士的诗运用象征手法所表达出的东西，落实于文字，尽管他在一个名叫"成为骑士"的地方处于与世隔绝的状态。相反，他选取了一个认识论方面的题目——充足理由律，它的一般陈述是他从克里斯蒂安·沃尔夫那里获得的："任何事物都有其为什么存在而不是不存在的理由。"（Nihil est sine ratione cur potius sit quam non sit.）[34] 在他哲学生涯的这一阶段，叔本华并未说明他为何要以此作为博士论文的题目。然而，很晚之后，这位思想臻于成熟的哲学家，却似乎为这一决定提供了某种理由——一个并不足以解释这一他在青年时期所做决定的理由，尽管它具有让这一决定显出缘由的作用。在他就哲学的不同领域及其展示方法所做的思考当中，他辩称哲学的研究对象包括一般意义上的经验、这一经验的可能性、本质内容与内外因素，以及这一经验的形式与质料。他继续写道，这就要求哲学必须具有一种经验基础，它不能用斯宾诺莎的方式或费希特、谢林和黑格尔的风格，从纯粹的概念当中得出。因为经验本身是哲学的研

190

---

[33] 同上书，第53、654页。

[34] 叔本华《论充足理由律的四重根》，第6页／《全集》，第1卷，第5页。

究对象，第一哲学（Philosophia prima）必须"始于某种对认识能力及其形式与法则，还有它们的有效性与局限性所进行的探究"。[35]他将这"第一哲学"进一步分为两个部分。哲学的经验基础要求某种推理论，或某种关于知性、感性直觉能力与逻辑性的理论，又或是某种关于理性和概念能力的理论。这一哲学的结果可能会是"更狭义意义上的"形而上学，因为它能使得我们熟知自然，却并不熟知自然当中得以表达的事物。我们会停留于表象的层面，而非这些表象本质的层面。他坚称，被分为自然的形而上学、美的形而上学和道德的形而上学三大部分的形而上学的主体，是后一种基础。这种对于哲学的划分也描绘出《作为意志与表象的世界》的哲学结构，该书被分为四篇：第一哲学、自然的形而上学、美的形而上学和道德的形而上学。后三篇所共有的哲学，"展示出自在之物、内在与终极的本质以及表象，均存在于我们的意志之中"[36]。

然而，这些对于哲学分类所做的思考，却是由一名已经成熟的思想家记录下来的，他花费了三十三年的时间来修正、润色和扩展自己那些已于1818年后期首次出版的基本思想。在所出版的《作为意志与表象的世界》中，叔本华曾将自己博士论文称作是该书的导言，他坚称，"不先熟悉这篇绪论，不先有一段预习功夫，要正确理解这本书是根本不可能的……"[37]尽管如此，把在《作为意志与表象的世界》中所表达的观点加191以发展，却会占用这位年轻博士论文撰写者接下来的五年时间，在该书当中，他大胆地提出了意志即自在之物的论点。叔本华在自己哲学的这一发展阶段，仍与费希特持相同看法。自在之物是言之无物的思想。他甚至在自己博士论文中自夸，他的"探究并未因为某一自在之物而陷于

---

[35] 叔本华《附录与补遗》，第2卷，第18页/《全集》，第6卷，第18页。叔本华在第二版前言当中，将《论充足理由律的四重根》称作是一篇"入门哲学论文"（elementaphilosophische Abhandlung），参见第xxvi页/《全集》，第1卷，第v页。

[36] 同上书，第2卷，第19页/同上书，第6卷，第20页。

[37] 叔本华《作为意志与表象的世界》，第1卷，第xiv页/《全集》，第2卷，第x页。

裹足不前的境地"，这句话被他在 1847 年对博士论文进行大幅修改时给删去。[38]

对于自己哲学的结构，青年叔本华不大可能拥有一个有意为之与思虑周详的计划；可能的是，他后来对于哲学分类所做的分析，展现出他对于其哲学的发展成形所做的某种具有理想化色彩的记录。关于他博士论文题目的一个更为可能的解释，存在于以下事实之中：他并未直接就他所设想的形而上学与伦理学所构成的综合体而展开论文写作，因为他那关于更优的意识的哲学，由于他不能回答一个显而易见的问题而被延误下来："以经验为依据的意识与更优的意识之间的关系是什么？"叔本华是在一则写于霍耶斯维尔达这座小村庄的笔记中直接面对这一问题的，当时的他正从柏林逃往德累斯顿。这一问题本身是一个"超验的错觉"，这是另一个他从康德哲学词汇中借用的术语。想着以经验为依据的意识产生于更优的意识之后，就假设了先后顺序，也就因此假设了时间——这一以经验为依据的意识所具有的先验形式，而以经验为依据的意识仅仅在经验世界的范围之内才是有效的。他认为，这同样适用于关乎更优的意识是经验之物原因的观点。因果律，如同时间一样，也是人类认知的一种先验形式。叔本华因此认为，任何关于更优的意识同以经验为依据的意识之间关系的问题，都毫无意义；它提出了一个从未能被回答的问题。情况充其量只是："如果我们想要来谈论这一关系的话，那么我们可以说它对于三世众生而言确未可知。其原因在于更优的意识并不思考，也不认知，因为它的存在超越于主客体之上。但以经验为依据的意识却并不能够知晓某种在其间一种关联乃是其自身的关系。这种关系因而超越于这一意识范畴而存在，并包含着这一范畴本身。"[39] 尽管他在早期未曾付印的笔记中还将继续使用"更优的意识"这一术语，但他再也不会　192

---

[38]　《全集》，第 7 卷，第 71 页。

[39]　叔本华《手稿遗稿》，第 1 卷，第 72—73 页 /《手写遗稿》，第 1 卷，第 67 页。

在自己任何一部作品当中使用这一术语。后来，这一概念变身而为诸多不同的状态，在这些状态中，单个的个人置身于摆脱意志的境地。[40]

入门问题

当叔本华为了他那关于更优的意识的哲学而费尽心力，试图弄清更优的意识同以经验为依据的意识之间的关系是否能得以解释的时候，他将注意力转向了充足理由律本身，它是所有解释的根基之所在。他回顾了沃尔夫、兰贝特、莱玛乌斯、鲍姆嘉登、笛卡尔、莱布尼茨、舒尔策、霍夫鲍尔、马斯、普拉特纳、麦蒙、雅各布、科斯维特及康德的相关著述。[41] 在他那些所谓"早期手稿"当中，他将自己对这些早期哲学家所进行的思考称之为"几乎全是为了撰写以充足理由律为题的博士论文的目

---

[40] 或许，他在自己博士论文中唯一暗指更优的意识的地方，就在因为将我们身上最好的东西归于感觉的概念之下而对"盲目的共时性"所进行的间接批评当中，"事实上，世界上所剩余的一切同这种我们身上最好东西之间的关系，就如同某个梦中的某个阴影同真实的实体之间关系一样。"叔本华《全集》，第 7 卷，第 84 页。

[41] 叔本华为自己博士论文所做的预备性的逻辑研究，包括克里斯蒂安·沃尔夫《首要哲学》（*Philosophia prima, sive Ontologia methodo scientifica pertractata, qua omnis cognitionis humanae principia continentur*, Francof. Et Lips, 1736），他从该书中采用了"第一哲学"（philosophia prima）这一术语来指涉对人类认知的形式、法则、有效性以及局限所进行的准备性哲学研究；约翰·海因利希·兰贝特（Johann Heinrich Lambert）《新推理法，或关于就真相所进行的研究与描述及其同谬误与表象间区别所具有的想法》（*Neues Organon, oder Gedanken über die Erforschung und Beziehung des Wahren und dessen Unterscheidung vom Irrtum und Schein*, Leipzig: Wendler, 1764）；赫尔曼·萨穆埃尔·莱玛乌斯《理性论，作为在对真理的认识中正确使用理性的某种指导，从两条一致与矛盾的自然规则中推导而出》（*Die Vernunftlehre, als eine Anweisung zum richtigen Gebrauch der Vernunft in der Erkenntniß der Wahrheit, aus zwei ganz naürlichen Regeln der Einstimmung und des Widerspruches hergeleitet*, 第五版, Hamburg: Bohn, 1790）；亚历山大·戈特利普·鲍姆嘉登（Alexander Gottlieb Baumgarten）《形而上学》（*Metaphysica*, Magdeburg: Hemmerde, 1757）；勒内·笛卡尔《哲学原则》（*Principia philosophiae*, 1644）；戈特洛普·恩斯特·舒尔策《普通逻辑学基本原理》（*Grundsätze der allgemeinen Logik*, Helmstädt: Fleckeisen, 1810）；约翰·克里斯托弗·霍夫鲍尔（Johann Christoph Hoffbauer）（转下页）

的所做的学习与摘录".[42] 他将会把这些摘录中的绝大部分糅进自己博士 193
论文第二章"从前讲授过的充足理由律的要点之概要"中去，这当中包
括他作出的结论：这些哲学家们忽略了将某一提议的真实性的根据或基
础，以及某一事件的原因和某一行为的动机，彼此间清晰地区分开来。
在对这些就早前对充足理由律所做处理而记下的笔记进行考虑的过程当
中，叔本华还提到他自学康德学说时所抄录的书籍，他自 1811 年起即开
始这一自学。[43] 他宣称说，康德在充足理由律的问题上也并不清楚。无论
是在《纯粹理性批判》还是《判断力批判》当中，这位柯尼斯堡的智者
都未在充足理由律和因果律之间进行精确的区分："结果是原因（cause）、
理由（reason）和动机（motive）这三个极为不同的东西在任何一个地方
都没有被加以定义和分隔；它们被混为一谈，因为它们都在回答同一个问
题：为什么？"[44] 叔本华着手对这些概念进行清晰的区分，回过头去修复
康德的学说，而不是像费希特和谢林所做的那样，从一个有所欠缺的认

（接上页）《论断与结论的分析》(*Analytik der Urtheile und Schlüsse*, Halle: Schwetschke,
1792)；约翰·格布哈特·厄恩艾希·马斯（Johann Gebhard Ehrenreich Maass）《逻辑在讲
座中运用的概要》(*Grundriß der Logik zum Gebrauch bei Vorlesungen*, Halle: Ruff, 1793)；
恩斯特·普拉特纳（Ernst Platner）《几则哲学史指南之外的哲学箴言》(*Philosophische
Aphorismus, nebst einigen Anleitungen zur philosophischen Geschichte*, Leipzig: Schwickert,
1782—1784)；萨罗门·麦蒙（Salomon Maimon）《试论一种新的思维逻辑或理论》(*Versuch
einer neuen Logik oder Theorie des Denkens*, Berlin: Felisch, 1794)；路德维希·海因利
希·雅各布（Ludwig Heinrich Jakob）《普通逻辑概要》(*Grundriß der allgemeinen Logik*,
Halle: Francke and Bispisch, 1788)；约翰·戈特弗里德·卡尔·克里斯蒂安·科斯维特
（Johann Gottfried Carl Christian Kiesewetter）《一种依据康德原则、供讲座之用的纯粹的普
通逻辑的概要》(*Grundriß einer reinen allgemeinen Logik nach Kantischen Grundsätzen, zum
Gebrauch für Vorlesungen*, Berlin: F. T. Lagarde, 1802 / 1806)；以及伊曼努尔·康德《逻
辑学》(*Logik*, Königsberg: Jäsche, 1800)。叔本华还在这些准备性研究当中提到康德的
《纯粹理性批判》、《未来形而上学导论》与《判断力批判》；关于就以上作品所做的笔记，
参见叔本华《手稿遗稿》，第 1 卷，第 59—72 页 /《手写遗稿》，第 1 卷，第 55—67 页，
他将这些笔记中大部分融进了自己博士论文当中。

[42] 同上书，第 1 卷，第 72 页 / 同上书，第 1 卷，第 67 页。

[43] 参见上书，第 2 卷，第 300 页，第 305 页，第 328 页 / 同上书，第 2 卷，第 272—273 页，
第 277 页，第 293 页。

[44] 同上书，第 2 卷，第 300 页 / 同上书，第 2 卷，第 273 页。

识论基础出发冒进前行，在他看来，他们只是把事情弄得更糟。仅仅在修订自己博士论文之时，叔本华才会让自己对于这些人的真实感受为人所知。之后，他将谢林包括进"康德及其学派"这一部分当中，他摘引的话出自他的"自然哲学导论箴言"（Aphorismen zur Einleitung in der Naturphilosophie），在该部分，谢林将地心引力称之为一种理由，将光称之为事物的原因，叔本华将这句话评判为"这种胡言乱语……无论如何也不能在严谨而诚实的学者的观点中占一席之地"。[45]* 足以令人惊讶的是，费希特并未被包括进康德学派之内。原因很快便一清二楚。他后来写道："黑格尔学派以及一些同样的蠢材可能继续心满意足地滔滔讲授康德—费希特哲学；这里有一个康德的哲学，和一个费希特的戏法……"[46]

然而叔本华在《论充足理由律的四重根》最初的版本当中，却更为含蓄和审慎。毕竟他是在为研究院而写，并且他还认识到，他可能会因为抨击仍有追随者和支持者的哲学家而触怒自己论文的评审者。因此，叔本华对之难掩其轻蔑的费希特，丝毫也未曾提及，而在仅有几次提及谢林的时候，也往往是和缓地缩小他们之间的差异。例如，他辩称经验的主体和经验的客体是必要的关联物，这是认知最基本的特征，它们不能被缩减为彼此或被判定为完全相同，在此之后，他写道："如果说自然哲学所宣称的主观物与客观物的同一性，仅仅意味着属于同类，那么我对此完全赞同。然而，我怀疑它仅止于此，因为得出这一论断，并不要求具有知性直觉，而是只需进行反思。因此，如果人们想要将这两者称为一体，因为它们中的一个如果没有另一个的话甚至都无法想见，那么，我将不会对之持有怀疑……"[47] 当然，在此言论中，谢林的意义不止于

---

[45] 叔本华《论充足理由律的四重根》，第31页/《全集》，第1卷，第22页。
　　* 此处及以下引文采用陈晓希《充足理由律的四重根》中译文（北京：商务印书馆1996年版）。
[46] 同上书，第120页/同上书，第1卷，第83页。
[47] 《全集》，第7卷，第70页。

此，正如叔本华所做的一样，他用罗列多个需要想及他者的概念作为例子来继续他的论证，例如，原因与效果，父亲与儿子，兄弟与姐妹，它们中的每一个都需要通过其他的另一个才具有意义。他继续论证说，没有人会宣称这些概念群中的任何一组是一个概念。这段话他将会在第二版中予以删除。

叔本华并未像自己在那一时期笔记中所喜欢做的那样，去毫无掩饰地痛骂与他同时代从事哲学的人，除此之外，他的博士论文也是用一种稍嫌正式和迂腐的形式写成的——这种形式就一部旨在使他获得博士头衔的学术作品而言，实为恰如其分。叔本华紧扣题目，对自己的种种断言加以限定，而并未采用一种他将会惯用的极为自信的腔调来写博士论文，并未耽于各式各样的是为稍嫌怪异的个人想法之特征的题外话。例如，他1813年曾写道："充足理由律的重要性是如此巨大，以至于我做出断言它为所有科学基础的推测。"[48] 他将会在1847年干脆坚称这一主张的正确性。他有一次曾经援引过歌德的诗句，但却并未在其首部作品中提及文学作品。但他却在1847年提到了多部文学作品，纵情于偏离正题，对同时代的人一概痛加责骂。被他在《论充足理由律的四重根》第一版申说中稍加攻击的康德，在第二版中仍然受到攻击，但康德也得到更多 195 的称赞，或许这是一种用于进一步显示出那些他觉得遗忘了他们康德的人的愚蠢的策略。指名道姓地说，这些人即是费希特、谢林和黑格尔。

在《论充足理由律的四重根》第二版前言（这一前言首次出现于大幅修订过的第二版中）中，叔本华解释了存在于二十五岁学生讲话的最初语气与由五十九岁哲学家所添加的音调之间的差异。表达的风格与方法上的诸多差异，是由于那名年轻男子单纯无知，而那名老年男子则已经摆脱了青年人的谬见所致。前者满怀信心地写道，任何严肃从事哲学研究的人，关心的仅仅是真理。后者则知道，他与之交往的是一群哲学

---

[48]　同上书，第7卷，第92页。

贩子与恭顺的谄媚者，他们关心的仅仅是在此行业中保住饭碗。他们以哲学为生，而不是像他所做的那样，为哲学而生。此外，那名老者见证了诸如黑格尔之流的江湖骗子所取得的荣耀，他看到黑格尔的胡扯如何导致了不能思考，并使得当时的那代德国学者麻木不仁。黑格尔那致人死命的影响使得"德国哲学家正备受着其他民族的轻蔑和嘲笑，被赶出了全部真正科学的领域，就像是为了肮脏的收入而今天卖身于这个人，明天卖身于那个人的妓女"[49]。他说，这一苦涩的发现便是这位老者为何常常义愤填膺的原因，这是一位公正和富有同情心的读者应该予以谅解的。

叔本华对于他博士论文第二版中的这两种不同看法间差异所进行的解释，表现出他对年轻时的自己绝少同情。然而，这却或许自有其道理。年纪更老的哲学家并没有自己需要取悦的哲学教授，那名更为年轻的男子则要寻求博士头衔。他需要获得自己最初的荣誉，如果说它存在的话。

196 尽管叔本华丝毫也不缺乏自信——或许他在歌德面前有几分不自信——但他对自己资格证书的渴望使得他至少装作如此。当他因为害怕战争会使得自己的首部哲学作品成为牺牲品而将自己的博士论文改寄耶拿大学，而非原来的柏林大学之时，他用拉丁文写成的致哲学系系主任海因利希·卡尔·亚伯拉罕·艾希施泰特（Heinrich Karl Abraham Eichstädt）的信件，表露出他缺乏自信。他在鲁多尔席塔特缺乏受过哲学教育的朋友来审读文稿，他写道，由于人性的弱点，仅仅在"哲学问题上仰赖他自己的判断"[50]将是不智之举。因此，他请求艾希施泰特让他那些"睿智

---

[49] 叔本华《论充足理由律的四重根》，第xxviii页/《全集》，第1卷，第vii页。1813年，黑格尔处于叔本华的哲学范围之外，尽管他对于叔本华而言并非是全然无名。耶拿的出版商与叔本华家的友人卡尔·弗里德利希·恩斯特·弗洛曼（Carl Friedrich Ernst Frommann）在1813年初夏某个时候，曾将黑格尔《逻辑学》（Wissenschaft der Logik, 1812）借给叔本华。1813年11月4日，叔本华归还该书时附上了一份自己博士论文的抄本。他写信给弗洛曼说，"如果我知道你并非像我一样不愿读它的话，"那他就不会将该书留在自己那里如此久了。参见叔本华1813年11月4日致弗洛曼，《书信集》，第6页。

[50] 同上书，第6—7页，叔本华1813年9月24日致耶拿大学哲学系主任。德语译文，第643—645页。

的"哲学教授告知他，他们是否发现了什么不清楚、不连贯以及不真实的地方，或他先用了别的什么人在什么地方已经表达过的主张而未注明出处。他声言，他尤其想要获知，他对康德关于因果律的证据所进行的批判是否有前人已经做过。他请求艾希施泰特本人告诉他，是否在他的手稿当中发现了什么"令人憎恶的"东西。

叔本华是用德语写成的博士论文，这项要求是他从自己父母的友人、柏林的动物学教授马丁·利希滕贝格处获知的众多要求中的一项。[51] 对于未用拉丁文撰写博士论文一事，他一定曾怀有矛盾的心情。他几乎是用一种道歉的口气写信给艾希施泰特说，他之所以是用德语而非拉丁语写成的博士论文，是因为这是柏林大学教授提出的要求。叔本华在这件事上似乎是站在柏林大学一边。他告诉艾希施泰特，他也认为用自己母语写博士论文是恰当的，"因为拉丁语绝少适合用于哲学性与批判性的探究"。[52] 他另在他处称赞康德批判哲学将德语打造成了一种哲学语言，这一语言对于他博士论文主题来说是必需的。[53] 他还认识到使用德语的另一好处：他将会为自己的作品赢得更多的读者，如果说"将会再有哲学作品读者的话"。[54] 叔本华将会向自己首部哲学作品专用抄本的大部分接受者，重申这一看法，并解释它为何是用德语所写。[55] 他觉得必须解释他对语言所做的"抉择"。 197

---

[51] 叔本华在《个人简历》中记录了他与利希滕贝格就柏林大学博士论文要求所进行的谈话。参见前注，第 53 页，德语译文，第 654 页。

[52] 同上书，第 6 页，德语译文，第 643 页。

[53] 同上书，第 7 页，叔本华 1813 年 11 月 24 日致弗里德利希·奥古斯特·沃尔夫。

[54] 同上书。

[55] 叔本华在致沃尔夫、施莱尔马赫、莱因霍尔德与保蒂格的信中重申了这两项看法。然而，古怪的是，他觉得必须向沃尔夫与施莱尔马赫解释柏林大学用德语写作论文的要求，因为他们两人均是柏林大学教授。但他并未在他致弗洛曼与歌德的信中重申这些看法中的任何一项。（我们没有他写给卡布伦与舒尔策的信件。）关于叔本华写博士论文抄本接受者的信件，参见第 6 页（1813 年 11 月 4 日致弗洛曼）第 7 页（1813 年 11 月 24 日）；第 7—8 页（1813 年 11 月 24 日致施莱尔马赫）；第 8—9 页（1813 年 11 月 24 日致莱因霍尔德）；第 9 页（1813 年 12 月 6 日致保蒂格）以及第 9 页（1814 年 1 月 13 日致歌德）。

　　尽管叔本华对于未用拉丁语写成博士论文一事心情矛盾，但除了一篇他用拉丁语改写的色彩理论方面的文章之外，他所有的其他作品均用德语所写，而这篇论文被他更多地视为一篇科学论文，而非哲学论文。[56] 然而，当他年老之时，他却越来越悲叹拉丁语作为通用语（lingua franca）地位的丧失。他能够容忍减少对古希腊语的使用，这一点可以在他甚晚之时愿意在作品中翻译古希腊语的诸段落一事中有迹可循。但不同于他将之译为德语的西班牙语和英语的是，他仅仅会提供古希腊语的拉丁语译文。此外，他将一直让自己援引用拉丁语出版作品的引文，自动彰显其立场。他用《作为意志与表象的世界》第二版（1844）公开了自己对于用欧洲各民族语言取代拉丁语这一举动的不屑。这使得学者丧失了一种通行全欧的科学文献，造就了一座新的巴别塔。他说，除此之外，学者通过用自己的母语写作或许赢得了最初的和更多的读者，但他们却会被教养更差的人所接受，此类人易于容忍某个学者作品中的民族偏见，或是让他们那些偏见来主导学者。他辩称说，在讲德语的那些国家里，情况甚至更为糟糕。受民族主义控制的德国人，由于所患的"条顿狂"* 而将自然科学的技术术语（termini technici）翻译为他们的母语，这是其他民族会因足智多谋而加以避免的。这令德国科学家处于某种不利境地。他们不得不将诸多术语学习两遍，一遍用拉丁语，另一遍则用德语，如果他们希望成为科学社团中成员的话。这种对于技术术语德语化的狂热导致了粗俗的结果，如果说不是粗鄙结果的话："代替 uterus、vagina 与 tuba falloppii 等拉丁语词汇的 Fruchthälter、Fruchtgang，Fruchtleiter 等德

198

---

[56]　叔本华《生理学色彩基本理论的历史与阐释》发表于由加斯图斯·拉迪乌斯（Justus Radius）编的《眼科学杂志》，第 3 卷（1830）。在该文引言中，叔本华解释说，他之所以将《论视觉与色彩：一篇论文》（*Über das Sehen und die Farben, eine Abhandlung*, Leipzig: Hartnoch, 1816）重写为拉丁语，是因为这篇德语论文事实上被人忽视了，拉丁语版本将使他的色彩理论对外国读者有益，在这些读者中，他能够找到"专注而公正的评判者"。参见《全集》，第 7 卷，第 184 页。

　*　条顿人即古德意志人。

语词汇，绝对令人晕头转向，这些拉丁语词汇是每个医生都必须知道的，它们在所有欧洲语言中是人们均可应付的。"[57] 他们提及 pleura 时使用 Lungensack 一词，提及 pericardium 时使用 Herzbeutel 一词，这使得这些术语似乎是"出自于屠夫，而不是解剖学家"。[58]

拉丁语作为学者用语的衰落，还使得现代学者不再享有属于一个并不受制于出生时间与地点等诸多偶然因素的统一学者社团的益处。通过阅读拉丁语作品，人们不仅可以欣赏古罗马人的思想与洞见，还能结识"9世纪时的司各图斯·埃里金纳*，12 世纪时的萨尔兹伯利的约翰**，19世纪时的雷蒙·鲁尔***，以及成百上千的其他人物"[59]。如果他们用自己母语写作的话，这便再无可能。此外，如果不保存拉丁语，或不用拉丁语写作的话，人们自己的作品便不能对将来的学者说话。叔本华强调说，培根认识到这一点，他让托马斯·霍布斯协助他将自己的文章译成《信语真言》（Sermones Fideles）。[60] 随着拉丁语知识的衰落，用拉丁语写作的作家所具有的焕发出人性光辉的影响力，也便消失不再。古典作家看待个人、社团与自然的那些人道而诚实的方式，是弱化中世纪那令人麻醉的恶毒影响的天然滋补品，中世纪时期神职人员对教职的滥用，以及那种"半

---

[57]　叔本华《作为意志与表象的世界》，第 2 卷，第 123 页 /《全集》，第 3 卷，第 135 页。"Fruchthälter" 的 字 面 意 思 为 "fruit-holder"，"Fruchtgang" 的 字 面 意 思 为 "fruit-passage"，"Fruchtleiter" 的字面意思为 "fruit-producer"。

[58]　同上书，第 2 卷，第 124 页 / 同上书，第 3 卷，第 135 页。"Lungensack" 的字面意思为 "lungs-sack"，"Herzbeutel" 的字面意思为 "heart-bag"。

　　*　埃里金纳（Johannes Scotus Erigena，约 810—880），爱尔兰神学家，新柏拉图主义哲学家及诗人，加洛林文艺复兴最后集大成式的代表人物，著有《论神的预定》与《自然的区分》，但真正建立他伟大集大成式学者声誉的，则是他对《伪狄奥尼修书》的翻译。

　　**　萨尔兹伯利的约翰（John of Salisbury，1115—1180），英国基督教教士、哲学家、拉丁语学者，1176 年任夏特尔主教，著有著名的《教廷史》。

　　***　雷蒙·鲁尔（Raymond Lull，1232—1315），西班牙作家、哲学家及逻辑学家，圣方济各会第三级教士，以计算理论的先驱及《罗马法》的注释者而闻名。

[59]　叔本华《附录与补遗》，第 2 卷，第 488 页 /《全集》，第 6 卷，第 518 页。

[60]　同上书，第 2 卷，第 188 页 / 同上书，第 6 卷，第 518 页。

是野蛮，半是白痴的骑士精神"，仍然令现代社会深受其苦。[61]

　　然而，叔本华之所以悲叹拉丁语地位的丧失，却有着更为深层与更为个人的诸多原因。在进行了三十多年的哲学思考，却并未获得他认为自己应得的东西之后，他设法说服了一位出版商发行他煌煌两大卷的作品《附录与补遗》。然而，他并不欣赏这部作品学究气十足的书名与该书目标之间所形成的讽刺意味。他写下了"为世人所写的哲学"以寻求博学的读者，这一策略旨在绕过那些"哲学教授"，他们居心险恶的缄默在他看来是造成他未获认可的原因。[62] 叔本华坚持这本书必须得有一个拉丁语的书名，因为它是一部学术著作。但这个拉丁语的书名却是为一部用德语所写的作品而起，该书是供非学者的读者阅读的。* 不过，该书也包括了其他针对拉丁语被民族语言所取代而发的抱怨之词。他辩称说，能够真正进行思考并作出具有意义判断的欧洲人，少之又少。民族语言的使用划定了语言的分界线，这些分界线进一步使得严肃的读者在人数上趋于稀少。他断言道，这也使得那些心胸狭窄的出版商与蹩脚文人能够操控知识市场。为支持这一论断，叔本华特别指出，在辉煌片刻之后，康德淡出了公众的视线，消失于德国负面评判的泥潭之中，这些评判者伪装出来的博学多才，令费希特、谢林与黑格尔这些哲学家得享虚幻的荣耀。他认为，这也是歌德的色彩学理论为何未能得到应有关注的原因所在。然而，人们却觉察到真正作为叔本华思考基础的东西："那便是我为何仍然默默无闻的原因。"他似乎在暗示说，如果学者要求使用拉丁语，而他也用那种语言进行写作的话，那么，他便会引人注目了。[63]

　　然而，这些就拉丁语衰落所做的反思，甚至都并未处于叔本华对自

[61]　叔本华《作为意志与表象的世界》，第2卷，第124页／《全集》，第3卷，第136页。

[62]　参见《书信集》，第244页，叔本华1850年9月3日致F. A. 布洛克豪斯。在这封信中，他写道，《附录与补遗》呈现了"我为世人所写的哲学"，他宣称这一哲学将会打破哲学教授对他思想的消极反对。

　*　此处的"拉丁语"应为"古希腊语"才对。

[63]　《附录与补遗》，第2卷，486页／《全集》，第6卷，第517页。

己用德语写博士论文所怀有的矛盾心情的边缘。他仍然笃信，对哲学感
兴趣的人仅仅只是对真理感兴趣；他认为他在自己博士论文中已对此做了
清楚的表述。他在后来才会从这一幻想中醒悟过来，正如他后来将会试
着去解释他为何没有在哲学界激起哪怕一丝涟漪一样。叔本华的矛盾心
情可能是因为被剥夺了展示其博学多才的机会所致。如果他的博士论文
是用拉丁语写成的话，那么，他便会用出人意料的方式证明那对他最为
重要的人实际上错了。约翰娜曾反复提出过自己对叔本华在其生命中如
此之晚的时候学习拉丁语能力的忧虑。一篇成功的拉丁语博士论文可能
会出人意料地证明，她并不具备准确评估儿子技巧的能力。它可能会显
示出叔本华对学者生涯的抉择是明智之举，这比她常常加以怀疑的儿子
语言教师那些赞语连连的成绩报告单更具说服力。

　　然而，并非是用来写博士论文的语言，对叔本华而言最为重要。文
字是用以表达思想的，他自信自己的思想富有见地。它们不仅无愧于为
他挣得学位，而且值得人们对之进行严肃的哲学思考。他甚至在将自己
的作品呈交耶拿大学之前，就已经自己斥资让人印制了五百份副本。[64]
他还确信耶拿大学将会接受一篇原本为柏林大学所写的博士论文。在寄
送博士论文的两天之前，他寄给艾希施泰特他自己十个腓特烈金币
（Friedrich'dor）的毕业费，并且承诺，将会随同自己的博士论文寄上一
封"全用拉丁语写成的信件"解释自己的受教育背景。[65]之后，信件与博
士论文按照日程于9月24日寄出。艾希施泰特行动迅速。他握有叔本华
的毕业费在手，而耶拿大学就像其他德国大学一样，正因战争而饱受资
金短缺之苦。他还知道，阿图尔是约翰娜·叔本华之子，而她是仍在监管
该大学的歌德的密友。他9月26日让教授传阅了一封言明叔本华求取学

[64]　参见《书信集》，第3页，叔本华1813年9月15日致弗里德利希·贾斯丁·贝尔图赫。
　　　他还让贝尔图赫确信他不应担忧书刊审查官，因为他的博士论文并未直接提及宗教或是
　　　政治。
[65]　同上书，第3页，叔本华1813年9月22日致海因利希·卡尔·亚伯拉罕·艾希施泰特。

237

位努力的信件，而在10月2日，叔本华在本人不在场的情况下（absentia）被授予学位，获得了极优等（magna cum laude）的殊荣。三天之后，叔本华便已学位在手。他接着就得以一展自己的拉丁语所长，在他位于鲁多尔席塔特房间的窗格上刻下了："阿图尔·叔本华在此房间中度过了1813年中的绝大部分时光，此宅因其放眼所及的广阔风景而值得称道。"[66]多年之后，叔本华的崇拜者将会旅游来到鲁多尔席塔特，定睛打量他们英雄的涂鸦之笔。

201
《论充足理由律的四重根》
（1813）

叔本华是以一则关于方法的陈述来开启自己博士论文的，在这则陈述中，他唤来了他的两位哲学英雄，"神圣的柏拉图"与"令人惊异的康德"。他说，这些伟大的思想家，为所有哲学思考的方法推荐了两条法则：归同法则与分异法则。前者说明的是，"如无必要，切勿增加实体的数目"（entia praeter necessistatm non esse multiplicanda），而后者则断言，"不要轻率地减少实体的多样性。"（entium varietates no temere esse minuendas.）[67]归同法则责令哲学探究者将个体合而为种，种合而为属，属合而为科，直至它们达成包括所有一切的最高概念。分异法则规定了相反的思考方法。哲学探究者应当考虑合于某科下的那些属、合于各属之间的那些种和隶属于某种下那些个体之间的差异。叔本华继康德之后，宣称这两条法则均为先验，在我们的理性能力中与生俱来，它们的本源存在于人脑中，这

[66] 摘引自格温纳《私人交往中的阿图尔·叔本华》，第50页。拉丁语原文是"Arth. Schopenhauer majorem anni 1813 partem in hoc conclave degit. Laudaturque domus, longos quae prospicet agros."最后一句出自贺拉斯《书札》（Epistles），第1卷，第10页。
[67] 《全集》，第7卷，第3页/《论充足理由律的四重根》，第1页。康德在《纯粹理性批判》（A651/B679—A660/B688）中将归同法则与分异法则作为先验法则进行了探讨。关于柏拉图对于这些定律的提及，叔本华只是在第一版中摘引了柏拉图《斐利布篇》（Philebus, 26e），在第二版中加上了《政治家篇》（Politicus）与《斐德罗篇》（Phaedrus）。

保证了向我们所显现出的现实将会与这些法则相符。

　　为了给自己作品作准备，叔本华纵览西方哲学史，发觉早期哲学家忽视了分异法则。他辩称说，从康德直至现在哲学家，得以认识到该原则的两种形式：认识的充足理由律（principium rationis sufficientis cognosveni）与生成的充足理由律（principium rationis sufficientis fiendi）。前者意味着，某一断言或论点的真实性要求具有其真实性的单独根据或理由，而后者则认为，自然界中的每一事件全都事出有因。然而，尽管这一原则的这两种形式被承认，但仍然存在着将其混为一谈的倾向。即便是被叔本华视为引领世界哲学新阶段的伟大的康德，也易于陷入这种混乱当中。在其伟大著作《纯粹理性批判》当中，人们发现康德谈及"自在之物时，将其作为的是表象的根据……所有表象可能性的某种根据；某种可被理解的原因，一般感性序列的可能性的那个未知的根据……"[68] 叔本华认为，这种合二为一只会导致混乱与谬见，并促使与他同时代的人以完全超验的诸多方式来运用根据与结果这些概念。

　　叔本华认为，从前的思想家不仅将理由与根据的观念与原因的观念混为一谈，他们还未能区分充足理由律的另外两种形式：亦即，存在的充足理由律（principium rationis sufficientis essendi）与行动的充足理由律（principium rationis sufficientis agendi）。前者支配几何与算数领域，而后者则控制人类行为的这一领域，说明所有人类行动均出自于各种动机。他清楚地区分了充足理由律的四种形式，它们的常规表述是他在沃尔夫

202

[68]《全集》，第7卷，第92—93页。叔本华此处的引文出自康德《纯粹理性批判》，A562／B591与A564／B592。然而，叔本华援引的字句却是出自于康德著作第五版，它是以第二版作为依据的。在这一引言中，他继续引用康德混乱的其他例证。完成此举及不点名地批评同时代人之后，他试着通过提及自己的目的并非是要批评康德，"而只是通过举例的方式来表明自己的观点"（同上书，第7卷，第93页）来缓和那可能看来貌似对康德进行狭隘的攻击。在第二版中，他删去这行，因为再也没有必要去修正他读者对于他对康德的看法可能出现的反应。他还提到与他同时代的那些人，并对他们进行了严厉批评与恶意的人身攻击，而他知道，比之他对费希特、谢林与雅各比，尤其是黑格尔的态度，他的读者不会指责他攻击康德。

的以下断言中找到的："任何事物都有其为什么存在而不是不存在的理由。"他希望将会藉此为哲学思考提供更大的精确性和明晰度。他辩称说，为了防止出现谬误与骗术，严肃的哲学有此要求。他写道，"真正的哲学家总是追求真知灼见，并力图使自己像一个瑞士的湖而不像那混浊而湍急的山洪——瑞士的湖泊以她的平静而将幽深与清澈结合起来。"[69]

203　　然而，叔本华却认为，自己的博士论文为未来的哲学家所提供的，并不只是各种精确的智性工具，它可以作为能够藉此而将哲学置于通往知识正确道路之上的手段。充足理由律是用于所有思想与知识的主要原则。这正是使得任何科学，亦即任何知识体，成为可能的东西，因为它是那种将各种命题合入某一体系的定律，那种使得某一知识体成为某种比由诸多支离破碎与互无关联的观点所构成的总和要更为伟大的原则。它还使得我们对于任一特定断言为何如此的拷问合情合理。因此之故，他将其称之为"一切科学之母"。[70]此外，它还被作为所有证据与证明的基础，他辩称说，就其严格意义而言，原则本身不可能被验证。为了验证一个可疑的命题，人们不得不将其基于某个已知的命题之上，而这个已知命题则是顺次基于另一个命题之上。他继续写道，你不得不达到表达出诸多形式与法则的那些命题，它们正是所有思考与知道的条件。"因此，所有的思考与知道均是由这些命题的运用所构成；以至于确定性仅仅是同那些条件、形式与法则所具有的某种一致性，而它们自身的确定性也不能再次从其他命题当中显而易见。"[71]他将会在自己博士论文第二版中，通过声称要求为这一原则提供证据的做法实属荒唐之举，来对这一断言进行补充，因为这"让我们自己陷入了对我们要求一个证明的合法

[69]　同上书，第 7 卷，第 6 页 /《论充足理由律的四重根》，第 4 页。如果引自叔本华博士论文的某个段落在第二版中被原封不动地保留的话，我会引用这个英语译本。

[70]　同上书，第 7 卷，第 7 页 / 同上书，第 6 页。

[71]　同上书，第 7 卷，第 15 页 / 同上书，第 32 页。

性本身又要求证明的循环"[72]。叔本华正是在自己博士论文的这个新版本当中作出了那条众所周知的断言：充足理由律是"所有解释的原则"，它在其四种形式当中所表达出的那种关联不能被进一步地加以解释，"因为并不存在可以用来解释一切解释的根源的原则：这就像眼睛虽然能够看到一切，但却看不到自己本身一样。"[73] 他的原话是，向充足理由律提出一个"为何如此"的拷问，乃是提出了一个没有答案的问题。[74]

叔本华博士论文的一个中心论题是主体与客体的相互关系，它是一 `204`
切认知的首要的、普遍的与本质的形式。任何经验、任何认知与任何意识都需要有某个认知者与某个被认知者、某个经验者与某个被经验者、某个意识主体与某个意识客体。他会在后来称赞乔治·贝克莱，会因其所持的"无一主体无客体"的洞见而将他称之为"唯心主义之父"，并会责备康德忽视了这一见解深刻的言论。[75] 他还会声称，他自己的哲学因为起始于某种意识的实况——他在此使用了莱因霍尔德的术语——而不同于其他所有的哲学，表象，这一其哲学的起始点，预先假设了主体与客体的

---

[72] 《论充足理由律的四重根》，第 33 页 /《全集》，第 1 卷，第 24 页。很难看清对于充足理由律的某一证据的要求，是如何像叔本华所宣称的那样陷入了循环之中的。他似乎在暗示，对于充足理由律的某一证据的要求已经是在假设其为真。对于某一证据的要求并非是某一证据本身，未能提出这样一个要求，极有可能是旨在保持某种与提出对于证据本身的要求具有关涉的怀疑态度。参见戴尔·杰奎特（Dale Jacquette）"叔本华的圈子与充足理由律"（Schopenhauer's Circle and the Principle of Sufficient Reason），载《关于哲学的哲学》（Metaphilosophy），第 23 卷（1992），第 279—287 页。

[73] 《论充足理由律的四重根》，第 229 页 /《全集》，第 1 卷，第 156 页。

[74] 参见《全集》，第 7 卷，第 14 页，第 89 页及以下一页。

[75] 关于对贝克莱的提及，参见《附录与补遗》，第 1 卷，第 77 页 /《全集》，第 5 卷，第 82 页；关于对康德的评论，参见《作为意志与表象的世界》，第 1 卷，第 434 页 /《全集》，第 2 卷，第 514 页。

分离。[76] 他因此断言，他避免了费希特的唯心主义及其唯物主义这两者所易犯的错误。前者不能推导出客体，而后者不能推导出主体。对叔本华而言，主体与客体的分离乃是认识论方面的基石。主体绝不可能是客体，而客体也绝不可能是主体。此外，由于充足理由律仅仅适用于认知的诸客体，故而它绝不可能被运用于主体与客体间的关系方面。

主体与客体的关联假定叔本华博士论文中的某项至关重要的功能，它为他提供了将表象等同于意识的诸客体所需的手段。通过对不同种类的表象进行描绘，他阐明了诸客体的分类，这是充足理由律的那些各有差异的"根源"以及不同的人类认知能力或"官能"的根基之所在：

205　　我们的意识，只要它显现为感性、知性、[以及]理性，便可以被分为主体与客体，并至此不再包含其他任何东西。是为主体的客体，与是为我们的表象，并没有分别。我们的所有表象均是主体的各个客体。但没有任何自我维系与独立自主的东西，也没有任何单独存在与超然于外的东西，能够成为我们的某个客体；相反，我们的所有表象均处于某种符合定律的关联之中，这一关联依照形式而言有着某种可被确定的先验形式。普遍来看，这种关联是充足理由律所表达的那种类型的关系。这一君临于我们所有表象之上的定律，是充足理由律的根源之所在。它是事实，而充足理由律是它的表述。然而，我们却只能通过进行概括抽象来获得其普遍形式，正如它被

---

[76]《作为意志与表象的世界》，第2卷，第5页 /《全集》，第3卷，第5页。叔本华在该段落中写道："意识自身是立刻生成，因此哲学的基础受限于意识的实况；换言之，哲学从本质上而言是唯心的。"主客体间的这一关联也反映出莱因霍尔德的观点，他认为"对每一表象而言，某一生成表象的主体与某一被表象显现出的客体，属于……"参见 C. L. 莱因霍尔德《论哲学知识的基础》(*Über das Fundament des philosophischen Wissens*, Jena: Mauke, 1791)，第200页。叔本华1813年从7月29日至9月20日从魏玛公爵图书馆借出该书。后来他购买了自己的副本。镰田康男在《青年叔本华》(*Der junge Schopenhauer*)中声称，叔本华因为受到舒尔策的影响，而将莱因霍尔德的"基础哲学"等同于康德哲学。

置于此处的那样。无论如何，它均是以具象的方式呈现给我们的。[77]

充足理由律，正如沃尔夫所阐明的"任何事物都有其为什么存在而不是不存在的理由"一样，是一项普遍的断言，其他根据／随之产生的种种关系的所有特定事例均被归于其下。就其严格意义而言，它表明那种"包罗万象的更高概念"，它满足了对归同法则的要求。[78] 它是某种从见之于客体的四大种类中的根据／随之产生的种种关系的诸多类别当中抽象而出的东西，而客体的四大种类正如他所说的一样，是以具象的方式呈现给我们的。叔本华在他将会从第二版中删掉"它的四重性"一章当中，预计自己博士论文的读者，将会期待他提供类似于康德关于知性纯粹范畴的推论的某种推论，来证明他以下断言的合理性：某一主体的所有客体，亦即我们的所有表象，分成在其中充足理由律的不同重述得以表达的客体之四大种类。这一章节值得注意，因为它开始仔细思考叔本华与康德各自方法论之间的主要差别。叔本华将会自豪于用给予意识的东西来开启这部作品，而不是像康德那样从关于各种事物的种种判断着手。在《作为意志与表象的世界》第一版中，叔本华将这一差别直言不讳地表达了出来："但我们在《纯粹理性批判》中总是一再遇到康德全不区分抽象推理的认识和直观的认识这一主要的、基本的错误，我在前面已详为驳斥过的错误，使康德的整个认识论蒙上一层不散的阴霾的就是这种全没分晓。"[79]

然而，雄心勃勃的哲学博士却并未准备与康德彻底划清界限。尽管 206
如此，叔本华却根据觉察到的众人对自己应该提供某种关于充足理由律

---

[77] 《论充足理由律的四重根》，第41—42页／《全集》，第7卷，第18页。叔本华在第二版中更改了自己的文体，但并未更改这一段落的实质内容。

[78] 参见上书，第1页／同上书，第7卷，第3页。

[79] 《作为意志与表象的世界》，第1卷，第473页／《全集》，第2卷，第562页。这段话出自第一版。

"四重性"的康德式推断的期望，而充分利用了这种期望来与他的同时代人开开玩笑。这是他在自己博士论文中有此举动的仅有几次中的一次。他开玩笑说，自从康德推导出知性的十二大范畴以来，还不曾有过任何并未因其如此基本与直接而已经被推导过为先验之物的东西，即便是那些前人也不敢希望过的东西，也同样如此。他唤来歌德相助："那位进来的哲学家／向我们证明，事情非如此不可。"[80] 叔本华对我们所有表象所做的四大类划分，并非基于某种先验的推断，而是基于归纳，基于植根于某种表象概况的种种概括。他辩称说，这并非不同于康德，康德是将自己对知性范畴的划分建立于某种从诸判断的逻辑表格中所做的归纳的。[81] 叔本华继续写道，他从未展现出，诸范畴被归之于其下的四大项目只能为四，或是那十二大范畴本身必为一打。关于康德诸判断的十二大机能，情况同样如此。他摘引《纯粹理性批判》中的语句以说明这点："我们的知性只有借助于范畴、并恰好只通过这个种类和这个数目的范畴才能达到先天统觉的统一性，对它的这一特性很难说出进一步的理

207

---

[80] 《全集》，第 7 卷，第 19 页。该引言引自歌德的《浮士德》，第 1 部，第 1928 行。叔本华在将该段从他博士论文第二版中删除以后，特地用这些诗行来反对谢林试图推导出某个仅仅能被视为后天的先验之物。叔本华摘引了谢林那些见诸《自然哲学初稿》(*Erster Entwurf einer Naturphilosophie*, 1799）中的关于无生命特性与重力的推论以为例证。

[81] 叔本华是在指康德《纯粹理性批判》，康德在该书中提供了从判断的十二种形式中所得出知性的十二个纯概念或范畴的"形而上学的推断"。这些范畴的作用是作为经验之可能性与一般意义上某一客体的概念之可能性的诸多必要条件。判断的这些形式代表着所有判断那些富于逻辑意义的形式。康德认为，正如有着所有判断的必要特征一样，也必须得有我们用以形成客体之概念的相应方式，来允许我们的判断关乎客体。叔本华提到的"诸判断的逻辑表格"指的是，康德在其中将判断的三组形式划分于以下四大"项目"之下的表格：量，即主项的扩展；质，即主项类别中的谓项的包括在内或排除在外；关系，即某一判断所肯定的究竟只是某一主项或谓项之间的某一关系，还是两个或多个判断之间的某一关系；模态，即某一判断所肯定的究竟是某个或然的事实，还是某个实然的事实，抑或是某个必然的事实。康德将判断的十二种形式归于这些"项目"之下：（转下页）

由，正如我们为什么恰好拥有这些而不是任何别的判断机能。"[82]如果他对于表象的分类为错的话，叔本华则要求他的批评者提供一个不在他的四大类别之列的例子，或将他的诸类别的两个缩减为一个。

然而，叔本华却并未提供一个他在其中用归纳法建立起他的客体四大类别的独立片段。相反，他却为这些类别中的每一类都专辟了独立章节，它们是：（1）直觉性表象或感知性表象，或他简称为"实存客体"的东西，构成"客观实存世界"之物的总和[83]；（2）抽象性表象，或表象的表象，亦即当被合为一体之时确切地表述出判断的"概念"[84]；（3）先验之物或关于空间与时间，换言之，精确客体的纯粹的直觉[85]；（4）仅有

（接上页）

量的范畴	质的范畴	关系的范畴	模态的范畴
全称的	肯定的	定言的	或然的
特称的	否定的	假言的	实然的
单称的	无限的	选言的	必然的

康德关于诸范畴的表格对应于他对于诸判断的划分：

量的范畴	质的范畴	关系的范畴	模态的范畴
单一性	定在性	依存性与自存性	可能性—不可能性
多数性	否定性	原因性与从属性	存有—非有
全体性	限制性	协同性	必然性—偶然性

与叔本华相反的是，康德批评亚里士多德通过归纳形成了他的诸范畴，缺乏某种会保证完整性的"定理"。叔本华认为，康德的原理是允许他系统地催生出其范畴分类的能力或官能：关于他有关诸判断的表格，参见康德《纯粹理性批判》，A70 / B95；关于诸范畴的表格，参见 A80 / B106；关于他对亚里士多德的评论，参见 A81 / B107。

[82] 《全集》，第7卷，第19—20页。他此处的引言出自康德《纯粹理性批判》，B145。（译注：这段译文采自邓晓芒《纯粹理性批判》中译本［北京：人民出版社2017年版］）。

[83] 同上书，第7卷，第25页注释 /《论充足理由律的四重根》，第52页注释。他使用了"实存客体"的表述来指涉直觉感觉的诸多表象与形成经验实存之综合体的总和，这样的存在于自身之中的实存，一直都是假想的。

[84] 参见上书，第7卷，第49页 / 同上书，第146页。叔本华会辩称，所有富于意义的概念都必须源自直觉。

[85] 参见上书，第7卷，第59页 / 同上书，第193页。

一个客体、其自身意志的每一主体的一个类别[86]。正如笛卡尔用关于观念
不同种类的综览形成他对于人类心智诸多能力的叙述一样，叔本华使用
了表象的不同种类的存在，以形成他关于人类认知不同能力的描述[87]:

208 "但就关于那些表象间作为其条件的必要关联而言，亦即就关于主体而
言，那些能力却被从这些表象之中抽象出来。它们因此同表象的那些类
别产生关系，正如一般意义上的主体同一般意义上的客体产生关系一
样……无论是我说诸客体被分为如此这般的类别，还是我说如此这般的
不同能力是为主体所独有，都无关紧要。"[88] 在此基础上，叔本华将感受
力（Sinnlichkeit）或对外部世界的材料与知性（Verstand）的接受性认同
为直觉性表象；将理性（Vernunft）认同为抽象性表象；将外部与内部感
觉的诸多形式认同为纯粹直觉；将自我意识认同为对自身意志的觉知。之
后，他为这些客体类别当中的每一类别，清楚地表述了下列充足理由律
的种种根系:（1）生成的充足理由律:（2）认识的充足理由律;（3）存在
的充足理由律;（4）行动的充足理由律。

生成

  叔本华博士论文第四章，即他对被其称作是因果法则生成的充足理
由律所进行的分析，在 1847 年所出的版本当中，所有章节中都被最大幅
度修订，在这一版本中，他将自己博士论文的长度增加了一倍还要多。[89]
尽管这其中部分原因在于他增加了满是对德国唯心主义者——这其中尤
以黑格尔为甚——进行劈头盖脸恣意痛骂的篇章，却也自有其哲学方面

---

[86]　参见上书，第 7 卷，第 68 页 / 同上书，第 207 页。

[87]　笛卡尔在《第一哲学沉思录》(*Meditations on First Philosophy*) "沉思 III" 中采用这一
　　　策略，

[88]　同上书，第 7 卷，第 69—70 页 / 同上书，第 207 页。

[89]　在 1813 年博士论文中，第四章长度为二十八页，而在第二版中，它长约六十八页。

值得关注的众多改变。然而，情况却并非是他引入新观点；相反，在
1847 年之前，他已经出版了关于色彩理论论文的两个版本（1816，
1830）、他关于其哲学与自然科学之间关系的陈述《论自然中的意志》
（1836）、他两篇参加有奖比赛征文的合集《伦理学的两个基本问题》
（1841），他还修订并大幅扩展了《作为意志与表象的世界》第二版
（1844）。因此，他已埋头于自己主要著作不同版本之间致力于他的哲学
达三十四年之久，而他思想也已成熟，其方式与早前见诸其处女作当中
的某些观点恰好相反。十分自然的是，他还在自己其他作品中加入了许
多关于辅助资料的附注，这些附注也要求他使自己博士论文与其后来的
种种观点互为一致。叔本华还获得了对自己种种观点所具真理性的信心，
那是一种几近傲慢的自信，他因此去除了某些他用以表述其种种断言的
惯常的限定性条件。此外，这位年岁更长的哲学家写书的目的，并非为
了取悦那些有权授予他学位的读者。

　　这位年轻哲学家还对自己疏离于康德哲学的程度有着几分扭捏作态。
他接受了康德的主张：诸客体在其中呈现出自身的各种时空形式以及因果
律，是我们的认知加诸经验之上的东西。因此，这些特征并非是由诸客
体所构成的某一世界所具有的被动地印刻于我们心中的种种特征，而是
我们自己的种种认知所具有的种种先验结构。尽管他愿意声称这使之成
为必需：这样一个世界"不断地被柏拉图降格为'一直只是出现又逝去，
但却从未实在与真正存在着的存有'"，却并不准备做出康德对表象与自
在之物所进行的区分。[90] 在其智性发展这一节点上，他习惯性地规避声
称，自在之物的存在高于我们的经验之上。同样，他也不愿假定柏拉图

---

[90]　同上书，第 7 卷，第 92 页 /《论充足理由律的四重根》，第 232 页。叔本华用古希腊
　　　语援引了柏拉图《蒂迈欧篇》（ *Timaeus,* 28a）。在第二版中，叔本华辩连连，从关于充
　　　足理由律是植根于我们智识之中的存在于其所有形式里的某种先验之物的论断，直到这
　　　样一个论断：它并不适用于所有存在之物的总体，却仅仅只适用于表象，而非适用于"在
　　　世界中显现出自身的自在之物"。

种种形式的存在。尽管他会以最为清晰有力的术语反对康德的那个主张：根据知性的种种范畴来看，我们对于任一自然客体的认知都包含了某种由感官上的摄入或直觉所构成的统合，但他在自己博士论文中却甚少引人注意他的这一看法：直觉本身，对于种种自然客体的感知，立刻包括了那种对处于种种因果关系之中的空间—时间上的诸客体所具有的非概念性与非发散性的认知。1813 年，他准备表达对康德"先验分析"的某种尊敬，在"先验分析"中，康德费尽心力地形成了他所反对的观点。他写道，它是他自己著作的"一个重要的先决条件"，而他对于知性所做的新解释，是某种读者能够通过仔细观察而自己看到的东西。[91] 不过，他也写道，"此外，我与康德持同一观点：同其他诸范畴相关联，并因此同一般意义上的知性而相关联的因果律，使得由被我们称之为经验的客观知识所构成的整体成为可能。"[92] 1847 年，叔本华直言不讳地陈述了自己的主张：知性的唯一功用是一种对种种因果关系的直接把握，它并未运用"康德十二范畴的复杂设计……"[93]

210

然而，叔本华并不怯于反对康德对因果律的先验本质所做的证明。他在自己写给耶拿大学哲学系系主任的信中，要求对方对自己所做批评的原创性作出评判。如果说他的信件未能引起读者对他博士论文这一因素注意的话，那么，第四十二节的标题便应该有此功效。它的一部分读

---

[91] 同上书，第 7 卷，第 23 页。在康德《纯粹理性批判》中，有两大主要部分："要素的先验要义"与"方法的先验要义"。前者的第一部分是"先验美学"，第二部分是"先验逻辑"。"先验分析"是后者的第一部分，而"先验辩证法"则是第二部分。尽管叔本华一直赞同"先验美学"（康德在该部分中辩称，空间与时间是所有直觉与我们感觉官能为的那些先验形式），但他却反对"先验分析"说（康德在该部分中辩称，知性是各种先验概念的源泉）。关于叔本华对"先验分析"的批判，参见《作为意志与表象的世界》，第 1 卷，第 452—480 页 /《全集》，第 2 卷，第 536—570 页。

[92] 同上书，第 7 卷，第 32 页。

[93] 《论充足理由律的四重根》，第 111 页 /《全集》，第 1 卷，第 77 页。

作"对康德有关该定律所做证明的反驳"。[94] 然而，他并未质疑因果法则的先验本质。这是他自己观点的一项基本原理。相反，他将通过驳倒康德所作的论证以及提供他自己的"证据"这两项手段，而胜康德一筹。康德在第二个类比中辩称，任何连续发生的一系列客观事件都必须是由种种因果法则推演而出，这些因果法则要求，某个事件只能接在另一个事件之后发生。[95] 为了表明诸多感觉的客观与主观的继起之间的差异，康 **211** 德提供了一个关于一艘顺流而下船只的例子以及关于对一所房屋的感知的例子。在第一个例子中，我们只能够在首先感觉到它逆流而上之后再感觉到它顺流而下。在第二个例子中，对于这所房屋的感知是"随意的"；也就是说，我们可能是从上至下或是从下至上地感知到它。在船只的实例中，一种由这些相继发生的感觉所构成的客观序列，是不可更改的；而在房子的实例中，一种由这些相继发生的感觉所构成的主观序列，则是可以更改的。但我们不能直接从其序列中推导出我们对该船只的种种感觉的不可更改性，因为我们对该房屋的种种感觉也是相继发生的。该船位置的不可更改性也不能直接从我们这些感觉当中推断而出，因为它们仅仅是相继发生的。为做到这点，我们就必须从暗示它在特定情况下正顺流而下的因果法则中，推断出该船连续变化的位置。之后，我们就能从中推导出由我们诸多感觉所构成的相继发生序列的不可更改性。对于康德而言，结果便是，我们这些感觉所构成的客观上相继发生序列，只能被带有其因果概念的知性能力证明为合理。

叔本华不为康德的论述所动，并不可更改地一如既往。他辩称，事

---

[94] 《全集》，第7卷，第31页。标题全称为"关于康德就该法则以及对某个陈述相似的新法则所用措辞所做论证的论辩"。这成为1847年版第23节，其标题更为直接"对康德有关因果性观念的先验性证明的反驳"。参见上书，第122页 / 同上书，第1卷，第122页。

[95] 关于他所举的船与房屋的例子，参见康德《纯粹理性批判》，"第二个类比"，A190 / B235—A198 / B244。关于叔本华对康德所作质疑的批判性观点，参见保罗·盖伊（Paul Guyer）"叔本华、康德与哲学"（Schopenhauer, Kant, and Philosophy），载克里斯托弗·杰纳威编《剑桥叔本华指南》（The Cambridge Companion to Schopenhauer, Cambridge: Cambridge University Press, 1999），第120—133页。

件可以按某种客观上的先后顺序一个接一个地发生，而前一个事件却并非是后一个事件的原因。试想当你从康德的房屋出来时，房顶上一块瓦片落下，砸在你头上。这些事件之间并无因果关系，但这一相继发生的序列却是客观的。或者想想一段乐曲的音符相继出现的序列，它并非由听者在主观上决定，却是一个并无因果关系的客观的先后顺序。最后，想想地球自转。它被认为是客观的，却并不是因为因果法则而为客观，"因为其原因对我们而言完全陌生"。[96] 事实上，叔本华甚至认为康德关于船只与房屋的例子完全漏洞百出。康德在他这两个例子中，并未能注意到我们正在处理的是位于两个客体场景中的某种变化，一个是在感知主体与房屋之间，另一个则是在船只与河流之间。如果我们能够将这艘船沿河往上拉，如同我们能够朝反方向移动我们的目光一样，那么，这艘船的方向将会是可以改变的。但就房屋情况而言，它同移动的船只之间的情况实在并无差别。从上至下地移动目光是一个事件，而从下至上的反向移动则是另外一个。这两种先后顺序都是客观的与非任意性的。他声称，康德在这些例子中不会发现什么差异，如果他记得自己身体是众多客体中的一个客体，而他立即呈现出的种种表象的相继发生，则受制于其他客体加诸其上的种种行为的话——只要这些表象并非是幻象。

叔本华对因果律的先验性质所做的证明，是直截了当的：对其所做的证明"对我而言，似乎是已经存在于不可动摇的确定性之中，带着这种确定性，这种先验性质任何时候都能从我们据以预期经验与因果规律相符合的绝对可靠性中找到确证：也就是说，这种绝对的可靠性是被我们归之于因果律的一种必然的确定性，这种确定性不同于任何其他以归纳为基础的确定性——例如，被经验地认识的有关自然规律的确定性，——根据这种确定性我们可以设想，全部的经验世界中，无论在哪里都不存在因果律的例外。例如，我们可以设想在例外的场合，万有引力定律也许会停止发

[96]《全集》，第 7 卷，第 35 页。

生作用，但是不能设想这种事情的发生没有原因。"[97] 然而，他却在 1847 年对这段话作了修改，他宣称，他已经在新增的篇幅颇长的第二十一节"因果关系概念的先验特征——经验知觉的理智特征——知性"中，为因果律的先验性质提供了唯一直接的证明。因为加进的这一全新论证的缘故，他第一版博士论文现在被说成了根本就是为了证实第二版所写。

　　然而，叔本华对于因果律的先验状态所做"新"的论证，在 1847 年看来却一点都不新。它是对他已于博士论文出版的三年之后所发表的一系列想法所做的详尽说明。在受到歌德激发而生灵感所写的《论视觉与色彩》（*On Vision and Colors*）当中，他已经摆脱了康德所持的将知性视为概念之某种集合观点的残余影响，他在当中摆脱了其残余影响的康德观点还有：对于实存客体的感知，要求将诸多概念运用于感官上直接经验到的知觉对象上面。在那篇文章当中，他曾辩称"所有直觉均具知性特质"，他借此说明，所有我们对可被经验到的诸客体所具有的经验，均是知性的一种功用，知性自动地，也即是说，不借助于概念，不漫无边际，不运用语言，立即将肉体的种种感觉诉诸空间与时间上的种种原因。[98] 从康德的十二个范畴中所剩下的只是因果律，它并无任何概念的功效。在这一对经验性认知所做的新解释当中，叔本华这位曾经的医科大学生，纳入了某种经验性的观点，或者说，他将"客观的"观点纳入他那先验的或"主观的"解释当中，并藉此用有所保留的术语让他对于认知的解释变得真切自然：

213

---

[97]　同上书，第 7 卷，第 36 页。叔本华在博士论文第二版当中，保留了这段话，仅对其作了轻微的改动。参见《论充足理由律的四重根》，第 129 页／《全集》，第 1 卷，第 89—90 页。

[98]　《论视觉与色彩》，第 10 页／《全集》，第 1 卷，第 7 页。叔本华在自己博士论文第二版中发出告诫，他那所有直觉均具知性特质的论点，不应与德国唯心主义者的"知性直觉"概念相混淆。他写道，是为知性应该只被用于对经验直觉所作的断言，而不应被用于那"德国的冒牌哲学家却把它交给了一梦幻世界的虚假直观，他们所偏爱的绝对假定要在这里完成自身的发展"。《论充足理由律的四重根》，第 79 页／《全集》，第 1 卷，第 53 页。

只是当**知性**开始发生作用的时候，——这不是那种单一的，灵敏的神经末梢的功能，而是一个被称之为大脑的奇妙的、复杂的结构功能……——只是当它开始运用它独有的**因果律**时，才发生了一个强有力的转变，主观的感觉由此而成为客观的知觉。知性借助于它本身的特有的形式因而是**先验的**，也就是先于一切经验（因为在此以前，一切都不可能存在）的形式，把已知的肉体感觉设想为一个结果（这是唯独知性才能理解的一个词语），这样的结果必然地包含了一个原因。它同时唤起同样现成地存在于它的理智（即大脑）中的**外感觉形式空间**的协助，以便把这个原因移到机体之外。正是由于这样，外部世界才首次产生了，只有空间才使它成为可能，这就使**先验的**纯粹直观必须为经验的知觉提供基础。[99]

214　　　之后，叔本华使用了许多例子来突显存在于"皮肤底下"的感觉与对某个实存客体的感知之间的种种巨大差别。他藉此继续并加强了他已首先在他关于色彩理论作品中加以详述的那种生理学上的论证。他再一次描述了新生儿的例子，新生儿经验的只是对于光与色彩的印象，他们

---

[99] 《论充足理由律四重根》，第77—78页／《全集》，第1卷，第52—53页。或许，叔本华那将对于经验性认知的某种先验性解释同对于经验性认知的某种经验性、物质性解释合为一体的倾向，在他主要著作第二卷中以最不寻常的方式加以陈述："空间的确在我的头脑之中；但从经验上而言，我的头脑却是在空间之中。"（《作为意志与表象的世界》，第2卷，第19页／《全集》，第3卷，第31页）正如能被预料到的一样，这句话成为他哲学的某个令人头疼的难题，从早期的评论者起，直至今日；从鲁道夫·塞德尔（Rudolf Seydel）《叔本华哲学体系之描述与评判》（Leipzig: Breitkopt and Härtel, 1857），第69页，到保罗·F. H. 劳特曼（Paul F. H. Lautermann）《叔本华破碎的世界观：康德与歌德之间的色彩与伦理》（*Schopenhauer's Broken World-View: Colours and Ethics between Kant and Goethe*, Dordrecht: Kluwer Academic Publishers, 2000），第4章，第83—116页，情况一直如此，该章标题便是"二律背反的自相矛盾之说：世界能够在我的头脑之中，而我的头脑却在世界之中吗"。佩特里·拉瑟能（Petri Räsänen）在他博士论文中，以一种看似头脑正常的方式，重写了这个颇成问题的句子："从某种先验性观点来看，空间的确仅仅是我的认知主体的所有物……从经验上而言（亦即，从某种经验性观点来看）我的头脑是在空间之中。"参见《叔本华与康德的先验唯心主义》（*Schopenhauer and Kant's Transcendental Idealism*, Tampere: Tampere University Press, 2005），第131页。

仅仅在他们的知性发挥其为这些位于空间中的时间上的感觉确定原因的功效之时，才能够理解各个客体。他声称，婴儿是在之后才开始认知外部实况的。他提供了一些出生即盲却在后来得以重获视力者的例子。他们向某人证实，他们感觉到一个模糊不清的东西，这是一种对于某个单个物件的大致印象。他们从未辨识出以不同距离各各相隔的不同物体。他辩称说，只有当他们学会将因果律运用于这些数据之上，他们才具有对于事物的客观认知。他提到由于脑半球的脑叶受损而对外部世界认知的丧失，以及它是如何展现出这些主体依然具有感觉的。叔本华甚至在自己生命后来的时光中，援引了法国生理学家玛丽·让-皮埃尔·弗洛昂（Marie Jean-Pierre Flourens）的研究成果来证实自己的论点。[100] 他描述并用图表标示出光学角度，并解释了视网膜上的成像是怎样双重、颠倒及二维的，但我们感知到的却是单个的、垂直的与三维的物体。他加进一些关于感知有误的例子：当我们十指交叉地接触某个球体之时，知性会判定它是两个球；我们如何会将单个的硬币误认为是两个；以及月亮的相对尺寸。令人称奇的是，从列举皮肤底下无定型感官刺激的事例，到添加那些在其中某一可被经验到的物体被人错误地感知的例证，叔本华均毫不费力，应付裕如，他藉此将自己的唯心主义态度融入了某种现实主义立场之中。尽管如此，他的意思却是："知性实际上是艺术家，而感官则不过是向他递交素材的助手。"[101] 不过，他却并未退回到现实主义当中，而是置感觉的源头于不顾，同时，他坚称，对直觉性表象或"实存客体"的经验，从未能够令我们知晓某种高于意识的实况。

　　然而，在叔本华博士论文各个版本中一以贯之的，却是他对因果律　215

---

[100]　《论充足理由律的四重根》，第108—109页 /《全集》，第1卷，第74—75页。叔本华提及的是弗洛昂《论生活与智识》（*De la vie et de l'intelligence*, Paris: Garnier Frères, 1858）。这些关于弗洛昂的附注被叔本华加进自己《论充足理由律的四重根》手稿（1847）之中。同上书，第114页 / 同上书，第1卷，第79页。

[101]　同上书，第114页 / 同上书，第1卷，第79页。

本身所进行的分析。在第一版第十八节（或第二版第十九节）中，他给出了关于某种对于感官经验所做分析的一个概要。然而，在第二版中，他却将它称之为一种"超验的分析"。在他的描述中并无任何重大变动。情况似乎是，他并未为经验的可能性给出某种康德风格关于种种必要条件的推断。"超验的"这一术语的添加，乃是受他试图更进一步地证明他的哲学是康德哲学之嫡传学说的努力驱动所致，他的这种努力发端于《作为意志与表象的世界》，并自 1830 年起逐步升级。当然，它并未专注于他哲学方法中的任何变化。1847 年之前，他甚至就在更为自觉运用某种使用归纳法的方法论，这种方法论与洛克、贝克莱以及休谟这些英国的经验主义者之间，比它与康德之间，具有更大的相似性，它是将康德视为就正规的知识来对这些经验主义者进行修正的。[102] 对于一种就经验所做的更为现象学的分析，一种针对经验本身所做的直接详查，叔本华始终忠贞不渝。[103] 在这方面，他与洛克关系密切。但因为他将这种先验之物视为由人类认知所强加的条件，所以，他与康德之间的关系也不可谓不近。叔本华在 1844 年就他自己哲学方法论进行写作之时，特别提道："我们必须将洛克视为该种探究方法的原创者；康德使该方法达到了无与伦比的更高程度的完美无缺……"[104] 正如在他博士论文中已经表现

---

[102] 参见上书，第 118—119 页／同上书，第 1 卷，第 117—118 页。我在刊于《叔本华年鉴》，第 84 卷（2003），第 147—156 页"作为叔本华的康德哲学先驱的洛克"（Locke as Schopenhauer's Kantian Philosophical Ancestor）中，谈论了叔本华对他经由居间的康德而与洛克所具关系的观点。刊于《叔本华年鉴》，第 69 卷（1988），第 7—40 页"归纳抑或表现？关于叔本华哲学的哲学"（Induktion oder Expression? Zu Schopenhauers Metaphilosophie）中，迪特·比恩巴赫（Dieter Birnbacher）探究了叔本华形而上学在本质上究竟是归纳的还是表现的这一问题。鲁道夫·马尔特在他硕士论文《阿图尔·叔本华：意志的超验哲学与形而上学》（*Arthur Schopenhauer: Transzendentalphilosophie und Metaphysik des Willens*）中，提供了一种颇具水准的将叔本华解读为超验哲学家的阐释。

[103] 关于叔本华与康德的方法论之间深思熟虑的对比，参见保罗·盖伊刊于《剑桥叔本华指南》，第 93—137 页"叔本华、康德与哲学的方法"（Schopenhauer, Kant, and the Methods of Philosophy）。

[104] 《作为意志与表象的世界》，第 2 卷，第 272 页／《全集》，第 3 卷，第 307 页。

出的一样，他一直持有由经验主义者所激发出的论点：富于意义的概念最终必须关涉直觉性表象。

叔本华就生成的充足理由律所作的陈述，亦即就因果律所作的陈述，强调了因果关系是实存客体的变化或状态之间的某种关系，而不是实存客体之间的关系："当一个或者几个真实的对象转变为任何一种新的状态时，另一个状态必定在它之前就存在了，新的状态根据这个在先状态而有规则地相继出现，就是说，每当前面的状态出现后它就相继出现。我们把这种前后相继称之为因果运动；前一个状态被叫作原因，第二个则叫作结果。"[105] 他提供一个例证。如果某个物体燃烧起来，那么，这一燃烧发生之前，必定出现了某种其中存在着氧气、汽油与热能的特定状态，而这一状态一经出现，则燃烧必定紧接着发生。他声称，这一状态不可能一直都存在，却仅仅在燃烧发生的时刻存在。这一状态是某种变化，而因果律只是与各种变化相关。因此，当每一结果出现之时，它都是某种变化；而因为该种变化并未在更早之时出现，所以他推断说，必定有某种甚至出现得更早的变化，出现在此种变化之前。因为就任何变化而言，情况均的确如此，所以他形成了以下见解：存在着某种并无起点的因果链；亦即，任何结果均有其原因，而那个原因则是某个更早原因的结果，如此循环不已，永无止境（ad infinitum）。[106] 由于充足理由律是所有必然性的基础，他因此将因果律称之为起着支配"物理必然性"的作用。

216

---

[105] 《论充足理由律的四重根》，第 53 页 /《全集》，第 1 卷，第 34 页。叔本华在第一版中写道，某个实存客体的某种新状态或变化，"按照某一规律接着出现了"（《全集》，第 7 卷，第 29 页）。随着他对康德观点的抛弃，他将这个短句从第二版中删去了。

[106] 在此基础上，叔本华否定了为上帝存在所用的宇宙论论据的初始原因的形式。他满含嘲弄地吐出了即兴的生花妙语：任何运用因果律来证明必定存在着某个初始原因，亦即上帝的人，似乎是干脆将因果律当作了一辆出租马车，只要达到了目的地就把它打发走；参见上书，第 58 页 / 同上书，第 38 页。诸如此类的话，就像叔本华关于与自己同时代人所做出的尖酸刻薄评论一样，均出自他博士论文第二版。

理性与认知

在对因果律进行分析期间，叔本华对读者发出警示：他将会提出某种关于理性能力的全新解释———一种将会与康德的解释大为不同的解释。在《纯粹理性批判》当中，康德将知性与理性作为人类认知能力的不同方面加以区分。尽管叔本华小心翼翼地赞同康德将知性视为非经验性或先验性概念的源泉的观点——这些概念被用之于感官感知上的运用为我们提供了经验性知识，但他坚定地接受了康德的坚决主张：这些概念唯一合理的运用，是被用于经验的可能性限度之内。对康德而言，理性是一种哲学上的虚假能力。正是这导致了见之于笛卡尔、斯宾诺莎、莱布尼茨与沃尔夫等理性主义者身上的思辨形而上学，他们认定存在着先验之物以及关于世界、灵魂与上帝的实质性知识。康德曾经得出结论说：这些形而上学主义者的问题，在于他们将知性的种种概念运用到可能的经验范围之外。其结果仅仅导致了空洞的幻象。但康德在甚至不能接受他们结论的情况下，仍然对这些早前哲学家的事业心怀好感。那些困扰着这些形而上学主义者的问题，是不可避免的。理性总是寻求那最终的、绝对无条件的及一种总体性的解释，这种解释最终满足了知性上的好奇。而如果康德辨认出这种对理性的滥用，那他也会辨认出它在自然科学及伦理学中的合理的与具有规范性作用的运用。有关单纯灵魂的观念，能为我们对一种自成一体的心理学所作的追寻提供帮助，而将上帝视为宇宙造物主的观念，则能帮助激发我们对于世间秩序的追寻。"对实践理性的假设"、对上帝、人类意志的自由以及灵魂永存不朽的假设，均是从道德中继之产生，尽管这些假设只能被思考，而从未能够被了解。

叔本华将他对理性所做的"全新"解释，置于他对于诸客体的第二类，关于表象或概念的表象所作的分析之中。正如他在对关乎更优的意识的哲学进行沉思过程中的所作所为一样，他拒绝接受康德关于理论理性与实践理性这两者所持的观点。但他却是以一种含蓄与非论战性的方式来这样做的。他声称，理性的功用是为了将概念从直觉性表象中抽象出来、将概念结合进判断之中，并得出结论。尽管他愿意将知性的官能赋予非人类的动物——它们毕竟也感知到一个空间及时间性的世界，该世界中的诸客体处于种种因果关系之中——，但他却同意康德关于只有人类才具理性的看法。可是，叔本华关于理性官能所做的冷静论述却在1847年所出的版本当中，因为加进新的小节"理性"而得以更为全面深入地进行，这一小节使得那一章的长度扩展为原来的三倍。他既没有用新颖的洞见来强化自己原先的观点，也没有从他最初论述的要素中耐心地推导出新的结论，而是将其用于发泄自己对被哲学公众忽视了三十多年所感到的沮丧。他猛烈地抨击了与他同时代的人。雅各比、费希特、施莱尔马赫、谢林与赫尔巴特这些人，全被他给痛骂了一通，而黑格尔所受的辱骂则更甚于其他所有人。他谴责这些人负隅顽抗地重新吹嘘起已被康德驳倒的思辨形而上学。此外，他还公开指责他们热衷于为了自利的　　218缘故而保卫宗教。这些伪哲学家需要养家糊口的职业，而国家则只会聘用那些会承认上帝在某种形式上是万能的教授。

　　然而，叔本华并未让康德在这一关于理性的新加小节中毫发无损。他指责康德使得人们方寸全无地逃遁进先验世界中去，这在与他同时代人的伪造哲学中便可得见。对他正如何在损害他自己关于理性的"全新"观点所具有的独创性，叔本华毫不在意，他声称，在康德之前的所有哲学家，都将理性视为那种用于阐述概念、作出判断、自由思考、运用语言、反思过去及规划将来的为人类所独有的能力。甚至是康德，也将理性看作是得出结论与发现原理的能力，但"不可否认，是他最先导致了那些由此而来的被歪曲了的观念"。[107]为了让读者明白他这一观点，他接着让读者去看他在自己其他著作中对该点的论述。在这些类似论述中，叔本华甚至还更加直言不讳。在《作为意志与表象的世界》第一版中，

---

[107]　同上书，第164页／同上书，第1卷，第110—111页。

他写道，康德混淆并篡改了理性的本质，任何要劳神费力阅读他之后那些"成堆的"哲学著述的人，将会发现："君王们犯了错误，整个整个的民族都要为他补过；和这一样，伟大人物的谬误就会把有害的影响传播于好些整个整个的世代，甚至到几个世纪；并且这种谬误还要成长、繁殖，最后则变质为怪诞不经。"[108]叔本华写道，这种令人悲哀的"两足动物的规则"喜欢的恰恰是伟人所犯下的最严重过失，而对真正令人钦佩的东西，他们却置之不理，这一切就像是场灾祸。后来，尼采将会对叔本华追随者作此论断。[109]

219 叔本华指责康德在无意间为后继哲学家提供了将理性转化为某种神秘能力的手段。通过将实践理性确立为用以证明对自由、灵魂及上帝所怀的形而上学信仰是合理的手段，康德使得其他人有了胆量来将理论理性转化为有关此类事情知识的源泉，尽管他本人否认它具有这类超常影响力。如果实践理性能够证明该类信仰是合理的，如果它能够成为道德律令的源泉，亦即某种先验之物，那么，将理论理性视为具有理解康德所说的它所渴望拥有的客体——无条件的东西——的能力，便只是咫尺之遥。他辩称说，这"领导着我们的头脑糊涂的以雅各比为首的哲学家们每况愈下。他们把理性说成直接领悟'超感觉'之物，并荒谬地宣称，它是某种本质上与超越一切经验之物，即与形而上学，有关系的精神特性；而且它直接地、直觉地认识一切事物的终极原因，以及一切存有、超感觉、绝对、上帝等的终极原因"[110]。他接着在自己博士论文第二版当中，从雅各比对康德学说的滥用出发，追溯了费希特、谢林和黑格尔哲学厚颜无耻的形成过程："近五十年来，德国的伪哲学正是在这种纯粹幻

---

[108] 《作为意志与表象的世界》，第 1 卷，第 38 页／《全集》，第 2 卷，第 45 页。

[109] 参见《论充足理由律的四重根》，第 176 页及随后一页／《全集》，第 1 卷，第 120 页。尼采赞扬了叔本华"关于直觉的知性特质、因果律的先验特质、知性那有所助益的特性以及意志非自由性的不朽学说"，但他却也在同一段话中宣称，叔本华的追随者死抱着叔本华邪恶行径与过分之举而不愿放手。参见《快乐的科学》，第 99 节。

[110] 《论道德的基础》，第 84 页／《全集》，第 4 卷，第 150 页。

想的产物上，这样一种完全虚构的理性基础上建立起来的：首先，是作为绝对的自我（I）任意的构造和设计，以及从这个自我中生出的东西非我（not-I）［费希特］；其次，是对于绝对同一性或漠不相干性的理智直观，及其向自然的展开［早期的谢林］；再次，从最遥远的根据或无根据，从黑暗的深渊或雅各比与伯麦式的无底深渊中产生的上帝［晚期的谢林］；最后，是纯粹的自我意识，绝对理念，概念自我运动的芭蕾舞场面［黑格尔］。"[111]

尽管年迈的哲学家无法抑制住自己对与他同时代人的狂怒，而这又因为将那些人对其思想所做的歪曲归咎于这位柯尼斯堡的智者蔓延而为了一种令人奇怪的对康德的矛盾态度，但他对认知的充足理由律态度却依然与第一版完全一致。理性将概念融合进判断之中，而没有任何一项判断在本质上是真实的；它的真实性基于其他东西之上。他对充足理由律的这一形式作出了以下表述："如果一个判断想要表达任何种类的认识，它就必须具有一个充足的理由：借助于这种性质，这个判断才获得了真实的谓词。这样，真理就成为一个不同于某种事物本身的被称之为该事物的理由或根据的判断的联系。"[112]之后，他确认了四种某项判断借此以某种不同于其自身东西为依据的方式，并以此确认了真理的四种

---

[111] 《论充足理由律的四重根》，第181页／《全集》，第1卷，第123页。这两处对谢林的提及涉及他哲学中的几个变化。提到的第一处，关于"绝对同一性的理智直观，及其向自然的展开，"指的是他的《自然哲学》（*Naturphilosophie*），而关于"黑暗的深渊或无底深渊"的话，指的则是他的《布鲁诺，或关于事物神圣的与自然的原则》（*Bruno oder über das göttliche und natürliche Prinzip der Dinge*, Berlin: Johann Friedrich Unger, 1802）

[112] 同上书，第156页／同上书，第1卷，第105页。令人奇怪的是，叔本华在第一版中并未在第三十一节"知识的充足理由律"中陈述充足理由律的这一形式，而是代之以将其包括在名为"真理"的一节当中（第三十节），并且是仅仅关于某项命题的真理，而非是关于表达知识："某项判断为真，意味着它具有某种充足的根据。这必须是某种不同于该项判断的东西，该项判断乃是为它所指涉的。因此，真理是某项判断与某种外在于它的东西之间的关系。"同上书，第7卷，第52页。

类型：逻辑的、经验的、超验的与超逻辑的。[113] 正如他所宣称的生成的充足理由律清楚地表述了其首先是为从某一原因而产生出某一结果必然性的物理必然性一样，充足理由律这一形式关乎的是"逻辑必然性"，一种出现于某个根据后的某项真实命题所具有的必然性。

　　叔本华对真理的四种类型所做的陈述言简意赅，却又稍嫌草率，看似是受巧妙得出的系统性成熟意见的驱使所致。如果某项判断或命题仅仅是基于与某个其他命题的概念性关联的话，那它在逻辑上或形式上便是真的。因此，命题"没有 P 是 S"在逻辑上为真，因为它在将命题"没有 S 是 P"反过来之后便能即刻得出。然而这样一个命题也能在指涉物质时为真，如果它是从一个以物质为内容的命题被推导而出的话，比如说命题"没有动物是昆虫"。十分自然的是，叔本华在他对逻辑性真理所做的分析当中，给予经典的亚里士多德式直言推理——"整套演绎推理法"以特殊待遇，认为它阐明了将充足理由律运用于判断所需的全部法则，表述出逻辑真理的准则。叔本华因此承认，辩论、得出结论及推理是理性能力的正确功用，未能以一种与演绎推理的法则相一致的方式来进行推理的行为，表现出某人理智当中的某种缺陷，后来，他在针对黑格尔所做的冗长痛骂中，将这一论点阐释得清楚至极。[114]

221

---

[113]　叔本华最初是将"超验真理"称为"形而上学真理"。然而，关于他对真理这一类别所做的分析，却并无变化。叔本华似乎是在 1813 年涉及自己观点时避免使用"超验的"这一词汇，这或许是他在试图不要表现得与康德过于关系密切。然而，他却在 1847 年为自己是康德信徒而自鸣得意。这或许是他为何将真理这一类别重新进行了命名，将第一版第十九节的标题从"就经验所做分析的纲要：知性"改为"关于经验实在的超验分析纲要"（第二版第十八节）。参见上书，第 7 卷，第 57 页，第 21 页／《论充足理由律的四重根》，第 160 页，第 46 页。

[114]　在一次对黑格尔所做的冗长痛骂中，叔本华将黑格尔某一论证放进一个无条件演绎推理之中："所有在某一端变得更重的东西均会向该侧倾斜；这根磁棒倾向一端，因此，它在那一端变得重量更大。"叔本华指出，这相当于是在辩称："所有的鹅都有两条腿；你有两条腿；因此，你就是一只鹅。"他继续写道，某人的常识与天生的推理方法使得具此特性的推理并无可能，这种推理方法的缺位被描述为智力缺乏。他宣称，黑格尔的论证违背了"不能从第二形态中的纯肯定前提中得出结论"的法则。参见《论道德的基础》，第 17 页／《全集》，第 4 卷，第 xxi 页。

叔本华对经验真理所做的陈述，不包含任何在经验上为真的命题的例证。他可能认为没有什么例证是不可或缺的。他声称，如果某个命题是"建立在通过感官而获得的知觉，因而也就是经验的基础之上"，那它在经验上便是真的。因为某个经验上为真的命题由于概念上的关联而不为真，所以它在指涉物质时便是真的。[115] 叔本华或许会说，"卷毛狗在沙发上"这一命题，只有在当确实有一只卷毛狗在沙发上的时候，才是真的。与此相反的是，就先验而言为真的命题，是那些以直觉的先验形式为依据的命题——亦即，那些见之于知性或纯粹感性能力中的命题。例如，"两条直线并不包含一个空间"这一断言，依托于空间的先验形式；"3×7=21"是依托于时间的先验形式；"没有原因任何事物都不会产生"，则是基于因果律的先验形式之上。[116] 最后，如果某项命题是依托于"思想法则"，亦即依托于本体法则、矛盾法则、被排除在外的中项的法则，或是认识的充足理由律自身的话，那它就超逻辑性而言便是真的。这些法则之所以被发现，是"由于我们的理性在致力于与这些规律相抵触的思维时毫无结果，所以，它认识到了这些规律是一切可能的思维的条件"。[117] 例如，叔本华声称，"物质永恒"这一命题是一个超逻辑性的真理，因为我们无法想象物质是"产生或消灭的"。[118]

222

---

[115]　《论充足理由律的四重根》，第 159 页／《全集》，第 1 卷，第 107 页。在 1813 年博士论文当中，叔本华使用了论经验真理的小节，来论述康德如何从诸判断的表格中得出知性的诸范畴，以形成某些对康德关于实践理性的概念以及道德行为具有理性特质的观点所做的批判；参见《全集》，第 7 卷，第 55—56 页。

[116]　同上书，第 160 页／同上书，第 1 卷，第 108 页。叔本华会将充足理由律的四种形式中的三种归类为先验真理；生成、存在与行动的充足理由律。认识的充足理由律据称是一种超逻辑的真理。参见上书，第 162 页／同上书，第 1 卷，第 109 页。

[117]　同上书，第 162 页／同上书，第 1 卷，第 109 页。

[118]　同上书，第 162 页／同上书，第 1 卷，第 109 页。

存在

在第二版中，对诸客体中的第三大类——空间与时间的纯粹或非经验直觉，以及掌控着这些客体充足理由律的形式——所做的分析，经受的改动幅度最小。叔本华在他就变成的充足理由律所进行的论证当中，去除了关于康德知性范畴的剩余部分，并通过添加一个关于理性的篇幅甚长的小节而大幅扩展他就认知的充足理由律所写的篇章，但他对存在的充足理由律所做的陈述却在不同版本中都几乎是原封不动。除了在该章中用"先验的"一词代替"形而上学的"一词这一贯穿第二版系统改动之外，他通过将数学概念同感性的纯粹形式，亦即空间与时间相联系的做法，而在自己最初便对康德直觉主义者的数学哲学所具的忠诚方面始终如一。[119]具体而言，他认为，空间与时间可能是非经验直觉的客体，非经验直觉能够比无论是由知性还是由理性所提供的深思熟虑都更好地令我们认识到它们的本质。他辩称说，康德也与他持相同观点：空间上的位置与时间上的继起之间的关联，只可经由直觉得以理解，康德"主张要想区分出我们右手和左手的手套，除了直觉，别无任何其他方法"。[120]

正如叔本华在他早前对生成的充足理由律所作的分析当中便已经声称过的一样，空间与时间乃是感性的先验形式。就其准确意义而言，空间与时间在先验意义上来看均为假设，因为它们是我们藉以感知世界的主观强加的体系。但空间与时间就经验而言却为实存，因为我们凭直觉感知到它们，似乎它们是经验的客观结构一样——换言之，独立于我们

223

---

[119] 关于他就"先验的"一词的运用，参见上书，第197页／同上书，第1卷，第133页。他最初使用的是"形而上学的"一词，同上书，第7卷，第61页。

[120] 叔本华并未在他博士论文第一版当中使用右手与左手手套的例子。他只在当他不再害怕被人认为与康德有关，而是唯愿如此的时候，才在第二版中援引康德的话。参见上书，第7卷，第60页，以及《论充足理由律的四重根》，第194页／《全集》，第1卷，第131页。

的意识而存在。[121] 不同于我们对实存客体的直觉，我们对时空中诸如桌子与椅子之类的物体的经验，是作为直觉表象而被感知为后验之物，叔本华认为，对空间与时间的直觉是纯粹的或非经验的。他像康德与牛顿两人一样，认为空间与时间均是特定的，而他也像康德一样认为，空间与时间均是以这样一种方式建构而成：每一点决定着其他任意一点，同时又被其他任意一点所决定。他声称，这种关系被称之为空间中的"位置"与时间上的"继起"。因此，存在的充足理由律表述了"空间和时间的特性就在于它们的一切部分都处于相互的关系之中……"[122]

效法康德的叔本华认为，算术关联着对时间上先后顺序的经验，正如当我们依次数数一样。每一个数均以作为其存在根据的前面的数为先决条件。叔本华运用了康德那声名狼藉的"7+5=12"的例子，来反对赫尔德将其视为同一性命题的观点。同一性命题更应该是"12=12"。[123] 正如康德所坚称的一样，它是一个综合的先验判断，因为它是非经验的，必然为真，提供了信息：七与五这两个概念并不可以说就包含了十二的概念，就像"所有身体均是伸展着的"这个分析命题一样，在该命题中，"身体"这一概念包含"伸展"这一概念，而所说的仅止于"所有身体均是身体"。他辩称，不同于算数的是，几何关涉的是对空间的非经验直觉，就其准确意义而言，空间的每一部分决定着其他任一部分，同时又被其他任一部分所决定。因此，"如果一个三角形的两个角相等，那么对应于或面对着这两个相等的角的两条边彼此相等"这一命题，乃是某种能被直觉所领会的东西。叔本华坚称，欧几里得所作的此种展示，仅仅为某项判断的真实性提供了种种根据，但却未能提供深入空间关系的深刻

---

[121] 叔本华从康德那里借用了某物就先验而言是为假设，就经验而言却为实存的观点。他并未在他博士论文 1813 年版本中使用这一观点，却在 1847 将它加了进去。参见《论充足理由律的四重根》，第 45 页 /《全集》，第 1 卷，第 28 页。

[122] 同上书，第 194 页 / 同上书，第 1 卷，第 131 页。

[123] 关于康德对将"5+7=12"作为一个综合的先验命题所作的陈述，及其对分析命题与综合命题所作的区分，分别参见《纯粹理性批判》B15—16 与 A7 / B11—A13 / B26。

洞见，"这种印象就像当一件东西莫名其妙地钻进或跑出我们的口袋，而我们却想象不出这是怎么回事时的那种感觉。"[124] 欧几里得式的几何学，就像理性的所有产物一样，不如直觉那样能被用于理解世界。

224

行动

作为内在感官的某一客体，意欲主体只能够在时间上被认识。在反复重申了他的标志性见解：认知主体从来不曾是某个认知客体之后，叔本华宣称，认知主体与意欲主体实为一体。他认为，这一洞见并非是经由谢林的知性直觉收集而得。叔本华辩称，人们仅仅通过分析"主体"与"客体"这两个术语的推理方法，便可得出谢林的立场，这两个术语中的任何一个均暗指与之相关联的事物，正如"父亲"这一术语使得"孩子"这一术语成为必需，以及"孩子"这一术语使得"父亲"这一术语成为必需一样。相反，认知主体与意欲主体的同一性，乃是"立刻给定的"，这是一种由"我"这一词汇所表示的同一性。这种同一性无法解释，逃离于充足理由律的所有形式之外，其运用范围仅限于认知客体。叔本华写道，"任何真正理解这种同一性无法解释特性的人，将会同我一道将其称之为最高意义上的奇迹（ miracle *kat' exochen* [par excellence] ）。"[125] 短短五年之后，他将会宣称，《作为意志与表象的世界》是"在某种限度内……就是这个［奇迹］的解说"。[126]

叔本华还将在他主要著作第一版中，承认另一个他并未在其博士论文中加以清楚表述的"最高意义上的奇迹"。关于这一"奇迹"的陈述，

[124]　《论充足理由律的四重根》，第200页／《全集》，第1卷，第135页。

[125]　同上书，第7卷，第73页／《论充足理由律的四重根》，第211页及随后一页。叔本华在1847年版本当中，删去了对谢林的附注，并将由"我"这一词汇所表示的认知主体与意欲主体的同一性，称之为"世界之结"。

[126]　《作为意志与表象的世界》，第1卷，第102页／《全集》，第2卷，第121页。这句话出自这部作品第一版。

促使这位哲学家承认了真理的种种新形式，它们将他对真理所作的分类扩展为逻辑的、经验的、先验性的以及超逻辑的不同类别。他将这种"我的身体和我的意欲是同一事物"的新真理，戏称为"最高意义上的哲学真理"（philosophical truth kaĭ exochen）。[127]然而，1813 年的他，却并未准备承认这一真理，正如他并不愿意相信康德自在之物这一概念一样。 225
这一真理将会引领他反驳以下传统论点：意欲先于身体活动，并因此导致了身体活动。他认为，意欲与行动实则为一，并无二致，我们只是在反思中对两者进行区别："意欲的每一个真实的、纯粹的、直接的行动，也同时并直接是身体的一种活动；人们实际上无法意欲某种行动，却没有在同时意识到它显现为身体的某种活动。意欲的举动与身体所产生的行动，并非是两种不同的、由因果律的纽带所连接的客观上被认知到的状态……"[128]

　　意欲与行动的同一性，并非是某种叔本华愿意在其博士论文中予以承认的东西。事实上，在他最初观点当中，情况恰恰相反："行动并非意欲，而是作为原因的意欲所产生的结果。"[129]对这位雄心勃勃的哲学博士来说，愿望也并非是意欲之举的例子，也即是说，除非它们引起某种行动。某一行动的原因乃是某项决定，它是某种将因果律传导至某一特定愿望的东西。为了对某一行动进行解释，他提供了以下描述。如果某人 P完成了行动 A，那么，P 具有去做 A 的某种动机 M，这是一种去做 A 的愿望，它由去作 A 的决定 D 所促成。因此，是决定使得愿望产生了因果链上的作用，成为某种意欲之举。决定本身变成 P 在这种关于行动的早期理论中所具特点的某种显示。为了就这一描述提供更多的内容，叔本华引用了康德对某人的验知性格（empirical character）与悟知性格（intelligible character）所作的区分，这一区分被他视为"人类缜密思维的

---

[127]　同上书，第 1 卷，第 102 页／同上书，第 2 卷，第 121 页。
[128]　《全集》，第 7 卷，第 73 页。
[129]　同上书，第 7 卷，第 73 页。

226 某种无可比拟与极为出色的杰作".[130] 验知性格乃是每个人行为举止的普遍特征，它是通过对某人的行动总和进行思考而得以被发现。他继续写道，它指向某人行为的一致性与不可变更性，这表明它是表象，"某种存在于时间之外的全然不可知的事物的表象；它指向某种事物，似乎它是意欲主体的某种永恒状态。"[131] 但在作此评论之后，叔本华却很快指出，因为"状态"与"永恒的"仅仅适用于时间框架之内，所以就技术层面来看，并没有任何用于谈论时间之外事物的手段。因此之故，他又加上一句作为附加注解的评论：康德的悟知性格"或许被称之为'不可领悟的'要更为恰当"。[132] 尽管如此，他仍然将它比喻为"意欲发生于时间之外的某种普遍行动，"认为它为"最坚定的信念"——亦即，我们的意欲并非由其他东西所决定，以及我们的本质"就其特性而言极为自由"[133]——提供了基础。

尽管叔本华会将康德就验知性格与悟知性格所作的区分视为与他就表象与自在之物所作的区分具有同等重大的意义与深刻的见解，他却将关于

---

[130] 同上书，第7卷，第77页。博士论文撰写者叔本华，继续在同一段落中赞扬谢林提供了对康德就悟知性格与验知性格所做区分，以及自由与本性之间的关系，所做的富于启发的陈述。这一赞美似乎有些言不由衷，因为他在谢林《哲学著述》(*Philosophische Schriften*) 第一卷该页所作的页边批注，毫不留情地出言批判。谢林在该段落中并未提及康德，而是提及"唯心主义"。叔本华在页边写道，"康德，你这遭人非议的恶棍"，《手写遗稿》，第5卷，第147页。他会在后来暗示，谢林曾试图将康德的见解窃为己有："如果谢林昧心怀诚实地说他陈述的乃是康德的睿见，而非他自己看法的话，那我便有可能对这部作品做出评论。"《论道德的基础》，第111页／《全集》，第4卷，第176页。马提亚斯·科斯勒 (Matthias Koßler) 与洛尔·许恩 (Lore Hühn) 提出，叔本华对康德就悟知性格与验知性格所做区分的接受，就是经由谢林与弗里斯两人准备而成。分别参见"验知性格与悟知性格：从康德经由弗里斯与谢林到叔本华"(Empirischer und intelligibler Charakter: Von Kant über Fries und Schelling zu Schopenhauer)，载《叔本华年鉴》，第76卷 (1995)，第195—201页；与"可被领悟的行为，论谢林与叔本华之间的一个共同点"(Die intelligible Tat, zu einer Gemeinsamkeit Schellings und Schopenhauers)，载《哲学现代派的内省》(*Selbstbesinnung der philosophischen Moderne*，C. 伊贝尔 [C. Iber] 与 R. 波凯 [R. Pocai] 编，Dartford: T. Jung Hans Verlag, 1998)，第55—94页。

[131] 《全集》，第7卷，第76页。

[132] 同上书，第7卷，第76页。

[133] 同上书。

"动机，决定，验知性格与悟知性格"的小节，从《论充足理由律的四重根》第二版中删掉了，并且他还小心翼翼地删掉了与他关于意欲同行动实为一体的断言相冲突的所有段落。对他早前关于意欲导致种种行动的那些断言，他也作了相同处理。他将他早前的"意欲对于认识所产生的因果性影响"一节标题改为"意欲对于认识的影响"，在该小节中，他宣称："意欲对认识所产生的影响，并非基于因果关系本身，而是基于认识主体与意欲主体的同一性……"[134] 他在第一版中曾经说过，意欲行为本身是直接被给予我们的内在感官，而无法被定义与描述的，但在第二版中，他却特别提道，"这种认识的直接性最终必定使其他一切事实上是间接的认识得到阐明。"[135] 然而在 1847 年之前，他却早已知道，这种直接意识乃是他将意欲视为所有表象之本质的关键所在。

227

十分自然的是，年岁更长的哲学家也对这名年纪较轻的人所提出的行为理论进行了修正。为了清晰地表述他已然成熟的见解，他让读者去读他出版于 1841 年的获奖征文"论人类意志的自由"，在这篇文章当中，他将动机直接纳入对在作为表象的世界之内加以表述的因果律种类所做的某种普遍陈述之中。他辩称说，世间所有的一切，均随某一充足的根据发生，而在不同类型的存有之中，大行其道的乃是不同的因果关系。在无生命的本体与无机物当中，存在着某种物理的、机械的或化学的根据与某些结果之间的特定因果关系。在具有生命的本体当中，在植物里面，诸如水、热、光等促进植物生长的因素，导致诸如生长之类的某种反应；在动物里面，包括人与非人的动物，因果关联乃是导致某种具有意欲的行为的动机，因果律通过认知产生作用。此外在任一变化之中，均有两个必要因素。存在着某种归因于因果影响作用于其上的那种本体原

---

[134]　《论充足理由律的四重根》，第 214—215 页／《全集》，第 1 卷，第 145 页。
[135]　同上书，第 212 页／同上书，第 1 卷，第 144 页。

初固有作用力，也存在着导致这种作用力显现的原因。[136]他还辩称说，这些作用力存在于充足理由律的范围之外，可以说是构成了所有因果关系的潜在原因，却并不受制于充足理由律。地心引力、电与磁性，乃是在无生命的本体里面起着作用的不同种类的作用力，以及被他称之为"最严格意义上的原因"的不同种类的原因。不可或缺的作用力，是在植物生命之中得以显现的东西，而促进生长的因素，是在其中起着作用的那一类型的原因。最后，性格乃是动物生命中的作用力，而在其中起着作用的那些类型的原因，乃是各种动机。因此，某一行为，成为某种动物性格对某一动机进行回应的表现。[137]包括人类性格在内的所有作用力，构成了解释的种种目的："这就是狭义的原因和刺激的情况，动机的情况也相差无几。由于动机作品和因果性并无什么根本的不同，而只是因果性中的一种，即是通过认识的媒介的因果性。因此在这一方面，原因也只是造成一种不能深究到原因的，因此是不能进一步说明的力量表现出来。"[138]

尽管叔本华对他就充足理由律的第四种形式所作的第二次叙述作了重大改动，但他却使用了相同的论点来论述行动的充足理由律的先验本

228

---

[136] 在《论充足理由律的四重根》第二版，第70—71页/《全集》，第1卷，第46—48页，叔本华将他对于因果关系的分类，纳入了"在其最严格意义上的原因"、"促进因素"与"动机"之中，他最早在《论意志自由的获奖征文》，第25—29页/《全集》，第4卷，第29—33页对此进行过详细的论述。

[137] 在《叔本华：人类品格》(*Schopenhauer: The Human Character*, Philadelphia: Temple University Press, 1990)，第58—66页，约翰·E.阿特韦尔（John E. Atwell）声称，叔本华至少运用了三种不同的关于人力动因及其行为之间关系的理论。他将"动因造成结果"视为主导理论，该观点认为，某人的性格，如果具有给定动机的话，乃是所导致的行为的根据。阿特韦尔将其他两种解释称为"动因—还原论"与"不可归因性命题"，它们分别是指某一动因的性格乃是该动因行为的总和，以及某些行为由于某种有缺陷的知性而可能没有真正地反映出某一动因的性格。

[138] 《论意志的自由的获奖征文》，第41页/《全集》，第4卷，第47页。

质，即所谓的"动机法则"。[139] 在这第二次叙述当中，他改动了自己原先的认识论著作，以容纳下他后来的形而上学，这包括他所作的"动机的行动是从内部观察到的因果关系"这一被他称作"我的全部形而上学的基石"的断言。他辩称说，我们在我们自己或他人身上所注意到的各个及每个决定，都使得我们总是有理由去问为什么。这样做是恰当的，因为我们必须假定有某种根据，亦即某种它从中产生的动机。

结语

叔本华用以结束自己博士论文的，是一则关于它两大主要结果的陈述。这一陈述在结尾处提请读者注意归同法则与分异法则这两大作为他思考起始点的法则。他也再次提到柏拉图与康德，但早前见之于第一版中的"神圣的柏拉图"此时却变成了"高贵的柏拉图"，而早前"令人惊异的康德"在他博士论文第二版当中则变成了有错的康德，与后康德主义者肆无忌惮想法的先驱，这些后康德主义者在他作此控诉的这一段落当中均未被指名道姓地加以提及。[140] 叔本华写道，第一大结果便是：229 充足理由律乃是对于四种不同关系所做的一种宽泛表述，这些关系当中的每一种均是基于不同的先验原则。他继续写道，归同法则要求假定这四种通过分异法则得以被发现的原则具有某种共同的根源与某种唯一的共同表述方式；也即是说，任何事物都不会毫无根据或毫无理由地存在，而非不存在。此外，这一共同表述方式表明了认知能力的一体性。他辩称说，第二大结果同第一大结果紧密相关。充足理由律的四种特定形式，产生自显现于感性、知性与理性的各种能力中的意识所具有的某个

---

[139]　《论充足理由律的四重根》，第 214 页／《全集》，第 1 卷，第 145 页。人们颇感奇怪地注意到，叔本华在第二版中保留了第一版中的关乎决定的语言，尽管他后来就行动的充足理由律所作的叙述不再将某一决定视为居于他行为理论的核心地位。

[140]　同上书，第 232 页／同上书，第 7 卷，第 92 页。

唯一特征，它们并不允许人们将理性本身作为某种纯粹与简单的东西来加以谈论。

叔本华继续写道，第一大结果使其成为必需：当哲学家将充足理由律作为某种断言的基础之时，他们应当指明他们所指根据的类别。不这样做的话，便只会导致混乱。甚至康德也未能幸免，因为他在提及自在之物时采用了诸如"根据"、"理性"与现象之"可被理解的原因"这样一些不同的说法，而忽略了自己的深刻洞见："事物的偶然性本身只是现象，它能够引起的只是决定现象的经验性倒退。"[141] 叔本华补充道，任何熟悉更晚期哲学的人都知道，康德之后的哲学家在如此种种过分之举中均步其后尘，他们在某种完全先验的意义上运用了根据（principia）与结果（principata）这一对概念，谈论着某种超越于所有可能经验范围之外的东西。充足理由律只能够被用于世界这一范围之内，以及由所有可能经验所构成的整体之内，只能够被运用于柏拉图所认为的那个永远生成着又消逝着却根本从未实实在在地存在着的世界，基督教将它恰当地称之为现世。

叔本华将第二个结果同第一个结果绑定在一起。从表明充足理由律的四种形式源于我们的认知能力以及能够被总结为一个独特原则的这一做法，并不能够得出该原则所指的是某种简单、独特而绝对的根据的结论。认为有此结论，就会像是认为存在着某种类似于一个一般意义上的三角形的东西，某种超越于等边三角形、等腰三角形或不等边三角形之外及之上的东西。尽管人们能够构想出关于一个一般意义上根据的概念，正如人们构想出一个一般意义上的三角形一样，但并不可能有由这些概念所表示的仅仅是由漫无边际的思考所生发出的空洞无物抽象物的物体。另作它想便是实为一个虚伪地相信概念决定物体的唯实论者。在这件事上，叔本华声称自己支持唯名论者的看法：这些概念并无客观指涉，而仅

230

[141] 同上书，第234页／同上书，第7卷，第93页。

仅是作为名字存在。

魏玛

在年轻的叔本华博士完成他博士论文之后不久，鲁多尔席塔特便失去了魅力。在 10 月 16 日至 18 日之间，由普鲁士、俄国与奥地利军队组成的联盟，开始进攻拿破仑的军队。血腥的莱比锡战役留下超过十万的死者与伤员；拿破仑的军队被击败。被驱散的士兵开始逐渐进入鲁多尔席塔特附近的地区，这为叔本华提供了一个充足的理由远离他的避难所。他再次回到魏玛，11 月 5 日，他在一家小酒馆住了下来。按照约翰娜的说法，她满含热泪地哀求儿子与家人同住。母亲的眼泪产生了魔力，尽管格斯滕贝克继续与约翰娜及阿黛勒同住在一所房子里，叔本华还是在母亲那里临时住了下来。但约翰娜让儿子回家同住的动机却是复杂的——部分出自母爱，部分则是出于防御的本能。因为在她含泪请求叔本华回家的同一封信中，她还写下"再度与家人同住将会对你有益"的句子，并补充说：通过观察她的生活方式，"你就不会胡思乱想了"。[142] 约翰娜并未具体点明这些"胡思乱想"的性质。她不必这样去做。她知道叔本华害怕她会再婚，尽管她曾多次试图让他相信她并无意愿将自己束缚在某个男人身上，他仍然心怀此忧。事实上，相信她会有此一举实在相当困难。她对自己独立的珍视程度，令她绝不会重蹈自己过往的所作所为。

"著名魏玛女作家，宫廷女参事叔本华夫人"的儿子——这是艾希施泰特在他向耶拿大学哲学系教授公布叔本华博士论文的信中介绍阿图尔的用语——发现母亲家周围的情况并不比他逃往鲁多尔席塔特之前更令　231

---

[142] 《叔本华一家》，第 214 页，约翰娜 1814 年 4 月致阿图尔。

人满意。[143] 叔本华几乎是刚刚抵达就同约翰娜的这位友人发生争执。事实上，他因为格斯滕贝克的缘故也同母亲发生冲突，而她则争锋相对还之以颜色。对格斯滕贝克，他怀有一种普遍意义上的憎恨，因为他有可能会取代父亲的位置，但他对他还怀有一种具体的厌恶，因为他将他划定为另一头无毛的两足动物，一种并无任何可以将其与大众区分开来的特殊才智大自然的庸俗产物。更糟糕的是，格斯滕贝克所写文字当中的自命不凡使他在年轻哲学家的眼中显得颇为蹩脚，他对流行的民族主义感伤情绪的附和，对德国爱国主义者勇敢的赞颂，以及他对入侵法国的呼唤，尤其让这位年轻哲学家感到讨厌。这都是些乱人心神的红尘俗事，与更优的意识所应有的表现完全对立，而更优的意识却被阿图尔认为是一名真正艺术家所怀宏图大志的目标之所在。此外，叔本华也不愿对他的观点进行评判，这使得这两名男子之间争吵不断。

阿黛勒也同阿图尔一样，对格斯滕贝克在她家庭生活中的无处不在心怀厌恶，但这位年方十六的少女却并不像阿图尔一样怀疑约翰娜陷入某种同这名年轻男子的私密性关系之中。这一怀疑将会在多年之后浮出水面。[144] 然而，其他人却都赞同阿图尔的看法。一些人将他们两人称之为"叔本—缪勒"，这是一个对叔本华（将 Schopenhauer 拼为了 Schoppenhauer）姓氏的常见误拼同对格斯滕贝克采用贵族姓氏的炫耀之举的有意拒绝结合在一起的绰号。[145] 阿黛勒赞同兄长对母亲这位友人所

[143] 摘引自弗兰茨·利丁格尔（Franz Riedinger）"关于叔本华被授予博士学位的卷宗"（Die Akten über Schopenhauers Doktorpromotion），载《叔本华协会年鉴》，第 11 卷（1922），第 98 页。

[144] 乌尔利克·贝尔格曼提出说，阿黛勒后来对格斯滕贝克的无情评判，部分是因为她终于认识到他同约翰娜之间关系并非是柏拉图式的关系。参见她所著《约翰娜·叔本华》，第 264 页。关于格斯滕贝克同约翰娜之间所发生的性关系，并没有铁证如山的确凿证据。当然，约翰娜很可能是足够谨慎地使儿子与女儿都未能发现这种关系，尤其让女儿未能发现这种关系。

[145] 奥托·费比格尔（Otto Fiebiger）"关于弗里德利希·缪勒·冯·格斯滕贝克的新情况"（Neues über Friedrich Müller von Gerstenbergk），载《叔本华协会年鉴》，第 12 卷（1924），第 68 页，摘引自贝尔格曼《约翰娜·叔本华》，第 188 页。

怀有的鄙视，她的这一倾向，比阿图尔对格斯滕贝克嗤之以鼻的理由，要更为复杂。她觉得自己似乎是被夹在两个交战者之间，"被拴在两块正在移近彼此的巨石之间"。[146] 但她一定也觉得她自己在面对母亲与兄长的处境当中似乎是要被撕裂。她的忠诚将她同这两个个体都紧紧地连为一体，而他们却正在急速背道而驰。阿黛勒被击垮的感觉，将只会持续四月之久。但不幸的是，她被以疾狂之势撕扯开来的感觉，却会延续上几乎二十四个年头，直至约翰娜 1838 年去世时才会作罢。

232

　　比那些仅仅是起因于他那是其兄对手以及对她母亲与兄长之间疏远起到的加速作用，格斯滕贝克给阿黛勒的生活注入了更多的悲哀。在他与叔本华一家相伴的十二年间，他间歇性地成为阿黛勒的结婚幻想与被一名男子激情燃烧爱着的深切渴望的模糊目标。格斯滕贝克似乎是在与阿黛勒调情，但并不胜过他同其他年轻女子调情的程度。此外，当阿黛勒感兴趣的其他准恋人表明他们的兴趣只在以她为友，而非以她为妻之时，格斯滕贝克则总在近旁。从多方面来看，阿黛勒都是一名引人注目的女子，却是就引来朋友而非恋人而言。她聪明、敏感，且富于艺术天赋。她懂得英语、法语及意大利语。她作素描、画油画、弹钢琴，剪出镶细丝的侧面影像，极其精巧与优美。她写过篇幅短小的故事与诗歌，出版了母亲的回忆录，创作了几部中篇小说，并为瓦尔特·冯·歌德（Walter von Goethe）的歌剧《恩泽莪: 或博洛尼亚的囚徒》（*Enzio-Oder: Die Gefangene von Bologna*, 1838）创作了脚本。[147] 她还是瓦尔特祖父的宠儿之一，她称他为"父亲"。歌德对她的表演与背诵技巧以及文学鉴赏力，都评价甚高。

---

[146]　摘引自伽布丽勒·毕希《人生皆梦: 阿黛勒·叔本华传》（Berlin: Aufbau Taschenbuch Verlag, 2002 ），第 109 页。

[147]　瓦尔特·沃尔夫冈·冯·歌德是歌德孙子，奥古斯特·冯·歌德与阿黛勒的密友奥蒂莉·冯·歌德的儿子。该脚本是用阿德里安·凡·德尔·维纳（Adrian van der Venne）的化名发表的，还被她 1835 年用于她的中篇小说《罗格林家的兄弟姐妹》（*Die loghringischen Geschwister*）。

　　然而，阿黛勒从未接受过可能充分发展她那出众天赋的正规教育。作为一名年轻女子，她肩负着立志成为一名妻子与母亲的期望。不幸的是，她却未曾天生获赠确保她获得成功的体貌特征。她并非外貌迷人的女子。她有着突出的蓝眼睛、宽大的鼻子，使她显出龅牙的薄薄上嘴唇以及被难以梳理平整的淡褐色头发所覆盖的大而圆的脑袋，这所有一切

233　都依托在一副瘦弱的身躯之上。除了被过多地遗传父亲的体貌特征之外，她还似乎也像他一样地易于多愁善感及心情抑郁，尽管程度有所减轻。这在她日记当中特别明显，或许还有所升华。她是那种男人如果不对其外貌或智力心怀反感则会将其视为令人愉快的知己与友人，却绝非恋人的女子。此外，她的女性朋友都不惧怕她成为她们获得男人爱慕的竞争对手，通过阿黛勒的相伴，通过由此形成的反差，她们总是显得更加美丽。

　　一名无须借助阿黛勒衬托也自是美貌嫣然的年轻女子，便是娘家姓为弗莱因·冯·波格维希（Freiin von Pogwisch）的奥蒂莉·冯·波格维希（Ottilie von Pogwisch），她后来会嫁给歌德的儿子奥古斯特。她成为阿黛勒终生的友人，以及同时也将诸多麻烦带入阿黛勒生活中的女性。其中之一的麻烦包括她们同一位名叫费迪南·海因克（Ferdinand Heinke）男子的关系。这两位年轻女子都对这位 1815 年秋因执行其指挥官下达的任务而到达魏玛的普鲁士一等中尉一见钟情，而他的指挥官便是新近被任命为魏玛司令官的安东·冯·克莱斯特（Anton von Kleist）少校。他在通过早年熟人，歌德妻子克里斯蒂安娜，对歌德《亲和力》（Wahlverwandtschaften）这一被强烈谴责为有伤风化的作品大唱赞歌而巴结上这位伟人之后，成为约翰娜茶会上的常客。更为重要的是，海因克免除了歌德不得不为哥萨克人提供临时营房的麻烦。阿黛勒将海因克介绍给奥蒂莉，正如预计到的一样，他被奥蒂莉给迷住了。十年之后，阿黛勒仍将对海因克思慕至极："我如今想着费迪南，就如同想着我的命运，想着我对彼岸的希望，就如同我想着上帝，了无期冀，了无悔恨，了无

眼泪。那是我命运的召唤，我听从它，而它此刻已成过往。"[148] 1815 年，海因克返回布雷斯劳的家中，迎娶了他那翘首望郎归的未婚妻，她将为他生下七个孩子。他为次女取名奥蒂莉。

之后便是与英国上尉查尔斯·斯特林（Charles Sterling）的情事。他激起阿黛勒的情欲纯属无心之举，但他挑起已婚奥蒂莉的情欲却是有意为之。阿黛勒目瞪口呆地看着奥蒂莉竟能像爱过海因克那样激情似火地再爱别人，她想象这样一种汹涌难挡的爱情或许能够俘获海因克，正如她在日记中所 234 写的一样："或许，费迪南便会爱我；我回报给他的炽热情感极有可能使夏绿蒂［海因克之妻］命悬病榻，而我将会嫁他为妻。"[149] 但促使海因克娶阿黛勒为妻的爱情魔力并不存在，任何心中突然产生过想要娶她为妻深刻激情的男子也从未有过。阿黛勒所爱之人的妻子并未染病。

甚至如果说海因克乃是阿黛勒爱慕之情的某个遥远目标，以及仅止于一个年轻姑娘难圆之梦的话，那么，也还是有阿黛勒认为自己能够下嫁的其他男子。戈特弗里德·威廉·奥森（Gottfried Wilhelm Osann），这位后来的多普特与维尔茨堡大学化学教授与阿图尔之友弗里德利希·戈特西尔夫·奥森（Friedrich Gotthilf Osann）的兄弟，令阿黛勒挂怀了约五年之久。但奥森的母亲与兄长爱弥尔全都反对他与阿黛勒缔结姻缘，而奥森本人是否曾经认真仔细考虑过同她的婚事，也很值得怀疑。他满足于两人之间的朋友关系。他将会 1827 年迎娶一位帮佣的漂亮姑娘，这无可置疑地击碎了阿黛勒的婚姻之梦。她在 1831 年写给阿图尔信中所提到的极有可能就是奥森："我只认识一个我可能会心无反感下嫁于他的人，而他却是有妇之夫，我坚强得足以承受孤独，但如果霍乱能够让我不用承

[148] 阿黛勒·叔本华《一个孤独女子的日记》（*Tagebuch einer Einsamen*，海因里希·胡伯特·霍本［Heinrich Hubert Houben］编，Munich: Matthes and Seitz, 1985），第 49 页。引自萨弗兰斯基《叔本华与哲学的狂野年代》，第 175 页。
[149] 《一个孤独女子的日记》，第 48 页。

受剧痛便得以从这整个故事中解脱的话，那我将会对它由衷感激。"[150]

当阿黛勒的心绪在她同奥森那模棱两可的关系当中——她一定在某种程度上认识到这种关系难有结果——摇摆于欢喜与绝望之间的时候，她遇见一位比她年幼七岁的医科大学生。她 1824 年去威斯巴登旅行期间被引荐给格奥尔格·弗里德利希·路德维希·斯托迈耶尔（Georg Friedrich Ludwig Stromeyer），被人称作"路易士"的他，是她堂兄弟约翰·爱德华·格努谢克（Johann Eduard Gnuscheke）的友人。1825 年 3 月，斯托迈耶尔陪伴格努谢克游览了魏玛。奥森在多普特，他忘了给阿黛勒写信。而斯托迈耶尔又是给阿黛勒写情诗，又是为他的爱情立誓，并同她秘密幽会，这一切弄得阿黛勒神魂颠倒。但斯托迈耶尔只是正儿八经对他学业怀有兴趣，却对婚姻毫无兴趣。他后来会成为一位著名的外科医生，并于 1831 年与某位汉堡市长的女儿成婚。他的关系无非是一个年轻小伙儿的放纵之举，多年之后，当他撰写回忆录的时候，他几乎都不再记起阿黛勒。事实上，关于奥蒂莉，他要说的话更多。然而，他却留下一段就阿黛勒所做的令人奇怪的描述，一种就他对叔本华妹妹曾怀有短暂感情基础所做的暗示："阿黛勒小姐是位特殊人物。除了修长的身材与娇弱的双手之外，她再无其他抓人眼球的东西；她确实相貌平平。但她仍然因为她的聪明、修养以及广博的知识而令人愉快。她说话多过她的母亲，她的言谈总是令人振奋、予人启迪，但并不会让人联想到女学究。她是一位我后来结识的出色男士的未婚妻，他是一所位于德国南部大学的物理学教授。"[151]

如果说由阿黛勒与海因克、奥森及斯托迈耶尔等人的关系所引发的戏

---

[150] 吕特克豪斯《叔本华一家》，第 319 页，阿黛勒 1831 年 10 月 27 日致阿图尔。

[151] 摘引自毕希《人生皆梦》，第 170 页。阿黛勒的健谈在律师安泽瑟·李特尔·冯·费尔巴哈（Anselm Ritter von Feuerbach）笔下被加以更为严酷无情的描述，他称她为"傻姑娘"（一只小鹅［Gänschen］）。参见《书信集》，第 687 页。与斯托迈耶尔的回忆相反，阿黛勒并未与奥森订婚。他认为情况如此，或许使得更为年长的阿黛勒求爱之举对年方二十的年轻大学生而言更令人激动。

剧性事件，能够驱使她从欢喜坠入绝望的话，那么，她对格斯滕贝克所怀
有的矛盾感情，则最终促使她鄙视母亲这位友人的灵魂。如同阿黛勒在日
记中所记录的一样，隐约感觉到女儿对爱意绵绵的夫君所怀渴望的约翰娜，
提议她嫁给格斯滕贝克："嫁给他，将是最为明智的举动。"[152] 但阿黛勒却
写道，她告诉约翰娜绝不要将此事说与格斯滕贝克，也绝不要再对她重提
此事。不过，格斯滕贝克实在魅力十足、深谙风月，他绝对挑逗过阿黛勒。
阿黛勒就特别提到过，"他同我及其他人调情"，尽管她认识到这是格斯滕
贝克同年轻女子所玩的惯用把戏，但阿黛勒有可能被他给迷住了。[153] 她似
乎还相信她最终会成为格斯滕贝克眼中的性感尤物："有时候，我害怕格斯
滕贝克心中的空虚会在数年之后驱使他对我怀有强烈的感情。它绝不会是
爱情。我并未自负到信以为真的地步。"[154] 不过，当母亲这位友人 1824 年
与女伯爵阿梅莉亚·黑斯勒（Amelie Häseler）订婚之际，是约翰娜亲切地
充当了这对新人的首席女傧相，而阿黛勒则生了病。最后，当格斯滕贝克
离开魏玛及叔本华一家之时，阿黛勒觉得他的离开令她解脱："但我自由 236
了！格斯滕贝克已经离去。"[155] 从那一刻起，阿黛勒最初对格斯滕贝克所怀
有的摇摆不定的矛盾心情，发展成为一种对母亲这位友人固定不变的反感
态度，甚至在他当约翰娜与阿黛勒 1819 年面临破产之际提出给予资金援助
之后，仍是如此。但在又过了几年之后，她对格斯滕贝克的态度则变得更
为敌对。她进一步指责他使得约翰娜与她一双儿女彼此间隔阂重重。当格
斯滕贝克 1838 年与她母亲同年去世之际，阿黛勒对他继承人提起诉讼，试

---

[152]　阿黛勒·叔本华《日记》（库尔特·沃尔夫［Kurt Wolff］编，Leipzig, 1909），第 1 卷，
　　　　第 92 页，摘引自贝尔格曼《约翰娜·叔本华》，第 262 页。

[153]　阿黛勒·叔本华，同上书，第 1 卷，第 13 页，摘引自贝尔格曼，同上书，第 264 页。

[154]　沃尔夫冈·冯·莪廷根（Wolfgang von Oettingen），"奥蒂莉·冯·歌德遗稿文选：她写
　　　　的信与写给她的信"（Aus Ottilie von Goethes Nachlaß, Briefe von ihr und an sie）载于《歌
　　　　德协会文集》（Schriften der Goethe Gesellschaft），第 28 卷（1913），第 282 页，摘引自
　　　　贝尔格曼《约翰娜·叔本华》，第 267 页。

[155]　阿黛勒·叔本华《一个孤独女子的日记》，第 152 页，摘引自贝尔格曼，同上书，第
　　　　267 页。

图追回她指控他曾向她母亲所借的钱财。这一诉讼从未结案。[156]

当阿黛勒仍然处于开始认识到她对格斯滕贝克所怀矛盾心情过程中的时候，阿图尔 1813 年 11 月怀着自己博士论文能够获得热烈反响的期望出现在魏玛。此外，当母亲第二本书，也是第一本出现她名字的书，于当年冬天出版之际，他的情绪并无好转。她的《对于 1803、1804 和 1805 年期间所做旅行的回忆》(*Erinnerungen von einer Reise in den Jahren 1803, 1804, und 1805*，两卷本，1813 / 1814) 大获成功。[157] 阿图尔在柏林的老师，一位见解颇受他重视的人，语言学家弗里德利希·奥古斯特·沃尔夫，就被约翰娜这本书给迷住了，约翰·格里斯（Johann Gries），这位卡尔德隆作品的译者，也是如此。似乎是约翰娜这本描写他们大旅行的回忆录——这之中包括取自阿图尔旅行日志当中的一些评论——导致那场常被重提并在早前已被描述过的母子间的思想交锋。在这场交锋当中，约翰娜满含嘲弄地将《论充足理由律的四重根》描述为为药剂师所写的东西，并以他的博士论文仍是悉数待售的回击之语，盖过了儿子的反唇相讥：即便是连一本她写的书也难找到之时，他的书仍会有人在读。

这场发生在母子间的关于各自作品文学地位的唇枪舌剑，着实妙趣横生，却也刻薄伤人，反映出涌动于全家人之中极度紧张的冲突。1814 年 1 月，阿图尔邀请一位他在柏林结交为友的穷学生，约瑟夫·甘斯（Josef Gans）来与他同住。阿图尔资助过甘斯，后者在阿图尔同约翰娜与格斯滕贝克发生争吵之时非常自然地站在自己友人兼恩人一边。谋求家中安宁的约翰娜，安排格斯滕贝克另在他处就餐。此外，她可能还成功地阻止了她

237

---

[156] 参见毕希《人生皆梦》，第 145 页。毕希还特别指出，阿黛勒曾经在 1837 年打算对格斯滕贝克提起诉讼，但奥蒂莉·冯·歌德劝她打消了这一念头。

[157] 约翰娜的《回忆录》是通过出版阿图尔博士论文的同一家出版社出版的，这家总部设在鲁多尔席塔特的宫廷—书店兼艺术品店的业主，是叔本华一家在魏玛的熟人，企业家弗里德利希·约翰·贝尔图赫。令人奇怪的是，这本被叔本华将两卷置于同一封皮之下的书，与约翰娜的处女作《卡尔·路德维希·费尔诺夫的一生》，是叔本华去世后留下的藏书当中仅有的她母亲所写的书籍。

的友人面对儿子的辱骂作出狂暴的反应。与此同时，格斯滕贝克，这位阿黛勒与奥蒂莉的英雄海因克的友人，清楚地表明他对约翰娜这两位房客的蔑视："我这可怜的人啊，创作的是报道或诗歌，凌驾于我之上的这位哲学家表演着他那无所不知的性格。他为自己从柏林招来一个犹太小子，他是叔本华的朋友，因为他耐心服用叔本华每天为他所开的客观性通便剂，四重根。他希望克莱斯特军团占领巴黎，只是为了用它来给法国人洗肠。这个犹太人的名字叫甘斯，有了这个不祥的主观性客体，一个名副其实的非我将自己放置在茶桌旁边……"[158]

长达四月之久的白热化冲突，不时被冷若冰霜般的缄默所打断，在此期间，住在同一所房屋里的敌对双方，通过仆人来递送往来信件。此后，约翰娜决定清理由她那固执、易怒而好斗的儿子所住的处所。首先，她提出经济原因作为理由，她需要收入。她告诉阿图尔她可以将由哲学家与"非我"所占据的几个房间出租给格斯滕贝克。这当然不为叔本华所接受，他一直害怕格斯滕贝克会僭夺海因利希·弗洛瑞斯的位置。现在，约翰娜想用自己的友人来取代他。阿图尔的回应有些故作庄重。他提出为他与甘斯的住宿支付更高的费用。但他却不能完全压制住自己的恨意。他还暗示约翰娜把由他提供用于帮助赡养祖母的钱花在了她自己身上。无人知晓，这一指控是否导致 5 月 16 日发生在母子间一场尤为激烈的争执。争执的最后，焦虑万分的阿图尔在气冲冲地冲出母亲房间的时候，猛然把房门呼地一声在自己身后给关上了。约翰娜再次采取果断行动，正如她在阿图尔决定不做学徒之后所做的一样。次日清晨，她与阿黛勒逃往耶拿，留下一封信，其部分内容如下：

238

---

[158] 摘引自维尔纳·狄特金（Werner Deetjen）刊于《叔本华协会年鉴》，第 12 卷（1925），第 99 页 "出自魏玛的叔本华圈子"。格斯滕贝克提到的作为通便剂的 "四重根"，说明他目睹或听说过约翰娜将叔本华的博士论文称作是为药剂师所写的这件事，他用费希特式的术语将甘斯描述为一个将自己 "放置" 于茶桌旁边的 "非我"，或许也说明他知道叔本华对自己过去老师所怀有的鄙视。不难想象，叔本华对格斯滕贝克的言辞极有可能大为光火。

那扇在你昨天对母亲极端无礼之后被你如此大声地砰然关上的门，永远地在你我之间被关上了。我已经疲于继续容忍你的行为。我要去往乡下，在获悉你离开之前，我不会回家。为了我的健康，我必须如此行事，因为昨日场景的重现将会导致我罹患可能致人死命的中风。你不知道母亲的心恰似何物，它爱之愈切，便会在遭受所爱之人给予的任何打击之时痛之愈深。我在我所信仰的上帝面前就此发誓，并非是缪勒［格斯腾贝克］，而是你自己，撕碎了你我之间固有的人伦亲情。你的猜忌，你对我生活及交友选择的批评，你在我面前倨傲不逊的举动，你对我所具性别的鄙视，你那言之凿凿不愿助我得享欢乐的勉强态度，你的贪婪，以及你在我面前毫无敬意肆意发泄的糟糕情绪，凡此种种，甚至更多，都令你让我觉得恶毒之至。这使得我们彼此分开，如果不是永远的话，直至你懊悔不迭、洗心革面回到我的身边，只有那时，我才会心怀仁慈地接纳你。保持你的本色，我再也不会见你……我对你的责任已然结束，变成了……我心如刀绞地写下此信，但如果我要存活下去并依然健康的话，就必须如此。因此，这便是结局。我已经吩咐他们照常在我的住所为你提供服务，直至周四清晨。[159]

约翰娜在信末祝愿她那已经与之断绝关系的儿子能够"如你所能地让自己的存在与生活尽可能的幸福"。关于她们向耶拿的出逃，阿黛勒写信给她友人奥蒂莉说，她们这样做"是为了逃离一个仍将带给我们无尽痛苦的人"。[160] 现在，叔本华得以同那些自己身边的人们拉开距离。

---

[159]　吕特克豪斯《叔本华一家》，第220—222页，约翰娜1813年5月17日致阿图尔。

[160]　沃尔夫冈·冯·莪廷根，《奥蒂莉·冯·歌德遗稿文选：她写的信与写给她的信，1806—1822年》，第71页，摘引自贝尔格曼《约翰娜·叔本华》，第187页。

第六章　歌德、色彩与东方之光

叔本华住在母亲魏玛家中半年的家庭生活，喧嚣而混乱。这种喧嚣 239
混乱的家庭生活因为将会在这位哲学家生活中变得意义非凡的两大事件
而得以抵消。第一大事件便是他闯入了歌德的生活轨迹，这是他曾心向
往并在某种程度上，即通过向这位诗人寄送自己的博士论文，加以策划
了的事件。第二大事件乃是他开始接触到东方思想，而这纯粹是在无意
间喜获珍宝的运气。叔本华曾经在《个人简历》当中写道，他因为与歌
德的友谊及私交而深感荣幸，"我认为这是我生命中最令人愉快与幸运的
事情。"[1]然而，令人奇怪的是，他并未在同一文献中提及第二大事件。但
在三十二年之后，他将会在另一部自传性质的回忆文献当中提及此事。
他遇见了赫尔德的友人兼门徒，东方学家弗里德利希·迈尔（Friedrich
Majer）。"［在他与歌德交流的］同时，弗里德利希·迈尔主动向我介绍古
印度，它对我产生了实质性的影响。"[2]歌德与这位年轻哲学家初次结下友
谊，是在约翰娜·叔本华的一次茶会上，但关于迈尔究竟是于何时何地在
魏玛牵引叔本华步入"古印度"的世界，却无人知晓。

---

[1] 叔本华《书信集》，第 53 页，第 654 页，叔本华 1819 年 12 月 31 日致柏林 K.弗里德利
希·威廉大学。

[2] 同上书，第 261 页，叔本华 1851 年 4 月 9 日致约翰·爱德华·埃尔德曼。

叔本华对歌德心怀敬畏。当他身处令人不快的学徒生涯中一直忍受
着细煎慢熬之时，他急切地期待着约翰娜寄来关于歌德在她茶会上现身
的报道。1808 年，他初次到达魏玛探亲。在此期间，他之所以被吸引去
出席这些茶会，仅仅是因为能够得以静静地打量这位伟人。两年之后，
当他开始对康德学说的研究之后，他记录下他对这两位将永远是他自己
240 的英雄所做的评价："可以说，如果歌德没有与康德同时被遣入尘世来在
时代精神方面与之抗衡的话，那么，后者便可能像一个噩梦般地困扰许
多胸怀大志的人，并将他们打入一种巨大痛苦之中。但如今，这两者却
从彼此相反的方向出发制造出一种无比有益的效果，并有可能将德意志
精神提升至某种甚全超越古希腊罗马文化成就的高度。"[3]他在同一则笔记
中沉思道，康德的《纯粹理性批判》应当被称作是知性的自杀。后来，
他会借用摩西·门德尔松的话，将康德称为"捣碎一切的人"
（Alleszermalmer），因为康德彻底摧毁了思辨性的形而上学，表明了对上
帝、不朽与自由的认知绝无可能。[4]但叔本华也认为，康德所做的"为信
仰腾出空间而否定知识"的尝试，仅在对某种比这个悲惨的表象世界要
更为伟大与更为深邃的东西所进行的否定上获得成功。[5]他写道，"康德对

---

[3] 叔本华《手稿遗稿》，第 1 卷，第 13 页 /《手写遗稿》，第 1 卷，第 13 页。这一条目的
标注日期为 1810 年。

[4] 摩西·门德尔松在《清晨时光，或关于上帝之存在的讲座》（*Morgenstunden, oder
Vorlesungen über das Dasein Gottes*, 1785）中提及的是"捣碎一切的康德"（alles
vermalmenden Kant），而非"捣碎一切的人，康德"（allesvermalmer Kant）。参见《全集》
（Leipzig: F. A. Brockhaus, 1843），第 3 卷，第 2 部分，第 235 页。叔本华初次援引门德尔
松对康德的附注，是在他重写过的"康德理性批判"当中，见《作为意志与表象的世界》
第二版，第 1 卷，第 420 页 /《全集》，第 2 卷，第 497 页，他在该部分中将门德尔松称
之为被康德从其睡梦中唤醒的最后沉睡者；之后，他将该术语用过两次：一次是在提及康
德对于理性心理学的影响之时，他认为该心理学的源头是在柏拉图学说当中；另一次是在
他那尖刻的"论大学里的哲学"当中，他在该文中准确无误地引用了门德尔松的原话，声
称诸如赫尔巴特、施莱尔马赫及黑格尔之流的哲学家乐于见到"'捣碎一切的康德'堕入
被全然忘却的境地……"分别参见《附录与补遗》，第 1 卷，第 43 页，第 171 页 /《全集》，
第 5 卷，第 47 页，第 182 页。

[5] 康德《纯粹理性批判》，Bxxx。

于理性的常规运用，"以及那种被用以提供此种信仰的东西，"或许是人类思维能力最为糟糕的流产"。[6]叔本华间接地暗示，如果不是歌德这位艺术家提供既表达又唤起更优的意识质料的话，那么，我们所处的便会是希望尽失的境地。歌德催生了沉思冥想。

　　然而，歌德并未注意这个几乎只是作为旁观者而从未作为参与者出席自己母亲茶会的陌生小伙。歌德之所以冷淡，或许是因为他性格如此，又或许是因为他感到青年叔本华身上并无任何令人觉得被吸引以及有意思的地方。他同叔本华拉开的距离，还可能是因约翰娜就她那抑郁而好斗的儿子所做的种种描述所致。但1813年的11月，叔本华却终于得偿所愿。当他步入会客室之际，歌德起身离座，向他致以热烈的欢迎。歌德同叔本华握手，祝贺他取得博士学位，并感谢他给自己寄送了他博士论文的抄本。关于此事，叔本华曾向一位友人描述道，歌德"本人高度赞扬了这篇他颇为看重的文章，它令他对这位青年学者立刻满怀钟爱之情"[7]。

241

　　但究竟是什么真正促使歌德在竟然达到发出次日清晨去拜访他邀请的程度上而发自内心地认可了叔本华呢？尽管歌德在欧洲已久享名流尊荣，但1813年之前他已经是在开始依靠自己以往成就的荣耀生活。他对一些人而言，已是盛景不再的过时之人。在其他人看来，他在政治上的忠诚令人生疑。他对拿破仑与法国人仰慕太过。而在其他人看来，他对浪漫主义的反对是反动的。此外，他剧作的上演频率也呈减少之势。然而，更令他个人感到困扰的却是，他那装帧精美的煌煌两大卷《论色彩理论》（*Zur Farbenlehre*, 1810）尽管辅之以一整卷的整页彩色插图与所配文字"含有对歌德色彩理论所做解释的十六大表格"，却仍然乏人问津。

---

[6]　叔本华《手稿遗稿》，第1卷，第13页／《手写遗稿》，第1卷，第13页。

[7]　叔本华《谈话录》，第26页，由大卫·阿谢尔记录。在相同的段落当中，阿谢尔还提到，在歌德令其他所有在座之人着迷不已的同时，却因最初对叔本华的漠然视之而驱使这位年轻人退回到自己房中孤独自处。

这部作品乃是他对光学色彩现象进行的长达二十多年思考的最终结晶，却几乎为大众所漠视，而他那反牛顿的立场也被科学社团视为某种由一位缺乏科学训练而富于想象力的思想家所做的半吊子表述。这是对歌德自我的无情打击，一种他惯常的顺命态度并不能加以超越的打击。在他1832 年去世的三年之前，他对约翰·彼得·埃克曼（Johann Peter Eckermann）吐露了他巨大失望的原因所在。他告诉这位友人，曾经有过、当时有着、将来还会有其他优秀的诗人，并非他作为作家所取得的成就令他自豪。相反，"……我是我所处世纪正确了解色彩理论这一艰深科学的唯一之人——这是某种我做得很好并以此自感优于众人的东西。"[8] 叔本华断言，他的色彩理论"……令其作者［原文如此］终生牵挂于心，远甚于他所有诗作令他挂怀的程度；正如有关他的传记以及他所写的自传所充分证明的一样"[9]。崇敬歌德诗作的路德维希·维特根斯坦（Ludwig Wittgenstein），对歌德关于色彩的困惑可能深有同感，他曾经发出的抱怨之词："歌德关于组成光谱的色彩构成的理论，并未被证明是令人满意的理论，它其实甚至都不是一种理论。用它不能预见到任何东西。更确切地说，它是一个模糊的概要性提纲……也不存在任何能够支持或反对该理论的决定性实验（experimentum crucis）。"[10] 可能与诗人同时代的科学工作者会予以支持的观点。

歌德渴望着获得一位助他推广色彩理论的盟友。这位也在科学领域

---

[8] 约翰·彼得·埃克曼《在其生命最后岁月中与歌德的谈话录》（*Gespräche mit Goethe in den letzten Jahren seines Lebens*，由 H［einrich］H［ubert］Houben 编，Leipzig: Klinkhardt & Biermann, 1909），第 197 页。

[9] 叔本华的英语。参见《书信集》，第 191 页，叔本华致查尔斯·洛克·伊斯特伍德的信件。

[10] 路德维希·维特根斯坦《关于色彩的评论》（*Remarks on Colour*，G. E. M. 安斯康姆译，Berkeley and Los Angeles: University of California Press, 1978），第 IIe 页。维特根斯坦也像叔本华一样不相信歌德提出了一种关于色彩的理论。但他们得此判断的原因却各有不同。维特根斯坦认为，歌德的作品未能提供任何预见，既可以从经验上加以证实，也可以从经验上加以反驳。叔本华则运用一种关于成其为理论所需标准的不同见解。他坚称，歌德系统地提出了一系列关于色彩现象的事实，却未能清楚地阐述某种能够起到对色彩现象进行基础性解释作用的基本原则。正如叔本华（在歌德去世后的 1854 年）（转下页）

受到过良好训练的年轻哲学博士，似乎是一位能够担当此任的可能人选。歌德还在叔本华身上感到某种相投的意气。叔本华后来在同友人大卫·阿谢尔的一次谈话中声称，在数学与欧几里得几何学方面，歌德同自己见解一致。[11] 在《论充足理由律的四重根》中，叔本华将它们两者都作为理性的产物，降格到了认知的充足理由律的范围之内；两者都落入了抽象与概念之物的范围之中。严格说来，它们能做的最好的事，乃是不必提供关于时间与空间的先验本质的直接洞见，便能使我们相信不同命题的真实性。叔本华写道，"在其他原因当中，这或许便是为何许多称得上极为杰出人士之所以厌恶数学的一大原因。"[12] 歌德所持的正是这种看法。此外，叔本华还对几何性的证据进行抱怨，它们被他视为令人不满的把戏，因为我们所想获得的，是看到得自于空间不同部分之间的种种关系。歌德的目标也是洞见，而不是被强迫接受的坚定信仰，他要求他的光学证据在视觉上得以呈现。叔本华在他博士论文中从头至尾地反复重申，直觉是根本的、首要的，它是任何重要洞见的基础，而抽象之物、纯粹概念性的东西，则是次要的、派生的，它只有当能够回溯到直观之物的时候，才有意义。谈到色彩的时候，歌德实乃全神贯注。

　　然而，歌德却未能觉察到叔本华对唯心主义的坚决拥护，这是某种他如果稍加留心读过《四重根》便会显而易见的东西。但孜孜不倦地阅读哲学作品却并非他的风格。相反，他是为了能够欣赏那些激发出他自己天赋才能的见解而有选择阅读文章的。他甚至告诉叔本华说，当他在

243

（接上页）在他关于色彩理论文章第二版中所写的一样，"为使歌德的作品变得完整……为使那部作品中所有数据所依据的最高原则，被以抽象的方式加以制定，并以此提供一套最严格意义上的色彩理论——事实上，正是这篇文章所尝试去做的东西。"《论视觉与色彩》，第 7 页。令人奇怪的是，对叔本华哲学留下强烈印象的维特根斯坦，却并未在他《关于色彩的评论》中提到叔本华。

[11]　参见叔本华《谈话录》，第 26 页。在我们后来会从他博士论文中删除的"动机、决定、验知性格与悟知性格"一节当中，叔本华为了描述认识到某人的验知性格所具有的难度，而将动机法则与光学法则进行了比较。参见《全集》，第 7 卷，第 79 页。

[12]　叔本华《论充足理由律的四重根》，第 205 页 /《全集》，第 7 卷，第 67 页。

阅读康德某页作品之时，他觉得他仿佛进入一间灯火通明的房间。[13] 但正如歌德对光有着热爱一样，有时候，那种刺眼的强光却导致某种残留影像，使他看不清那些与他感受相对立的东西。叔本华的认识论就本质而言是康德式的，而这会成为他将构建的色彩理论所赖以立足的基石，这种色彩理论是与以灵感为源泉的色彩理论相互对立的。据说，叔本华有一次在同一位友人聊天的时候，曾经说道："歌德是位彻头彻尾的现实主义者，他完全拒绝此种看法：物体自身只在它们被认知主体加以表现之时才存在于那里。他曾经用他那双朱庇特般的眼睛凝视着我，对我说道'难道光只在当你看到它的时候才存在吗？不，如果光没有看见你，你就不会在那里。'"[14]

244　　歌德也未能觉察到叔本华缺少那种作为一名因被他人说服而改变信仰的人所需的个性。他仰慕歌德，但他的性格从不会让他使自己屈从他人，尤其是当他相信此人偏离真理之时，则更是如此。首先，歌德对其信徒这一性格特征缺乏识别能力，正如他起初对叔本华的知性潜质缺乏识别能力一样。当叔本华 1811 年转学进入柏林大学之时，歌德为叔本华给沃尔夫写的介绍信，提供的只是关于这名初到柏林的大学生的传闻而已。歌德写道，别人告诉他说，他对待学业颇为认真，但他也暗示说，叔本华或许尚未定下方向："他似乎已经不止一次改换过专业。"[15] 为他帮

---

[13] 参见叔本华《谈话录》，第 33 页。在《书信集》第 53—54 及 654—655 页，叔本华 1819 年 12 月 31 日致柏林 K. 弗里德利希·威廉大学哲学系教授，叔本华在这些信件中描述了他与歌德就色彩理论所写的作品。

[14] 叔本华《谈话录》，第 31 页。这最初是由恩斯特·奥托·林德尔（Ernst Otto Linder）与尤里乌斯·弗劳恩席德特刊于《阿图尔·叔本华：关于他的概况，关于他的详情》（*Arthur Schopenhauer Von ihm. Über ihn*, Berlin: A. W. Hayn, 1863），第 221—222 页。

[15] 《来自歌德的信件》（*Letters from Goethe*，M. 冯·赫茨菲尔德［M. Von Herzfeld］与 C. 梅尔维尔塞姆［C. Melvilsym］译，Edinburgh: Edinburgh University Press, 1957），歌德 1811 年 12 月 28 日致 F. A. 沃尔夫。歌德掩饰着他对自己色彩理论少人问津的情况所感到的失望，又告诉沃尔夫说，他乐于见到他的《论色彩理论》成为扔给其对手的"引发争端的金苹果"，对手就像鲤鱼啃咬被抛入它们池中的苹果一样地表现出对它的兴趣。他接着写道，他对自己作品如今成为物理学历史的一部分已觉满足。"让它具有它所能够具有的影响吧，现在或是今后……"

忙，歌德在之后请求沃尔夫与叔本华面谈，以得出他是否真正值得沃尔夫为之花费时间的结论。但在后来，据传是在耶拿一次派对上，歌德曾经间接为叔本华说情。闷闷不乐的叔本华默然独立窗旁，仅仅是观察着周遭，并不参与其中。据说歌德此时让那群咯咯傻笑、闹个不停的女孩子安静下来，他对她们说道："孩子们，让他安静一会儿吧；他不久便会成长到越过我们所有人。"[16] 可以肯定地说，歌德很可能并未预料到，叔本华将会一飞冲天。然而，歌德却通过他的博士论文认识到叔本华才智的发展。当他们在歌德位于弗劳恩普兰的住所初次会面之后，诗人在给他的好友卡尔·路德维希·克内博尔（Karl Ludwig Knebel）的信中写道："年轻的叔本华在我看来似乎是一位超凡出众又十分有趣的年轻人。你同他将鲜有接触，但你却必须去结识他。他可以说是在极为顽固地玩着现代哲学的纸牌游戏，并使得他的奖金金额翻上一倍或两倍。哲学家行会的师傅是否会将他接纳入会，我们将拭目以待。我觉得他非常聪明，否则，就把他当成是他所表现出来的那个样子。"[17]

歌德并未活到目睹叔本华被哲学行会师傅接纳的那一天，而叔本华 245 则会在后来使用这一名称来贬抑那些对其作品漠然视之的行会成员。当然，歌德是亲眼见识了他的"极度的顽固"，他在年轻哲学家首次拜会他个人后便立即发现了这一点。这一性格特征支撑着叔本华度过了数十年

---

[16] 赫尔曼·弗洛曼（Hermann Frommann）《阿图尔·叔本华：三次讲座》（*Arthur Schopenhauer, Drei Vorlesungen*, Jena: Friedrich Frommann, 1872），附录 I，摘引自格温纳《私人交往中的阿图尔·叔本华》，第 60 页。

[17] 《来自歌德的信件》，第 385 页，歌德 1813 年 11 月 24 日致卡尔·路德维希·克内博尔。克内博尔是歌德终生的友人，对其文学作品与科学著作均极感兴趣。克内博尔，这位普鲁士官员与后来魏玛公国的康斯坦丁大公的老师，似乎是为歌德安排了他与康斯坦丁及其兄长卡尔·奥古斯特 1774 年在法兰克福的会面。此次会面襄助歌德得以晋升而于 1775 年 11 月迁往魏玛。叔本华在同一天写信给弗里德利希·奥古斯特·沃尔夫，热情洋溢地赞美了沃尔夫的老朋友："您的朋友，我们伟大的歌德，身康体健、兴高采烈、乐于交际、彬彬有礼、态度友善：愿他的名字永享赞美！"紧接着这些赞颂歌德的溢美之词，叔本华补充道："魏玛仅仅是因为被强迫为士兵提供临时营舍而遭受痛苦，但乡村却是被哥萨克人践踏殆尽。至于德意志有幸获得的解放以及更为高级的文化被从野蛮人手中给解放了出来，向您描述我的喜悦将是多余的。"参见《书信集》，第 7 页。

的岁月，在此期间，在哲学行会师傅的眼中，他甚至连学徒都算不上。此外，只要他觉得自己发现了某一真理，这种顽固便会以其最为严重的形式表现出来。叔本华关于信念的重要文章之一，为这一态度提供了基础：亦即，真理势必大行其道。歌德也将从叔本华的顽强不懈中获得益处。他将会终生推广歌德的色彩理论，却是以一种诗人可能预见到的方式，即用它来间接推广他的哲学。叔本华因此在 1855 年抱怨道："我的哲学与歌德的色彩理论的命运证明了，是一种何其居心叵测而又毫无价值的精神在掌控着德意志学者共和国。"[18]

从 1813 年 11 月 29 日至 1814 年 4 月 3 日，叔本华与歌德至少见过七次面。[19] 多年之后，当叔本华用英语向歌德《论色彩理论》的英国译者查尔斯·洛克·伊斯特莱克作自我介绍时，他自称为"歌德（Goethes）〔原文如此〕本人的门徒以及首位向公众承认的皈依者。他曾于 1813 年及 1814 年亲自指导过我，并向我亲自展示了那些最为复杂与困难的实验"[20]。叔本华还在《个人简历》中声称，他们侃侃而谈，从色彩理论到长达数小时之久的就"所有可能的哲学话题"[21]进行的对话，可谓兴之所

246

---

[18] 叔本华《手稿遗稿》，第 4 卷，第 374 页 /《手写遗稿》，第 4 卷，第 2 页，第 15 页。

[19] 参见乌尔斯·阿普（Urs App）那篇记录得颇为仔细的"叔本华与印度思想的初次相逢"（Schopenhauer's Initial Encounter with Indian Thought），《叔本华年鉴》，第 87 卷（2006），第 50—51 页。

[20] 叔本华《书信集》，第 191 页，叔本华 1841 年致查尔斯·洛克·伊斯特莱克。伊斯特莱克是位英国作家与画家。叔本华写这封信时，并不记得自己早在二十年前就同伊斯特莱克在柏林见过面。伊斯特莱克记得这次会面，他在给叔本华的信中写道，他遇见"……一位与您同名的绅士，他说得一口地道的英语；他也是一位形而上学论者与作家，他同我谈到一部叫作《作为意志与表象的世界》的作品。"《谈话录》，第 52 页。由伊斯特莱克翻译的歌德色彩理论的译文 1840 年在伦敦面世。叔本华受到触动，写信劝说伊斯特莱克将他的《论视觉与色彩》也译成英文，还鼓励他将歌德作品中具有论战性的部分全部译出，因为"该部分是最根本的部分，因为它展示出牛顿那种显然错误的做法，牛顿采用此种做法，用他那些难以控制的实验为自己及他人都制造了麻烦；看在上帝的份上，如果你的译文想要再版的话"（第 192 页）。尽管叔本华苦苦相求，然而伊斯特莱克却不为所动，既未翻译叔本华作品，也未将歌德作品进行全文翻译。

[21] 同上书，第 54 页，第 655 页，叔本华 1819 年 12 月 31 日致柏林 K. 弗里德利希·威廉大学哲学系教授。

至，无所不包。叔本华对这些谈话的珍视程度，可能更甚于对他们就色彩理论所进行的谈话，因为他坚称，他1814年春之前，便已在脑中有了自己的哲学体系。[22]叔本华曾向一位友人谈到，歌德对这些哲学谈话颇为看重。叔本华声称，这位诗人说过，他同其他人是在打发时间，但同叔本华却是在进行哲学思考。[23]至于歌德本人，他在几次会面后便觉察到叔本华性格如何，想到叔本华时，他写下了以下诗句："我仍愿继续承担老师的重任／如若学生还未变成老师。"[24]如果这句诗说明歌德已经开始觉得难以接受叔本华本人的话，那么，他必定认为继续维持他们之间的关系是值得努力的事情。在最后三次会面当中，歌德承担着老师的重任，却并非未将叔本华置于其应处之位。在他们倒数第二次会面当中，歌德小小地捉弄了叔本华一下："你多大了？"歌德问道，叔本华答道："二十六岁。"歌德回应说："如此之年轻，阅历便已如此之丰富。如果我在你这个年纪便已是如此见多识广的话，那我将会是创造出何其之多的作品啊！"[25]歌德在二十六岁之时，进入魏玛公国的宫廷供职，并因为《少年维特之烦恼》大获成功而大名鼎鼎。他在同样年纪所取得的成就远甚于傲慢无礼的叔本华。

247

　　叔本华1814年5月下旬移居德累斯顿。在此之前，歌德曾经在他相册中写下以下诗句："如若你希望享受你自身的价值，／你就必须为世界创造价值。"他将名字签在上面，"作为数次亲密谈话的后续，以及对于它们的纪念，魏玛，1814年5月8日。"[26]如果歌德意在用此诗鼓励叔本

[22]　同上书，第54页，第655页。

[23]　参见叔本华《谈话录》，第27页，由大卫·阿谢尔记录。

[24]　"麻痹"，见《歌德诗集》，第二部分（Stuttgart／Tübingen, 1815）。叔本华将这些诗句视为是歌德发泄怒气的表现，他断言歌德的怒气是由于诗人认识到叔本华色彩理论优于他自己色彩理论而被挑起的；参见叔本华《论视觉与色彩》，第8页／《全集》，第1卷，第5页。出于对歌德的尊敬，叔本华将这句话在歌德去世之后加进《论视觉与色彩》第二版（1854）。

[25]　叔本华《谈话录》，第34页，由卡尔·G. 贝尔记录。

[26]　阿图尔·许布舍尔"生命画卷"，见《全集》，第1卷，第67页。

华继续在色彩理论方面努力的话，那么，它确有其预期的效果。但如果
他希望叔本华仅仅是为了推广歌德色彩理论而进行写作的话，那这一诗
句所起到的效果适得其反。一年之后，歌德通过某位施洛瑟博士的帮助
收到叔本华《论视觉与色彩》的手稿。[27] 它的作者自然急于得到歌德的回
应，但更为重要的却是，得到歌德的认可与支持来出版该书。歌德甚至
都未确认收到了该书的手稿。叔本华在被自己的英雄默不作答地晾置于
无限焦虑之中八周之后，再也沉不住气，1815 年 9 月 3 日，他写了一封
信请求歌德出手相助。这封信开启了两人之间长达一年的间歇性信件往
来。叔本华的信件果敢无畏、自信满满而富于操纵性，却一直对歌德满
怀敬畏。他称诗人为"阁下"，他总是使用正式的语气，从不用亲切的
"你（du）"，而一直用庄重的"您（Sie）"。歌德的回应因其克制、友好的
特性以及对局面的最终掌控而引人注目。他也用正式的您（Sie）称呼叔本
华，却是以某种强化两位通信者之间地位悬殊的方式："阁下"写给"我最
看重的人"。

　　叔本华 9 月 3 日写给歌德的信件显得有些奇怪。他彬彬有礼地主动承
认这位伟人并无阅读手稿或是在读后寄送评语的义务。他认识到歌德忙
于会见政府官员、外交官与军人，他想起歌德自己曾经告诉他说，同现
实生活相比，文学事务仅为其次。但叔本华信中语气在向绝望转变。他
写道，他的情况恰好相反。"我所想的，我所写的，对我才具有价值，并
248 且至关重要。我个人所经历的事情以及发生在我身上的事情，对我而言，
均属次要。事实上，我鄙视它。"[28] 他继续写道，因此，不能确定歌德是
否收到手稿，令他痛苦而苦恼，尽管他想这很有可能。此外，不知道歌
德是否已经读过手稿，也让他感到如此的不快与焦虑，以至于竟引发了

[27]　许布舍尔提出说，这指的是弗里德利希·约翰·海因利希·施洛瑟（Friedrich Johann
　　　Heinrich Schlosser），这样一位来自法兰克福的公诉人，他也是歌德母亲财产遗嘱执行人，
　　　他将手稿带给歌德。参见《书信集》，第 493 页。
[28]　叔本华《书信集》，第 16 页，叔本华 1815 年 9 月 3 日致歌德。

他的疑病症，如同他每天等待着得到消息之时，那种痛苦的折磨使得期望化为泡影一样。为使自己不再痛苦，他请求歌德无论给出评语与否，都将手稿寄回给他。但这之后，叔本华却让了步。他告诉歌德，如果歌德愿意，可以继续保留手稿。或许是害怕他说什么可能让歌德感到不快的话，他在信末写道，歌德永远都不应该对之抱有怀疑：他对歌德的尊敬不可更改、至死不渝。叔本化履行了这一誓言。

　　叔本华充满绝望的信件收到预期的成效。它在四天之后得到答复。歌德在信中写道，他已读过手稿，并对之进行了思考，他对手稿颇为欣赏。他继续写道，如果他有抄写员的话，他便可能会寄送更详细的评语，但他需尽之责如此之多，以至于没有时间做出回应。[29] 他向叔本华保证，当他返回魏玛之时，他会有更多的时间来作出答复。然而，歌德是否并非只是浏览了一下手稿，却很令人怀疑，因为他并未认识到他学生观点与他自己观点互不一致的多个方面。但叔本华写给歌德的下一封信却提到一处"不一致的地方"，这不可能让他讨得老师的欢心。歌德反驳了牛顿关于白光包括光谱的论点，混为一体的七种颜色产生出白色的说法，被他称为荒谬可笑。然而，叔本华如今却声称，他所做的一个实验证实，是带色的光，而不是七色光，制造出白光。更确切地说，他所说的是，他能用两种颜色制造出白光。紫色与黄色；蓝色与橙色；绿色与红色，它们每一组都能产生出白色。[30]

　　歌德的答复颇为古怪。他告诉叔本华，返回魏玛之时，他会首先看完叔本华的文章与来信。他说，当他设身处地站在叔本华所处立场的时候，觉得非常愉快。他继续说，纯粹将所有客观之物记于心间的他，只会赞赏与敬佩被这样一位独立思考之人满怀信念而诚实无欺地用于其作品中的方法。然而，当他将自己从这一立场抽身而出回到自己所处立场

249

---

[29] 参见叔本华，同上书，第483页，歌德1815年9月3日致叔本华。
[30] 参见叔本华，同上书，第17页，叔本华1815年9月16日致歌德。

的时候，他觉得难以应付他们之间的差异，几乎不可能解决任何与他观点相冲突的事情。他最近遇见托马斯·泽贝克（Thomas Seebeck）博士，这位物理学家。歌德问他能否将叔本华的作品寄给泽贝克让其作为专家来做出评判。[31]

歌德的来信促使叔本华 11 月 11 日写了一封长长的回信。他的回信令人陶醉，对歌德的仰慕与对自己见解正确性的自信融为一体。他告诉歌德，他得自歌德的一切具有"无可估量的价值"，"对我而言，庄严神圣"。[32] 歌德称赞他满怀信念而诚实无欺进行思考让他非常高兴，他发誓说这些特质驱使着他所做的每件事情。但觉察到"阁下"对其作品感到不快的叔本华，利用歌德的话来解释为何这位伟人所赞赏的他身上每一种品质正是那导致他们观点差异的东西。他声明道，"只要我所观察的某

250

---

[31]　参见叔本华，同上书，第 494 页，歌德 1815 年 10 月 23 日致叔本华。泽贝克是眼内颜色与热电的发现者，眼内颜色是由透过双面折射结晶体射出的两极化的光所产生的色彩现象。他是耶拿的物理学家，后来住在拜罗伊特与纽伦堡。他 1818 年成为柏林科学院的成员。泽贝克为歌德在光学方面提供咨询，并为他反牛顿的立场提供支持。叔本华是1830 年用拉丁语就他的色彩理论进行写作时遇见泽贝克的。叔本华对泽贝克的评价并不高，这在他写给伊斯特莱克的信显而易见。在记下泽贝克私下向他吐露歌德正确而牛顿错误之后，他写道："……［泽贝克说］他并没有义务去告诉世人这些。——之后他便去世了，这个老懦夫。"叔本华，同上书，第 192 页。叔本华 1841 年致伊斯特莱克。叔本华如果知道泽贝克曾同黑格尔交好到竟是黑格尔之子伊曼努尔教父程度的话，那可能还会把他看得更低。黑格尔曾同泽贝克一道就眼内颜色进行过某些研究，但在叔本华遇见泽贝克之时，后者已经在得知黑格尔在应海德堡大学的海因利希·鲍鲁斯（Heinrich Paulus）之邀对在那里求职的泽贝克智力水平做出评价时出语不妥之后，而同黑格尔疏远开来。令人奇怪的还有，叔本华对黑格尔为歌德色彩理论所作的推广保持了缄默，尽管叔本华实际上掌握着歌德的反对者与支持者两方面的情况。分别参见，特瑞·平卡德《黑格尔传》（*Hegel: A Biography*, Cambridge: Cambridge University Press, 2000），第 409 页，与 P. F. H. 劳克斯特曼（P. F. H. Lauxtermann）"作为歌德之色彩理论的盲目拥护者的黑格尔与叔本华"（Hegel and Schopenhauer as Partisans of Goethe's Theory of Color），载《观念史杂志》（*Journal of the History of Ideas*），第 50 卷（1990），第 588—624 页。

[32]　叔本华《书信集》，第 18 页，叔本华 1815 年 11 月 11 日致歌德。

一物体某些部分仍未显出清晰的轮廓，我便无法歇息，无法满意。"[33] 当他从事工作之时，他似乎是站于自己的精神之前，如同一位站于法官面前的囚犯，这位法官盘问着囚犯，直至再无问题可问。此外，他的诚实，也驱使他对甚至是自己深切关心的事物也提出质疑，并引领他推翻自己特别珍爱的观点也依然不改。他像俄狄浦斯一样发表见解。俄狄浦斯不顾杰卡丝塔（Jocasta）*与神祇劝他不要探究下去的警告，试图要揭开他那可怕命运的真相，而叔本华也是在将自己要为真理所付出的代价置于不顾的情况下追求着真理。他继续写道，"使自己不留疑问于心的勇气是使人成为哲学家的东西。"这种进行哲学思考的勇气，正是歌德在他身上所发现的满怀信念而诚实无欺进行着探究的一种特质，信念与诚实这两者均是他精神所固有天性的某种表现。[34] 他继续写道，他的信念与诚实，乃是给予他信心的性格特征，他所获得的信心使得他坦诚而自由地进行言说，正如他在这封信中所做的一样。

叔本华来信的潜台词不可能没被歌德理解。诗人不愿对学生手稿做出回应的态度说明，他的个人利益与他对自己色彩理论的投入，阻止了他去思考对他自己见解构成了威胁的论证充分的观点，而他学生却顽强地追寻着真理，即便是真理推翻了他所钟爱的观点也依然不改。然而，年轻哲学家却渴望得到自己英雄的回答，一个确证他见解正确性的回答，尽管他自己会因为这些见解源自突发奇想而付出代价。这是信念与诚实所要求的东西。或许谈及叔本华所担心的事情，是歌德犹豫不决不去细

---

[33] 同上书，第 18 页。大约三十六年之后，叔本华会认为具有质疑一切，其中包括自己赞同的观点的勇气乃是进行哲学思考的两大基本要求之一。第二大基本要求便是要能够完全觉知到一切"不证自明"的事物以便能将其作为问题来加以看待。然而，他却不禁为"真正进行哲学思考"加上第三个要求，亦即，心志必须处于闲暇之中，而不受个人利益所操纵，以便人们能够聚精会神地关注世界。当然，年迈的叔本华不得不将哲学教授评论为无此能力之人，因为他们正是受他们个人利益驱使。参见叔本华《附录与补遗》，第 2 卷，第 4 页／《全集》，第 6 卷，第 4 页。

＊　希腊神话中，俄狄浦斯之母。

[34] 叔本华《书信集》，第 18 页，叔本华 1815 年 11 月 11 日到歌德。

读他作品的根本所在，叔本华试图澄清，他的见解只是对诗人的一些次
要论题，而不是对他主要观点提出质疑。这样，叔本华改用一种比间接
恳求对方保持健全的理智要更为直接的策略，来激发歌德作出回答。因
251 为他一些观点同歌德形成了冲突，所以，叔本华指出了显而易见之
事——他们中某个人绝对是错的。叔本华写道，如果他错了，"那阁下为
何要拒绝用只言片语划出将真理同谬误区分开来的界限而令自己称心，
并给我以教导呢？"[35]

　　然而，在邀请歌德对其色彩理论中去伪存真之后，叔本华却立即将
筹码翻番，用歌德所注意到的玩哲学游戏的方式来玩色彩理论的游戏。
他告诉歌德，他并不打算就此保密：他不相信歌德能够划出这样的一条界
线，因为"我的理论乃是对于一个要么完全错误要么完全正确的唯一且
不可分割的想法逐渐呈现：它因此类似于一个拱门，人们不可能移走某块
单独的石头而不使整个结构倒塌"[36]。他宣称，歌德并未面临这种风险。
他的色彩理论乃是由许多事实组成的系统性聚合体，考虑到它那庞大的
数据规模，一时失察便容易漏掉某些小错。这样的错误能够被"加以清
除，却不会有损于整体"。[37]叔本华警告说，除非这些错误被彻底根除，
否则，你的反对者便会抓住不放，并将它们用作忽略在其色彩理论中得
以清楚陈述的诸多真理的手段。叔本华写道，此外，最好在将会由你来
加以编辑的"你首位门徒的作品"当中将这些不足挂齿的过错改正过
来。[38]他继续写道，有时候，你必须为了保全性命与肢体而将自己身体某
一部分交付于外科医生的手术刀下，而如果你不这样做，而是大喊道"悉

---

[35]　同上书，第 19 页。

[36]　同上书，第 19 页。四年之后，叔本华也将宣称，他的《作为意志与表象的世界》乃是
　　　就"一个单一的思想"（a single thought）所进行的表述。参见第 1 卷，第 xii 页/《全集》，
　　　第 2 卷，第 viii 页。

[37]　同上书。

[38]　同上书。

听尊便吧，只是别碰这个地方"[39]，那你就失算了。叔本华自然是在暗示，他对于歌德"非理论性的"色彩理论实施了这种必需的救命外科手术。

从叔本华的这封信中，人们可以看出其他种种断言的前兆：对自己的行为是如何地使得他人弃他而去，他是何等的全然不察。在提到他与歌德观点"不合"的三个方面之后，他向他的英雄吹嘘，"我十分肯定地知道我创建了首套色彩理论，整个科学史上的首套色彩理论。"[40] 他继续写道，如果没有歌德早前的著作，他便不可能成此伟业："我的理论与您著作之间的关系，恰似果实与树木之间的关系。"[41] 如果说这些话还不足以使歌德知道他的学生相信自己胜过老师的话，那么，叔本华打了另一个比方来阐明自己的意思。"如果让我将您的色彩理论比作一个锥体，那我的理论便是它的顶点，一个不可分割的数学之点，整个雄伟的结构自它而出延展开去，它是如此的至关重要，以至于如无它在这个形状便不再是椎体……"[42] 歌德完成了基础性工作，而叔本华则使其达到极致。如果说这一试图通过使诗人确信对他作品给出评语因为手稿那短小的篇幅实乃毫不费力而鼓励他这样去做的举动还不够糟糕的话，那么，叔本华讲述了这样的情况，除了几个星期之外，他实际上"将它［色彩理论］当作一件次等重要的事情来加以对待，而常系我心的乃是那些与色彩理论大为不同的理论"。[43] 这不可能令叔本华讨得一位就色彩理论进行了长达二十年之久的研究与写作的人的欢心。

叔本华还表明自己并不乐于按照歌德所提议的那样让泽贝克来评价自己的手稿。歌德是他向其寻求评判的唯一之人，也是其评断为他所看重的唯一之人。泽贝克缺乏歌德所具有的权威，并因此不能够对他有所

252

---

[39] 同上书。
[40] 同上书，第 20 页。
[41] 同上书，第 21 页。
[42] 同上书。
[43] 同上书，第 20 页。叔本华所提及的那些系于其心的大为不同的理论，指的是他就将会在三年之后见诸《作为意志与表象的世界》当中的观点所做的工作。

帮助。事实上，歌德提出让他与泽贝克合作的这件事情，让他想到受邀与某位贵妇共进晚餐，却仅仅被告知自己将与仆从同桌而食的让·雅克·卢梭。但叔本华担心的不只是怀疑歌德想将他推给他人；他害怕泽贝克可能会剽窃他的作品。在这封信的前面部分，叔本华就已经提到，他不会被承认为首套真正色彩理论作者的唯一可能，便是其他人发现了相同的理论或有人窃取了他的理论。他在信末要求得到准信，关于他的作品歌德是已经告诉泽贝克什么，还是歌德让他来阅读这份手稿。他需要获知此事，因为"阁下知道人们对于遭人剽窃所怀有的恐惧是何其之大……"[44]

对叔本华这封篇幅颇长的信件，歌德在五天之后作出答复。尽管可能惹得歌德暴怒的东西着实不少，但他的答复令人吃惊地和蔼可亲与宽容大度。他提到叔本华那封"友好的来信"，将其描述为叔本华想要结束存在于他们观点之间差异那种愿望的某种流露。在接近信末之处，歌德提供了所附的就他对紫色所做研究合理性给出的解释，并保证这样做是为了叔本华对白色的生成所作分析的缘故。对叔本华与他见解"不合"的第三方面：即，叔本华关于两极性仅适用于生理色彩，却不适用于物理色彩的断言，他则缄口不言。关于叔本华所宣告的自己创建了科学史上首套正确色彩理论的浮夸大言，及其将歌德的色彩理论缩减为他自己将之提高到雄伟理论高度的尚不成熟的事实堆砌的做法，歌德也略去未谈。他还觉察到叔本华对泽贝克获知其作品内容所怀有的深深苦恼。歌德立即开始消除叔本华的担忧。歌德写道，没有人看过叔本华的手稿，当泽贝克在乡间拜访他的时候，他甚至还没有收到它。歌德还写道，当他表示希望叔本华同泽贝克会面的时候，他只是因为想要让泽贝克对生理色彩产生兴趣才有此一举。因为叔本华拒绝同泽贝克会面，所以，歌德说他会让此事作罢。但在结束该信之前，歌德却狡猾地以一种对叔本华在

---

[44] 同上书，第23页。

其博士论文中的作品给出一种费希特式解读的方式，而就他们关于色彩理论的分歧作出裁决："谁若倾向于从主体出发来构建世界的话，那他将不会否认以下评断：主体一直仅仅是某种表象上的个体，并因此要求具有一定程度上的真实性与谬误性来获得其个体性。但使得人们分道扬镳的，却莫过于这两种成分的数量被混之以各不相同的比例了。"[45]

　　叔本华 12 月 3 日对歌德的最后来信作出回复。这封丢失了的信件，篇幅颇长，包括他对歌德就紫色所作分析给出的评语以及关于色彩理论的新观察。[46] 对于这封信，歌德并未作答。他当时人在耶拿，投身于他的公务——他同司法官哈登贝格亲王会面——潜心于他的云彩研究之中——他当时正在阅读英国化学家兼气象学家卢克·霍华德（Luke Howard）的《试论自然的历史与云彩的物理》（*Attempt at a Natural History and Physics of Clouds*）。等了十周之后，叔本华的忍耐到了极限。1816 年 1 月 23 日，叔本华写信给歌德说，"阁下再次将我与我的色彩理论忘得干干净净"[47]。此外，他还抱怨道，对于歌德就他的作品给出实质性的评语以及帮助他将其付梓出版，他已等了将近七个月之久。他现在已经放弃对这两件事所报的希望。作为最后的请求，他恳请歌德归还手稿。这将对事情作个了结。然而，叔本华仍是情难自禁。他不得不说出他的失望，他言说的方式中所重申的那种势不可挡的自信，在他这一部以及将来的作品中均可得见："坦率地说，我甚至难以想象阁下会不认可我理论的正确性：因为我知道，真理在通过我而说话——无论是就此小事也好，还是在将来某个时候关于更为伟大的事情也罢——而您的头脑太过准确，也太过精明，以至于不能够对每一种意见都做出回应。"[48] 叔本华继续对隐

254

---

[45]　同上书，第 495 页，歌德 1815 年 11 月 16 日致叔本华。

[46]　同上书，第 23 页，叔本华 1816 年 1 月 23 日致歌德。在这封信中，叔本华声称他写于 1815 年 12 月 3 日的那封"长"信中的这些内容完全正确。

[47]　同上书。

[48]　同上书。

藏于歌德对自己的见解既未赞同也未反对的做法之后的原因，进行着诊断性分析。歌德因为叔本华的一些主张同自己的信仰相互抵触，而最终对自己学生的理论在主观上心生反感，这正是他为何采取规避与拖延的做法——既不表示赞同，也不做出反对——的原因之所在。他因此而保持缄默。叔本华十分自然而真诚地在信末请歌德相信，没有人比他对歌德怀有更深厚的崇敬之情。[49]

255　　歌德快速回应了叔本华的请求。他于五天之后寄回手稿。在与手稿一同寄出的那封信中，歌德以一种优雅地重塑其优越感的方式将事情做了个了断。他写道，他常常在这些冬夜希望叔本华与他同在魏玛。他继续写道，如果他在那里的话，他便会把他的《论色彩理论》放在他们之间，便会投身于一场并不需要达成共识的讨论之中。而这些场景并未出现，加之他又不想让叔本华缺乏鼓励，因此，他告诉叔本华，他在耶拿花两天时间来研究他在过去八年间就色彩理论所出版的全部东西。他希望这一研究将会成为他们将来所进行讨论的基础。但在一提出他们在将来进行交流的希望之后，歌德却立刻收回所说的话。他的研究使他确信，尽管他们可能就当涉及运用某些各不相同的原则之时某些特定现象是如何地显得也适用于这些原则而达成一致，但他们很快便会得出完全不同与不可调和的结论。歌德继续写道，因此之故，"我便将想要使我们的见解趋于一致的做法，视为会对你我精力造成浪费的举动。"[50] 至于叔本华的色彩理论，歌德在之后提出一个请求。叔本华能够给出一个关于其色彩理论的摘要加进自己的《论色彩理论》中去吗？最后，他请求叔本华

---

[49] 叔本华在这封信后加上一则附言，在这则附言中，他承认在他对于单个幻象所进行的描述中犯下一个错误，亦即，对于看见某个单个物体一事所进行的描述，乃是基于我们因为是用两只眼睛在感知而接收到了双重印象的事实。或许，叔本华之所以提到这一错误，是为了通过让歌德看到他愿意承认自己理论中的错误并愿意为之承担责任的做法，而鼓励歌德对他作品给出评语。如若情况果真如此的话，那它却并未促使歌德给出评语。参见上书，第24页。

[50] 参见上书，第496页，歌德1816年1月28日致叔本华。

不时地让他知道叔本华在忙些什么；不是说他将能够就这些观点进行询问——他已经年老得无法这样去做——而是仅仅将其作为能从历史的角度来让他产生兴趣的某种东西。

叔本华对歌德的来信进行回击，他将出自于其自传中的原话掷还给诗人。他写道，"这样，人们最终常常被驱赶回了其自身"，"我如今也必须在痛苦中发出'我独自造出葡萄榨汁机'的叹息"。[51] 叔本华的英雄一定明白他所指的意思。歌德在他自传当中用这些话来描写一种那些达到某种状态的人所面临的危机，在这种状态当中，人不得不独自前行，得不到父母、亲人、兄弟姐妹、朋友，甚至上帝的支持。歌德评论道，在最危急的紧要关头，人不得不独自行事，而为了直面生命中的兴衰沉浮，他已决定立足于自己的创造才能以获得独立。叔本华正在告诉歌德同样 256 的事情。他也在痛苦之中叹息。歌德未能积极主动地参与到他色彩理论中来，令他感到受伤："我无法掩饰我所受到的巨大伤害。"[52] 叔本华告诉歌德，在最终形成他色彩理论的过程当中，以及通过这七个月的信件往来，他所热切怀有的希望歌德参与进来的乐观期望全都被无情地给粉碎了。他对此应该是仅仅加以容忍，并因此听任自己被歌德或康德如此对待，"而不是被其他任何与我同时出生的人如此对待"[53]。

叔本华继续思考道，古怪的是，歌德未曾参与到他色彩理论中来的这件事增强而不是减弱了他对自己作品的高度评价。事实上，他所说的

---

[51] 参见上书，第 24 页，叔本华 1816 年 2 月 7 日致歌德。叔本华是在援引歌德《出自我的生平：诗与真》(Aus meinem Leben: Dichtung und Wahrheit, 1811—1832) 中的内容。当叔本华写这封信的时候，第 11—15 章刚出版不久。第 IV 部分第 16—20 章出版于 1832 年，即歌德去世的当年。叔本华的引文出自第 III 部分第 15 章。参见《约翰·沃尔夫冈·冯·歌德的自传》(The Autobiography of Johann Wolfgang von Goethe)，约翰·奥克森福德 (Johann Oxenford) 译，第 2 卷，第 276 页。令人奇怪的是，奥克森福德刊于《威斯敏斯特书评》(The Westminster Review) 新 6 卷 (1853 年 4 月 1 日)，第 380—407 页 "德国哲学中的偶像破除" (Iconoclasm in German Philosophy)，推进了叔本华在 19 世纪 50 年代中期的成名期的到来。

[52] 叔本华《书信集》，第 24 页。

[53] 同上书，第 25 页。

是，它使得他确信自己的理论实乃原创且完全正确。它还鼓励他独自直面世界。他说，在未曾收到其评判最具分量的人给予的祝福之后，他准备将自己作品寄往一个会遭遇敌手的世界，但他如今在思想和行动上都做好了准备，对任何愤世嫉俗之人的意见与人类思想宝库中的见解均不加以顾及。尽管如此这般地宣布自己脱离歌德而独立，叔本华却无法放下。歌德曾告诉过他，泽贝克知道关于歌德反对者的准确情况。他想要清楚地知道他们是谁。他还想从歌德处获知，当他在耶拿就那些关于色彩理论的出版物进行研究之时，他都读过些什么关于色彩理论的书籍。他写道，这一切都将对他极为有用，因为莱比锡的约翰·弗里德利希·哈特克诺赫（Johann Friedrich Hartknoch）出版社将会出版他的论文，而他则允诺在三至四周内提供手稿。十分自然的是，他在信末言明对歌德深深的尊敬之情，说他希望他的文章会为向歌德的作品致敬并为其辩护而出力不少。歌德在四天之后迅速回复该信。歌德为手边没有泽贝克的书目表达歉意，并提到三部叔本华可能尚不熟悉的关于色彩理论的作品。他写道，他期待着在叔本华的文章付印之后享受阅读它的乐趣。[54]

257　　《论视觉与色彩》出版于 1816 年 5 月。他在该书出版之后，立即给歌德寄了一本。在同该书一道寄出的信中，他再次告诉歌德他不得不独自造出葡萄榨汁机。但不同于他前一封信的是，他压抑住了对被他色彩理论给予灵感的源泉所离弃而感到的痛苦，而采取一种新的态度："但我在这件事上与其他任何一件事上一样，都立足于自己。"[55] 尽管如此，他却仍然试图通过断言他的作品由于对早前手稿所作的可观补充而变化甚大并改进不少，以诱使歌德对他的作品做出回应。他反复重申对收到歌德评判所怀有的渴

---

[54]　或许是为了加重泽贝克在叔本华眼中的分量，歌德还提到泽贝克因为发现眼内色彩而获得由巴黎科学院提供的三千法郎奖金中的一半。眼内色彩是指由在折射晶体中的两极化的光所产生的色彩现象。参见叔本华，同上书，第 498 页，歌德 1816 年 2 月 11 日致叔本华。

[55]　同上书，第 28 页，叔本华 1816 年 5 月 4 日致歌德。

望，但他也写道，他已经放弃收到它的希望。根据歌德在 5 月 9 日至 10 日的日记内容来看，歌德在此期间忙于阅读叔本华的作品。[56] 他没有为叔本华提供评语——并非是因为他学生不对此怀有期待——而是 5 月 11 日同泽贝克取得联系："尽快阅读一本小书，由 A. 叔本华所写的《论视觉与色彩》，并告诉我你认为如何。我已读过它的手稿，却未能读完。对我而言，清楚地理解意见分歧已经变得日渐困难。人们必须用他人的头脑设想，而我对此已经失去灵活性。"[57]

泽贝克就叔本华的这本"小书"所告诉歌德的内容，并不为人所知。歌德最后于 6 月 16 日给叔本华写了一封颇为友好的信，在信中，他割断了与对叔本华作品作出实质性答复的任何可能性保有关联的仅有残留线索。这封信上盖有歌德用于表达他对他那久拖方至的答复所怀有的遗憾的黑色印章。他在信中写道，当他刚刚着手对叔本华那"深思熟虑"的文章进行研究之时，他的爱妻就病倒在床，而她随之而来的辞世则使他依依不舍地中断了他所有的科学研究，关于色彩理论的研究也包括在内。[58] 他在信中提到，尽管他们是从同一立场出发开始他们的合作，但各自奋力行进的方向却全然不同。他写道，如果叔本华不会对这一研究感到厌倦并将继续培育自己观点的话，那他们或许会在数年之后欢快地到达某个彼此可能再度重逢于此的要害之点。然而，歌德实在有些虚伪。在该信发出还不到一个月的时候，他在对克里斯托弗·舒尔茨（Christoph Schultz）就叔本华作品所作质疑给出的回复当中，表达的乃是自己的不快："叔本华博士是一位举足轻重的思想家，我本想劝说他接受我的色彩理论……这个从我

258

[56] 参见约翰·沃尔夫冈·冯·歌德《全集》（彼得·博尔讷［Peter Boerner］编，Munich: Deutscher Taschenbuch Verlag, 1963），第 44 卷，"1810—1832 年日记"，第 43 页。

[57] 叔本华《书信集》，第 409 页，歌德 1816 年 5 月 11 日致泽贝克，引言出自马克斯·黑克尔（Max Hecker）《歌德的三十封不为人知的信件》（*Dreißig unbekannte Briefe Goethes*），载《歌德协会年鉴》，第 10 卷（1924），第 163 页及随后一页。

[58] 叔本华《书信集》，第 499 页，歌德 1816 年 6 月 16 日致叔本华。

的角度出发前行的年轻人，成了我的反对者。"[59]

究竟是叔本华的色彩理论中的什么东西，惹得歌德不快，并让他将自己从前的皈依者视作最终的变节者呢？在《论视觉与色彩》第二版1854年出版之前，叔本华获知了歌德对舒尔茨所说的他已变成歌德反对者的这一言论。他被大师这一评断惊得有些目瞪口呆，因为做出它的依据乃是"……基于现在的这篇文章，我在其中是以其最为坚定斗士的面目出现的。"[60] 他将这一言论归因于歌德对其追随者所做的无条件服从的要求，他声称，他在歌德面前的坏脾气是因为歌德认识到学生作品超过了老师作品而被挑起的。然而，叔本华对于歌德对其作品的反应所进行的分析，却再次展现出，对于其行为对他人所产生的影响，他竟会是何等的全然无知。像他所做的那样，将其关于色彩理论的作品称作是同其他被他考虑着的更为重要理论相较而言的副业，说歌德提供的仅仅是数据而已，是他将其提升到令人赞叹的理论高度——科学史上的首套真正的色彩理论——一直不断地纠缠歌德为推广作品并给予他赞美与帮助，凡此种种，都使得他的英雄疏远了自己。这位英雄为自己的色彩理论深感自豪，同叔本华时断时续的研究相比而言，他对色彩现象的兴趣延续259 了二十多年，而叔本华的这种时断时续研究的巅峰之作，乃是当歌德在约翰娜·叔本华茶会上首次走近他之后大约十八个月之时他所出版的这一书籍。

---

[59] 同上书，歌德1816年7月6日致克里斯托弗·弗里德利希·路德维希·舒尔茨。叔本华得知歌德所说的这句话，并对歌德评语作出了回击："……他［歌德］将我称作他色彩理论的反对者，而我却在四十年之前，在他死后的二十二年里，全然无助地独自而立，帮助他提高其色彩理论的水准，大喊道：'你这蠢驴，他是对的。'"《书信集》，第330页，叔本华1854年1月28日致尤里乌斯·弗劳恩席德特。劳克斯特曼记录了一件发生于歌德与埃克曼之间的事情，当传记作者批评他色彩理论之后，诗人指责他是一名像其他包括叔本华在内的人一样的"异教徒"。参见其《叔本华破碎的世界观：康德与歌德之间的色彩与伦理》，第79页脚注。

[60] 叔本华《论视觉与色彩》，第7页/《全集》，第1卷，第5页。叔本华正是在此处援引了早前从歌德《麻痹》（*Lähmung*）中引用过的诗句。

叔本华对于歌德对其色彩理论的回应所作的分析，对其自身的行为熟视无睹，却对歌德横加指责。如同他在写于 1816 年 1 月 23 日的信中所宣称的那样，引领他质疑他所钟爱的观点，并驱使他在哪怕会让他否定自己曾经的心爱之物情况下也追随真理于其后的，乃是他进行哲学探究的勇气。这自然是在暗示，歌德未对自己学生作品作出回应，表明他缺乏这种勇气。如果他有此勇气的话，他便会承认叔本华见解的正确性。然而，他却像叔本华所写的那样，太过主观，太过着迷于自己的观点，以至于无法忠贞不渝地追寻真理。不仅歌德在个性与知性这两方面都怯于去面对会使得他放弃自己一些观点的东西，连叔本华也会在后来对歌德就其在与异己观点交锋当中体验到的困难所说的那些话加以利用，将这种困难称之为老年所产生的使人衰弱的影响。[61] 如果他是一个年纪更轻、更具勇气去奋力批评心爱观点的哲学气质思想家的话，他便必定会接受叔本华的观点。但如果这是叔本华在他提及质疑心爱的观点是何其之痛时候用以影射的东西的话，那么，他还忽视了，他所挣扎着对之进行质疑与支持的心爱观点都是歌德的观点——它们并非他自己的观点。尽管叔本华珍视他与自己英雄的关系，尽管他看重歌德观点是因为它们是歌德的观点，但他有勇气对之进行检验与反对的，却并非是他自己的观点。当然，他因为投身于此并冒着疏远少有的那么几位他认为与他具有同等智力水平的人当中的一位的危险，而使得自己同歌德的关系面临危机。然而，他所想的或许是，他恒久不变的恭维，他对歌德作品的赞颂，以及对歌德恶意批评者所做的充满激情谴责，将会足以赢回一位可能失去的英雄。甚至在歌德去世很久之后，他都还在继续推广他就色彩 260

---

[61] 后来，在《论视觉与色彩》第二版当中，在歌德去世很久之后，叔本华提到，歌德未对法国人对光的两极性所作描述进行回应，是因为"当这些现象被发现之时，歌德已经太老——他已经在开始说傻话了"。第 82 页 /《全集》，第 1 卷，第 90 页。正如我们将会看到的一样，叔本华对自己另一位英雄康德的态度反映出他对歌德所持的态度。尽管他从未与他十六岁之时过世的康德有过交往，但他却将他所反对的康德一些见解，描述为老年的孱弱之举。参见《论道德的基础》，第 51 页 /《全集》，第 4 卷，第 119 页。

理论所写的作品，并怀着对自己那位已故英雄的忠诚而继续对该作品的反对者进行强烈谴责。

至于在对其色彩理论与歌德的色彩理论之间存在偏差的认可方面，叔本华倒是表现出了那么一点点洞察力，但他并未深刻地认识到自己与老师见解之间的敌对关系。在更后来的时候，当他 1830 年出版其色彩理论的拉丁文版本《生理学色彩基本理论的历史与阐释》（*Commentatio exponens Theoriam Colorum Physiologicam, eandemque primariam*）之时，他坚称，就算牛顿与歌德二人的物理色彩理论都是错的，他的生理色彩理论也仍然正确无误。[62] 在他 1841 年写给伊斯特莱克的信中，他甚至还更为直言不讳。他的生理色彩理论"……正确无误，就算歌德也错了的话：它并不取决于他的地位。"[63] 他早前的断言就讲过：歌德的作品提供了让他的理论立于巅峰的基础！在他与歌德自那时起的往来信件当中，我们看到他承认了他的理论与诗人的理论"互不一致"的三个方面；确切地说，即为，通过有色光制造出白光；歌德的双极性概念局限于生理色彩；以及紫色的产生。[64] 但叔本华忽略了促使歌德将他视为反对者的东西——叔本华将歌德那据说是不可进一步解释的"元现象"降至了次要地位。

歌德并非一直都是牛顿以下见解的反对者：白光乃是具有不同可折射性的诸多光线的某种混合物。根据他自己的叙述，他最终成为牛顿见解的反对者，纯粹应该归因于他那善于偶得之的天赋。一天，当他正在将

---

[62] 参见《全集》，第 1 卷，第 3 页。在这一页当中，叔本华坚称，他的生理色彩理论乃为如此之物：歌德与牛顿二人的物理色彩理论均可以其为基础，而如果他们二人的物理色彩理论都错的话，它仍将正确无误。叔本华用拉丁语重写了他的色彩理论，希望德国之外学者将会认可他见解的正确性。然而，他的希望未曾实现。

[63] 叔本华《书信集》，第 192 页，叔本华 1841 年致伊斯特莱克（叔本华的英语）。

[64] 参见同上，第 19—20 页，叔本华 1815 年 11 月 11 日致歌德。叔本华后来同意了歌德关于紫色的看法，在《论视觉与色彩》第二版中，他列举了他对于双极性的局限之见以及从众多色彩制造出白色的事实，作为他与歌德之间的差异。参见，第 75 页/《全集》，第 1 卷，第 73 页。

要归还给某位耶拿大学教授的一些书籍及科学仪器打包装箱之时，他透过一个光学棱镜看到了他那白色的墙壁。让他惊讶的是，并没有什么颜色光谱出现。这一经验使得他似乎是出自本能地大喊道"牛顿的理论是错的"[65]。好奇心大起的歌德继续摆弄着这个光学棱镜。他注意到，彩色边纹仅仅出现在白色与黑色的边界。歌德最终会将白色或光亮以及黑色或黑暗视为元现象，视为他色彩理论的基石，而将这些色彩本身看作是某种模糊不清或云山雾罩的东西（σκιερόν \ skieron）。意识到混合在一起的黑色与白色产生出灰色的歌德，辩称说，借助于某种诸如雾、烟、云彩或燧石玻璃之类的浑浊介质，光亮与黑暗的双极性的交互作用产生色彩现象。透过某个前方有着光源的浑浊介质凝视暗处，便产生了蓝色，而看着某个后方有着光源的浑浊介质，则产生出黄色。歌德认为，通过将蓝色与黄色混合在一起，并加大这两种对立物中的某一种的比重，便得出所有其他的颜色。以此为出发点，歌德的理论认可了六种基本色彩，而不是牛顿理论中的七种基本色彩，加大蓝色的比重产生出泛红的蓝色，加大泛红的蓝色的比重则产生出紫色；加大黄色的比重产生出金红，而将黄色与蓝色混合在一起，则产生出绿色。[66]

261

歌德对产生自观看着的眼睛的色彩现象，"生理色彩"、色彩阴影及残留影像，进行了思考，但他认为这些色彩现象仅为主观。但这却成为叔本华将自己的帽子挂在上面的衣钩。[67]哲学家本人告诉我们说，当他逃

---

[65]　歌德德国袖珍书籍出版社《全集版》（*dtv-Gesamtausgabe*），第42卷，第169页。可怜的比特勒教授（Professor Büttner）不得不等待着他的光学棱镜的回还，因为这一经验使歌德将它们留下来用于进行试验。

[66]　劳克斯特曼在《叔本华破碎的世界观：康德与歌德之间的色彩与伦理》，第53—82页，提供了一幅关于同牛顿与叔本华的色彩理论相比较而言歌德色彩理论的出色概要。

[67]　歌德在《论色彩理论》"教诲篇"第一章中谈了"生理色彩"，参见歌德德国袖珍书籍出版社《全集版》（*dtv-Gesamtausgabe*），第40卷，第20—57页。如同劳克斯特曼所指出的一样，歌德将这种对生理色彩的思考看作是对色彩进行严肃研究所需的某种"预备知识"，而不是像叔本华所做的那样，将其视为整套完整色彩理论必不可少的一半，另外的一半涉及"物理的"与"化学的"色彩。参见劳克斯特曼，同上书，第73—74页。

脱了歌德那磁石般的个人魅力影响之后，在他就色彩理论所写的作品能够回转到自己思想的原初根基，以及对康德先验唯心主义更为坚定的拥戴（这在他博士论文中只是被三心二意地加以了表述）之前，他花费了一年的时间。但康德唯心主义在 1815 年之前却呈现出更大的意义，那时

262 他正在伏首于他的哲学本身。[68] 他认为，歌德的问题在于他太过现实，太过关注世间诸事的客观进程，可以说是忘记了如果没有某个主体，便没有任何的客体。从叔本华的角度出发来看，这意味着歌德的作品只不过描述了事情的状态，他所做的解释只能说出情况如何，却不能展现出情况必定如何。为了表明自己的观点，他将歌德树为自己的敌人，从《浮士德》中援引了他曾在博士论文中嘲笑后康德主义哲学家的相同诗句："那位进来的哲学家／向我们证明，事情非如此不可。"[69] 歌德未能抓住"事情非怎样不可"这件事，如今成为表明歌德只是诗人而非哲学家的标志。他缺少找出色彩最终根据的雄心，在将光亮与黑暗作为根本现象之后便罢了手，并未认识到他的光亮与色彩通过转向观看着的眼睛与生理色彩而获得了根本性解释。光亮或白色，黑暗或黑色，以及诸颜色均是眼睛进行的修改。光亮或是白色，乃是视网膜的充分活动；黑暗或黑色，乃是视网膜并无活动，而色彩则是视网膜在性质上各有分别的活动。因此，"恰如其分地说，元现象只是视网膜促使其神经活动彼此不同并继而显现为性质上完全相反的两半的器官机能，这两半时而相等，时而不相等。"[70] 歌德的元现象仅仅是刺激视网膜活动进行分界的东西。

因此，叔本华的理论表达了一种反叛他大师学说的双重异端邪说。光亮与黑暗失去了它们的元现象地位。他还说，歌德同牛顿一样犯有同

---

[68]　参见叔本华《附录与补遗》，第 2 卷，第 180 页／《全集》，第 6 卷，第 192 页。

[69]　同上书，第 2 卷，第 180 页／同上书，第 6 卷，第 192 页。该引言出自《浮士德》第一部，第 1928 行。

[70]　叔本华《论视觉与色彩》，第 67 页／《全集》，第 1 卷，第 73 页。正如阿图尔·许布舍尔所强调的一样，导致歌德将叔本华视为其反对者的，正是叔本华对基本现象的阐释。参见他《在智性语境中的叔本华哲学》，第 96 页。

样的过错。两人都专注于感觉到色彩的原因，而并未细查其结果；亦即，将色彩作为一种生理现象。牛顿犯下此错，是将色彩视为与光束机械属性相关联的主观之物这一附加现象，而歌德则是因为其注意力集中于物理介质在光从其源头向着观看者的眼睛移动之时所具有的作用，而犯下此错。尽管叔本华欣然接受了诗人的以下主张：白光是同质的；元色为六种而非七种；色彩必定包含了黑暗，但他却也同意牛顿关于色彩乃是一个分解过程的断言。[71] 当然，他否认牛顿所持的色彩是光束一个分解过程的观点，是通过宣称光束是视网膜的一个分解过程来进行的，但这一让步却对改善歌德对其学生理论的态度少有帮助。尤其是考虑到叔本华关于白色能够从诸色彩中提制而出的断言，以及他随后作出的以下断言：歌德无条件地否认能够从诸色彩中提制出白色，是因为"……他心里常常装着牛顿的错误教导，并振振有词地宣称，将诸色彩汇聚一处并不能产生光亮，因为每种色彩都既与光亮又与黑暗相关联"[72]，则情况就更是如此。

　　对于表现出色彩能够用特定的分数数值加以描述，以及这一创新使得他能够展示出从诸色彩如何提制出白色，叔本华颇感自豪。[73] 这一定让在数学方面抱持怀疑态度的歌德觉得是一种难以置信的背叛，因为他的学童正在运用的是诸如牛顿之类的科学家可能会藉之忽略直觉合理结果的方法当中的一种。叔本华将色彩视为视网膜的具有不同性质的活动，

263

---

[71]　从技术层面而言，叔本华认识到，色彩正如在一个色带中所看到的那样难以觉察地渐变为另一种色彩，而这导致了数不胜数色彩的产生。他认为，这并未给他的理论带来任何困难，因为视网膜的活动同样是可以无限地被区分下去。六种元色，黄、紫、橙、蓝、绿与红，在他的理论中占有最重要的地位，因为这"三组色彩，仅仅因为比例合理便尤其突出，它们易于用视网膜的活动以其为刻度的简单数目来加以理解与表达。因此之故，这几组色彩无处不在，并总是被用它们自己的名字加以表达，然而，除此之外，并无其他任何原因，因为毕竟它们并无任何优于其他色彩的地方。"叔本华《论视觉与色彩》，第63页／《全集》，第1卷，第69页。

[72]　同上书，第49页／同上书，第1卷，第52页。

[73]　叔本华承认这些分数值均为"假定"。参见叔本华，同上书，第30页／同上书，第34页。

黑色或视网膜的无所活动等同于零，而白色或视网膜的充分活动则等同于一，他藉此断言，诸元色中的一种及其互补色等同于一或白色。在写264 给伊斯特莱克的信中，叔本华在提到即便是歌德的主张为错，他的理论也仍然正确之后，与歌德的主张相反，立即强调这一点的重要性：

> ……将我用以表示六种主要颜色的（视网膜活动的）分数数值记在心间的你，对这些色彩进行着周密的考察之后你会发现，只有通过它而非通过地球上任何其他理论，你最终才会理解每种色彩在你眼中所造就的特殊感觉，并因此获得对每种色彩实质本身以及色彩总体上实质的某种洞见。我的理论同样足以给出互补色的意义之所在的正确含义，也即是说，同光并无关系，而是关涉到视网膜；并非是白光的分解，而是视网膜的充分活动，每种色彩因为视网膜的充分活动都经历了一分为二的过程
>
> 要么是黄色与紫色
>
> $\frac{3}{4}$ $\frac{1}{4}$
>
> 要么是橙色与蓝色
>
> $\frac{2}{3}$ $\frac{1}{3}$
>
> 要么是红色与绿色
>
> $\frac{1}{2}$ $\frac{1}{2}$
>
> 简而言之，这是伟大的奥秘。[74]

---

[74] 叔本华《书信集》，第 192 页。P. F. H. 劳克斯特曼强调说，叔本华就歌德理论所做的生理学方面阐释，可能向诗人暗示了叔本华带有主观性的观点能够同牛顿取得基本一致，并因此赋予了牛顿物理理论以客观领地。后来，维尔纳·海森堡（Werner Heisenberg）在他刊于《自然科学基础的变迁》（*Wandlungen in der Grundlagen der Naturwissenschaft*, Leipzig, 1943），第 58—76 页"从现代物理学的角度看歌德与牛顿的色彩理论"（Die Goethesche und Newtonsche Farbenlehre im Lichte der modernen Physik）中，就歌德的观点对此做过暗示。参见《叔本华破碎的世界观》，第 68 页。

我们不难理解，歌德为何对自己学生的作品感到不快。他的色彩理论中与其师色彩理论相悖的重要因素，还有那些傲气十足的信件。尽管如此，叔本华的信件却也表达了对歌德由衷的崇敬，而《论视觉与色彩》则对歌德的反对者进行谴责，对歌德《论色彩理论》的接受情况进行了批评，在赞扬诗人的同时谴责了牛顿。因此，老师与学生之间的离别是友善的，正如歌德写于1815年日记条目所记录的一样："叔本华博士来到我身边时是一位心怀善意的友人。我们所讨论并为之达成共识的东西实在不少。然而最终的分离却无可避免，正如两位同行了片刻的友人握手道别一样，一位向北而行，另一位则去往南方，很快便消失在对方的视线之内。"[75]

如果说叔本华对自己真理的顽强追求导致与歌德观点的分道扬镳的　265
话，甚至在它们质疑了他英雄所认为真理的时候，那么叔本华的顽强也是为他的英雄效力。尽管对未能获得这位"教父"给予他"幼小孩子"的祝福心怀失望，他却终其一生都在推广歌德的色彩理论。[76] 当美茵河畔的法兰克福于1849年庆祝歌德百年诞辰之际，叔本华在由该城出版的签名簿当中写满其中一页的正反两面。在该记录中，他强烈谴责了歌德的色彩理论所遭受的命运，辩称树碑、设宴、演说、鸣枪致敬与大受欢迎并不足以弥补歌德因其《论色彩理论》所遭受的巨大不公。为向这位伟人表达应有的敬意，负责教诲公众的大臣应当责成学术界对歌德的色彩理论及其对牛顿所持的异议进行详尽的探究与评价。叔本华写道："这是让歌德不再遭受不公冷遇的最可靠方法。"[77]

---

[75]　摘引自许布舍尔《在智性语境中的叔本华哲学》，第97页。

[76]　叔本华《书信集》，第192页，叔本华1815年11月11日致歌德。

[77]　叔本华写于法兰克福的歌德签名簿中的留言可在《附录与补遗》第2卷，第198—200页／《全集》，第6卷，第211—213页中找到。引言出自上书，第2卷，第198页／同上书，第6卷，第212页。

古印度的世界

当叔本华写信给歌德，说歌德就色彩理论所写的作品同他心中其他那些更为重要的理论相比而言仅为次要之际，他是从德累斯顿说出这番话的，在同母亲发生恶意争吵之后，他逃至此地。他为德累斯顿这座自己曾数度造访的城市所吸引，其原因包括它美丽的风景、建筑、气候、精美的图书馆、藏有大量雕塑品的皇家古物博物馆、画廊及其获取科学仪器的便利条件。对于这位来此完成自己"当时已成竹在胸"[78]哲学体系的年轻哲学家而言，此地没有大学并无大碍。在得到母亲一位友人，卡尔·奥古斯特·保蒂格（Karl August Böttiger）这位皇家博物馆首席稽查员的保证：战争并未毁掉该城那些为他所珍视的特征之后，叔本华1814年5月24日到达这座

266 在其后四年半时间里成为自己新家的城市。然而对于约瑟夫·甘斯这位"我特别爱戴的友人"在最后关头作出返回柏林的决定，叔本华却感到失望。[79]《作为意志与表象的世界》将会是叔本华所钟爱的德累斯顿岁月的硕果，他将会把这段时光视为他生命中在哲学上最为多产的岁月。

尽管如此，根据叔本华自己的记述，在他退往德累斯顿之前，弗里德利希·迈尔却在他那1813年至1814年的歌德之冬牵引他步入"古印度"的世界。叔本华在此三十七年之后所说的话，并未详细提及这一牵引的方式或内容。他所写下的全部内容，是说这一"牵引"并非出自他的请求，而"古印度"对他产生了至关重要的影响。然而重要的却是，叔本华提到迈尔起了这一作用，因为他从未在他任何一本书中提到过迈尔，而后者名字也并未见诸他文字遗物当中。[80]迈尔是赫尔德朋友圈中的一员，赫尔德为迈尔的

---

[78] 叔本华《书信集》，第59／655页，叔本华1819年12月31日致柏林K.弗里德利希－威廉大学哲学系教授。

[79] 同上书，第10页，叔本华1814年4月24日致卡尔·奥古斯特·保蒂格。

[80] 甚至当叔本华在《作为意志与表象的世界》第一版中提到迈尔翻译的《薄伽梵歌》（*Bhagavad-gītā*）时，他也未提及它的译者，仅仅提到它见于《亚洲杂志》。参见上书，第1卷，第388页／《全集》，第2卷，第459页。

《论民族的文化史，历史研究》（*Zur Kulturgeschichte der Völker, historische Untersuchungen*, Leipzig: J. F. Hartknoch, 1798）撰写了大唱赞歌的序言。迈尔像赫尔德一样热衷于发现所有宗教的源泉以及宗教的原始典籍。在这方面，他像许多浪漫派成员一样，表现出一种对于元初的、原始的以及远古的东西的狂热："元"（the "Ur"）这一作为某种主题的前缀与预兆的词根：元植物（Urpflanze）、元现象（Urphänomen）、元宗教（Urreligion）、元素材（Urstoff）以及元文本（Urtext）。迈尔将元初的宗教定位在印度，将元初的文本定位于《奥义书》，一种在印度教中使吠陀经文得以完善的文本种类。[81] 可能是迈尔介绍了叔本华去阅读亚伯拉罕·希亚森特·安格蒂耶·杜柏农 * 的 *Oupnek'hat*（《亦即，真正关乎奥秘》[id est, secretum tegendum]，两卷本，Argentorati: Levrault, 1801）**。总之，叔本华是 1814 年 3 月 26 日将该书连同波利尔《印度人的神话》（*Mythologie des Indous*, Rudolstadt und Paris: 1809）从魏玛当地图书馆借了出来，他 1814 年 5 月 5 日归还了前一本书，而后一本书的归还日期则是 1814 年 6 月 3 日。[82]

267

然而叔本华却在借阅杜柏农与波利尔的文本之前，借出两卷由尤利乌斯·克拉普罗特（Julius Klaproth）所编辑的《亚洲杂志》（*Asiatisches Magazin*, 1802），他是叔本华就读柏林大学时的化学教授马丁·海因利希·克拉普罗特（Martin Heinrich Klaproth）的儿子。叔本华借阅这两卷

---

[81]　参见阿普"叔本华与印度思想的初次相逢"，第 52—56 页。叔本华藏有迈尔《婆罗门或作为婆罗门教的印度人的宗教》（*Brahma oder die Religion der Indier als Brahmaismus*, 1818），但就我能说的而言，叔本华却从未在他任何作品中对此有过提及。除藏有该书外，叔本华还藏有他的《论民族的文化史》（*On the Cultural History of the Peoples*）。参见《手写遗稿》，第 5 卷，第 336 页。

　*　亚伯拉罕·希亚森特·安格蒂耶·杜柏农（Abraham Hyacinthe Anquetil-Duperron, 1731—1805），法国东方学家，他从印度带回《五十奥义书》的波斯语译本，并将其译为了拉丁语。

　**　17 世纪中叶，莫卧尔帝国王子，笃学的穆罕默德·达拉·希克（Mohammed Dara Shakoh, 1615–1659）以 *Oupnek'hat* 之名，将《五十奥义书》翻译成波斯语。

[82]　参见阿普，同上书，第 51 页。正如附录所表明的一样，玛丽－伊丽莎白·德·波利尔（Marie-Elisabeth de Polier）夫人是她侄子克洛纳尔·德·波利尔（Colonel de Polier）《印度人的神话》的编者。参见第 57 页。

杂志的时间是 1813 年 12 月 4 日至 1814 年 3 月 30 日。克拉普罗特与迈尔两人均是《亚洲杂志》的长期供稿人，却是以采用遭人诟病手法的方式，"……其中包括将他人作品冒充为自己的，或是让别人所写的文章不具名（编辑：克拉普罗特），或是甚至是在当他的文章仅仅是从英文译出而已的时候，用大写字母署名'弗里德利希·迈尔'。"[83] 迈尔译自英文的文章，指的是他用《薄伽梵歌，或克里希那与阿朱那的对话》（*The Bhagvat-Geeta, or Dialogues of Kreeshna and Arjoon; in Eighteen Lectures*, 1785）译出的德语译文，该文是由查尔斯·威尔金斯（Charles Wilkins）从闪米特语译出的。迈尔的译文《薄伽梵歌，或克里希那与阿朱那的对话》（*Der Bhagvat-Geeta oder Gespräche zwischen Kreeshna und Arjoon*）是在《亚洲杂志》（第 1 卷，1802）以五篇单独文章的形式登出的，而叔本华则从该译文中摘录了引文，以强化他早前对更优的意识与经验性意识所作的区分以及他所作的创造性断言：启蒙能够从人们自己的身体中获得。[84]

268　　　可以说是迈尔通过告诉叔本华自己在《亚洲杂志》上发表的作品而介绍叔本华进入"古印度"的世界。还有克拉普罗特也可能指引他读到《亚洲杂志》，而他也可能偶然间发现迈尔翻译的《薄伽梵歌》的译文。因此，这可能成为不请自来的"古印度世界"的介绍。尽管如此，在此期间同迈

---

[83]　同上书，第 51 页。关于克拉普罗特在他刊于《亚洲杂志》，第 1 卷（1802），第 144—169 页"论在华佛教"抄袭约瑟夫·德·古纳（Joseph de Guigne）的《匈人、土耳其及蒙古通史》（*Historie génerale des Huns, des Tures, des Mogols*, 1756）的描述，也请参见阿普刊于《叔本华年鉴》，第 79 卷（1998），第 42—43 页"叔本华与佛教的相遇"。阿普将克拉普罗特的文章视为叔本华初次读到的来自中国的佛教理论。

[84]　参见阿普"叔本华与印度思想的相遇"，第 62 页。阿普提出说，关于叔本华对与印度相关情况所做阅读的最早迹象，或许可在叔本华《手稿遗稿》，第 1 卷，第 104 页 /《手写遗稿》，第 1 卷，第 96 页所运用的阿特拉斯托着地球、大象托着阿特拉斯、乌龟托着大象、空无托着乌龟的比喻中找到。阿普援引了迈尔刊于《亚洲杂志》，第 1 卷，第 235—236 页及第 2 卷，第 250 页的"毗湿奴神的化身"（Die Verkörperungen des Wischnu）作为这一比喻的源头。然而阿普却强调指出，乌龟的比喻也曾为洛克所用（参见《人类理解论》，第 II 部，第 xxiii 章，第 2 段）。叔本华初次阅读洛克这篇文章的时间是 1812 年夏，地点是柏林大学。叔本华在对初读洛克该文所做的仅有笔记当中，并未提及洛克所用的这一比喻。阿普还复制并分析了叔本华从迈尔所译《福者之歌》第 68—75 页所摘引的段落。

尔与克拉普罗特两人相遇的歌德，却也有可能指引叔本华作出这一"发现"。然而，如果说叔本华对"古印度"的提及仅有一处，而迈尔则指引他找到了一个对他具有至关重要影响源泉的话，那么，叔本华便有可能指的是他 1814 年 3 月 26 日从公爵图书馆所借的《奥义书》。事实上，叔本华深为珍视这些作品中的种种洞见，认为它们对他哲学诞生具有非常重大的意义。早在 1816 年之前，他便已将它们同柏拉图与康德等量齐观："顺便说一句，我承认，我不相信在《奥义书》、柏拉图与康德将他们的光辉同时照耀在某个人的心上之前，我的理论就能够产生。"[85] 两年之后，他将会在《作为意志与表象的世界》引言当中，以一种他所建议的这些光线比较意义的方式，清楚说明了理解他哲学所需要的基础。他说道，对康德哲学的透彻理解是必需的；对柏拉图学说的通晓会令人更加容易理解他的观点；而某个享有因阅读吠陀（Veda）文集——对它的理解已经因为《奥义书》而成为可能——所带来帮助的人，则会对聆听他要讲的东西作了最好的准备，因为它将不会像许多其他人那样让那位读者觉得他用一种外国的与不怀好意的语言说话。但在作此断言之后，他立刻写道："……因为我可以肯定，如果听起来不是太骄傲的话，组成《奥义书》的每一个别的、摘出的词句，都可以作为我所要传达的思想中所引由出来的结论看；可是绝不能反过来说，在那儿已经可以找到我这里的思想。"[86] 不过，他也承认《奥义书》中所记载的"神奇思想"[87]。后来，他写信给一位友人说《奥义书》是

269

---

[85]　叔本华《手稿遗稿》，第 1 卷，第 467 页／《手写遗稿》，第 1 卷，第 422 页。

[86]　叔本华《作为意志与表象的世界》，第 1 卷，第 xv–xvi 页／《全集》，第 2 卷，第 xii–xiii 页。叔本华为第一篇前言所标注的地点和日期为"德累斯顿，1818 年 8 月"。他此处提到的"我要传授的思想"，指的是他早前的申明：他的哲学是对于一个"单一的思想"所做的表述，同上书，第 xii 页／同上书，第 viii 页。叔本华此处对《奥义书》的立场，预示了他对于东方思想的普遍立场；亦即，他的哲学思想核心独立于这些原始思想。叔本华似乎是在此暗示说，一个熟悉《奥义书》的读者，会在他的哲学中发现相似的观点，而他的哲学也因此不会显得怪异，但他那单一的思想却是独立于这一源泉的，它以一种不能在《奥义书》中找到的方式，为他所有的观点系统地奠定了基础。

[87]　叔本华《作为意志与表象的世界》，第 2 卷，第 162 页／《全集》，第 3 卷，第 178 页。

"智慧与真理的原始思想库"[88]。在《作为意志与表象的世界》第一版中，叔本华将会用一句出自 *Oupnek'hat* 的警句作为"第四篇""伦理之书"的序："在认识一经出现时，情欲就引退。"[89]

在他接触到《奥义书》约有三十七年之时，并广泛地阅读了大量哲学、科学、宗教与文学方面的书籍之后，他将这部作品判定为"世间可能最有益与最崇高的读物；它成为我生命的慰藉，并将是我死亡的慰藉"。[90] 这个他借自公爵图书馆，后来买下的译本，将会在他的整个一生当中不断被加以评注，即便当新译本出现之时，他仍然保持对它的信任。这个译本甚至在语言上与迈尔《薄伽梵歌》译本相比与原文出入更大。迈尔的德文译本译自一个从梵语译出的英文译本，而叔本华所钟爱的书籍乃是一个从译自梵文的波斯文译本译出的拉丁文译本。它还包括由商羯罗（Sankara，约 781—约 820）这位吠檀多不二论（Advaita

270　Vedānta）的最杰出倡导者所作的系统评注，吠檀多不二论是吠檀多哲学的非二元形式，而吠檀多哲学则据说是具有佛教的唯心论的形而上学特

---

[88]　叔本华《书信集》，第 384 页，叔本华 1856 年 2 月 27 日致亚当·冯·多斯（Adam von Doß）。

[89]　叔本华《作为意志与表象的世界》，第 1 卷，第 269 页 /《全集》，第 2 卷，第 317 页。这句引言也能在一则 1814 年（德累斯顿）的笔记中找到，参见《手稿遗稿》，第 1 卷，第 130 页 /《手写遗稿》，第 1 卷，第 120 页。《作为意志与表象的世界》被分为四篇"书"，第一篇描述的是叔本华的认识论，第二篇是他关于自然的形而上学，第三篇是美学，而第四篇则是他的伦理学。他原本是分别用了卢梭、歌德及柏拉图的警句来作为前三篇的前言。在这部作品第二版中，他用了阿格里帕·冯·内特斯海姆（Agrippa von Nettesheim）（译注：[1486—1535]，德意志知识甚为广博的通才学者，在神学、法学、医学及哲学领域均造诣颇深，以其在宗教和犹太教的神秘主义、巫术魔法、占星术和自然哲学方面的成就位列当时最杰出的学者之列，著有《论科学的不确定性与虚无性》[*Von der Ungewissheit und Eitelkeit der Wissenschaften*] 及《魔法三书》[*Drei Bücher über Magie*]）的"他栖身于我们体内，而非幽冥下界抑或星夜苍穹，活在我们体内的灵魂塑造了这所有一切"《书信全集》（*Epistles, Opera Omnia*），第 14 卷，取代引自歌德的"我认出了那致秘统合世界的东西，看到了所有的效力和种源，不再运用言辞去弄虚谈玄。"《浮士德》，第 1 部，第 382—385 行。

[90]　叔本华《附录与补遗》，第 2 卷，第 397 页 /《全集》，第 6 卷，第 427 页。将 *Oupnek'hat* 称作叔本华圣经的格温纳，还声称说叔本华在上床睡觉之前常常读上一段用以祈祷。参见《私人交往中的阿图尔·叔本华》，第 192 页。

质。[91] 波斯语译本是 17 世纪中叶由苏丹穆罕默德·达拉·希克（Mohammed Dara Shikoh）及一群波斯学者完成的，叔本华声言，这一行为导致了达拉苏丹在一次波斯对伊斯兰正统文化的回归当中被其弟处决。[92] 拉丁语译本的作者是将《圣特 – 阿维斯陀》（Zend-Avesta）译为拉丁语的法国人杜柏农，这是一部将拜火教圣书《阿维斯陀经》（Avesta）及其对文本的评注合为一体的作品。杜柏农的书名是"奥义书"一词某种变体的 Oupnek'hat 两卷本问世于 1801 年，它包括由译者所做的无数评注与解释，包括第一卷"康德哲学补遗"（Parergon De Kantismo），杜柏农试图在此处将《奥义书》的要素与康德形而上学连接起来，这种联系也是叔本华所坚持的。[93] 叔本华珍视杜柏农将波斯文直译过来及对其语法的忠实，以及他遵从波斯传统将重要梵文术语不做翻译而保留文中的做法。后来，当他遇到用取自西方神学术语来翻译东方术语的东方作品译本之时，尤其涉及用"上帝"代替"梵天"（Brahma）或用"灵魂"代替"真我"（ātman），他怒不可遏，其程度可与他对欧洲人试图让东方民众皈依基督教所表示出的愤怒相比。[94] 在他接触到《亚洲杂志》与 271

---

[91] 被视为吠陀之终结或顶峰的吠檀多哲学，植根于《薄伽梵歌》、《婆罗贺摩经》（Brahma Sutra）或《吠檀多经》（Vedanta Sutra）以及《奥义书》。这一经文或指南被用于提供秩序以及存在于《奥义书》那些紊乱而分散想法之间的关联。

[92] 参见叔本华《附录与补遗》，第 2 卷，第 398 页 /《全集》，第 3 卷，第 423 页。他在此提到了达拉苏丹因为"上帝的更大荣耀"而被其弟斩首。

[93] 阿普在"叔本华与印度思想的初次相逢"中强调道，德·波利尔夫人也"想把 Oupnek'hat 与歌德的形而上学思想进行比较"。

[94] 关于叔本华对用那些西方宗教传统的术语来翻译东方术语所感到义愤的佳例，可在他为拉姆·莫罕·罗伊（Rām Mohan Roy）《吠陀文集的几大主要书籍、段落与文本的翻译》（Translation of Several Principal Books, Passages, and Texts of the Vedas, London: Parbury, Allen & Co., 1832）所做的注释中找到。他针对罗伊在其中将"Brahmā"译为"上帝"的一个段落写道，"同安奎特尔［杜柏农］相比，我们可怜的叛教者［罗伊是印度教徒］败坏了文本，他的心智被那些荒谬可笑又令人恶心的犹太迷信给蒙骗了。"（叔本华的英语），《手写遗稿》，第 5 卷，第 341 页。关于他对欧洲人劝说东方民众皈依基督教的传教士般热情所进行的谴责，参见《附录与补遗》，第 2 卷，第 222—226 页 /《全集》，第 6 卷，第 236—241 页。然而，他在"基督教的福音传道士"提供了"忠实的"东方圣书译文时赞扬了他们。参见上书，第 2 卷，第 226 页 / 同上书，第 6 卷，第 241 页。

Oupnek'hat 之后，当时他已在发展自己刚成形的形而上学的基本"教义"——他 1813 年在柏林时已设想将某种形而上学与伦理学合为一体，而他开始制定和用来自印度材料所整合的术语对他的思想作更丰富表述的地方，应该是在魏玛。对于或许他首次使用某个来自"古印度"重要术语的事，叔本华写道：

> 为了共享上帝的安宁（换言之，为了更优的意识的出现），人这一脆弱、有限与倏忽的存在，就必须得是某种不同的东西；他就必须得再也根本不是作为一个人，而是作为某种相当不同的东西，意识到自身。因为只要他活着并且为人，他便注定了不仅仅是同罪孽与死亡相连，而且还会同幻象（Wahn）相伴，这种幻象真实得如同生命，真实得如同感官世界本身，事实上，它同这些摩耶（印度人的 māyā）完全相同。我们的所有意欲与渴望全都以它为基础，它们也仅仅是生命的表达，正如生命仅仅是幻象的表达一样。就我们活着、想要活着以及为人而言，这种幻象乃是真实；仅仅在关乎更优的意识的时候，它才是幻象。[95]

叔本华在此将摩耶等同于感官世界，这一世界是一种"幻象"，是用于对我们的渴望与意欲进行表述的领域与场地，是罪孽与死亡的世界。它也是被更优的意识所超越的所在。他将在其认识论与伦理学的语境当中进一步阐发摩耶的观点。康德的现象世界、柏拉图的生成与消亡之物的世界会具有相同的状况，有德的善人以及圣者会是那些看穿这个幻象世界的人。[96]

---

[95] 叔本华《手稿遗稿》，第 1 卷，第 114—115 页／《手写遗稿》，第 1 卷，第 104 页。

[96] 就印度思想对叔本华哲学的起源与发展所具影响的与细致的研究，参见道格拉斯·L. 贝格尔（Douglas L. Berger）《摩耶之幕：叔本华的体系与早期印度思想》（*"The Veil of Māyā": Schopenhauer's System and Early Indian Thought*, Binghamton, NY: Global Academic Publishing, 2004）。贝格尔心怀善意又语出批评地详细阐明了，叔本华是怎样在其认识论、形而上学、伦理学与救世神学当中将摩耶这一概念用作一个伪造命题的。

叔本华继续钻研 *Oupnek'hat*。到达德累斯顿之后不久，他便于 1814 年 6 月 8 日将它从图书馆借出，一直保留到 7 月 16 日。当他俯首于《论视觉与色彩》手稿写作之时，他在那一时期所做的笔记，鲜少包括将东方思想融入他在摩耶概念之上对更优的意识进行改造的哲学之中，但却在当他也奋力从康德、柏拉图、雅各布·伯麦（Jacob Böhme）、乔尔达诺·布鲁诺、雅各比、谢林、费希特的学说与从基督教神学同《圣经》的不同断言之中找到令人振奋的观点之时，以及他正在确切阐述他哲学本身基本"教条"的时候得以完成。并无任何确切的证据表明，他在此期间除了那本他可能购买于当年夏天的 *Oupnek'hat* 之外还阅读过任何新出的东方文本。但 11 月 7 日他开始借入《亚洲研究》（*Asiatic Researches*）的不同卷册，这是一份他 1811 年夏首次在赫恩的哥廷根讲座上听过的杂志。[97] 至 1816 年 5 月止，他至少借出该英文杂志其中九卷。叔本华仔细从该杂志中做着摘录、抄写着他在其中划出的各种有趣的字词与语句的段落、写下表明主题的页边注并查阅该杂志中其他文章里的论说和 *Oupnek'hat*，并且将之同他正成形的哲学中加以表述的各种概念联系起来。例如，他从《泰帝黎耶奥义书》（*Taittirīya Upanishad*）中抄录了一段话："万物自它而生，出生时以它为生，逐渐接近它，并变化为它。汝去寻觅，因为这是梵天。他深加思考，并因而冥想，他知阿难（Ananda）（或幸福）即梵，因为万物实为愉悦而生，出生时依欢乐而生，向着幸福趋近，变为幸福。"在这段话旁边，他写道，"生命意志乃是事物的源泉与本质"。[98]

《亚洲研究》中的文章，对叔本华最初与印度教与佛教的接触作了补

----

[97]　不可限量的乌尔斯·阿普在刊于《叔本华年鉴》，第 79 卷（1998），第 15—33 页 "叔本华所做的与《亚洲研究》第 1—9 卷相关的笔记与摘录"（Notes and Excerpts by Schopenhauer Related to Volumes 1—9 of the *Asiatic Researches*）中提供了叔本华对《亚洲研究》所做的笔记、强调以及眉批。

[98]　同上书，第 31 页。

充。尤其引起他关注的是，佛教徒关于灵魂转世、涅槃（nirvāna）与业力（karma）的观念，及其关于生命即为受苦和觉悟超越了这一苦难的断言，以及他们所作的声明：佛陀的信众反对吠檀多的形而上学。他还抄写了声称佛教乃是无神论宗教以及它明确反对存在某个上帝之类的造物主的段落。他发现中国人将佛陀（Buddha）称为"佛"（Fo）与释迦（Shaka），而缅甸人则用乔达摩（Gotama）来指称这同一个人。他特别提到，有位达赖喇嘛在并未质疑一种无神论宗教如何能够将佛陀视为一位神祇的凡间现身或化身的情况下便照抄了"佛陀是毗湿奴（Avatar）下凡化身"的措辞。[99] 他还发现缅甸人尽管对于某个至高无上的存在是为无知，但却有着一套"道德体系……就像是盛行于人类间宗教信条中任何一种所大发议论的那样"[100]。佛教信众的人数之巨令他印象深刻。

273

终其一生，叔本华都在如饥似渴地阅读数量日增的印度学与汉学的文献资料。[101] 他偏爱印度教与佛教。然而，尽管他推崇印度教，尤其是吠檀多不二论，并且从未像敬重《奥义书》一样地敬重某一个佛教文本，但他却因"它的内在崇高和真理……和它的信徒的众多"[102] 而将佛教视为世界上最杰出的宗教。在他作此论断的同一本书《论自然中的意志》当中，他列入其中的是论"汉学"一章，而非论"印度学"一章，而他

---

[99]　参见阿普"叔本华与佛教的相遇"，第39页。阿普在此提到他正在写一本暂名为《叔本华对于佛教的发现》（*Schopenhauers Entdeckung des Buddhismus*）的书。鉴于阿普对叔本华与东方思想所进行的细致工作，这应当是一项对叔本华研究有重大贡献的作品。

[100]　阿普"叔本华所做的与《亚洲研究》第1—9卷相关的笔记与摘录"，第20页。

[101]　阿普"叔本华与佛教的相遇"，第55—56页，提供了一个以叔本华与佛教为主题的按年代顺序排列的表格。阿普还在这篇文章中总结出叔本华接触到佛教的三个阶段：（1）1811—1817年，包括从赫恩1811年夏在哥廷根大学所开设的人种学讲座上的资料，他对《亚洲杂志》、Oupnek'hat以及《亚洲研究》的阅读，最后一种杂志包括叔本华将会致力研究主题中的绝大部分，比如涅槃与这一无神论宗教的"杰出的伦理学"，以及灵魂转世的观点。（2）1825—1844年，他对大乘佛教（Mahāyāna）、中国禅宗与其他关乎吠檀多的资料来源的熟稔；以及（3）1845—1860年，他对包括关于梵文原始文本的更为根本资料在内的作品与就佛教的印度起源所做的更为深入的研究，以及他对大乘佛教所进行的更为深入的阅读。参见第53—54页。

[102]　叔本华《论自然中的意志》，第130—131页／《全集》，第4卷，第130—131页。

将之列入其中则是在尽管该书要旨乃是展示经验科学如何为他的哲学提供支持的情况之下。在《作为意志与表象的世界》第二版当中，他宣称，如若他哲学的结果适于作为真理之标准的话，那么佛教则在所有宗教当中因为言明真理之故而高居榜首。[103] 在他生命最后十年当中，他将会自称为一名"佛教徒"，他告诉弗里德里克·莫林（Frédéric Morin），佛陀、柏拉图与康德是三位哲学不朽者。[104] 他还购买了一尊喷有黑漆的青铜佛像，他让人为它镀金，将其摆放于他法兰克福公寓角落里的螺型托脚小桌之上，以便每位访客都得打量它。他告诉一位朋友，它之所以被如此摆放，是为了让清晨的阳光照亮它，并将其光芒投射进住在他街对面一位牧师公寓中。而向另一位熟人，叔本华则说过，佛陀塑像是他等同于带有耶稣像的十字架的东西。[105]

274

　　然而，叔本华在描述他对存在于他的哲学与佛教之间紧密契合所感到欢喜的同一段落中，却也声称他的愉悦因为他在未受它影响的情况下形成了自己哲学的事实而得以增强："因为直至 1818 年我作品问世之时，在欧洲仅能找到几种对佛教的叙述，它们极不完全且极端不足，几乎仅仅局限于《亚洲研究》早期杂志上的几篇文章，并且主要涉及缅甸的佛教。"[106] 这一惊人论断令人想起他早前的断言：《奥义书》那些零

[103]　参见叔本华《作为意志与表象的世界》，第 2 卷，第 169 页／《全集》，第 3 卷，第 186 页。

[104]　更为详细地说，叔本华是在一封（1852 年 5 月 10 日）致亚当·冯·多斯的信中提到"我们这些佛教徒"的，卡尔·格奥尔格·贝尔记录说，叔本华是在多次关于佛教的交谈中使用这一措辞的（1858 年 5 月 1 日）；分别参见叔本华《书信集》，第 281 页，与《谈话录》，第 244 页。莫林记录说，叔本华所说这一关于佛陀、柏拉图与康德的言论是在 1858 年 3 月初一次谈话中。参见《谈话录》，第 324 页。

[105]　爱德华·克吕格尔（Eduard Crüger）与叔本华的谈话（1856），是用金色装饰的佛陀故事的来源。参见上书，第 198 页。

[106]　叔本华《作为意志与表象的世界》，第 2 卷，第 160 页／《全集》，第 3 卷，第 186 页。承认他阅读《亚洲研究》是在他出版其主要著作之前的叔本华，在此直接提及了他的资料来源。甚至在《作为意志与表象的世界》第一版中，他谨慎地提及他关于东方思想种种断言的来源出处。在一则脚注中，他提到杜柏农 Oupnek'hat、波利尔《印度人的神话》（Mythologie des Indous）、克拉普罗特《薄伽梵歌》（Bhagavad-gītā）、选自《亚洲杂志》第一卷的"论佛教"（On the Fo-Religion），以及选自《亚洲杂志》（转下页）

星段落中的任何一段都能从他哲学当中推导出来，而在《作为意志与表象的世界》中加以了阐明的单一思想却不能在那部作品中找到。当然，他关于欧洲在他主要著作出版之时对佛教了解状态的评价，的确正确无误。然而，这并非就一定说，他对佛教所知甚少一事，在他思想形成过程中未起到决定性作用。诚然，叔本华从未使用过具有影响力的语言来描述存在于他哲学同柏拉图与康德学说之间的一致性，但他也未否认他们哲学在他自己哲学的诞生中起到某种作用。他为何会对佛教有此一说呢？

　　叔本华对于佛教作此评论的具体背景，或许能够回答这最后一个问题。他认为哲学与宗教的思想体系两者都是在试图针对人类对形而上学所怀有的深切需求，这是一种由对世界所感到的惊叹或惊讶所引发的需求。但不同于柏拉图与亚里士多德所声言的引发出哲学的惊叹，叔本华所发现的催生出形而上学的惊讶却更为本能。它基于对苦难与死亡的无处不在的承认，并因之而得以加深。哲学与宗教这两者都试图为了就这些折磨人的生存特征作出令人满意的解释而提供关于这个世界的形而上学解释，这些解释也试图通过说明生活在一个浸淫于苦难与死亡之中的世界上所具有的重大意义而为这些悲苦提供慰藉。然而，尽管叔本华承

（接上页）第2卷威廉·琼斯（William Jones）爵士"砸碎幻象的榔头"（Moha-Mudgava）与"印度法律的设置，或摩奴的法令"（Institutes of Hindu Law , or the Ordinances of Manu）。他最后提到《亚洲研究》，参见叔本华，同上书，第1卷，第388页（第1版，第557页）/同上书，第2卷，第459页。（叔本华对他原有脚注所作的仅有补充，见第三版［1859］，内容为："在过去四十年中，关于印度的文献资料在欧洲增长得如此之多，以至于如果我现在希望使这则来自第一版的脚注变得完全的话，那么，它就将会占满好几大页。"）他还将一份关于佛教的推荐书目加进《论自然中的意志》，第130—131页/《全集》，第4卷，第130—131页。他在此处认为斯宾塞·哈代（Spence Hardy）的《东方的修道生活：一则关于由乔达摩佛陀所创建的乞讨者秩序的起源、法则以及纪律……的报道》（*Eastern Monachism: An Account of the Origin, Laws, Discipline ...of the Order of Mendicants Founded by Gôtama Buddha*, London, 1850） 与《在现代发展中的佛教手册》（*A Manual of Buddhism, in Its Modern Development*, London, 1853）为他提供了 "比其他任何书籍都多的关于佛教徒真正本性的洞见"。

认哲学与宗教具有共同的源头与目标，但他也发现它们运用的是极端不同的手段。宗教为大众制造出一种形而上学，它适合于普通人所拥有的智力水平。叔本华认为，真理不能赤裸裸地现身于这样的民众之前，它必须得被用神话故事、神秘的宗教教义与寓言给遮蔽起来以安慰常人。被宗教呈现的任何真理均是寓言性的（sensu allegorico）真理。相反，哲学家则为那些具备更高智商的人以及那些真理必须以本来面目显现于他们前的人而写作。因此，哲学家必须呈现真理本身并逐一展现其每一项主张。叔本华辩称，一种宗教越具价值，它在寓言的面纱之下所拥有的真理便越伟大，它的面纱也就越透明。[107]

叔本华将佛教评价为最具价值的宗教，因为它在最为轻薄的面纱之下表达出真理。[108] 然而，它的真理却仍然披着面纱。尽管叔本华在他倾力于自己哲学时对佛教的主题与话题熟悉起来，但他只是在他哲学生涯的后来阶段中，才能够看穿它的面纱，并且发现也被他的哲学不加掩饰表达出来了的那些真理中的一些。而随着他佛教知识的增长，他也开始理解那些类似于佛陀最为重要经历中的一些。比如，他从《亚洲研究》抄下了一段话，这段话所说的是：涅槃终止了灵魂转世，获得涅槃使得人能够不再受制于心理重负、年迈、疾病与死亡。1817 年，几

[107]　关于叔本华就哲学、宗教与自然科学间关系所作的探讨，参见《作为意志与表象的世界》第17章"论人类对于形而上学的需求"，第2卷，第160—187页/《全集》，第3卷，第175—209页。这一章还包括关于他的非康德形而上学概念的最佳描述，他将其描述为对作为整体的经验所作的正确解释。

[108]　道格拉斯·L.贝格尔特别提到，叔本华对于印度哲学的知识几乎仅仅局限于它的自成体系之前的时期，"叔本华并不真正知道或欣赏古典的或新的正理论（Nyāya）逻辑、毗世师（Vaisésika）本体论、语法学家的语言哲学、佛教徒的现象学家、逻辑或认识论体系，甚至连由具有吠檀多伟大评注传统的宗派所发展出的关于意识复杂表述也是如此。"贝格尔还准确无误地指出，叔本华关于印度教与佛教传统在很大程度上是"神话性质的"断言——这也是他与施莱格尔兄弟、谢林及黑格尔具有共识的观点——在欧洲被广为接受已近一个世纪之久，它乃是一种由20世纪的新吠檀多论者所推行的视角。参见《摩耶之幕：叔本华的体系与早期印度思想》（*The Veil of Māyā: Schopenhauer's System and Early Indian Thought*），第241—242页。然而，应该提及的是，黑格尔与叔本华都将所有的宗教传统视为具有神话的性质。

乎是一年之后，他拒绝承认灵魂转世为"教义"，却将其评断为真理的一种神话、一种摹本或翻版，并认为这一神话消极地暗示着某种对美德的报偿，涅槃，某种"在其中四事（亦即痛、老、病、死）全无的状态"。之后1832年，他会最终将他那在1803—1804年间所做的大旅行结束时所遭遇的苦痛对应于佛陀青年时期所直面的病、老、痛、死。[109] 叔本华会从佛教中有何所获，以及佛教会从他身上有何所获，仍有待我们观察。[110]

---

[109] 关于摘自《亚洲研究》的段落，参见阿普"叔本华所做的与《亚洲研究》第1—9卷相关的笔记与摘录"，第21页，叔本华在其中摘引了第6卷第180页与第266页。1817年的笔记可在叔本华《手稿遗稿》，第1卷，第487—488页中找到。叔本华会将这一笔记中的绝大部分用于《作为意志与表象的世界》第一版，第512—513页（第1卷，第355—356页），但却将其扩展为包括关于《奥义书》评论在内的程度。关于叔本华在他与佛陀青年时期经历之间所提取出的相似之处，参见《手稿遗稿》，第4卷，第119页／《手写遗稿》，第4卷，第96页。

[110] 莫里亚·尼克尔斯（Moria Nicholls）提供了一份关于叔本华"东方学资料来源"内容全面的清单，它被列于他《全集》（oeuvre）的特殊标题之下，见《剑桥叔本华指南》（The Cambridge Companion to Schopenhauer, Cambridge: Cambridge University Press, 2000），第197—204页"东方思想对于叔本华的自在之物学说的影响"（The Influence of Eastern Thought on Schopenhauer's Doctrine of the Thing-in-Itself）。在这篇值得一读的文章当中，尼克尔斯建立起一种听似有理的论据：叔本华在关于自在之物观点方面的改变，部分地是由于他对佛教与印度教所增长的知识影响所致。

第七章　德累斯顿的单一思想

德累斯顿为叔本华冲突迭起的生活提供了一个安全的避难所。被母亲的拒绝所深深伤害的他，离弃了魏玛，在这个住有约五万人的萨克森小城寻求庇护，这是一座他甚至在他们一家于欧洲之旅即将结束之际驻足休息以前就已经熟悉的城市。在那早前的时候，他觉得这座城市"美丽而有趣"，他细细品味了它的画廊与雄壮的自然美景。他可能在返回此处之时重游了那座"雄伟的天主教教堂"以再次体验它那"华美的教堂音乐"，那"华美的教堂音乐"曾经促使这名青年1804年两度参加了大弥撒。[1]在晚得多的时候，他将会建议使用一台被调至仅仅能闻其声的大管风琴，以持续定下大贝司的低音基调并以此来加强乐队的效果，"正如在德累斯顿的天主教教堂中所做的一样"[2]。但如果说他的心灵因为与母亲共处经历而伤痕累累的话，那么，他的头脑则是生机盎然，专注于色彩、东方的日出以及他哲学体系的种种根本观念。在德累斯顿，他将会把自己很快会加以宣扬的东西付诸实施；把头脑作为治愈心灵创伤的良药，令知性战胜意欲。尽管德累斯顿作为他家园的时间仅为从1814年5月底至

---

[1]　叔本华《1803—1804年间的旅行日志》，第308—309页。叔本华一家逗留于德累斯顿
　　　的时间为1804年8月12日至22日。叔本华在日志记录中谈到，他们曾多次到过德累斯顿。
[2]　叔本华《附录与补遗》，第2卷，第433页／《全集》，第6卷，第461页。

1818 年 9 月底的五十二个月之久，但它却成为他哲学思想永久家园的所在地。它是《论视觉与色彩》的故乡，在德累斯顿，他的"整个哲学显露出来，像一道美丽的风景从晨雾中升腾而起"。[3]它是《作为意志与表象的世界》的诞生地，他将花费自己余生来力图对该书的观点进行澄清与修正，并将其扩展进恒久常新的思想领域当中。在智性方面，他一直与德累斯顿不无关联。

278

在德累斯顿，叔本华吸引了一些同伴，这些同伴后来被无休无止的时间之轮转化为了"年轻的朋友"，并消除了他们关系中的某些粗糙棱角。然而在德累斯顿，他却没有他与之建立起一种长达终生的深厚而强烈的感情纽带或有共同的事业与目标感觉的亲密伙伴。他没有找到某个他判定为与他旗鼓相当的人，也没有与谁共享他先前与"法国兄弟"安蒂姆·格雷古尔·德·布雷兹迈尔所曾有过的兄弟之谊。但他或许是因为母亲没有在那里告诫他人远离她那喜怒无常、闷闷不乐与大声咆哮着固执己见的儿子，而在德累斯顿受到了不错的接待。他甚至告诉歌德，总体而言，他人待他甚好，尽管他内在崇尚真理与诚实的天性——它促使他质疑诸如歌德之类令他深为关心的众多观点——还延伸到了他实际个人生活当中。他写道，他在德累斯顿有一种幸福自在的感觉，因为"几乎无人对我怀有疑心，相反，几乎人人都同我不熟却给予我信任"。[4]尽管叔本华易于大肆挖苦，乐于抨击充斥城中摆弄文字的半吊子，尽管他爱好向朋友与敌人并无二致地展示自己的博学多识，但他却设法同地产所有者与艺术批评家约翰·戈特洛普·匡特（Johann Gottlob Quandt，后来的约翰·戈特洛普·冯·匡特［Johann Gottlob von Quandt］）、用化名"弗里德利希·劳恩（Friedrich Laun）"从事写作的作家弗里德利希·奥古斯特·舒尔策（Friedrich August Schulze）以及艺术家路德维希·希格斯蒙特·鲁

---

[3]　叔本华《手稿遗稿》，第 1 卷，第 122 页脚注／《手写遗稿》，第 1 卷，第 113 页。
[4]　叔本华《书信集》，第 16 页，叔本华 1815 年 9 月 3 日致歌德。

尔（Ludwig Sigismund Ruhl）建立起了友好关系。

比叔本华年长一岁的匡特，在哲学家整个一生当中始终同叔本华保持着一种松散的联系。我们哲学家对于这位艺术批评家有着一种持久的挚爱。前者甚少考虑后者的智性能力，匡特则不为叔本华的哲学成就所动。令匡特感到懊恼的是：每当他说出颇富洞见的妙语之时，叔本华便会问他是在哪里读到的。[5]但叔本华仍然满怀信任地委托匡特在他游览意大利期间接收与保管《作为意志与表象的世界》那些归作者所有的样书。然而，匡特直到三十年之后才阅读了这部出版的著作，接着，他阅读了该书第二版第一卷，却并未阅读它的第二卷。之后，他寄给叔本华一份长达十二页的"檄文"，这份檄文包括以下尖酸刻薄的妙语："你所发现的从现实主义到理想主义的路途，是一项比由那名葡萄牙人所发现的必须得横跨大洋而从欧洲到达印度的路途要更为伟大的发现。"[6]叔本华并未像正值某个哲学对头攻击他时易于表现出的那样被这一檄文所触怒，相反，他只是觉得好笑：这位"极端的黑格尔信徒"是从现实主义、泛神论与乐观主义三个他所憎恶的"主义"角度出发对他进行批评。此外，对于更为年长的叔本华而言，将某人称为"极端的黑格尔信徒"常常无异于将他称作魔鬼的首席代理。尽管如此，他仍然原谅了匡特的诸多恶行，这表明他觉得自己的老熟人并不明白他所做的事情。他没有对匡特的批评作出回应，而是仅仅告诉他去阅读自己主要作品第二卷。他写信给弗劳恩席德特说，《作为意志与表象的世界》唯一被匡特所认可的部分是它的美学，因为那是他唯一理解的部分。他继续写道，对匡特的批评作出回应将会是徒劳之举，因为"……他并非是一位像贝克尔一样我曾与之辩

[279]

---

[5]　格温纳在《私人交往中的阿图尔·叔本华》第64页提到了这一点。

[6]　叔本华《书信集》，第234页，叔本华1849年3月2日致弗劳恩席德特。该信包括了叔本华对藏身于匡特的檄文后面的现实主义、乐观主义与泛神论所做的评论，以及他是一名"极端的黑格尔信徒"的断言。

论过的男子"。[7] 贝克尔具有那种值得向其进行挑战的智力；匡特则不值一斗。叔本华相信，他仅仅是一位无害的哲学玩家而已。

但什么能够就叔本华对一位因其哲学上的效忠对象本应招致他轻蔑的人所怀有的挚爱作出合理解释呢？匡特1815年夏在卡尔斯巴德遇见了约翰娜·叔本华与阿黛勒·叔本华。他成为哲学家妹妹的知己与友人，这位妹妹甚至模模糊糊地仔细考虑过嫁给这位富有的审美家，对于这一结合，叔本华应该会支持的。[8] 匡特从未认真考虑过迎娶这位心怀绝望的年

280 轻女子，但他对叔本华那破碎家庭生活的杂乱影响尤其敏感。似乎是阿黛勒鼓励匡特同她在德累斯顿的兄长取得了联系。因为他同阿黛勒的关系以及对叔本华家情况的了解，叔本华同匡特比同其他人更为坦率地谈论了他与母亲的决裂。[9] 然而，这并非说哲学家向这位艺术批评家敞开了心扉——他太过含蓄与多疑，不会同任何人有此一着。但对匡特而言，他所说的足以让匡特感到他的绝望。他告诉阿黛勒，他注意到"……在他［叔本华］心中，一种似乎伴随着他对他生命中某段可怕时期回忆的剧痛正在抽搐着"[10]。他将这种痛苦归因于叔本华同母亲的决裂，感到它源自于叔本华对母亲所怀的持久深情。匡特相信叔本华渴望和解，因而

---

[7] 同上书，第234页，叔本华1849年3月2日致弗劳恩席德特。在随意翻阅了匡特的《知识与存在》(*Wissen und Seyn*, 1859) 后，叔本华告诉大卫·阿谢尔，"我的善良老友试图做超出他能力之外的事情"，同上书，第460页，1859年11月10日。

[8] 在晚至1836年的时候，叔本华在提及匡特时将其称作他妹夫。阿黛勒曾严厉地告诉过他，不要对她谈论此事，因为"……后悔不是我的天性，我理智健全，头脑冷静，我对此不悔。尊重这一点吧，亲爱的阿图尔！"吕特克豪斯《叔本华一家》，第380—381页，阿黛勒1836年1月23日致阿图尔。然而匡特对兄长的感情比对妹妹的感情更深。他写信给阿黛勒说："我对他［叔本华］如此地着迷，以至于我觉得我将永远为他着迷。"摘引自保罗·多伊森刊于《叔本华协会年鉴》，第6期（1917），第21页"叔本华的生平"(Schopenhauers Leben)。

[9] 参见伽布丽勒·毕希《人生皆梦：阿黛勒·叔本华》，第109页。乌尔利克·贝尔格曼(Ulrike Bergmann)在《约翰娜·叔本华》中记录说，匡特在卡尔斯巴德就已同阿黛勒说过他"从未有过结婚的愿望"，参见第215页。

[10] 摘引自汉斯·岑特(Hans Zint)载于《叔本华协会年鉴》，第6期（1917），第210页的"叔本华与他的妹妹，对这位哲学家生平故事的叙述"(Schopenhauer und seine Schwester, Ein Beitrag zur Lebensgeschichte des Philosophen)。

鼓励阿黛勒采取行动。他在同一封信中告诉她说，要是费尔诺夫还活着的话，鉴于叔本华对这名男子所怀有的崇高敬意，他可能已经充当母子间的调解人了。由于费尔诺夫已经不在，匡特鼓励阿黛勒尝试说服约翰娜在和解中采取主动，他向阿黛勒保证，叔本华将会对此表示欢迎，但自己不会这样去做。他写道，"毕竟，难道赢回并拯救这样一个优秀的儿子不应该是你母亲的愿望吗？"匡特关于叔本华并无迈出第一步意愿的判断是正确的，正如他推断阿黛勒愿意尝试说服母亲采取和解是不正确的一样，她太了解自己母亲了。尽管如此，匡特所展现出的对哲学家福祉的深切关心以及他同阿黛勒之间的友谊，仍然使得他受到了叔本华的喜爱。[11]

　　叔本华还同"我善良的、亲爱的、忠诚的老舒尔策［弗里德利希·劳恩］"[12] 有着交往。舒尔策是一位颇为多产又广受欢迎的作家，以其作品的幽默与质朴而著称。他与奥古斯特·阿佩尔（August Apel）共同编辑了闻名的五卷本《鬼怪书》（Gespensterbuch, Leipzig, 1811—1815）；选自它第一卷的法文译本中是以《鬼怪故事选》（Fantasmagoriana）的名字出现的，这一作品据说帮助玛丽·雪莱产生了创作《弗兰肯斯坦》（Frankenstein）的灵感。舒尔策／劳恩据说是帮助这位年轻哲学家从一桩"风流韵事"当中脱身出来，并将这位喧闹粗暴、动辄争吵的比自己年轻得多的小伙子戏称为"雷电朱庇特"（Jupiter tonans），这一称呼令舒尔策讨得了叔本华的欢心，而非令他疏远。[13] 事实上，在他《回忆录》（Memoiren, Bunzlaun, 1837）中，舒尔策认为，"我同叔本华博士的相识

281

---

[11]　匡特还对阿黛勒讲到过，"我相信他［叔本华］对我喜爱的程度达到了就他而言可能的最高程度。"同上书，第 209 页。

[12]　叔本华是在一封写给匡特请他转达自己对舒尔策衷心问候的信中说这番话的，引起叔本华这一请求的是舒尔策对他在布洛克豪斯《百科全书》（Konversations-Blättern）中的哲学所给予的友善评价。参见《书信集》，第 233 页，1849 年 1 月 28 日。

[13]　格温纳在《私人交往中的阿图尔·叔本华》第 65 页提到了这桩"风流韵事"以及"雷电朱庇特"的称呼。然而，他并未提供关于这桩"风流韵事"实质内容的描述。

是我生命中最令人喜悦的经历之一。"[14]

我们难以解释舒尔策为何会喜爱这位喜欢抨击德累斯顿那些形形色色文人学士的叔本华。在这些文人学士当中，包括一大群蜂拥于舒尔策《德累斯顿晚报》（*Dresdener Abendzeitung*）四周的作家与知识分子，那是一份以带有比德迈耶尔式感伤情绪的读者群所需要的实在、明理与温和的剂量来传播政治、诗歌、哲学与文学的出版物。无论就其作者普遍而言，还是就其读者具体而论，它都意味着一种叔本华将其与庸俗市侩相联系自鸣得意的墨守成规。约翰娜·叔本华的一位熟人，也将会帮助阿图尔最终搞定其主要作品出版商的费迪南·K. K. 冯·毕登菲尔德（Ferdinand K. K. von Biedenfeld）男爵，留下一段关于舒尔策的"雷电朱庇特"的令人难忘的概述：

作为受人尊敬的约翰娜·叔本华的儿子，[他]通过一大笔可观的钱财而完全独立，并早已潜心于哲学研究之中。在他到达德累斯顿之前，他便已经在德国不同地域的社交生活当中获得了相当丰富的人脉，既丝毫未曾放弃他自己的个人怪癖，也没有耐心地包容他人的弱点。在这方面，最为坦诚的他，显而易见有点类似于**被宠坏的孩子**（l'enfant gâté）；直接、坦率、高傲、粗鲁而坚定，在所有科学与文学问题上极端果决。在所有事情上，他对朋友与敌人均毫无二致地言明自己想法，非常爱开玩笑，常常就是一个货真价实的滑稽暴徒……[他那颗]有着其神采奕奕的蓝灰色眼睛的硕大头颅，双颊与鼻子两侧相交处的长长的褶皱，以及他那伴之以短促而有力手势的略显刺耳的噪音，呈现出一副相当阴森骇人的外貌……尽管他是一名所有晚报（Abendzeitung）、年鉴与歌咏会（Liederkranz）之类组织的坚定反对者——这类组织泰然自若的参加者仅被他称作是

282

---

[14] 摘引自《书信集》，第 547 页。

文字派系，但他却特别挖苦了他将之招摇地唤作长靴猫的保蒂格。然而，他却频频现身于这些男子常常相聚作乐的公众场所。通常便会生出一场争吵，在这当中，他毫不客气地坦率直言，时常因为用最尖酸刻薄的嘲讽令对方苦不堪言以及肆无忌惮地运用其疾言厉辞的幽默以借莎士比亚与歌德那些愤怒至极的断句向这些人施以迎头痛击，而扮演了一个令人极其不快的角色……在他们眼中，他一直是只狂吠不止的狗；所有人都对他心怀恐惧，但他们中却无人胆敢对他还以颜色……新闻记者的闲言碎语并非他所关心的事情；在他看来，那毫无价值，卑劣可鄙。[15]

比叔本华年幼六岁的画家、小说家路德维希·希吉斯穆特·鲁尔，这位日后黑塞（Hesse）画集的全集出版人，间接成为哲学家在哥廷根的熟人。两人都选修过布鲁门巴赫所开设的那些生理学课程，但鲁尔却是在叔本华被费希特吸引到柏林之后才有此一举。画家记录了他与叔本华在德累斯顿"某座基督教堂后面"的不期而遇，并声称说，"从那一刻起，我们便是尽管日日争吵却须臾难离的伙伴了。"[16] 在同一段回忆性文字当中，他颇似毕登菲尔德地强调了叔本华那争强好胜的天性，但却并未判定哲学家天性当中存在着任何缺陷：

---

[15] 《谈话录》，第39—40页。不同于叔本华在其面前就自己家庭生活较少设防的匡特，毕登菲尔德记述说叔本华称自己母亲与妹妹是"蠢鹅"。同上书，第40页。

[16] 同上书，第36页。这段回忆记录于鲁尔的小说《怪诞之事》（Eine Groteske, Cassel, 1882）中，鲁尔在该小说中想象着自己同叔本华魂灵的对话。他提到德累斯顿当时的诗人包括歌咏圈（Liederkreis）的成员，这个由作家构成的圈子成员包括舒尔策、台奥多尔·赫尔与弗里德利希·金特，他们中每个人都同《德累斯顿新闻晚报》有关。卡尔·霍伊（Karl Heuw，笔名 H. 克劳恩［H.Clauren］）、奥古斯特·弗里德利希·朗拜因（August Friedrich Langbein）与卡尔·斯特克福斯（Karl Streckfuβ）均为作家。另参见格温纳《私人交往中的阿图尔·叔本华》，第64—65页。

我脑海中依然浮现着你置身于布吕尔平台[*]上所有那些人当中的情景，时光与健忘已将他们早前存在的所有痕迹都驱散无踪。再次站立于我面前的你，有着额头上那绺为胸怀大志的福玻斯^{**}所特有的金发以及苏格拉底般的鼻子，你那犀利逼人扩展开来的双眸将摧枯拉朽的闪电射向库恩与金德，射向台奥多尔·赫尔、朗拜因、斯特克福斯他们所有这些人（e tutti quanti），射在德累斯顿那一时期所有大诗人这些达官显要（le haut du pavé）的身上。我全神贯注地侧身倾听着你那些既让我欢喜又令我受教的辩论……你帮助我沉思以下三个问题，我是谁？我为何存在？如若无我，情况难道不会更好？

283　　胸怀大志的福玻斯所特有的那绺金发，苏格拉底般的鼻子，犀利而清澈的蓝色双眸并无闪电，这些都是鲁尔那幅为二十七岁时的叔本华所作的令人振奋著名油画所绘制下来的特征。关于鲁尔这幅具有浪漫主义色彩的肖像画，库诺·费舍尔（Kuno Fischer）曾打趣说；在其创作期间，艺术家所画的对象一定没在他面前。在这幅肖像画中，鲁尔拉长了叔本华那张在其前方有着光线照耀的脸庞，将他的下巴画成三角形，并突出他的颧骨，但他同时也忠实地再现了他那双美目——它们之间的距离被他给缩短了——重现他那张双唇丰满、给人以美感的小嘴，这张小嘴仅仅是在多年之后当哲学家掉光牙齿的时候才变大。[17]如果说有那么一点点闪电迹象的话，这幅肖像画便仅仅是在其蓝灰色的背景以及位于其所画

---

　　*　布吕尔平台（die Brühlsche Terrasse），位于德累斯顿城区，是一个受人喜爱的散步、观光和休闲场所，因其宏伟的露天台阶而闻名，被誉为"欧洲的阳台"，自1814年起开始对民众开放，站其上，易北河谷景色尽收眼底。

　　**　希腊神话中的太阳神与诗歌音乐之神。

[17]　库诺·费舍尔《叔本华的生平、著作与学说》（Schopenhauers Leben,Werke und Lehre），第91页及随后一页，摘引自阿图尔·许布舍尔《叔本华群像：肖像研究》（Schopenhauer-Bildnisse:Eine Ikonographie），第100页。我采用的是鲁尔这幅肖像画被许布舍尔所确定的1815年上半年这一创作时间，以及许布舍尔关于威廉·格温纳就叔本华嘴眼被描绘的准确程度所作评论的记述。

对象左肩之后的模糊山景当中对此进行了暗示。柯西玛·瓦格纳*认为鲁尔将叔本华变身为一位英国诗人，他乐于绘制出为自己所画对象那宽大前额增光添彩的生动逼真的淡褐色卷发。[18] 其注意力因鲁尔画作的表现力而被他吸引的阿黛勒则认为该画"太过野性"。[19] 鲁尔似乎是在叔本华意大利之旅完成之后从其生活当中慌乱地脱身出来，他留下《苦行者》（*The Ascetic*）这幅画。这是他最后几幅画作当中的一幅，该画描绘了一位仰天凝望的虚弱妇人，她被代表着生活中各种诱惑的各色人等所环绕，在其下方注有一句引自叔本华的话："断念于尘世，把所有希望转入一个更好的世界，乃是基督教的实质。"[20]

　　从 1814 年至 1816 年，叔本华暂住于大迈森巷三十五号，这也是哲学家卡尔·克里斯蒂安·弗里德利希·克劳泽（Karl Christian Friedrich Krause, 1781—1832）从 1815 年的米迦勒节**至 1817 年复活节的租房居住之地，他在巴黎学习九个月梵文之后返回此处。在 1818 年的米迦勒节，克劳泽动身去往柏林寻找发迹的机会。由于他们均对神秘主义与东方思想怀有激情，叔本华便自然而然地被这位默默无闻、挣扎打拼着因此正在靠教授音乐来维持生计的哲学家所吸引。甚至在迁往俄士特拉大道八百九十七号之后，叔本华也仍然以定期与之在图书馆会面并互换书籍阅读的方式同克劳泽保持着联系。不同于在忍受世人数十年之久漠视之后而体验了自己哲学所获成功的叔本华的是，这位在知性方面果敢无畏 284

---

　　*　匈牙利作曲家及钢琴家弗兰茨·李斯特之女，德国作曲家理查德·瓦格纳之妻。

[18]　许布舍尔，同上书，第 99 页；另请参见柯西玛·瓦格纳《致路德维希·谢曼的信札》（*Briefe an Ludwig Schemann*, 贝尔塔·谢曼［Bertha Shemann］编，Regensburg, 1937），第 50 页及随后一页。

[19]　吕特克豪斯《叔本华一家：家庭通信集》（*Die Schopenhauers: Der Familien–Briefwechsel*），第 273 页，阿黛勒 1819 年 2 月 5 日致阿图尔。

[20]　V. J. 麦吉尔（V. J. McGill）《叔本华：悲观者与异教徒》（*Schopenhauer: Pessimist and Pagan*, New York: Haskell House, 1971），第 130 页及随后一页。麦吉尔并未提供叔本华引言的出处。

　　**　米迦勒节为英国纪念天使长米迦勒的宗教节日，时间为 9 月 29 日。

的克劳泽至死都从未欣然乐享过"克劳泽主义"1854年至1874年的二十年间在西班牙与葡萄牙并继而在20世纪早期在不同拉丁美洲国家所产生的种种影响。[21]克劳泽提倡"万有在神论"（Panentheismus）这样一种由一神论与泛神论杂合而成的学说。不同于将万物视为上帝的泛神论的是，他坚称，我们在宇宙中所理解的万物均存在于上帝之中，但上帝却超越于我们所设想出的宇宙之上。[22]尽管克劳泽的思想涵盖了伦理标准与社会权利，然而他的哲学所涉及的却是一神论，因为它间接与天主教所关心的事情相关联，而通过提倡对于自由、平等与个体给予尊重，它也与古典的自由主义相关联。它因此呈现出一种介于天主教的正统教义与自由主义之间沉思冥想的观点，这使得他的哲学对许多西班牙以及拉丁美洲政治思想家而言颇具吸引力。克劳泽的哲学本身极有可能绝非叔本华所关心的哲学问题，但克劳泽自己特别指出，他对将欧洲思想与艺术同印度思想与艺术重新统合为一体的重要性所进行的强调，在叔本华主要著作当中找到了反响。[23]

然而，参与进扰攘暴烈的文学论争当中，身陷一件件风流韵事之内，以及搜罗着零零星星的熟人友朋，却是掩盖着叔本华那丰富内心哲学生活的外部包裹物。他一到德累斯顿，便立即将康德《自然科学的形而上学的基础知识》（*Metaphysische Anfangsgründe der Naturwissenschaft*, 1786）从头到尾地钻研了一番，而《第一批判》更是常备于侧，触手可及，但叔本华此

---

[21]　关于克劳泽在西班牙、葡萄牙与不同拉丁美洲国家所具影响的细致研究，参见 O. 卡洛斯·斯德泽尔（O. Carlos Stoetzer）《卡尔·克里斯蒂安·弗里德利希·克劳泽及其在拉美世界的影响》（*Karl Christian Friedrich Krause and His Influence in the Hispanic World*, Cologne: Böhlau, 1998）。

[22]　在《叔本华》（*Schopenhauer*, Malden, MA: Blackwell, 2008），第6—7页，罗伯特·维克斯（Robert Wicks）在对叔本华哲学所作的"奥义书的——带有神话色彩的"阐释当中看到克劳泽万有在神论的影响，他认为克劳泽与叔本华在柏林大学就读期间可能偶遇过。

[23]　关于克劳泽就印度学问与艺术重要性所说过的话，参见叔本华《谈话录》，第38页。萨弗兰斯基断言克劳泽曾教过叔本华有关冥想的技巧，参见《叔本华与哲学的狂野年代》，第202页。

时知道的却只是它的第五版。他 1816 年至 1818 年间草拟了一篇简洁的短文"反对康德",这将成为他主要著作附录"康德哲学批判"的基础。1816 年,他转而重新思考洛克的《人类理解论》,此时,他已经在洛克与康德之间得出了种种联系,他会在后来声称,它们提供了他哲学所完成的思想路向。[24] 他阅读亚里士多德的作品,并返回到柏拉图的学说,努力地读完《蒂迈欧篇》(*Timaeus*)、《费德罗篇》(*Phaedrus*)、《高尔吉亚篇》(*Gorgias*)、《克拉底鲁篇》(*Cratylus*)、《美诺篇》(*Meno*)及其他对话。他从头至尾地研读了《圣经新约》,并坚持对《亚洲研究》的阅读。他在德累斯顿最后一年是在创作《作为意志与表象的世界》当中度过的。他一定同毕登菲尔德谈论过他的作品以及他想要找到一位出版商的愿望。1818 年 3 月 25 日,男爵*写信给弗里德利希·阿诺德·布洛克豪斯(Friedrich Arnold Brockhaus, 1772—1823),试图引起他对该项目的兴趣。毕登菲尔德在给布洛克豪斯的信中写道,这部作品的作者是一位"极其有趣的思想家,无论是在智力水平及决断力方面,还是在研究的深度方面,他都无人能及"[25]。布洛克豪斯从朋友处听闻过叔本华的哲学天赋,他正在准备出版约翰娜·叔本华的《穿越英格兰与苏格兰的旅行》(*Travels through England and Scotland*, 1818),他愿意将最初的投资及其赢利全部重投在叔本华母子身上。毕登菲尔德还告诉叔本华未来的出版商,这位哲学家渴望获得一家大公司作为其出版商,他不会在版税方面有太多的要求,因为他自有经济收入。

　　一旦发现布洛克豪斯愿意接受他的手稿,叔本华便寄了一封果敢无

285

---

[24]　在《附录与补遗》,第 1 卷,第 87 及随后一页/《全集》,第 1 卷,第 93 页及随后一页,叔本华写道:"因此,显而易见的是,洛克、康德与我都彼此紧密相关,因为在这段近两百年之久的时间间隔中,我们呈现出一条一脉相承的紧凑连贯的思路。"另请参见我的"作为叔本华的康德哲学先辈的洛克"(Locke as Schopenhauer's (Kantian) Philosophical Ancestor),第 147—156 页。

　*　指毕登菲尔德。

[25]　摘引自麦吉尔《叔本华》,第 157 页。

畏的信件给他未来的出版商。他写道，"我的作品是一套全新的哲学体系；然而，全新是完全意义上的全新，它不是对手边已有之物的全新描述，而是一系列迄今为止还从未有人想到过的具有最高程度连贯性的思想。"[26] 他作出了它将成为上百本其他书籍基础的准确预言。他说，在这部作品当中所言明的基本观点，他已经思考了好些年头，他花费这些年的时间来进行深入研究以及思考，力图使它们清晰至极。他继续写道，去年这一年他用于创作这部作品，它已几近完工。他向布洛克豪斯保证，不同于他的那些后康德主义同时代人的是，他的文字极为简洁明晰，而并非是空话连篇、夸大其词。他不揣冒昧地坦言道，他的文字不无美妙，并声称他的作品对他而言价值连城，因为它体现了他之存在的圆满正果。而立之年的叔本华解释道，三十岁之前，这个世界给人留下的种种印象以及由此激发出的种种思想都已固定成形，而这些观点在人整个余生当中只是发展成为同一本体的种种变奏。他告诉布洛克豪斯，他知道，他这位出版商为人诚实，不会将有关他这部作品的情况告诉给任何人，甚至连它的标题也不会外泄，直至它在他的目录中付梓出版。

叔本华还胆敢明确规定各项出版细则。该书应当在下个米迦勒节以不超过八百本的印数面世。它应当以单卷本的形式用优质纸张印出。它的外观应当为八开本大小，每一页都应当留有宽边，其中字体清晰的正文的行数不多于三十行。该作品必须被校对三遍，最后一遍必须得由一位将会比照手稿来阅读校样的学者加以完成。他将会在 7 月中旬之前交付手稿前三分之二的部分，而剩余部分的提供时间则不晚于 9 月初。布洛克豪斯将享有第二版的出版权。作为回报，叔本华要求得到"几乎不值一提的每一印张一达克特的稿酬"以及赠予作者的十本样书。[27] 布洛克豪斯接受了作者提出的条款，向他承诺会在收到手稿之时立即向他支付

---

[26] 叔本华《书信集》，第 29 页，叔本华 1818 年 3 月 28 日致布洛克豪斯。
[27] 同上书，第 30 页。

稿酬。他还询问叔本华是否希望签署一份合同。一方面为了使自己心安，另一方面则是为了满足被自己在商业方面所受训练而催生出的种种愿望，叔本华要求签署一份正式合同。他还向他的出版商保证，他的作品不会在审查机关遇到任何障碍。他没有说过一个对抗政府的词，没有说过任何会触犯公众行为规范的话，也没有直接针对教会发起过攻击。他写道，事实上，"在《作为意志与表象的世界》最后一篇当中所呈现的是一种与纯正的基督教完全吻合的道德哲学。"[28] 不过，如果遇到由他的作品与某些犹太教—基督教的"教义"所发生冲突而带来麻烦的话，叔本华建议布洛克豪斯则可安排该书在诸如耶拿或梅尔瑟堡这种更为开明的城市出版发行。此外，他补充道，对一本书而言，遭禁并非是一种厄运。布洛克豪斯接受了叔本华的请求，寄给他一份言明叔本华所有最初要求的合同，布洛克豪斯还在该合同中补充道：他将安排该书在会获得审查通过的 287阿尔滕堡印刷出版。[29]

　　布洛克豪斯很有可能从一开始就知道同他打交道的是一个既神经质又难相处的人。叔本华如同合同中所约定的那样交付了手稿，天真地期盼着他会准时收到长条校样。7月11日，他寄出了构成《作为意志与表象的世界》的四个部分或"四篇"中的前三篇，并许诺说，最后一篇与附录将会在9月初之前寄出。布洛克豪斯于7月17日收到了叔本华手稿的第一部分，他即刻通知这位神经质的作者，说自己已经将这部作品转交给印刷工人。8月8日之前，叔本华再也控制不住自己，他写信告知出版商关于他未能收到校样的情况。他担心该书不能在米迦勒节面世，而此时正是书市举办的时间，他提到他计划去意大利旅行。他提醒布洛克豪斯，自己正在履行合同的各项条款，并暗示布洛克豪斯却没有这样做。过了不到一星期，叔本华便再次抱怨说他未能收到校样。他提醒布洛克

---

[28]　同上书，第31页，叔本华1818年4月3日致布洛克豪斯。

[29]　布洛克豪斯1818年4月8日在莱比锡签订的合同，而叔本华签字时间则为1818年4月11日，地点是在德累斯顿。这份合同可以在叔本华上书第32—33页找到。

豪斯，布洛克豪斯所处理的可正是他这四年来的成果，"事实上，实乃我整个生命的成果"；尽管他说他先前并未提及与他劳动相关联的微不足道的稿酬，但他现在正在这样做。[30] 他继续写道，他不能容忍自己像被布洛克豪斯最赢利的出版物——《百科全书》（*Konversationslexikon*）的作者当中的某一个那样对待；他同那群写手的唯一共同之处是用笔墨写字。尽管如此，他却以一种暗含挖苦的方式表达了歉意，他声称自己对如此粗鲁的行为感到抱歉，但他仍然用所持的以下观点为自己找到借口："因为我履行了每一项所认可的义务，所以我要求别人照此办理；否则，生命中便无公道可言。"[31] 海因利希·弗洛瑞斯的鬼魂似乎是附身在了儿子身上。布洛克豪斯对叔本华这封粗鲁无礼来信所作出的回应则是仅仅寄出了校样，此外再无其他。

布洛克豪斯对这位哲学家表现出了克制，但他的忍耐将到此为止。叔本华一天更比一天担心起他那"微不足道"的稿酬来。他抱怨说校样

288 每页有三十五行，而不是约定的三十行。这会使他所得的报酬减少四十页印张应得的数目。他期望像合同中所写明的那样得到这四十页的稿酬，并要求布洛克豪斯立即支付全款以示诚意。他之后破口大骂令他的出版商不能够置若罔闻。叔本华写道："我从多方获悉，您在稿酬支付方面常常动作迟缓，或甚至全然不愿支付。"[32] 这位将叔本华称作是"被链条拴着的狗"的出版商，被迫实施反击："如果您没有证据却声称我常担有拖欠稿酬恶名的话，那么，只要您未能向我提供哪怕是一个（a）我能够向其责问的作者的名字，您便都应该允许我认为您绝非正人君子。"[33] 叔本

[30] 同上书，第38页，叔本华1818年8月14日致布洛克豪斯。
[31] 同上书，第39页。
[32] 同上书，第41页，叔本华1818年8月31日致布洛克豪斯。
[33] 关于"拴上锁链的狗"一词，参见叔本华，同上书，第502页。布洛克豪斯的引言摘自鲁道夫·马尔特的专题文章"一套新的哲学体系——全新的哲学体系（Ein neues philosophisches System–neu im ganzen Sinn des Worts），该文附在叔本华《作为意志与表象的世界》（Frankfurt am Main: Insel Verlag, 1987）第一版影印件第45页，布洛克豪斯1818年9月1日致叔本华。

华默许了布洛克豪斯所作出的推断，因为他未置一词来证明自己的指责有据可依。布洛克豪斯从根本上同哲学家断绝联系，从此再无瓜葛。他的主要著作将不会在米迦勒节之前面世，却会带着1819年的出版日期在1818年12月问世。（布洛克豪斯说，对书商而言，米迦勒节毫无意义。[34]）然而在此之前，叔本华已经在意大利享受假期，他曾在无数的场合告知过布洛克豪斯，他绝不会推迟休假。叔本华的确收到了他四十达克特的稿酬，但这是严格执行合同条款的结果。

12月12日，布洛克豪斯寄给匡特十本归作者所有的样书，叔本华通过匡特表达了他对其生命"果实"的出版所怀有的喜悦之情。然而，他并未抱怨在他这部七百四十二页作品当中每页行数是三十五行。他也未收到布洛克豪斯9月24日的最后一封来信，因为他已经在前一天启程前往意大利。在这封信中，布洛克豪斯清楚地表达了他对自己同叔本华所打交道的蔑视。他在信末写道："我仅仅希望，我对出版您的作品只恐是在印刷废纸的担心，不会成为现实。"[35] 布洛克豪斯死于1823年，他至死都相信自己印刷的是一堆废纸。事实上，当叔本华1828年为出版该书第二版事宜接洽布洛克豪斯的两个儿子弗里德利希与海因利希的时候，他被告知，他们仍然存有第一版七百五十本当中的一百五十本，而这是那些书当中的多数都被当作废品卖掉之后的库存数目。[36]

289

《作为意志与表象的世界》

叔本华生命的"果实"，他的杰作（magnum opus），是对由他在自己生命前三十年间对世界所形成的印象而在自己头脑当中所激发出的种种

---

[34] 参见马尔特，同上书，第42页，布洛克豪斯写给叔本华的未注明日期的信件。
[35] 马尔特，同上书，第47页。
[36] 关于布洛克豪斯对叔本华写于1828年11月24日询问自己主要著作销售情况的信件所作的答复，参见叔本华《书信集》，第517页。

思想所进行的表述，它将会构成他这之后四十二年哲学的基础。因此，他所告诉布洛克豪斯的就他的情况而言确实不假："所有后来的思想仅仅是［在三十岁之前所获得的那些思想的］发展与变体。"[37]1844 年，《作为意志与表象的世界》第二版进行了大幅修改。他增添了旨在对他最初的思想进行补充、扩展及澄清的文章所构成的第二卷。最初的那本书变成了第一卷。然而，1844 年的哲学家叔本华却并不同于 1818 年的哲学家叔本华。1826 年前后，他发现了康德《纯粹理性批判》第一版——直到那时为止，他仅仅研读过它那修改幅度颇大的第二版——并开始认识到第一版当中存在着某种对唯心主义更为有力的支持。这令他甚至更加认同康德的观点，并促使他对自己主要著作附录"康德哲学批判"进行了大幅改动。在第一卷当中，他如今已加进了小节数，这样，不论是在第二卷的补充文章当中，还是在他其他书中，他就都能够更为精确地援引自己的处女作了。他的《论自然中的意志》（ *On the Will in Nature*, 1836 ）在其主要著作第二卷的补充文章当中被承认是"对该书［《作为意志与表象的世界》第一卷第二篇"书"］所进行的真正实质性补充。"[38]1841 年，他出版了《伦理学的两个基本问题》（ *The Two Fundamental Problems of Ethics* ），他在自己主要著作第二卷中说该书对其第一卷第四篇进行了补充，并添加上极富特色的评论："一般来说，我要求任何一位希望了解我哲学的读者都应该去阅读我所写的每一句话。"[39]甚至在他最后一部作品《附录与补遗》（ *Parerga and Paralipomena*, 1851 ）——这是他希望藉此招徕读者而尝试为世人所写的哲学作品——当中，他将它的第二卷视为是对他的"哲

290

---

[37]　同上书，第 30 页，叔本华 1818 年 3 月 28 日致布洛克豪斯。

[38]　参见叔本华，同上书，第 260 页，1851 年 4 月 9 日致约翰·爱德华·埃尔德曼，在这封信中，叔本华谴责了盛行于各个时代备受推崇的"黑格尔光环"（Hegelgloria），说他在长达十七年之久的时间里按捺住心中的义愤默不作声。关于将《论自然中的意志》称作就其自然哲学所作必要补充的出处，参见《作为意志与表象的世界》，第 2 卷，第 191 页 /《全集》，第 3 卷，第 213 页。

[39]　同上书，第 2 卷，第 461 页 / 同上书，第 3 卷，第 527 页。

学体系"所进行的补充，并断言，第一卷有助于阐明他的作品，因为所有从他头脑中散发出来的东西都应有此功用。[40]

前言及阅读指南

让我们回到叔本华杰作第一版及其基本观点吧。该书的开篇是一篇纯叔本华式的前言——果敢无畏、费人心力、语含讥讽、尖酸刻薄、妙趣横生且富于教益，其目的在于说明如何阅读该书以获得对其内容的透彻理解。他称这部作品是对一个单一思想的表述，这种思想传达出所有曾在哲学名义之下被探求过的东西。他声称，它并非是这样的一套思想体系：该体系必须具有存在于其各个"部分"之间的某种系统化关联，以至于某个后面的部分为某个之前的部分所证实，但这个之前的部分却并不被这个后面的部分所证实。最终，某套思想体系既具有某个承载着整个结构却不被任何其他结构所承载的"基石"，又具有某个被所有部分支持却不支持任何东西的顶点。相反，单一思想所构成的乃是一个整体。如果它被分裂为亟待相连的各个部分，那么，这种各部分间的关联则是有机的，也即是说，每一部分都支持着整体，正如整体支持着每一部分一样。他继续写道，因此之故，为了清楚地理解整体，人们就必须理解每个部分，而每个部分直至整体被理解之后才能被完全理解。此外，他还说，自己的这本书因其所采用的形式而同他的单一思想这一主题形成了冲突。一本书必须得有最初的一行与最末的一行，它因此便不是一个无始亦无终的有机整体。

为了处理存在于该书的形式与其单一思想主题之间的冲突，叔本华向读者提出了三项要求中的第一项："为了使这一被阐释的思想能被弄明

---

[40]　参见叔本华《附录与补遗》，第 1 卷，第 xv 页／《全集》，第 5 卷，第 vii 页。

291　白，除了'将该书阅读两遍'之外再无其他建议可以提。"[41] 他指点道，这要求极大的耐心，因为人们必须记住的是，该书的开场以其结尾为先决条件的程度几乎等同于其结尾以其开场为先决条件的程度。此外，由于该书将会因许多现有的意见——这当中包括读者自己的意见——发生冲突，而读者则还应谨记第二遍阅读会使一切显得迥然不同，故而耐心也是必需的。因为这部作品的有机结构，读者还将必须认识到，他将需要不断地重复以展示出他观点之间紧密的内在关联。他写道，由是之故，他将不会把自己的作品分为章节，尽管他颇为看重此类划分，却会将其仅仅分为一种思想的四个方面或四个主要部分，他用了专门术语将它们称之为"篇"（Bücher）。之后，叔本华挖苦了自己那些读者："这便说出了对于不太乐意（对哲学家不乐意，因为读者自己便是一位哲学家）的读者要提出的第一项不可缺少的要求。这对下面的几项要求也同样是不可少的。"[42]

　　叔本华的第二项要求将自己早前的出版物同现在这本书联系了起来。他的博士论文是这部作品的"引言"，若非他不愿意重复的话，它就会被逐字逐句地收录进去。因此，读者必须先读这本书。可是，1818 年的哲学家却不同于 1813 年的博士论文撰写者，那位博士论文撰写者带着一种在许多后康德主义的哲学家之中司空见惯的态度出门上道，吹嘘说自己的思想并未被困于康德自在之物的刻板僵化之中。哲学家现在宣告说："康德的最大功绩是划清现象和自在之物两者之间的区别。"而他们现在因为费希特与谢林两人否认这一区别而对他嗤之以鼻，正如他后来会看不起黑格尔一样，此时的黑格尔尚未成为叔本华所关注的哲学对手。[43] 在从他发

---

[41]　叔本华《作为意志与表象的世界》，第 1 卷，第 xiii 页 /《全集》，第 2 卷，第 viii 页，叔本华还声言为了透彻理解其博士论文，读者必须将它再读一遍。他说，这就他的博士论文而言完全必要，因为他就充足理由律的形式所作的分析并非是按照体系，而是为了其明晰性来进行排列的；参见《全集》，第 7 卷，第 86 页。

[42]　同上书，第 1 卷，第 xiii 页 / 同上书，第 2 卷，第 ix 页。

[43]　同上书，第 1 卷，第 417 页 / 同上书，第 2 卷，第 494 页。

表博士论文到出版主要著作的这些年间，他认为康德同柏拉图达到的是同一个真理。事实上，他认为康德所做的这一区分与柏拉图对感官世界与理念的区分并行不悖，同《奥义书》中关于"幻"与"梵"的教义也颇为类似。每一种观点都承认，世界作为呈献给感官的世界而言，是一个变动不居且不断生成着的世界，相较于某个根本性不变的存在而言，它是一种幻象。他断言道，柏拉图与印度人将这一真理用神话和诗意的方式表达了出来，而康德则用哲学的方式阐释了它。[44]

　　然而，如果说这种对康德在表象与自在之物之间作出的区分所具有的重要性给予承认象征着某种对康德学说回归的话，那么，他的主要著作也就拉开了叔本华同他博士论文的那些康德特征之间的距离。在他博士论文中，他仍然愿意承认康德关于知性的那些纯粹概念当中的某些所具有的有效性，仍然愿意不加批判地接受他关于内在及外在的感觉能力所持的观点。在他主要著作中，他辩称说，对于世界的直觉感知，乃是感受力的那些先验形式、空间与时间以及知性对因果律的非概念性应用等所具有的一种功能。他承认自己观点间的这种差异，但接着却清楚地表明了一种导致关于他思想的诸多误解的态度，原因在于他声称他的读者将能够注意到这些角度上的变化并且说"只要理解了本书，在读者思想中就会自动纠正那篇论文［《论充足理由律的四重根》］中所有这些处所"[45]。他还提到《论视觉与色彩》，至少是提到了该书第一章"论视觉"，称它是为了理解他主要著作所必须先行阅读的书籍，但他并未说明原因何在。然而，正是在那一章当中，他为感知的知性特质提供了他在生理学方面的论据。

　　叔本华的第三项要求是，读者应"熟悉两千年来出现于哲学史上最重要的现象……康德的主要著作"[46]。尽管他声称自己发现了自己哲学英

---

[44]　参见，同上书，第 1 卷，第 419 页 / 同上书，第 2 卷，第 496 页及随后一页。
[45]　同上书，第 1 卷，第 xiv 页 / 同上书，第 2 卷，第 xi 页。
[46]　同上书，第 1 卷，第 xv 页 / 同上书，第 2 卷，第 xi 页。

雄的这部作品存在重大问题，然而康德学说仍然是他的出发点。为使读者弄清他是如何在康德哲学当中取其精华而去其糟粕的，叔本华引导读者在阅读《作为意志与表象的世界》第一篇之前先去研读该书附录"康德哲学批判"。虽然康德哲学是他这本书所要求的必须对其做到稔熟无间的唯一之物，但他也还说：对于柏拉图学说的了解也将会使读者为听懂他必须说的话而做好更好准备；对《奥义书》的了解会引领读者获得对其思想甚至更佳的理解，有了这一了解，他的思想便不会有陌生的甚至敌视的意味了。之后，他说了一句克劳泽声称是他自己告诉叔本华的话：亦即，在这个依然年轻的世纪所享有的优于前几个世纪的最大优势是，"梵文典籍的深刻影响将不亚于 15 世纪希腊文艺的复兴。"[47]

但在郑重其事讲了这么多之后，叔本华决定同读者开开玩笑，并对德国的哲学现状挖苦一番。他写道，在此之前，读者便已经变得毫无耐心而怒气冲冲。他如何能够对自己读者提出如此专横而傲慢的诸多要求呢？仅在德国这一个国家，活着的哲学家就比在好几个连续的世纪中所能找到的还要多，他们独特的想法与深刻的观点通过无数期刊与报纸的传播已经变成公众财产。但他的要求如此之多，以至于人们永远无法将他的这本书读完。叔本华承认，他对这种愤怒的读者所提出的指责无言以答，但他希望读者因为他免除了他们在全无必要背景知识的情况下徒劳无功地试图理解其作品所招致的麻烦而对他表达些许的感激之情。毕竟他知道读者购买了该书，他因此感到有责任向其建议如何使用，而非仅仅对它进行阅读。将它漂亮地装订成册，用它来填补你藏书中的空白；将它放置在一位博学女性朋友的桌上，或是——他在此或许在想着自己母亲——她的茶桌上；但最好的却是，而正是他所建议读者去做的事，为它撰写评论。但在他允许自己开此玩笑之后，他却用一种严肃的口气结

---

[47] 同上书，第 1 卷，第 xv 页 / 同上书，第 2 卷，第 xii 页，克劳泽在其《遗稿》当中有此记录；参见叔本华《谈话录》，第 38 页。他声称自己是 1817 年对叔本华说这番话的。

束了前言。他的这本书迟早都会抵达那些它只是为他们而写的人手中，他已是满怀耐心地顺天应命，因为他认识到，对真理以及该书的作者来说，从真理最初被谴责为自相矛盾到它最后被贬抑为毫无价值，其间是一段段漫长的时光，在这两段漫长的时光之间，仅有着短暂的欢庆胜利的庆典："但人生是短促的，而真理的影响是深远的，它的生命是悠久的。让我们谈真理吧。"[48]

《作为意志与表象的世界》这四篇是以作为表象的世界与作为意志的世界相互交替的方式行进的。第一篇认为世界是表象，将经验世界视为是受制于充足理由律。第二篇转而认为世界是意志，而第三篇再次回到世界即表象的看法，但这次是不受制于充足理由律却与柏拉图理念同在的种种表象，它们是艺术的种种客体（音乐除外）。最后一篇也是篇幅最长的一篇，"宣称为最严肃的一部分，因为这部分所涉及的是人的行为……"，它又返回到作为意志的世界。[49]叔本华的杰作因此生气勃勃地从认识论行进到形而上学与美学而最终抵达了伦理学。叔本华在第四篇中提醒读者，这一行进并非是像历史进程一般以直线的方式前行，因此，为了理解他思想所有部分之间的多重关联，对他的作品反复进行研读实属必须。

294

第一篇：认识论

第一篇"服从于充足理由律的表象：经验与科学的客体"是以一项异乎寻常而大胆无畏的声明"世界是我的表象"（Vorstellung）开始的，叔

---

[48]　叔本华《作为意志与表象的世界》第 1 卷，第 xvii 页 /《全集》，第 2 卷，第 xv 页。
[49]　同上书，第 1 卷，第 27 页 / 同上书，第 2 卷，第 319 页。

本华断言，对这一真理的认识，标志着哲学洞察力的曙光。[50] 这一主张在双重意义上是他哲学的开端。这是该书所提出的第一命题，它描述了他哲学现象范围的开始，其哲学是以解释并确定其意义两者来着手的。

295　这第一项命题因作品最末一句话而达到平衡："对于那些意志已倒戈而否定了它们自己的人们，则我们这个如此非常真实的世界，包括所有的恒星和银河系在内，也就是——无。"[51] 这一主张在双重意义上是他哲学的终结。这是该书最后一项命题，它陈述了他着手解释的现象的终结，以及确定了它们的意义。正如他在别处所说过的，他的哲学范围是从对意志的肯定到对意志的否定。在对意志进行肯定并向世人表达前，或在对意志进行否定后，而对意志说什么，将会导致空洞的思辨与特别的废话。[52]

　　叔本华继续写道，如果有真理可以被称作是先验的话，那么它便是：世界是我的表象，没有真理比这一命题更为确定、更为独立于其他任何真理而更不需要证据的了。他声称，不存在对于太阳与地球的感知，但只有

[50]　同上书，第 1 卷，第 3 页 / 同上书，第 2 卷，第 3 页。"表象"（Vorstellung）这一术语是一个出现于叔本华主要著作的书名和该书的首个命题"世界是我的表象"（Die Welt ist meine Vorstellung）这两处的主要专业用语。从字面来看，一个"Vorstellung"是某个"放置于 [某人] 面前的"事物，极难用一个英语同义词译出。叔本华作品的英译者曾使用过"idea"。"representation"的译法，而最近的译法"presentation"（《作为意志与表象的世界》（理查德·E. 阿奎拉 [Richard E.Aguila] 与大卫·卡鲁斯 [David Carus] 译，New York: Pearson/Longman, 2008），是由叔本华的首位英语传记作者海伦·岑默恩（Helen Zimmern）所提出，她认为叔本华主要著作的最佳书名是"The Universe as Impulse and Presentation"；参见《阿图尔·叔本华之生平及哲学》（*Arthur Schopenhauer, His Life and His Philosophy*, London: Longmans, Green and Co., 1876），第 147 页。叔本华是从何人那里沿用这一术语，我们并不清楚。康德将 Vorstellung 等同于拉丁语的"repraesentatio"，但叔本华却将康德使用的这一术语译为"理念"（idea），参见叔本华《书信集》，第 122—123 页。考虑到叔本华对康德用语的译法，并因为他曾将英国唯心论者贝克莱称为第一位将此开篇命题从正面加以表述的哲学家，所以我个人更偏向于"idea"。（后来，他在第二版中认为笛卡尔通过其怀疑论的见解将它从反面加以表述。）然而，我将遵从惯例将"Vorstellung"译为"表象"（representation）。

[51]　同上书，第 1 卷，第 412 页 / 同上书，第 2 卷，第 487 页。

[52]　参见叔本华《书信集》。第 288、291 页，叔本华 1852 年 8 月 6 日及 1852 年 8 月 24 日致弗劳恩席德特。

看见太阳的眼睛或感触到地球的双手。叔本华在此重复着一项他早前在自己博士论文中便已断言过的主张——没有经验者的经验是不存在的，没有经验主体的经验客体也不存在。反过来说同样正确，正如他在第二篇中所指明的一样——没有经验客体的经验主体并不存在。因此，叔本华是在重申自己博士论文中的一项要点，一项如果读者按照他关于如何阅读该书的说明去做他或她都已知晓的要点，因为它再次强调了主体与客体之间的相关性，突出表明主客体间的差别乃是最为根本及最为普遍的认识论方面的差别。我们所意识到的一切事物都是对某一主体而言的客体，而整个世界本身也是对某一主体而言的客体，即一种表象，一切事物都以主体为条件，以充足理由律的四种形式当中某一种为条件。就直觉或感知表象而言，是以生成的充足理由律为该条件的。世界上的各项事物均在时空之中，它们处于同其他事物的种种因果关系之中。叔本华写道，说世界是我的表象，即是说"一切一切，凡已属于和能属于这世界上的一切，都无可避免地带有以主体为条件，并且也仅仅只是为主体而存在。"[53]

　　叔本华并未声称自己最早发现了这个真理。事实上，他认定英国哲学家、"非唯物论者"乔治·贝克莱是阐明这一观点的第一人，并因此为哲学作出不朽贡献。他因为康德忽视"不存在没有主体的客体"这一原则而对其颇有微辞。在第二版中，他将首先提到笛卡尔的怀疑论观点是从反面阐明了这一真理，而在第三版当中，他将声称，这一基本真理早已被印度的智者所认识，它是"吠檀多哲学"的一项根本命题。他用英语摘引了威廉·琼斯爵士所作的一段评论："吠檀多学派的基本教义不在于否定物质的存在，亦即不在于否定存在着坚实性、不可入性和广延性（否认这些无异于疯狂），而在于纠正世俗对物质的观念，在于主张物质没有独立于心的知觉以外的本质；在于主张存在与可知觉性是可以相

---

[53]　叔本华《作为意志与表象的世界》，第 1 卷，第 3 页 /《全集》，第 2 卷，第 3 页。

互换用的术语。"[54]（叔本华总是一如既往地对与他有共同见解的"大思想家"抱有警惕，就他而言，为其观点找到先辈会成为他的惯常所为——尽管他的立场会是：他独自为这些共同见解提供了哲学上的合理性解释。）

对叔本华而言，这第一篇进入的是他熟知的领域。与强调主客体相互关系重要意义相结合，他考虑了充足理由律的不同形态；感性、知性及理性能力之间的区别；直觉性同抽象性表象之间的差别，即感知同概念的差别。他指出他的哲学起点与其他所有人都"完全"（toto genere）不同，因为他以意识的第一事实表象开始，而表象那最初的、本质的，且最为基本的形式是可分为主体与客体。他如稍早讨论的那样指责从主体出发的费希特和从客体出发的唯物论者各自的片面做法。他拒绝接受康德所作的这一陈述：对于某个客体的感知要求将概念应用于直觉，因为他认为对于某一客体的感知并未包括任何判断的因素或某一概念在某些特定的被感知到的事物上的运用。他辩称说，动物感知到客体，因为缺乏理性而不具备形成概念的能力，所有概念均是通过来自就对于客体的直觉所进行的抽象而形成。他陈述了他在《论视觉与色彩》中所采取的立场，即感知具有知性特征——知性通过提及这些感受到身体种种变化的客体，即感觉来创造客体，这些知觉被知性自动看作位于时空之中某些原因所产生的结果。

从不顾忌在自己哲学思想中使用项狄 * 般离题话的叔本华，还提供了一套幽默理论，这套理论像绝大多数理论一样缺乏幽默。更为奇怪的是，他并未提供笑话作例子，而是留给读者自己去想。人们可能想到的是，他或许是让读者去读那则他序言结尾处的笑话，又或许是让他们去听取他所提出的去评论该书而不是去阅读该书的建议。正如他后来就哭泣所作出的断言一样，笑是一种为人类所特有的特性，因为它要求具备理性

297

---

[54] 同上书，第 1 卷，第 4 页 / 同上书，第 2 卷，第 4 页。
　* 英国小说家斯特恩小说《项狄传》中的人物。

能力。他从理论上加以说明，笑"总是在某一方面通过概念来思维的实在的客体，它［笑］的产生每次都是由于突然发觉这客体和概念不相吻合"的一种表达。[55] 但更为年长之时的哲学家会通过主要著作第三版及最后一版当中提供事例来帮助"头脑迟钝"的读者。他提到了一件发生在柏林国家剧院的事情，被牵扯其中的是喜剧演员卡尔·威廉·费迪南·温泽尔曼（Karl Wilhelm Ferdinand Unzelmann）与一匹马。这名喜剧演员刚刚骑在马背上登台亮相，这匹马便开始拉起屎来，这一举动引得他对胯下的坐骑说道："你在干吗？你难道不知道你是被禁止即兴演出的吗？"[56]

叔本华的幽默理论出现在一次关于理性能力的范围颇广的讨论之中。他赞同西方哲学与宗教思想的传统核心，将拥有理性视为将人类与非人类的动物区别开来的显著特征，但他在两大重要方面对该传统持有异议。他并不认为具有理性是人类的本质。他声称，正如在动物身上一样，意志也是我们的本质。他还反对以下观点：因为只有人类拥有理性，所以只有人类更有道义。如果某一生物能够承受痛苦，那么它便更有道义，因为防止和减轻痛苦是道德行为的标志。

事实上，他发现拥有理性是好坏参半的事。虽然概念上与散漫思考的能力是所有使我们区别于其他动物的基础，但理性也使我们陷于诸多折磨、种种痛苦方式以及动物们绝不会犯的蠢行。理性是知识（Wissen） 298 的源泉，是确定性与真理的源泉，但也是谬误、怀疑与困惑的源泉。因为拥有理性，我们得以拥有语言与话语，并因此能够以比动物更为系统而深奥的方式来进行交流，但我们也比动物更会进行误导、掩饰及欺骗。我们通过用词语来表示概念而有了语言，但语言对我们的误导多过对我们的启迪。语言是一种太过愚钝的工具，它无法充分传达出直觉以及直接无间经验所具有的丰富及细节。虽然思想使我们得以逃避直接的现在

[55] 同上书，第1卷，第59页／同上书，第2卷，第70页。
[56] 同上书，第2卷，第93页／同上书，第3卷，第102页。

的狭隘限制，及动物生活的直觉表象世界。并以高昂代价拥有了回顾过去与展望未来的意识。我们可能会因为往事而心神不宁，并因为对已有过的事物感到悲伤、懊恼及遗憾而痛苦不已。我们会由于为焦虑、将来挂怀而感到痛苦。不同于动物的是，我们知道死亡存在于未来。理性还使我们能够盘算并规划我们将来的行为，这使我们比受现时境况驱动的动物拥有更大的选择余地，但这种选择自由只是表面上的，因为人类行为即便是受抽象思维驱动，也同样是像其他动物那样被原因与必需所主导。

　　当然，理性是一种哲学能力，而叔本华则断言道："……哲学将会是极普遍的判断所构成的总和，以及在人类意识之中呈现的所有一切，这些认识的根据直接存在于其完整性中的世界本身，任何东西都没有被遗漏。它将会是一种世界在抽象概念中的完整重演，可以说，是一种反映，而这只有在将本质上相同的东西合并为一个概念，并将本质上相异与不同的分为另一概念，才有可能。"[57] 叔本华辩称，哲学力图说出世界是什么，力图将它用概念再现出来。世界是个统一体，是个在其中各部分与各方面都相互一致的整体。哲学也必须用抽象的思维来映射出这一统一性，所有在哲学中被表述出的主张都必须彼此协调，因为它们致力于表达出世界的和谐与统一。他声称，正如世界是个统一体一样，最终，由真正的哲学所表述出的种种主张"甚至在一个思想统一性当中也必须融为一体"[58]。如同他在形成自己哲学思想的过程之中很早——即当他到达德累斯顿之时——便已仔细思考过的一样，"我的哲学将永远也丝毫不会超越于经验范畴之外，也就是说，它是在概念全部范围之内的可被感知

[57]　同上书，第1卷，第83页／同上书，第2卷，第98页及随后一页。叔本华在此认为弗兰西斯·培根提出了哲学的任务："只有哲学才是最忠实复述着自然的声明，自然规定多少，就恰如其分地说出什么。因此，它只是自然的写照与反映而非其他，它并未添加任何自身的东西，而只是一种重述与回声。"《论科学的价值与发展》（*De dignitate et augmentis scientiarum*, 1623），第2卷，第13章。

[58]　同上书，第1卷，第83页／同上书，第2卷，第99页。

到的东西。因为像任何一种艺术一样，它将仅仅是重述世界。"[59] 然而，叔本华却将频频受到先验之物的引诱。

在《作为意志与表象的世界》第二版中，叔本华在就哲学的任务所作的声明当中加进了一条注释，他让读者去读他就哲学所深思熟虑得出的最尖锐有力的观点，见诸该版本第二卷当中的补充文章"论人类对形而上学的需求"。理性是使人成其为"形而上学动物"的东西。像他之前的柏拉图与亚里士多德一样，他也辩称哲学是产生自惊异，但不同于这些更为阿波罗式古希腊人的是，他认为哲学上的惊异并非产生于单纯地面对某个未知世界之时，而是产生自一种对于存在的虚幻及短暂本质深刻的存在认识。出于对受苦与死亡无处不在所感到的惊讶，哲学家体验到一种使人痛楚的无知，他断言道，他们需要知道为什么冲突与争斗、痛苦与受苦、毁灭与死亡竟是存在无处不在的特征。哲学家还渴望知道在一个被这些成双"邪恶"所主宰的世界中的生命意义何在。对于哲学家而言，存在本身变成了一个"永困人心的谜团"，正是这个谜团在他欧洲之旅期间便已经开始隐约让年轻的叔本华心神不宁。[60] 这一棘手的实质性问题，叔本华哲学后面深刻的存在主义动因，以及他同受苦与死亡之问题的对抗，将会在最后一部书当中呈现出万钧威力，在这最后一部书当中，他将注意力转向了最为严肃的主题，人的行为。

第二篇：自然的形而上学

叔本华已经断言过第一篇是单方面的，它是将世界作为表象，作为一个主体的客体来加以探究的。它忽略了那重要而可怕的真相："世界是 300

---

[59]　叔本华《手稿遗稿》，第 1 卷，第 281 页 /《手写遗稿》，第 1 卷，第 256 页。注释出自 1815 年。

[60]　叔本华《作为意志与表象的世界》，第 2 卷，第 171 页 /《全集》，第 3 卷，第 189 页。

我的意志。"[61] 这个严肃而恐怖的真理首次得以言明是在第二篇"意志的客体化"中，激发它被言明的动机是世界是否仅仅单纯地是主体的表象并因此就像是梦一样的这个问题。叔本华为这个问题感到担心，因为我们对这个世界上所有客体的常规感知都是取决于主体的直觉表象，他因此想要知道，外部世界是否仅仅单纯地是他的表象这样一种如梦似幻的东西，或者我们所感知到的外部世界是否有着一个不同于单纯地被主体所感知到东西的真实存在。

叔本华先是转向自然科学去看它们是否给出了答案。他辩称说，自然科学涉及的是我们对于世界的普通感知，其运作是在充足理由律的范围之内，但它有一个重要的例外。我们对日常事物的普通感知是"有利益的"；也即是说，事物被视为使我们愿望得以满足或无法实现的潜在手段。因此，我们对于世界的普通认知集中在处于特定时空之中以及明确因果关系之内的特殊事物上，它们是从它们对于我们自己福祉与厄运的特殊影响方面被加以认知的。尽管关乎的是这样一些客体，但自然科学对诸多表象采取了一种更为客观的态度，因为它们力图通过将无数特殊事物归入组织与分类系统之中或是将描述事物之种种变化的因果或普遍定律诉诸表达而将世界理解为表象。叔本华因此将自然科学分为两支。包括"博物志"、植物学及动物学在内的形态学的自然科学，通过将特殊事物在重复出现的自然种类之下整合起来的方式，而形成了分类结构。诸如生理学、化学及物理学的病源学的自然科学，则通过言明被观察到变化着的自然界中的规律性，而推断出支配着种种表象的因果定律。

叔本华仍然将自然科学视作是表达了一种对世界有利益的态度，即便它的态度与普通的日常感知相比利益更小。科学知识最终还是实用的。它为了致力于服务人类的需求去改造、回应与操控这个世界而制造出更为有效的工具。如同他之后所辩称的一样，也如同他将一直坚称的一样，带

---

[61] 同上书，第 1 卷，第 4 页 / 同上书，第 2 卷，第 5 页。

有相关认知的任何形式都永远无法清楚够到现存事物。后来，在他主要著 301
作第二版中，他将试图通过承认所有认知都歪曲了存在这一情况而阐明他
关乎对自在之物认识的独特见解："……自在之物开始之处，认知便停止
了，所有认知首要及根本涉及的仅仅是种种表象而已。"[62] 他很快就会辩
称，艺术具有一种高于科学的认知价值，因为它通过超越充足理由律的
方式而提供了一种逃脱普通认知与科学认知这两者都具有的利益关系基
调的体验。

　　如同康德一样，叔本华也认为科学本身要求某种形而上学的基础。
形态学的自然科学必须对诸如花岗岩及狮子之类重复出现的自然物种作
出解释；病源学的自然科学则认识到诸如重力及电流之类的自然力。为
了对自然物种以及被科学用作"神秘特性"的自然力作出解释，他的自
然形而上学力图提供一种对于科学世界观那些必不可少的并在科学上无
从解释的种种因素所作的解释。这正是他将会把自己关于柏拉图理念的
学说介绍为在形而上学中类似于自然物种与自然力东西的背景情况。

　　叔本华辩称，自然科学的导向指出了一种不能确定以下事情的方向：
世界是否是某种不止于表象的东西，是否是某种不止于一个幻梦或由主
体制造出来的一种假象的东西。如果世界是通过充足理由律而以主体为
条件，如果世界是依赖于主体的话，那么，它也许就似乎是一个梦这样
一种由某个做着梦的主体所制造出来的东西。于是，科学便将只是在对
在叔本华看来是为梦魇的物体中那些貌似定律的常规现象进行着分类及
说明罢了。在第二版当中，他曾提到过，他那大胆无畏的开篇之词"世
界是我的表象"，"在那些包含在笛卡尔所从出发的怀疑论观点中"。[63] 他
想到的是笛卡尔的《第一哲学沉思录》（*Meditations on First Philosophy*,
1641），在这部作品中，笛卡尔担心自己所经历过的一切仅仅是梦的产物

---

[62]　同上书，第 2 卷，第 275 页 / 同上书，第 3 卷，第 311 页。
[63]　同上书，第 1 卷，第 3 页 / 同上书，第 2 卷，第 4 页。

302　而已。[64] 当然，笛卡尔之所以提及这一可能性的原因，仅仅是为了让上帝在之后确保存在着一个我们某些理念与之相符的外部世界。叔本华认为这是一个卑劣骗局，他甚至不愿去想存在着某个为这个悲惨世界负有责任的假想上帝，甚至即便是这样一位上帝为科学提供了一个真实世界作为其客体，也仍是如此。笛卡尔以及求助于客观路径、求助于这个被作为对某个主体而言所存在着的客体世界的科学，永远都无法假定出一个真实世界却没有些许的闪躲，或是永远都无法作为唯物论者只是假装永无问题。

　　为了发现世界是否不止于纯粹的表象，叔本华在完全不同于科学的方向上踩出一条小路，一条由他那"变革性的原则"所预示出的小路，它是古希腊箴言"认识你自己"，亦即箴言"自你自己出发，你将了解自然，而不是从自然出发来了解自己"[65] 的一种变异。因此，他将自己的注意力从直觉表象的意识及外部经验之中抽离出来转移到了内在体验或自我意识之上。他辩称，我们当中每一个人都从两个层面上意识到自己的身体。我们将自己的身体感知为外部经验的某个客体，我们将它视为存在于时空之中的某一物体，认为它处于同其他同类客体之间种种因果关系当中。因此，就像我们认知到了直觉感知一样，我们也意识到自己的身体，如同我们意识到自然界中所有其他物体一样。我看见了我那只拿着钢笔的手，就如同我观察到它的移动以及出现在这页纸上面的各个字母。我的手就像我视野中的所有东西一样也是一种表象。但不同于显现为表面现象的其他表象的是，我有着一种对我这只手的独特体验，因为我是从内部出发体验着它，体验着它如其所是的状态。我对我这只手以及自己身体的体验，不同于其他表象。我所感觉到的自己手中钢笔所产

---

[64]　参见勒内·笛卡尔《第一哲学沉思录》，载《笛卡尔哲学著作》（*The Philosophical Works of Descartes*，E. S. 哈尔戴恩 [E. S. Haldane] 与 G. R. T. 罗斯 [G. R. T. Ross] 译，Cambridge: Cambridge University Press, 1972），第 1 卷，第 145—148 页。

[65]　叔本华《手稿遗稿》，第 1 卷，第 466 页 /《手写遗稿》，第 1 卷，第 421 页。

生的压力，当钢笔触及纸面及在这页纸上移动之时我所觉察到的阻力，我力图通过出现在这页纸上的一系列单词所表达出的意思，以及当我这只手笨拙地滑动而碰撞过这叠纸的边角，致使一页纸割伤了我这只手并有鲜血滴落在这页纸上时我所感觉到的疼痛，都截然不同于我对其他任何表象的体验。而如果我缺乏我对自己这只手内部这些体验的话，那么，叔本华就会说，它将单纯地显现为类似于钢笔、字母、血及纸的东西。它将不是我的手，而只是我视野当中的另一物件。它将只是漂浮于我面前的我将与其毫无关联的表面之物。尽管出现在这页纸上这些单词或许具有意义，但我将会挣扎着发现这一意义，而不是试图让我所要表述的单词被说出来。对于我们身体表象内部的体验，一种我们仅仅对自己身体所具有的体验，"……用意志这个词来称呼。"[66]

303

将人身体作为意志与表象的双重体验，成为叔本华形而上学的关键。将人身体作为意志而对其内部所进行的直接体验，使人立足于尘世之中，而尘世则是意志客体化或视觉化的结果。将身体与意志的等量齐观为叔本华建立起了一种真理新形式，一种超出他在自己博士论文当中在认识的充足理由律之下所言明的四种形式的真理，亦即:逻辑真理、先验真理、经验真理及超逻辑真理的范围之外的真理。"我想要将这种真理突出于其他一切真理之上，将它称为最高意义上的（Κατ έξοχήν [par excellence]）哲学真理。人们可以用各种不同方式来表达这一真理，可以说:我的身体与我的意志实则为一；或者说:我将自己的身体当作直觉表象的东西，只要它是在一种完全不同的，没有其他可以比拟的方式下为我所意识，我就将它称作是我的意志；或者说:我的身体是我的意志的客体性；或者说:如果把我的身体是我的表象置之不论，那么我的身体就只还是我的意志，等等。"[67] 意志与身体的同一性对叔本华而言必然意味着，身体的每一部

[66] 叔本华《作为意志与表象的世界》，第 1 卷，第 103 页 /《全集》，第 2 卷，第 123 页。
[67] 同上书，第 1 卷，第 102 页及随后一页 / 同上书，第 2 卷、第 122 页及随后一页。

分将意志最初那些愿望与要求给客观化了。牙齿、咽喉、肠道是客观化
了的饥饿，大脑是客观化了的知性，生殖器官是客观化了的性冲动。更
为具体地来说，每个人的身体使得一个人意志可以被看见。年纪更长的
哲学家以这种方式为年轻小伙的好奇心提供了一种哲学上的合理解释。
他为能够看清拿破仑面容所作的努力并非只是受到一睹名流风采愿望的
驱使；相反，他的相貌将会揭示出他的性格及意志。

　　叔本华对身体与意志的相提并论使得他将身体的行为等同于意志的
行为。这是一种对于一种由来已久的将意志或决断的行为视为行动肇因
的哲学传统所作出的驳斥。取而代之的是，叔本华将行动视为决断，却
是从自我意识或内在感觉的角度出发，他将决断视为行为，却是从对于
其他事物的意识或外在感觉的角度出发。这种关乎身体行动与决断的同
一性立场成为他面对作为意志的世界及作为表象的世界的立场。世界从
某一方面来看是为意志；从另外一方面来看，则为表象。两者之间并无因
果关系，因为它们完全相同。采用了一视角的叔本华，为自己通过让自
在之物起到现象的原因或根据的作用而避免了康德哲学的阿喀琉斯之踵
而颇感自豪。他对"埃奈西德穆"舒尔策的功课学得不错。

　　叔本华将自己的形而上学又推进一步，他特别指出，这一对于自己
身体的独特体验，提出了其他表象是否也像身体的表象一样有着潜藏于
其后的意志或是这种表象是否根本就不同于所有其他表象的这个问题。
假如是后面那种情况的话，叔本华声称其他表象仅仅只是表象，"只是些
幻象"，人们"必须假定他的身体是世界上唯一真实的个体，亦即是唯一
的意志现象和主体的唯一直接客体"。[68] 他将这一唯我论观点称为"理论
上的自我主义"，他认为它导致了对外部世界真实性的必然否定。然而，
叔本华从未认真看待过任何形式的怀疑论，他并未试图去驳斥理论的自
我主义。相反，他将其称为一种无法成为严肃的有坚定信仰的"怀疑诡

[68]　同上书，第 1 卷，第 104 页 / 同上书，第 2 卷，第 124 页。

辩"，除非是对某个在一个其拥护者所需的并非驳斥而是治疗的疯人院里的人来说，这种"怀疑诡辩"才有成为严肃的坚定信仰的可能。

在明确否定了理论上的自我主义之后，叔本华运用类比来进行论证而得出结论：意志对于所有其他表象而言也是内在或反面的："并且所有一切客体并不是我们自己的身体，从而在我们的意识中也不是在双重方式下知道的，而只是单纯表象，那些客体也要按前面所说身体的类似性来判断。"[69] 其他表象恰似我们身体的表象，如果我们从其存在中抽离出的东西作为我们的表象，那么所剩下的东西，即它们的内在本质，必然是我们称之为"意志"的东西。叔本华将情态动词"必然"加进了自己论述之中，他声称，除了意志与表象之外，便绝对再也没有其他我们所知道或可相信的东西，如果我们想要赋予外部世界以最大的已知实在性，那么我们就必须赋予它以我们的身体对我们而言所具有的相同实在性。这样一来，他便是在将人们最为直接的熟知之物——意志，变成了其他所有东西的喉舌之所在。后来，他将在自己主要著作第二版中声称，不同于将人类视为宇宙微观缩影的古人的是，他将这一观点颠倒了过来，指出世界乃是"人的宏观体现"（macranthropos），那种宏伟的人。[70] 将人的身体作为理解世界关键的叔本华，成了身体哲学家。

正是在第二篇此处，叔本华作出了旨在令哲学界如坐针毡、浴火重生的断言。他坚称，意志是自在之物，这一康德哲学中伟大的未知之物，以及那被费希特、谢林与黑格尔所抛弃的东西。这三个人中的黑格尔通过声称它是最好的已知之物——否定的概念而对它进行了嘲弄。[71] 这样，叔本华推断道："现象就叫作表象，再不是别的什么。所有的表象，无论是哪

---

[69]　同上书，第1卷，第105页／同上书，第2卷，第125页。

[70]　同上书，第2卷，第642页／同上书，第3卷，第736页。

[71]　同断言自在之物不可知的康德相反的是，黑格尔声称，"没有什么我们如此轻而易举就能知晓的东西"，因为它仅仅是否定概念。参见《黑格尔的逻辑学》（Hegel's Logic，威廉·华莱士［William Wallace］译，Oxford: Clarendon Press, 1975），第44部分，第72页。

类，一切客体，都是现象，唯有意志是自在之物；作为意志，它就绝非表象，而是在种类上不同于表象的。它是一切表象，一切客体和现象，可见性，客体性之所以出。它是个别的事物，同样也是整体大全的最内在的东西，内核。它显现于每一盲目地起作用的自然力之中。它也显现于人类经过考虑的行动之中。而这两者的巨大差别却只是对显现的程度说的，不是对'显现者'的本质说的。"[72]

大自然似乎是凭借巫术在自我意识之中展现出自身，而叔本华则需要一个词来指涉魔法般显现的东西。"可是意志这个词儿，好像一道符咒似的要为我们揭露自然界中任何事物的最内在本质，那就不是标志着一个未知数，不是指一个由推理得来的什么，而是标志着我们认识的东西，并且是我们如此熟悉的东西；我们知道并懂得意志是什么，比了解其他任何别的东西更清楚，不管那是什么东西。"[73] 作为表象的世界纯粹是意志的镜子，意志是它的实在的存在体（ens realissimum）这一最为真实的存在。这个被用于其外延最宽的宇宙论意义上具有魔力的字眼，指涉的是一种零对零平局竞争，这种竞争力图达到意志从大多数表现出来的现象，诸如重力之类的自然力量，经由审慎的人类行为而让自己在世界上作为表象的范例。这种种不同事物间唯一差别就是意志被客体化的程度，在显现事物的内在本质上并无差别。然而，他却认为意志完整而不可分割地存在于其各种显现形式之中，对于任何现象或表象所作的认真分析最终都将以对意志的指涉作结。他辩称，意志的客观化是有无穷等级的，有如可以找到见诸从最微弱日光到最强烈的日光之间的无限级别一样，有如最响亮的曲调与最微弱的回声之间的无限级别一样。此外，作为表象的世界还揭示出了一种等级森严的本体，这一本体从意志最欠表现力的表象的自然力直达为意志最具表现力的表象的人类而各不相同。

---

[72] 叔本华《作为意志与表象的世界》，第 1 卷，第 110 页 /《全集》第 2 卷，第 131 页。
[73] 同上书，第 1 卷，第 111 页 / 同上书，第 2 卷，第 133 页。

作为表象的世界中每一因素努力成为意志："意志客体化的每一级别和另一级别争取着物质、空间和时间。"[74] 世界因此展示出泛神论的最高形式，这一形式显现出恒常不断的冲突与争斗。但一个由挣扎与冲突着的物理及化学力量所构成的世界只不过是一个进入存在与离开存在的世界。当不可避免的冲突卷入具有认识能力的种种存在之时，存在就变得问题成堆："痛苦关乎的只是意志，它存在于对此进行的检查、阻碍或挫败之中；但还有一项额外要求：这种检查应当伴之以认识。"[75] 换言之，直至进化出了人类与非人类的动物，存在才变得问题成堆。所有这些生物都因其本质而受苦，人类因为意识到自己的死亡而受苦最深。叔本华关于意志的形而上学，奠定了他悲观主义的基础，回答了推动哲学上惊异的问题中的一个，受苦与死亡是世界无处不在的特征，因为世界即是意志。

叔本华运用理论进行说明，意志是"一"，但这"一"并非作为某个能被说成是"一"的个体或某个能被说成是"一"的概念。[76] 某个个体为"一"，因为它在某个具体时间占据着某个特定空间；某个概念为"一"，因为它是被从众多具体情况之中抽象而出，这些具体情况之后便成了它外延当中的各个成员。意志为"一"，因为它处于充足理由律的范围之外，并因此超越了多重性及个别化的可能性。意志的同一性似乎只是非多重性的一种形式。因为意志并不服从于充足理由律，它便逃脱了必然性的所有形式。他由此辩称意志是自由的。他将在这部作品第二版当中断言，意志的自由是先验的，意志的这种自由同掌控着作为表象世界的必然性和谐一致，恰如现象那超验的唯心性同其以经验为根据的实在性

307

---

[74] 同上书，第 1 卷，第 147 页 / 同上书，第 2 卷，第 174 页。

[75] 叔本华《附录与补遗》、第 2 卷，第 297 页 /《全集》，第 6 卷，第 316 页。

[76] 叔本华《作为意志与表象的世界》，第 2 卷，第 320 页 /《全集》，第 3 卷，第 364 页。令人奇怪的是，在一则写于德累斯顿的笔记中（1814），当时叔本华开始写他主要著作时，他仅仅因为柏拉图的理念与康德的自在之物都不受时空限制就将这两者等同起来，让它们成为不杂多性、变化以及起始限制的东西。参见《手稿遗稿》，第 1 卷，第 250 页 /《手写遗稿》，第 1 卷，第 150 页。

的和谐一致一般。叔本华从神学中借用了一个用以描述上帝的术语"自存性",来赋予意志这一独立于其他所有一切的存在,而其他所有一切都有依赖于他物的存在。由是之故,他会在后来宣称他比斯宾诺莎更有权利将自己的形而上学称之为"伦理学",因为他的实在的存在体满足道德的两大条件:它既是自由的,又同时对世界负责任。他甚至将在职业生涯更晚时断言,他的哲学回避了以下主张:"世界仅有物理意义,而无道德意义……一个根本性错误,一个最大最致命的错误,是心智的真正堕落……信仰将敌基督人格化。"[77] 挖苦成性的尼采,这位叔本华一度的狂热崇拜者,将会骄傲地把他那反道德的、狄俄尼索斯式的世界观称为"敌基督"[78]。

在第二篇结束之前,叔本华提供了他书名所许诺的东西,一段对作为表象与意志的世界的描述。他以对"意志唯一的自我认识,总的说来就是总的表象,就是整个直观世界"[79] 的评述结束了这篇。这一断言呼应了他在德累斯顿的笔记中指定为单一思想的东西:"我的整个哲学用一个表达式加以概括:世界是意志的自我认识。"[80]《作为意志与表象的世界》没以第二篇结束并不令人吃惊。如果它就此打住的话,叔本华便不会思考那些推动他关于更优的意识的哲学的主题,即艺术、伦理及拯救了。此外,他在自己主要著作结尾处再次断言道"因为世界是意志的自我认识",然而这一"自我认识"所必需的东西却需要他另外加上两篇加以阐述。

308

---

[77] 叔本华《附录与补遗》,第 2 卷,第 201 页 /《全集》,第 6 卷,第 214 页。

[78] 关于尼采使用"敌基督"术语与叔本华相反,以及对它进行的认真分析,参见尼采《悲剧的诞生》(The Birth of Tragedy),前言,第 5 部分,参见约尔格·萨拉克瓦尔达(Jörg Salaquarda)"敌基督"(Der Antichrist),《尼采研究》(Nietzsche Studien),第 2 卷(1973),第 90—136 页。

[79] 叔本华《作为意志与表象的世界》,第 1 卷,第 165 页 /《全集》,第 2 卷,第 196 页。

[80] 叔本华《手稿遗稿》,第 1 卷,第 512 页 /《手写遗稿》,第 1 卷,第 462 页。

第三篇：艺术的形而上学

在第三篇中，叔本华回到从一个新观点来考量作为表象的世界，就是通过充足理由律角度对世界所作的超越观察。[81] 这篇相当掷地有声的标题，间接地宣告了它所呈现的是他的美学："独立于充足理由律以外的表象：柏拉图的理念：艺术的客体。"[82] 叔本华的美学仅仅只有在他首先对作为意志的世界进行思考之后才可能随之产生，在他对作为意志的世界所作的思考当中，他辩称说，意志是所有表象的实质，是他的自在之物，是争斗、冲突、痛苦、受苦、毁灭及死亡无处不在的基础。艺术提供的是解脱和静谧，是生活这座火焰山当中的清凉地。艺术呈现的是人生纯洁无罪的一面，它是"人生的花朵"[83]。但更为重要的是，他引入自己对柏拉图的理念的极其非柏拉图的构想也将是在意志的形而上学这一背景中。他对柏拉图的理念那极其非柏拉图的构想，将在他对审美沉思所作的分析以及对艺术天才所作的描述中起着主导作用，它将会被用作他对艺术进行分类的标准。

叔本华对于自然科学所作的分析试图去证实，形态科学的分类模式是在对于自然类别认识上达到的顶点，病源科学最终是在它们对描绘自然界中种种变化规律性的因果法则所进行系统阐述中运用自然力的概念。诸如花岗岩、鲨鱼、玫瑰、老虎以及人类这样的具体例子数不胜数，而柏拉图的理念则是作为这些自然物哲学上的对应物，正如它们是作为诸如重力、流动性、弹力及电流这些自然力哲学上的对应物一样。叔本华 309 还假设出了一个基于意志被显现出的程度之上的作为表象世界的等级森严的本体。这一等级结构涵盖了从最为普遍及最不能表现意志客观化的存有到最具个体性及最高程度表现意志客观化的存有的各种情况。因此，

---

[81]　叔本华《作为意志与表象的世界》，第 1 卷，第 410 页 /《全集》，第 2 卷，第 485 页。

[82]　同上书，第 1 卷，第 167 页 / 同上书，第 2 卷，第 197 页。

[83]　同上书，第 1 卷，第 266 页 / 同上书，第 2 卷，第 315 页。

他认为"以客体化的程度来说，那么在植物里的是高于石头里的，在动物里的又高于在植物里的"[84]。在这一语境之中，叔本华说道："我说意志客观化的这些等级不是别的，而就是柏拉图的那些理念。"[85] 说得更为明确的话，即是，一个柏拉图的理念，无论它是关于重力的，还是关于花岗岩、鲨鱼、玫瑰、老虎或人类的，都是意志客观化的一个固定等级。

意志客观化的各个等级在无数个体当中被表现了出来，但柏拉图的理念却是作为事物永恒形式而存在，这些永恒形式从未在某个具体事物当中被完美无缺地作为范例展现出来。这些具体事物总是处于生成与消亡的状态之中。叔本华认为，这些意志客观化的固定等级作为永恒形式或原型同具体事物具有关联，它们自身是明确的、不变的、非空间性的、非时间性的，处于充足理由律的范围之外。他声称，这是柏拉图用此术语所表达原初的和真正的意义，他预先告知读者说，他并未像康德一样违规使用这一概念，因为康德假冒了柏拉图的伟大洞见将理念变为了纯粹理性的必然产物及永远无法找到一个经验客体的空洞概念。对叔本华而言，理念既不是理性那种想要努力认识绝对的假冒产物，如康德所会做的一样，也不是任何人类认知能力的产物，相反它们是某一主体的客体，由纯粹无私的沉思所达成。更为确切地说，康德关于纯粹理性、灵魂、（作为封闭整体的）世界及上帝的观念，都是些空洞幻象，都是些没有知觉对象的概念，它们只是些空洞想法罢了，它们对于一个理性本体而言甚至都是不可调控的。

然而，叔本华却在他这两位英雄的哲学之间找到了一个隐秘的交汇点："我们发现康德的自在之物与柏拉图的理念……西方两位最伟大哲人的两大晦涩的思想结……虽不是等同的，却是很接近的，并且仅仅是由于一个唯一的规定才能加以区别。"[86] 柏拉图的理念同康德的自在之物都

310

[84] 同上书，第 1 卷，第 128 页 / 同上书，第 2 卷，第 153 页。
[85] 同上书，第 1 卷，第 129 页 / 同上书，第 2 卷，第 154 页。
[86] 同上书，第 1 卷，第 170 页 / 同上书，第 2 卷，第 200 页。

意味着，被感觉所揭示出的世界只是一个由现象所组成的世界，而非真正的实存。叔本华因此声称，柏拉图与康德两人的哲学具有完全相同的内在含义。他们俩都声称感官世界是纯粹的现象，都断言其"借来的"实存来自于在它之中所被表达的东西，对柏拉图而言是理念，在康德看来则是自在之物。当然，叔本华声称自己证明了理念与自在之物之间的真正关系，他声称，"理念只是自在之物的直接的，因而也是恰如其分的客体性。而自在之物本身却是意志，是意志——只要它尚未客体化，尚未成为表象。"[87] 然而，柏拉图的理念却有别于意志，他继续写道，因为它们必然是某一客体这种被某一主体所认知的东西，并因此存在于任一表象最普遍的形式之中，存在于对某个主体而言的客体最普遍的形式之中。叔本华分析道，服从于充足理由律的理念繁衍为世俗经验的特定的、被单独认知的事物，它们是意志间接的客观表现。理念立于意志与特定事物之间。

叔本华美学从康德美学所获恩惠要少于他自己的理论哲学，但其美学的核心部分，他对于审美体验所作的分析[88]，却仍然遵循着他英雄的美学的普遍特征。他发现在康德美学当中存在着他在其认识论中所发现的同样问题。他因此抱怨说，康德着手的出发点是关于事物的判断，而非经验本身，他指责康德着手的出发点是关于美本身的种种判断。他还认为康德对美鲜有感受能力，其体验艺术杰作的机会也甚为有限，因为他终其一生都从未离开过柯尼斯堡。他因此将康德比作一位十分聪颖的盲人，这位盲人不得不依赖于他人精当的陈述构成一个色彩学说："而事实上，我们也几乎只能用这种比喻来看康德关于美的一些哲学理论。"然而，尽管他觉得康德关于美的分析缺陷颇深，但他却认为康德在美学上闯出了一条新路。叔本华早前就已经注意到，亚里士多德、埃特蒙德·伯

[87]　同上书，第 1 卷，第 174 页 / 同上书，第 2 卷，第 205 页及随后一页。
[88]　同上书，第 1 卷，第 531 页 / 同上书，第 2 卷，第 629 页。

克（Edmund Burke）、约翰·约阿希姆·温克尔曼（Johann Joachim Winckelmann）、莱辛、赫尔德及其他人将注意力集中在了被称之为美的各种客体之上，并探索着以求得这些客体的特征或特性。然而，从判断出发的康德却将美学探究引回到主体。叔本华跟随康德回到主体，但他却更进一步，跳过判断而前行到主体对于美的体验。

审美体验这一对于优美或壮美的体验，包含了对于要么是某一自然客体要么是某一艺术杰作的沉思，它是一种独特而超常的体验。在我们生活的寻常进程中，我们感知的是许多处于与其他类似事物各种关系之中的个别事物。更为根本的是，他声称我们对于事物的俗世体验总是具有利害关系；也即是说，我们是在充足理由律的范畴之下感知事物，并将其作为了用以满足或挫败自身愿望的可能手段。在美学体验之中，我们被突然夺去自己对事物的平凡看法。我们似乎失去自我而陷入了自己的认知之中。悲苦与忧虑消失了，时光似乎静止不前，呈现出的是一派平静与安宁。我们似乎与认知的客体合为一体，我们的双眼似乎变成了一面毫无瑕疵的、映射出我们所意识到的客体的镜子，而这一客体则再也不是尘世事物。

叔本华辩称，审美体验包含了主体与认知客体这两者的根本转变。主体这一审美的沉思者，变成一个"认识的主体，纯粹的、无意志的、无痛苦的，无时间的主体"，而认知的客体则是柏拉图的理念。[89] 这种超常体验离弃了充足理由律以及处于其作用范围之中的所有一切。由处于与其同类的其他事物因果关联之中时空性的客体所构成的世界消失了。再也没有一个充斥着平息或激发欲望的事物的世界，审美体验凭借对欲望的超越而必然从意志当中解放出来，这是一种对于苦难的逃离，它预示着那将会被叔本华称之为意志否定的东西。因为柏拉图理念是意志的直接表述，所以审美体验比科学更加具有形而上学的启示作用。作为自

[89] 同上书，第1卷，第179页／同上书，第2卷，第210页及随后一页。

在之物的意志并非表象，当它变成客体之时，它是理念，而当它在时空和因果关系之中被客观具体化了的时候，它则繁衍而为世界上飞逝且变化着的尘世事物。科学关乎的只是后一种情况。艺术，呈现出柏拉图的 312 理念，音乐除外，并因而呈现出一种对于意志更为充分的表述。

一部艺术杰作是天才的作品，叔本华用"天才"这一术语几乎是为专指艺术大师抑或伟大哲人。他认为艺术家相较于常人而言拥有过多才智，具备见人之所不能见的能力。这种丰沛的才智使得艺术家能够毫不关涉自身意志地来更为客观看待事物，并由此认知柏拉图的理念。因此，艺术天才能够不将石头、植物、动物或人类看作特定的东西，而是将其视为在特定事物中被普遍实例化的东西，即石头、植物、动物或人类的柏拉图理念。艺术家不仅具有对于客观沉思的偏好，他——叔本华否认女性具有天才——还拥有强烈的想象力，因为没有任何个别的东西完美表达了柏拉图的理念。因此，艺术家不得不富于创造性地去掉事物不必要及非本质的种种特征以认知其理念。当然，艺术家还必须得拥有在一件艺术品里传达理念的专门技艺。

叔本华就天才所进行的深思熟虑还促使他去思考疯狂。早在 1811 年秋季，在他选修费希特第一门讲座课程期间，他就已经对这位教授将天才与疯狂置于人类两大极端的做法提出质疑。费希特宣称，这两者都偏离了常人的轨道，但天才却向上趋近于神祇，而疯子则向下几近乎动物。这位学生反驳道："恰恰相反，我相信，天才与疯狂尽管迥然有别，但彼此间的紧密关联却甚于前者同具有常识的人以及后者同动物之间的关联。"[90] 作此评论之前，这位雄心勃勃的哲学家就已经参观过柏林济贫院。在那里，他"……在经常参观疯人院时，我曾发现过个别的患者具有不可忽视的特殊禀赋，在他们的疯癫中可以明显地看到他们的天才，不过

---

[90]　叔本华《手稿遗稿》，第 2 卷，第 18 页 /《手写遗稿》，第 2 卷，第 18 页。

疯癫在这里总是占有绝对的上风而已"[91]。叔本华说，天才本身就近乎疯狂，这是通过阅读关于诸如卢梭与拜伦等人传记作品便能得到证明的东西，天才与疯狂之间的关联已经被柏拉图在《斐德罗篇》及其声名狼藉的洞喻中给特别指了出来。那些离开黑暗进入到光明中的人，他们将事物原本地体验为理念，再也不能在黑暗中进行感知，并因此成为居住在洞穴中人眼中的疯子。[92]

313

　　如同其生命表达了超越于充足理由律之上诸多要素的天才一样，精神病患者也因为不能将现在同过去联系起来而饱受记忆的线索中断之苦。疯人像动物一样地被限于眼前的，但不同于没有所有有关过去概念的动物的是，疯人具有理性能力，他们拥有过去，但却是一个虚假的过去。在弗洛伊德之前，叔本华就已经注意到，对于过去准确记忆的丧失以及用以取代它的虚假过去，通常都是创伤的产物："至于剧烈的精神痛苦，可怕的意外事变所以每每引起疯癫。"[93]痛苦作为现实事件被限于眼前的，所以只是暂时的，但它能够作为记忆变成一种持续的痛苦。为了保护自身，心智便将这种痛苦的记忆予以摧毁，并拿幻想填充漏洞，其结果便导致疯狂。天才与疯狂的切点是失去了同眼前的联系。认知到柏拉图理念的天才，抛弃了遵循充足理由律认识特定事物的能力。认知到理念的天才所意识到的是普遍事物，而非特定事物或日常经验到的个别事物。疯子还因为某种使人无法具有同日常生活中的事物和事件真实关系的虚构记忆而缺乏同日常现实的联系。如果用那种经验到的只是现象却是按照这些现象在充足理由律下正确关联而经验着的普通人标准来加以衡量的话，那么，天才在形而上学方面的锐利视觉便似乎同疯子的目光一样的反常了。区别在于，天才所经验到的是一种比寻常人所经验到的现实要更为伟大的现实，而疯子所经验到的则是不如寻常人所经验到的现实

[91]　叔本华《作为意志与表象的世界》，第1卷，第191页/《全集》，第2卷，第225页。

[92]　关于洞喻，参见柏拉图《理想国》，BK. VII，514—517b。

[93]　叔本华《作为意志与表象的世界》，第1卷，第193页/《全集》，第2卷，第227页。

那么伟大的现实。

叔本华就艺术天才所作的描述必然意味着自然中的一切都是美的，因为天才具有能够认知就任一自然客体而言的柏拉图理念的潜在能力。事实上，假如某一自然客体被纯正无私而客观加以看待的话，那么，任何一个人都可以享受到美感。审美沉思的任一客体，无论它是自然物还是艺术品，都在对它的认知将旁观者转化为纯粹的、无意志的、无痛苦的、无时间的主体时引发了美感。向这一平静安宁状态过渡是平稳的，也是自动的。这种状态是"没有痛苦的心境，伊壁鸠鲁誉之为最高的善，为神的心境；原来我们在这样的瞬间已摆脱了可耻的意志之驱使，我们为得免于欲求强加于我们的劳役而庆祝假日，这时伊克西翁的风火轮*停止转动了"[94]。他辩称道，自然美将美感推进到了这样一种程度：甚至是那些感觉最迟钝的人也能够在自然美呈现出来时享受到审美上的满足感，尽管它稍纵即逝，飞驰而过。他认为这对植物尤其令人注意，他推测道，情况之所以如此，或许是因为植物需要认知着的个体来为其提供它们所被拒绝给予的东西，以便进入表象的世界。[95]

叔本华认为壮美同优美密切相关。两者都必须有某个纯粹的、无意志的、无时间的、无痛苦的认识主体对某个柏拉图理念有着认知。两者的共同点在于都逃离了为意志服役的认知。事实上，他认为优美与壮美间的差别只是程度不同，而非种类各异。为了说明这一点，他提供了一个有关对于建筑的美体验的例子，这个例子描绘了这一体验是如何因为投射在某个砖石的建筑上的光所发挥出的作用而得以加强。隆冬时节，当我们凝视被夕阳投射在该建筑堆砌的砖石上的余晖之时，我们因这优美的光的作用我们转入沉思和某种纯粹认知的状况。他继续写道，然而

314

---

* 伊克西翁（Ixion）为古希腊神话中的拉庇泰王，因追求天后赫拉而被宙斯绑在永远旋转不停的地狱之轮上受罚。

[94] 叔本华《作为意志与表象的世界》，第1卷，第196页/《全集》，第2卷，第231页。

[95] 同上书，第1卷，第201页/同上书，第2卷，第237页。

却也有必须承认的事实：这种光并未生出用以助长生命的温暖作用，因而存在着对我们超脱意志的举动所提出的小小挑战，这种超脱在其他体验优美的场合中是完全平稳而自然地发生的。由于这种对纯粹的认知主体转化所提出的软弱无力的挑战，我们体验的"这是优美中有着一点儿壮美的意味，最微弱的一点儿意味，而这里的优美本身也只是在较低程度上出现的。"[96]

315

叔本华通过将注意力集中在认知客体及其同主体的相互作用之上而在优美与壮美之间进行了区分。在对壮美的体验当中，认知客体在某种程度上对行为主体构成了威胁，因为它意味着某种对生命意志怀有敌意的东西。因为这种对我们幸福或生命本身所构成的威胁，向纯粹的认知主体的转化便包含了某种奋力抗争，沉思者经由这种抗争被提升到了超越于由客体所带来威胁之上的境界。而在对优美的体验之中，其种种客体并未对性命构成此类威胁，由普通认知向纯粹认知的转化自动发生，并不存在任何抵御或抗争。然而因为影响崇高感的那些客体同人的意志相敌对，所以从充满意志的普通认知向纯粹认知的转化便包含着某种从这些客体的疾速脱离，在这一脱离的过程当中主体也被提升到了超越于客体同意志间敌对关系之上的境界。叔本华还清楚地认识到，对于壮美的体验也如同对于优美的体验一样具有各不相同的等级。他辩称道，客体的威胁性越大，为战胜这些威胁所作的抗争便越伟大，对于壮美的体验也就越伟大。对于就人类的幸福而言所存在的潜在威胁的清楚认识必须得达到使沉思者并未真正感到恐惧、忧伤或惊慌的程度。这些情感都是对于客体所作出的具有意志的反应，它们抑制着任何一种审美体验。

叔本华认为康德《判断力批判》中最为杰出的东西是他对壮美所作的分析，尽管他反对他所认为的被康德加诸这种感受之中的道德说教，以及

---

[96] 同上书，第1卷，第203页／同上书，第2卷，第240页。

康德就"[对壮美的]印象的内在本质"所作的描述[97]，但他却仿效康德对变化不断及静止不动的壮美进行了区分。叔本华再次将这一区分建立在了那些引发壮美感的客体所具有的性质之上。变化不断的壮美包括具有毁灭观看者的危险性自然物体或事件，比如说，咆哮着的大海中那呼啸而来的风暴，伴随着从混浊不祥的乌云之中飞跃而出的闪电，回荡着隆隆作响、时刻不停地牵引着海浪汹涌的雷声。怪异骇人而全无约束的自然力令观看者感到茫然无助、束手无策，觉得自己在这些肆虐横行的自然力面前根本就不值一提。然而，我自岿然不动的旁观者或许会觉得，这骇人的奇观只是他们的表象而已，就其本身而论，全由他们决定。这一认识将旁观者提升而成为纯粹的认知主体。

316

与为变化不断的壮美所给予的激励形成了对照的是，数学的壮美的诸多客体，包含了对于宇宙在时空上的广袤无垠的沉思以及继之而来的我们尚不如沧海一粟的认识。将无数的世界展现在我们眼前的夜间星空引发出双重的觉悟。一方面，考虑到宇宙是如此的浩瀚无际，我们只觉自身渺小得不值一提；而另一方面，我们则是认知主体也就是一切世界和一切时代的肩负人。那原先使我们不安的世界之辽阔，现已安顿在我们心中了，我们的依存于世界，已由世界的依存于我们而抵消了。

柏拉图的理念在叔本华对于艺术的分析当中也起着至关重要的作用，他对艺术所作等级各异的分类基于具体门类艺术所表达的形而上学真理的程度。除音乐之外，这种分类涉及的是由具体门类艺术所传达出的柏拉图理念的种类以及由该理念所代表的意志客观表现的等级。作为精美艺术的建筑位列叔本华所划等级的最后，因为它呈现的是用于表达处于

---

[97] 叔本华，同上书，第1卷，第205页／同上书，第2卷，第242页。康德在《判断力批判》AK247f.中论述了动态及静态的壮美，在《实践理性批判》AK161结论中，他声称两种东西令他心中充满敬畏：头顶的星空与心中的道德法则。尽管叔本华认为星空激起了壮美感，但他反对关于人能够在自身当中找到道德法则的观点。叔本华可能是将读到的这段话看作康德赋予壮美感以道德基础所作的暗示。

意志的客观性的最低级别理念显露出来的各种时机，确切地说，这些理念是诸如重力、内聚力、刚度及硬度这些自然力的理念。水力学中这种对水所进行艺术性排列在该等级中仅在其前。飞溅着的瀑布、水柱般高耸的喷泉以及波光如镜的池塘显示了流动性的理念及其在重力作用之下的分解。因为具有艺术性的园艺栽培所涉及的是植物生命这样一种意志更高的客观表现形式，所以它比建筑及水力学的物体更能表现意志的本质。然而，因为植物世界展现自身以使人获得审美享受的方式是自然而然的，比具有艺术性的园艺种植要更为快捷，所以，叔本华认为，风景画比其人为的设置总是受制于大自然无常变化的园艺种植更加适合植物的艺术呈现。然而叔本华却声称，在关乎动物生命的绘画及雕塑当中，所表达的是级别甚至更高的意志，人们能够开始觉察到被更为激烈地表达出来的人类生命中的不安、争斗与冲突。尽管如此，最高级的视觉艺术所关乎的却是人的形态，但它们却因为其介质——颜料、大理石及类似物品——的静态特性而使其描绘人类生命复杂性的能力受到局限。

317　　被叔本华将其全部称之为"诗"的文字艺术，最能表达人类生命以及人性之理念。他将文字艺术分为三种：抒情诗、史诗及戏剧。高踞文字艺术顶端的是悲剧性作品或悲剧，因为它不仅展现出是为意志本质之最高表现的人类生命，而且还描绘了人类存在那深奥而可怕的一面，在这一被偶然性满含轻蔑地玩弄于股掌之中的人类存在当中，无辜、公正及良善之人常遭毁灭。悲剧性作品所表现的是意志本身的对抗。悲剧主人公的毁灭昭示出意志那令人惊骇的本质，叔本华认为，主人公的赎"罪"行为代表了对于存在之罪的救赎。悲剧性的结果催促人们远离生命。悲剧性作品的终极意义在于劝人断念，劝人否定意志。因此，他将歌德《浮士德》中的甘泪卿以及卡尔德隆《坚贞不屈的亲王》（*The Coustant Prince*）中的亲王视为最佳悲剧当中的主人公，因为他们最终都心无所求，听天由命。古希腊戏剧之所以不及现代戏剧，在很大程度上正是出于这一原因。[98] 然而，叔本华却相信，即便是某部悲剧未能表现断念，一部好的悲剧也仍然能够导人断念。古希腊悲剧对于离弃生命的精神展示甚少，但它们却仍然在舞台上表现出了生命是何等地令人恐怖，这使得观众认识到，生命并非让人去爱的东西，更好的做法是远离生命与这个世界。伟大的悲剧性作品对最高程度的壮美发出了挑衅，因为它将观众提升到超越于意志与欲望之上的境地，令他们在目睹意志的直接对抗物以及那种让他们认识到在自己身上有着某种并不渴望获得生机东西的时候，顿生快感。

音乐是叔本华生命中的巨大安慰，他绝对珍视对于有关这个悲惨世界真相所获得的发现。因为音乐比其他任何艺术都更能传达真理，所以，他将它置于他就艺术所划分等级的顶点，认为它具有与哲学本身相同的传达真理的能力。叔本华从哲学角度解释说，其原因在于，音乐跳过理念及其同类的东西而完全地置现象世界于不顾。音乐是"全部意志的直接客体化和写照（Abbild），犹如世界自身，犹如理念之为这种客体化和写照一样；而理念分化为杂多之后的现象便构成个别事物的世界。所以音乐不同于其他艺术，绝不是理念的写照，而是意志自身的写照，这理念也是意志的客体性"[99]。他将莱布尼茨关于音乐是无意识的算术练习的言论稍作改动，把音乐称作是无意识的形而上学练习。[100] 正如始终运用得

318

[98]　参见，同上书，第 2 卷，第 585 页 / 同上书，第 3 卷，第 672 页及随后一页。叔本华认为古希腊悲剧既展示了古希腊人对于生之不幸的敏锐意识，又表现出他们坚守着肯定意志的立场，——一种被不同于叔本华的尼采视为古希腊人精神的立场；另请参见我写的"复归赛利纳斯（译注：Silenus，古希腊神话中酒神狄奥尼索斯的养父及师傅，森林诸神的领袖）的智慧"（Reversing Silenus Wisdom），载《尼采研究》（Nietzsche Studien），第 20 辑（1991），第 309—313 页。
[99]　同上书，第 1 卷，257 页 / 同上书，第 2 卷，第 303 页。
[100]　参见叔本华，同上书，第 1 卷，第 264 页 / 同上书，第 2 卷，第 313 页。叔本华意译了莱布尼茨的话："音乐是那不自知地数着数的心灵所做的一种隐秘的算术练习。"（Musica est exercitium arithmeticae occultum nescientis se numerare animi）这段话引自克里斯蒂安·科特霍尔图斯［Chrisitian Kortholtus］编《书札与神学、司法、医学、哲学、数学、历史及语文杂论》（Epistolae ad Dirersos, Theologici, Juridici, Medici, Philosophici, Mathematici, Historici et Philologici Argumenti, Bern: Christoph Breitkopf, 1734），第 1 卷，第 154 页。

当的哲学是用概念再现了世界一样，音乐是用乐音做着同样的事情。就此而言，"人们既可以把这世界叫做形体化了的音乐，也可以叫做形体化了的意志。"[101] 然而，他不会将世界叫做形体化的概念。概念仅仅是哲学的工具而已，它们被从作为表象的世界当中抽象出来，无法同样精确而雄壮地表达出能够被音乐所表达出的东西。叔本华的音乐哲学会对那些怀有深切哲学抱负的作曲家产生吸引力，并为他们提供工具让他们认为，自己能够表达哲学家所表达的东西，却更加直接而有效，更加具有明晰性。哲学提供的是果壳，而音乐提供的则是果肉。

然而，叔本华关于音乐的陈述在其结尾出现了矛盾之处。音乐被说成了某种不可复制事物的复本——某种无法映射出的原初事物的镜像，不能被再现的东西用曲调加以再现。因此，他将接受抑或反对他关于音乐见解的问题留给了读者。他继续写道，但读者应当在领会了他的单一思想并体验过伟大音乐所产生的功效之后再作选择。但他也还在第三篇结尾处特别指出，艺术家及天才尽管具备纯然沉思世界的能力，但并未超越世界。艺术天才至多享有获得慰藉的时刻，但如同其他任何一个人一样，"他还负担这个剧本演出的工本费，即是说他自己就是那把自己客体的而常住于苦难中的意志。对于世界的本质那种纯粹的、真正的、深刻的认识，在他看来，现在已成为目的自身了：他停留在这认识上不前进了……"[102] 然而，如果艺术家厌倦了藉沉思所获得的片刻安宁的话，那么，这样一位艺术家便还是会转向事物那更为严肃的一面。这即是叔本华第四篇的主题。

---

[101] 同上书，第 1 卷，第 263 页 / 同上书，第 2 卷，第 310 页。
[102] 同上书，第 1 卷，第 267 页 / 同上书，第 2 卷，第 316 页。

第四篇：伦理的形而上学

转向事物严肃的那面即是回归作为意志的世界。尽管叔本华这部作品第二篇是以人的身体为起始点，但其焦点集中在他关于自然的形而上学之上；而第四篇的焦点则是最为鲜明地表达出意志本质的人的行为。该书的标题也机敏地抓住了其涵盖广泛的目的论内容："在达成自我认识时，生命意志的肯定和否定。"这是他的"伦理之书"，他预先告知读者，它并非人们通常理解的"实践哲学"。所有哲学都是理论性的，无论其主题重要性如何，其行进方式都是纯然沉思的。此外，他避免将自己的伦理学称之为"实践哲学"，是因为那种做法通常使人联想到形成一套旨在改变人的举止并最终改造某人性格的行为规范。哲学僵硬的概念无法对这种改造起作用。决定存在是否有价值，是拯救还是沉沦，是一个人最内在的本质；即柏拉图所说的人的指导声音或神明以及康德所说的悟知性格。叔本华辩称，德行和天才一样，都不是可以教得会的，期望道德体系能够造就出有德的人或圣者就如同认为美学能够让非诗意富有诗意一样愚不可及。他也不想告诉人们应当去做什么。那是对孩子说话的方式，不能用于同欲望满满的成人所进行的交谈。他不愿提供关于责任的教条和规定，尤其不愿提供诸如康德学说之类毫无意义的说教。谈论"绝对命令"的康德，并未认识到他可以说是在谈论着方形圆圈这样的不可得之物。后来，他将于1839年在他那篇未成功获奖的征文《论道德的基础》中对康德伦理学进行严酷无情的分析，对于自己英雄的哲学当中的这一部分，他绝少共鸣，毫无怜惜。

叔本华的"伦理之书"所涵盖的主题可谓广博：生与死、自由与宿命论、意志散漫的本质、受苦与无聊、幸福的消极特点、宗教迷信、作为生命意志最强表达的性冲动、永恒的与短暂的公正、权利哲学、作为正义与美德基础的同情、禁欲主义、自杀以及超越尘世或否定意志的灵魂拯救。之后那位于书末的论点同断言世界是人的表象的开篇论点互为呼应、恰成均势："对于那些意志已倒戈而否定了它自己的人们，则我们这个如此非常真实的世界，包括所有的恒星和银河系在内，也就是——无。"[103] 鉴于这一系列激动人心的主题，第四篇篇幅最长，在第一版当中的长度为二百零六页。第一篇长度为一百三十五页，第二篇为一百零三页，第三篇则为一百四十三页。他添加的附录"康德哲学批判"，展示了他对于康德哲学所有主要方面的理解，其批判性的评论浓缩在一百三十四页篇幅中。

目的论论调的语言在《作为意志与表象的世界》中比比皆是，而这在第四篇中则最为明显。在前三篇中，他试图表明"在作为表象的世界中已为意志举起了一面反映它的镜子，意志在这面镜子中得以愈益明晰和完整的程度认识到它自己。"[104] 他认为，意志仅就其自身而论既无意识又没有认识，它是一种盲目且永不停息的冲动，如同它在无生命自然界、植物王国及其法则以及我们自己生命的植物性部分当中所显示出的一样。它通过作为表象的世界获得了对于其欲想状态以及它在动物性生命中对之具有朦胧欲求而在人的生命中对之具有最明确欲求的东西的认知，作为表象的世界被他写成了意志为供自身驱使而使之逐步显现的东西。他继续写道，意志所想要的只是生命而已，因此，如果我们说的是生命欲求，而不是仅仅说"欲求"[105]，那便纯属烦冗的赘述。接着他又写道，因为意志是自在之物，是世界与生命的内在的涵蕴和本质的东西，所以，如果存在着意志，那也就存在着生命与世界。

最后这一见解被叔本华用来解决死亡和受苦这两大问题。在他之前，鲜有哲学家将死亡与受苦作为其哲学思考中详加探究的话题，而在他之后这样去做的哲学家也不多见。在他主要著作第二版中，他将把人称作是形而上学的动物，他将赞同柏拉图与亚里士多德的论点：对于世界所感

321

[103] 同上书，第1卷，第412页／同上书，第2卷，第487页。
[104] 同上书，第1卷，第274页及随后一页／同上书，第2卷，第323卷。我对派恩的译文作了大幅改动。
[105] 同上书，第1卷，第274页／同上书，第2卷，第324页。

到的惊奇或惊异，促使人们去对世界进行哲学思考。然而他将持有以下见解：喜欢哲学思考的气质因为认识到生命的悲惨状况以及死亡与受苦的无处不在而得以增强。他假设道：如果没有这个成对出现的邪恶，人类将与其他动物颇为相似，对生活采取一种逆来顺受的态度，而"如果我们的生命永无止境、远离痛苦的话，那么就没人会去问世界为何存在，又为何恰恰以这种方式存在了，而所有的一切都将会仅仅被当作理所当然的事情"[106]。这一在叔本华著作中一以贯之的主题在第一版中由此开始，它所设定的目标是去证实一种对于死亡及受苦所做的形而上学的解释。这种解释诚实地以一种对于真理的忠贞不渝以及为受苦受难、生命短暂的人类提供慰藉的意图来对这些问题进行审视——仿佛他这桩桩件件的投入全然轻松自如一般。事实上，《作为意志与表象的世界》当中最长的一章将会以"论死亡及其同我们内在本质的不可毁灭性的关系"的标题出现在第二版中。它是叔本华在意识到自己必然死亡时所写下的。

　　叔本华断定，我们对死亡怀有恐惧的原因，是我们在它之中归于灭绝与终结。我们最大的忧虑是对于我们自身死亡所怀有的忧虑。因为死亡必将来临，因为我们对于规避死亡无计可施，所以，我们面对自身的消亡感到无助无望。[107] 不过，我们却如此地满怀生命意志，以至于我们恒久不断地对抗着这个"邪恶"，这是一场我们知道自己在其中无法获胜的抗争。在叔本华看来，这种与生俱来的面对我们短暂存在的态度在哲学上是朴素的。尽管我们感知到种种进入到存在又出离存在的个体，然而它们仅仅处于世界的一个方面，它们只是现象，它们只是表象，而在另一方面，它们是意志，是我们的本质，而我们的本质作为自在之物，

---

[106]　同上书，第 2 卷，第 161 页 / 同上书，第 3 卷，第 177 页。

[107]　我在刊于《叔本华：二百周年诞辰的新纪念文集》(*Schopenhauer:New Essays in Honor of His 200th Birthday*，埃里克·冯·鲁夫特［Eric von Luft］编辑，Lewiston, NY: Edwin Mellen Press, 1988)"叔本华论痛苦、死亡、罪责及形而上学的安慰"(Schopenhauer on Suffering, Death, Guilt, and the Consolation of Metaphysics)中论述了这两种努力之间的冲突。

作为事物的内含之物及内在本质，则超越了个体化原理，超越了时空，超越了充足理由律的所有形式。我们的本质从不现身，也从不消亡。叔本华辩称，对生命与死亡进行哲学思考，即是认识到："凡是生和死所能触及的既不是意志，不是一切现象中的那自在之物，也不是认识的主体，不是那一切现象的旁观者。诞生和死亡既属于意志显出的现象当然也是属于生命的。生命，基本上就得在个体中表出，而这些个体是作为飘忽的，在时间形式中出现之物的现象而生而灭的。这在时间形式中出现之物自身不知有时间，但又恰好是从这一方式呈现以使其固有本质客体化的。"[108]

我们的本质，即意志，不受时间限制，它从不现身或消亡。然而，叔本华也还通过这一言论否认了以下观点：包括我们意识在内的任何将我们界定为个体的东西，都幸免于死。因此，没有个人永生，没有来世，以及没有可以逃脱死并得享永恒的灵魂。但因为我们的本质是一直渴求生机的生命意志，所以，我们的本质一直活着，它一直活在当下："过去和未来只含有概念和幻象，所以现在便是意志现象的基本形式，是和意志现象分不开的。"[109] 他继续写道，似乎有着一个"永远的中午"，在永无止境的现在，渴望活着与渴求生命的意志一直清楚明了。骄阳似火，光热不断，黎明与黄昏掩盖了这一真相，让人觉得太阳每天都是新的，而在夜里它则消失不再。但这却是一种错觉，害怕失去太阳则是无知。同样，对于死亡的恐惧也是因无知所致。将这个生成着又消逝着的如梦似幻的世界当作终极实相乃是错觉："当人们把死亡看作自己的毁灭而恐惧时，那就不是别的，而是等于人们在想象太阳会在晚上哭诉道：'我糟了，我将沉沦于永久的黑夜了！'"[110]

叔本华继续写道，从这一由他就世界本质特性所深思熟虑出的结果而达成的观点出发，人们便可能以理性可以克服情感之上的力量来克服

---

[108] 叔本华《作为意志与表象的世界》，第 1 卷，第 275 页 /《全集》，第 2 卷，第 324 页。
[109] 同上书，第 1 卷，第 279 页 / 同上书，第 2 卷，第 329 页。
[110] 同上书，第 1 卷，第 280 页 / 同上书，第 2 卷，第 331 页。

对死亡的恐惧：

> 要是一个人把前此阐述过的那些真理都已吸收到他的思想意识中去了，同时又并没有由于自己的经验或什么更深的见解而认一切生命基本上都是持续不断的痛苦，都是在生活中有了满足，在生活中过得十分如意，在他平心静气考虑的时候还希望他的一生又如他所经历的那样无限延续下去或重复又重复；他还有那么大的生活勇气，以致为了生活的享受宁愿且乐于附带地忍受一切烦恼和痛苦；那么，这样一个人就是以"坚强的筋骨屹立在搓得圆圆的、永恒的地球上了"，他也就没有什么要怕的东西了。[111]

但如果人茫然无知于受苦对生命而言是不可或缺的话，那他所想要的便自然只会是永恒的重复。[112]生命意志就是世界的本质。因此，一切事物都昭示出一种不断的挣扎，"一切追求挣扎都是由于缺陷，由于对自己的状况不满而产生的；所以一天不得满足就要痛苦一天。况且没有一次满足是持久的，每一次满足反而只是又一新的追求的起点。我们看到的追求挣扎都是到处受到多重阻碍的，到处在斗争中；因此，这种情况存在一天，追求挣扎也永远就要被看成痛苦。追求挣扎没有最后的目标，所以痛苦也是无法衡量，没有终止的。"[113]

存在即为意志，是为意志即是不断地追求挣扎与渴望，追求挣扎与

---

[111]　同上书，第 1 卷，第 283 页／同上书，第 2 卷，第 334 页。

[112]　与叔本华一样认为受苦是生命要素的尼采根据这一认识对永恒的回归予以了肯定。参见理查德·沙赫特（Richard Schacht）《尼采》（*Nietzsche*, London: Routledge and Kegan Paul, 1983），第 260 页；劳伦斯·兰珀特（Laurence Lampert）《尼采的教诲：〈查拉图斯特拉如是说〉之阐释》（*Nietzsche's Teaching: An Interpretation of "Thus Spoke Zarathustra"*, New Haven, CT: Yale University Press, 1986），第 164 页；以及我所写的"查拉图斯特拉的最后诱惑"（The Last Temptation of Zarathustra），载《哲学史杂志》，（*Journal of the History of Philosophy*），第 31 卷（1993），第 54—56 页。

[113]　叔本华《作为意志与表象的世界》第 1 卷，第 309 页／《全集》，第 2 卷，第 365 页。

渴望即是受苦，因此，存在即是受苦。叔本华分析道，存在的不幸并非是因为偶然、巧合抑或霉运。存在的悲苦的根本在于生存的实质，在于万有的本质。死亡对于任何一种生物而言都不可避免。它是为了成为意志的现象或表象所付出的代价。此外，受苦之所以不可避免是因为世界是意志的客观表现。在其哲学见解这一节点，叔本华对催促人们就世界进行哲学及目的论方面思索的揪人心肺的提词中的一项作出了回应。受苦和死亡这一成对的存在邪恶实乃这个世界所必有的特征，因为这些存在邪恶实乃某个世界的必有特征，因为那是某种漫无目的、无休无止、永远挣扎着的冲动的具体表现。没有东西能够改善存在那令人伤感的本质，因为世界全然就是意志。

324　　展示出受苦与死亡实乃存在必有特征的叔本华，还认为他呈现了一种给读者带来安慰的世界观。他写道："除了从必然性的观点来看往事，我们就没有更有效的安慰了。从这种观点出发，一切偶然机缘都现为支配命运的一些工具。"[114] 实际情况并非是：如果我们有些好运，发现了取悦神祇的手段，出生在不同时间、不同地点及不同家庭的话，我们就能拥有幸福生活。曾有的情况、现有的情况及将有的情况始终如一、毫无二致，因为世界是意志的客观表现。然而，叔本华探究得甚至更为深入。不仅是我们的苦难不幸及死亡对于实为意志的存有而言纯属必然，而且我们之所得也是我们自己亲手造成：永恒的公道所向披靡，占尽上风。叔本华从他钟爱的卡尔德隆《人生如梦》（*La Vida es Sueño*, 1635）中引用了一句话："因为一个人最大的罪过 / 就是：他已诞生了。"[115]

---

[114]　同上书，第1卷，第306页 / 同上书，第2卷，第361页。

[115]　同上书，第1卷，第355页 / 同上书，第2卷，第419页。在第一版中，他用德语引用了卡尔德隆的话。而在第二版中，他则是摘引了西班牙语原文，并将其译成德语。也是在第二版中，他再次使用了与他补充上的文章中相同的引文，第2卷，第603页 / 第3卷，第692页。在第三版中，他在自己关于悲剧的论述中引用了这些话，参见第1卷，第254页 / 第2卷，第300页。尼采在《人性的，太人性的》（*Menschliches, Allzumenschliches*, 1878）第141节中称卡尔德隆的话是"所能有的最为疯狂的悖论式的隽语"。

　　叔本华认为，卡尔德隆的观点表现了基督教关于原罪的教义，指出存在本身即是罪。诸如此类的神话通过给有关生命伦理意义的真理罩上神话的外衣而使其为鲁钝的人心所理解。但对于那些心智敏锐的人与那些具有哲学头脑的人而言，这些外衣必须被剥掉以使真理的本来面目暴露无遗。世界是反映意志的镜子，"世界所包含的一切有限性、一切痛苦、一切烦恼都属于它所欲求的那东西的表现，其所以是如此这般的痛苦烦恼，也是因为意志，它要这样。"[116] 超越于充足理由律之上并因此超越于必然性所有形式之上的意志，是毫无约束的；因为自决的意志独立于其他所有一切，所以它也对世间所有的罪恶负有责任。但只要一切都是意志，那意志就会为世间所有的罪恶所苦。叔本华辩称，如果我们想要知道人之何所是，那么，在道德方面来说，他们的命运便展示出了他们的价值；"这命运就是困乏、贫苦、烦恼、折磨和死亡，永恒的公道在远行；如果人从整个说来不是一文不值，那么他的命运从整个说来也就不会如此悲惨。"[117] 作为意志的客观表现的我们，自己招致了我们所得到的东西，因为它产生自我们之所是。不仅所有一切皆系出必然，而且这一必然性还导致了我们所应得的东西。叔本华暗示道，我们的受苦与死亡因为存在那毫厘不爽的因果报应特性而公平又合理，如果我们能将世间所有的不幸置于正义天平的一端，并将所有的罪过置于其另一端，那么，天平将会完全平衡。

　　叔本华辩称，永恒的公道这一理念超越了所有源于充足理由律的视角，它仅仅当人们在摩耶之幕后进行窥视时才能为人所识。对于那些无法在这摩耶之幕后面偷瞥一眼的人而言，情况看来似乎是：一些人欣欣向荣地苗壮成长，而其他人则形容枯槁地垂垂老去；一边是折磨人的人，而另一边则是那被人折磨的人。然而，"痛苦的制造人和承受人是一，前者

325

---

[116]　同上书，第 1 卷，第 351 页／同上书，第 2 卷，第 415 页。
[117]　同上书，第 1 卷，第 352 页／同上书，第 2 卷，第 416 页。

错在他以为自己于痛苦无份，后者错在他以为自己于罪过无份。如果他俩的眼睛都擦亮了，那么以痛苦加于人的那一个就会认识到他是生活在所有那些在广大世界上承受痛苦的人和物之中……而承受痛苦的那一个就会体会到世界上现在或过去造成的一切恶都是从那同时也是构成他的本质，在他的身上显现的意志中流出来的。"[118]如果认清了这一真相的话，那么我们就会认识到，当某一个体企图通过投身于导致他人受苦的行动中而增进他或她的幸福之时，这也就意味着那人的苦难。吃人者似乎是将牙齿咬进了自己的肉里。

叔本华继续写道，每个人都意识到永恒公道，都"至少是模糊地感到"[119]意识到意志的统一性与同一性。这一见解促使他直接转向了人类行为的伦理意义，这种朦胧的认识每每使人掌握了这些形而上学的真理。一桩恶行的受害者与一位置身事外的目击者都渴望见到作恶者遭受与他或她施加在受害者身上折磨程度相当的痛苦。这是一种因"潜移语义"——叔本华在此使用了一个康德用语——而导致的对于永恒公道的曲解，它对现象所处等级水平要求颇高，而现象所处等级水平则完全是意志这一自在之物的等级水平。[120]他继续写道，报复心的狂躁可能高涨至超过普通复仇冲动的程度，普通复仇冲动只是试图通过让做坏事的人遭受痛苦来减轻自己所忍受的痛苦。在极少数情况下，某些个人被愤怒所驱使而失去了理智，他们竟然会牺牲自己生命以惩罚逃脱了国家惩罚的那些人。叔本华提到了这样一个案例，一个人对于一桩滔天暴行愤慨至极，他花费数年时间找出了这桩罪行的凶犯，将其杀死，然后如他所预见的那样死在了断头台上。他写道，这"是从这样一种最深远的意识中产生的，就是意识到他乃是整个生命意志本身。这意志显现

326

---

[118] 同上书，第 1 卷，第 354 页／同上书，第 2 卷，第 419 页。

[119] 同上书，第 1 卷，第 357 页／同上书，第 2 卷，第 422 页。

[120] 同上书，第 1 卷，第 357 页／同上书，第 2 卷，第 422 页，参见康德《纯粹理性批判》，A260/B316f。

于一切人与物之中，经历了一切时代都是如此；因此，最遥远的将来和眼前的现在一样，都是属于这个人的。他不能对之漠不关心。"[121] 叔本华运用理论加以阐释：这个人成为彰显永恒公道的武器，但其肯定意志的程度有些混乱，因为他并没有关于这即是目的的明确认识。

良心的不安还意味着对于存在内在统一性的朦胧意识。作恶后的良心谴责与不以为然，行善后的心安理得与自觉满意，都表现出了一种关于个体虚幻性的模糊感觉。做了坏事的人总是在作恶之后提心吊胆地为一种莫名难辨的消极感觉所苦。这是他或她施加在他人身上痛苦所发出的回声。相反，心安理得时所感到的称心如意则是产生于"当我们也在别的现象中直接认出自己的本质自身而产生……即认识到我们真正的自己不仅是在自己本人中，不仅在这一个别现象中，而且也在一切有生之物中"[122]。良心本身似乎就暗示着存在那形而上学的统一性与个体的欺骗性。

被良心隐约感觉到的意志在所有表象中内在统一性，成为叔本华对美德所作的分析与他将拯救作为意志的否定解释当中的关键。作为意志的客观表现，利己主义这种想要持续存在、远离痛苦、增进个人幸福的欲望，代表了人自然而然的立场。生活在一个其间遍布着各自都是为了肯定自己意志而活的此类存有世界当中，导致了人们之间冲突的不可避免，这些冲突表现出那种被叔本华看作是意志与其自身冲突的东西。罪恶也在所难免，因为在肯定各自意志的过程当中，各个个体都干扰了他人的生活。这样一种干扰被叔本华称之为"罪恶"，一如其惯常所做的那样，叔本华将消极和罪恶的东西视为本原及首要的概念，而"正义"这一非罪恶的东西则是他眼中的衍生及次要之物。

极端利己与极端恶毒的人被叔本华说成是具有作恶的喜好，他们都是

---

[121]　同上书，第 1 卷，第 359 页 / 同上书，第 2 卷，第 424 页。
[122]　同上书，第 1 卷，第 373 页 / 同上书，第 2 卷，第 441 页。

他眼中的恶人。"如果一个人在一有机会而没有外力阻挡的时候，总是做出非义之行的倾向，我们就称他是恶。"[123] 恶人的行事方式就仿佛在个体之间有着绝对界限一般。极端利己主义者会将各种伤害加诸他人，他们的生活方式就仿佛他们是唯一真实的存有。然而，恶毒之人实乃至恶之人。利己主义者会为满足自己蝇头小利而把他人折磨得苦不堪言，牺牲掉他们赖以为生的资粮——叔本华后来对此进行的表述具有戏剧般生动的画面效果，他声称，极端利己主义者"……会干得出杀人的坏事，仅仅是为了用受害者身上的油脂擦他的靴子"——，而恶毒之人则会只是为了享受见人受苦的乐趣而故意加害他人。[124] 不同于利己主义者的是，对于恶毒之人来说，"对于他，别人的痛苦现在已是自身目的了；已是他可以称心饱看的一幅景象了。真正的残忍现象、嗜血现象，就是这样产生的，这是历史上屡见不鲜的，如在尼禄、图密善这些皇帝，非洲那些总督，罗伯斯庇尔这类人身上都可看到。"[125]

恶人的行事方式就仿佛自己绝对不同于其他任何一个人，与他们分开的，他们所过的是被摩耶之幕遮蔽起来的生活。他们的行事方式就仿佛时空与个体化原理都真实不虚，确确实实地将他们的本质同他人的本质分隔开来。叔本华辩称，善人的情况则恰好相反。他们的生活方式就仿佛其他人是"另一个我"。正如恶人的情况不尽相同一样，叔本华声称道德上的良善也有程度上的差别。一些善人好于他人的现象被他再次通过将善人的行为理解成由他们在他人身上辨认出自己内在本质的程度所产生的结果而加以了解释，这种程度也是他们看穿个体化原理而能够在摩耶之幕后面进行窥视的程度。正直之士不会以牺牲他人的方式来肯定自己的意志，不会为了达到自利的目的而伤害他人，无论这位正直之士是男是女，情况都是如此。然而，对于叔本华而言，不伤害他人或不委

328

---

[123]　同上书，第 1 卷，第 362 页 / 同上书，第 2 卷，第 428 页。

[124]　叔本华《论道德的基础》，第 134 页 /《全集》，第 4 卷，第 198 页。

[125]　叔本华《作为意志与表象的世界》，第 1 卷，第 364 页 /《全集》，第 2 卷，第 430 页。

屈他人这种为正义之士所有的性情特点，却不如在具有仁慈和纯良天性
的善人行为当中所表现出的性情特点更能代表洞穿摩耶之幕的火眼金睛。
这些将他人困境等同于自身困境的个人，对他人表现出一种真纯无私的
爱。他们"在更高的程度上"看穿了个体化原理，"在促成积极的善意、
慈惠、博爱的程度上，也可以出现。"[126] 仁慈或善意的人不会仅仅为了寻
求自身的利益而去伤害他人，相反，他们感动得将他人实际所受的痛苦
当作了自己的痛苦来加以对待——他们是为减轻他人的不幸而行动。叔
本华写道，"已达到最高善和完人心境的当事人，就会为了多数别人的幸
福而整个的牺牲自己的幸福和生命。"[127] 他继续写道，这样死去的人有科
德鲁斯 *、德西乌斯 ** 及温克尔里德 ***。苏格拉底与拿撒勒的耶稣因为反
对致人死命的谬误及坚守意义深远的真理而为人类的幸福献出了生
命。[128] 极端的利己主义与恶毒驱动着恶人的行为。极端利己主义者对由   329
他们那不加抑制的自私自利所带来的不幸熟视无睹，而恶毒之人则对他
人的悲苦乐不可支。相反，善人却力图防止给他人带来痛苦，并感同身
受地去解除他人的悲伤。叔本华辩称，同情使得善人将他人的痛苦当作

---

[126]　同上书，第 1 卷，第 371 页／同上书，第 2 卷，第 439 页。在第三版中，叔本华在这段
　　　　话里用仁慈或博爱（Menschenliebe）代替了爱（Liebe）这个词，这一替代使得他在自
　　　　己主要作品中对道德的论述与他"论道德的基础"这一征文（1841）更为一致，令人遗
　　　　憾的是，他并未在他"一切仁爱（ἀγάπη [agape], Caritas）皆为同情"的大胆断言之中
　　　　作此改变，因为"博爱"（Menschenliebe）与古希腊文及拉丁文中关于爱的概念之间的
　　　　关联要比并非直接关涉减轻痛苦的"爱"（Liebe）这个词同后者之间的关联更为明晰。
　　　　参见，同上书，第 1 卷，第 374 页／同上书，第 2 卷，第 443 页。
[127]　同上书，第 1 卷，第 375 页／同上书，第 2 卷，第 443 页。
　　*　科德鲁斯（Codrus），雅典最后一位君主。
　　**　德西乌斯（Decius Mus, 201—251），249—251 年为罗马帝国皇帝。
　　***　温克尔里德（Arnold von Winkelried，?—1386），瑞士民族英雄。
[128]　鉴于叔本华对自己同胞反对拿破仑的做法所持的态度，他倾向于将诸如科德鲁斯、德西
　　　　乌斯与阿诺德·冯·温克尔里德之类的人——在第二版中他还加上莱奥尼达斯
　　　　（Leonidas）与雷古卢斯（Regulus）——因其为国捐躯而视作达到了至善与至高。在第
　　　　一版中，他还承认，拿撒勒的耶稣同苏格拉底一样是为重要的真理与人类的幸福而慷慨
　　　　赴死。在第二版中，他去除了耶稣的例子，代之以意大利哲学家及科学家乔尔达诺·布
　　　　鲁诺作为为真理献身的英雄。

了自己的痛苦。因此，他们对待他人的方式就仿佛他人是"另一个我"一样。叔本华用《唱赞奥义书》（*Chandogya Upanishad*）中的一句伟大圣言（mahāvākyas）"这就是你"（tat tram asi [this art thou]）宣称，同情表明了这一立场，他认为，无论是谁，只要他能够怀着坚定的信念与"对每一生灵的"明确认识说出这一伟大圣言，那么他便"由此而确实具有了一切美德和至福，并且已是在通向解脱的大路上了"。[129] 叔本华将动物算作了道德共同体的成员，将同情视为对于其他有感觉能力的存有作出的道德上的反应，他为自己的伦理学避免了为犹太教与基督教所共有的道德说教所具有的致命弱点而感到骄傲，这一致命弱点甚至以世俗的方式闯入了康德哲学之中。同样的意志在所有生灵之中都清清楚楚，将动物排除在道德共同体之外的做法所表明的是愚昧无知与冷酷无情的铁石心肠。他评述道，印度教徒与佛教徒认识到自己同所有具有感觉能力的存有之间的这种休戚与共的关系，他们并未将人类同受苦的众生分割开来。他们并未自命不凡地认为自己因为获赠人身便与所有一切都截然不同，他们因此未受欺骗。

叔本华解释道，同他人息息相关的认同感对于正直之士而言不如对于那些流露出仁慈的人而言那么强烈。前者在他人身上认出自己的程度不那么明显，不同于后者的是，他们只是受到触动而不去做会伤害他人的事情。然而，仁慈的人却是以达致感同身受地去解除他人痛苦的程度表现出了这种与他人的同一性。这句话促使叔本华提出了一种乍看之下"有悖于常理"的主张："一切仁爱（ἀγάπη[agape]，博爱，仁慈 [caritas]）皆为同情。"[130] 仁爱之作仅仅止息了痛苦，消解了欲火炽然的意志。在叔本华世界观当中，并没有关于愉悦或幸福的正面状态或境况；相反，愉悦是指不快的缺席，幸福意味着没有悲苦。因此，做任何增进他人幸福的

---

[129]　同上书，第 1 卷，第 376 页 / 同上书，第 2 卷，第 442 页。
[130]　同上书。

事情总是不外乎要么使他人免受悲苦，要么减轻他人所受的悲苦，这始终与同情紧密相关。在叔本华的世界中，并没有什么对于另外一个人的 330 绝对尊重，就它的这一意义来说，根本就毫无仁爱可言。因此，他认为无论好心善意、仁爱及慷慨为他人做了些什么，那都始终仅仅是免除或减轻了他们的痛苦。让某个锦衣玉食的人境况更好或仅仅因为无条件地尊重某人而善待此人，都毫无意义。

声称对他人所怀有一切纯真的爱都是同情、认为一切美德的基础都是同情的叔本华，自觉而直接地反驳了康德的伦理学。事实上，他声称他通过否认道德善举是遵循普遍道德法则的行动所产生的结果而直接反驳了他这位英雄的道德哲学，这些普遍的道德法则是被绝对命令与随即出自责任感而行动的行事者发现的。[131]有关道德的准则、法则与规定仅仅在其源起者是一位能够承诺要给予奖赏或威胁要施以惩罚以促使人们遵从它们的行事者之时才会有效。叔本华因此认为，以此为源的行动都是自私自利的，并不具有道德上的价值。一个人的行为所具有的道德质素究其根本而言乃是此人性格及个人意志所产生的作用，促使大多数人公正行事或慈爱待人的唯一手段乃是通过给予奖赏的承诺或施以惩罚的威胁去诉诸他们的切身利益，善用他们与生俱来自私自利的天性。他在这里将对康德的见解表示赞同。以此为动机的行为缺乏道德上的价值。在他后来的生涯当中，他会论证说康德的伦理学究其根本而言是利己主义的伦理学。

叔本华对同情及其与道德善举的关联所作的分析在他主要著作三个版本中的每一个里面都相对单薄无力。关于同情本身的性质，他所言甚

---

[131]　参见同上书，第 1 卷，第 376 页／同上书，第 2 卷，第 444 页。叔本华指的是康德《实践理性批判》，AK.118，他在此处声称，先于责任考量，作为行动基石的同情心（Gefühl des Mitleids）与将心比心的热心肠（weichherzige Teilnehmung），对于是非至上的人而言是难以负担的累赘，它们混淆了他们详加考量的准则，在他们身上唤起了脱离此种感受，仅仅听命于那立法定规的理性之安排的愿望。后来，叔本华在《伦理学的两个基本问题》（1841）中"论道德的基础"征文当中，将会花费三分之一强的篇幅对康德道德哲学进行广泛而严厉的批评。

少，而关于被他归因于"对我们自身的同情"的哭泣，他所说的几乎就像他就同情本身所说的一样多。直到他写作征文"论道德的基础"之时，

331　他才会提供对同情所做的详细分析以作为一切美德与道德善举的源泉。但他对同情的忽视却好理解。它源自于他哲学中的"救世神学的宏大叙述"，这使得"对意志的否定"成为《作为意志与表象的世界》第四篇的"核心主题"。[132] 因此，叔本华另有更重要的事情要做。他将美德仅仅当作了通往对意志否定这一道路上的一步："我所谓生命意志的否定如何同一切善、仁爱、美德和慷慨一样，都是出于同一来源的。"[133]

　　叔本华将美德与意志的否定这两者的共同源头锁定在某种看穿个体化原理的认识之中，这是一种揭开摩耶之幕而使真理以其本来面目昭然于世的认识。对于意志的否定者、禁欲主义者、神秘主义者以及圣人而言，这种对于隐藏于所有表象后面的意志统一体的认识要比正直之士所具有的认识更为完整、更为透彻。他们知道的是整体，他们所认识到的是世界的内在特性与本质。他们发觉世界处于一种恒常的消逝状态，包含着徒劳的奋争、内在的冲突以及不断的痛苦。他们认识到世界的悲惨状态肇因于意志这一万有的本质。生命这种对于诸多欲望的追逐，其达成总是许诺多于欲望所提供的东西，对于那些清楚地认识到意志统一性的人而言，它变成了令人厌恶的东西。这一直透世界核心的惊人洞见使得那否定世界的人"达到了自动克制欲求与世无争的状态，达到了真正无所为和完全无意志的状态"[134]。他辩称说，这种存在状态的达成，既非外力所迫，也非刻意为之或谋划得来。它的突然出现，就仿佛是不请自来。他声称，它在基督教神学理论当中被形而上学地称之

---

[132]　分别参见杰拉德·曼尼恩（Gerard Mannion）《叔本华、宗教与道德：通往伦理学的谦卑之路》（*Schopenhauer, Religion, and Morality: The Humble Path to Ethics*, Burlington, VT: Ashgate, 2003），第 284 页，及鲁道夫·玛尔特《这一思想：阿图尔·叔本华哲学入门》（*Der eine Gedanke. Hinführung zur Philosophie Arthur Schopenhauers*），第 63 页。

[133]　叔本华《作为意志与表象的世界》，第 1 卷，第 378 页／《全集》，第 2 卷，第 447 页。

[134]　同上书，第 1 卷，第 379 页／同上书，第 2 卷，第 448 页。

为"再生",以及"天惠之功"[135]所源自的认识。对叔本华而言,意志的否定意味着智性对于意志的最终胜利,意味着意志的静默无声,它"只有意志获得它本质自身的认识,又由这认识获得一剂清静剂,而恰是由此摆脱了动机的效力,才会出现意志的自由。动机则在另一种认识方式的领域内,这认识方式的客体就只是些现象而已"[136]。他声称,对意志的否定是自由在这个世界上唯一表达方式,它终结了那显现出来的东西。这种自由是他后来会在自己的获奖征文"论意志的自由"当中论证为超验之物的东西,他断言它是难解之谜。

332

叔本华早前关于审美沉思的描述,提供了某种对于那些否定意志、超越世界并与世无争的人最终所处的状态及最终所持立场所做的暗示。在对于优美的纯然沉思之中,人被转化成了纯粹的认知主体,其客体是柏拉图的理念。这是从欲望那狂暴需求当中获得的拯救,从地球那阴沉的大气之中获得的解放。因欲求之故所认知到的个体事物消失不再,人们平和、安详而镇定。但优美所带来的欢愉在叔本华看来相对而言却是短暂的。对于那些已然经历过"超验转化"的人而言,这种平和安宁的状态似乎会持续到永远。没有任何东西使这些人感到焦虑;没有任何东西使这些人受到触动。那将人们绑定于尘世并实乃恒常的渴望连同恐惧、嫉妒、愤怒及绝望之根源的千万条欲求之绳都被割断开来。心无所求的一个个人面带微笑、一派从容地注视着尘世的幻影。生命如晨间轻梦飘向半醒之人,但实相却透过它光耀照人,再无欺骗。当其肉体生机不再之时,这些人最终也如晨梦一般消失无踪,没有剧烈的痛苦,没有死亡的恐惧。叔本华特别指出,从这些思考出发,我们就能够理解盖恩夫人*这位伟大法国寂静主义者与神秘主义者所说的这些话:"我觉得一切都无

---

[135] 同上书,第1卷,第403页/同上书,第2卷,第477页。
[136] 同上书,第1卷,第404页/同上书,第2卷,第478页。
　*　盖恩夫人(Madame Guyon, 1648—1717),法国天主教徒,内里生命派(奥秘派)和寂静主义的代表人物。

所谓、不相干，我不能再对什么有所欲求；我每每不知道我自己的有无……光荣的高峰如日中天；是一个再没有黑夜继之而起的白昼，是即令在死亡中也不怕任何死的一生，因而这一死已战胜了那一死，又因为谁已经历了第一个死，就不再品味到第二个死亡了。"[137] 通过战胜意志，意志得以静默，痛苦得以止息；通过超越意志，对死亡的恐惧得以克服；这一对催生了就世界所做的哲学与宗教思索的成对邪恶便不复存在。然而，这种否定似乎并不是消灭了存在，湮没了某种实体；相反，它是对于欲求的取消，是无所欲求。

叔本华以回应对他就断念与意志之否定所作论述提出异议的方式结束了他这部作品——这一异议被他说成是无药可救的实质性问题。如果世界仅仅是意志的表象，如果人们否定了意志并因此摆脱了这个了无意义悲惨世界中所有一切，那么，我们在那些已经被从这一不幸存在之中解救出来的人身上所具有的至圣至善当中所看到的，就似乎是跃入对于空洞虚无的全然漠视之中的纵身一跳了。"没有意志：没有表象，没有世界。"[138] 但这位哲学家还是想给人以安慰，即便对于世界征服者所达到状态的积极认识并无可能，他还是说道，它是被称之为心醉神迷、全神贯注和与上帝合一等诸如此类东西的。他还声称，在那些达到了这一认识的人身上所具有的沉着、从容、平静与安详被拉斐尔与柯雷乔*在其画作当中描绘了出来。但这种对于虚无的悲观印象，并非是某种他想要借助神话或者诸如谈论着归于梵天的印度教徒或具有涅槃观念的佛教徒之类的人所

---

[137] 同上书，第1卷，第391页／同上书，第2卷，第462页。叔本华引用的是《德·拉·莫特·盖恩夫人的一生》(*La vie de Madame de la Motte Guyon*, Cologne: J. de la Pierre, 1720)，第2卷，第13页。他借阅盖恩夫人自传的时间为1817年5月7日至1818年1月2日，地点为德累斯顿的图书馆。他用这一引言来阐明某个止息了意志的人所表达的面对死亡的立场。叔本华还说，尽管盖恩夫人的回忆令他心怀敬畏，尽管她的天性高贵绝伦，但他却"沉迷于"她理性中的迷信成分。参见上书，第1卷，第385页／同上书，第2卷，第454页。盖恩对他而言意味着显而易见之事；圣者无须是哲人，当然哲人也无须是圣者。

[138] 同上书，第1卷，第411页／同上书，第2卷，第486页。

* 柯雷乔 (Antonio Correggio, 1499—1534)，意大利前巴洛克派绘画风格代表人物。

讲的意义空洞的字句来加以回避的东西。尽管如此，他仍然提醒读者说，虚无的概念是相对的，空乏的无（a nihil privativum 或 primitive nothing）是一个若没有某种被它加以否定的东西便根本无法存在的概念，否定的无（a nihil negativum，或"a negative nothing"）则是某种完全无法想象的东西。即便是"A 与非 A"这样一个在逻辑上自相矛盾的东西，也仅仅是个空乏的无，它的符号可以被颠倒过来而其逻辑意义却始终保持不变；也即是说，"A 与非 A"必然导出"非 A 与 A"。就此意义而言，正变成了负，而负则变成了正。他继续写道，同样存在这一所是通常被设想为正面的东西，而对于存在的否定则被设想为无。作为表象的世界被设想作是为存在，而其否定则是为无。但这仅仅是那些肯定意志的人所持的观点。反过来说，那些否定意志的人所持观点则认为，"我们这个如此非常真实的世界，包括所有恒星和银河系在内，也就是——无。"[139] 他以此为这部作品画上了句号。

叔本华从未将他的单一思想明确表述为独一无二的命题，这一单一思想据说是在《作为意志与表象的世界》中被加以表达。他在埋头写作这部作品时写道："我哲学的全部可以用一句话来加以概括，亦即：世界是意志的自我认识"，但当他在自己杰作最后一节当中重申这一断言之时，他却并未指出这句话概括了他的单一思想。[140] 就广义而言，它的确概括了他的单一思想，但仅仅当我们明白叔本华不只是试图表现出世界是意志的反映或客观现实之时，情况才是如此。如果这就是他单一思想的概要和实质的话，那么，他可能就会以第二篇来结束这部作品了。然而，第三篇与第四篇，这些关于他的美学，更重要的是，关于他伦理学的部分，却提供了关于认识达到自我认识的意志所具有的言外之意究竟

334

---

[139] 同上书，第 1 卷，第 412 页／同上书，第 2 卷，第 487 页。

[140] 叔本华《手稿遗稿》，第 1 卷，第 512 页／《手写遗稿》，第 1 卷，第 462 页。他重申"世界是意志的自我认识"这一主张的地方是在前面所引书的第 1 卷，第 410 页／同上书，第 2 卷，第 485 页，但他并未说明这句话的特殊情况。

所指何为的更深层含义。叔本华所写的似乎是，形而上学的意志通过其
客观表现的每一等级逐渐展现出自身，直至达到为它提供了关于自身性
质自我认识的人类智性的等级。此外，他还辩称道，一旦意志在世界中
表达了自身，它性质上的进展便绝对势所必然，直至它获得了关于自身
的认识，再也无欲无求。在第二版中，叔本华将会去写的似乎是，他的
哲学向意志本身明确地表达了这一点："同我一道……意志通过其客观表
现达到了自我认识，无论这可能以何种方式出现，都是如此，在此过程
中，它的取消、转化与获救成为可能。"[141] 拯救、对意志的否定、无所欲
求，这即是使"永困人心的存在之谜"得以止息的状态。

335

随着存在之谜的解开，叔本华将这块哲人之石抛向那些他希望会具
有哲学眼光的受众之后，他便动身前往意大利。

---

[141] 同上书，第2卷，第643页/同上书，第3卷，第739页及随后一页。意志通过大自然
向前发展，导致它获得了对于自己那令人恐怖本性的自我认识，这一观点是在前面所引
书第1卷第70节与第2卷第50章中的核心主题；另请参见我所写的"叔本华论痛苦、
死亡、罪责与形而上学的安慰"，第65页。约翰·E.阿特韦尔提出说，下面这段话用单
个命题概括了叔本华的单一思想："这个［既是意志又是表象的］双面世界是意志为了最
终意识到其自身所作的奋争，它因此可能在当惊恐万分地认识到自己内在的自我分裂本
性之时所产生的反作用力之下，消解自身，并因此消解它对自己所进行的肯定，再随后
获得拯救。"《叔本华论世界的特性：意志的形而上学》(*Schopenhauer on the Character
of the World: The Metaphysics of the Will*, Berkeley: University of California Press, 1995)，
第31页。阿特韦尔所作的阐述具有既抓住了叔本华思想的神学与救世神学的维度又将
世界是意志的自我认识这一断言包括在内的优点。

第八章　落败柏林

1818 年 9 月 23 日，叔本华如期启程前往意大利。离开德累斯顿，将哲人之石劳神费力的挖掘事务抛诸脑后，着实令他感到兴奋。他写信告诉歌德，他渴望踏上意大利这片优雅的礼仪乡土，渴望去欣赏这个但丁笔下"和声回荡"的国度，他补充道，在这个国度里，"反对声，所有文学期刊的反对声，都将无法影响到我。"[1]他已经在唯一一篇对他《论视觉与色彩》所写的评论文章中听到了一个秉持异议的"不"字。一位匿名的评论者在《莱比锡文学报》（*Leipziger Litteratur-Zeitung*）上发表了一篇否定评论，几年前，这份期刊就已经猛烈抨击过歌德的《论色彩理论》。[2]他告诉歌德，他的色彩理论所引起的反响，就如同飞石入泥沼——涟漪全无。他丝毫都没有认识到，他将会是在将哲人石投进同样的泥沼之中。如同他曾经告诉布洛克豪斯的一样，他也告诉歌德说，他那仍被他认为会在米迦勒节面世的哲学，不仅仅是他居住在德累斯顿这段时间的成果，就某种意义而言，它还是他生命的果实。他再次引用了爱尔维修（Claude Adrien Helvétius）的观察：三十至三十五岁之间，所有富于意

---

[1]　叔本华《书信集》，第 34 页，叔本华 1818 年 6 月 23 日致歌德。

[2]　这篇匿名评论刊登在 1817 年 7 月 14 日《莱比锡文学报》，第 1425—1428 页，重印于《叔本华协会年鉴》，第 5 卷（1916），第 187—192 页。

义的对世界的印象都已经在头脑中固定成形，其后的一切只是那些观念的进一步发展而已。他提醒歌德说，他现在已经三十有一。叔本华还向诗人透露了他的书名，声称直至那时这书名只有他自己同布洛克豪斯两人知道。他继续写道，一本装帧精美的样书将会通过布洛克豪斯寄送给
337 歌德。尽管叔本华怀疑歌德是否会去读它，但他还是告诉他说会将样书寄送给他，"以免您万一仍有耐心去看看一系列陌生的观点"[3]。至于诗人是否认识到他这位曾经的学生是在重提歌德为自己未阅读他色彩理论手稿所作的辩解，我们并不清楚。然而歌德却回信说他将阅读该书以示对叔本华的支持。[4]

布洛克豪斯的确给歌德寄送了一本《作为意志与表象的世界》，却并未直接寄出。他委托阿黛勒代为转交，后者在 1819 年 1 月 18 日将书交给了诗人。[5] 她告诉兄长，对于收到样书，歌德非常高兴。他快速切开完好无损（以八开本印出）的整本书，将其一分为二，并立即以他特有的随意将书翻开至某页的方式开始了阅读——他认为，这种方法对他而言一直颇为奏效，使他能够发现那些最为重要的段落。在抽读了样书一个小时后，歌德给阿黛勒寄了张小纸片，表达了他对阿图尔的谢意，并预言说整部作品都会不错。他还许诺会向其作者倾吐"他的肺腑之言"，但这一承诺从未履行。阿黛勒记录了歌德儿媳所观察到的情况："几天之后，奥蒂莉告诉我说，她公公拿着书坐了下来，如饥似渴地阅读样书，这是她此前在他身上从未见过的。他告诉她，他如今整整一年都会快乐，因为他将会从头到尾把它读完。"[6]歌德还告诉阿黛勒，他很高兴叔本华尽管

[3] 叔本华《书信集》，第 35 页，叔本华 1818 年 6 月 23 日致歌德。
[4] 同上书，第 501 页，歌德 1818 年 8 月 9 日致叔本华。
[5] 根据其日记来看，歌德是在 1 月 18、19、21 和 24 这四天阅读了《作为意志与表象的世界》，同他告诉奥蒂莉的相反，他不大可能读完全书；参见歌德《1810—1832 年日记》（彼得·伯尔纳［Peter Boerner］编，Munich: Deutscher Taschenbuch Verlag, 1963），第 64—65 页。
[6] 吕特克豪斯《叔本华一家》，第 273 页，阿黛勒致阿图尔·叔本华的信件。吕特克豪斯将 1819 年 2 月 5 日作为了极有可能的写信时间。在《作为意志与表象的世界》最后一版（1859）中，叔本华加上了一条注释，他在其中声称，他 1819 年 3 月收到（接下页）

就色彩理论与他意见相左但仍然对他怀有好感。此外，他还赞扬了叔本华明晰的表述与轻快的文风——尽管适应叔本华的一些用语对于诗人而言并非轻而易举。他告诉阿黛勒，为了应对该书的鸿篇巨制，他不得不假想它由两卷组成，这句话会让反对布洛克豪斯打算将书以两卷本形式出版的叔本华感到不快。

338

　　叔本华开启该书的方式似乎具有将诗人引入他思路中的意图。扉页上的警句是歌德一句诗："大自然到底能否究诘呢？"[7]或许歌德阅读该书的仔细程度超乎人们通常的想象，又或许是他随意而为的抽读具有无意间喜获奇珍的好运，因为在第一个被歌德标注为令人"非常愉快"段落之前即是一句出自他《亲和力》(*Die Wahlverwandtschaften*, 1809)的引言："谁要是看到人的美，就没有邪恶的东西能够触犯他；他觉得自己和自己，自己和宇宙都协调一致了。"[8]但在此后不久，叔本华却认为艺术家具有预期着美的能力，能够在对其进行体验之前预感到它。欲言又止的大自然仅仅是结结巴巴地对美进行着含混的言说，使人无法获得任何对美的绝对后验的发现。这就必然要求艺术家不能一味模仿自然，而必须得应用一种对美先期存在的辨别力来将大自然的诸多败笔整理完毕，这种辨别力类似于柏拉图先验论中不朽灵魂对于理念的回忆。叔本华辩称，批评家对于艺术家所表达的美进行的鉴赏同样如此。在艺术家与鉴赏家身上起着作用的对于美的预期，是可能出现的——现在，对于由他引用的歌德

　　（接上页）那封妹妹的来信向他通报了歌德对该书的认可。但他也在这条注释中声称，歌德是在1818年12月收到该书，而他从阿黛勒处收到该信则是在1819年1月18日。老年叔本华在此处的记忆或许有误。他或许是3月份在那不勒斯收到阿黛勒的来信。令人奇怪的还有，叔本华用了一句歌德对埃克曼说过的话来作为这位伟人读过他这本书的证据。参见上书：第1卷，第281页注释/《全集》第2卷，第331页注释。

[7]　这句诗出自歌德1816年9月27日为其同事、魏玛公国的部长克劳斯·冯·福格特（Klaus von Voigt）五十大寿庆典所写的一首诗作，刊登于《耶拿文学报》，参见叔本华《全集》，第7卷，第216页。

[8]　叔本华《作为意志与表象的世界》，第1卷，第22页/《全集》，第2卷，第261页。歌德所划出的四段话分别是在第一版第320、321、440及441页，派恩译本第221、222页，第304—306页，《全集》第2卷，第261—263页，359—360页。

那句警句所提出的问题，叔本华给出了答案——"正如同恩培多克勒（Empedocles）所说，同类的只能为同类所认识；所以只有大自然能理解它自己，只有大自然才会究诘它自己……"[9] 当然，艺术家与鉴赏家这两者，自己就是大自然的"自在"，他们自己即是意志。此外，预期的观点似乎还在歌德对于其自身创造力的理解之中获得了共鸣。1819 年 2 月 14 日，歌德在他《年日纪要》（*Annalen oder Tag- und Jahreshefte*）中反省道，"因为诗人通过预期预知了世界，这个真实不虚的世界，它从四面八方鼓动他，令他烦扰，令他分心。它并非是要给予他已有的东西。"[10] 后来，在对埃克曼所提出的《浮士德》一定是基于对世界与生命的深思细察精心构思而成的看法作出回应的时候，诗人再一次说道，如果他不是经由预期而胸怀世界的话，那么，无论是研究，还是观察，都不会使他看清这个世界。[11]

    纯粹的无意间喜获奇珍的好运，或许并不能解释歌德何以强调叔本华就艺术家对于美的预期所作的论述，它也并未表明他勤奋地通读了整部作品。人们可以设想一下，艺术家急于发现提及自己的字句，而关于预期的论述则出现在一句出自歌德的引言之后。这样的引言在作品中比比皆是，但第二组受到歌德赞许的段落并未引用哲学家这位英雄所说过的话，这些段落涉及的是关于"获得性格"的观点及其重要性。叔本华断言，这一性格所包含的"不是别的而是最大限度完整地认识到自己的个性"[12]。这种认识来自对自己先前举止的勤奋而诚实的反思，其总和即是——他在此引用了康德的术语——验知性格，这种性格是不受时间支配的悟知性格在时间形式上的逐渐显露，而后一种性格乃是一个人所有

---

[9] 叔本华《作为意志与表象的世界》第 1 卷，第 222 页及随后一页 /《全集》，第 2 卷，第 262 页及随后一页。

[10] 摘自阿图尔·许布舍尔《在智性语境中的叔本华哲学》，第 108 页。

[11] 参见许布舍尔，同上书，第 109 页。

[12] 叔本华《作为意志与表象的世界》，第 1 卷，第 305 页 /《全集》，第 2 卷，第 359 页。

行为恒定不变地由之而来的最为内在的本体。叔本华打了一个比方，正如鱼只有在水中，鸟只有在天空，鼹鼠只有在地下才感到舒适一样，"人也只能在和他相适应的气氛里感到舒适。"[13] 对自身性格的认识使人得以确定自己在何种环境之中才能生存得自由自在而毫不违背自身的天赋禀性，这是想要行事方正、有所成就的必要条件。人们没有像无头苍蝇般地在生活中乱窜一气而最终头破血流，而是能够发现不慌不忙、井井有条地将自身性格那不可变更的法则加以贯彻的驾轻就熟之道，不会被引诱得勉为其难地强求高风亮节或是放任自流地苟行卑劣之事，也不会因为违背自己本性而陷入痛苦的挣扎与不幸的境地。他声称，知道自己性格的人就不会试图去模仿他人，那种举动就如同沐猴而冠的行径一样令人憎恶。此外，性格的磨炼还会给人以安慰。人们通过发现自己必然之所是而认识到事情不可能是另外一番模样；"我们好像捉将来关在笼里的大象一样总要猛烈的叫嚣跳蹦腾挪几天，直到它看到这是徒劳无益的，然后又突然处之泰然地拿脖子来就象轭，从此永远驯服了。"[14]

340

　　在叔本华看来，性格的获得就伦理学本身而言不如就尘世生活而言那么重要。后来，他关于获得性格的看法，将会成为他在那篇广为人知的著名散文"人生智慧箴言"当中所作评论的基础，该文的出处为《附录与补遗》第一卷。尼采这位为获胜算似乎一贯就言过其实的人——在此套用的是叔本华的警句——在他关于成为你之所是的训令以及他在其"爱命运"（amor fati）学说里阐发过的为自己这位曾经的老师*关于性格的描述所具有的给人安慰的部分当中，看来是在重申叔本华关于获得性格所持的观点。叔本华自己似乎是尝试过按照仿佛获得了这种性格一样的方式去生活，但这种方式或许显露出了他自身信条那自挖墙脚的特性。如果一个人的生命是某种不受时间支配的悟知性格那不可避免的逐渐展

---

[13]　同上书，第1卷，第304页／同上书，第2卷，第359页。
[14]　同上书，第1卷，第306页／同上书，第2卷，第362页。
　　*　此处指叔本华。

露，那获得性格与否便同样是必然之事；而如果情况果真如此，那此人无论获得性格与否便都能安于现状、心满意足——因为这也必定会随之发生。打牌的不应该报怨摸到的一手牌不够好，除非他手里的一张牌也抱怨他的牌技不够好。不过，话说回来，这根本不是应该不应该的问题，意愿是没办法教的。

但歌德是如何回应叔本华关于获得性格观念的呢？如果叔本华关于预期的论述使歌德得以更好地了解自己——或许他已经预期到了叔本华的预期——的话，那么，他赞同什么以及从关于获得性格的论述当中获得了什么就都是间接的了。歌德在《艺术与古典》（*Kunst und Altertum*，1820）中为自己的《神秘的原始文字》（*Urworte Ophisch*，1820）提供了译注，他在其中写到了个人性格的必然性与不可变更，在他笔下，个人性格冲破了各种次要与偶然的阻力逐渐显露出来，导致了某种强制性状态，直至一切均如命运所愿各复其位。[15] 后来，叔本华会突出强调《神秘的原始文字》的

341　重要性：它包括了歌德最美的诗节之一，清楚有力地表达了他关于人所渴求的目标始终取决于他那不可改变、与生俱来性格的观点：

> 在你降生的那一天，
> 太阳站着受众星的礼赞；
> 你立即不断地成长，
> 循着你践世时的规律。
> 你必须这样做，
> 不得回避，
> 女巫这样说，

---

[15]　关于歌德《神秘的原始文字》的论述及叔本华关于获得性格的概念，参见阿图尔·许布舍尔《在智性语境中的叔本华哲学》，第 109—110 页。

先知这样说。

时间和权力都不能粉碎，

那意气盎然的、已铸就了的形式。[16]

　　在叔本华费力返回德累斯顿的归途中，他在魏玛暂留了两日。或许是阿黛勒颇为赞赏地提到歌德对他刚刚问世哲学的接受使他获得了信心，他在未经预约的情况下于1819年8月19日短暂拜会了诗人。正在花园里忙于待客的歌德并未对他热情欢迎，而是冷眼相对地问道："他，应该仍在意大利的他，怎么能如此突然现身于此？"[17]他被要求稍后再来，歌德冷漠而拘谨的态度使叔本华深受伤害，这一点他在当日稍后再访之时都无法掩饰。他还在次日清晨再次登门与歌德短暂会面。歌德在日记中特别提到，他们谈论了叔本华的研究与旅行，并于次日谈论了内视现象。之后的1830年，歌德发表了他8月19日与20日的日记，谈到了"叔本华博士"的来访，后者被他称之为"常被错看，但也令人费解的值得奖赏的年轻人"，他的来访给他＊启发，并令"双方都有收益"。[18]

　　尽管阿黛勒尽责地将兄长的书交给了歌德，但她在这样做的过程当中一定怀着某种忧虑，她为它的出版感到害怕。如同她私下向奥蒂莉吐露的一样，她害怕它的问世就如同"我害怕死亡"[19]一样。她担心兄长那些不合常规的宗教与道德观点，以及他那爱好论战与忧思闷想的天性，会败坏他与家人的名声。叔本华是否会被妹妹的担忧所影响，我们并不清楚。诚然，同母亲之间的裂痕将他同妹妹拉得更近，她间或可以充当他对之倾吐心事的密友。要不是他同母亲那令人恐怖关系的话，他就可

342

---

[16]　叔本华《论意志自由的获奖征文》，第50页 /《全集》，第4卷，第57页。

[17]　叔本华《谈话录》，第35页，由C.G.贝尔记录。

　　＊　此处指歌德。

[18]　同上书，第35页。

[19]　摘引自阿图尔·许布舍尔"阿黛勒致阿图尔·叔本华，不为人知的信件 I"，《叔本华年鉴》，第58卷（1977），第137页。

能在启程前往意大利之前去拜访妹妹了，这是他在信中告诉歌德的话。在同一封信中，他说在自己住在德累斯顿期间，阿黛勒"一定已经变成了一位不同寻常的年轻女子"，这一点他能够通过她的来信以及她那幅有诗相伴的侧面剪影像判断出来，这幅侧面剪影像是一位熟人充满感情又颇为欣赏地拿给他看的。[20] 然而，即便是阿黛勒变成了一位"不同寻常的年轻女子"，她就兄长作品所告诉他的话，却也只是起到进一步证明他关于女性智力低下见解的作用。阿黛勒与奥蒂莉都试着去读这部作品。它的序言就使阿黛勒惊恐不安，而作品本身则包含了太多她不明其意的陌生术语。阿黛勒告诉兄长，如果有人能够向她解释该书的话，那她就会读它，但她周围全是蠢材。[21] 阿黛勒实际上变成了继歌德之后第二位其兄长主要著作的评论者。

如果说叔本华渴望前往意大利是为了犒劳完成他生命的结晶之作的自己与逃脱评论者的一个个"不"字的话，那么，他也是在逃离一种尴尬的处境。他的一桩越轨的风流韵事竟意想不到地瓜熟蒂落。德累斯顿一户人家的女仆在 1819 年春生下了他的女儿。他一定写信告诉过阿黛勒这一情况，坦言它并非心灵的渴求，而只是身体的需要。他一定还告诉过妹妹，她是他能以非性爱的方式去爱的唯一女子。阿黛勒对兄长的这一说法表示怀疑，她鼓励他去做该做的事情：

> 你这个傻男人写信来说我是你唯一能不怀色欲之想去爱的女子。我对此捧腹大笑，但我能问问你吗？如果我不是你的妹妹，你是否还能那样爱我？因为，地位比我更高的女子毕竟大有人在。如果你

---

[20]　叔本华《书信集》，第 34 页，叔本华 1818 年 6 月 23 日致歌德。这位如此骄傲地展示了阿黛勒侧面影像画的男子，是作家兼官员赫尔曼·路德维希·海因利希·富尔斯特·冯·皮克勒-穆斯考（Hermann Ludwig Heinrich Fürst von Pückler-Muskau, 1775—1871）。

[21]　参见吕特克豪斯《叔本华一家》，第 274 页，阿黛勒 1819 年 2 月 5 日致叔本华。

因此爱的是我这个人而非我作为你妹妹所有的这个名字，那你就几乎能够同样去爱另一个女子——注意，我说的是几乎。我为你提到的姑娘感到难过；我愿上帝保佑你没有背叛她，因为你对每一个人都真实无欺，为什么对一个像她这样可怜的弱女子就不呢？……幸福的家庭生活是生命给予我们的最美好的东西，但大多数人沉默无语、毫无抱怨地不予理会，他们并未拥有它，也**不敢**追求它。我就是一个没有它的人。[22]

343

叔本华承认自己是孩子的父亲，并愿意为她提供生活费。阿黛勒一定感到了兄长想让她在这件事上起些作用，她一定也还怀疑过她那吝啬的兄长会为这位年轻女子和他女儿提供资金帮助。因此，她写信给正在度假的兄长："我能为这位姑娘做些什么吗？坦率地说，不要从通常的狭义上去尽你的责任，像你这样卑下的男人会把它缩减到这一地步。我真希望这个孩子没有被生下来，但她就在这里，因此，根据她今后在其生命中所需要的程度去照顾她吧。"[23]阿黛勒告诉兄长，她愿意去关注德累斯顿事态的进展情况，她会于6月底到达那里，但她尚未决定是否去看望这位年轻女子，因为她正同另一名男子住在一起。阿黛勒的话并未说明，究竟是她担心会扰乱这位不幸女子的居家生活——或许这名男子认为他自己是孩子的父亲——还是她觉得这类事情有失她的身份。

夏天结束之前，叔本华的女儿死了。她的死因与哲学家对她离世的反应一样不为人知。然而，在这之后还不到一年，他却在自己的旅行日志中记下一段评论，它或许揭示出了他面对这位不幸少妇与自己孩子所

---

[22] 同上书，《叔本华一家》，第277页，阿黛勒1819年2月5日致阿图尔·叔本华。我再次采用的是吕特克豪斯为该信注明的日期，而非格温纳所注明的1819年3月。我还采用了吕特克豪斯将阿黛勒所提及的"你所提到的姑娘"解读为是指叔本华在德累斯顿风流韵事的观点。

[23] 同上书，第279页，阿黛勒1819年5月12日致阿图尔·叔本华。

持的哲学态度。性别各异的两个人之间的柔情与充满渴望的匆匆一瞥，意味着他们的结合所能够产下的一个新个体所具有的生命意志，但"他们之间的反感却表明，他们必然会产下的孩子如果诞生成形就会是一个奇形怪状、充满哀伤、运气不佳的存有，它与它自身都不和谐"[24]。或许叔本华厌恶孩子的母亲，只有在她仅仅是他性欲发泄对象时才另当别论。无论如何，他都从未像称赞莱辛的儿子那样称赞过自己的女儿，在他看344来，被产钳拖入这个世界之中的莱辛儿子却足够智慧地立即逃离了尘世。[25]曾但愿这个孩子从未降生的阿黛勒似乎对孩子的死感到颇为忧伤。虽然孩子的死使她得以逃脱充当兄长与孩子母亲之间调解人这一令人不快的角色，但她为兄长的损失感到悲痛。她写道："你女儿死了，我很难过；因为如果这个孩子活下来的话，她将会给你带来欢乐。你就不会这样孑然一身。你就会有了关心的对象。"[26]

阿黛勒是在根据所经历的事情写信，她同母亲与格斯腾贝克的关系已经恶化，她对兄长的关心起着将她摆脱自身孤独的作用。她还羡慕兄长所具有的独立性，那是她所处时代年轻女子无法获得的。她渴望到意大利去旅行——多年来，她一直都在学习意大利语——因此，她通过阅读兄长的来信间接地感受了他在那里的所见所闻。[27]阿图尔一定写信告诉过她拜伦在威尼斯，但他并未见过这位诗人。这令阿黛勒在大感不解的同时，又大为吃惊。兄妹俩都极为仰慕拜伦勋爵的诗歌，这位年轻的英国贵族享有摇滚歌星般的名流魅力。这位年轻女子写道："你没有见到拜伦这件事令我觉得极为不快又莫名其妙，因为如此打动我的诗人实在几乎

---

[24] 叔本华《手稿遗稿》，第4卷，第17页及随后一页/《手写遗稿》，第3卷，第14页。

[25] 参见叔本华对莱辛之子的提及，《作为意志与表象的世界》，第2卷，第579页/《全集》，第3卷，第665页。

[26] 吕特克豪斯《叔本华一家》，第294—295页，阿黛勒1819年9月8日致阿图尔·叔本华。此时阿图尔已经返回了德累斯顿，约翰娜与阿黛勒则身在但泽，她们试图从亚伯拉罕·路德维希·穆尔贸易公司的财政危机中获得一些赔偿。

[27] 阿黛勒·叔本华从1844年9月至1848年5月居住在意大利不同的地方。参见伽布丽勒·毕希《人生皆梦》，第301—325页。

没有；而激起了我面见他们愿望的诗人也可谓少之又少。"[28] 她自然而然地假定兄长也会怀有过类似的愿望并使其得到了满足。

叔本华对自己的妹妹并不坦率。他在意大利见过拜伦并有过同他会面的机会，但他并未与之会面。他在启程之前曾经请求歌德写过一些介绍信，以便他能结识一些"有趣或重要"的人物。歌德为他提供了一封写给拜伦的介绍信，但这封信他因为自己的"愚蠢"而从未用过。某日清晨，当他正与当时的情人漫步于海滨沙滩浴场之际，"我的杜尔西妮娅（dulcinea）*极为兴奋地大叫起来：'呀！这是那位英国诗人。'拜伦策马从我身边飞驰而过，而这位意大利女士那一整天都对此津津乐道。于是我决定不拿歌德的信去找他，因为我害怕被戴上绿帽子，我现在仍然对此感到后悔。"[29]

叔本华没把这一有关拜伦的不寻常事件告知阿黛勒并不令人惊讶。那种做法会有损于他在给妹妹信中所精心塑造的形象——一位淑女的情人的形象。他在给阿黛勒的信中所写的是一位富有的恋人，但妹妹却为这位女子的社会地位感到担忧，担心她是否会愿意随他前往德国。阿黛勒建议他如果已经找到了真爱便应该竭尽所能留住心爱之人。她还表达了自己对于兄长就其两桩无爱的风流韵事所作描述的失望与焦虑，她不希望自己的兄长保有这样的关系。她还提醒他，他在德累斯顿抛下了一位郁郁寡欢的姑娘，源于他那耽于感官享受天性的诸多事件，出现了令

345

---

[28]　同上书，第278页，阿黛勒1819年2月5日致阿图尔·叔本华。

　　* 杜尔西妮娅是堂吉诃德对自己所钟情的淳朴村姑的称呼。

[29]　叔本华《谈话录》，第220页，所记录的一次叔本华与罗伯特·冯·霍恩施泰因（Robert von Hornstein）间的谈话。许布舍尔在就这段话所作的一条注释中记录说，格温纳怀疑歌德为叔本华写过介绍信给拜伦，因为叔本华极为费心地保存一切出自歌德之手的东西，而在这位哲学家的遗产中并未找到这样的信件。霍恩施泰因还说，叔本华将自己未能同拜伦会面归咎于他自己的"愚蠢"。在这次谈话中，叔本华告诉霍恩施泰因："你知道吗？在同一年里，三位伟大的悲观主义者都在意大利。多斯所指的是拜伦、[贾科莫（Giacomo）·]莱奥帕尔蒂（Leopardi）和我，但我们并未彼此结识。"他告诉霍恩施泰因，他还为失掉了与拜伦遗孀在英吉利饭店见面的机会而后悔，参见上书。

人伤怀的转变。"但愿你并未丧失尊重女性的能力，"她指责着自己的兄长，"当你继续同那些粗俗而平庸的女子们一道虚掷光阴的时候，但愿上苍终有一日牵引你到达这样一位女性身旁：对于她，你能够产生某种比我过去从未理解过的焦虑更为深刻的感觉。"[30]

如果说阿黛勒因为兄长的行为而心烦意乱的话，那么，他的哲学也同样令她焦虑不安。尽管她随时全面关注着任何有关他作品的信息，却都是在心怀恐惧而为之。她也继续认真地对它进行着阅读。虽然她并未觉得他的哲学观点全然陌生，虽然她并非自视为极其虔诚的基督教徒，但她发觉兄长关于宗教的种种看法同她自己所持的观点相互抵触，并为这种差别而感到痛苦。她害怕他的宗教观点会在他要去谋求大学教职或国家公职的时候使他陷入困境；她担心阿图尔对于人类所怀的蔑视以及在他书中同经由其行为所表现出的傲慢会让他永远都不能享受到富于意义的友谊。尽管如此，阿黛勒自身的禀性却在更深的层次上得到体现，阿图尔的这部作品迫使她认识到自己对于人类的存在持有同兄长一样悲观的看法。她此时心中所怀的绝望甚至更甚于兄长。当他在游览意大利期间沉溺于那种种若非出于心灵诉求即是发自肉体欲望的风流韵事之时，她告诉兄长的却是自己频频为疾病与死亡所苦的险境，正是对于这两者的认识，构成了催生出关于世界的宗教与哲学思考的那种惊异，这是叔本华后来将会断言的东西。阿图尔会在自己后来的生命当中目睹自己哲学所获得的成功，但阿黛勒却会继续经历绝望。她写信给奥蒂莉说"你得以成为妹妹、友人、女儿、女人、母亲、主妇以及一切美好又令人满足的存在，而我则是_____？"[31]她在信末只字未写，留下了空白。她也是妹妹、女儿、女人与友人，但却从未作过母亲或主妇。

叔本华在意大利待了大约十一个月之久，这么长的时间足以使他粗

[30] 吕特克豪斯《叔本华一家》，第285页，阿黛勒1819年5月22日致阿图尔·叔本华。

[31] 阿黛勒1828年1月2日致奥蒂莉·冯·歌德，摘引自贝尔格曼《约翰娜·叔本华》，第277页。

浅的意大利语知识达到完美。然而，当他 1818 年 10 月到达威尼斯之时，
他却首先感到仿佛被扔进了冰冷的水中。他所遇到的语言与生活方式给
他留下强烈的印象，但这却是一种令他感到忧心忡忡、忸怩不安又惹人
注目的印象。他并未以发现连连为乐，相反这种种意外之事着实令他害
怕。但当他一旦适应了所处的新环境之后，他就开始感觉出奇地良好，
如同一名男子在经历了洗冷水浴之时冷水所给予的最初震撼之后因为所
洗的冷水浴而消除了疲劳，振奋了精神一般。当他消除了自己的陌生感，
融入进自己的新环境中之后，他也丢掉了对于自我的忧虑，他能够将注
意力转向——他如今采取了一种常见的姿态——"完全转向他所处的环境，
而恰恰是通过一种对于它们所进行的客观无私的沉思，他如今感到超越
于它们之上，而不是像从前那样因它们而感到沮丧。"[32] 关于叔本华沉浸
在这种无私沉思之中长达多久的问题，答案并不确定。威尼斯是不同寻
常的拜伦事件所发生的场所，也是他同特蕾莎·福佳（Teresa Fuga）的调
情之地，这名年轻女子对于富有的外国游客总是表现出慷慨大方的天性，
但她似乎并非是那位英国诗人印象深刻的"杜尔西妮娅"。如果福佳就是
那位叔本华将其作为他那"富有的情人"而向自己妹妹所提及的女子的
话，那么，无论是就她的地位还是就他们之间的关系而言，他都是在夸
大其词；而如果说叔本华本人给这位年轻女子留下某种印象的话，那么，
他的名字并未令她留下印象。后来，她在提及他的时候将他称作"阿图
尔·沙伦汉斯博士"（Dr. Arthur Scharrenhans）[33]。

叔本华 11 月中旬离开威尼斯前往博洛尼亚。在那里，他特别提到：
所有幸福皆为消极，拥有之时却未留意，只有当其逝去之后才有确切的
感受——这是人们因为自己无力使幸福继续存在而为其逝去不再所感到
的满腔悔恨。他还提到"德马利亚（Demaria）这位博洛尼亚的教授，是

347

---

[32] 叔本华《手稿遗稿》，第 3 卷，第 4 页 /《手写遗稿》，第 3 卷，第 2 页。叔本华将这一旅
行日志中条目的时间记录为（1818 年）11 月 1 日。

[33] 参见许布舍尔"生命画卷"，载《全集》，第 1 卷，第 80 页。

位天才的雕塑家"，但不同于幸福的是，德马利亚教授的天才再也没有被提及，这一缺失并未给哲学家带来悔恨。[34]他又从博洛尼亚前往佛罗伦萨去仔细观察"基督教所说的'爱邻如己'，但我所说的却是：在邻人身上实实在在而确确实实地认出自己，在一段距离之外的某个人身上再次认出同样的东西"[35]。当他这样将基督教的仁爱（agape）与自己的形而上学联系起来的时候，他那些灵动自如而又包罗万象的想法也在生理学上的残留色彩影像与男子的手淫行为之间得出了种种关联。这两者都意味着对于真实之物的自然需求，眼睛与生殖器、视觉与性冲动、理智与性欲，一个人身上的两个完全相反的极端，知性与意欲——获得拯救与坠入沉沦。

12月的时候，叔本华身在罗马，他是在那里待了三个月越冬。青年时期的经历在他心中烙下不可磨灭的印迹，将其作为了范式的他多次去看了戏又听了歌剧，他对罗西尼音乐所怀有的终生热爱可以回溯到这一时期。他还力图去欣赏所有能够在这个古老国度范围之内被找到的伟大艺术品，但他发现自己对于罗马的哥特式与文艺复兴时期的建筑无动于衷，他像歌德一样更喜欢古希腊人与古罗马人所采用的更为简单与更为明晰的线条。但圣彼得大教堂那硕大的穹顶令他想起了伦敦圣保罗大教堂的穹顶，它所占据的空间宏伟又壮观，在他面对它那雄伟的存在而开始意识到自己身体正在消亡着的这种虚无性，却又同时知道作为感知者的自己乃是承载着客体的主体的时候，促使他产生了面对静态的壮美之时心中所怀的感受。它是他的表象。[36]在夏拉画廊（the Sciarra Gallery），拉斐尔的一幅描绘小提琴演奏者的画作向他展现出，绘画何以能够将反
348 映出某个人性格的某一动作用画笔给留存定型。他在梵蒂冈游览参观了

---

[34]　叔本华《手稿遗稿》，第3卷，第6页/《手写遗稿》，第3卷，第4页。

[35]　同上书，第3卷，第6页/同上书，第3卷，第4页。

[36]　关于他所提及的催生出对于静止的壮美感觉的圣彼得与圣保罗大教堂，参见叔本华《作为意志与表象的世界》，第1卷，第206页/《全集》，第2卷，第243页。

一大批浩若烟海的艺术收藏品，抱怨在其同伴在一个半小时之内便看完所有藏品的同时，自己却几乎只是刚刚开了个头。

这位在梵蒂冈观看藏品速度极快的审美家不是别人，正是那位有着神童（Wunderkind）之称的卡尔·维特（Karl Witte），叔本华初次遇见他是在八年前的哥廷根，他之所以出现在罗马完全是因为他那肇因于某种霉运的好运。他在年方十六的幼小年龄便获得了博士学位。1817 年，他试图获得在柏林大学的授课资格。[37] 大学生们从他的讲座中蜂拥而出，拒绝接受一个年纪如此之轻青年人的教导。作为补偿，普鲁士国王弗里德利希·威廉三世（Friedrich Wilhelm Ⅲ）为他提供了一笔为期三年每年金额为六百塔勒的旅游津贴。叔本华对维特评价颇高，但阿黛勒对这一评价并不赞同。事实上，她对兄长愿意以这位神童（ingenia praecocia）为友的做法感到不解，在她看来，此人是个"从根本上而言令人难受的家伙"，他为供养自己而不择手段，他从未展现出智力水平或天才，而仅仅是博学的傲慢。[38] 令人奇怪的是，维特的家人也对他在罗马与叔本华为伍一事感到担心。叔本华与母亲的决裂连在柏林的维特父母都已知晓。在一封写给母亲的信中，维特为自己的哲学之友辩护道："我常常同叔本华在一起。在这整段时间里，我都并未在他身上观察到任何不好的东西……相反，我发觉了他身上的很多优点，尤其是他对真理无条件的热爱。"[39]

坦言自己并无哲学头脑的维特，却绝对有着洞悉哲学家个性的智慧。如果说叔本华的一大优点是他对真理那无条件热爱的话，那么，他的第二大优点便是愿意不顾后果地将之表达出来。后来，他会将他那表达出自己

---

[37] 参见叔本华《谈话录》，第 241 页。这是由卡尔·格奥尔格·贝尔记录，出自他 1858 年 5 月 1 日与叔本华所进行的一次谈话。

[38] 吕特克豪斯《叔本华一家》，第 283 页，阿黛勒 1819 年 5 月 22 日致阿图尔·叔本华。在叔本华 1858 年 5 月 1 日与贝尔所进行的那次谈话中，贝尔记录说叔本华谈到了那些对维特抱有偏见的人。

[39] 叔本华《谈话录》，第 44 页，维特 1819 年 2 月 19 日致母亲。

所认为的真理坚定信仰归结为他的哲学鲜少被其同时代人所接受的原因之一："哲学家也要讨世人喜欢，这对我来说就不一样，我已经看出什么东西讨世人的喜欢，因此不会为了讨其欢心而背离真理的道路一步。"[40] 这位神童也见识过叔本华的这一性格特征。维特评述道："由于他这些悖论式的隽语，他几乎使每个人都成了自己的敌人。"[41] 叔本华的许多敌人都是在格雷科咖啡馆树下的，一些德国艺术家、学者以及艺术爱好者在那里结成了一个小团体。维特写道，一天，叔本华大发议论，赞扬古希腊的多神教为艺术家提供了一系列丰富多彩、性格各异的人物特征。这些德国人中的某一位评论道，基督徒有十二位使徒。叔本华冷笑道："别跟我提你那十二个来自耶路撒冷的庸俗市侩。"[42]

历史学家约翰·弗里德利希·柏默尔（Johann Friedrich Böhmer）也谈到过哲学家在格雷科咖啡馆欠佳的举止，他所说的是，叔本华那"梅菲斯特式的才智"成为由来已久的恼人因素。柏默尔特别提道，一天，叔本华激起了所有这些咖啡馆老主顾的众怒，原因是他声称：德意志人是所有民族当中最为蠢笨的，却因为并无宗教信仰而得以在所有民族中占尽先机。印证此言的是众口一词的"让我们把这个家伙扔出去"[43] 的怒吼声。据柏默尔称，自此之后，叔本华就避开了这家咖啡馆。柏默尔并非叔本华的崇拜者，而哲学家是否在格雷科咖啡馆对德国发出过这样的贬抑之词也实在令人怀疑。柏默尔还通过他与曾经同哲学家一道旅行的一名法国男子及一名英国男子的交谈而将这些话算在叔本华头上。根据这个故事的说法，这两名男子问柏默尔是否认识叔本华。柏默尔说他认识后者，并补充说叔本华是个"傻瓜"。据说这两名男子都说过他们觉得哲学家令人不快，而法国人之后则提到了叔本华就德国所说的那些话。他补充道，如果他对自己的

---

[40]　叔本华《论自然中的意志》，第142页/《全集》，第4卷，第143页。

[41]　叔本华《谈话录》，第44页。

[42]　同上书，第44页。

[43]　同上书，第46页。

祖国有此看法的话，他所会做的便是守口如瓶。[44]

无论如何，叔本华的行为举止都令柏默尔反感。他在其他场合不仅仅把叔本华称作"傻瓜"，还将其称作"彻头彻尾的傻瓜"，并补充道，为了德国人的幸福，"这群非德意志的、不信教的哲学家必须全部被投进监狱"。[45] 当然，叔本华的确是不顾德国造就出了康德与歌德这样的伟人的事实而对德国人的"蠢笨"进行了大肆谴责。他还喜欢口无遮拦地说出自己的所思所想——不论同他说话的对象是谁，都没有丝毫的分别。在他"旅行日志"当中，他记录了自己逗留罗马期间所作的如下评论："对我而言，过从甚密的熟人常常都变成了陌生人，他们也常常都是陌生人，而陌生人则常常是熟悉的。我对他们所有人说的都是同一种语言，而其他人却在这方面判然有别。这实在是因为我同他们站得如此之远，以至于对我而言，那存在于恰巧在近旁与恰巧在远处的东西之间的差异业已消失……"[46] 如果他说过柏默尔所声称的那些话，那么，他在格雷科咖啡馆的熟人便成了与他为敌的陌生人。

叔本华在阳春三月之时从罗马旅行到了那不勒斯。他更喜欢同被他称之为"最值得信赖的上佳伙伴"[47] 的英国游客一道旅行。在那不勒斯，他观看了由一位名叫弗兰切斯科·阿杰斯·S.哈耶茨（Francesco Ajes S. Hayez）的威尼斯青年艺术家所画的一幅画，画中描绘的是在阿尔喀诺俄斯*的宫廷中听见别人讲述他自己英雄事迹及生平之时流泪哭泣的尤利西斯。叔本华将会把这幅画的主题用作支持他将哭泣作为对自身同情

350

---

[44] 同上书，第 45 页。

[45] 同上书，第 46 页。

[46] 叔本华《手稿遗稿》，第 3 卷，第 7 页／《手写遗稿》，第 3 卷，第 5 页。

[47] 叔本华《书信集》，第 434 页，叔本华 1858 年 8 月 31 日致大卫·阿谢尔（David Asher）。

　* 阿尔喀诺俄斯（Alcinous），荷马史诗《奥德赛》中的一位国王，其女瑙西凯厄在奥德修斯（此处的尤利西斯）遭遇船难时给予了他帮助。

的分析材料之一。[48] 那不勒斯以南十四公里处坐落着具有悲剧色彩的庞贝古城。哲学家因为自己亲历了这一痛苦与绝望的场景而在内心受到深刻的触动，它向他彰显了种种自然力量那令人震惊而恣意妄为的发威以及它们对于人类幸福的冷漠。庞贝城的毁灭成为他用以向莱布尼茨那"极为有害"的论断，（即此乃所有可能的世界当中的最佳世界）开火的众多事例当中的一个。叔本华辩称道，此乃所有可能的世界当中的最糟世界；却并非是从人再也无法想象出一个更为可怕世界的意义上来说，而是就一个竟然能够确确实实地存在并延续永远的世界而言。然而，庞贝古城也促使这位年轻的反乐观主义者认识到了一种同等强大力量的存在，这是一股他在意大利任其为所欲为的力量。在那装饰有帕拉斯*雕像的穹隆的门上，刻着"幸福栖身于此"（Heic habitat felicitas）的铭文。[49] 叔本华觉得铭文内容好不幽默——对那些进入妓院的人而言十分幼稚，而在那些离开妓院的人看来却颇为讽刺。在帕埃斯图姆（Paestum）**，当他想到"我曾站立于柏拉图双脚脚掌或许踩踏过的土地之上"[50] 的时候，波塞冬神庙这一历经二十五个世纪之久却依然傲立于世的古老建筑，令他心中充满敬畏。

351　　叔本华在那不勒斯之时，收到阿黛勒告知他歌德已收到他所著书籍的来信。当他在一个月之后返回罗马的时候，脑子里满是关于自己哲学

---

[48]　关于他对阿杰斯画作的反应，参见叔本华《手稿遗稿》，第3卷，第11页/《手写遗稿》，第3卷，第8页；关于他对哭泣的尤利西斯所作的分析，参见《作为意志与表象的世界》，第2卷，第592页/《全集》，第3卷，第679页。

　　*　帕拉斯（Phallus），即雅典娜。

[49]　关于他对庞贝城的反思，参见叔本华《作为意志与表象的世界》，第2卷，第513、583页/《全集》，第3卷，第587、670页。

　　**　帕埃斯图姆为意大利古城，原是建于公元前6世纪的希腊殖民地，后来，罗马在公元前273年移居该城，但它在公元9世纪又遭废弃，现今为一片荒地，有许多古代遗址。希腊人将其称为波塞冬尼亚，将之与海神波塞冬等同起来，罗马人则称其为尼普顿，它后来被定居在此的罗马人重新命名为帕埃斯图姆，他们扩大了城镇，加建了一座圆形露天竞技场，一座市政厅和一个集市中心。

[50]　叔本华《书信集》，第54页，第656页，选自《个人简历》的部分。

的种种极端自负的想法。他创作了一首赞美自己的诗作，全诗以"后人将为我竖起一座纪念碑"（a monument）[51]之句作结。待到头脑更为冷静之时，他画掉了 monument* 一词，而代之以"memorial"一词（或许他具有未卜先知的能力，又或许他在谦恭之中不乏草率，因为 1895 年，在法兰克福勒希赖公墓 [Rechneigraben] 的最北端，人们为他立了一块墓碑）。他 5 月份返回了那不勒斯，又在 6 月份冒险去了米兰。在那里，他收到了一封妹妹写来的令人不安的来信，告知他但泽 A. L. 穆尔的银行已经停止了付款。约翰娜与阿黛勒把她们所得的全部遗产都投在了穆尔那里，而聪明地拒绝了母亲要他照此办理建议的阿图尔，也仍然将自己所得遗产三分之一强委托给穆尔去打理。阿黛勒发了狂。母亲有些挥霍无度的生活方式已经花光她自己绝大部分钱财，并已经开始在消耗阿黛勒的遗产。当时的约翰娜与阿黛勒已经是钱财告罄。她们立即辞退了佣人，并听从其堂兄与叔本华教父威廉·恩斯特·弗里德利希·格尔曼（Wilhelm Ernst Friedrich Goermann）的建议，借了旅费去往但泽同穆尔商谈解决办法，穆尔警告过他的债权人，为了避免破产，非得如此不可。阿黛勒乱了方寸；她写信给兄长说："我们可怎么活呀？我的心被母亲的状况以及迫在眉睫的启程给碾得粉碎。"[52]她继续写道，至少他们之中尚有一人并非完全背运，因为叔本华只放了八千塔勒在穆尔那里。她还传达了来自母亲那里的讯息：约翰娜将尽己所能也使儿子的投资得以保全。鉴于叔本华对于翰娜在商业事务上所具有的聪明机智的看法，这话并未给他带来安慰。

穆尔危机促使叔本华摆出高姿态。他主动提出愿意与家人共用自己所有的财产。约翰娜拒绝了他的援助，正如她也同样会拒绝格斯腾贝克主动提供的帮助一样。她拒绝接受自己曾经的"房客"所提供的援助是

[51]　叔本华《手稿遗稿》，第 3 卷，第 ii 页 /《手写遗稿》，第 3 卷，第 9 页。
　　*　该词除具有类似于 memorial 的纪念碑、纪念物之意外，还可指墓碑。
[52]　吕特克豪斯《叔本华一家》，第 288 页，阿黛勒 1819 年 5 月 28 日致阿图尔·叔本华。

352 出于骄傲，而她对儿子信誓旦旦的保证置若罔闻则是源自愤怒。他的提议并未修复自己与母亲之间那业已受损的关系，相反，它却使其更为恶化，并进一步损伤了母亲与女儿之间那日益薄弱的关系。对母亲愚蠢地将钱全投在一处商号的做法感到气恼——叔本华将一直会使自己的资产往多样化的方向发展——并仍然对所认为的母亲那挥霍无度的生活方式感到失望而叹息——叔本华将一直会量入为出地生活——的叔本华，在作出提供资金援助誓言的同时，还附上了一句仅供阿黛勒阅读的话。他写信给妹妹说，他将与她们共用他的财产，"尽管她［约翰娜］对自己一双儿女对于自己的丈夫，也即是我的父亲的追思均未表现出敬意"[53]。阿黛勒并未将这话放在心上，她认为叔本华的提议是一种胜于其无情断语的行动。约翰娜发现了儿子的这封信，读罢之后勃然大怒，并因此说了许多关于丈夫与儿子极其可恶的难听话。约翰娜一定也还指责了阿黛勒对于自己怀有与兄长相同的看法，因为阿黛勒记录说，她无法让母亲相信自己的观点异于兄长。两个女人间的敌对状态达到白热化的程度，以至于阿黛勒都产生了破窗跳楼的想法。幸运的是，"而当我产生这一可怕冲动的时候，上帝却给了我决心与力量。"[54] 她这样写道。歇斯底里的恶言相向到最后变成了两个女人的以泪洗面，而阿黛勒则相信约翰娜再也不会相信自己对于母亲的爱。阿黛勒在日记中写道，"在长达两天之久的时间里那种将死的感觉都一直同我如影随形，母亲也在身体上受着煎熬。"[55] 关于这次争吵的痛苦回忆，阿黛勒在多年之后都仍无法释怀。

即便约翰娜并未发现叔本华关于她未对儿子对于她丈夫的思念表达过敬意所说的那种尖酸刻薄的说法，她似乎也仍然会拒绝他所提出的与

---

[53] 同上书，第289页。像叔本华这一时期写给阿黛勒的大多数信件一样，他的这封信也再也无法找到。阿黛勒是在1819年7月28日致奥蒂莉·冯·歌德的信中引用的出自叔本华1819年7月一封来信中的这句话。

[54] 叔本华，阿黛勒《日记》，第2卷，第32页；摘引自贝尔格曼《约翰娜·叔本华》，第217页。

[55] 叔本华，阿黛勒，同上书，第2卷，第32页。

她们共用钱财的提议。她对于自己独立于男人的独立性的珍视，几乎是
胜于其他任何东西。她因此拒绝了格斯滕贝克所提供的援助。但接受来
自一名是自己儿子的人帮助，接受来自一名曾经试图左右她生活儿子的
帮助，却会是这样一桩行为：它既违背了她自己对于得体的母子关系的看
法，又会强迫她承认儿子的高高在上，她告诉阿黛勒说，她不应该依附
于儿子，而"他本来应该是靠她过活才对"。[56] 在 1827 年另一次财政危机
当中，约翰娜向一名友人就儿子那貌似友好的姿态作出了同样的分析：
"我相信如果我变得一贫如洗，他会同我共享他的财产。他在穆尔破产之
时曾亲口用几句严词厉语表达过类似的意思。我知道他会给我面包，但
却是像施舍给乞丐一样地扔给我。"[57] 儿子那些尖酸刻薄的话一定激起了
约翰娜的愤怒，因为她由于亡夫对于他所留下的遗产最初所做的分配而
对其心怀怨恨。它使得她两个孩子在经济上得以独立，并减少了她所得
的遗产。她设法成功地将阿黛勒牢牢地控制在身边，并使得女儿所继承
的遗产事实上成为她自己的囊中之物。她对其进行控制和管理，并将以
之为生。阿图尔过去在试图利用他所继承的遗产来控制她的生活，这是
她的看法。海因利希·弗洛瑞斯似乎是在通过他那顽固的儿子从坟墓里
发威。

　　为了从可能陷入的破产境地中摸索一条出路，穆尔敦促债主接受其
各自资金百分之三十的清偿。无论约翰娜还是阿黛勒都赞同这一提议，
阿黛勒恳请兄长也接受穆尔的那些条件。这位银行家使得这两位姓叔本
华的女子相信，要么如此，要么破产，而在后一种情况之下她们将一无

353

[56]　沃尔夫冈·冯·厄廷根（Wolfgang von Oettingen）编，《选自奥蒂莉·冯·歌德的遗作，
她所写的信及写给她的信》（*Aus Ottilie von Goethes Nachlaß: Briefe von ihr und an sie*，
Weimar: Verlag der Goethe-Gesellschaft, 1812），第 352 页；摘引自贝尔格曼《约翰娜·叔
本华》，第 218 页。

[57]　格鲁贝尔，罗伯特"叔本华一家与穆尔的清偿"（Die Familie Schopenhauer und der
Ausgleich Muhls），载《南德意志月报》（*Süddeutsche Monatshefte*），第 30 卷（1933 年 5
月），第 499 页；摘引自贝尔格曼《约翰娜·叔本华》，第 218 页。

所有。面对妹妹的多次恳求，叔本华不为所动，他建议她不应接受清偿，而是应该同他一道等待下去，直至穆尔重新具备偿还能力为止。穆尔亲自给这位坚定的债主写了一封信，说他负有四十三万塔勒的债务，而资产额仅为十三万塔勒，这些数据证实他所提出的清偿具有合理性。叔本华固守着自己拒绝清偿提议的立场。他情愿将所看到的这一切称作是穆尔为求自利的唬人之举。然而，家中的女人们却有二万二千塔勒濒临险境，这几乎全都是阿黛勒的钱。她们只剩下了两千塔勒在魏玛，而她们还欠匡特八百塔勒。她们不愿冒险。仅仅在达成了一项附加协议之后，她们才有条件地接受了穆尔的提议。她们将得到一笔三百塔勒的终身年金和四幅画作。当阿黛勒告知叔本华有关这一附加清偿条件的时候，她似乎是证实了他对家人行为动机所持的怀疑。从他所处角度来看，母亲与妹妹似乎是仅仅为了使她们自己脱身。

354

　　叔本华与妹妹的往来信件随着穆尔事件的尘埃落定而变得日渐忧郁、令人忧伤。他一度威胁说要收回他所捐出的用以供养其姨母尤丽·特罗西纳那笔小额津贴，这一小气而刻薄的举动令阿黛勒大为吃惊。而也为供养妹妹提供了帮助的约翰娜，尽管其自身已是岌岌可危，却作出了继续提供这一帮助的保证。叔本华还毫无保留地表达了他对穆尔诚实可信所持的怀疑，并最终归结于他对家人所具有的种种动机的怀疑。起初，阿黛勒试图重新赢得兄长的信任并保持这种在叔本华逗留于意大利期间所建立发展起来的友好关系。"不要对我这样铁石心肠，"她恳求道，"这个世界上再也没有人像我这样爱你。想想这意味着什么，牢牢抓住这颗好不容易才赢得的心吧！"[58] 如果哲学家深思熟虑过妹妹的爱意味着什么的话，那么，他一定会得出它无关紧要的结论。他任由那颗心离开，却是直到令它破碎之后才任其离开。在此之后不到一个月时间里，阿黛勒尽情发泄了自己的失望与不满："你令我们痛苦不堪，"阿黛勒说这话时也是

---

[58]　吕特克豪斯《叔本华一家》，第313页，阿黛勒1820年1月14日致阿图尔·叔本华。

在充当母亲的代言人，"这样一来，你也让我们知道了你的所作所为以及世人在如何看待我们所处的处境。因此，我没有任何可以收回的东西。"[59] 她在同一封信的结尾处试图让哲学家在她退出其生活之时为他自己的行为感到内疚："我不能从你那里听到任何不会将我的心撕得粉碎的东西；你不信任自己的妹妹与母亲的做法是一种将会招致最为严厉惩罚的无耻之举。我也无法去做任何会对你有益的事情。"1820 年 5 月之前，阿黛勒与约翰娜同穆尔达成了调解。她们损失了自己所投资金的百分之七十。叔本华并未采取任何措施反对穆尔同其他投资者达成调解，因为穆尔具有偿还能力将会令他受益。

叔本华一直对于他人对他钱财所怀有的动机疑心重重。他怀疑穆尔是在诈骗债主的钱财。然而阿黛勒向他发出的接受财产百分之三十的清偿的绝望恳求以及那位但泽商人所描述的他那糟糕透顶的经济状况，却促使他做出让步。他将会接受调解，但仅仅是在不晚于 1820 年 4 月 15 日收到了他所投资金百分之七十的条件下才会接受调解。这一提议如同刻在石上一般不容更改。在给了穆尔大约六个星期的时间作出回应之后，叔本华威胁说要逼迫他要么支付算上了利息的全款要么直至穆尔彻底破产。"我全心全意地为我必须得是这样一位您无法避开的讨厌而麻烦的人表示歉意，"叔本华给他那身陷麻烦的债务人写道，"我还能够想象，从您的角度出发来看，我的做法也许会显得严酷而不公。但那只是一种错误的观念，一旦您认识到，我所想得到的东西只不过是我不能允许被别人从我这里夺走的东西，我拥有它是合理至极且最不容置疑的事情，它就会不复存在。除此之外，它还是我全部的幸福、我的自由以及我用以治学所必需的闲暇所赖以维系的东西；它是一种在这个世界上绝少被恩赐给像我这样的人的好事，若不将其捍卫到底，若不倾尽全力将其牢牢握

355

---

[59] 同上书，第 315 页，阿黛勒 1820 年 1 月 1 日致阿图尔·叔本华。

在手中，那几乎就是过分之事与软弱之举。"[60]

如同他所保证的那样，哲学家坚定不移、寸步不让。在穆尔同他其他债权人达成调解的同时，叔本华却向他要求还清全部款项，还要附加上利息。穆尔要求叔本华给他更多时间。如果有三至六年的时间，他便能够付清这笔款项。他告诉叔本华说，他有一群相当不错的纯种美利奴绵羊，它们会在三年或四年之后带来两千四百塔勒的收益。他告诉他那不屈不挠的债权人，他是安全的。如果他发生什么意外的话，一份可观的寿险保单将会为叔本华提供保障。而如果叔本华对他承诺给予赔付的诚意与诚信抱有怀疑的话，叔本华可以来乌尔考（Uhlkau）与他一同居住，亲眼观察他的经商活动。叔本华毫不含糊地拒绝了穆尔的提议。他告诉这位商人，他可不仅仅是另外一只美利奴绵羊，他不愿意置身于商人的这群绵羊之中吃草。他不会被人敲竹杠。至于他的寿险保单，那并无安全可言。他是否拿到钱与穆尔是否活着，完全两码事。"然而，当然，"叔本华冷笑着写道，"为了能拿到钱，我不会将你逼上绝路。"[61]至于说迁往乌尔考去住一事，叔本华拒绝了这一邀请。叔本华继续写道，只要穆尔还是他的债务人，他就不会去乌尔考，除非穆尔想让他"像那位在最后一幕中拜访唐璜的商人一样"坚持自己的要求。他说，穆尔向他亮出了自己的武器，而他也向穆尔亮出了自己的武器。他的武器更胜对手一筹。

叔本华的强硬策略将会让他占据上风，得到好处。在穆尔危机开始
356 后的两年零四个月之时，他设法拿回了自己的钱，同时还获得了利息。他从他那不情愿的债务人那里分三次得到了总额为九千四百塔勒的付款。当他提交他的第一笔账单之时，叔本华根本就没有考虑穆尔不具有清偿能力的问题，他知道穆尔已经以百分之三十的价格从许多债权人的手中

[60] 叔本华《书信集》，第60页，叔本华1820年2月28日致A.L.穆尔。
[61] 同上书，第72页，叔本华1821年5月22日致A.L.穆尔。

买下了他们所拥有的产权，当他试图促使哲学家转而回去接受所提出的百分之七十清偿提议之时，叔本华知道自己吃定了穆尔。百分之百强过百分之七十，叔本华告诉穆尔，他从后者所提出的支付百分之七十清偿的提议这一举动当中知道后者能够付清这笔账单。"因此，如果你尽管如此却仍然想要宣称自己不具有清偿能力的话，"叔本华在信中以一种展示出自己哲学本性的方式写道，"那我将通过由伟大的康德为了证明人们具有道德上的自由，即从应当推理到能够而引入到哲学之中的著名推论来向你证明事实恰恰相反。"[62] 然而，叔本华所做的却是将这位但泽商人玩弄于股掌之中。他既未接受康德的推理，也未将其关于道德自由的论断奉为圭臬。他辩称说，促使一个人遵从道德义务的要求行事的唯一方式是，如果那个人在陈述义务实属多余的情况之下已经想要去做义务要求他所必须去做的事情，或是另外某个人承诺要给予此人以奖赏或是威胁要对此人施以惩罚，并藉此使其做他或她应做之事符合此人自身的利益。[63] 但在炫示了康德相关学说之后，叔本华却清楚地阐明了自己对此的真实看法："这即是说，如果您不自觉自愿地付给我这笔钱的话，那我就会向法院起诉您，来让您付清这笔账。您看，人可以在是哲学家的同时却不必因此而是一个傻瓜。"当然，叔本华的商人意识深入骨髓，他为商人生活所受的训练使他得以见识过在商界中所使用过的种种阴谋诡计。他还知道康德的道德哲学仅仅适用于"可爱的小天使"，而非其实质乃是意欲的血肉之躯的凡人。[64] 叔本华并未寄希望于穆尔会出于责任感而行事，相反他威胁说要对对方施以惩罚。

---

[62]　同上书，第69页，叔本华1821年5月1日致A. L. 穆尔。

[63]　参见叔本华《论道德的基础》，第88—94页/《全集》，第4卷，第155—160页。

[64]　同上书，第64页/同上书，第4卷，第132页。

柏林

在德国出现的资金问题迫使叔本华缩短了他在意大利逗留的时间。

357 他还面临着某种存在的危机。他将自己的哲学这一生命之果呈现给了世人，并面临着某种哲学上的产后抑郁症。穆尔危机也使得他意识到自己在资金方面是如何的脆弱。几年之后，他特别提到了这些危机之间的关联。他写道，他所作出的举动同自然与人权完全背道而驰，因为他所作出的决定是：为了人类的好处，而不是为了自私自利地增进他个人的幸福，来使用他的天赋与能力。他的这一将会在他后来生活当中呈现出一种几乎是弥赛亚式形式的使命，已经完成了。他运用自己的才智以服务于世人，而非服务于他自己。但在这样做的过程当中，他却感到焦虑不安："我完成了我的任务，解决了这一问题，达成了我的使命。正因如此，我完全有理由仔细看管并见到父亲遗产所给予我的资助必须继续下去，甚至直至我年华老去，因为如果没有这样的资助，世人将会从我这里一无所得。任何世俗的官职，任何诸如部长或是董事之类的职位，都不能补偿我所失去的这一从一开始就被赐予给我的闲暇。"[65]

当叔本华焦虑不安地行进在返回德累斯顿的途中之时，在海德堡的一次中途停留让他与自己哥塔中学的老同学恩斯特·安东·莱瓦尔德短暂地重聚了，后者当时在海德堡大学任古典语文学教授。一则出自于这一时期的记录颇具启发性，它表明这位旅行者完全明白在观念与现实之间存在着常常是难以逾越的鸿沟。他曾经设想过书籍使得有才智的人之间的迅捷而顺畅的交流更为便利，而通过出版自己的哲学，他如今已将自己的种种想法呈现给欧洲所有的人。但他的旅行，加之妹妹关于其书籍反响甚少的报道，却令他认识到，人的世界与书的世界是两个全然不同的

---

[65] 叔本华《手稿遗稿》第 4 卷，第 484 页 /《手写遗稿》，第 4 卷，第 107 页。许布舍尔将产生这段想法的时间标注为"1822 年前后"。

领域。在其中一处，你所看到的是地域性的风俗、偏见、迷信以及习惯；而在另一处，你将会看到的那一整套则大相径庭："我们已经熟知存在于大众与书籍之间那深重的隔阂，已经熟知公认的真理是何其缓慢地（尽管无可置疑地）才被大众所知，因此，就物理上光的传播速度之快而言，没有任何东西更像才智之光那样无法与之匹敌了。"[66]

叔本华一直相信，书籍的世界将活着的学者同思想家连为一体，丝毫不受空间、时间甚至是死亡的限制，这使得所有时代以及所有地域的天才相互之间的交流成为可能。每一位富于创见又见解深刻的才智之士都具有用最为精确与最为明晰的方式来表达观点的本能需求，这仅仅能通过写作而达到的完美无缺的境地。他认为，伟大的智者是人类这一种族的导师，"我们仅仅是通过写作在对人类说话"[67]。他还坚信，真理终将获得承认；他相信《作为意志与表象的世界》包含着真理，相信他自己已经发现了哲人石。但他已将真理给予世人，而手头仍有时间可用。他需要有点事情来做。他决定要将自己才智的光辉直接投射在那些与他同时代人身上。一个学术性的职位能让他办到这点。它将使他能够潜心于可行的生活，而如果他对穆尔所采取的强硬立场将会令他失去所投资金的话，那么一个学术性的职位将会为他提供一些进项。他请莱瓦尔德去帮他询问一下是否可能获得在海德堡大学执教的权利。

叔本华首先在海德堡大学问询了是否可能获得学术职位一事是令人奇怪的。他之所以有此一举或许仅仅是因为海德堡大学是他在返回德累斯顿途中所遇到的第一所大学，并且他还有一位友人在该校任教。莱瓦尔德一定还告诉了他那里哲学系有一个空缺教席，因为当叔本华开始他意大利之旅的时候，柏林大学已经设法诱使黑格尔离开该校转投了他们。黑格尔到达海德堡大学任教就如同他曾到耶拿大学任教一样，都是那个

358

---

[66]　同上书，第3卷，第13页／同上书，第3卷，第10页。

[67]　叔本华《附录与补遗》，第1卷，第41页／《全集》，第5卷，第45页。

时代主要推动力后面的一种节拍。当他到达耶拿大学之时，那里的绝大多数明星都迁往了别处去熠熠生辉。在黑格尔那骑在马上的世界精神把耶拿搞得一片凋零之后，黑格尔逃往了班贝格，在那里花了一年时间编辑《班贝格报》（*Bamberger Zeitung*）。之后，他成为纽伦堡一所文理中学的校长，在这个职位上一干就是八年，直至他1816年成为海德堡大学教授。但在此之前，德国浪漫派的作家已经腾出了他们在该校的位置，权充其间的是该校那些极其实际的学生以及那些崇尚经验的教授科学的教员，这帮人对任何形式理想主义都心存怀疑。然而，柏林大学在他们寻访黑格尔之时却是德国智性生活的头号重镇，它为他的现代化话题提供了一个更为有效的平台。此外，不同于经济上独立自主的叔本华的是，黑格尔还必须得以哲学为生，因为他有一家子人需要他去养活。柏林大学提供给黑格尔的是费希特所空出的哲学教席以及两千塔勒的薪水，这比他在海德堡大学薪水的两倍还要多。

359

莱瓦尔德探究了叔本华能否在海德堡大学任教的前景。他告诉哲学家说，尽管无人熟知他的哲学，但他在海德堡大学住下生活不会有什么障碍。[68] 然而，叔本华再也没有向海德堡大学做出谋求教职的进一步表示。他为何没有这样去做，并不为人所知。或许是空气中仍然回荡着离去的浪漫派作家所说的激励之词，又或许是他那时已经想到他会在后来付梓出版的东西，确切地说即是：黑格尔在这所大学任教的两个年头对任何具有哲学潜质的天才"所起的影响是极其可恶的，完全应该受到谴责的，人们甚至可以说是瘟疫性的"，并因此令其不能接受他的思想。[69] 海德堡的大学生像所有致力于改革的大学生一样，为反动剧作家奥古斯特·冯·科策布1819年3月23日在曼海姆被大学生卡尔·山特（Karl

---

[68] 关于莱瓦尔德1819年10月10日致叔本华的信件，参见叔本华《谈话录》，第401页。莱瓦尔德还提到说，叔本华在海德堡还认识其他诸如画家罗克斯、名叫弗里斯的商人及一个名叫默尔席达特的人等。

[69] 叔本华《论道德的基础》，第14页/《全集》，第4卷，第 xvii 页。

Sand）所刺杀而欢庆，他们仍然航行在震惊了德国境内许多更为进步场所的民族主义与改革的狂热浪潮之上。这所有的一切或许令这位保守的哲学家感到厌恶。但更有可能的却是，叔本华之所以并未为进入海德堡而作进一步的跟进，是因为他心中还有其他更好的选择以及将其藏书和其他私人财物搬离德累斯顿将会太过麻烦。他不大可能担心黑格尔对于海德堡的大学生产生了影响。他对于自己揭露构成了其核心实质的胡言乱语的能力自信满满，而哥廷根与柏林这两所大学的大学生，在他看来也并不比海德堡大学的那些大学生更不那么具有民族主义的色彩。此外的另一个原因，便是黑格尔人在柏林。从叔本华的角度出发来看，任何被德国浪漫派作家所遗留下的挥之不去的气息，都是那种由腐烂着的尸体所发出的气息。

叔本华没有做任何会断绝掉他进入海德堡大学任教可能性的事情，但在 12 月初，他联系了他就读于哥廷根大学时讲授解剖学与生理学的老教授弗里德利希·布鲁门巴赫。他将问询自己能否在哥廷根大学取得学术职位的信件写给了布鲁门巴赫，而非他的首位哲学教授舒尔策，并不令人吃惊。"埃奈西德穆"舒尔策给叔本华的博士论文写了篇不冷不热的评论，而叔本华自己在他主要著作当中也没怎么提及舒尔策。他很有可能预计舒尔策会将他的哲学视为建造在康德这一受人怀疑的源头之上，而持怀疑态度的舒尔策可能会对这位自己从前的学生回去谈到康德在自在之物与表象之间所作的区分而感到烦恼。此外，叔本华从未将怀疑论视为是一种切实可行的哲学立场，在《作为意志与表象的世界》中，他完全摒弃了"理论上的自我主义"或唯我论的观点：人的身体是意志的唯一表象——也即是说，人是世界上唯一真实的个体——将其斥为怀疑论的诡辩之辞，说这种诡辩之辞郑重其事的拥护者只有在疯人院里才能被找到，不怎么需要被人驳斥即能治愈。[70]

360

---

[70] 参见叔本华《作为意志与表象的世界》，第 1 卷，第 104 页 /《全集》，第 2 卷，第 124 页。

叔本华告诉布鲁门巴赫，自从他到意大利旅行以来，便一直都在计划和准备踏入"实践生涯"，他已经作出决定:对于他这样一个生就的"擅长理论者"而言，唯一可行的途径是在一所大学里执教和授课。他已经度过了自己的学徒时期与漫游年代，现在的计划是要通过取得在某所大学里担任学术课程讲授者的资格而成为一名教师，而该大学也会渴望为他所特有的这类思辨哲学提供这一位置。[71] 他向自己的老教授坦言，他正在考虑的是哥廷根、柏林与海德堡这三所大学，而他最喜欢的则是哥廷根大学，因为它是世界上最值得投入精力与时间的大学，或许还是世界上最好的大学，它以其拥有所有领域当中最为博学的人士以及全球最佳的图书馆而举世闻名。对这位从前的老师，叔本华可谓是不吝赞词、美言不断，在他的口中，布鲁门巴赫是他所有老师当中最值得珍视的那位。他询问布鲁门巴赫是否认为他能够在那里找到听众，他又应该向谁就他的大学执教资格提出正式的请求。他希望在复活节之前开始他新的生涯。他问何时是他能够申请的最晚时间，以及布鲁门巴赫能否代他去探探哲学系教授的口风。

叔本华并未把他的鸡蛋只放在两个篮子里。在写信给布鲁门巴赫后不久，他又联系了柏林大学的马丁·海因利希·卡尔·利希滕施泰因（Martin Heinrich Carl Lichtenstein）。叔本华遇见他这位动物学教授与动物博物馆馆长是在十一年前他母亲在魏玛的家中，而他在柏林大学求学期间，他也曾经去听过该教授所开设的讲座课程。从多个方面来说，他写给利希滕施泰因的这封信都同他写给布鲁门巴赫的那封信颇为相似，但在他想去执教的大学名单上，哥廷根大学与柏林大学的顺序却被极富策略性地给颠倒过来。他在柏林大学、哥廷根大学与海德堡大学之间犹豫不定，难作决断，但他预计在柏林能够吸引到比其他任何地方要多的听众，尤其是能够从大学生群体之外吸引到更多听众。他说柏林是最高

361

---

[71]　叔本华《书信集》，第 43 页，叔本华 1819 年 12 月初致约翰·弗里德利希·布鲁门巴赫。

知识文化的中心。他还提到柏林大学的哲学教授当中出现一个空缺，因为卡尔·威廉·索尔格（Karl Wilhelm Solger）近期过世了。然而，尽管他对柏林称赞有加，但他向利希滕施泰因坦言，他关于去哪所大学执教的选择仍是悬而未决。因为柏林那"位于沙质土地上的致命位置"以及诸如高昂生活费用之类的困扰所有大城市的种种问题，所以他更愿意选择哥廷根和海德堡，而不愿意选择柏林，但他特别提到说，一间满是听众的讲演厅所给予他的弥补将会绰绰有余。[72]

正如他所写给布鲁门巴赫的那封信一样，他写给利希滕施泰因的这封信内容也同样如此。他能够决定那些教授关于他谋求教职一事的看法吗？他们听说过他的作品吗？他究竟应该向谁请求获得执教资格？他为自己的诸多请求给利希滕施泰因所带来的麻烦而向他的这位老教授与世交致以歉意，但在柏林实在没人能让他更信任，实在是没人曾经给予过他如此之多的友情，他这样写道。正如他在给布鲁门巴赫信中所做的一样，他也向这位生理学家保证，他的哲学不带有哪怕是一丁点儿政治倾向或旨在赢得影响同时代人趋向的迹象。他所关心的并非是那些同时代人短期所关心的事情，相反，他的本真天性驱使他所忙于的是"那种在所有时代与所有国度都同样令人类感到关心的东西，如果我把我的知识才能用在一个在我看来如同任何特定时代或国度的现有状况一样渺小而狭隘的领域当中，那我会将之视为一种自贬身份的做法。事实上，我甚至怀有这样的看法：任何一个学者，就该术语的更高意义而言，都应该秉持这一坚定信念，都应该将国家机器的改进交给政治家去管，正如他们应该将知识的促进及完善留给学者去做一样。但我对于那些自诩的哲学家有着一种极低的看法，他们已经变成了政治公众事务的评论者，他们藉此谋求获得一种在他们同时代人当中以及对他们同时代人立竿见影的影响，这是关于对他们不具备写下后人会认为值得一读的只言片语能 362

[72] 同上书，第45页。叔本华致利希滕施泰因。许布舍尔将该信的日期标注为1819年12月初。

力的最为清楚的供状"[73]。

叔本华对于他的万古长存说清晰有力的阐述是真实可靠的，尽管它也是精到明智的。他对当代政治并无兴趣。事实上，政治哲学本身在他思想中是阐述得最少的领域。然而，在强烈表达了他对那些倾心于影响现有政治事务的自诩的哲学家蔑视的同时，他也告诉自己的老教授，他并非那些正在被统治者从大学清除出去的颠覆分子或煽动民众者中的一员。在科策布被刺之后，诸如奥地利亲王克勒门斯·温策尔·洛特·梅特涅（Clemens Wenzel Lother Metternich）利用这一暗杀事件将贵族对革命的恐惧转化成了对任何会威胁到现状的变革的反对。1814 年 8 月 6 日至31 日，包括普鲁士国王弗里德利希·威廉三世（Friedrich Wilhelm Ⅲ）在内的德意志统治者在卡尔斯巴德碰头，签署了"卡尔斯巴德法令"（Karlsbad Decrees）这一系列旨在镇压变革的残酷政治措施。卡尔斯巴德法令将使任何一位对现存社会制度构成威胁的德意志大学员工被解雇成为可能。这些所谓的"煽动民众者"被从所有德意志大学中给清除了出去。法令还规定设立一个密切监视德意志邦联内部出版物的审查委员会以及一个位于美因茨的负责挖出任何潜在颠覆势力的委员会。

布鲁门巴赫与利希滕施泰因两人都告诉叔本华说，他们各自大学的教授将不会成为他设法获得职位的障碍，尽管事实上没有人熟知他的哲学。然而，布鲁门巴赫对他吸引听众的能力抱有怀疑。他感觉到哥廷根大学似乎并不需要更多的哲学讲座课程。哥廷根大学因为科策布被刺事件后的大学生骚乱而遭受了入学人数的急剧减少，其入学人数从大约一千三百名降低为六百五十八名。利希滕施泰因则更为乐观，写信说黑格尔在柏林重新激起了人们对哲学的兴趣。柏林大学有着人数要多得多的学生群体，学生人数约为一千一百名，叔本华决定前往柏林大学。

叔本华为获得他在柏林大学执教资格而向该校哲学系教授申请在

---

[73]　同上书。

1819 年最后一天进行此事，连同他的这一申请，他还附上了他的博士论 363
文，他关于色彩理论的论文以及《作为意志与表象的世界》作为他作品
的"样本"。他的申请以及所附上的《哲学博士阿图尔·叔本华个人简历》
（Vitae Curriculum Arthurii Schopenhaueri, Phil：Doct）是用拉丁文所写。在
所附的写给柏林大学哲学系系主任菲力普·奥古斯特·伯克的信中，叔本
华提出了两项要求（叔本华在柏林大学 1812 年夏季学期曾经零散地听过
他所开设的名为"关于柏拉图的生平及著作"的系列讲座）。首先，他要
求将他的讲座在下一期课程目录当中予以公布。为办到这点，他要必须
在 1 月中旬之前通过自己的试讲，而叔本华知道这一时间安排并无可能。
如果没有被列在下一期课程目录上的话，他担心自己将会无法吸引到学
生来听课。因此，他问伯克可否宽容地同意自己的要求，他提醒伯克，
这在其他大学曾经有过先例。他希望他的课程被描述为涵盖了"一般哲
学，亦即关于世界与人类精神本质的理论"，并特别强调他将每周开课六
次。[74] 其次，他现在提出了将会引发教授狂怒的要求，他想要在黑格尔讲
授其主要课程之时与其同时授课。

　　尽管叔本华这一不久便为全体哲学系教授所知的要求着实傲慢无礼，
但他涵盖了四类不同动机的试讲还是被安排在了 1820 年 3 月 13 日的下
午一点。试讲是在所有教授都在场的情况下进行的，而在其后的口试环
节当中，黑格尔与叔本华之间发生了小小的争执。绝对之物的哲学家不
满于意志的哲学家对于诸多动机的论述。黑格尔问道："当一匹马卧倒在
大街上时，其动机究竟何在？"叔本华答道："是那身处其下、与这一疲
劳的马容易出现的倾向息息相关的大地。如果它所站的地方濒临深渊，
那它就不会卧倒在地了。"黑格尔希望他进一步加以阐明："您认为动物的
机能类似于动机？因此说，心脏的跳动、血液的循环等都是诸多动机的结
果？"叔本华反驳道："这些不叫动物的机能。在生理学中，人们将它们称

[74]　同上书，第 55 页，叔本华 1819 年 12 月 31 日致伯克。

之为动物身体的有意识活动。"之后，他援引了阿尔布莱希特·哈勒（Albrecht Haller）《生理学》（*Physiology*）来支持自己的论断。然而黑格尔进一步发难，"哦，但人们并非将其理解为动物的机能。"在叔本华能够作答之前，叔本华的友人，生理学家利希滕施泰因却顶住并打断了这场争执，声言叔本华所用的动物机能这一术语准确无误。[75] 口试就此结束。

叔本华会在后来告诉他的友人卡尔·贝尔说，他通过这场争执让黑格尔露出了他那"一无所知先生"的面目。[76] 尽管他最终会厌恶黑格尔胜过厌恶其他任何人，但尤其令他感到震惊的是他所亲眼见到的黑格尔对于自然科学的无知。[77] 这场在五十岁老教授与三十二岁雄心勃勃的编外讲师之间所进行的小小交流对双方均未产生良好影响。黑格尔所做的是力图使叔本华阐明他所使用的"动机"这一术语，这一术语被前者理解为了某个行为的原因，而在后者的理解当中，它却是某种引发出某个行为的认知。叔本华很可能是为了使他的这位询问者感到尴尬而抓住黑格尔对于"动物机能"这一术语的误用不放，他并未阐明自己的观点。黑格尔本来应该将这位年轻人带回到自己最初所询问的问题，但他反倒中了对方的计，这场争执最终变成了一场关于"动物机能"意义的争执。利希滕施泰因所作的打断以及他对自己年轻友人的支持，为黑格尔与叔本华两人都提供了一个此次辩论的自然而然的终结。

黑格尔很可能并未觉得自己仿佛显得一无所知，他还有其他的责任

---

[75]　叔本华《谈话录》，第47—48页。

[76]　同上书，第47页。

[77]　叔本华在《伦理学的两个基本问题》尖刻之极的第一篇序言中，从《作授课用的哲学全书纲要》（*Encyklopädie der philosophischen Wissenschaft im Grundrisse, zum Gebrauch seiner Vorlesungen*，第二版，1827）中引述了相关内容来表明黑格尔如何缺乏常识以及对于科学的平庸理解。参见《论道德的基础》，第16—20页 /《全集》，第4卷，第 xx–xxv 页。黑格尔《哲学全书》已在第一版中表明对歌德色彩理论的支持。黑格尔1817年将《哲学全书》寄给了歌德，正如他1807年将《精神现象学》寄给后者一样。参见刊于《歌德所写的信件》，第412页，歌德1817年7月8日致黑格尔。叔本华忽略了黑格尔对歌德色彩理论的支持。

与烦心事更甚于向一个哲学上的崛起者展示自己的地位。他的助教弗里德利希·威廉·卡罗维（Friedrich Wilhelm Carové）被指控为科策布的被刺提供了书面的合理辩护，黑格尔担心他自己会被怀疑为"民众煽动者"。此外，他还正忙于与施莱尔马赫的一场著名论战，施莱尔马赫对黑格尔心怀厌恶，与之相应的是，黑格尔对施莱尔马赫也颇为蔑视，两人论战的焦点所在是威廉·马丁·莱布雷希特（Wilhelm Martin Leberecht）因为颠覆活动而被大学解聘一事。黑格尔对解聘一事表示支持，而其讲座课程正被视为煽动民众活动的施莱尔马赫则反对解雇莱布雷希特。黑格尔还正对他的《法哲学原理》（*Grundlinien der Philosophie des Rechts*，1821）进行扫尾的修改及润色工作。[78] 为雄心勃勃又爱好争斗的无薪教师举行考试，在黑格尔看来一定是浪费自己的时间。无论如何，黑格尔都在完全知道叔本华所提出的将其课程安排在与自己课程对垒抗衡的时间要求的情况下，投票让这位"无所不知"的年轻哲学家通过了试讲。

如果说叔本华与黑格尔之间这次小小交流的结果是对他将黑格尔的学生吸引到他讲座中计划的更大自信，那这一自信则实在是购买假货。伯克同意了叔本华那自取其辱的要求：与黑格尔在相同时间段开设讲座。然而，学生却仍然是蜂拥着去听绝对理念的代言人授课，尽管这一理念 [Idee] 是通过黑格尔那浓重的施瓦本口音以"Uedäh"的发音来加以传递的。[79] 叔本华或许准确无误地说出了"i'de"一词，但仅有屈指可数的学生听见了这

---

[78] 关于黑格尔在叔本华试讲期间所面临紧张政治形势的详尽论述，参见特瑞·平卡德《黑格尔传》，第435—463页；关于他就叔本华与黑格尔发生争执所作的叙述，参见上书，第464—465页。

[79] 黑格尔以其笨拙、结巴的授课风格而闻名，他在授课的时候，不断地咳嗽，不时停下来去找关于接下来要讲内容的讲课笔记，几乎每一句的开头都是"因此"，参见平卡特，同上书，第371，第611—612页。叔本华在《论充足理由律的四重根》第二版中嘲笑了黑格尔所发的理念一词的发音；"然而，当任何人对德国人谈及理念之时，尤其是当该词的音被发成了Uedähen之时，他们的头便开始发晕，若有所思先就使得他们心绪不宁，他们觉得自己似乎正要乘气球腾空而起。"第68页 /《全集》，第1卷，第113页。他1852年8月21日写给弗劳恩席德特的一封信中，提到黑格尔"Idee"一词的发音发成了"Uedähn"，《书信集》，第290页。

一发音。[80] 他 1820 年夏季学期所开课程的班上，仅仅吸引到了五个学生。无论其发音将会如何，都再也没有其他任何人能够想象这位初出茅庐的无薪讲师所必须说出的东西。但即便是这五位学生，也并未将这些发音标准的单词听足整个学期，叔本华从未将这门课程讲授到底。他宣布开设讲座的时间包括 1820 年至 1821 年冬季学期、1822 年夏季学期、1821 年至 1822 年冬季学期以及之后的 1826 年至 1827 年冬到 1831 年至 1832 年冬的所有学期。[81] 这些关于"一般哲学"的讲座课程一直都没有结课。他在柏林大学既未注册过任何一门课，也从未讲完过任何一门课。他对黑格尔发起的挑战乃是一场灾难。

366　　　叔本华把自己学术上的失败归咎于黑格尔，正如他会把自己的哲学未能吸引到听众归咎于其"竞争"一样。然而，黑格尔从未将叔本华视为哲学上对自己构成威胁的敌手。他个人并未做过任何让叔本华脱离学术道路的事情。他并未对这位编外讲师所提出的要在他讲授自己主要讲座课程时与他同时授课的傲慢要求感到大惊小怪。叔本华甚至还写信给伯克谈到过黑格尔在接受自己试讲主题一事上所表现出的"善意"，因为这给了他以更为详细地展开他仅仅在博士论文当中所提及的四种因果关系的机会。[82] 尽管如此，叔本华却开始对黑格尔产生了一种刻骨铭心的仇恨，这种仇恨在他生命里所剩下的四十年时光当中都将持续不断。

　　　但叔本华为什么憎恨黑格尔以及所有具有黑格尔特点的事物呢？他对黑格尔及其追随者以及被他看作是这两者所产生效果的东西的态度，并非基于任何接近于某种对其优点所作出的不带偏见及具有分寸的评价的东西。事实上，在他在完成主要作品之后所写的所有著作当中，都充

---

[80]　然而，这最后的讲座未能吸引学生并不要紧，叔本华在学期开始之前就已经逃离了柏林。

[81]　在叔本华计划开设课程目录上所出现的 1821—1822 年冬季学期至 1826—1827 年冬季学期的课程空缺，是由于他当时不在柏林。

[82]　参见叔本华 1820 年 3 月 18 日致伯克，《书信集》，第 61 页。

满了一些由某位哲学家向其所认为的敌人所发起过的最为恶毒的人身攻击。甚至他博士论文第二版（1847）以及他那篇关于色彩理论的文章第二版（1854），都是由针对黑格尔所作的谩骂扩展而成，《作为意志与表象的世界》第二版（1844）与第三版（1859）的情况同样如此。在《论自然中的意志》（1836）中，他打破了保持十七年之久哲学上的沉默，公开发泄了自己对于他所讨厌的人（bête noire）的敌意，他将这十七年来的沉默也归咎于盛行于那些时日的"黑格尔光环"（Hegelgloria）。他还用该书第二版（1854）来继续痛骂，这也是他在《伦理学的两个基本问题》第二版（1860）中所采用的策略，该书初版序言（1841）在一连串甚少节制的控诉当中包含着对这位绝对理念的哲学家所作的最肆无忌惮的谴责。在这一系列对黑格尔所进行的连续谩骂当中，唯一的例外是他用拉丁文所写的关于他色彩理论的扼要概述（aperçu），黑格尔或黑格尔哲学在其中都丝毫未被提及。尽管人们或许会认为这是因为黑格尔对歌德色彩理论的支持，但这有可能是因为叔本华认为这篇文章本身是科学性的，他不可能利用某句黑格尔所说过的话来激发自己的立场。当然，他有可能是不愿意提及黑格尔对歌德的支持。当一位熟人告诉他黑格尔也像他一样地珍视莫扎特《魔笛》的时候，叔本华回答道："通常来说，人们在听到自己就某个话题与黑格尔意见相同的时候就必须得警觉了。"[83]

叔本华径直投向黑格尔的第一次发表的攻击出现在《论自然中的意志》中。他并未对黑格尔的自然哲学进行认真批判，而黑格尔的自然哲学本来会是一部他在其中辩称自然科学的最佳研究结果证实了他的形而上学、他的形而上学又为诚实的经验主义者所做的工作提供了根本性阐释的作品的

367

---

[83] 叔本华《谈话录》，第 207 页，摘自叔本华 1855 年 8 月 22 日与卡尔·赫布勒尔（Carl Hebler）所进行的一次谈话。赫布勒尔还记录说，叔本华提到了费希特之子，伊曼努尔·赫尔曼·费希特（Immanuel Hermann Fichte），他当时和叔本华一样在柏林大学做编外讲师，是叔本华眼中的"痴呆儿"。

适当靶子，似乎黑格尔的哲学不值得认真考虑，人们所需要做的只是对其作者严加斥责。在导言中，叔本华摆出了这样一副姿态：德国的唯心主义者与后康德主义的思想家从康德那里选取了条死路来走，人们需要回到康德那里去标注出通往哲学的正道。费希特·谢林和黑格尔所做的一切都是为了让人不能理解康德那些深邃的洞见，是为了蒙蔽所有求索真理的人。但黑格尔哲学的故弄玄虚将当前的哲学界迷得神魂颠倒，以至于他自己的作品不得不为后世的人而写，他这样说道。但就当前而言，叔本华却无法隐忍住挖苦之词不说："但愿……黑格尔那一派胡言乱语的哲学……此外，和以往一样，被人当作深不可测的智慧，而没有人会想到在他书前扉页上题上莎士比亚的话：'疯子的舌头和没有头脑的废物'，以及印上一条写有'用我的黑雾保护自己（mea caligine tutus）'字样的墨鱼作为书的饰徽，墨鱼在自己四周放出一片黑雾使人看不清它的真面目。"[84] 当然，叔本华正是在为他敌人提出这样的警句和标记以供使用。

　　在嘲弄这只"墨鱼"五年之后，叔本华写下了他对黑格尔最为恶毒的谴责。1839 年，他写下了回应丹麦皇家科学院所发起征文比赛的《论道德的基础》。尽管该文是唯一参赛的征文，但科学院并未颁奖给他。科学院在裁决书中提到作出该项决定几大实质性的哲学上的原因，裁决书最后有这样一句话激怒了叔本华："还有一点不得不提到，好几个近代杰出哲学家竟被不得体地提到，这不能不使人们感到恼怒不快。"[85] 叔本华在《伦理学的两个基本问题》（1841）长篇序言中就此向科学院作出回应，该书包括他这篇未成功获奖的文章与《论人类意志的自由》这篇由挪威皇家科学院发起的征文比赛中荣膺"桂冠"的文章。他在序言中用于严斥黑格尔与用于批评丹麦皇家科学院对其文章的否定评论的篇幅可谓旗鼓相当。

368

---

[84]　叔本华《论自然中的意志》，第 24 页 /《全集》，第 4 卷，第 7 页。叔本华引用的是莎士比亚《辛白林》第四幕中的台词。叔本华用英语引用了巴特的话，并在一条注释中将引文翻译成了德语。

[85]　叔本华《论道德的基础》，第 216 页 / 同上书，第 4 卷，第 276 页。

　　但叔本华为什么抓住这一契机来向黑格尔猛泄狂怒呢？叔本华在柏林因为学术道路的失败以及《作为意志与表象的世界》的未获接受而遭受挫折。为出版自己的下一部哲学作品，他等待了十七年之久，其间已经觉察到黑格尔影响力的减退，但《论自然中的意志》未能吸引到读者来阅读。[86] 但在此之后他却赢得了一家斯堪的纳维亚科学院为他就意志自由所写文章而颁发的奖项，他自信地认为自己在丹麦也能获得成功，以至于他在随文章寄出的信件当中宣告他将会出版《伦理学的两个基本问题》这样一本由两篇"获奖论文"组成的书籍，放在一起的这两篇论文将会构成伦理学的完整概要，而其出版将肇因于两家斯堪的纳维亚的科学院。[87] 之后，他收到了丹麦皇家科学院寄来的否定裁决书以及写在上面的说他对近代几位哲学家多有冒犯的相关评语。他的失望、沮丧以及失败似乎都已经达到临界值，这使得他关注黑格尔的哲学并将其视为自己所有失败的根源。经由丹麦皇家学院的否定裁决书显示出的情况似乎是：他正在因为甘愿说出皇帝一丝不挂、赤身裸体的真相而成为牺牲品："此外，我还要说，在丹麦科学院这个杰出哲学家之前，还未有人像他这样胡说八道的，因此，谁要是阅读他最受称赞的著作，即所谓的《精神现象学》的话，就很可能犹如身处疯人院里，我这样说，是一点也没有错的。"[88] 叔本华觉得自己仿佛是"那个正直无畏地坚决反对这种虚假的、巧取豪夺来荣誉的人，而这种荣誉也只是适合那种对虚假的、丑恶的和腐蚀人心灵东西的厚颜无耻的吹捧和追求，"而由于受到一家将一名伪哲学家赞为杰出哲学家的博学机构的非难审查，"如果是这样的话，那么事情就变得严肃了；因为这样一种如此被确信无疑的评语很可能把那些不了解内情的人引入一种巨大的、可怕的错误中去"[89]。

369

---

[86]　参见叔本华《论自然中的意志》，第 19 页 /《全集》，第 4 卷，第 1 页。

[87]　叔本华《书信集》，第 183 页，叔本华 1839 年 7 月 26 日致丹麦皇家科学院。

[88]　叔本华《论道德的基础》，第 16 页 /《全集》，第 4 卷，第 xx 页。

[89]　同上书，第 15 页 / 同上书，第 4 卷，第 xix 页。

　　为了展示他对这位学院口中杰出哲学家所作的毫无节制猛烈抨击的合理性，叔本华摘引了黑格尔《哲学全书纲要》（*Encyklopädie der Philosophischen Wissenschaften im Grundrisse*，第二版，1827），是叔本华1827年得到的发给大学生的简编资料。他从这部作品中选取了三个黑格尔哲学的样本（specimina philosophiae Hegelianae）以履行双重职责。[90] 因为这部作品是一份发给大学生的简编资料，所以他会阐明黑格尔对德国青年心智所产生的令其麻木冷漠的作用；因为他选取的段落论述的是自然科学，所以他还会展示出这位杰出哲学家对科学缺乏理解，这一弱点他在二十一年之前进行试讲时就已经揭露出来。叔本华在引述一段关于特定重物的论述之时特别的幸灾乐祸，在这段论述当中，黑格尔所辩称的是"一条铁棒，平衡地悬吊在自己的支点上，在被磁化以后，就失去自己的平衡，一端比另一端显得重量更大"[91]。除了展示黑格尔对于物理学的无知之外，叔本华还充分利用这个例子来表明黑格尔缺乏对基础逻辑的掌握。叔本华将他这位难以对付的敌手的论证用经典的三段论表现了出来：所有在某一边更重的事物都会在那一边骤降下来，这根磁化的铁棒在那一边降下来，因此，这根磁化的铁棒在那一边变得更重了。然后，他构建了一个逻辑上类似的例子来使这一论证的错误立即暴露无遗："所有的鹅都有两条腿，你有两条腿，因此你就是一只鹅。"叔本华挖苦道，一名男子会用这样一种充满谬误的形式来阐明一个论点的做法，表明他缺乏常识和天生的逻辑性，即便不能说他对于"结论不能从第二形态中的纯

370

---

[90] 叔本华《论道德的基础》，第19页/《全集》，第4卷，第xxi页。叔本华摘录的是从黑格尔《哲学全书纲要》，第二版，第293、269节及第298节。
[91] 同上书，第19页/同上书，第4卷，第xxi页。

肯定前提中得出"[92] 这一基本规则全然无知。

叔本华对黑格尔强烈敌意以最极端方式为他所认识到的自身缺点提供了例证。1833 年前后，叔本华曾特别提道："天性之所为，已然超出了足以导致我心灵孤寂的程度，它让我天生多疑、敏感、狂暴、骄傲，其程度达到了与一名哲学家所应有的沉着镇静（mens aequa）难以相容的地步。"[93] 他对于哲学家所应有的沉着镇静的缺乏，在他对于所有与黑格尔相关的事物所进行的毫无理性谴责当中表现到了极致。尽管他以他与所处时代以及他看到的同时代从事哲学的人特殊与短暂的担忧而保持着局外人的立场而自豪，但他的骄傲也促成了他对那些享有了他觉得本应属于他盛名的哲学家的严苛批评。这位局外人显然想成为局内人，却仅仅是以他自己的方式。他认为黑格尔享受着本应属于他的地位，实在是一大群掠夺了康德那些珍贵洞见并由此将哲学本身推回到黑暗年代中去的可悲哲学家中的糟糕透顶者。

可甚至是在叔本华首次发表他对黑格尔痛斥的言论之前，他就已经尝试过将康德的思想传播到英国这样一个没有被后康德主义那些心智麻木的哲学家所污染的国家。他在 1829 年 7 月《不列颠外事评论及大陆杂录》

371

[92] 同上书，第 19 页／同上书，第 4 卷，第 xxi 页。古典或亚里士多德的三段论包括三个项。在结论中作为谓项出现的是大项；结论中的主项是小项；而在每个前提中均出现一次的项则是中项。三段论的格涉及三个项在各个前提中的位置。有四种可能的格，在第二格中，第一前提或大前提的命题主项是大项，而其谓项是中项；第二前提，即小前提的主项则是小项，而其谓项则是中项。每一种格的结论的主项均是小项，而其谓项均是大项。无论是由叔本华从黑格尔的论点变化而成的三段论形式，还是他所作的类似论证，其中的各个前提（以及结论）都是直言命题，都在断言种类的归属。就当代术语而言，这些三段论都犯了中项不周延的错误，在一个有效的直言三段论中，中项必须周延，亦即所指的必须是中项所表示的所有对象。在叔本华所举的类似的三段论中，中项是"有两条腿的生物"，被用于断言所有鹅都有两条腿是指所有鹅都属于"有两条腿的生物"，但并非是指所有"有两条腿的生物"。其小前提是一个特称命题，也未能指代所有由中项指代的对象。它只是断言你是该类中的一员。如果要让叔本华所举的类似的三段论有效成立，大前提就必须得是"所有有两条腿的生物都是鹅"；而如果要让黑格尔的论证有效成立，他的大前提则必须得是"所有在某一端骤降下来的事物都是在另一端变得重量更大。"

[93] 叔本华《手稿遗稿》，第 4 卷，第 506 页／《手写遗稿》，第 4 卷，第 2 部分，第 120 页。

（*British Foreign Review and Continental Miscellany*）上读到了关于菲尔伯特·达米荣（Philibert Damiron）所写《论十九世纪法国哲学史》（*Essai sur l'histoire de la philosophie France au XIX siècle*, 1828）的一篇评论文章。在这篇评论文章当中，这位匿名作者表示需要将康德作品翻译成英文。叔本华用他最好的英语写了一封长信寄给该杂志的出版商布莱克—扬—扬（Black, Young & Young），要求他们将这封信转给那位匿名的评论文章作者。在正式提出将康德主要著作翻译成英文之前，他对德国哲学的现状进行了描述。在将费希特与谢林两人作为"过时者"（passé）排除在外之后，他将矛头直指黑格尔："我将不会提及那些不计其数荒谬而疯狂的作品，它们被称之为继承了康德作品衣钵的'像神明一样哺育亲吻腐尸的蛆群的太阳'——但在不久之后，我们的德国哲学退化到如此堕落的地步，以至于我们现在所看到的是个毫无价值、十足狂妄自大与假冒内行的人，我指的是黑格尔，他混杂了夸夸其谈的废话与几近疯癫的见解来对德国公众中的一部分人进行吹嘘，尽管那确实是些更为愚蠢又毫无教养的人，但他却通过个人手段与种种关系来获取哲学家的称号与名望。"[94] 叔本华似乎是想要围绕德国作个了结。他希望通过将康德作品翻译成英文来为他自己的哲学获得读者进行准备。正如他告诉达米荣那本书的无名评论者的一样，"我真诚地相信英格兰民族是欧洲最聪明的民族"，尽管造就了像康德与歌德这样超凡的天才，但"该德意志民族却极端地蠢"。[95] 他说他渴望成为康德学说在英国的传道者，他想要在英国传播"我这位伟大导师的学说"。之后，他写了一句揭示出自己哲学所处状况的话；他将"我自己那出现于 1819 年的体系嫁接在了他［康德的］之上"[96]。如果原初的哲学以英语面世，那么不列颠人就会为那从康德哲学的砧木上生长出来的哲学做好准备了。

---

[94] 叔本华《书信集》，第 117 页，叔本华 1829 年 12 月 21 日致有关达米荣著作分析文章评论作者。引文出自《哈姆莱特》，第 II 幕，第 2 场，第 181 页及随后一页。

[95] 同上书，第 118 页。

[96] 同上书。

为了用正确的方式让不列颠人为他这位伟大导师的作品做好准备，叔本华提出首先翻译康德的《未来形而上学导论》，他特别提到，这部作品以比《纯粹理性批判》更为简单易懂的方式阐明了康德哲学的主要原则。[97] 考虑到所提出的是一项商业上的提议，他说到《导论》出版起来花费不会那么昂贵，因为它是一部篇幅比《纯粹理性批判》短小得多的作品。他还说《导论》的成功将会为更加精深的作品培育出具有接受能力的读者。他预计，翻译《导论》将会花费他三个月的时间，而用于翻译《批判》的时间则会是一年。这些翻译工作都是叔本华会对之全情投入的计划，但他也说明了自己不会无偿地进行翻译。因此，他要求得到每页二点三英镑的"酬金"，或是整个《导论》译本大约三十英镑的"稿酬"。

372

叔本华的提议最后无果而终。杂志编辑将他的提议寄给了那位匿名的评论文章作者，弗兰西斯·海伍德（Francis Haywood），他已经有了自己翻译康德作品的想法。海伍德提出由两人来共同翻译《纯粹理性批

---

[97]　叔本华附上《未来形而上学导论》，AK. 288—289 的译文作为样稿。这篇译文之所以重要，是因为它包含了一些在康德与叔本华自己的哲学中都至关重要的术语在叔本华笔下的英文译法，诸如将 Anschauung 译为 "perception"，将 Erscheinungen 译为 "appearances"，将 "Vorstellungen" 译为 ideas。他选择这段话来译，既涉及政治，又关乎哲学，他在将这项计划向英国出版商进行推销。在这段话中，康德自称是洛克的同盟军，面对别人说他鼓吹唯心主义的指责为自己进行辩护。唯心主义认为，只有心智或"思维者"存在，其他所有被感知的事物都是观念，没有独立于心智的外部客体与之对应（康德在此敏锐地使自己远离了被别人指责为贝克莱唯心主义者的可能性）叔本华也像雅各比与舒尔策一样，认为这段话表明了康德哲学的"致命弱点"，确切地说即是，对于因果律的先验应用，自在之物在其中被说成了观念之源。在叔本华的译文中，对此进行了暗示的这段话是这样来译的："……外在于我们的事物 [Dinge als außer uns] 是作为我们感觉的客体呈现于我们面前；但对于它们自身究竟会是怎样，我们却一无所知（wissen），我们关于它们的认识（Kennen）仅仅止于它们的现象（Erscheinung），也即是说，仅仅止于观念，那是它们通过作用于我们的感官（unsere Sinne affizieren）而在我们身上所引起的东西。因此，我当然认为外在于我们的物体是存在的，也即是说，那些尽管就其自身究竟如何对我们而言完全陌生，但却通过我们从其对我们感觉能力产生的影响（ihre Einflüsse auf unsre Sinnlichkeit）而获得的观念为我们所注意的事物，是存在的。……"人们或许想要知道，叔本华是否想要确保英国出版商将会立即意识到康德哲学的这一一致命缺点，这一缺点是叔本华在他自己哲学当中予以改正的。关于叔本华的译文，参见上书，第 122—123 页。

判》。叔本华对海伍德的动机和他作为译者的技能均抱有怀疑。他觉得这位评论文章作者只是想让他在这项计划中充当配角，因为他所要做的是对照原文来阅读海伍德的译文以提出改进的建议。叔本华还怀疑海伍德会翻译的是康德这部巨著的拉丁文译本而非原文。即便情况并非如此而海伍德也会直接从德文进行翻译，叔本华也不相信海伍德会理解康德的哲学，也不相信他能够传达出康德思想的意味。叔本华认为海伍德是那种康德学说应当免受其翻译之害的译者。

在拒绝了海伍德的提议之后，叔本华接洽了布莱克—扬—扬，提出要为他们翻译康德的全套作品，尽管叔本华说了"就我所知，此后一百年里不会再有一个像我这样既了解康德哲学又谙熟英文的人"这样的话，但英国出版者尝试使这位小心谨慎的哲学家同海伍德言归于好的努力却徒劳无功。[98] 一年之后，叔本华向英国诗人，《希望的欢愉》(*The Pleasures of Hope*, 1799) 的作者，托马斯·坎贝尔 (Thomas Campbell) 提出了这一计划。坎贝尔当时是一所为购买版权与出版富于价值的书籍而设立的机构的负责人之一，他既未给叔本华希望，也未给叔本华欢愉。1848 年，海伍德将会以 "Critick of Pure Reason" 为书名出版康德《纯粹理性批判》的英译本，这甚至比叔本华所建议的书名 "Critic of Pure Reason" 还没前途。海伍德选择了古英语来翻译德语 "Kritik" 一词，而叔本华选择的则是当时的新式拼法。他们俩都避开了其后康德作品译者所喜欢采用的源自法语的 "critique" 一词。

虽然叔本华以获得任何能被他用于贬低这位绝对精神哲学家的信息为乐——他甚至还嘲笑过 J. T. 赫尔梅斯 (J. T. Hermes) 那本极其畅销的感伤小说《苏菲从梅美尔到萨克森的旅行》(*Sophies Reise Vom Memel nach Sachsen*) 是黑格尔最喜欢小说之一的事实——但他对黑格尔的敌意不仅仅

---

[98] 同上书，第 124 页，叔本华致布莱克—扬—扬，许布舍尔将这封信的日期标注为 1830 年 2 月 3 日。

是出于他对黑格尔在德国哲学界崇高地位的妒忌。[99]尽管叔本华将自己哲学与学术道路的失败都归罪于黑格尔的做法有失公允，但他的憎恨却是因为他觉得黑格尔是一个将寻求个人利益的提升置于真理的推进之上的伪哲学家而进一步地加深。这同叔本华所持的真理是哲学唯一目的的信念直接抵触。

叔本华认为，为了在生活中获得成功，黑格尔将自己变成了教会与 374 国家的走狗，因为他无话可说，所以他不得不在满是晦涩术语并在由杂乱、不时荒谬的辩证法的文字游戏来运行的繁杂句子结构当中掩饰他思想的匮乏。黑格尔的风格蒙蔽并误导了学界，而叔本华也看到了晦涩之物被等同于深邃之物。更为糟糕的是，在他看来，正如黑格尔那结结巴巴、咳嗽不断、毫无条理的授课风格被他人模仿一样，他那可怕的写作风格同样成为仿效的对象。拙劣之作如今成为美文佳作。叔本华断言道，真理在赤裸时被看得最为清楚，但黑格尔所写的东西却有着不止七层的面纱，而这些面纱下面则空无一物。

叔本华对黑格尔的敌意表明了他对哲学所怀激情的阴暗面。黑格尔是叔本华哲学上的敌基督，这一观点使叔本华不会去寻找两人哲学中任何相关联与相类似之处，而这一直都是叔本华为进一步证实其哲学所作努力当中不可或缺的重要组成部分。他从未去就黑格尔这样做过，而他也从未想过要这样做。但两人都坚称，用黑格尔的话来说："任何真正纯粹的哲学都是唯心主义。"[100]或许，作为这两位哲学家都希望加以否认的谢林留给世人

---

[99]　参见叔本华《谈话录》，第 254 页。卡尔·罗森克兰茨（Karl Rosenkranz）在《乔治·威廉·弗里德利希·黑格尔的一生》（*Georg Wilhelm Friedrich Hegels Leben*, Berlin: Duncker und Humboldt, 1844），第 446 页记录说，十六岁的黑格尔完全被赫尔梅斯的《苏菲的旅行》给迷住了。

[100]　《黑格尔的逻辑学》，威廉·华莱士（William Wallace）译，第 140 页。叔本华认为，"真正的哲学无论如何都必定是唯心的……这是老实话。"然而，黑格尔的"绝对唯心主义"却断言一切事物都是理念这一必然理性的某种表现形式，而叔本华的唯心主义却是康德式的，亦即先验的，认为世界就经验而言是实在的，但在先验方面却是唯心的。参见《作为意志与表象的世界》，第 2 卷，第 4 页／《全集》，第 3 卷，第 5 页。

财富当中的一部分，他们都同意以下观点：一切事物的本质都具体表现为千差万别、互为对立的现象，这种独一无二的本质在其显现于大自然各个等级的过程当中向着更具表现力的具体表现形式迈进，直至其达到人类这

375 一巅峰物种。[101] 对这两位哲学家来说，笛卡尔哲学对心智与物质、智性与自然所作的截然区分乃是一个根本性的错误。大自然就其自身而言是变动不居、难以用牛顿物理学那僵死、机械的世界观来加以解释的。这两位柏林大学的同事像歌德一样都对数学知识持贬抑态度，认为它仅仅有助于理解自然中较为低级领域的纯粹形式上的东西，无法对有生命的存有进行描述。两位哲学家都从根本上对怀疑论绝无好感，而对宗教情感深为赞同，都认为只有哲学才能最终将基督教用比喻所表达的深刻真理有力地阐述清楚。[102] 他俩都自视为传承了康德的洞见而又超越了这位柯尼斯堡的智者 [103]。对他俩而言，哲学一直必须关涉的乃是普遍之物，它必须满足于描述世界为何是其所是，而非满足于规定其应当如何。

---

[101] 在一段叔本华会觉得是五十步笑百步的例证的话当中，黑格尔谈到了"骗子假冒内行，说自然哲学尤其是谢林的自然哲学，已经丧失了信誉"，但他应该为之感到好笑的是：黑格尔显而易见是在说，谢林的哲学是在试图"用欺骗的手段让人相信它的绝对之物是能掩人耳目的沉沉夜幕"。分别参见《黑格尔的自然哲学》(*Hegel's Philosophy of Nature*，A. V. 米勒［A. V. Miller］译，Oxford: Clarendon Press, 1970)，第 1 页，与黑格尔《精神现象学》(A. V. 米勒译，Oxford: Oxford University Press, 1981)，第 9 页。叔本华深入研读过谢林的学说，他觉得后者的自然哲学尚有优点。事实上，正如他称费希特是"模仿康德的滑稽小丑"一样，他将黑格尔称作是"模仿谢林的滑稽小丑"，参见《附录与补遗》，第 1 卷，第 27 页／《全集》，第 5 卷，第 30 页。爱德华·冯·哈特曼 (Eduard von Hartmann) 所写的《作为黑格尔与叔本华统一体的谢林实证哲学》(*Schelling's positive Philosophie als Einheit Von Hegel und Schopenhauer*, Berlin: Otto Löwenstein, 1869) 并不令人觉得讽刺。

[102] 关于对黑格尔与叔本华两人学说间一些结构上的明显相似之处的论述，以及对两人间对立观点所作的简要陈述，参见罗伯特·维克斯《叔本华》(*Schopenhauer*)，第 161—172 页。关于就叔本华对黑格尔逻辑学的批评所作的分析，他所信奉的超越个体的天才，黑格尔哲学概念之根本以及辩证法，也请参见阿尔弗雷德·施密特 (Alfred Schmidt)《理念与世界意志，作为黑格尔批判者的叔本华》(*Idee und Weltwille, Schopenhauer als Kritiker Hegels*, Munich: Hanser Verlag, 1988)，第 45—64 页。

[103] 黑格尔在他《逻辑学》(两卷本，W. H. 约翰逊［W. H. Johnson］与 L. G. 斯特拉瑟斯［L. G. Struthers］译，London: Allen and Unwin, 1929)，第 1 卷，第 44 页写道："我正在提请大家注意的是这样一个事实：我在这部作品中常常考虑到康德哲学……它构成了近代德国哲学的基础与出发点。"

如果叔本华对黑格尔怀有丝毫的好感，如果叔本华感觉到黑格尔对自己的思想产生了任何持久而重大的影响，他便有可能像马克思一样愿意公开宣称自己是"那位伟大思想家的门生"，哪怕他觉得"为了发现神秘外壳中的合理内核"[104]而不得不把他倒转过来。* 毕竟，他让世人熟知了他对康德的忠诚。然而，对于黑格尔，叔本华却是毫无好感；这位辩证法大师对他的哲学也并未产生重大影响。尽管如此，他却也像马克思一样认为黑格尔将事物颠倒了过来。叔本华指责道，黑格尔"颠倒了所有事物的黑白，确切地说，他让概念成为首要与原初事物，这样一种即刻直接经验到、我们必须得从其出发的东西"[105]。但马克思认为他通过让辩证的方法回归到其物质世界中的诞生地而使黑格尔站稳了脚跟，他将辩证法从黑格尔的理念王国中给移除开来。对马克思而言，理念只是物质世界在人脑中的反映，叔本华在这点上和马克思观点相同。概念的源头是直觉性的表象，因此，他重复了康德那深刻的洞见"没有直觉的思想是空洞的。"[106]当中的一部分，尽管叔本华或许会认为马克思领悟到了概念需要基于经验的外在来源给予其意义，但他也会认为马克思像所有唯物主义者一样主张的是一种忘却了主体的哲学。此外，叔本华还会因为他用唯物主义辩证法代替了唯心主义辩证法而指责他背离了逻辑学。

如果说一位哲学家对另一位哲学家的憎恨仅仅是他们各自哲学体系的根本观念之间对立所产生的作用的话，那么，叔本华对黑格尔的敌意便会具有重要的哲学基础，尽管他们之间不乏关联。叔本华哲学与黑格尔哲学之间相互对立在多个方面都是意义深远的，或许，如果黑格尔只

376

---

[104] 卡尔·马克思（Karl Marx），《资本论》（*Capital*，撒缪尔·摩尔［Samuel Moore］与爱德华·奥林［Edward Aueling］合译，New York: International Publishers, 1974），第 1 卷，第 20 页。当然，马克思在此发誓支持辩证法，并称自己是黑格尔这位"大思想家"的门生。

　　* 马克思认为黑格尔在唯心主义的基础上第一次全面系统地所阐述的辩证法是头足倒置的辩证法，是唯心思辨的方法，其"合理内核"是它的辩证历史观，应当回到唯物史观的起点。

[105] 叔本华《手稿遗稿》，第 4 卷，第 239 页 /《手写遗稿》，第 4 卷，第 1 部，第 208 页。

[106] 康德《纯粹理性批判》，A51/B75。然而，叔本华却不会接受康德这一洞见的第二部分；确切地说即是"没有概念的直觉是盲目的"，因为他认为概念源自直觉。

是个唯物主义者与现实主义者的话，那么，这些对立将会大到叔本华对他这位柏林大学同事所怀有的强烈蔑视具有了相同形态的哲学基础的程度。叔本华的逻辑学就其传统而言是亚里士多德式的，真理只是命题的特性，一种表示关系的特性——正如他在自己博士论文中所指明的一样。除非是在涉及某种外部原因的时候，否则就不会有命题为真。他并未试图确定其意义，并未将其作为一个只想愚弄傻子的"无耻骗子"观点不予考虑，而是从黑格尔《精神现象学》中摘引了以下内容："但看清陈述一个命题、为其引证成立的理由以及同样通过理由来驳斥其对立命题的方式并不困难，它并非真理能显现于其中的形式。真理是其自身的自我运作……"[107] 按照叔本华的说法，"真理"广布于黑格尔思想之中，而黑

377　格尔那实为效用之本体论的辩证法逻辑学则令他感到震惊。在他《哲学全书》第一部分，即所谓的"逻辑学"，黑格尔在开篇处试图将绝对之物描述为"本体"，并通过一连串令人眩惑的辩证环节达到了那个理念在其中从它自身制造出了一个与它自身相符合真实世界的契机。之后，在第二部分的"自然哲学"当中——叔本华从这之中选取了他的黑格尔哲学样本来贬低其作者——黑格尔通过空间、时间、重力、有形物体、植物与动物缓慢地推进着理念的进程，将自然表现为"精神的自由反映：认识上帝，不是在将其作为精神而进行的观想之中，而是在其直接无间的存在之中"[108]。之后，在第三部分的实为辩证法那炫耀辩才的精心杰作（tour de force）"精神哲学"当中，黑格尔猛推着他的宏伟计划经过了主观精神与客观精神达到了绝对精神，在这一巅峰阶段中"充分展现出其自身本质的永恒理念，一刻不停地促使自身产生影响，使自身脱胎成为

---

[107]　黑格尔《精神现象学》，第 28 页。叔本华引用些话是在《附录与补遗》第 1 卷，第 22 页 / 《全集》，第 5 卷，第 24 页。

[108]　《黑格尔的自然哲学》，（*Hegel's Philosophy of Nature*），第 445 页。

绝对精神并欣赏着作为绝对精神的自己"[109]。

然而，黑格尔的哲学却是被叔本华视为腐坏的果实。它一无是处，只不过是对于证明上帝存在的本体论论证所作的"荒谬扩充"，康德在很久之前就对该论证表示过怀疑。[110]如果黑格尔还记得他的康德，如果他仔细阅读过亚里士多德的作品，那他就会认识到了，某个事物的定义与证明其存在的论证完全是两码事。尽管叔本华会同意黑格尔的理性是哲学能力的观点，但他将黑格尔的理性视为了失常的理性。对黑格尔而言，理性是调和那些有限、有尽、推定为互为矛盾概念的能力，而知性这种次哲学能力在遭遇这些概念的时候却会粉身碎骨、自取灭亡。理性自身便能思考真正哲学思想的那些无限、无尽与绝对的客体。知性在发现将其称作绝对"本体"就恰恰无异于说它是"虚无"一样空洞的抽象概念的时候，迷失了方向而停顿下来，但理性通过在"生成"的概念中认识到存有与虚无的真理这两者而调和解决了这一矛盾重重的难题："在生成之中，与虚无同为一体的存有和与存有同为一体的虚无，都仅仅是逐渐消散的因素；它们存在又都不存在。"[111]他继续写道，只有从想象的角度来说，"存有与虚无实则相同的命题才似乎如此的自相矛盾，以至于它或许是被当成了一个笑话。"[112]黑格尔是这样断言的。叔本华觉得这比笑话更糟，并为其鼓吹者设想出了一个不同于哲学家座席的应居之所："一种其根本主题是存有即为虚无"的哲学，实乃疯人院中才有的东西。[113]令人

378

---

[109] 《黑格尔的精神哲学》(*Hegel's Philosophy of Mind*，威廉·华莱士译，Oxford: Clarendon Press, 1971)，第 315 页。

[110] 叔本华，《论充足理由律的四重根》，第 16 页 /《全集》，第 1 卷，第 12 页，这段提及黑格尔的话是被加入第二版当中的。叔本华脑中或许有过如下断言："存在本身与它后面的特定从属范畴以及一般意义上的逻辑范畴，或许被视为绝对之物的定义，或是关于上帝的形而上学的定义……因为一个关于上帝的形而上学的定义是其本质在思想中所作的此类表达……"《黑格尔的逻辑学》，第 123 页。

[111] 同上书，第 133 页。

[112] 同上书，第 128 页。

[113] 叔本华《手稿遗稿》，第 4 卷，第 240 页 /《手写遗稿》，第 4 卷，上册，第 208 页。

意外的是，他并未加上"是以唯我论者为伴的"这句话。从一个自相矛盾的说法，你可以得出任何一个你所满意的命题，叔本华认为，黑格尔的辩证法是通过掩人耳目的主观愿望产生了作用。认为那种想法与存有同为一体又实则相同，是想要把一个正方形画成圆圈。

黑格尔与叔本华哲学之间对立是甚至比方法上的那种对立分歧都还更深的对立。黑格尔的绝对唯心主义将一切事物都假定为了理念的表现形式并因此必然具有了合理性，使得"合理的即为实际存在的，实际存在的即为合理的"[114]。叔本华关于意志的形而上学所构成的对立于黑格尔的反命题如此之大，以至于无法在某种更为宏大、涵盖更广的立场之内得以调和——甚至通过由爱德华·冯·哈特曼这样一位富于想象力的哲学家所做种种充满想象力的努力也无法得以调和。意志这一叔本华眼中所有事物的本质是一种毫无理性、永无餍足、漫无目的的为生存而作的奋争，是一种自啖其肉的东西。黑格尔认为，历史具有使自由的理念在精神意识到其自身的过程之中得以实现的目的；"……自由的理念［是］精神的本质以及［那个］历史的绝对终极目的。"[115]这一目的是通过人类活动逐渐实现的，黑格尔认为它实现于一种完美无缺的状态，这种状态起着为其公民文明而道德的生活提供发祥源头的作用，它还提供了在由自由而平等的公民所组成的联盟当中也出现了精神实现的种种条件。在对这一概念进行清楚而有力的表达之中，黑格尔将会陷入那种被叔本华视作是

379 向国家与教会这两者都在显而易见进行迎合的语言。黑格尔写道："只有日耳曼民族经历了基督教的洗礼而本色不改地认识到，成其为人的人是自由的，精神的自由实乃人性的本质所在"，尽管历史的长河中杀戮频频，但这样的自由却体现出了"……［那］最终的目的是上帝对这个世界所怀有的意图。然而，上帝却是绝对完美的存在，并因此能够除了其

---

[114]　黑格尔《法哲学》（*Philosophy of Right*，T. M. 诺克斯［T. M. Knox］译，Oxford: Oxford University Press, 1967），第 10 页。黑格尔《历史中的理性》，第 29 页。

[115]　黑格尔《历史中的理性》（*Reason in History*），第 29 页。

自身及其自身的意志之外而别无他求。他自身意志的本质，他自身的本质，是被我们称之为自由理念的东西"。[116] 将上帝的本质称之为自由理念的黑格尔，将宗教语言转化成了哲学语言。

叔本华对黑格尔的历史哲学明确表示反对，他决绝地对黑格尔关于历史的目的论观点进行了痛斥。这位一贯的长青论者，将"论历史"一文收进他主要著作第二版当中，似乎甚至一位长青论者都可能有所改变。这样一来，他帮忙埋葬了已被停放在殡仪馆的黑格尔历史循环论。他指责说，他的这位来自施瓦本、信奉新教的强敌应该去读一读柏拉图的作品，柏拉图对于正确的哲学研究对象是不变、永恒而普遍的东西这一观点予以明确承认；而历史所关涉的则是过往的、短暂的及特定的东西——仅仅是风中的浮云而已。所有哲学的根本性真理都是那真实不虚的东西，在所有的时代都完全相同。滥用柏拉图关于"理念"的概念这样一些哲学沉思的不变而永恒的研究对象，将理念视为一种穿越时间的生成之物，是对柏拉图这一伟大概念的根本滥用。黑格尔还忘记了一点：无论是柏拉图还是康德都证实了时间本身是一种理念，只是一种支配现象世界的形式。叔本华从理论上进行了说明："真正的历史哲学应当从所有事件中辨认出相同的东西，无论古今，还是东西；应当随处见到相同的人性，而无论其在种种特定环境、服饰以及风俗之中是如何的千差万别、各不相同。"[117] 此外，认为世界是具有某种合理性的整体本身就是不合理的。更为糟糕的是，将表象视

380

---

[116]　同上书，第 24—25 页。

[117]　叔本华《作为意志与表象的世界》，第 2 卷，第 444 页 /《全集》，第 3 集，第 507 页及随后一页。在这段话中，叔本华掷地有声地讲出了一句后来被瑞士历史学家、尼采在巴塞尔大学的同事雅各布·布克哈特（Jacob Burkhardt）以新形式重新加以陈述的话，即：历史的研究对象是那所是、曾是及将是的人的受苦、奋斗及行为。《世界历史沉思录》（*Weltgeschichtliche Betrachtungen*, Stuttgart, 1955），第 5 页及随后一页。布克哈特这本书是他自 1868 年至 1871 年在巴塞尔大学课堂讲义的汇编，常常被引证为最早从叔本华观点出发的历史哲学。参见赫尔伯特·施内德尔巴赫（Herbert Schnädelbach）《1831—1933 年的德国哲学》（*Philosophy in Germany 1831—1933*，埃里克·马修斯 [Eric Matthews] 译，Cambridge: Cambridge University Press, 1984），第 59—62 页。

为世界的自在之物乃是唯实论的原始形式；而最为糟糕的则是事物最终圆满收场，叔本华这样辩称道。这会因为宣称"事物最终终结于一个舒适、稳固又殷实的国家，在这个国家里，建制井然，正义昭彰，治安良好，各行各业均具实效"，而助长浅薄的乐观主义，并让情况变得更糟。那不仅是对国家功能的误解，而且也是对于所有那些牺牲在历史绞刑架上的人的背叛。

《作为意志与表象的世界》的评论

黑格尔并非叔本华在柏林唯一的哲学问题。在其问世的头两年里，《作为意志与表象的世界》引来五篇评论和一部批评性专著，但它们当中没有一个给叔本华带来他所期望的反响。[118]事实上，他极有可能认为那些评论者是遵循了序言中所提供的建议：确切地说，在未阅读的情况下对该书进行评论。他的这些批评者当中没有一个是黑格尔派。第一篇评论是一篇幅颇长的匿名之作，发表在《文学年鉴》（*Jahrbücher der Litteratur*，1819 年 4 月—6 月）杂志上，作者弗里德利希·阿斯特（Friedrich Ast）是位柏拉图主义者，他还是谢林同一性哲学的崇拜者。尽管阿斯特称该书是"一部在多方面都出类拔萃的作品"，而且他也对叔本华在其自然哲学与美学当中对于柏拉图理念的运用颇为欣赏，但他无法赞同叔本华的意志是所有事物的本质的主张；相反，他更赞同将理念世界视为真实的存在而将感官世界当作理念世界那并不完美的写照。[119]

第二篇短评是一篇随后于 1819 年 10 月发表于《魏玛文学周刊》

---

[118]　同上书，第 2 卷，第 442 页及随后一页 / 同上书，第 3 卷，第 506 页。

[119]　《文学年鉴》（*Jahrbücher der Litteratur*），第 6 卷（1819 年 4 月、5 月、6 月），第 201—229 页；重印于《叔本华协会年鉴》，第 6 期（1917），第 47—81 页，参见第 47 页。叔本华误认为评论作者是伯恩哈特博士，参见《手稿遗稿》，第 4 卷，第 133 页 /《手写遗稿》，第 4 卷，第 1 部，第 110 页。

（*Weimar Litterarisches Wochenblatt*）上，署名为"文学之友"，事实证明这位并非是叔本华哲学之友。这位批评者像阿斯特一样赞扬了该书，称它"相当杰出又颇值一读"，这位批评者像阿斯特一样也觉察出谢林对叔本华思想所产生的激发作用，但觉察得远为深刻。[120] 这位文学之友指责说，叔本华所宣称的他自己首次说出的东西，早已被谢林说过，因为他所有的主要思想仅仅是用不同的术语所表述的谢林思想。叔本华对待谢林不恰当的严厉之举使他感到困惑。尽管这位批评者赞扬叔本华的艺术造诣"出神入化"，但他不满于叔本华在《作为意志与表象的世界》最后一篇中对道德与宗教问题的论述。他宣称，在这最后一篇中，"自相矛盾的说法"比比皆是，无异于那种会继续成为对于叔本华思想持续反对东西的初次登场。尽管这位批评者赞扬了叔本华使哲学得以简单化与自然化，但他坚称后者因为叔本华对禁欲主义所作的超自然描述而部分地受到了削弱。[121]

381

一位来自齐陶的文理中学老师，约翰·戈特利普·雷策（Johann Gottlieb Rätze）写了一部辩论作品，在这部作品当中，他针对被他判定为叔本华哲学中道德与宗教互为抵触的地方，为神学的现状——用他的话来说即是"真正的道德与宗教"——进行了辩护。[122] 雷策认为叔本华禁绝意志的学说，为当时信奉非理性观点的潮流提供了范例，变成了一种极度自负的狂想（Schwärmeri）。他宣称："福音书对我们来说是神圣智慧、圣洁与

---

[120]　《文学周刊》，（*Litterarisches Wochenblatt*），威廉·霍夫曼（Wilhelm Hoffmann）编，第4卷，第30期（1819年10月），第234—236页；重印于《叔本华协会年鉴》，第6期（1917），第81—85页；关于引文，参见第83页。

[121]　见上书，第85页。

[122]　雷策专著那令人奇怪的标题是《人类意志通过自身力量在道德及神性方面有何可为，又有何不可为；关于叔本华的著作〈作为意志与表象的世界〉》（*Was der Wille des Menschen in moralischen und göttlichen Dingen aus eigener Kraft vermag und was er nicht vermag. Mit Rücksicht auf die Schopenhauerische Schrift: Die Welt als Wille und Vorstellung*, Leipzig: C. H. F. Hartmann, 1820）。我将要引述的是这部作品序言，重印于《叔本华协会年鉴》，第6期（1917），第86—89页。

拯救的唯一可靠源泉，它们不能为了一种禁绝意志的哲学而被加以推导。"[123] 然而，尽管他坚决反对哲学家的伦理学与禁欲主义，但这位教师对他批评的对象颇为宽厚。他说，叔本华还很年轻，他的聪敏、天赋与学识最终会让他更好地看待世界及其创造者。雷策牧师预言道，假以时382 日，他或许甚至会收回他对费希特的严厉批评以及一部分针对康德所作的严苛批评。然而，雷策却非预言家。

雷策的专著本应激起叔本华的满腔怒火。这位文理中学教员甚至胆敢发起叔本华向费希特所发起过的相同攻击：确切说就是，叔本华之所以成为哲学家，也是因为他对康德哲学感到困惑，而非出于对世界所感到的惊异。叔本华对此置之不理，他对这位批评者并无敌意。他说，甚至连让·保尔（Jean Paul）这位赞成他思想的文学家都难以理解他哲学中所得出的禁欲结论那看似荒谬的特性。他原谅了雷策对自己禁欲主义的指责，就像他原谅让·保尔对自己禁欲主义的指责一样，认为那表明了一名新教思想家在文化上的局限性。他自负地认为，在东方人当中，他伦理学的那些禁欲主义的结论会被指责为陈腐之词，而他的伦理学则会被印度教徒与佛教徒评判为正统观念。但不同于让·保尔的是，雷策写了一本书来反驳他的哲学。叔本华为什么像对待让·保尔这位大名鼎鼎的作家一样地对这位默默无闻的教师一视同仁呢？雷策受到触动写下一本反驳叔本华的书并因此认真对待了他的思想。当然，他甚至还以通过特别提到哲学家的天赋最终会让他创造出有益而正确的东西这样一种转弯抹角的方式，奉承了叔本华一番。他因此写道，如同让·保尔对他这部作品的反应一样，他伦理学所得出的那些悖论式的结论"也导致雷策先生（不知道该采用的反对我的唯一方针是沉默）在 1820 年出于好心写过一本驳斥我的书……"[124]

---

[123]　同上书，第 89 页。

[124]　叔本华《论自然中的意志》，第 143 页 /《全集》，第 4 卷，第 144 页。他就让·保尔所说的话与他对印度教与佛教所持见解的正统性也出现在这段话中。

　　这种"沉默方法"并非所有学院哲学家都赞同的策略。在叔本华这部主要著作的评论者中，有三位职业哲学家。约翰·弗里德利希·赫尔巴特（Johann Friedrich Herbart）是自 1809 年起在柯尼斯堡大学接掌了康德教席的继任者，他 1833 年返回自己 1802 年在此被授予博士学位的哥廷根大学接替舒尔策授课，在《赫耳墨斯》（*Hermes*）这份由叔本华作品的出版商布洛克豪斯出版的杂志上，他发表了一篇长篇评论。弗里德利希·爱德华·贝内克（Friedrich Eduard Beneke）是位像叔本华一样的柏林大学新任编外讲师，他是一篇招致了叔本华严辞痛斥的文章作者。最后一位是威廉·特劳格特·克鲁格（Wilhelm Traugott Krug）这位任教于柯尼斯堡大学的康德继任者及赫尔巴特的前任，他将会撰写一篇猛烈抨击黑格尔的"理念游戏"即《哲学全书》第二版的评论，他在自己担任出版人之一的《莱比锡文学报》（*Leipziger Litteratur Zeitung*）上发表的针对叔本华这位将会成为黑格尔对手的哲学家的评论，其严厉程度逊于针对黑格尔的那篇。

383

　　赫尔巴特所写的这篇评论，在形式上遵循了叔本华就如何着手阅读《作为意志与表象的世界》所提出的建议。他在对这部作品的四篇正文进行指责之前，简短回顾了该作品的"序言"、叔本华的博士论文以及叔本华就色彩理论所写的"论视觉"第一章，并评论了该书的附录"康德哲学批判"。[125] 如果说赫尔巴特听从他在序言中所给出的建议的做法让叔本华感到高兴的话，那这篇评论就会令他不悦了。他十之八九认为赫尔巴特正是那种令他担忧的读者——这类读者为哲学所做的努力会使读者无

---

[125] 叔本华有保留地称赞了黑格尔在柏林大学的哲学对手雅各布·弗里德利希·弗里斯（Jakot Friedrich Fries），他对反对黑格尔的克鲁格的赞扬同样有限，但他还指责他们俩未将批评深入下去，使康德的"崇高学说"走向了堕落。参见《附录与补遗》，第 1 卷，第 182 页；第 2 卷，第 339 页 /《全集》，第 5 卷，第 194 页；第 6 卷，第 360 页。尽管克鲁格的评论并未推广叔本华的哲学，但他 1842 年的去世帮助叔本华扩充了自己的藏书，因为他似乎得以在拍卖会上从克鲁格私人藏书中购得了几本。参见叔本华《书信集》，第 194 页，叔本华写于 1842 年 11 月 24 日的"致一位拍卖师"（An Einen Auktionskommissarius）。

法公正地倾听他新颖的哲学。更为糟糕的是，赫尔巴特将叔本华归入了评论者与被评论者都予以抵制的哲学家之列，这些哲学家中的每一位都起步于康德的学说，他们都力图用自己的见解来改善康德的见解，都因此而使自己极度疏离了康德的主要观点。赫尔巴特坚决认为，"莱因霍尔德是开先河者，费希特最富有思想，谢林最具理解力，而叔本华却是最为清晰、机敏与乐观的那位。"[126] 然而，他所做的并非仅仅将叔本华与这些哲学家归为一类。他意在将叔本华哲学的渊源追溯到费希特与谢林两人那里。此外，这样一来，他就已经将这位由可疑父母所生的私生子排除在考虑范围之外。还在耶拿当费希特学生时，赫尔巴特就反驳过这位自称是康德后继者的老师，他将会反对各个发展阶段中的德国唯心主义。他尤其会对费希特给予绝对自我及其基本行为的形而上学的至尊地位加以否定，赫尔巴特这位唯实论者背道而驰地坚持着一种经验论者的认识论，他将自我或"灵魂"视为一个独立存在的表象在其中相互作用的休谟式场所。对于叔本华而言，甚至更糟的是他在评论中自认为一名乐观主义者，他对叔本华将乐观主义说成是一种荒谬邪恶的思维方式以及对于无法形容的人类苦难尖刻嘲弄的做法感到生气。

384

赫尔巴特写道，他对《作为意志与表象的世界》的第一印象来自该书的书名，他觉得自己正要读的是一部费希特信徒所写的作品，他特别提到自己对于发现该书作者在恣意痛斥费希特时所感到的惊讶，尽管如此，他却在叔本华字里行间听到了他这位过去老师的回声。在第一篇的开篇段落中，包含了没有比世界只是主体的一个客体或一种表象更为确凿无疑真理的断言，这给了他该书是费希特信徒所写的印象，而叔本华的以下主张同样令他有这种感觉：意志的每一行为都是身体的活动；意志与身体同为一体；我们只在欲求的过程之中了解自己；大自然是由自我所

[126] 赫尔巴特《赫耳墨斯或文学批评年鉴》，第30期（1820）。我要摘引的是刊于《叔本华协会年鉴》，第6期（1917），第89—115页的再版本。这段引文出自第90页。

假定的有机整体。他宣称，这两位哲学家之间的区别主要是他们如何得出各自观点的问题。叔本华倾向于一蹴而就地得出结论，而费希特则是以一种令人尊敬的勤勉寻求自己的结论，尽管有时候他那沉重缓慢的苦苦思索表达出的是些令人费解的观点。此外，赫尔巴特还特别提到，叔本华展示出一种时代陋习，他简单直接地宣称无法求证的真理是用直觉被感知到的，这就干脆使得真理无法用理性来加以辨析。因此，在对叔本华的：我们有着关于意志与身体同一性的直觉感知而这是无法证实的观点作出的嘲弄性回应当中，赫尔巴特宣称它们的非同一性同样是用直觉感知到的，同样是无法证实的，将年纪更长的哲学家费希特同较为年轻的叔本华来进行比较，前者仿佛是一种古老的语言，而后者则似乎是它败坏、缩略的当代变体，赫尔巴赫这样断言。

赫尔巴特愿意退而承认叔本华或许认为他是凭一己之力形成了自己的见解，暗示他或许并未读过那部同叔本华自己的思想极其类似的作品《伦理学体系》（*System of Ethics*），但他还想指责叔本华竟然允许自己忘记了费希特哲学的整个形式都是由他"在必须由是为自我意识的前提条件的主体所假定的客体之中进行求索"[127] 的断言所决定的。赫尔巴特提 385

---

[127] 赫尔巴特，同上书，第 106 页。1812 年春季与夏季学期期间，在柏林大学注册学习的叔本华深入研读了费希特的《依据知识学原理的伦理学体系》（*System of Ethics Following the Principles of the Science of Knowledge*）。叔本华在自己藏本扉页下方写下了"道德宿命论体系"（System of Moral Fatalism）的副标题；参见叔本华《手写遗稿》，第 5 卷，第 53—58 页，查看他详尽的页边批注，几乎每一条页边批注都在谴责费希特。他在大学时代就费希特《伦理学体系》所作的笔记能够在《手稿遗稿》，第 2 卷，第399—406 页／同上书，第 2 卷，第 347—352 页找到。关于就叔本华接触费希特学说后其哲学之形成的详查，参见君特·措勒（Günther Zöller）"克希滕豪尔：叔本华《作为意志与表象的世界》在费希特《1812 年版知识学》与《伦理学体系》中的起源"（Kichtenhauer:* Der Ursprung von Schopenhauers Welt als Wille und Vorstellung in Fichtes Wissenschafslehre 1812 und System der Sittenlehre），刊于《以德国唯心主义为起点的叔本华伦理学》（*Die Ethik Schopenhauer im Ausgang von Deutschen Idealismus*，罗尔·许恩［Lore Huhn］与菲力普·施瓦布［Philipp Schwab］编，Würzburg: Ergon, 2006），第 365—386 页。
  * Kichtenhauer 想必是康德、费希特、叔本华三人姓氏的组合，即 K[ant]+[F] icht[e]+[Schop] enhauer。

到说，他认识费希特本人，他不能允许叔本华否认费希特具有其本身所具有的对哲学严肃态度的做法被听之任之。

像阿斯特与那位"文学之友"一样，赫尔巴特也发现谢林与叔本华之间的诸多相似之处。见诸谢林的自然哲学与美学中的同样柏拉图、费希特与斯宾诺莎理论的浓烈混合物凝结于叔本华的理论之中，但赫尔巴特情愿不让自己手指插入这样棘手的混合物中。他更感兴趣的是，去寻找一篇他看作是直接抨击谢林的论战文字，它就在赫尔巴特称为之叔本华"实践哲学"中，并完全清楚他的目标极为详尽地强调所有哲学只能是理论性的。他为此摘引了一长段话，其中叔本华发誓要忠于一种固守于康德为哲学所设定的限制中的哲学，也即是说，忠于一种固守于所有可能经验的范围之内的哲学，叔本华因此在这段话中作出承诺：不会去借助那些诸如"绝对"、"无限"以及"超感性"之类空洞的否定概念。他不会去追寻"云中天国"（cloud-cuckoo land），也不会试图去将历史假冒成哲学，假装世界的本质能够用历史来加以理解，因为事实并非如此。

　　不过在一个人对世界本质自身的看法中只要冒出变易（becoming），变成（having become），将变（will-become）这些概念，只要某种先或后在这儿有着最小限度的一点意义，从而或是明显地或是隐藏地将找到已找到世界的一个起点和一个终点，外加这两点之间的过程；甚至这位治哲学的个人还在这过程中看到他自己的所在；那么这就是上述那种历史地把握世界本质的搞法。这是以从**历史治哲学**，在大多数场合都要提出一种宇宙进化论，并且是种类繁多的发生说，否则就要提出一种流溢说体系或堕落论；或者是在这种路线上总是屡试无效而陷入窘境，最后逼成一条路，一反前说而从黑暗，从不明的原因，太始的原因，不成原因的原因和如此之类，还多着的一些废话里提出什么永恒变易说、永恒孳生说、永恒的由隐趋显说。[128]

尽管赫尔巴特也想要斥责这段话中所阐明的观点，但他也认为叔本华所表达的是同一类废话。他摘引了叔本华所宣称的意志"是没有认识的，只是不能遇上的盲目冲动"[129]。赫尔巴特别提到，冲动是一种变成，是一种表现的自我具体化及无数个人的本然统一，这些表现与个人成为意志自我理解的手段，意志终将从它们出发否定自身。因此，叔本华的形而上学从最初的不愿行进到愿意并最终达到无所欲求。在此存在着开始、中间及结束。赫尔巴特因此坚称，叔本华作为哲学所提出的历史让人联想起谢林关于上帝的自然历史。

赫尔巴特在评论更前面的地方说过，叔本华高估了柏拉图与康德对自己哲学的重大意义，而轻看了与他同时代人的重要性。这最后对谢林的提及，连同他在前面就费希特所说过的话，使得赫尔巴特将叔本华视为费希特与谢林的后继者。将这种哲学追根溯源到费希特与谢林两人那里的他，还认为叔本华的哲学也已过时。然而，赫尔巴特仍想通过声称这种哲学充满矛盾来施以哲学上的致命一击（coup de grâce）。他用单独一页辩称，叔本华宣称意志是从不会是经验的客体的自在之物，但在之后却又宣称所有表象及所有现象都是看得见的东西，都是意志的客观表现；自在之物以人类意志的形式被认识得最为清楚。[130]之后，赫尔巴特提到该书得出的结论有"重大矛盾"，对意志的否定，它意味着意志自由的外在表现被严格限定在现象世界里。作为对叔本华自己承认这是一个　　387

[128]　赫尔巴特，同上书，第 114 页。赫尔巴特摘引的是《作为意志与表象的世界》，第 1 卷，第 273 页 /《全集》，第 2 卷，第 322 页；第一版第 290—291 页。我复原了赫尔巴特引文中删去了的叔本华所强调的重点内容。

[129]　赫尔巴特，同上书，第 115 页，引自叔本华，同上书，第 1 卷，第 275 页 / 同上书，第 2 卷，第 323 页；第一版第 393 页。

[130]　参见赫尔巴特，同上书，第 109 页。赫尔巴特所指的是叔本华，同上书，第 110 页 / 同上书，第 2 卷，第 131 页及随后一页；第一版第 162 页。

"矛盾"的做法所作出的回应，赫尔巴特并未试图去确定作者为解决该矛盾所做出的努力是否获得成功；相反，他只是评论道，"事实上的确如此！这是一个矛盾！！！"[131]他写道，将所有这些互不调和的直觉知识归为一体的，是叔本华狂热的个性，他赞扬了叔本华清晰、生动又活泼的写作风格。此外，他也是因为叔本华的写作风格而推荐该书，但他只会向一小群读者进行推荐。"事实上，本评论作者不知道其他以现代哲学精神写成的书会比该书更适合于那些无法弄懂费希特与谢林两人晦涩学说而又热衷此类研究的人。"赫尔巴特继续写道，在融合了这两位思想家学说的叔本华哲学的这面明镜当中，你会发现"这种最近的唯心主义与斯宾诺莎哲学在其所有的精微之处都依然一样并不正确"[132]。

　　叔本华并未对赫尔巴特这篇恶意伤人的评论作出公开回应。多年之后，他告诉友人卡尔·贝尔，他终其一生仅读过这篇评论一次，那是当它首次发表之时。[133]尽管这句话在如果他是就整篇评论而言的情况之下从字面来说或许不假，但就这篇评论中的部分而论其真实性却令人怀疑。他在那段时间里所作的笔记表明，赫尔巴特说在他意志的形而上学当中存在着诸多矛盾之处的指责，使得他进行反省。叔本华对贝尔说这话的目的最可能是为了表明自己对赫尔巴特的蔑视，暗示后者所说的任何东西都不值得重新考虑，事实上，他甚至都从未认为赫尔巴特具有反对黑格尔的良好辨别力，这种辨别力是他会承认为也曾就叔本华主要著作写过否定评价的克鲁格所具有的。然而，克鲁格并未胆敢将他视为费希特与谢林的后继者。必定使叔本华痛到了骨子里的正是这句话，一定是这句话使得他在自己发表的著作中不能完全像对贝内克那样对赫尔巴特只字不提，却仅仅是以一种嘲弄的方式提到他。因此，在他那篇讽刺文章

[131] 赫尔巴特，同上书，第113页。赫尔巴特在此引用的是叔本华，同上书，第1卷，第403页/同上书，第2卷，第477页；第一版第579页。

[132] 赫尔巴特，同上书，第117页。

[133] 参见叔本华《谈话录》，第206页。

《论大学里的哲学》中，在费希特、谢林与黑格尔这"三大诡辩家"之后，赫尔巴特是他所藐视的第四个靶子。他成为那些"将其智力水平的老底暴露无遗"的哲学家中的一个例子。[134]

　　1820年12月，一篇仅用"F. E. B"署名的评论发表在《耶拿文学汇 388 报》上，叔本华不得不不止一次地阅读了这篇评论，作者是二十二岁的贝内克，他在当年夏天稍早的时候已经旁听了他这位共事的编外讲师叔本华的课程。这篇评论也认为雷策辩论作品激怒了叔本华。贝内克继续了已经由"文学之友"与赫尔巴特所提出的论题。阅读《作为意志与表象的世界》实乃乐事；其作者的文风大胆、生动而清晰，有时甚至还富于诗意，然而，他也像赫尔巴特一样不能向读者推荐这种充满矛盾的哲学。他也像赫尔巴特一样对叔本华所宣称的意志是被断言为超越于主客体间的相互关系与所有认知之上的自在之物感到困惑，但叔本华也还说过，我们经验着意志的种种行为，这是一种使意志成为主体的客体以及某种作为相继发生的行为出现于时间这一先验形式之内东西的经验。尽管贝内克频频对雷策向叔本华进行的批评表示支持，但他也敏锐地感受到雷策那种幼稚的神学观点有着各式各样的弱点，并认为他的观点也是自相矛盾的。他在评论结尾处指责叔本华对同时代那些人进行了人身攻击。尽管他对费希特并无好感，但他反对自己的这位同事将其称为"空谈者"。在引述了叔本华称德国人在过去二十年里都在今天被这种空谈明天又被另一个胡说牵着鼻子走，德国自19世纪以来哲学便似乎在康德墓上演出哲学滑稽剧的断言之后＊，贝内克宣称道："我们认为这类言辞极其不配一个哲学家的称号。"[135]

　　叔本华对贝内克的评论愤怒之极，生平第一次也是唯一一次感到不

---

[134]　叔本华《附录与补遗》，第1卷，第176页/《全集》，第5卷，第188页。
　　＊　叔本华这段引文见《作为意志与表象的世界》，第1卷，第173页/《全集》，第2卷，第204页。
[135]　贝内克发表于《耶拿文学汇报》第226—229期（1820年12月）的评论，重刊于《叔本华协会年鉴》，第6期（1917），第118—149页；关于这条引文，参见第149页。

得不对别人的批评公开作出回应。他急忙寄了封信给杂志编辑海因利希·卡尔·艾希施泰特，此人也是叔本华母校耶拿大学的哲学系主任。他要求对这位身份已被他发现的评论作者进行谴责。他附上了一份标题为"对虚假引述的必要指责"的文件，要求将其在下一期《耶拿文学汇报》

389 上不作任何改动地予以发表。叔本华写道，他满心期待哲学界的绅士来批评和反对任何一个不同于他们的人，这是他会愿意接受的事情，因为他们会如此行事几乎就是一条自然法则。然而，当某位评论作者试图通过歪曲真相的描写与诋毁他人的谎言来诽谤一位作者的时候，他却不能默不作声地袖手旁观，他的缄口不言将会意味着对于犯罪行为的默许。之后，他详细列出了十处具有代表性的引自他书中的被篡改及不准确的引文。他告诉艾希施泰特，正义要求他斥责贝内克的文章被公之于众，他以不算诚实的方式向这位编辑保证，"我通常都对评论作者一脸友好，因为我的天性正是如此"[136]，但贝内克的评论不在此列。

　　艾希施泰特有理有节地对叔本华作出了回应，告诉他自己想要在就哲学家的要求作出决定之前得到评论作者对于这项控诉的回应。叔本华觉得这位编辑是在试图拖延。在一些不乏紧张又出言指责的信件当中，叔本华含沙射影地暗示，艾希施泰特未能速作决断无异于在支持贝内克"作假"，并因此成为这桩不义之举的帮凶。最后，叔本华的"指责"刊登在当年2月杂志"公告"栏中。[137]叔本华对此颇为不悦，他的文章被改成了"对于批评意见的回复：对于虚假引文的必要指责"。他反对使用这一名称。他写的并非是一篇"反对批评意见"（Anti-Kritiken）的文章，并非是对于批评他哲学评论的回应，他这样告诉文章的排字工人。这是

---

[136]　叔本华《书信集》，第63页，叔本华1821年1月6日致海因利希·卡尔·亚伯拉罕·艾希施泰特。

[137]　叔本华的谴责文章刊登于《耶拿文学汇报知识页》（*Intelligenzblatt der Jenaischen Allgemeinen Litteratur-Zeitung*）第10期（1821年2月）。它同贝内克的"评论者的回应"一道重刊于《叔本华协会年鉴》，第6期（1917），第149—158页。

他绝不会做的事情。他的文章只是要揭穿一个骗局，其目的在于让人看清那些隐藏在从他书中虚假和错误引用的材料当中的糟糕透顶、诋毁他人的谎言。然而，叔本华再次被弄得心烦意乱，贝内克被允许紧接着叔本华的指责文章发表了他的"评论作者的回复"，在这篇文章当中，他责怪排字工人因排字错误而使五处引文出现了错误。他辩称，其他引文即便不尽精确，却也反映出叔本华观点的实质。他宣称，他所做的一切是为了从一个更高出发点进行论证，是在力图避免让哲学出现怪诞而危险的谬误。他还谈到叔本华这篇指责性文章那严苛的口气，说这种口气在文章中不言而喻，显而易见。贝内克为这场小笔战的公开化而感到尴尬，390他为读者们不得不见证他们俩针尖对麦芒而致歉。他试图通过与叔本华私人面谈来解决这一问题，但叔本华拒绝同他会面。多年之后，叔本华告诉弗劳恩席德特，贝内克曾再次试图拜访他，第二次的时候，他告诉女仆去告诉这位年轻人他就在家中，但不愿同他说话，他很高兴女仆告诉他说，闻听此言，"这位年轻人顿时面色煞白"。[138]

　　叔本华相信，在发表评论之前刚刚通过资格考试的贝内克是想通过暗中破坏对手的声誉来让别人关注自己。然而，贝内克在吸引学生这方面却比因蓄意把自己的讲座排在与黑格尔课程相同时间段的叔本华要更为成功。尽管贝内克像赫尔巴特一样是黑格尔的反对者，并可能成为自己的同盟军，但叔本华视他为幼稚的经验主义者，先天的蠢笨之人。当贝内克因为他的《道德的物理学基础》（*Grundlegung zur Physik der Sitten*, 1822）试图在科学里发现伦理而惹恼了一批黑格尔的信徒并被冠之以伊壁鸠鲁信徒之名而被即刻从大学解聘之时，叔本华只是说道，"贝内克因为表述了一种德·维特的道德哲学或其他废话而被取消了资格；这个

---

[138]　叔本华《书信集》，第 336 页，叔本华 1854 年 3 月 26 日致弗劳恩席德特。叔本华还提及了贝内克想要暗中败坏他名声的意图。

年轻人追名逐利太过急躁。"[139] 直至 1827 年，贝内克在耶拿与哥廷根这两所大学也都无法授课，他此时还在继续走着霉运。黑格尔死后，他1832 年在他设法成功地编造了一段成就斐然学术经历的柏林大学获得了教授席位。他生命的最后几年因为疾病缠身而颇为艰难。1854 年，人们在柏林一条河道中发现了他漂在上面的尸体，最大的可能性是自杀。一直密切关注着这位年轻批评者的叔本华，让一位友人给他送去自己所写的讣告。叔本华记恨人的能力堪比大象。叔本华曾告诉友人弗劳恩席德特，他一直都对这位"罪人"的生活很感兴趣，这位"罪人"希望仿效恩培多克勒这位苏格拉底之前的古希腊哲学家，据说后者是以跳入埃特纳火山口这一方式结束了自己的生命。叔本华并未对这位有可能像自己父亲一样死去的

391　人心怀同情；相反，他只是说道：他相信柏林之所以有如此多的人自杀身亡是因为它本身就是一个在身体上和道义上都该诅咒的肮脏之所。[140]

　　克鲁格的评论 1821 年 1 月 24 日刊登于《莱比锡文学报》(*Leipziger Litteratur-Zeitung*)，但克鲁格的评论并未让叔本华不快到要做出什么值得注意的回应。当然，这位评论作者并未抱怨叔本华的哲学汇聚了诸多矛盾，他还通情达理地并未认为这位哲学家只是费希特与谢林两人的追随者——尽管他指责说，康德会像反对费希特的"自我"学说一样反对叔本华的"意志"学说，因为它们都试图就一个绝对的东西，都试图就自在之物建立理论。毫无疑问的是，克鲁格试图针对意志的哲学家严厉批评他的很多哲学观点。他认为叔本华将意志的行为等同于身体的行动是在心理上混淆视听，他反对叔本华将所有的力都归结为意志；相反，他更愿意将人类意志视为一种纯自发行为的表现，它证实了康德将自由作为因果律的替换形式与一种仅受道德律令支配而不受自然的必然性影响

---

[139]　同上书，第 84 页，叔本华 1822 年 4 月 20 日致卡尔·弗里德利希·奥森。威廉·马丁·莱贝雷希特·德·维特这神学教授因为给科策布暗杀者的母亲写了一封信表示同情而于1819 年 9 月被柏林大学解聘。

[140]　同上书，第 338 页，叔本华 1854 年 4 月 9 日致弗劳恩席德特。

的东西来进行的不依赖自然的描述。克鲁格像雷策一样，对叔本华世界观在宗教上的众多含意甚至更感生气。他会愿意接受哲学家这部作品在其中达到顶点的神秘主义，如果它具有宗教特点的话；他会愿意相信哲学家否定意志的学说，如果这是为了服务于上帝的意志而对人类意志进行否定的话。归根结底，克鲁格对这本书感到失望。当他读到这是对于一个其内容以哲学之名被追寻良久的单一思想所作的清楚阐述之时，他认为叔本华所表明的会是"世界是神圣的意志与神圣的表象……因此，它也表现于人类的意志与表象之中，它同它们将会在实际上像它在概念上已然所是的那样毫无二致。"[141] 事实上，他发觉叔本华不仅是在将现实去神圣化，而且是在将它妖魔化，他认为世界是一个非神性、恶魔般的意志的不断奋斗，是被否定得最为彻底的东西。叔本华的看法或许是，克鲁格的失望至少不同于赫尔巴特的失望，他并未预期他会读到的是一部费希特门徒的作品。此外，不同于贝内克的是，他也并未认为那些虚假引文会使评论的批评对象丧失信誉。

　　此后，在克鲁格的评论发表了大约四年之后，一则褒贬参半的短评——实际不过是读者关于《作为意志与表象的世界》的总体印象而已——发表在 1825 年。正如叔本华用英语所写的一样，短评的作者是"我们声誉卓著的幽默作家让·保尔"[142]。狡猾的保尔将叔本华的这本书列入他认为的许多未能获得应有的普遍赞誉的作品之中。叔本华引述了保尔的这则短评以使可能出版他康德译著的出版商确信他是一位其哲学有朝一日会获得应得认可的作家。他甚至还翻译了这则短评的开头，保尔在短评开头就称他的这本书是"勇敢无畏、包罗万象、充满犀利洞见的哲学天才之作"。但如果叔本华继续引述下去，保尔那既褒又贬的矛盾态度就会跃然纸上。这则短评紧接在叔本华引文之后的文字是："……但具

392

---

[141]　克鲁格刊登于《莱比锡文学报》第 21 期（1821 年 1 月 24 日）上的评论，重刊于《叔本华协会年鉴》，第 6 期（1917），第 158—175 页。引文出自重刊文第 160 页。

[142]　叔本华《书信集》，第 119 页，叔本华 1829 年 12 月 21 日致达米荣分析文章作者。

有一种常常令人沮丧又深不可测的深度——恰似挪威那令人抑郁的湖泊，人们因为那些环绕四周的阴暗峭壁而在湖上从来都看不见阳光，看到的只是那深处的白昼晴空，而在湖泊上空，则绝无鸟儿飞过或是波涛翻滚。幸运的是，我对这本书只能赞赏，却无法赞同。"[143]

奇怪的是，所有这些叔本华作品的评论作者全都反映出让·保尔对于该书的评价。他们认为他的思想表述明晰、措辞优美，却不值得认可。那么，他为什么会珍视保尔的这些评语呢？叔本华的一位熟人，罗伯特·冯·霍恩施泰因（Robert von Hornstein）这样说道："正如早年一句无害的认可之词能使他心怀感激，事实上非常幼稚地心怀感激一样，那种对于他在写作道路上所遭遇到的灾难的满心憎恨能够使他变得不公、冷酷、事实上几近凶猛残忍。他终其一生都对让·保尔深情挚爱，只是因为他曾就自己写过那几句话。"[144]然而，霍恩施泰因忽略了存在于这位"幽393 默作家"与那些评论作者意见之间的两大重要区别。保尔称赞《作为意志与表象的世界》是哲学天才之作，他并未试图阐明他不赞同叔本华观点的种种原因；那些评论作者没有将该书认可为天才之作，并试图表明他们为什么无法支持他的理论。除此之外，这些评论作者还都是学界中人，属于被叔本华嘲笑为"行会绅士"的人，他们的评论在哲学圈中具有分量，而让·保尔的却没有。叔本华对让·保尔的善意甚至还令他为让·保尔未能对自己这本书表示赞同提供了一个可被原谅的理由。他将保尔所说的既无鸟儿飞过也无波涛翻滚在叔本华哲学这片令人抑郁的湖泊上空的话，视为对他的哲学达到不可撼动的佛教与寂静主义的顶峰所作的隐

---

[143] 让·保尔（Johann Paul Friedrich Richter），"简短评论、序言及评论集，包括细小的进阶"《美学入门》（*Vorschule der Ästhetik*, Breslau: Josef Max und Komp, 1825）补遗，第197—204 页；重刊于《叔本华协会年鉴》，第 6 期（1917），第 175—178 页。引文出自重刊文第 178 页。

[144] 叔本华《谈话录》，第 219 页。

喻。[145] 此处所提到的 "佛教"（Fohismus）一词被叔本华用以表明让·保尔对在他哲学中所得出的禁欲结论感到困惑不解，他将其归因于保尔那具有局限性的欧洲人视角。[146]

哲学反应

对《作为意志与表象的世界》的评论及对其作出的回应，促使叔本华重新思考他的意志形而上学与他所继承的哲学传统。然而，他却从未将这一重新思考视为对他最初观点的重建，因此当他最终得以说服布洛克豪斯出版他这部主要著作第二版时，他宣称说在第一版和第二版发行的二十五年时间里，"我并没发现有什么要收回的东西；因此，我的基本信念至少对我自己来说是保持住了。"[147] 这将会是他对自己随后四十一年哲学所持的态度。他从未改变过对自己 "根本信念" 的见解。他所有后来的著述都仅仅服务于对他最初的洞见进行澄清、加强与证实，以及将其扩展进新的探究领域。事实上，叔本华为他对自己最初学说的忠诚感到相当骄傲，他认为这种忠诚彰显了他的天才以及他对待哲学的严肃态度。他辩称说，这与谢林大不相同，谢林那波塞冬般变化多端的哲学在其不同发展阶段呈现出一种如变色龙般反复无常的形式。就谢林情况而言，其学说核心不定表明他是个对哲学浅尝辄止的玩家，一个流行多变观点的取样员，一个随变化不定的哲学风尚摇来摆去的跟风男子。叔本华认为自己的哲学坚如磐石、岿然不动。真理恒定不变。

叔本华并未因为希望将充满矛盾的冲突解析为更为重大的合题而身

394

---

[145]　参见让·保尔在《叔本华协会年鉴》第 6 期（1917）重刊文，第 178 页注释。所提及的 "佛教"（Fohismus）是指中国佛教。"佛" 是 "Buddha" 的中文。

[146]　参见叔本华《论自然中的意志》，第 143 页 /《全集》，第 4 卷，第 144 页，叔本华在此处原谅了让·保尔未能与他哲学所得出的禁欲结论达成一致。

[147]　叔本华《作为意志与表象的世界》，第 1 卷，第 xxi 页 /《全集》，第 2 卷，第 xxi 页。

陷令人有些困惑的黑格尔雄辩术来回避赫尔巴特与贝内克攻击他自相矛盾的叫嚣，而是通过抓住他用以描述自己意志形而上学的众多要素来避而不答，在此过程中，他已经将他那意志即自在之物的大胆断言作了缓和化的处理。然而，他仍然花费了不止一年的时间才同批评者的指责达成妥协，他将会直至1844年才用《作为意志与表象的世界》第二版来将自己的回复公之于众。他1851年在反思自己哲学的时候所说过一句话，可以说是他对这些批评者指责他的哲学自相矛盾所作出的回应。在大肆吹嘘了自己的哲学体系如何简明及其根本思想如何和谐一致之后，他撂下了一句颇为奇怪的话。他反思道："我从未关心过我的种种命题是否和谐一致，甚至当它们中的一些在我看来似乎前后矛盾的时候，也是如此，正如偶尔出现的情况一样。"[148] 这一带有如此鲜明叔本华特点的言论，表明了他对他自己的自信以及他哲学的命运，这种自信支撑着他挺过了自己作品遭受漠视的几十年时间。就另一意义而言，这句话的叔本华特点也颇为明显。他并未说明他何时怀有这样的疑虑，以及对哪些命题怀有这样的疑虑。公开暴露潜在的弱点或痛处从来就不是叔本华的风格，这种举动会使他人得以利用他的弱点与痛处来为自己谋利。

然而，叔本华的笔记本表明，他对别人指责他的哲学自相矛盾的行为还是在乎的。在提及被赫尔巴特用以表明在他意志形而上学中存在着自相矛盾之处而引用的那个段落之时，他宣称："意志，如同我们在自己身上所认知到的一样，并非自在之物，因为它只有在个人与意志那些相继发生的行为当中才变得显而易见；凡此种种都有时间作为它们的形式，并因

---

[148]　叔本华《附录与补遗》，第1卷，第130页/《全集》，第5卷，第140页。

此已经就是现象了。"[149] 他继续写道：意志的行为构成了一种自在之物向 395
表象的直接转化，一种出自我们内在本质深处并变成了认知的东西。因
此，"意志"这个词被用作自在之物的替身，是一个根据它最独特的表象
所起的名字。他几乎是逐字逐句地重复了他自己主要著作中所阐明的观
点，称"意志"这一自在之物只是"一种出自上项的名称（denomination
a portiori），亦即……我们根据自在之物看起来最像什么来对它进行描述，
所用的名称借自它众多表象当中最为独特的那种"。他假设道："如果我们拥
有同我们接近自己意志的方法一样的方法来接近其他表象，那它们表现自身
的方式将会恰似意志表现于我们自身的方式。"通过承认意志的行为是某一
主体的客体并具有时间性，通过称意志为自在之物，他断言道，他只是
因为认为自在之物并非绝对和完全地不可知而对康德自在之物不可知的
主张有所修正。他特别提到，人们或许会问，除了显现为意志之外，自
在之物又是什么，但这是一个无法回答的问题，然而这一问题本身的存
在却告诉我们：这个被我们称之为意志的自在之物，或许具有与它的其余
任何一种表象及所有表象所具有的属性、特征与存在方式都完全不同的
属性、特征与存在方式。对我们而言，这种属性、特征与存在方式将会
绝对是不可认识和无法理解的，但它们会是那种在意志被废弃之后依然
存在的东西。叔本华让自己确信这一可能性存在的方式是：提醒自己他已

---

[149] 叔本华《手稿遗稿》，第 3 卷，第 40 页 /《手写遗稿》，第 3 卷，第 36 页；另参见，第 3
卷，第 103 页，第 104 页 / 第 3 卷，第 103 页，第 179 页。他自己同一时期在柏林大学
所讲的课程中断言，"就我们在自己身上所发现和感知的意志而言，它实际上并不是自
在之物，因为这种意志进入个体的意识以及意志那些相继出现的行动当中；因此，这些
行动已经具有了时间的形式，并因此已经是现象了。"叔本华《自然的形而上学：手写
遗稿中的哲学讲义，第二部分》（ *Metaphysik der Natur: Philosophische Vorlesungen aus
dem handschriftlichen Nachlaß, Teil II*, 佛尔克·斯皮尔林［Volker Spierling］编辑并作序，
Munich: Piper, 1984），第 101 页及随后一页；关于在作为一切现象本质的意志与作为某
种不同于意志的自在之物间所存在的区别，另参见《作为意志与表象的世界》，第 2 卷，
第 28 章，第 41 章，"论认识自在之物的可能性"（On the Possibility of Knowing the
Thing-In-Itself）与"论死亡及其与我们内在特质的不可摧毁性间的关联"（On Death and
Its Relationship to the Indestructibility of Our Inner Nature）。

经认识到：对意志的否定并非意味着向某种完全、绝对的虚无状态的过渡；相反，这是一种相对而言的虚无状态，一种对意志、世界及所有表象的否定。[150]

396 叔本华还试图建立起自己哲学的谱系，他勾勒出的亲缘关系脉络，承认自己与费希特及谢林两人同祖同宗，可以说明为何在自己哲学与这二人哲学之间有那么几分隐约的相似。被宣称的自身哲学根本观点在谢林关于"意欲是最初与首要的存在"的主张中已经可以被找到的这一看法所激怒的叔本华，特别提道：他的哲学植根于康德哲学之中，因此，"如果费希特与谢林那些同样系出康德的诡辩流露出些这个根本观点的痕迹，那我们就不必大惊小怪，尽管这些痕迹看起来就缺乏关联性、连续性或是渐进

---

[150] 作为对叔本华因为赫尔巴特与贝内克之类人的反对而将自己最初把意志等同于自在之物的做法进行了修正的说法所作出的回应，阿图尔·许布舍尔特别提道，"我们无法足够充分地将意志感知为自在之物，但只能在它自身的行动当中这样去做，并因此落入了时间与现象的窠臼；但这已经可以从《作为意志与表象的世界》第一卷中推断得出。"《手稿遗稿》，第 3 卷，第 xvii 页 /《手写遗稿》，第 3 卷，第 xviii 页。鲁道夫·马尔特就叔本华关于意志即自在之物与自在之物以意志的面目显现这两种断言间的冲突，提供了一份极为有用的 1990 年之前的二手文献汇总表。参见《阿图尔·叔本华：意志的先验哲学与形而上学》（*Arthur Schopenhauer: Transzendentale Philosophie und Metaphysik des Willens*），第 235 页注释。在《唯心主义研究》（*Idealistic Studies*），第 31 卷（2001），第 31—53 页的"'自在之物'在叔本华哲学中的双重意义"中，我谈论了关于叔本华形而上学的权威观点以及对于这一观点的批评。我论证说，最佳做法是从相对意义上来看待意志即自在之物的断言；也即是说，同其他现象相比而言，作为受限最少的经验，它是自在之物。我还认证说，叔本华运用了"自在之物"的第二重意义，一种自在之物在其中是某种超越于主客体区别以及认知的所有先验形式之上的东西的绝对意义，它是一种允许神秘主义有效存在的自在之物的概念。尽管叔本华关于意志是所有现象的本质以及蒙着"最轻的面纱"的自在之物的观点，在叔本华主要著作第一版中就已经找到，但他所有作品都包含了看似令人生疑的直接将意志等同于自在之物断言的东西，这些断言激起了并将继续激起诸如赫尔巴特与贝内克之类人的批评。参见许布舍尔《在智性语境中的叔本华哲学》，第 383 页。叔本华的主要英语评论者关于该问题所写的一篇批评性评论在尼可勒塔·德·西安（Nicoletta De Cian）与马可·塞加拉（Marco Segala）所写的"意志何为？"（What Is Will？）第 13—41 页可以见到。托马斯·迪尔（Thomas Dürr）刊于《叔本华年鉴》，第 84 卷（2003），第 91—119 页"叔本华为意志形而上学所奠定的基础"（Schopenhauers Grundlegung der Willensmetaphysik），包含了对关于这一问题的更为近期文献资料所进行的论述与批评。

性，并因而可能被视为一种纯属我的哲学之预兆的东西。"[151] 他继续写道，此外，在任何伟大真理被发现之前，都有多种模糊的显示，人们会觉得它似乎是一种云山雾罩的隐约可见之物，而它真正的发现者却是那凭借着对它真正价值与意义的认识清楚地证明了其正确性并将其有力地表达出来的人。他打了个比方，我们把美洲的发现归功于哥伦布，而非第一个只不过是被汹涌海浪给抛到岸边的失事船只的水手，言下之意是说，他应当被承认为发现了他这一根本观点的哥伦布，而费希特与谢林则只是那乘船遇难的水手。至于谢林那预示了他自己的这一观点的见解，早在亚历山大的克雷芒及斯宾诺莎的学说当中，意志那至高无上的重要性就同样被予以承认。[152]

397

除了声称自己生来就是康德哲学合法继承人并与那些在他眼中只是私生子的伪哲学家拉开距离之外，叔本华还想声称自己从康德那里继承了一种特有的血统，这种血统将会表明，他康德哲学的根系正是被扎在费希特、谢林与黑格尔这些人所否认的表象与自在之物的区别之上。叔本华认为，唯心之物与实在之物之间的关系，亦即，事物在我们看来如何与事物本身究竟如何之间的关系，是"整个现代哲学围绕其旋转的中枢"。[153] 他因笛卡尔将这一

---

[151] 叔本华《附录与补遗》，第1卷，第132页 /《全集》，第5卷，第142页。

[152] 参见上书，第1卷，第133页 / 同上书，第5卷，第143页。他指的是亚历山大的克雷芒（Titus Flavious Clemens Alexandrinus）的话"因此欲想高于一切；因为理性的威力是欲想的侍女"，选自《未佚失的作品》（*Opera quae exstant*, Würzburg: ex officing off Staheliana, 1779），第2卷，第304页；斯宾诺莎《伦理学》，第 III 部分，命题57，证明（demonstr）与第 III 部分，命题9，附释（schol.）分别是"贪婪恰恰是构成了每个人本性或真正本质的东西"与"这种冲动在仅仅指涉精神时被称之为意志；当它同时指涉精神与肉体时，则被称为胃口；它正是人的真正本质"。

[153] 同上书，第1卷，第133页 / 同上书，第5卷，第143页。叔本华在此认为笛卡尔不仅通过否认具有作为认识源头的权威而让理性得以立足，而且还将有关唯心之物与实在之物关系的问题引入到近代哲学之中。叔本华心中所想的是笛卡尔在《第一哲学深思录》开始就进行的梦呓般的论证，他在其中辩称，我们对于外部世界的所有经验只能是一个梦而已。叔本华在自己主要著作第二版中补充说，"世界是我的表象"这一自己的真理，早在笛卡尔的怀疑论反思中就能找到（他在第一版中仅将之归因于贝克莱）。参见《作为意志与表象的世界》，第1卷，第3页 /《全集》，第2卷，第4页。

问题提到了哲学的意识层面而对其怀有尊敬，但在康德的引导之下，他却否定了笛卡尔、斯宾诺莎与莱布尼茨这些大陆理性主义者的思辨哲学，以及他们关于我们可能具有真实存在的关于世界的先验认识的主张。他声称，约翰·洛克坚持探究概念本源的做法是正确的，他通过不承认人脑中的固有观念而否定纯粹理性是认识起源的做法也是正确的。洛克对于经验是所有概念起源这一观点的坚持，使他成为叔本华自身哲学方法的前辈："我们必须视洛克为这种思考方法的首创者：康德使它达到了无与伦比的完美境地，我们的第一本书 [《作为意志与表象的世界》第二版第一卷]，连同其补遗 [第二卷]，便是致力于这种方法的。"[154]

398

叔本华认为康德是通过将洛克的观点变成了一种先验论而让这种方法达到了无与伦比的完美境地。他提出将其译成英文以证明自己翻译康德著作技能的康德《未来形而上学导论》中的那段话也许被用作了下此断言的根据，是并不令人吃惊的。在这段话中，康德针对自己被人视为唯心主义者的指责为自己进行了辩护，他将唯心主义描述为"除思考者之外别无其他的断言，其他所有被我们认为是通过直觉所感知的一切，不过是在思考者身上所产生的表象，事实上，没有任何外在于思考者的东西与这些表象相对应"[155]。康德继续辩称，正如一个否认颜色是客体的属性而认为其只是视觉上的改变的人是绝不能被称作唯心主义者一

---

[154] 同上书，第 2 卷，第 272 页 / 同上书，第 3 卷，第 307 页。

[155] 康德《未来形而上学导论》（刘易斯·怀特·贝克 [Lewis White Beck] 译，Indianapolis: Bobbs-Merrill, 1950），第 36 页，AK. 288—289。叔本华关于这段话的译文如下："Idealism consists in maintaining that there exist no other but thinking beings and that all things besides, which we deem to perceive [Anschauungen] are merely ideas [Vorstellungen] of those thinking beings without any really outward object corresponding to them,"《书信集》，第 122 页。值得一提的是，叔本华将"Vorstellungen"译为了"ideas"，他是在按照惯例进行翻译，但当然是反过来将洛克的"ideas"一词译成了德语词"Vorstellung"。出自《附录与补遗》的译文采用的是贝克的译文。（译注：贝克关于康德相关段落的译文是：the assertion that there are none but thinking beings, all others that we think are perceived in intuition being nothing but the representations in the thinking being to which no object external to them in fact corresponds.）

样——他在此处提到了唯实论者洛克——"我的论点也绝不能仅仅因为我觉得'构成关于某一身体直觉的所有属性只不过是它的表现形式而已'的说法应拒绝被冠以唯心主义之名。"康德接着声称，他所做的一切是将诸如延长部分、地点、形状及不可入性之类的属性归入事物的表现形式，而非客体本身。他总结说，这并非唯心主义，因为他并未否认外在于感知者客体的存在；相反，他只是否认我们能够感知这些客体。他还说，这些客体塑造了我们脑中的观念。

洛克在《人类理解论》（1689）中论证了一种唯实论者的观点[156]。他认为我们只是在经验观念。感觉的观念是关于外部事物的观念，是由仅仅具有诸如硬度、广度、外形及流动性之类的首要特质与属性的物质客体所引起的。我们关于这些特质的感觉性观念类似于这些特质本身，但我们对于诸如颜色、味道、声音、气味与声音这样一些所谓次要特质的经验，只是我们关于事物的观念的诸多特征而已，我们关于事物的观念是伴随客体的首要特质而产生的。因此，对洛克而言，关于次要特质的观念与客体的属性并不相似。叔本华所解读的康德，似乎是保留了洛克哲学的架构，将洛克的首要特质归纳为认知的先验形式，并因此将其表述为类似于与外部客体的特征并不相像的次要特质及属性的东西，这样一来，他断言道，洛克就首要特质与次要特质所作的区分，实乃"后来在康德哲学中变得如此这般地重要之极的自在之物与现象间区别的源头之所在"[157]。然而，这一着却暗含灾难，叔本华这样辩称，康德使"实在之物或自在之物丧失了物质性，但对他而言，它却依然是一个完全陌生

399

---

[156]　许布舍尔将叔本华研读洛克《人类理解论》的时间标注为1812年夏及1816年1月。参见叔本华《手稿遗稿》，第2卷，第244页/《手写遗稿》，第2卷，第381—383页。叔本华在《作为意志与表象的世界》第一版中并未特别提及洛克。

[157]　叔本华《附录与补遗》，第1卷，第17页/《全集》，第5卷，第17页；另参见《手稿遗稿》，第3卷，第186页及随后一页/《手写遗稿》，第3卷，第75页（Munich，1823年6月），他在此初次形成了自己对于康德与洛克的分析。他还谴责了谢林的同一性哲学，指责这种将唯心之物与实在之物等同起来的哲学错误地自称为康德哲学的后继者。

的未知之物"[158]。尽管康德能够通过坚称客体独立于我们的感知而存在以及声称我们的观念中没有类似于客体的东西来逃脱别人说他是唯心主义者的指责,但他犯下了被雅各比及"埃奈西德穆"舒尔策所指出的大错,确切地说,即是:他因为将自在之物视为我们关于外部客体观念的起因而不正当地使用了起因这一概念。追随康德并避免其学说的致命弱点、否认意志与表象间具有因果关系、坚称现象与自在之物截然不同的叔本华,认为"洛克、康德和我彼此密不可分,因为相隔近两百年的我们,呈现出了一种紧凑连贯的思路的渐进发展"[159]。

通过建立起他这样一套洛克为开山鼻祖、康德居中承前启后的哲学谱系,以及保留了现象与自在之物间的区别,叔本华自认为避免了在费希特的主观唯心论、谢林的同一性哲学以及黑格尔的绝对唯心论当中都不乏例证的形而上学幻想。他认为,他通过将意志设想为所有现象的实质而赋予洛克那已被康德去除了所有特质的物质实体以要旨:"自在之物表示的是,那种独立于我们的任何一种感觉所产生的感知而存在的东西,是真正的实在之物。对德漠克利特来说,它是有形的物质,对洛克来说也同样如此,在康德看来,它是个未知数 X;而在我的眼中,它则是意志。"[160] 他在自己主要著作中进行论证,这种洞见绝不能通过我们对外部事物的意识获得,因为感觉绝不能揭示出比洛克认为是关于感觉的观念所具有的东西还要更多的什么。而尽管洛克承认感觉和反思两者均是我们所有观念的源头,但叔本华将反思充分利用为发现解决实在与唯心之物这一难题关键所在的手段,其途径是"利用认知主体的自我意识,并

---

[158] 同上书,第1卷,第87页/同上书,第5卷,第93页。

[159] 同上书,第1卷,第87页及随后一页/同上书,第5卷,第93页。为了帮助树立起洛克真正是杰出哲学家(summus philosophus)的观点,叔本华说道,"费希特把他称为最糟糕的哲学家"足以使洛克增光,《论道德的基础》,第22页/《全集》,第 xxvii 页,关于就叔本华对康德所作洛克式解读的综合论述,参见我所写的"作为叔本华(康德)哲学先辈的洛克"(Locke as Schopenhauer's (Kantian) Philosophical Ancestor)。

[160] 叔本华《附录与补遗》,第2卷,第90页/《全集》,第6卷,第96页。

将其作为关于其他事物的意识，亦即，关于用直觉进行感知的知性所具有的意识的范例。这是我所认为的唯一正道，是进入真理的狭小门径"[161]。通过对于意志行为的认知，通过他所作的那个将意志归因于所有其他现象的涵盖宇宙的类比，意志成为所有现象的内在要旨与实质。叔本华在自己主要著作第一版中所进行的形而上学探究，是要努力找到自在之物及隐藏于所有现象之后的东西，而在该书第二版中，他则更为明确地表达了自己形而上学所致力的目标。叔本华写道："形而上学是就作为整体的经验所作的正确解释。"[162] 经验本身犹如一位密码员，他将其译解视为哲学的任务，视为一项通过提供一种关于所有经验总体性的全面描述来得以完成的任务。叔本华通过将自己限定于对经验进行的描述而再次证实了自己对一种完全内在论哲学的支持，这种哲学是他在洛克与康德的学说中已经发现的。而那三位诡辩者 * 则恰恰相反，他们只是用绝对之物在翻手为云、覆手为雨地做着游戏，捏造出了类似于蝙蝠第六感的新认知力来信口开河。就此而论，叔本华自认他对 1815 年所立誓言的忠诚依然如故："我的哲学将丝毫也不会超出经验的范畴，也即是说，丝毫也不会超出就概念而言可以感知的事物，因为它同任何一种艺术一样，都将只是对世界进行重述。"[163]

[161] 同上书，第 1 卷，第 94 页 / 同上书，第 5 卷，第 1000 页。

[162] 叔本华《作为意志与表象的世界》，第 2 卷，第 182 页 /《全集》，第 3 卷，第 203 页。D. W. 哈姆林（D. W. Hamlyn）称叔本华的形而上学提供了一种"给出最佳解释的论证"，也即是说，叔本华认为自己的哲学呈现出了对于作为整体经验的可能有的最佳解释，"现象为何存在？"载于《收获时节：叔本华研究现状之研究，庆祝阿图尔·许布舍尔八十五岁寿辰的祝寿文集》(Zeit der Ernte: Studien zum Stand der Schopenhauer-Forschung, Festschrift für Arthur Hübscher zum 85. Geburtstag，沃尔夫冈·谢尔马赫 [Wolfgang Schirmacher] 编，Stuttgart / Bad Cannstadt: Fromann / Holzboog, 1982)，第 343 页。

* 指费希特、谢林与黑格尔。

[163] 叔本华《手稿遗稿》，第 1 卷，第 281 页 /《手写遗稿》，第 1 卷，第 256 页。

第九章　我不是柏林人

402　　叔本华在柏林的早年岁月，最终浓墨重彩地以不满与绝望收场，郁郁寡欢的他不得不同心中那自暴自弃的想法作着斗争。在他秘不示人的日记中一段话揭示出这一点，他在这段话中试图锻炼自己的意志，以找回迷失的自我：

　　　　当我不时感到不快的时候，是因为误解与我自身的缺陷才会这样。于是我把自己当作了另外一个并非是我的人，并进而为这另外一个人的不幸与忧伤而悲叹，例如，为一个没有成为教授又无人来听他讲座的编外讲师而悲叹；或是为那市侩说其坏话，搬弄是非者散布有关他流言蜚语的人而悲叹；或是为一桩袭击案的被告而悲叹；或是为那不会被他倾心迷恋的姑娘侧耳倾听的恋人而悲叹；或是为那因病足不出户的病人而悲叹；或是为还有其他同样遭受类似不幸侵袭的人而悲叹。我不曾是这些人当中的任何一类。所有这一切都是至多用来做件我稍穿片刻便为另换衣衫而弃之一旁的外套的古怪衣料。但我究竟又是谁呢？那个写下《作为意志与表象的世界》，并就存在这一大难题提供解决之道的人，他提出的解决之道或许会令从前所有的答案都过时无效，但无论如何都会吸引住下几个世纪的思想家。

我就是那个人，什么东西能在这他仍然不得不呼吸生存的短短几年里扰乱他的心绪？[1]

然而，哲学家的心情会继续被人扰乱，他会不断努力通过坚守自己的哲学来重获内心的宁静，而他的哲学在往后的岁月中则会根基牢固。此时的他，觉得自己似乎正在失去他唯一拥有的东西——那就是他自己。这位挣扎着的编外讲师有时甚至觉得这似乎不会是件坏事。

令叔本华在柏林感到绝望的一连串事件中有两桩与女性有关，一桩直接相关，而另一桩则间接相关。奇妙的是，这两位女性都叫卡罗琳娜，她们俩都将会继续困扰这名自认解决了存在之谜的男子。事实上，人们能够猜到，这两位女性连同他的母亲，助长了他在女性问题上最终成为厌恶女性的人。那位不会听从她恋人的"姑娘"（Mädchen）是卡罗琳娜·里希特（Caroline Richter），她后来被称作"梅冬"。当叔本华记下自己的疗伤笔记之时，她已年满二十，却还不足二十一岁。他将同她有一种在十几年间时断时续的暧昧关系。第二位卡罗琳娜则是叔本华的邻居，四十七岁的女裁缝卡罗琳娜·玛尔戈（Caroline Marquet）。如同第一位卡罗琳娜一样，她也没有听命于叔本华，但不同于可能成为叔本华妻子梅冬的是，玛尔戈最终得到了哲学家提供的长达二十年的资金援助——每年六十塔勒，每季度十五塔勒。梅冬的收益甚至还会更好，从未忘记过她的哲学家在其遗嘱中留给了她五千塔勒。梅冬是叔本华爱恋的对象，他说这种爱恋"仅仅植根于性冲动"[2]。玛尔戈则是他蔑视的对象，这种蔑视也被他说过是仅仅植根于意志之中。

1819 年，年方十七的里希特来到柏林，她在柏林是以柏林歌剧院的舞蹈演员与"合唱队演员"身份起步的。1820 年 5 月，她生下了她的长

[1]　叔本华《手稿遗稿》，第 4 卷，第 488 页 /《手写遗稿》第 42 卷，第 109 页。许布舍尔将这则日记的日期标注为约在 1822—1823 年间。
[2]　叔本华《作为意志与表象的世界》，第 2 卷，第 533 页 /《全集》，第 3 卷，第 619 页。

子，约翰·威廉·阿道夫（Johann Wilhelm Adolf），他可能是枢密秘书路易斯·梅冬（Louis Medon）的后代。后来，她将会使用他的姓氏，并自称是他的遗孀。叔本华与她相遇的准确时间并不清楚，但应该是在1821年的某个时候。这位被叔本华充满深情地唤作"伊达"或"小公主"的梅冬，是位天性活泼、一头黑发的年轻女子。叔本华后来将建立起一套理论：浅发蓝眼的人对深色头发的白种女人产生好感几乎是一种本能，但后者却绝少对前者产生好感；男性会自然而然地被十八至二十八岁的女性所吸引，女性则被三十至三十五岁的男子吸引，这两个年龄段在他看来代表了两性生殖能力的顶点。相遇之时，黑发褐眼的梅冬芳龄十九，浅发蓝眼的叔本华则三十有三。[3] 因为经济所迫又渴望奇遇而践行了在其所处行业中更为性爱随便态度的梅冬，在她一生中有着不止哲学家这一个男人。在叔本华启程再次游览意大利的十个月之后，他的情人生下了她的次子，卡尔·路德维希·古斯塔夫·梅冬（Carl Ludwig Gustav Medon），他的生父被简单地描述为"外国外交官"。[4] 梅冬的次子将进一步挑起哲学家与歌剧合唱队女演员之间的不和。当叔本华1831年逃离柏林的流行性霍乱之时，他想要梅冬同他一道逃走，但不要带上她的儿子卡尔。梅冬拒绝服从叔本华的意志。后来，当叔本华在自己遗嘱中慷慨地不忘梅冬之时，他对卡尔的敌意仍在继续。他规定她所得到的五千塔勒不得有一分交给卡尔。

正如叔本华向他"法国兄弟"安蒂姆所坦白的一样，他对梅冬非常迷恋，他在柏林居住期间仔细考虑过是否结婚的问题。正如在他笔记和

[3] 在《作为意志与表象的世界》第2卷，第547页/《全集》，第3卷，第627页，叔本华认为深色头发的白种女人对金发男子的性吸引力象征着一种返归最初人类原型的自然本能，这种最初的人类原型有着黑色的皮肤、头发和眼睛。他认为，金发、蓝眼及白皮肤对人来说并不自然，构成了一种类似于白鼠外貌的反常状态（也请参见《附录与补遗》，第2卷，第156—160页/《全集》，第6卷，第166—170页）。关于他就两性生殖力处于高峰期年龄所说的那些话，参见上书，第2卷，第542—544页/同上书，第3卷，第166—170页。

[4] 1826年，梅冬第三次怀孕，但此次怀孕最终未能生产。参见《全集》，第1卷，第96页。

他那段时间的私人日记中显而易见的一样。他到柏林去是为了深入实际生活，其重要组成部分按照惯例就会包括组建家庭，这是阿黛勒极力游说他去做的事情。婚姻与家庭有可能扩展兄长的心胸，并治愈他那在她看来已趋病态的孤独。但一想到他同梅冬的关系以及自己的性欲，他所仔细考虑的是一种非常规的婚姻形式。他认为四人婚姻（tetragamy）理所当然优于一夫一妻制，鉴于男女的性欲，后者反而是一种违背人道的关系，性欲遵循的物种特征一贯有着繁殖下一代的目的。鉴于女性对男性的吸引力同她们的生殖力成正比，而她们生殖力的持续时间又仅为男性的一半，故而一夫一妻制对男女两性而言都是一种不利于健康的关系，尤其是因为女性因其相对较短的生殖期而被赋予了比男性更强的性能力作为补偿，一夫一妻制就更为不利。他辩称说，一夫一妻制既不适合男性，也不适合女性，被绑定在与一个年华老去、不再具有性吸引力的女子婚姻里的男子，就会另寻新欢；而这个女子在这段婚姻的初期则会寻觅 405
其他裙下之臣，因为"在一夫一妻制中，她只用掉了自己一半的能力，只满足了自己一半的欲望"[5]。一夫一妻制要求一个女子在她整个短暂的容颜如花、身康体健的青春期内都将自己局限于一个男子，为一个男子保藏并抑制了他无法享用但其他男子又渴望从她身上得到的东西。这种自我克制必然让这名女子过着悲惨的生活。但性欲是生命意志最强烈的表达方式，年轻女子常常都对丈夫不忠，这是他自创的理论；她们因此都是欺骗者，但随着她们日渐老去，她们又成了被欺骗者，因为她们的丈夫会另寻新欢。叔本华评论道，男性在婚姻的前半段头戴绿帽，在婚姻的后半段则是嫖客。

　　叔本华用理论分析道，四人婚姻将婚姻调整为一套会令男女生活都更为美好的制度，因为它以一夫一妻制未曾有过的方式容纳下人类生而有之的性能力与生殖力。它还以一种更为理性的方式照顾了各方的物质

---

[5]　叔本华《手稿遗稿》，第3卷，第177页／《手写遗稿》，第3卷，第161页。

与金钱需求。两名年轻男子应该同娶一名年轻女子，而当她年龄大到不再具有生殖能力并因此失去对她丈夫的吸引力之时，这两名男子就应当另娶一名年轻女子，她将"支持到这两名年轻男子年老之时"。叔本华认为这种婚姻在金钱上的好处相当可观。首先，当两名年轻男子收入尚低之时，他们将只需养活一名女子与她幼小的孩子。之后，当他们财富增多之时，他们将具备养活两名女子及众多孩子的财力。

　　然而，哲学家却预见到了四人婚姻所固有的紧张关系会各式各样、层出不穷。鉴于牵涉其中的人数目众多，在四人婚姻中注定有着比在一夫一妻制中更多的争吵及忌妒的诱因。尽管如此，但他还是认为，正如在一夫一妻的婚姻中一样，卷入这种四方关系中的男男女女将不得不学习适应它。他反思道，男子或许会为他们无法确定哪些孩子是自己的亲生骨肉而备受困扰；他们可以寻找自己与孩子之间的相似之处，他思考出这样一种解决方法。但在另一方面，他又冷嘲热讽地说道，至于谁是生父的问题，"即便现在也并非都是确定无疑"[6]。他并不为女性无法确定谁是孩子生父的问题感到担心。正如后来他会辩称的一样，她们的目标可能只是怀孕生子。

　　叔本华从未将他就四人婚姻所作的这些沉思冥想公开发表，但在他那篇臭名昭著的"论女人"当中，他再次批判了一夫一妻制，并提倡一种单边的多人婚姻形式——男人应当被允许拥有多位妻子。哲学家再也不关心一种婚姻形式是否也会像他理解的那样被调整到满足女性性欲的程度。相反，他看待问题的出发点乃是基于男性的性欲以及欧洲的一夫一妻制对于恰当的男女关系所产生的被指为对人身心均有损害的影响。他辩称，女性显然是劣等性别，她们生性像孩子般天真，不具备创作天才作品的能力，被赋予的是一种孱弱无力的理性，她们的意愿应该服从于自己丈夫的意志，然而，一夫一妻制却给了女人一种反常的地位，为

406

---

[6] 同上书，第 3 卷，第 178 页 / 同上书，第 3 卷，第 162 页。

她们提供了会让她们与男人平起平坐的特权与权利。鉴于他同自己母亲的关系，他对于允许女性拥有继承财产的权利所持的吹毛求疵的态度，并不令人意外，他辩称，创造财产的是男人，因此，女人无权继承地产或资本——除非没有男性后裔。相反，寡妇与女儿只应得到以抵押作担保的终身年金，因为女人易于铺张浪费、突发怪想，她们不具备管理不动产的能力。他写道，"她们需要一位男性监护人来管理她们继承的遗产，而她们无论如何都不应该获得自己孩子的监护权。"[7]他继续写道，一位继承了财产的女人，被置于一种反常的独立地位，并因此想要"将自己依附于某位她允许自己被监护的男人，因为她需要一位主人。如果她年纪尚轻，他便是情人；而如果她已经年老，那他便是一位父亲般的忏悔神父"[8]。毫无疑问，叔本华在写这几句话的时候，想到了自己的母亲同格斯腾贝克的关系。

　　一夫一妻制还让许多女性得不到满足，彻底无人供养，绝少选择机会。叔本华推想道，其结果便是："在上流社会中，她们作为无用的老处女呆板单调地度日［他在这里想到的是阿黛勒吗？］，但在社会底层，她们则不得不从事不适合自己的艰苦工作，或是变成过着一种既不快乐又不体面生活的妓女，她们在这种境况下对男性获得满足而言变得必不可少。因此，她们看来像是一个被公众认可的阶层或职业，其特殊目的在于保护那些被命运眷顾、已经找到或希望找到丈夫的女人免受诱惑。仅在伦敦这一个城市就有八万之多的该行业从业者。"[9]他宣称，一夫多妻制将会解决这一问题，使欧洲不再有这些不幸的女人。他轻蔑地笑着写道，它还将消除欧洲文明的那个畸形怪胎，被他与贝拿勒斯*圣猿相提并论的欧罗巴淑女，他将其称为"基督教—德意志愚行"——他在此使

407

---

[7]　叔本华《附录与补遗》，第2卷，第626页/《全集》，第6卷，第663页。

[8]　同上书。

[9]　同上书，第2卷，第623页/同上书，第6卷，第660页。

　　*　印度东北部城市瓦腊纳西（Varanas）旧称，印度教圣地，1957年改现名。

用了一个尼采将会用到的措辞——的副产品。他极为高兴地设想道，这些女士将会被打压到为自己这一性别所特有的深居简出又柔顺谦恭的生存状态；她们无法要求别人尊敬自己，她们将不能展示自己这一阶层的骄傲自大。他认为她们的姐妹将会更为高兴，因为她们也能嫁得富有的丈夫。

最后，一夫多妻制的合法化将会自动改善欧洲现存的性道德风尚。叔本华说道，我们所有人都一度生活在一夫多妻制中，并在大多数情况下都一直如此。因此，一夫一妻制使得这种自然行为变成了不道德的行为，如果一夫多妻制被合法化的话，那么，这些自然的性爱关系将不会遭受诬蔑。他反省道，此外，一个男人还需要多个女人，而"这只不过是说，他应该能够选择供养多个女人，事实上，这是他义不容辞的责任"[10]。他总结说，按照现状来看，在欧洲，没有哪个精明而谨慎的男人会想结婚。这样做的结果是权利减半，责任翻倍。叔本华将一直都是位既精明又谨慎的男人。

叔本华关于四人婚姻的思考已经表明他愿意放弃他哲学那严肃的研究结果，那个研究结果清楚地认识到自觉保持贞洁是通向禁欲主义与否定意志的第一步。[11] 这种放弃预示了他在收录于《附录与补遗》中一些文章里的立场。他在"生活智慧箴言"中对此的表述是明确的，在这篇文章中，他提供了一种主张通过理性的积极生活来获得幸福的理论，教给了大家生活得尽可能成功和快乐的艺术——而在他试图描述男女两种性别如何能够生活得与自身天性更为契合的"论女人"一文当中，他对此的表述则是含蓄的。此外，对于一个清楚地认识到性欲无所不在的男子

408

---

[10] 同上书，第2卷，第624页／同上书，第6卷，第661页。

[11] 叔本华辩称，所有风流韵事都在不知不觉中把生儿产女作为自己的目标。因此，它绝不仅仅是每个杰克找到吉尔——或是阿图尔找到卡罗琳娜——的问题，而是事关某个新生命诞生成形的问题。他认为下一代是在所有风流韵事中必然登场的人物，但就此而言，"恶人则是暗中力图使全部本可快速完结的艰辛劳顿一直持续下去的叛徒。"他这样写道。《作为意志与表象的世界》，第2卷，第560页／《全集》，第3卷，第643页。

而言，这样的放弃势所必然，性欲在他看来是生命意志最为雄健的表达方式，仅次于对生命的热爱与对个人福祉的追求。在那篇收录于他主要著作第二版的开拓性文章"性爱的形而上学"当中，他认为性欲规定了所有行为举止那看不见的目标及核心要点，规定了由人类上演的戏剧那压倒一切的主题。他认为，绝大多数人从来都没有能够逃脱它的威力，提倡贞洁只会使情况变得更糟。因此，就实际情况而言，关键在于发现用以缓解性欲那常常是致人死命的影响的手段，这种影响在他看来因为一夫一妻制的实施而得到了增强。

老妇与重负

1821 年，一个将会永远玷污叔本华名誉的事件，将会助长他离开柏林的愿望。[12] 8 月 21 日，当他回到自己位于货栈大街四号（Niederlagstraβe 4）* 两居室公寓套间的时候，偶然遇见了一幕他已在两周之前向寡居的房东贝克太太抗议过的景象，而这一景象是贝克太太当时向他保证了再也不会出现的。三个陌生妇人在同他与另一名男子合用的房间相毗邻的前厅里闲聊个不停。他在请求这些饶舌的妇人离开他的前厅（entrée）之后就走进了自己的公寓套间，此后不久，仍然戴着帽子、拿着手杖的叔本华打开了自己的房门，却发现那些妇人对他的话置若罔闻。此时，他坚决要求她们离开。两个较为年轻的妇人开始离开，但第三个妇人，四十七岁的女裁缝，与他同在一幢楼里租房居住的房客，卡罗琳娜·路易丝·玛尔戈（Caroline Louise Marquet）却拒绝离开，她告诉怒火渐旺的叔本华，她是"一位应受尊重的体面人"。事后声言自己伸

---

[12]　在《叔本华：人类品格》（*Schopenhauer: The Human Character*）中，约翰·阿特韦尔不无道理地将玛尔戈事件放在了大多数学生都知道的众口相传的叔本华生平事迹当中，其中关于他将她从一段楼梯上推了下来的讯息并不准确。参见第 3 页。

　　*　Niederlage 在德语中除了"货栈、仓库"之意以外，还有"失败"的意思。

409　出手臂是为了将她护送出前厅的叔本华，以更强有力的方式要求她离开他的房间，并称玛尔戈是个"老荡妇"。[13]

接下来究竟发生了什么，是一个存有争议的问题，它引发了几经周折费时近六年才通过法律制度得以解决的诉讼案件。然而，绝无争议的却是，叔本华骂了玛尔戈并动手将这位女裁缝带离了前厅；但他究竟是怎样将她带离了前厅以及这又对玛尔戈产生了什么影响，却并非确凿无疑。叔本华声称，他是在多次请求妇人们离开房间之后才不得不拦腰抓住玛尔戈而将这位拼尽全力地挣扎着要留在原地的女裁缝从房间里给拖了出去。他声称，当他成功地将这位不屈不挠的妇人拉出了房间的时候，她开始尖叫着说她还有东西留在房里。他立刻将这些东西扔出了房间，但她以还需取回一些不值钱的小玩意儿为借口再次进入了房间，哲学家声称，这迫使他再次抓住了她，并将这位挣扎着的妇人推出了前厅。哲学家说，她故意倒在地上，威胁着说要控告他。

玛尔戈所描绘的哲学家当时的举止则更为邪恶与凶暴。她宣称，他从她头上扯下了她那顶无边有带的女帽，用力抓住了她的脖颈，以至于她被从地上给提了起来，他对她恶言谩骂，拳打脚踢，并把她抛出了房间。她控诉说，这一凶残的攻击致使她晕厥在地。次日，她向柏林的皇室法院（Hausvogteigericht）提起诉讼，指控她那全无邻居情谊的邻居犯有殴打与诽谤罪。因为这是一项原告方提出的私人控诉而非正式的刑事案件，法庭准备考虑的主要问题是被指称的作恶者是否应受惩罚。叔本华针对这项控诉为自己进行了辩护，1822年3月1日，法庭作出了有利于他的裁决，要求玛尔戈支付庭审费用。自觉受到了无礼对待的玛尔戈女士同样认为自己有权使用前厅，她因此就判决结果向柏林高等法院

---

[13] 玛尔戈声称，哲学家用来骂她的是"混蛋"和"老荡妇"这两个字眼。叔本华在回应她这一指控时写道："我从来都没有用'混蛋'和'老荡妇'这样的骂人话来侮辱过她，但我却曾经说过一次她是个'老混蛋'"；叔本华《书信集》，第76页。他还承认这样做的确不对。

（Kammergericht）提起了上诉。然而，叔本华并没有到庭为自己进行辩护。他在接下来的五年当中也都不会这样去做，因为通过庭审制度迂回行进的诉讼进程极其缓慢，而他渴望抖落柏林的尘土，逃脱他那错综复杂的爱情生活，将自己学术上的失败抛诸身后。他 1822 年 5 月 27 日离开柏林前往意大利，因为柏林高等法院的负责人向他保证将会维持原判。　410
事实上，玛尔戈只是个女裁缝，而他则是相对而言可谓富有的编外讲师。因此，叔本华认为正义至少在他看来会得到伸张。

当叔本华为旅行进行准备的时候，法庭 5 月 25 日对他发出了传唤，柏林高等法院并未像他预料的那样维持先期判决。他因为对邻居造成的轻微伤害而被处以了二十塔勒的罚金。裁决书是 6 月 7 日被宣判的，叔本华当时人在纽伦堡，他的银行门德尔松与弗恩克尔在他不知情的情况下支付了罚金。[14] 他最终向柏林高等法院的上诉庭（Oberappellationssenate）就这一裁决提起了上诉，希望能改变判决结果，但此次上诉并未成功。

玛尔戈还向柏林高等法院的预审庭（Instruktionssenat）就叔本华提起了民事诉讼。她此时声称自己因为这次殴打而变得右半身瘫痪，若不使出九牛二虎之力，她便无法活动右臂，这种情况使她无法继续从事裁缝行业。她还声称，叔本华推她撞在了五斗橱上，导致了她外阴部受伤。[15] 她要求获赔医疗保健与治疗费以及生活费，并要求逮捕攻击她的人。这一系列新的事件使得叔本华让门德尔松与弗恩克尔为自己聘请了一位名叫格奥尔格·卡尔·弗里德利希·库诺维斯基（Georg Carl Friedrich Kunowski）的律师，关于此人，哲学家最终会持有的见解是：

---

[14]　门德尔松与弗恩克尔，即后来的门德尔松与弗恩克尔公司，是由摩西·门德尔松（Moses Mendelssohn）的次子约瑟夫创建的。

[15]　叔本华相信玛尔戈是在假装有伤，她为了保证自己余生吃穿不愁是会做出这种狡猾的举动。唯一看得出遭受过殴打的迹象是几处轻微的擦伤。缝纫女工因为声称自己外阴部受伤而被迫接受了由柏林大学的产科教授亚当·埃利阿斯·冯·博尔德（Adam Elias von Siebold）博士所进行的检查。热博尔德博士在对她进行了仔细检查之后并未发现任何明显的伤痕。

他太忙于其他客户的案件，因而对叔本华一案并未全力以赴。[16]

随着程序的缓慢展开，叔本华的财产被冻结起来，玛尔戈获得了生活费。这些情况的出现迫使再次居住在德累斯顿的叔本华返回柏林。库诺维斯基设法解冻了哲学家的账户，并使玛尔戈获得的生活费得以撤销。玛尔戈当然提起了上诉，她最终得以胜诉，赢得了每年六十塔勒的

411 生活费，她的殴打者被处以了庭审费用六分之五的罚款。在叔本华徒劳无功地试图让司法部长亚历山大·冯·丹勒克尔曼（Alexander von Danekelmann）伯爵出面为他调解之后，终审判决于1827年5月4日被裁定。叔本华不得不为玛尔戈提供生活费，直至她能够重操旧业或是离开人世为止。[17] 这位女裁缝死于1842年，叔本华以在玛尔戈讣告上潦草地写上了"老妇死，重负释"（obit anus abit onus）这句系出约翰·沙穆厄尔·托比亚努斯（Johann Samuel Tobianus）的变移了字母位置的话的方式[18]，来为这一臭名昭著的事件画上了句号。

柏林之外的空隙

1822年5月，在过早认定玛尔戈女士事件已经结束之后，叔本华离弃了柏林。直至1825年5月他的法律纠纷迫使他返回之时，他将整整三年都滞留在外。离开柏林后，他旅行去了莱比锡与纽伦堡，之后又去了斯图加特、沙夫豪森*、维韦**和米兰，他到达佛罗伦萨的时间是1822

---

[16] 这是叔本华友人格温纳的说法。参见《叔本华的一生》（Schopenhauers Leben, Leipzig: Brockhaus, 1878），第319页。

[17] 关于就玛尔戈一案所作的详细而透彻的描述与分析，参见卡尔－海因茨·穆希勒（Karl-Heinz Muscheler）《叔本华－玛尔戈诉讼案与普鲁士法制》（Die Schopenhauer-Marguet-Prozesse und das Preußische Recht, Tübingen: J. C. B. Mohr, 1996）

[18] 许布舍尔认为，约翰·格奥尔格·苏尔策（Johann Georg Sulzer）才是叔本华那句出自约翰·萨穆埃尔·托比亚努斯的以拉丁语所写变移了字母位置的话的真正作者。参见《全集》，第1卷，第96页。（译注：此处内容系按作者要求所改，与本书第一版中对应处的内容并不相同。）

年 9 月 11 日，在这座位于托斯卡纳地区的城镇，他将度过八个月的时光。他如今正在经历的是一个他自从到达柏林就一直想着的美梦。他写信给友人奥森说，整整三年他都梦见自己身处意大利，醒来后却发现自己仍在柏林的公寓。不同于他在这个自己梦绕魂牵的国家的首次逗留，叔本华完完全全地享受着这再次的旅居时光："再入意大利比初到意大利更令人愉快；我是怀着何等的欣喜来迎接所有富于意大利特质的事物啊！陌生与异常的东西在此次并未像第一次时那惹人忧虑——甚至那些令人讨厌和恼怒的敌对事物都如老相识般受人欢迎。人们知道如何找到好东西，懂得如何享用它们。我发觉天空、大地、植物、树木与人们的面容这所有一切都立即恰如其分地以其本来面目呈现于眼前。"[19]

获取书籍花钱太多，而叔本华发现当地图书馆也不足以满足自己的智性需求，因此，他通过阅读被父亲称作"世界之书"的东西来帮助自己进行哲学沉思。他告诉友人奥森，观察与经历对哲学家而言，就如同阅读与研究一样必不可少，真正的哲学家是通过对经历的反思获得了最丰富的思想。他优哉游哉地欣赏着佛罗伦萨的艺术品，搜集着用以丰富自己美学的资料，他为意大利人的审美敏感性而感动，称赞他们对于优美的敏锐感受，他特别称赞了他们将许多装饰街道与广场的雕像安放在了低脚基座上。这种陈列方式使人们能够仔细审视雕像，而这是叔本华认为被将其雕像高高放置在高脚基座上的英国人与法国人给弄得难以办到的事情。[20] 对多纳泰罗 *** 雕刻的消瘦的施洗约翰大理石塑像的近距离仔细审视，使叔本华反思后得出了以下结论：它是一件雕刻手法出类拔萃

412

---

　　* 沙夫豪森（Schaffhausen），位于瑞士东部的德语区，以钟表制造业闻名于世。
　　** 维韦（Vevey）瑞士西部城镇，以巧克力制造业闻名。
[19] 叔本华《书信集》，第 88 页，叔本华 1822 年 10 月 29 日致弗里德利希·戈特希尔夫·奥森（Friedrich Gotthilf Osann）。
[20] 参见叔本华《附录与补遗》，第 2 卷，第 450 页 /《全集》，第 6 卷，第 479 页。
　　*** 多纳泰罗（Donatello, 1386—1466），意大利早期文艺复兴第一代美术家，15 世纪最杰出的雕塑家，著名的青铜雕像《大卫》即为其代表作之一。

的杰作，但其总体效果在他看来令人反感——这是对曾就自愿挨饿是最高等级的禁欲主义进行过论证的哲学家而言的奇谈怪论。[21] 但如果说他对施洗约翰那用大理石雕刻而成的肌肤与骨骼感到厌恶的话，那么，他就获得了强有力的依据来证明自己关于绘画中的比拟不能被接纳的断言是完全正确的。在他偶然到访的美第奇家族，从前居住过的里卡迪宫（Palazzo Riccardi）的图书馆，卢卡·焦尔达诺（Luca Giordano）* 的寓意画占据了整个天花板，象征着科学使知性摆脱了无知。一名被已经开始松开的绳索捆绑着的壮汉，正在照着一面被一名仙女举在他面前的镜子，而此时另一名仙女则在向他提供一双被取下的硕大翅膀。在这一场景之上，科学坐在一个球体上面，她旁边则是赤身裸体的真理执球在手。叔本华认为，如果没有首先理解其象征意义，便会无法想象画作中的各种因素体现了什么："如果没有对其象形文字般的符号所给出的解释，这样一幅画作又会说明些什么？"[22] 画作的目的在于传达柏拉图理念，而非用
413 奇怪的象征来迷惑人的心智。附近的普拉托里诺 ** 的亚平宁山神更合他的胃口。只有远远望去之时，这座由一堆堆巨型岩石所组成的山才会蔚为壮观，看起来就像是一幅镶嵌画或是具有戏剧效果的装饰物，但这样的距离却常常是在生命之中为看见更大的画面而不可或缺的。[23]

在佛罗伦萨，他比以往多年的任何时候都更喜欢社交，而那些意大利人本身则为他提供了有趣的观察对象。他同贵族的交往对他证实有关

---

[21] 关于叔本华就多纳泰罗的《施洗约翰》（John the Baptist）所作的评论，参见《作为意志与表象的世界》，第 2 卷，第 419 页 /《全集》，第 3 卷，第 478 页；关于他对自愿换钱的评论，参见上书，第 1 卷，第 401 页 / 同上书，第 2 卷，第 474 页。

　　* 卢卡·焦尔达诺（Luca Giordano, 1634—1705），意大利后巴洛克时期画家。

[22] 叔本华《手稿遗稿》，第 3 卷，第 127 页 /《手写遗稿》，第 3 卷，第 161 页。叔本华还在《作为意志与表象的世界》第 2 卷第 422 页 /《全集》第 3 卷第 482 页提到了焦尔达诺的这幅寓意画。

　　** 普拉托里诺（Pratolino），位于佛罗伦萨郊外，美第奇家族在此拥有别墅。

[23] 叔本华是在上书，第 2 卷，第 335 页及随后一页当中 / 同上书，第 3 卷第 383 页，谈论到了普拉托里诺的亚平宁山神。

生命空虚无用的观察结论颇为有用。他写信给奥森说："对贵族而言，生命是如何地近乎不幸，而他们又是如何在饱受着无聊的折磨，尽管他们对此所做的准备可谓充分，这一切对我来说已经变得特别清楚。"[24] 他已经从理论上进行过论证，人生"是在痛苦和无聊之间像钟摆一样的来回摆动着；事实上痛苦和无聊两者也就是人生的两种最后成分"[25]。我们承受着痛苦，而当我们并未受苦之时，我们就会感到无聊；得以满足的愿望留给我们的只是空虚，它驱使着我们再次有所欲求。无聊是这样的一个大恶魔，它会让我们去投机赌博、狂饮酗酒、铺张挥霍、策划阴谋，并染上一种耽于旅行的躁狂症。无聊甚至会让豪猪都喜欢交际：

> 一个寒冷的冬日，一群豪猪为了用体温使自己不被冻僵而紧紧地挤作一团。但它们很快便感觉到自己会受到其他豪猪身上刺的伤害，这使得它们再度散开。而一旦当取暖的需要再次将它们聚在一起，它们身上的刺又再次对彼此都构成了威胁，它们因此在这两种恶果之间辗转反侧，无法定夺，直到它们发现了能够使自己以最佳方式容忍彼此的适当距离。因此，源自人类生命空虚单调的对于交往的需求，驱使他们聚在一起……然而，任何一个自身内在极其温暖的人都将为了避免使他人烦恼和自己感到烦恼而更宁愿远离社交生活。[26]

使叔本华避开了意大利豪猪刺所带来的伤害的，是他在佛罗伦萨那欢快的心境，而不是他同或许不包括黑发意大利女子在内的任何意大利人所保持的那种距离，这种意大利女子身上所具有的温暖是一个浅发蓝眼的白人男子受天性驱使会去寻觅的东西，然而，他仍然观察着那些豪猪，并为他们感到好笑。他在写给奥森的信中说，意大利是一个人们尽

---

[24]　叔本华《书信集》，第 92 页，叔本华 1824 年 5 月 21 日致奥森。

[25]　叔本华《作为意志与表象的世界》，第 1 卷，第 312 页 /《全集》，第 2 卷，第 368 页。

[26]　叔本华《附录与补遗》，第 2 卷，第 651—652 页 /《全集》，第 6 卷，第 690—691 页。

414 管脸蛋漂亮然而爱好不良的国家，它的人民无比阳光、无比快活而又身康体健，这在他看来都是得益于那里的气候。他们看起来足智多谋，似乎总有些什么他们觉察到了的可见之物之外的玄机。他们彬彬有礼，却又诡计多端，他们知道自己应当在什么时候显得正直而高尚，但他们又奸诈无耻、伤风败俗，其方式却令我们在"震惊之余忘记了愤怒。"[27] 但如果他认为自己已经了解了意大利人的性格特征，那他也会被它所骗。他在自己私人日记中，特别提到了"外国人"奉承他的溢美之辞以及一个意大利人对他说过这样一句话："先生，您一定创造出了某种伟大的东西；我不知道它是什么，但我却在您脸上看到了它。"[28] 尽管如此，哲学家虽说结识了不少熟人，可他交往的大都是些外国游客，"尤以英国人为甚"。在三十五年后的一次谈话当中，卡尔·贝尔记录说"他交往的都是些贵族，而除了阅读荷马作品之外，他没有做任何其他事情"[29]。

叔本华写道："在意大利的日子犹如与情人的同居生活，今天是狂暴的争吵，明天却又是柔情的爱慕——而在德国的岁月则恰似与家庭主妇的朝夕相处，既无雷霆之怒，也无惊世之爱。"[30] 与他初游意大利一样停留了十一个月之后，他遗弃了这位情人，返回到自己的家庭主妇身边。虽说他在意大利的首次旅行是因为穆尔带来的资金困难而告终结，并没有什么危机迫使哲学家返回德意志这片土地。玛尔戈诉讼案尚未到关键时刻，他也没有返回柏林大学重新执教的打算。或许是哲学家厌倦了意大利人那无尽的欢乐与纵情的兴奋，又或许是他们的"无耻"再也不令人感到好笑。他也许是心里觉得厌烦；但无论如何，他都从未就离开意大

---

[27] 叔本华《书信集》，第 87 页，叔本华 1822 年 10 月 29 日致奥森；也请参见一则他在再游意大利时在其中也将"恬不知耻"强调为"意大利人的民族特性"的评注，《手稿遗稿》，第 3 卷，第 184 页 /《手写遗稿》，第 3 卷，第 168 页。

[28] 同上书，第 4 卷，第 489 页 / 同上书，第 4 卷，下册，第 110 页。

[29] 叔本华所说的与他交往的大都是英国人这句话见诸 1824 年 5 月 21 日致奥森的一封信，《书信集》，第 92 页，而贝尔的记录则出自 1858 年 5 月 9 日进行的一次交谈，《谈话录》，第 254 页。

[30] 同上书，第 88 页，叔本华 1822 年 10 月 29 日致奥森。

利的原因留下只言片语，而且他再也不会重返此地。

叔本华离开佛罗伦萨前往特伦托，又从特伦托前往慕尼黑，他将在那里住上一年。在到达这座位于巴伐利亚的城市六周之后，他开始饱受多种疾病的折磨——痔疮化脓发炎，痛风，以及神经机能失调。这似乎是他的德国主妇要他为自己与意大利情人的偷欢行径所付出的代价。他双手颤抖得厉害，以至于觉得自己几乎都无法握笔写字，他的右耳则丧失了听力，这个自青年时代以来就一直困扰着他的问题如今糟到了无以复加的地步。他旅行到了加斯坦 * 这座以疗养胜地著称的小城去洗温泉，因为他听闻此处的温泉浴具有不可思议的神奇疗效——他对这种说法深信不疑，而他这种态度对于他这个信奉大卫·休谟学说的学生而言则颇为古怪。尽管不大可能是这里的温泉浴对他健康的恢复产生深远的影响，但加斯坦给了他时间去反思并再次证实他所论证过的东西。我们步入这个世界，寻求着幸福与欢乐，但"经验却在此后出现，并使我们认识到幸福与欢乐更多地是为我们在远方展现出幻象的妄想，而我们所学到的则是：受苦与痛苦均真实不虚，不需幻象与期待便能立刻感受得到。"他继续写道，亚里士多德说得对，深谋远虑之人所奋力追求的是没有痛苦，而不是欢乐。[31]

在慕尼黑，叔本华从 1823 年 10 月至 12 月都在自己住处与恩斯特·冯·格罗西（Ernst von Grossi）大夫这位后来萨尔斯堡大学医学教授的办公室集中接受自己那些小病的深入治疗。格罗西对叔本华所进行的这些治疗的性质，表明叔本华得了梅毒这种妓院常客能被预见到必然会

415

---

* 加斯坦（Gastein），位于奥地利萨尔斯堡地区，著名的矿泉疗养地。

[31] 叔本华《手稿遗稿》，第 3 卷，第 192 页 /《手写遗稿》，第 3 卷，第 176 页。该词条的日期为 1824 年 5 月，地点为加斯坦。他在该词条中引用了亚里士多德《尼各马可伦理学》（*Nicomachean Ethics*），VII。

得的疾病。[32] 如何保护自己不得性病成了叔本华关心的头等大事，他会为获得了关于如何一直性事不断却又不受感染的知识而自鸣得意，他还似乎非常愿意与人分享这种知识。一位名叫克萨维尔·施耐德·冯·瓦尔滕泽（Xaver Schnyder von Wartensee）的音乐教师兼作家，记录了他与叔本华在法兰克福餐桌上有过一次荒谬交谈。在赞扬科学通过发现能使人在满足"生理需求"的同时又免受感染——这一直都是光顾妓院的巨大隐患——的方法而赋予了人类以"最大恩惠"之后，叔本华描述了一种预防措施："将一份漂白粉溶于水中，并在交媾之后将自己阴茎泡在里面，这在任何情况下都将彻底消灭任何一种被感染上的病毒。"[33]

416　　　　他的另一位熟人，英国官员 T. 爱德华兹（T. Edwards）则并未听从叔本华的医学建议，他说自己因为不顾哲学家关于在其前往印度的旅程中沿途都有重重危险在等待着年轻男子的警告而吃够了苦头。在自夸途经土耳其小亚细亚及波斯却未遭遇任何叔本华预言自己将会碰上的灾难之后，他坦言道："我甚至都没带上一小盒由伟大的叔本华这位杰出的博学权威人士及慈善家为了造福人类免受刺痛之苦而发明的纯属自创的氯化物水（Khlor-Wasser）……可是，哎！因为我去过印度两次，所以我在最后一次去那里时由于忽略了这种简易疗法而遭受了最深重的痛苦。这一次患上的可怕淋病让我整整一个月都无法出门，而将其治愈则花费了我长达三个月之久的时间，它让我想起了您曾经说过的话。年轻人，等到你得了讨厌的淋病就会知道厉害了！"[34]

　　　　在意大利时，这位"博学的权威人士及慈善家"还并不知道交媾之

[32]　关于梅毒的诊断是由伊万·布洛赫（Iwan Bloch）刊于《医学世界》（*Medizinische Welt*, 1906）的"叔本华在1823年所患的疾病"（Schopenhauers Krankheit im Jahre 1823）中作出的。

[33]　叔本华《谈话录》，第63页。此次交谈是在1831—1832年冬至1833年间的某个时候进行的。在辩称自然本身会逐渐治愈某种疾病，这种方法会让我们甚至比之前感觉更好之后，他写道："我承认也有例外或者只有医生才能对治的病症；尤其是梅毒的治愈确实是医学的一大胜利。"《附录与补遗》，第2卷，第173页 /《全集》，第6卷，第184页。

[34]　叔本华《谈话录》，第64页，爱德华兹1835年7月致叔本华。

后用石灰水洗浴可以带来预防被称为"法国病"（Franzosenkrankheit）的
梅毒的好处，他在光顾意大利妓院之时也并未带上"一小盒纯属自创的
氯化物水"，因此，当他躺在慕尼黑受梅毒折磨的时候，收到了奥森写来
一封奇怪的信件。作为兄妹两人的友人，奥森试图在他们之间斡旋以使
这对手足重归于好。为了激起叔本华对约翰娜的同情，他还告诉叔本华，
约翰娜患上了急性腹痛、关节僵痛以及不明缘由的忧虑等疾病。叔本华
在四个月之后回复了这封信件，说明他迟迟未作答复是因为他双手发抖
又心情抑郁。他礼貌地告诉奥森不要来管他的事情；"你就我妹妹写来的
信件无疑是一番好意。只有我和阿黛勒才最清楚地知道我们必须对彼此
怀有何种期望。建议第三方介入对此于事无补。"[35] 叔本华并未就被告知
母亲身患疾病一事有所回应，他请求奥森立即告知他母亲同妹妹是否会
像奥森在信中所提到的那样在当年夏天身在曼海姆。他希望避开自己的
家人。

在加斯坦洗了一个月零几天的温泉浴之后，叔本华立即返回慕尼黑　417
去收拾行装。逃离开痼疾的悲惨景象以及自己所厌恶气候的他，取道斯
图加特、海德堡、曼海姆、法兰克福及莱比锡前往德累斯顿。他在德累
斯顿度过了整个冬天，希望重新体验环绕着他主要著作诞生地的欢乐气
氛。然而，鉴于自己在学术道路上的发展一塌糊涂，而自己哲学所得到
的回应又犹如堆积在待售书籍上面的厚厚尘埃，叔本华开始寻求新的业
余爱好。他打算进行一系列的翻译工作，以便运用自己的语言技能来使
自己过得充实，直至自己的真知灼见被认可，他还希望能为自己的作品
打开市场。

叔本华首先试图敲定大卫·休谟作品中他最喜爱的《自然宗教史》（收
在四篇论文中，伦敦，1755）与《自然宗教对话录》（*Dialogues Concerning*

---

[35]　叔本华《书信集》，第 92 页，叔本华 1824 年 5 月 21 日致奥森。奥森写给叔本华的信件
　　　的日期是 1824 年 1 月 25 日。参见上书，第 512 页。

Natural Religion, 1779）这两部作品的翻译合同。他向一位姓名未被提及的出版商替这些翻译计划进行宣传，辩称这两部作品应当被合在一起以《大卫·休谟的宗教哲学》（*David Humes Religionsphilosophie*）的书名出版，因为第一本书的目的在于表明对神祇或上帝的信仰源于胆怯与对未知力量的恐惧，而第二本书的目的则是说明所有证实上帝存在的证据都并不充分。[36] 尽管这两本书早就被译成了德语，但叔本华却抱怨说这些译本都译得太差，它们用语古旧，还常常失之准确。[37] 他向这位出版商保证，他的英语水平绝对一流，因为尚在青少年时期他就在英国彻底学透了这门语言。他还提到他被英国人，尤其是那些他在意大利碰到的英国人告知，他们从来都没有听到过哪个外国人说英语说得像他一样完美无缺。当然，哲学家还竭力推销自己的翻译计划，声称休谟将会吸引众多来自普通大众的读者，因为他用以写作的是一种娴熟、睿智且明晰的风格，而通观全书，气魄与才智均可谓无处不在。尽管普通大众对德国哲学可能已经因为其沉闷晦涩的用语而变得漠不关心，但休谟却能够获得普遍理解。

418

叔本华为翻译休谟作品所作的自我推销，仅仅是他为敲定合同所作的绝望搜寻当中的一个部分。在证明自己完全有资格翻译休谟作品之后，他还主动提出翻译哲学之外的英语作品，其范围包括自然科学、历史、政治以及文学。他在信末提出要将乔尔达诺·布鲁诺《论原因、本原与太一》（*Della causa principio ed uno*, 1584）翻译成拉丁文，大有

---

[36] 在"作为教育者的叔本华"（Schopenhauer as Educator）开篇段落中，尼采在胆怯与恐惧之外加上了懒惰共同列为人所共有的特性。参见《不合时宜的思考》（*Untimely Meditations*, R. J. 霍林戴尔译, Cambridge: Cambridge University Press, 1983），第 127 页。

[37] 叔本华脑中所记得的早前的译本是：F. G. 勒瑟维茨（F. G. Resewitz）发表在《关于宗教史的四篇论文》（*Vier Abhandlungen über die Geschichte der Religion*, 1755）中名为 "Natürliche Geschichte der Religion" 的《自然宗教史》译文，K. G. 施赖德（K. G. Schreiter）以 "Gespräche über die natürliche Religion" 为名出版的《对话录》译本（1755），以及 K. G. 施赖德以 "Gespräche über die natürliche Religion" 为名出版的《对话录》译本（Leipzig: 1781）。

不希望漏掉任何一块罗塞塔石碑*不加发掘利用的势头。这部作品"在最近一段时期因为谢林与雅各比而获得了显赫的名声"[38]。他特别提到，一个拉丁文译本对于这部意大利语的作品非常合适，因为拉丁文会使所有国家的学者都能阅读这部作品。他还愿意为这一拉丁文译本附上一份德语译文。

　　当叔本华等待着这个永不会来的回复之时，他开始着手为《大卫·休谟的宗教哲学》写序言。他在《作为意志与表象的世界》序言中对与他同时代的人所做的训斥尽管还算温和，但这些短文为他将在后来所出书籍的每一篇序言以及那些他将为自己已出书籍每一次再出新版本时添加的序言奠定了基调。写在他翻译计划之前的第一条简短笔记说的是："后世的人将会明白我为什么要通过一个全新的译本来引起同时代人对可敬而杰出的大卫·休谟现有作品的关注。如果与我同时代的人能够对我的种种努力心存感谢的话，将会纯属多余。"[39]写在他翻译计划之后用作序言的第二篇短文，语含讥讽地严斥了与他同时代的人以赞美休谟，在其结尾处则是对于他自身处境的忠实描述。

　　他用从鹅毛笔中滴出的恶意话语写道，如果休谟有幸能够共同见证我们今天这些意义深远的发现，那他就会发觉理性能力提供了进入超感觉与神圣东西的直接通道，他就不会为了关于宗教问题的正反论证而大伤脑筋了。此外，如果他当时生活在德国的话，那么，他就会放弃了他明晰、精确、生动又易懂的散文而代之以被包藏于沉闷冗长句子之中的

419

---

　　*　罗塞塔石碑（Rosetta stone），1799 年在埃及罗塞塔镇附近发现的古埃及石碑，其碑文用古埃及象形文字和通俗文字以及希腊文字刻成；该碑的发现为解读古埃及象形文字提供了线索。代指有助于理解疑难问题的事物。

[38]　同上书，第 96 页，叔本华 1824 年 11 月 25 日 "致出版商"（An Einen Verlagbuchhändler）。

[39]　叔本华《手稿遗稿》，第 3 卷，第 194 页 /《手写遗稿》，第 3 卷，第 177 页。后来，在返回柏林途中所写的一张便条当中，他可能透露了翻译休谟作品那并未言明的目的："如果没有康德所做的一切，休谟关于有神论起源的论证便从来都无从接受。如今，有了这双重支持，我们就能够推翻有神论了。"同上书，第 3 卷，第 237 页 / 同上书，第 3 卷，第 216 页。

奇怪而粗陋的术语来故作深奥，因为他本身就晦涩难解。这样，他的读者可能会连一个概念都没弄懂却惊异于自己能读的东西何其之多，这会使得读者认为，自己能够就文章所想的越少，作者所思考过的东西就越多。他在同一条笔记中继续写道，至于他自己嘛，他能够进行翻译，因为"我的空闲时间非常多，因为我自认不必详尽阐述自己的观点就能同他人交流。如今，经验证实了我预见及预言过的东西，确切说来即是，这样的观点在与我同时代的人当中无人去读"[40]。叔本华似乎就像休谟一样并未真正懂得理解力的神奇威力，并未学会如何为其著述披上一件用故弄玄虚的晦涩难懂所做成的厚重外套。

　　叔本华翻译休谟作品的计划最终归于失败，因此他又向 F. A. 布洛克豪斯（F. A. Brockhaus）这家他主要著作的出版社提出了另一项计划。弗里德利希·阿诺尔德·布洛克豪斯已于 1833 年 8 月过世，他将自己对那个难缠又"无耻"的叔本华所怀有的憎恨带进了坟墓。如今掌管公司的是他那两个最年长的儿子，弗里德利希与海因利希。叔本华 1824 年 9 月13 日曾在自己中途停留于莱比锡期间短暂拜会过这两兄弟及其公司主管卡尔·费迪南特·波赫曼（Karl Ferdinand Bochmann）。在拜会期间，叔本华提出为他们翻译英语及意大利语作品，他是否对自己那位难以对付的敌手弗里德利希·阿诺尔德的去世表示了哀悼，却无人知晓。数月之后，叔本华听说布洛克豪斯正在发行一套新的丛书"外国经典中长篇小说文库"。哲学家立即提出要重新翻译斯特恩的《项狄传》。他在从未看过约翰·约阿西姆·克里斯托弗·博德（Johann Joachim Christoph Bode）早前译本（Hamburg，1776）的情况下，就在自己计划书中推测该译本可能已经过时。叔本华继续写道："无论如何，我都将完全不受该译本的影响，我会全心投入地来翻译这部小说，以使原著那明快的效果及优雅的精神得到双倍的体现。由于我在英国学习英语这门语言时还是一名少

---

[40]　同上书，第 3 卷，第 199 页 / 同上书，第 3 卷，第 182 页。

年，故而我精通英语的程度几乎与自己的母语水平无异。"[41] 布洛克豪斯   420
礼貌地拒绝了这项提议。

在无论什么样的翻译合同都没能弄到手之后，叔本华返回柏林去处
理自己因为诉讼案而被扣押的存款，并重新开启那已是死气沉沉的教书
生涯。一到柏林，他就为了能用原文阅读卡尔德隆、洛佩·德·维加
（Lope de Vega）、米格尔·德·塞万提斯及巴尔塔萨·格拉西安的作品而着
手深入细致地学习西班牙语。像他喜爱卡尔德隆一样，格拉西安被他授
予了"我最喜爱的西班牙作家"的称号。1829 年，他给布洛克豪斯寄了
份计划书，说自己打算将这位 17 世纪西班牙耶稣会教士的《智慧书：做人
要义与修身之道》（Oraculo manual y arte de prudencia, 1647）译成德语。
这是一部他因杰出、紧凑又表达精妙的思想及向人所指明如何穿越日常
生活的艰难浮沉航行于人生之海上的诀窍而对其赞赏有加的作品。[42] 他还
深为赞同格拉西安与他人交往的审慎态度及对女性的缺乏信任，以及那
种被他视为耶稣会教士悲观主义的东西。他在自己计划书中附上了一份
翻译样稿，那是组成该书三百条箴言当中五十条的德语译文，他要求不署
自己名字，而是将想象出来的"菲力克斯·托伊蒙特"（Felix Treumund）*
列为译者，这意味着在向读者承诺他们将会阅读到的是一份令他们享受的
准确无误的译文。害怕无法吸引到读者的布洛克豪斯，再次拒绝了叔本华
的提议，并将手稿退还给他。[43] 叔本华会在后来断言，布洛克豪斯之所以
拒绝了他的提议，是因为译本还不够尽善尽美，而他自己要求得到的酬
金也实在太高。[44]

---

[41]　叔本华《书信集》，第 97 页，叔本华 1825 年 1 月 26 日致 F. A. 布洛克豪斯。

[42]　叔本华《论道德的基础》，第 23 页 /《全集》，第 4 卷，第 xxix 页。叔本华曾经在其他地
　　　方干脆将格拉西安称为"我最钟爱的作家"，《书信集》，第 131 页，叔本华 1832 年 4 月
　　　16 日致约翰·格奥尔格·凯欧。

　　 *　托伊蒙特（Treumund）在德语中的字面意思为"忠实的嘴"。

[43]　关于叔本华寄给布洛克豪斯的署名为"菲力克斯·托伊蒙特"的翻译手稿，参见《手写
　　　遗稿》，第 4 卷，下册，第 268—284 页。

[44]　参见叔本华《书信集》，第 131 页，叔本华 1832 年 4 月 16 日致约翰·格奥尔格·凯欧。

　　当叔本华后来在 1831 年逃离柏林的时候，他并未将翻译格拉西安这本书的手稿带走，而是将其托付给了友人海因利希·冯·洛夫佐夫男爵（Baron Heinrich von Lowtzow），他也是叔本华将卡罗琳娜·梅冬交给他照看的人。一到法兰克福，他心中就突然产生了一种强烈的愿望，想让自己译文发表出来，但因为翻译原稿仍在柏林，所以他不得不重译这部

421　作品。他将译稿附上了一张"致出版商的便条"，寄给了约翰·格奥尔格·凯欧（Johann Georg Keil）这位著名的语言学家、翻译家及西班牙与意大利文学编辑。叔本华当时正在阅读凯欧编辑的卡尔德隆戏剧集，他在便条中对格拉西安这部作品早前的译本可谓评价严苛。哲学家是在魏玛之时认识的凯欧及妻子亨丽埃特，那时的凯欧还是一名图书馆管理员，他是叔本华那时的老师弗兰茨·帕索夫的友人。叔本华希望凯欧帮他敲定一位出版商，他请求这位老熟人对照原文阅读他的译本。他写道，他之所以这样做，是"因为你如今在西班牙文学方面很可能是德国拥有发言权的第一人"。叔本华知道，如果自己的译文能令凯欧印象深刻，那么，鉴于凯欧的声望与人脉，他就更有可能找到出版商。尽管叔本华自信满满地认为自己抓住了原著的意味、风格与精神，但为了进一步奉承凯欧，他仍然写下了"我冒险站在你面前接受裁决"这样的句子。

　　凯欧的法官席不同于柏林高等法院，它作出的裁决对叔本华有利，凯欧同意帮助叔本华找到出版商。[45] 但不幸的是，他试图在叔本华与出版商弗雷德利克·弗莱希尔（Frederick Fleischer）之间牵线搭桥以促成翻译合同的努力却未能成功。叔本华对这位出版商起了疑心，怀疑他是否会将自己译本印足数量，是否会支付给自己足够的稿酬。因此，哲学家请凯欧为他"诚实的"译文找到一位"诚实的"出版商。凯欧推掉了这一

---

[45]　同上书，第 131 页。为展示自己西班牙语的熟练程度，叔本华还告诉凯欧，他正在毫无困难地阅读凯欧所编的《佩德罗·卡尔德隆·德·拉·巴尔卡：喜剧集》(*Pedro Calderón de la Barca:Las comedias,* Leipzig: 1827—1830)，他希望凯欧在每次场景变换的时候都进行了标示。他还让凯欧对几处印刷错误有所警觉。

任务，将译稿在他那里又放了七年，在这七年中间，哲学家要求他将译稿寄还自己。找到了出版商的并不是叔本华本人；相反，一位名叫弗雷德利克·克勒（Frederick Kölle）的译者译本在 1838 年问世了。叔本华翻译的格拉西安这部作品最终也会出版，却是在他去世两年后的 1862 年。正如死亡对于艺术家及摇滚乐明星而言乃是其事业转运的关键节点一样，叔本华的去世也让一位受人欢迎的哲学家变得甚至更加受人爱戴。在他死后，F. A. 布洛克豪斯发现出版叔本华所写的任何东西都能赚钱，其中当然包括那部格拉西安作品的译本。但如果说叔本华从未享受到目睹自己译本出版的快乐，那么，他在该译本面世的二十一年前却高兴地将自己所翻译的格拉西安《好评论的人》（*El criticón*）中一长段话用在了《伦理学的两个基本问题》那措辞激烈、纵情抨击的首篇序言里面，去严厉斥责那些会将名望神圣的花冠放置于黑格尔粗俗的额头之上的人们。[46]

在首次提出翻译格拉西安作品之后不久，叔本华又作了他那注定要 422 以失败告终的将康德作品译成英语的尝试。然而，在恳请凯欧帮忙取得翻译格拉西安作品的合同之前，他却已经成功地获得了另外两份翻译合同，尽管其中的第二份只是要求他对原作进行压缩与返工，对该原作进行返工事先获得了原作者的允许。第一篇被翻译的作品是诺曼勋爵（Lord Norman）一篇短篇小说"圣保罗的先知"（The Prophet of St. Paul），它发表在不列颠年鉴《纪念品》（*The Keepsake*, 1830）上面。哲学家在自己 1830 年 3 月的账簿上记录道，他因为翻译"圣保罗的先知"而收到的稿酬比二十二塔勒稍多一点。这篇译作却不幸佚失了。[47] 1830 年 6 月，他发表了第二篇译文，用拉丁文重写的《论视觉与色彩》。"生理学色彩基本理论的历史与阐释"（Commentatic exponens Theoriam Colorum

---

[46]　参见叔本华《论道德的基础》，第 25—30 页 /《全集》，第 4 卷，《伦理学的两个基本问题》"初版前言"，第 xxx—xxxvii 页。

[47]　参见阿图尔·许布舍尔"叔本华一篇下落不明的文章"（Eine verschollene Arbeit Schopenhauers），刊于《叔本华年鉴》，第 22 卷（1935），第 239—441 页。

Physiologicam, eandemque primariam）发表在由莱比锡大学医学系编外讲师尤斯图斯·威廉·马丁·拉迪乌斯（Justus Wilhelm Martin Radius）编辑的《眼科学杂志》（*Scriptores Ophthalmologici minors*）上。叔本华投入用拉丁文重写自己色彩理论的时间里从 1829 年 4 月至 6 月初。当收到拉迪乌斯寄来的校样时，他生气地发现编辑将他列为柏林市民。他用一句与美国总统约翰·F. 肯尼迪所说过的话 * 截然相反的"我不是柏林人"（Ich bin Kein Berliner.）予以了回击。[48]

　　1833 年，叔本华做了运用自己语言技能的最后一试。当注意到在巴黎有套法语歌德作品集正在完成当中时，他写信给该作品集总编辑、法国政治家、外交官、作家兼翻译家弗朗索瓦·让·菲尔伯特·奥贝尔·德·维特里（François Jean Philibert Aubert de Vitry），提出由他来校订最终校样。当然，他用了自己最好的法语来写这封信以展示自己对这门语言的精通，他甚至还对这套作品集的既定标题提出了批评："我们必须要么说《歌德作品集》（*Oeuvres de Göthe*），或说《约翰·沃尔夫冈·冯·歌德作品集》（*Oeuvres de F. W. de Göthe*），却绝不会说《约翰·沃尔夫冈·歌德作品集》（*Oeuvres de F. W. Göthe*），因为那就如同是在说《阿鲁埃·伏尔泰作品集》（*Oeuvres d'Arrouet Voltaire*）一样。[49]** 他向总编保证自己是在少年时代学习的法语，精通法语的程度与母语的地道程度不相上下，而他就自己法语地道程度所下的断言也类似于他曾就

　　*　肯尼迪当时所说的 Ich bin ein Berliner，是他于 1963 年 6 月 26 日在西柏林所作演讲中的一句名言。当时正值冷战，柏林墙已开始建造，西柏林这块处于东德领土上的飞地陷入了重重危机，肯尼迪以柏林人作为自由人的象征，借这句"我是个柏林人"表达自己与西柏林市民休戚与共的情感，激励他们克服所面临的困难，奔向所有人都能享有自由的未来。这句话在演讲中出现了两次，也是演讲的结束语。但与叔本华之意完全相反的说法在德语中准确地说却应该是 Ich bin Berliner。

[48]　叔本华《书信集》，第 125 页，叔本华 1830 年 6 月 9 日致尤斯图斯·拉迪乌斯。叔本华不止说了他不是柏林人，他还加上了"不愿意是柏林人"这样的话。

[49]　同上书，第 139 页，叔本华 1833 年 1 月 16 日致维特里。叔本华《书信集》第 125 页。

　　**　歌德全名为约翰·沃尔夫冈·冯·歌德，而伏尔泰的本名则是弗朗索瓦 – 马利·阿鲁埃，伏尔泰为笔名。

其英语水平所下过的结论：确切说来即是，法国人常常难以相信他并非他们的同胞。

　　然而，叔本华所呈现的并非只是他的语言技能，他还提到了自己同这位伟人的友谊，提到了自己同他在色彩理论方面的合作，提到了歌德在他公开发表的日记当中对自己的多处提及，以及那些被自己仔细捆在一起用以保存的歌德所有来信。这种对于歌德本人及其作品的熟悉，为他那些特有的大胆断言中的这样一条提供了背景："我可以坦白地直言，这个世界上很少有人像我一样深入全面地理解歌德。"作为对维特里正面临在没有像他这样能人鼎力相助的情况下推进工作的风险所提出的告诫，他提到了一位柏林作家，这位作家曾让叔本华为他翻译的《浮士德》英文译本进行过校订工作。他写道，此君所具备的英语水平绝无问题，但在他指出了该译本对多个段落的真正含义都未能把握之后，这位译者却在惊讶之余放弃了这一计划。他继续写道，歌德的散文就像他自传体作品一样直接而简明，但他的诗歌与科学方面的著述却要求相关人士具备一种对他本人及作品的深刻认识。此外，他还补充道，他甚至还能基于那些激发歌德创制出自己某些诗歌的客观事实来为这些诗歌提供注解，而这些事实只有诗歌作者的亲密友人才会知道的。

　　叔本华关于歌德作品的提议再也没有下文，甚至连奥贝尔·德·维特里是否对哲学家主动提出相助作出了回应，都无人知晓。然而，这位法国男子却不大可能接受由一位厚颜无耻（chutzpah）到来向他班门弄斧的陌生德国哲学家所主动提供的帮助。最终，整整三年之后，向另一个作品集的编辑所做的同样放肆的友好表示，让叔本华初次尝到了成功的滋味，而更棒的则是，这是一套关乎他另一位英雄的作品集，这位英雄正是康德。

　　当叔本华在写他博士论文、色彩理论以及主要著作的时候，他所知道的仅仅是第五版《纯粹理性的批判》（1799）。直到1826年，他才得到了一本珍稀的初版《纯粹理性批判》。这之后，他研读了康德的这部巨 424

著，而在 1835 年前后，他的研读更为深入细致。该书的第一版改变了他对康德的看法。当然，早在《作为意志与表象的世界》完成之前，康德就已经在年轻哲学家心中获得了崇高的地位。然而，他对康德的赞美常常都似乎被用作了贬抑那些与他同时代哲学家的手段。他对康德学说的回归，尤其是对于自在之物与现象之间区别的回归，似乎表明了他决定要接受被费希特、谢林与黑格尔试图加以消除的批判哲学本来的特征。读过第一段之后，叔本华相信，康德的激进主义及其对唯心主义的信奉，以及他对唯理论者形而上学施以的摧毁，都在第一版中获得了最为明确、大胆而有力的表达。

叔本华对康德这部巨著（magnus opus）第一版的研读，要求他在自己那部伟大作品第二版中重写"康德哲学批判"的部分。在《作为意志与表象的世界》第一版中，他指责康德未能对在他看来为贝克莱所具有的某种洞见给予正确评价：确切来说即是，没有主体的客体是不存在的。叔本华声明说，康德之所以没有这样做，是因为"他害怕被别人谴责为唯心主义的鼓吹者；事实上，他在自己心里指责唯心主义是一种使世界变成了一个纯属虚幻的映象并在自身当中没有留下任何东西的学说"。之后，他从《纯粹理性批判》中摘录了许多康德在其中不乏对于唯心主义明确表述的段落，指责这位大哲学家是在自相矛盾。[50] 在第二版中，叔本华收回了这一指责，并说明了自己看法的转变过程：

> 在我这书第一版里，我曾解释康德回避贝克莱的这一命题是由于对坚定的唯心主义有着显然的羞怯；同时另一方面我又在《纯粹理性批判》中好多地方发现康德鲜明说出了这种坚定的唯心主义；因此我曾责备康德的自相矛盾……后来当我现在读到康德的主要著作第一

---

[50] 叔本华《〈作为意志与表象的世界〉第一版的影印本》（*Faksimilenachdruck der 1. Auflage der Welt als Wille und Vorstellung*），第 614 页。

版时，……所有那些矛盾都消失了，并发现康德虽没有用"无一客体无主体"的公式，仍然如贝克莱和我一样，以坚定的态度宣称在空间和时间中陈列着的外在世界只是认识着的主体的表象。[51]

因此，当叔本华听说康德家乡那所大学两位教授正准备出版一套康德作品集的时候，他精心准备了一封就其应以何种形式出版《纯粹理性批判》提出建议的信件寄给柯尼斯堡这两位教授。他们分别是哲学家约翰·卡尔·弗里德利希·罗森克兰茨（Johann Karl Friedrich Rosenkranz），历史学家、地理学家及政治学家弗里德利希·威廉·舒伯特（Friedrich Wilhelm Schubert）。为使自己所提出的劝告获得一定的可信度，他向对方出示了自己的证书，称康德哲学二十七年来一直都是他研究及反思的首要对象。"我想要知道，在所有活着的人当中有谁会像我一样在康德哲学这一领域能够胜任呢？"[52] 他这样反问道。他继续写道，《纯粹理性批判》是欧洲所有过最重要的书籍，应当以第一版（1781）的面目出版，而不是第二版（1787）或后续版本中的任何一版，这些后续版本无一例外都是第二版不折不扣的翻版。他用最严苛的言辞谴责第二版使康德那些原创性洞见变得支离破碎、面目全非、目不忍睹，造就了一个自相矛盾的文本。他断言道，"事实上，第二版就像是一个被安上了木质假腿的被截肢的人。"[53] 叔本华暗示说，康德这部伟大作品经由其第一版的发行将不会因作者自残的行为而变成跛子。

叔本华还断定了康德何以将他这部杰作搞得支离破碎的原因。他的评论作者都指责他以改头换面的方式提供了一种与贝克莱相近的唯心主义，

425

[51] 叔本华《作为意志与表象的世界》，第1卷，第435页/《全集》，第2卷，第514页及随后一页。他在这段话后面很快就提到了写给罗森克兰茨的那封信。

[52] 叔本华《书信集》，第166页，叔本华1837年8月24日致罗森克兰茨与舒伯特。

[53] 同上书，第166页；关于两个版本间差异的论述，参见《纯粹理性批判》（保罗·盖伊、艾伦·W. 伍德［Allen W. Wood］译，Cambridge: Cambridge University Press, 1988），第66—72页。

而他的许多批评者则因为他摧毁了唯理论的形而上学的神圣教条及其谨慎的宗教含义而心烦意乱。此外，腓特烈二世，这位"伟大的君主，光明的友人及真理的捍卫者刚刚去世（1786），他［康德］不得不向其继任者［弗里德利希·威廉二世］允诺不会写作任何与宗教相关的东西……"[54] 这吓坏了已经因年老体弱而饱受折磨的康德，他因此软弱到无法抑制自己去做有损尊严事情的地步。这样一来，他从自己最初的作品中删去了"冒犯当局"的材料，加上了与他最初深刻洞见互为抵触的内容，缓和了其他段落的语气以迎合公众的意见，尤其是谈到他最初对唯心主义的支持，就更是如此。但他因为粗枝大叶而没有能删除许多表达了他唯心主义观点的段落，这使得他的作品充满了自相矛盾之处，叔本华在《作为意志与表象的世界》附录中对它们中的许多地方都进行了评论。

在用具体事例证明了《第一批判》被强行"毁容"的程度之后，叔本华请求他们发行第一版，将第二版中的变动及变体降级为附录。"我尊敬的先生们，命运把将欧洲所有过的最重要书籍《纯粹理性批判》以其纯正无误、未经窜改的真本形式交还给世人的使命放在了你俩的手中。"他进一步强调说："你俩将因为冒了公正地把早前的情况重新陈述出来（Restitutio in integrum）的风险，而在这正值真正的欧洲生命已经开始要求获得为千秋万代所写书籍的时刻，获得一切有识之士的赞许，赢得后世子孙的感激与发自内心的尊敬……与此同时，英格兰与法兰西都正在要求得到那智慧之源。"[55] 之后，他又主动提出为他们决定听从自己的建议承担一切责任，承诺会寄给他们一份核对过的两个版本之间不同点的说明，允许他们将他这封信中具体谈到两个版本之间区别的部分公之于众。

罗森克兰茨接受了叔本华的建议，出版了第一版的第一批判，并将第二版中所增添和变动了的内容降为附在书后的附录——该书在其后许

---

[54] 同上书，第 166 页。
[55] 同上书，第 167 页。

多年里都将会一直以这种形式出版。[56] 他还几乎完全按照叔本华的建议发表了哲学家这封信件的摘录，依照叔本华的指示略去了信中某处提到雅各比的地方，后者对于这两个版本的评价与叔本华完全相同。[57] 罗森克兰茨还略去了叔本华暗示康德受到弗里德利希·威廉二世恐吓的段落。这位编者准确地指出了康德是在这位国王的加冕典礼之前为自己准备这部巨著的第二版，叔本华当然对罗森克兰茨这一主张予以反驳，他声言吓倒康德的东西并非仅仅来源于此，还来自说他提供了一种改头换面贝克莱主义的指责。他还指出，康德能否供职取决于国王是否愿意，他一直都担心会失去自己的职位。罗森克兰茨并未被叔本华的回答说服。此外，他的见解还完全正确。叔本华暗指弗里德利希·威廉二世恐吓康德对其手稿进行修改。这位普鲁士国王的确要求过康德不要就宗教问题或可能有损国王名望的话题进行写作，但这是在 1794 年，注重实际的康德是在那时向国王作出了不会就宗教进行写作或授课的保证。

427

鉴于叔本华与此类计划相关的前尘往事，人们也许会猜想他对罗森克兰茨接受了他的建议感到惊讶。他总是自信地认为，他所给出的都只是基于健全理智的有益忠告。但对他而言的问题却在于，世界上净是些良莠不分的自私之人。罗森克兰茨所展现出的听从忠告的良好辨别力，一定让他吃惊不小。毕竟，他知道罗森克兰茨是黑格尔的信徒。一收到罗森克兰茨宣布决定的来信，叔本华就对编者为了服务人类而将个人所信奉的东西抛在一旁的做法给予了赞扬。事实上，他所给予编者的赞扬是因其忽略了所有那些可能使他无法正确行事的东西，是因其弃俗世需

---

[56] 早前的《纯粹理性批判》英文译本的确如此，比如 J. M. D. 麦克勒约翰（J. M. D. Meiklejohn）译本（1854）与马克斯·缪勒（Max Müller）译本（1881）便是如此。

[57] 参见叔本华，同上书，第 167 页。雅各比曾在《大卫·休谟论信仰》（*David Hume on Belief*）中声称，他能够理解《纯粹理性批判》第一版中的许多观点，但康德理论在第二版中却似乎绝无可能。参见雅各比《全集》（*Gesammelte Werke*, Leipzig, 1812—1815），第 2 卷，第 291 页脚注。可能是叔本华要求编者删去他提到雅各比的地方以避免让其同哲学家牵扯不清，这或许还有要将对于两个版本间根本区别的发现全部说成是自己功劳的目的。

求于不顾，并能辨别清人与其官职、地位、民族、信仰及哲学体系或派别之间的差异。换言之，他赞扬罗森克兰茨是因为后者不受任何派别的影响与控制，是因为他并未把叔本华的哲学视为与自己势不两立的敌对学说。叔本华写道，即便是交战双方的军官也都能够在中立区友好交往——言外之意是说康德哲学提供了中立区域。

但叔本华无法长时间地保持一种无派别的态度，他感到自己非得就罗森克兰茨对黑格尔的忠诚说点什么不可——他之所以这样做，或许正如他在这封信中所说的一样，是因为不同于康德的小心翼翼，他说话的方式开门见山、直截了当——他用来叫一张黑桃牌的就是"黑桃"。他打趣道："我希望你在黑格尔学说这座摇摇欲坠的大厦倒塌下来将你及其他许多人埋在下面之前离开它，我们这些知道它是由何种材料构建而成的人，并不需要什么远见卓识，就能在它倒塌之前作此断言。"[58] 他接着邀

428　请罗森克兰茨到康德哲学这座古老但却稳固的建筑物中来寻求庇护，在这座建筑物中，他不必害怕"跌入莱布尼茨主义那经常出没着单子、前定和谐、乐观主义及其他关于最高秩序的奇谈怪论与荒谬言论的早已废弃的旧老鼠窝。"对向他人提供建议从无顾虑的叔本华，还提议罗森克兰茨使用约翰·海因利希·利普斯（Johann Heinrich Lips）的康德雕刻版画来为作品集增光添彩。正如亲自为康德画过像的画家摩西·西格弗里德·罗维（Moses Siegfried Löwe，后来的约翰·米夏埃尔·罗维［Johann Michael Löwe］）告诉叔本华的一样，在叔本华所收藏的四幅康德雕刻版画中，利普斯的这一幅对这位伟人面貌特征刻画得最为逼真。这四幅康德雕刻版画全都挂在休谟雕刻版画的旁边。然而，罗森克兰茨只是如己所愿地采纳了叔本华的建议，他用的是一幅叔本华并未提及的由约翰·卡

---

[58]　同上书，第 169 页，叔本华 1837 年 9 月 25 日致罗森克兰茨。他现在公开指责康德从第一版中删去的实际上是五十七页，而非三十二页。他还在这封信中提到康德在第二版中加进了"对唯心主义的驳斥"——这在叔本华第一封信中是令人奇怪的遗漏之处，他在这第一封信中强调了康德对于唯心主义的恐惧。

尔·巴特（Johann Karl Barth）创作的康德雕刻版画。在这封信末尾，叔本华附上了篇幅颇长的两个版本对照说明，以及《未来形而上学导论》、《实践理性批判》与《判断力批判》的勘误表，外加一篇叔本华认为特别重要的论文"德国形而上学自莱布尼茨及沃尔夫时代以来所取得的真正进步是什么？"（What is the real progress that German metaphysics has made since the times of Leibniz and Wolff?）他认为，这篇论文是对康德哲学体系所进行的最为简洁的描述，应该连同他的主要著述一道出版。[59]

罗森克兰茨给叔本华寄了一套《康德作品集》（*Kants Sämmtliche Werke*）作为对他的参与工作所表示的感谢。[60] 这位编者还称赞《作为意志与表象的世界》第四篇的"神秘主义高贵而纯正"，称它是一首"感人至深的崇高诗篇"[61]。罗森克兰茨这位柯尼斯堡哲学家就这样把叔本华挖苦黑格尔哲学即将瓦解的风凉话和警告他正面临坠入莱布尼茨哲学这个老鼠窝危险的告诫语都放在了一边不予理睬。然而，罗森克兰茨依然保持了他对绝对精神哲学家那有限的忠诚；尽管黑格尔的哲学确是土崩瓦解风光不再，但罗森克兰茨并未完全被埋葬，他有足够的力量爬出废墟来向自己这位从前的合作者发起进攻，他攻击这位合作者哲学的特征是他曾一度赞美过的东西。在"论叔本华的特性"（Zur Charakteristik Schopenhauers, 1854）中，他突然举起了一块取自康德哲学这一古老而坚

429

---

[59] 康德写这篇文章是为了回答该文标题所重述的问题。这个问题是由柏林科学院 1793 年提出的。参见库恩《康德传》，第 376—377 页。

[60] 罗森克兰茨与舒伯特所编的文集是以十二卷《康德全集》（*Kants Sämtliche Werke*, Lepzig: Leopold Voss, 1838—1842）的形式出版。摘引自叔本华信中的内容出现在第二卷第 xi-xiv 页。叔本华在写给罗森克兰茨感谢他赠书给自己的信中，恳请对方帮助自己获得康德的亲笔签名，他还告诉罗森克兰茨自己在试图获得康德亲笔签名的过程中曾有过一次失败的经历，当时他用一封歌德的来信交换到的康德亲笔签名却在后来被证明是赝品。叔本华再也没有找回这封歌德的来信。后来，哲学家从爱德华·克吕格尔（Eduard Crüger）那里得到了一本带有康德手写页边批注的《实践理性批判》。分别参见《谈话录》，第 198 页与《书信集》，第 178 页，叔本华 1838 年 7 月 12 日致罗森克兰茨，以及第 406 页致克吕格尔，克吕格尔还给了他那尊他让人镀金之后骄傲地摆放在自己公寓里的佛像。

[61] 罗森克兰茨说这些赞词的地方是在"康德哲学的历史"（Geschichte der Kantischen Philosophie）中，《康德作品》（*Kants Werke*），第 12 卷，摘引自《书信集》，第 529 页。

固根基的石头，却又同时设法向那个被他戏称为"加冕于法兰克福的德国哲学皇帝"（the Kaiser of German Philosophy, crowned in Frankfurt）的吹笛男子挥舞着手臂：

> 让我们坚持康德的生命哲学，而不是抓住死亡哲学不放；让我们希望肃清了后者的自己坚定不移地固守那已成习惯的德国乐观主义，它源于对至善之物必定胜利的信仰，也源于对终成伟业的行动的渴望。一种叔本华的哲学，完全会用其幽怨的笛声哄骗我们走入死亡的领地，走入现实中逆来顺受的消极状态，但我们却需要被康德的绝对命令这一冲锋号角的训令所鼓舞，去同生命的不幸与困境进行斗争。[62]

罗森克兰茨这篇论文，被叔本华当作了一篇充满仇恨与谎言的咆哮檄文而不予理睬，这其中的仇恨与谎言被他认为是这位黑格尔信徒对他的成功所怀有的忌妒与狂怒而愈演愈烈。叔本华并未对这一攻击作出回应，而是采用了一种惯用的手法——他让自己的追随者为他代劳了。[63]罗森克兰茨成为叔本华列出的敌人中的一员，几乎是不言自明的事情。

回到柏林

叔本华返回柏林后的必做之事，自然是努力奔忙于重启他被阻断的教书生涯。顽固不化的他并未从过去的经历中汲取教训，而是再次试图

---

[62] 罗森克兰茨"论叔本华的特性"，载《德意志周刊》（*Deutsche Wochenschrift*，卡尔·歌德克［Karl Gödeke］编，Hannover: Rümpler, 1854），第22期，第684页，摘引自《书信集》第595页；关于他说叔本华是"德国哲学皇帝"那些话，参见第673页。罗森克兰茨还含沙射影地暗示，约翰·奥克森福德那篇帮助叔本华成了名的"德国哲学中的偶像破除"，很有可能是由叔本华崇拜者在德国所写。参见第675页。

[63] 关于他说罗森克兰茨的文章具有羡慕与狂怒两大动机并在其中讥笑"这个罗森克兰茨仍是个多么可耻的无赖呀！"的内容，参见叔本华1854年6月22日致尤利乌斯·弗劳恩席德特；参见叔本华《书信集》，第345页。

抢走黑格尔的风头，仍然将自己的课程安排在与这位难以对付的劲敌讲课相同的时间段——每周三次，从正午到下午一点。在从1826—1827学年至1831—1832学年的这段时间中，他开设的课程有十一学期都被列在课程目录之上。他未被允许讲授他那太过异端的道德哲学，因此，他课程主题都是关于"哲学基础或一般认识论"。他有一次在课程名称当中加上了"构成了推理学与逻辑学的"这一修饰语，猜想将来的大学生会认识到，不同于黑格尔那缺乏连贯性的辩证概念，叔本华将哲学视为了关于作为整体之经验的科学，而经验本身则进一步演化为了表象，以至于第一哲学必须得形成一套关于表象的理论。这些表象包括两类：直觉或感觉表象，其理论是推理学；抽象表象，其理论构成了逻辑学。[64] 而他通过加上"包括逻辑学精髓在内"的修饰语对课程名称进行修改的次数则是四次。但无论他用什么样的诱饵来引诱学生选课，他们就是不上钩。他从来都没有能够吸引到任何专攻哲学的学生来选自己的课。他在有一个学期（1826—1827年冬季学期）吸引到三个医学系学生；而在另一个学期（1828—1829年冬季学期）吸引到的则是一名枢密院官员、一名牙科医生、一名上尉军官及一名骑术教练——这都是些不能指望他们出勤率的业余爱好者。叔本华又一次没能讲完一整轮课程。他的教书生涯再遭惨败。

　　尽管在这第二轮中再次失败，但叔本华并未放弃在其他大学另执教鞭的希望。他可以将这次失败归咎于黑格尔那致人死命、令人心智麻木的影响，他在叔本华离开柏林期间，又多获得了三年时间来毁灭柏林大学的学生。在初到柏林的那几年里，叔本华曾被吉森大学考虑过是否应

430

---

[64] 叔本华在1826年之前已经详细阐述过他关于哲学分支的见解，它们将会出现在他主要著作第二版当中，在之后的《附录与补遗》当中，关于它们的阐述则更为清楚。分别参见《手稿遗稿》，第3卷，第274页及随后一页 /《手写遗稿》，第3卷，第251页及随后一页；《作为意志与表象的世界》，第2卷，第179—183页 /《全集》，第3卷，第180—185页；及《附录与补遗》，第2卷，第17—19页 / 同上书，第6卷，第18—21页。

获得一份教职，而他当时的竞争对手之一就是他蔑视的那位评论者赫尔巴特。但无论是作者还是评论者都未获聘，这个职位最终被约瑟夫·希尔布兰特（Joseph Hillebrand）获得，他的儿子卡尔及妻子杰西·泰勒（Jessie Taylor）将会为叔本华哲学的推广起到极其重要的作用。卡尔·希尔布兰特将会把哲学家写的两本书译成英语。[65] 两年之后的 1823 年，弗里斯在耶拿大学旧有的职位被拿出来供人争夺。黑格尔的这位老对手被卡尔·奥古斯特公爵在受到保守普奥政府所施加的压力之下给暂时地停了职。弗里斯的自由主义、他为建立代议制政府所作的呼吁，以及他对德意志统一的拥护，都无法见容于当局。尽管有歌德支持叔本华竞争耶拿大学的这一职位，可它最终还是被约翰·克里斯蒂安·舒曼（Johann Christian Schaumann）所赢得。[66]

431

再次尝到教学失败的苦果却又觉得获得教职尚在自己能力范围之内的叔本华，开始寻求到其他大学去做编外讲师。1827 年秋，他联系了一位来自慕尼黑的熟人弗里德利希·威廉·梯尔希（Friedrich Wilhelm Thiersch），询问自己加入南德某所大学的可能性。他想到的是维尔茨堡大学，因为"在我看来，似乎再没有其他任何地方如此深得我心"[67]。维尔茨堡有着宜人的气候，它所提供的生活方式比柏林的节奏更为缓慢，它也不像柏林那样喧嚣鼎沸、花费昂贵，而柏林则是一座"北方天空下、

---

[65] 卡尔·希尔布兰特会在 1874 年 12 月 18 日的《奥格斯堡汇报》（*Allgemeine Zeitung Augburg*）上为尼采的"作为教育者的叔本华"写一篇加以赞扬的评论。希尔布兰特尤其欣赏这篇文章的地方是它将叔本华作为了偶像来加以崇拜。杰西·泰勒所出版的两篇译文是《两篇论文：I.〈论充足理由律的四重根〉及 II.〈论自然中的意志〉》（*Two Essays. I. On the Fourfold Root of the Principle of Sufficient Reason II. On the Will in Nature*, London: 1889）。它不久前于 2007 年在纽约由科西莫经典（Cosimo Classics）再度出版。泰勒是 1859 年前后在法兰克福遇见的叔本华，据说，她告诉叔本华她觉得他主要著作太过啰唆，而叔本华对此的回答则是"一个字都不多！"参见叔本华，《谈话录》，第 368 页。希尔布兰特夫人是第一个将叔本华的"Vorstellung"译为"representation"的人。

[66] 参见赫尔曼·康托洛维茨（Hermann Kantorowiez）"叔本华的学术阅历"（Schopenhauers akademische Erfahrungen），《法兰克福报》（*Fraukfurter Zeitung*），1929 年 5 月 28 日，节选自《康德研究》（*Kantstudien*），第 34 卷，第 516—517 页。

[67] 叔本华《书信集》，第 105 页，叔本华 1827 年 9 月 4 日致梯尔希。

可怕沙漠中的人头攒动、躁动不安的偌大城市"。他估计维尔茨堡的生活费只是柏林的一半。他告诉梯尔希，他关心的是融入中产阶级社会，是走到一个学生想学的迫切程度不逊于自己想教的急切心情的地方。他继续写道，他的兴趣不在赚钱，他已拥有自己所需的全部。他只是渴望在大学拥有话语权（Jus legendi）。叔本华请梯尔希务必谨慎周到。他已经被列在了柏林大学冬季学期的课程目录上。

　　梯尔希的确谨慎，但他在对叔本华的问讯作出回应的方面也太过缓慢。哲学家在等待了梯尔希的答复两个月之后，又给他写了一封信，提醒他不要忘记自己的嘱托。最终，叔本华在 1828 年春发出了向维尔茨堡大学求职的信件。这引发了一系列常规的调查活动。皇家内务部部长联系了身在柏林的巴伐利亚公使，卢克斯堡的伯爵，希望他向自己通报哲学家的情况。公使回信说，叔本华的父亲是位成功的但泽银行家，而他母亲则是一位知名作家。他还解释说，叔本华渴望迁往别处是由于玛尔戈诉讼案所导致。他继续写道："至于候选人本人，他无论是作为作家还是作为教师都并无名望，……这位为我所熟知的叔本华（Schoppenhauer）［原文如此］其外貌毫无吸引力，对维尔茨堡大学而言，不会有多大的益处。"[68]文化部长爱德华·冯·辛克（Edward von Schenk）也请了曾在柏林大学教过书的弗里德利希·卡尔·冯·萨维尼（Friedrich Karl von Savigny）来评价叔本华是否适合到维尔茨堡大学任教。回答再一次是负面的。正确无误地拼写出申请者名字的萨维尼写道："您是在问编外讲师叔本华博士呀，我对其著述无法评判，因为我根本就不熟悉。但至于说他这个人嘛，他在我面前总是显得非常傲慢无礼，关于他，我所听到的坏话多过好话。"[69]尽管叔本华对维尔茨堡有心，但它对他无意。

　　其至在那些决定叔本华命运的否定言论如毛毛雨般陆续抵达维尔茨

432

---

[68]　摘引自叔本华，同上书，第 516 页。
[69]　摘引自上书，第 516 页。

堡之前，他便已经就自己在海德堡大学的就职前景联系了格奥尔格·弗里德利希·克洛伊泽（Georg Friedrich Creuzer）。[70] 一如其惯常所为，又如他初次谋求学术职位时所做的那样，他向这位海德堡大学的语文学家讲了一大串自己想要"移居"他处的理由，而这些理由同他已在别处用过的完全相同。但海德堡大学对一个学术败将并无兴趣，正如它在早前的1819年对一个默默无闻的哲学家并不感冒一样。这第二次试图去海德堡大学任教的努力因此又再度化为泡影。被维尔茨堡与海德堡这两所大学都拒之门外的叔本华，不得不留在柏林，在那里，他想教的渴望却并没有学生想学的愿望来匹配——至少在他看来的确如此。

叔本华就自己想要进入"中产阶级"（bürgerlich）社会的愿望而对梯尔希所讲的话，确实是发自肺腑。一则出自他那一时期的私人日记说明了这一点。他记录道："我满脑子都是想要拥有一位将完完全全地属于自己的妻子的愿望，以及迁往一座我在那里没有机会买到书籍的乡村小镇的计划——如果我结了婚，我在柏林的资金状况就会令我买书的需求无法得到满足。"[71] 叔本华之所以为经济忧虑，是因为他1826年投在墨西哥公债上的资金蒙受了损失，而他这一损失又是因为他听从了友人海因利希·冯·洛夫佐夫（Heinrich von Lowtzow）与亚历山大·冯·洪堡的不良建议所导致。但令人奇怪的是，叔本华并未因此而对洛夫佐夫有过任何的怨言。[72]

卡罗琳娜·梅冬不大可能是他"娶妻"计划中的一部分。而如果他的愿望是想占有弗洛拉·魏斯（Flora Weiβ）这名新欢，那它就是居心不良的计划，因为它实施的方式让叔本华看起来就像是一个可怜的，甚至是

---

[70] 参见叔本华，同上书，第106页，他1828年2月2日致克罗伊策。他提醒克罗伊策他们1819年夏曾在海德堡见过面。

[71] 叔本华《手稿遗稿》，第4卷，第493页／《手写遗稿》，第4卷，下册，第112页。

[72] 关于叔本华提及亚历山大·冯·洪堡与墨西哥公债的内容，参见他1836年12月10日致安蒂姆·格雷古尔·德布兹迈尔，《书信集》，第158页。

好色的老男人。

当魏斯吸引哲学家注意力之时，她年方十七。但他对她有多着迷，她对这位三十九岁的编外讲师就有多厌恶。据魏斯一位家人说，在泛舟于柏林某个湖上的船上聚会期间，叔本华买了些葡萄拿上船同弗洛拉及她一位女友分享。魏斯悄悄地让葡萄沿着船舷滑入了湖中，"因为那个老叔本华碰过了它们"[73]。在魏斯家人中，还有一个口口相传的说法：当叔本华请求约翰·魏斯（Johann Weiβ）同意自己向他女儿求爱的时候，约翰大吃一惊，惊呼道她还只是个孩子，而哲学家对此的回答则是：这正是令他满意的地方。但在他提到自己有足够的收入来让弗洛拉的将来锦衣玉食之后，这位柏林艺术品经销商就让这位年轻姑娘自己来作决定，因为他相信这段关系不会有结果——事实上也的确如此："她［对叔本华怀有］的厌恶如此之深，以至于他的小恩小惠只会证实并加深这种厌恶，无可置疑的是，这次求爱遭到了失败。"[74]仔细探究一番，就会发现，叔本华的父亲比母亲年长二十岁——却不是二十二岁。

早在 1821 年，叔本华就预计到，在《作为意志与表象的世界》出版了十年之后，公众会要求它再版发行。1825 年，他为第二版序言草拟了一个简短的概要："第一版的问世是在 1818 年年底。当公众在八年之后开始阅读这本书的时候，在第十个年头之时发表第二版就成了必做之事。对我而言，活着看到这个如此意想不到版本的面世是非常称心如意的事；因为我自己就能用所有我在这些年里加进了自己这部作品里的东西来为此进行准备；因为我是它唯一的读者（因为那些在大学里不够专业的家伙是不能被算作读者的）。"[75]叔本华从未说过他为什么预计会有这样的读者群；或许他高估了让·保尔对他主要著作既褒又贬的评论文章所产生的影响。1826 年来了，又去了，没有任何关于他作品的重要评论刊登出来。

434

---

[73]　叔本华《书信集》，第 58 页。

[74]　同上书，第 59 页。

[75]　叔本华《手稿遗稿》，第 3 卷，第 219—220 页／《手写遗稿》，第 3 卷，第 199 页。

几乎是在《作为意志与表象的世界》面世十年之后，叔本华就是否需要出版该书第二版的问题谨慎地联系了出版商。他是通过装作询问该书的销售记录来进行此事的。叔本华想要精确地知道售出了多少本书，后来的需求量是否大于先前的需求量。他写道，他作此询问"并非出自对金钱收益的考量"，而是对作品是否畅销的关心。[76] 布洛克豪斯的回答使叔本华想要出第二版的计划化为泡影，尽管他事实上已兢兢业业地准备好了对自己观点进行澄清、强化并将其扩展进新的探究领域的材料。在第一批出版的七百五十本书当中，仍有一百五十本留在架上待售。究竟售出了多少本并不能确定，因为数量可观的部分都被化成了纸浆。这条烦人的消息更强烈地刺激了叔本华要成为一名翻译家：如果不能翻译休谟与斯特恩的作品，那就翻译格拉西安与康德的作品。一个没有学生的老师与一个没有读者的哲学家除此之外还能做点别的什么吗？将他的色彩理论翻译成拉丁文，希望国外的学者会认识到牛顿的错误，称赞作者的色彩理论是真正纯正的开山之作？而在那部作品里，就可以责备不列颠人与法兰西人都在受着唯实论者洛克与对牛顿与洛克两人均幼稚地加以拥护的法国感觉论者埃蒂耶纳·博诺·德·孔狄亚克（Êtienne Bonnot de Condillac）的影响。或许，通过强调康德表明了时空与因果律均是人类认知的先验形式以及我们经验到的是事物表象而非自在之物本身，他就能引起不列颠人与法兰西人对康德及一个真正康德衣钵传人的兴趣。叔本华对这所有一切都进行了尝试，却无一奏效。[77]

435　　当叔本华继续在柏林苦苦挣扎、日复一日地加倍安慰自己要相信他哲学被人认可之时必将到来的时候，那被称为"亚洲霍乱"或"亚洲鬣狗"

---

[76] 叔本华《书信集》，第 108 页，叔本华 1828 年 11 月 24 日致 F. A. 布洛克豪斯。

[77] 叔本华批评不列颠人过度地受到了唯实论者洛克的影响，他还因为法国人通过洛克的法国推广者孔狄亚克而同样受着洛克的影响也对其进行了批评。他为这两个国家的人都对康德一无所知而感到痛惜；关于相关事例，参见他的"生理色彩理论"第二章，《全集》，第 1 卷，第 6—13 页及他 1829 年 3 月 14 日致尤斯图斯·拉迪乌斯，《书信集》，第 109 页。

的来自东方的瘟疫，于1830年秋在俄罗斯爆发开来。这场瘟疫最初出现在敖德萨，其所到之处，无人幸免，它在经过了克里米亚之后于1831年年初蔓延到了莫斯科。俄国士兵在不知情的情况下将这种致人死命的霍乱弧菌（Vibrio comma）带入了波兰，但泽也受到了侵染，这种霍乱弧菌在之后的1831年春末在普鲁士得到了控制。普鲁士国王下令封锁了普鲁士东部的边境，要求所有旅行者都接受隔离检疫。然而，尽管作了种种努力，这一流行病还是在1831年夏末传播到柏林。能够逃离这座城市的那些人全都逃走了。黑格尔将家人迁到了附近的小镇科伊茨堡以躲避这一致命疾病直到其结束。辩证主义者受到返回柏林去投入1831年新学期工作的诱惑，同时又相信疫情不会进一步恶化，便返回城中去恪尽自己教授的职守。很快他就在11月14日接近傍晚的时候离开了人世。[78]

再次逃离柏林，幽灵的形而上学

叔本华没有目睹在黑格尔魂归天国的两天之后为其送葬的长长的出殡队伍，也没有出席柏林大学大礼堂里举行的祈福仪式，更没有听见黑格尔的墓旁为其所致的颂词。如果他当时身在柏林，那么，人们也并不清楚他是否会部分或全部地出席这些仪式；而如果他当时身在柏林并出席了这些壮观葬礼仪式中的任何一部分，那么，他不会是为了向他这位死去的同事致敬才这样做的。相反，人们不难想象，叔本华之所以有可能出席的唯一原因是，他希望这位死去哲学家肉体的消亡会破除自己的符咒，送葬的人群会回过神来惊呼："我们是些什么样的笨蛋啊！这根本不

---

[78] 大家公认的说法是黑格尔死于霍乱。特瑞·平卡德提出了一种令人信服的说法：他其实是死于上胃肠道慢性炎症。参见《黑格尔传》，第659页。

436 是巨人，而是一个侏儒，他什么都不是，也不会成为什么。"[79] 如果叔本华对黑格尔之死体会到了一丝一毫的悲伤，那只会是因为黑格尔没能活到目睹他叔本华辉煌成功的那一天。[80]

当黑格尔这个叔本华眼中的讨厌鬼去世的时候，后者正身在法兰克福这座没有霍乱肆虐的城市。他在 8 月 25 日弃柏林而逃的时候，甚至比他 1813 年因为害怕被征募入伍去参加对抗可能来袭的拿破仑军队的护城战斗而逃走的时候还要仓促。他的书籍以及翻译格拉西安作品的手稿全都留在了城中，这对一名藏书家而言可谓损失惨重。卡罗琳娜·梅冬也留在了柏林。她答应哲学家一道逃走，却在他要求不要带上她次子的情况下打了退堂鼓。然而，对叔本华而言，霍乱是比大军更为严重的威胁。拿破仑从未向柏林发起过进攻，但这场霍乱却攻击了柏林。而叔本华还相信自己早在一年多之前就得到了这一疾病将会来袭的预先警告。1830 年的岁末之夜，叔本华做了个被他解读为预见他来年将死的梦。这个情景如此鲜活、寓意如此深的梦被哲学家记录下来以飨后人："在我六到十岁的时候，有一个名叫戈特弗里德·耶尼希（Gottfried Jänish）的知心朋友和亲密玩伴，这位和我同龄的耶尼希在我十岁身处巴黎的时候离开了人世。我在过去三十年里很少想到过他——但就在那个夜里，我到了一个完全陌生的乡村：一群男子站立田间，他们中有一个高高瘦瘦的成年人被介绍给我。我不知道自己怎么就会觉得那正是戈特弗里德·耶尼希，他还向我招呼致意。"[81]

这个梦导致了哲学家逃离这座大都市。他相信它以清楚有力的方式向自己说明了一个假设的真理，那就是"如果离开柏林，那他就不会

---

[79] 叔本华，"论道德的基础"，第 30 页 /《全集》，《伦理学的两个基本问题》第一版序言，第 xxxvi 页，这是一段摘自格拉西安《好评论的人》（El criticón, 1657）的冗长引文。叔本华将这段引文译成了德语来猛烈抨击黑格尔的追随者。

[80] 这是叔本华就我们为何会对失去一位敌人几乎就像失去了一位友人一样地感到悲痛所作的分析。参见《附录与补遗》，第 2 卷，第 586 页 /《全集》，第 6 卷，第 620 页。

[81] 叔本华《手稿遗稿》，第 4 卷，第 61 页 /《手写遗稿》，第 4 卷，上册，第 46 页。

死"。叔本华懂得如何从这个假设的命题推导出正确的结论，他离开了柏林，因此，他没有死。肯定前件论式（modus ponens）的威力使他最终构建出一个正确论点来结束自己的柏林时期。当然，这个论点并不令人信服。他可能在逃走之后又死掉了。不过，他还是作别了柏林。

哲学家于 8 月 28 日到达法兰克福。他一到那里，就立即有了另外一次不同寻常的经历。但这一次不是梦，而是他父母"清楚之极的幽灵"，他闪烁其词道："[我认为] 在那里面是我父母，它暗示我会比当时仍然在世的母亲活得更长；我已故的父亲手中拿着一盏灯。"[82] 这似乎是父亲在为他照亮通往死亡地带的道路，而他目睹了这一幽灵的行进，所以他相信这是他会在母亲死后还活着的征兆。当然，这是个可以有多种解释的场景。他也完全可以得出母亲已死的结论，那也会意味着他已经是个在母亲死后仍然活着的儿子。当叔本华告诉母亲自己看到的这一场景时，她认为它是"证明你 [叔本华] 仍是往事难忘的证据"[83]。无论如何，哲学家都认为这个"白日梦"也暗示他"移居"法兰克福的计划是个思虑周详的构想。但就眼下而言，他的看法并不正确。

437

在叔本华夜里梦见耶尼希和白天梦见双亲的那段时间，动物磁力*、幽灵、灵异现象、读心术、预言未来的梦、超常的神视能力、心灵致动以及与死人的交流是他脑子里想得颇多的事情。他当时正在读《普雷沃斯特的女预言家。论人类的内心生活与进入我们体内的灵知世界》（*Die Seherin von Prevost. Eröffnumgen über das Innere Leben des Menschen und über eine Geisterwelt in die unsere*, Stuttgart: J. G. Cotta, 1838）。作者是内

---

[82]　同上书，第 4 卷，第 62 页 / 同上书，第 4 卷，上册，第 47 页。

[83]　吕特克豪斯《叔本华一家》，第 335 页，约翰娜 1832 年 2 月 24 日致叔本华。尽管约翰娜在她信中提到了他在除夕夜做的那个梦，但他一定也告诉了她关于他父母的白日梦。鉴于约翰娜在自己那封信中的口气颇为亲切，他是否将他关于自己幻觉的分析告诉了她很值得怀疑。

　*　动物磁力（animal magnetism）是 18 世纪奥地利医师梅斯美尔（F. A. Mesmer, 1734—1815）认定人体内潜在的一种催眠力。

科医生兼诗人尤斯提努斯·肯纳*，他也是位勤劳的灵媒和灵界存在的拥护者。《普雷沃斯特的女预言家》这大部头作品的特色在于，用长篇巨幅讲述并分析了一位在迷睡状态中与灵界进行交流"具有超常神视能力的女梦游者"的行为举止。这位名叫弗里德莉克·豪费（Friederike Hauffe）的年轻村姑还被认为具有为人治病的神奇力量。

叔本华认为肯纳是个容易上当的人。尽管如此，他却认为后者"汇编成了这部在已出版的视灵传闻中最详细可信的作品"[84]。接受过科学训

438　练的哲学家还认可了这位内科医生从生理学角度为这一现象提供解释所作的努力。叔本华愿意接受在典型梦境中仍在起作用的"做梦器官"——"神经节感觉中枢"的主张。当这一器官被据称的灵魂刺激之时，它就在清醒的大脑中制造出一种类似做梦的状态，这种状态还会使清醒的大脑感到疲倦，并制造出实为浅睡的迷睡状态。只有具备超常神视能力的人才能因其自身所具有的特异功能而有着看到这样被制造出来幻象的经验。——尽管叔本华也像肯纳一样相信，这种幻象能够被预言家通过触染的感应方式转而让其他敏感的人看到。他还赞成肯纳所坚持的视灵是一种"客观现象"、而不仅仅是一种类似于病人做梦病症的"主观"现象的主张。同样，幽灵猎人关于灵魂"不是用肉眼看得见，而是用灵性方能见"[85]的断言，在他看来实在是一语中的的贴切表述。

然而，叔本华却不会接受肯纳的以下主张：正如肉眼揭示的是物质世界一样，灵眼（the spiritual eye）揭示的则是灵魂世界。他认为说过这么

---

　　* 肯纳（Justinus Kerner, 1786—1862），香气浓郁、酸度较弱的白葡萄嫁接品种肯纳，即是为纪念这位来自施瓦本地区的诗人而命名，其后世子孙中的奈杰尔·肯纳（Nigel Kerner）对与灵魂相关的外星文明颇有研究，出版有两部影响颇大的作品《不要与外星人说话》及《外星灰人与灵魂收割》。

[84]　叔本华《附录与补遗》，第1卷，第308页/《全集》，第5卷，第328页；关于他就肯纳太过轻信所作的断言，参见上书，第1卷，第264页/同上书，第5卷，第286页；及《谈话录》，第91页。

[85]　同上书，第1卷，第306页/同上书，第5卷，第325页及随后一页。叔本华并未为这段引自肯纳的引文提供注释。

点胡言乱语的肯纳与许多试图对超出自然科学领域的现象进行解释的科学家有着相似之处。如果这些科学家因为坚持赤裸裸的唯物论而将这些现象作为迷信的无稽之谈不予考虑，那他们就变成了肯纳的同类——亦即，"那些学过他们的化学，或物理学，或矿物学，或动物学，或生理学的，但除此之外对世界上的事情一无所知的人，把自己吹捧为世界的诠释者，他们把除此之外所有的唯一的知识，即学生时代从教义问答手册学到的教条添加到这些学科中去。"[86]他继续写道，这导致了这样的思想家就这些现象武断地乱搬教条，完全置哲学于不顾，似乎《纯粹理性批判》是在月球上写成并保存一样。

肯纳的容易上当及其对哲学的无知可以在两个方面找到证据：首先是他愿意将几乎所有关于灵魂现象的传闻及论证作为可信之物加以接受，其次是他愿意将这些现象理解为等同于梦游者的东西。叔本华认为肯纳之所以如此，是因为他同那些接受他治疗的病人一样都在"死记硬背地照搬教条"。《普雷沃斯特的女预言家》中那位极具特色的灵媒，书中某处曾描述她与一群被判定要时常出没于犯罪场所的幽灵一道下跪、歌唱与祈祷。在这段描写当中，她带领幽灵穿过十诫，为这些被判罪的幽灵提供宗教上的指引，就像是"牧师在引导孩子一样"。肯纳写道，在这些场合中，罪人与杀人犯都被赐予了祝福，或是互相交心，这促使他们揭示出他们受害人的葬身之所，如此一来，他们就能被带往教堂墓地受到妥帖的安葬。叔本华认为，肯纳对于种种迷信说法的听信以及那位女预言家缺乏头脑的宗教信仰都表现出肯纳自己有失老练，那位女预言家在哲学家看来只是个天真幼稚、不谙世故的山野少女。叔本华嘲笑道："在这样一个愚蠢的世道当中，我绝对不想被赐予这样的祝福，而是宁愿为了能够泰然自若地对它冷笑而四处闲逛。"[87]

439

[86]　叔本华《论自然中的意志》，第4页 /《全集》，第4卷，"论自然中的意志"，第x页。
[87]　叔本华《手稿遗稿》，第4卷，第55页 /《手稿遗稿》，第4卷，上册，第41页。

　　叔本华认清了那些据称具有超常神视能力的人所施展的诡计与骗术。这些惯用伎俩以及对于这些奇人奇事的推广与宣传，无非是为了获取真金白银与不朽盛名。但他也相信存在关于超自然现象的可信事例，正如存在那些不可信的事例一样。他对视灵及其相关现象的态度类似于他对神秘主义的态度。伪神秘主义者是存在的，做一个伪神秘主义者与对其进行渲染的过程当中的金钱考量与其他自私自利的目的也是存在的；但名副其实的神秘主义者与货真价实的神秘经验也确实存在。叔本华之所以认为确有这些真实可信的离奇经验，是因为它们正如他喜欢反复重申的一样是在所有国家与所有时代被所有人都记录过的东西。关于魔术、视灵、超常的神视能力及其相关现象的情况也同样如此。他因此得出结论说，它们必定总有些道理，总有些值得那些知道第一批判并非成书于月球之上的人作出哲学解释的东西。

　　哲学家对在描述罕见的灵性感受过程中所存在的困难也很敏感。他最珍爱的神秘主义者之一，17世纪法国寂静派教徒让娜－玛丽·布维尔·德·拉·盖恩便是其中一例。他向自己读者推荐她的自传与《灵性的440 激流》（*Les Torrents*），让他们去读其中那些描述她神秘状态的部分。但他也告诫读者，在对这个伟大而高贵的心灵进行解读的过程当中，应当"原谅她理性上的迷信"[88]。他之所以这样说，不仅是因为他相信女性所具有的理性能力弱于男性，而且还因为他认为这是所有神秘主义者的共同弱点。在试图"表达"这种无法表达的东西的时候，他们接近了自己的迷信观念与宗教信仰。尽管罕见的灵性感受并不具有像神秘状态一样深奥的情况，但对它们所作的不同寻常、有时还模棱两可的描述却招致了与神性主义者的描述完全相同的误读与解释。这些单纯的灵魂只是为了试图对这些离奇的灵性感受加以解释才拥有了宗教，拥有了关于人的形而上学。

---

[88]　叔本华《作为意志与表象的世界》，第1卷，第385页/《全集》，第2卷，第455页。

除了想要为整体经验提供全面解释——这正是叔本华会在后来将其描述为自己哲学目的的东西——的雄心壮志之外，他还具有一种使他对各类议题均具包容心态的如饥似渴的好奇心。[89] 此外，他还为自己对被其他哲学家所忽视的话题进行探究感到相当骄傲，即便是其他人会因为他这样做而中伤他的性格和哲学，也依然如此。这种对其性格及哲学的中伤，是他知道自己因为就性爱、鸡奸及视灵等话题进行的写作而必然面临的危险。[90] 甚至从一个更为私人的层面上而言，叔本华却是已经经历过了某些他试图为之提供哲学解释的事情。除了他自己那个关于柏林的有着预言意味的梦以及他关于父母的白日梦的经历之外，他还记录了其他如同生命插曲的事件。有一次，当他写完一封篇幅颇长又至关重要的商业信函后，他一不小心就把本应倒在吸墨沙上的墨水泼在了信纸上。墨水洒在了地板上，他叫来女仆收拾残局。当把墨水从地板上擦去之时，女仆说自己在前一天夜里梦到了这样的场景。将信将疑的哲学家请她拿出证据。她告诉他她曾将自己的这个梦告诉过另一名女仆，第二位女仆证实了她所言非虚。另外一次则是在米兰一次气氛活跃的晚餐聚会期间。"美丽的女主人"问他是否知道她为投彩所选定的三个数字，他这位客人几乎是在一种迷睡状态中"准确无误地说出了前两个数字，但第三个数字我却没有说对，因为她的欢快情绪使我脑中一片混乱；我似乎是从睡梦中

441

---

[89]　参见叔本华《作为意志与表象的世界》，第 2 卷，第 181 页 /《全集》，第 3 卷，第 201 页，他在此处断言，"形而上学是对作为整体经验所给出的正确解释。"他主要著作这一章"论人类对形而上学的需求"，是他对自己哲学的目标所进行过的最为详尽与细致的论述。

[90]　参见叔本华《谈话录》，第 127 页。弗劳恩席德特记录道，叔本华说性爱与视灵这些他并未怎么对之有所关注的话题是被他的形而上学赋予了其自身存在的权利；另请参见第 91 页，弗劳恩席德特在此处描述了哲学家在他暗示那篇关于视灵的文章会让读者对他的主要著作怀有顾忌及怀疑的时候是如何地恼怒。但当叔本华在他主要著作最后一版（1859）中将有关鸡奸的附录加在他关于性爱的形而上学那一章之后的时候，他却在最后说他之所以不得不有此一举是因为他要给批评者以"通过说我为鸡奸行为大加辩护又大唱赞歌来对我进行诋毁的机会"。《作为意志与表象的世界》，第 2 卷，第 567 页 /《全集》，第 3 卷，第 651 页。

惊醒地回过神来"[91]。叔本华将这一经历作为了他可以说是具有一定超常神视能力的证据。

叔本华对于罕见灵性感受的兴趣被描述成了他"对神秘学的古怪嗜好"[92]的某种表现；尽管他的确对那些可以被称之为可疑或是边缘现象的事物具有一种持久的好奇心，尽管他的确对反常与异常的事物有着如饥似渴的爱好，但这些兴趣毫无"古怪"或"成瘾"之处。即便记录下的这些经历从他角度来看有些荒谬，但关于这些现象的传言颇为普遍。他还认为自己的哲学态度反常且异常，并因为那种原因而有些"古怪"。事实上，当他阅读《普雷沃斯特的女预言家》及其他此类书籍——在他去世之时留下的藏书当中，有一百多本关于超自然现象的书籍——的时候，他特别提到，他的唯心主义言明的是以最难以置信的方式使所有曾被虚构出来的童话与寓言都黯然失色的种种奇迹，而他对此所作的清楚而有力的表述则让他承受着失信于绝大多数欧洲人的风险，在他看来，他们都是些唯物论者与唯实论者。断言整个世界被玩弄于头脑之中，将其视为意志的客观表现，就像《薄伽梵歌》中"当克里希那以其带有成千上万的手臂、眼睛、嘴及其他部位的真身圣体显现于阿朱那面前之时"[93]的中心事件一样不切实际。

叔本华在自己主要著作第一版中对动物磁性说、魔术、超常神视能力、超感官的感知、幽灵及类似事物都缄口不言、避而不谈。尽管他已经表现出了对于这些现象的兴趣，但并没有幽灵常常出没于他作品之中。他尚未达到能对之给出恰当解释的境界，因此，三缄其口的谨慎做法乃是最为精明的态度。毕竟，他知道自己已经为批评者提供了足够的素材

[91] 叔本华《附录与补遗》，第 1 卷，第 305 页 /《全集》，第 5 卷，第 324 页；关于女仆的故事，参见上书，第 1 卷，第 254 页 / 同上书，第 5 卷，第 270 页。

[92] 亚瑟·O. 洛夫乔伊（Arthur O. Lovejoy）"作为进化论者的叔本华"，《心智》（Mind），第 21 卷（1911），第 116 页。洛夫乔伊还提出了一个令人信服的说法：叔本华是个有些怪异的进化论者与生物突变论者。这篇文章仍然值得人们阅读。

[93] 叔本华《手稿遗稿》，第 4 卷，第 45 页 /《手写遗稿》，第 4 卷，上册，第 32 页。

去大加阀挞，试图去对这些话题表示赞同只会毫无意义——只会为他们怀疑自己的见解提供进一步的口实。此外，关于动物磁性说还分裂成了两大截然对立的阵营，一方是精明而注重实际的科学家，他们几乎是不假思索就对它立即给予了驳斥；另一方则是那些倾向于用某种形式的唯灵论或超自然的解释来支持其正确性的人。叔本华似乎是在柏林大学学习期间产生了对于动物磁性说及其备受争议性质的最初兴趣。他的物理学教授保罗·埃尔曼（Paul Ermann）将其视为迷信的无稽之谈，并说服了普鲁士政府成立一个委员会来探究类似于磁性的动物磁性这样一种被人们所说的新发现的自然力是否存在。然而，拿破仑大军的到来中断了委员会的工作，他们未能得出确切的定论。1817 年，普鲁士政府主办了一次关于动物磁性说的有奖征文竞赛，但在 1822 年之前，收到的二十二篇征文中竟然没有一篇被判定为值得授予奖项。

在此期间，两位磁性的支持者受聘进入了医学系，这让埃尔曼与系里的许多教授都大感懊恼。叔本华同他们中的卡尔·克里斯蒂安·沃尔法特（Karl Christian Wolfart）熟识起来。此人早前曾为了这一备受争议的奇异现象而同坐探弗兰茨·安东·梅斯美尔（Franz Anton Mesmer）会过面，后者是一位奥地利内科医生，他用手中的条形磁铁将催眠术引入了医院进行治疗。梅斯美尔后来会放弃磁铁，而代之以其他各种手段来穿透一切的宇宙能媒施加各式各样的影响以催眠自己的病人。在柏林作编外讲师的叔本华成了沃尔法特的熟人。尽管沃尔法特因为同他一名已婚的梦游症患者发生了古怪性行为而前程尽毁、名誉扫地，但叔本华依然觉得他是个"不错的家伙"[94]。当然，叔本华自己也并非不能说是在性方面有失检点，他认为性欲那几乎是无所不能的威力甚至超越了某种崇高品质所具有的力量。对他而言，不以此来反对某位其姓氏若在当中加

[94]　叔本华《谈话录》，第 262 页。叔本华就沃尔法特所说的话是由卡尔·格奥尔格·贝尔记录的，出自他们 1858 年 5 月 14 日所进行的一次交谈。

443　上两个放置得当的"h"字母就会整个具有"福祉"（Wohlfahrt）字面意义的人，乃是轻而易举的事情，而福祉正是他诚心希望在其患者当中加以推进的东西。

　　叔本华对沃尔法特有可能相当友好，因为这位施展催眠术的内科医生曾经带着这位总是充满好奇心的讲师巡视过他的梦游症患者及其他病人的睡眠区域，这使哲学家得以对催眠术进行了实地观察。沃尔法特甚至还允许他采访一名四十岁的女梦游症患者，叔本华只是通过对她的凝视就使之进入了迷睡状态。他所观察到的东西给他留下了深刻印象。他对一位友人说道："当一位梦游症患者陷入迷睡状态并开始具有超常神视能力的时候，她的面部表情达致了一种崇高状态，她的言辞变得比其他任何时候都更为优雅。与她相对的人就如同在面对大自然本身……"[95] 他自己对这位表现出超常神视能力梦游症患者的反应如此之大，以至于他连许多本想问她的问题都没能记起。

　　叔本华对于沃尔法特的梦游症患者的反应，使人联想起他在近二十年前对那个"看不见的姑娘"的反应。他当时是在伦敦听见的这个姑娘通过从一个用一根金属线悬挂在天花板上的空心金属球里伸出来的不同喇叭用法、德、英三种语言发出的声音。他当时就像如今被这些梦游症患者给惊呆了一样地完全被那种奇观给震慑住了。然而，青年叔本华认为那个看不见的姑娘所具有的能力是玩弄一种"奇怪又狡猾的花招"，尽管他不能对它进行解释[96]；但年纪更长的叔本华并未同样把超常神视能力视为一种花招，他力图最终给出关于它的解释。他倾向于从其表面来接受与评价催眠术与其他超自然现象，这种不抱怀疑的态度与他在自己哲学中所表达的完全相同。尽管他对那些在自己日常生活中所碰到的人的动机一般都怀有戒心——尤其是那些同他金钱相关的人，就更是如

[95]　同上书，第 262 页。

[96]　叔本华《出自 1803—1804 年间的旅行日志》（*Reise-Tagbücher aus den Jahren 1803—1804*），第 65 页，为日期标注为 1803 年 10 月 6 日条目所做的脚注。

此——但对于任何他认为有助于证实自己哲学的事物，他的态度大为不同。正如许多人之所以渴望接受动物磁性说是因为他们将其看成了为存在着有助于证实他们确有来生信仰的灵性世界所提供的证据一样，叔本华也认为超自然现象能够作为用于证实自己形而上学的有用证据。事实上，他这样去做的方式表明了他自己是个容易上当的人。在亲眼观看了　444
"贝加莫 * 的雷加佐尼先生"这位催眠术士的表现之后，他这个也进入了迷睡状态的观众变成了接受那位为人娱乐的意大利人实验的人当中的一员。他写道："或许除了那些天生没有任何理解病理学状况能力的人外，没有一个人会对此［雷加佐尼所表演的绝技］产生怀疑。"他继续写道，这样的人不能说没有，但"他们应该成为律师、牧师、商人或士兵，可不能成为医生……因为治病首先就要诊断"。[97]

但叔本华博士具有为那种其诸多症状在动物磁性学中有所表现的形而上学诊断疾病的技能。在出版其主要著作第二版绝无任何希望的情况之下，叔本华发表了《论自然中的意志》，它有一个使人困惑的副标题："对本书作者的哲学问世以来通过经验科学获得之证明的讨论"（*A Discussion of Corroborations from the Empirical Sciences that the Authors Philosophy Has Received since Its First Appearance*）。这篇文章的发表也是叔本华用以培育一个大得足以要求其主要著作再出新版的读者群的一种策略。尽管叔本华在他的柏林岁月及随后四年时光当中的私人及职业生活全都一片混乱，但他的知识生活反倒是丰富多彩。他通过他为自己那些无人来听的讲座而写下的好几百页材料，而重新对自己的哲学进行

---

　*　意大利北部伦巴第地区古城。

[97]　叔本华《论自然中的意志》，第105页注释／《全集》，第4卷，第102页注释。在同一脚注中，叔本华建议读者为了获得关于雷加佐尼绝技的精确描述去阅读 L. A. V. 杜伯格（L. A. V. Dubourg）《贝加莫的安东尼·雷加佐尼在美茵河畔的法兰克福》（*Antoine Regazzoni de Bergame à Francfort sur Mein*, Frankfurt am Main, 1854）。叔本华声称这些绝技都是真的，"对于每个不是完全缺乏对生命自然的所有感受的人都能认识到这种绝技的明白无误"。

了思考。他在那一时期所使用的草稿本中继续对自己的基本观点进行着回顾、修正与加强的工作，并继续将其扩展至新的探究领域。正如阿图尔·许布舍尔所特别提到的一样，叔本华生命中的这一时期是"创造力异常旺盛的时期"[98]。叔本华许多记录在这些笔记本中的思考结果都将会在后来被他收入自己新书与早前已出书籍的新版当中。他关于动物磁性学与魔术的思考结果也将会有同样的去处。

叔本华在这一时期继续学习了自然科学——事实上，这是他持续终生的学习——他同意康德关于自然科学需要形而上学支持的观点。《论自然中的意志》正是为此而写，它的另一个写作目的是为了表明自然科学的最佳研究结果所需要的恰恰是由他的形而上学所提供的形而上学的基础。1835 年之前，叔本华开始承认动物磁性学是一个既定事实，因为他认为磁性所导致的奇观类似于那些被称作"魔术"的现象，所以哲学家在这两个研究对象之间找出了关联。他还会在那本书里篇幅最长的一篇"动物磁性学与魔术"当中为这些奇异现象提供形而上学的依据。

他在后来对雷加佐尼先生这位令人称奇的伟大催眠术士进行介绍是在《论自然中的意志》第二版当中，他只是通过自己的意志力就使他下面的观众进入了催眠状态——这是对他满心敬畏的哲学家所描述的场景。例如，一位妇女被请上台去弹奏钢琴，站在十五步之外的雷加佐尼使这位妇女浑身瘫软，无法弹琴。另一位妇女被叫上台来。当那位具有魔力的意大利人行走于她身后之时，他并未触碰她的身体就使其仰翻在地。为了从物理学的角度对这一事件进行解释，叔本华假定这位先生使她的大脑脱离了脊髓并进而脱离了感觉与运动神经，这就导致了强直性昏厥状态的出现。叔本华就像那位倒下地去的妇女一样也对雷加佐尼的表演迷恋到了信以为真的程度——他从未想到过那名妇女是个与雷加佐尼串

---

[98] 叔本华《手稿遗稿》，第 3 卷，第 x 页 /《手写遗稿》，第 3 卷，第 xi 页。

通一气的合谋行骗者。[99]

叔本华相信,雷加佐尼这些效果的达成,并非是通过他的意志所产生的不可思议影响,而是仅仅通过了意志本身,叔本华从他那清醒地认识到个体化原理与时空均属唯心的先验立场出发进行了推理,认为雷加佐尼的绝技与由磁性引起的奇异现象从总体上来说表达了"尽可能独立于所有表象的纯粹意志力本身"[100]。他知道这样的偶发事件无法求助于物理上的关联得以阐明。这些事件因为违背了自然法则而只能被宣告为骗局。叔本华辩称,它们可以通过假定存在一种由他那关于意志的形而上学所提供的形而上学关联而得以阐明,它消除个体存在的手段是将催眠者与梦游症患者从根本上视为一体。[101] 因此,并非是梅斯美尔最初握于手中的条形磁铁是他为激活对动物躯体具有影响的磁力所要求的必要物件,它也并非是对某种能从远程引发事件的遍布各处的能媒施加的刺激。这样的逻辑实证主义者才会给出的解释是无法经过科学研究的检验而仍能立足的,因此,死抱住这些解释不放就会使这些极其实在的奇异现象遭人怀疑,最终只能以徒劳无功而收场。因此,叔本华自认为他为由磁力引发的奇异现象提供形而上学依据的举动是在做着他早就认为自己已

446

[99]　关于同雷加佐尼在法兰克福所作所为相关的丑闻,参见威廉·冯·施罗德(William von Schröder)刊于 1957 年 12 月 31 日《法兰克福汇报》(Frankfurter Allgemeine Zeitung)上的"与催眠术士雷加佐尼相关的法兰克福丑闻"(Der Frankfurter Skandal um den Magnetiseur Pagazzoui)。两位法兰克福的医生在雷加佐尼公寓采访他时对其进行了调查,发现他无法再现他曾在舞台上表演过的绝技。参见叔本华《书信集》,第 593 页。吉星高照的叔本华告诉满腹怀疑的弗劳恩席德特,他曾在雷加佐尼的剪贴簿上为见证过其绝技而签名作证。参见上书,第 356 页,叔本华 1854 年 11 月 30 日致弗劳恩席德特。

[100]　叔本华《论自然中的意志》,第 104 页 /《全集》,第 4 卷,第 102 页。

[101]　叔本华在他主要著作第二版中将同情、使物种生命凌驾于个体之上的性爱、包括诸如动物磁力之类奇观在内的魔术、感应治疗以及远程行为归为了感应形式(Sympathie),他将其定义为"意志形而上学的本体通过其纷繁多姿的物质表象而在实际经验中的显露"。《作为意志与表象的世界》,第 2 卷,第 601 页 /《全集》,第 3 卷,第 691 页脚注。叔本华有时对他作此断言是在过分利用超验之物的事实感觉迟钝,尽管他在其他时候对此有所认识。他会将自己那篇"就个人命运具有的明显目的性所作的超验思考"称为"纯粹形而上学的玄思冥想"。参见叔本华,同上书,第 2 卷,第 533 页 / 同上书,第 3 卷,第 610 页及《附录与补遗》,第 1 卷,第 201 页 /《全集》,第 5 卷,第 213 页。

经为自然科学所做过的事情，亦即，是通过为科学预先假定而又无法解释的事物提供一种形而上学的解释来完成了一幅科学的世界图像。此外，这种形而上学还将会有助于对观察得到、却无法用科学加以阐明的奇异现象进行解释；而如果顽固不化的经验主义者怀疑他的见解，那么，他认为这仅仅意味着对他们而言，《纯粹理性批判》在月球上成书并保存在那里。

叔本华推想到，如果催眠者与梦游症患者间的交流通过形而上学的关联成为可能的话，那么，超常神视能力、读懂他人心思、心灵致动、将自己的想法投射进他人脑中、与他人共做一梦及其他灵知现象，就也都因为这种关联而成为可能。因此，预先便知将来才发生的事件、眼前出现那些不在、将死、已死的人这些鉴于时空与因果律而看似全都绝无可能的事情，都因为意志这个形而上学的统一体而成为可能。叔本华白日梦中的自己远方的母亲与已故的父亲，以及在梦中所得到的他将死于柏林的警告，全都归因于意志的统一体。叔本华辩称，人只有在其假如是唯实论者的情况之下才能对这些罕见灵性感受予以否认，就像英国人与法国人天真地相信我们经验的是事物本身、我们具有对事物之间绝对真实的关联直接认识一样。人可能必须得像一个物理学家一样相信物质世界的法则都是绝对的，但这样一来，我们就会像英国人、法国人与这种物理学家一样地只受洛克支配，却对康德全然无知。

视动物磁性为既成事实却认为其反对意见纯属偏见的叔本华，当然有理由对魔术持接受态度。动物磁性与"白色魔术"（white magic）的结果相类似，他因此认为磁力本身为这种"臭名昭著的秘术"[102] 提出了证据。白色魔术使用咒语、随身护符、具有象征意义的动作、仪式、符咒、图腾与古怪的药水，产生出了与磁力及感应疗法完全相同的不可思议的有益效果，但魔术本身却是一个比动物磁力更为宽泛的现象，因为诸如

---

[102] 叔本华，《论自然中的意志》，第107页 /《全集》，第4卷，第105页。

由男女巫师各自所施巫术之类的"黑色魔术"因为凭借完全相同的神秘手段招致了致命危害而声名狼藉,叔本华这样断言道。而如果催眠术提供了让人相信白色魔术的证据,那它对黑色魔术的作用也同样如此,因为在催眠术中即刻发生作用的力似乎也能带来毁灭与危害。叔本华还借助了历史记载来证明魔术确实存在。他认为对于某种被用于制造出惊人而神秘效果的非自然力的信仰,鉴于其普遍性而在所有文化中、各个时代里都可以被找到。必定有某种深藏于人性或是物性之中的东西,会说明这种信仰为何在表面上看起来根深蒂固的原因。[103] 当然,叔本华对人们为了发现魔术的真迹就必须得清理出花招、骗术、迷信及十足的无稽之谈有着清楚认识,但他也相信,这样的清理工作将不足以把所有的魔术行动都作为欺骗行径而不予考虑。

叔本华对魔术的分析,在他为自己对催眠术的解释所设定的路径上继续着。黑白魔术都为了让世界发生改变而超越了常规手段,它们引起的后果都违背了因果法则。猛击钉子穿过某人的脚底使其致残是一回事; 敲打钉子穿过此人的人影画而达到同样效果则是另外一回事。[104] 第一种情况完全处于因果关联当中,可以通过因果法则予以充分的解释——尽管对于叔本华而言,猛击钉子穿过他人脚底的理由会需要一个形而上学的解释,正如以因果法则为先决条件的各种自然力需要形而上学的解释一样。然而,第二种情况不需要此类解释,人们不必为了使关于身体的

448

---

[103] 在《作为意志与表象的世界》第二版中,叔本华用一句出自阿格里帕·冯·内特斯海姆(Agrippa von Nettesheim)《全集》(*Opera Omnia*)中的话代替了原先出自歌德《浮士德》第一部第382—385行的诗句,来作为其中第二部书——他关于自然的形而上学——扉页上所用的题词。这句话是:"他栖身于我们体内,而非幽冥下界抑或星夜苍穹。活在我们体内的灵魂塑造了这所有一切。"两句引文关涉的均是潜藏于自然之中的深层奥秘被不可思议地揭示了出来。

[104] 这个可以说是正中要害的魔术的例子,是叔本华在《论自然中的意志》,第119页/《全集》,第4卷,第119页所给出的。这个例子是他取自泰奥弗拉斯图斯·帕拉塞尔苏斯(Theophrastus Paracelsus)《神秘之书》(*Archidoxorum*, Strassburg, 1603),第2卷,第298页。

描述最终能够立足而招来物理学相助，而是必须立即求助于形而上学的东西。并非是将钉子敲进了此人脚底的影像当中导致了此人这只脚的残废，我们现在似乎是必须得发现通过这一奇异现象表现出来的某种尚未被认识到的因果法则。受害者的影像与敲钉子的行为并非致残的原因；相反，它们只不过是被用于固定出现的意志并将其引入物质世界的手段。魔力在于意志本身，它在魔术师的个人意志表现为形而上学的意志之时产生了不可思议的效果。

因此，隐藏在魔术后面的基本观念再次在我们关于意志的自我意识中被发现，叔本华辩称道。通过自我意识，"即每一时刻人们意识到，促使他们身体运动的是一种完全无法解释的，显然是形而上学的意志作用。他们以为，这种作用难道就不会被扩大到其他身体上去？"[105]正如在他那部自我意识在其中将意志作为我们身体表象的本质所在给揭示出来的主要著作当中一样，在《论自然中的意志》中，他再次利用了自我意识来认识意志以其他物体施加"形而上学影响力"的奇妙方式。魔术师的戏法是要找出将意志的影响范围扩展至超出男女身体之外地方的方法。咒语、随身护符、蜡像与人影画只是被用作了引导与固定形而上学意志的手段。叔本华辩称，只要人将这些手段视为产生神奇效果的动因，只要人求助于神祇、幽灵或恶魔来解释魔术，那魔术就并不明了。似乎是魔术师找到了唤来形而上学意志对其俯首听命的方法。然而，他却图一时之便忽略了他那关于魔术的形而上学的描写如何变成了超验之谈的事实。毕竟，当意志丝毫不受因果律支配的时候，魔术师又如何能对它施加影响或进行控制呢？

叔本华预计自己关于魔术的解释会让读者觉得是奇谈怪论。为避免使读者纠缠于这一印象，他使用了一种他会在后来作品中使用比早前作

---

[105]　叔本华《论自然中的意志》，第 113 页 /《全集》，第 4 卷，第 112 页。

品中更为频繁的策略。[106] 为了表明自己的见解既非怪异之极又非前无先例，他摘引了一些前人对魔术所作的分析，这些分析仿佛未来先知般地在他之前就提出了他的见解：意志是由魔术威力表现出来的力量。他因此长篇累牍地从下列人士的著述当中摘录了大量佶屈聱牙的引文：16 世纪瑞士内科医生及自然哲学家泰奥弗拉斯图斯·帕拉塞尔苏斯；16 世纪末 17 世纪初意大利诗人及哲学家托马索·康帕内拉（Tommaso Campanella）与康帕内拉几乎生活在同一时期的意大利自然哲学家米利奥（尤利乌斯·恺撒）·瓦尼尼（Giulio［Julius Caesar］Vanini）；18 世纪佛兰芒内科医生及自然科学家约翰·巴布提斯特·凡·赫尔蒙特（Johann Baptist van Helmont）；15 世纪文艺复兴时期的哲学家及新亚里士多德派学者佩特鲁斯·庞波那齐（皮特罗·庞波那齐）（Petrus Pomponatius［Pietro Pomponazzi］）；16 世纪德国神学家及神秘主义者海因利希·科内利乌斯·阿格里帕·冯·内特斯海姆以及 17 世纪英国神秘主义者及费城神圣哲学推进会的创始人简·李德（Jane Leade）。为了领悟他那逗留在这些人尚不成熟见解之后的形而上学，人们只需从对自己的迷信观念及宗教忏悔的忠诚状态中解脱出来，用真正的形而上学来代替他们的神祇、上帝、精灵及魔鬼这样一些教徒的形而上学中的要素。无论是为神所迷的人间，还是为魔所困的世界，都不会是叔本华所能容忍的东西。

　　叔本华的“动物磁性学与魔术”并非他对于神秘奇观的定论。仍被幽灵困扰的他，寻求的并非是将它们从自己的本体论中驱除出去，而是解释它们为何可能存在并为它们提供一个形而上学的家园。这就是他在自己那篇“关于视灵及所有与之相关的事物”（Essay on Spirit-Seeing and Everything Connected Therewith）论文中所要完成的任务，这篇文章在《附录与补遗》第一卷中长达八十多页。大约在八十五年前，他的英雄康　450

---

[106]　关于这一策略一个尤其惊人的例子在他《关于意志自由的获奖征文》，第 56—80 页 /《全集》，第 4 卷，“伦理学的两个基本问题”，第 63—89 页中可以被找到。在此处的“先驱”这一章当中，叔本华提到或引述了很多人物，他们对人类意志自由也持否定态度。

德也曾考虑过将幽灵作为自己哲学的研究对象。当时的康德受与他同时代的瑞典《圣经》研究者、神智学者及神秘主义者伊曼努尔·斯威登贝格（Emmanuel Swedenborg）所具有的不可思议预言及天眼能力的传闻而引发出好奇心的驱使，在《一个视灵者的梦，用形而上学之梦来加以阐明》（*Träume eines Geistsehers erläutert durch Träume der Metaphysik*, 1766）中先入为主地带着批判眼光对灵性世界进行了简略的论述。对于幽灵，康德并不害怕，他在这篇时而语含讥讽时而论及淫书的劲头十足的论文当中，将幽灵世界作为了消化不良与气哮肠间的结果而不予考虑，在他看来，肆虐于身体里、肠道中的气，如往下行就会导致肠胃气胀；如往上行则会变为幽灵。康德在就如此毫无实质的现象进行了一番论述之后便再没谈过这话题，他建议人们专注于这个现实世界。

叔本华在撰写他这篇与幽灵相关的论文之前，曾仔细研读过康德上面那篇文章。他赞同自己这位良师对斯威登贝格的唯灵论说法不予理睬的态度，拒绝接受存在着两种本体，一种本体是物质的，而另一种本体则是非物质的，即灵魂与肉体相分离的观点，拒绝承认幽灵是亡魂现身的产物。但对叔本华而言，拒绝承认唯灵论并非必然意味着幽灵要么是消化不良的产物要么仅仅是病人的臆想。叔本华特别提到，康德在写这篇论文的时候，其哲学尚未完成先验的转变，他因此缺乏对这样一些奇异现象进行更为深入探究的工具。叔本华力求提供的并非是唯灵论的解释，而是唯心论的说明，他为此运用的是现象与自在之物间的区别，这是他所认为的康德批判哲学中最重要的区别，当然，它被他转化为了表象与意志间的区别。正如他对魔术与动物磁力所作的分析一样，视灵也是因为由意志所提供的形而上学关联而成为可能。

不同于他早前对动物磁力与魔术所作的大胆描述，叔本华就视灵所作的解释是勉强而含糊的。他承认亲眼看到幽灵确为事实，假定读者对这些现象的传闻耳熟能详到了他觉得没有必要去大量引用那些描写幽灵及类似事物文学作品的程度。然而，他确实提到了他自己曾与精灵打过交道，尽管他并未给出过任何具体事例。他声称，他的任务并非是将灵魂现象确立为事实——他将它当作了事实——而是为它建立起一套理论。当一切都说毕做完之后，他一反常态地谦虚地说道，他的论证只是给视灵投下了"一束微光"，它不足以将这一奇异现象阐明到会平息在接受与反对死者显灵说两大阵营间持续了几千年之久争论的程度。如同我们将会看到的一样，他有充分的理由下此断言。

451

幽灵幻象并非是诸如通过常规的感官感知到的平常物体之类的普遍现象，它们也并非任何身心健全之人都总体来说对其有着恒定不变的体验的主体间现象。他所看到的父亲幽灵与自己卷毛狗在沙发上毗邻而坐的一幕，有可能看起来像是他那活着的父亲正坐在狗旁边。然而，每个视力良好的人却都只会看见阿特玛*，只有那些具有罕见视灵能力的人们才可能看见海因利希·弗洛瑞斯。就此意义而言，阿特玛是众人都看得见的客体，具有主体间性，而海因利希·弗洛瑞斯则并非众人都看得见的客体，绝少主体间性。但叔本华认为，幽灵并非仅仅是，也并非完全是，类似于常人所做的梦、幻觉、错觉，或是病人的臆想这样一种向上翻腾在肠道中的气所导致的病人臆想（aegri somnia）之类主观现象——就像是冷嘲热讽的康德在驱除所有的幽灵一样。叔本华认为，鬼魂是客观现象，而非主观现象，它们完全且仅仅取决于认知主体。

叔本华辩称，人们无法排除先验之物视灵的可能性，因为人类意志的本体并未被死亡破坏或消灭。但不同于他对超常神视能力所作的解释，叔本华简直不知道是否应该作出完全像针对前者一样的解释：这种解释乃是借助于由意志所提供的形而上学关联所达成，而意志则是将所有存在的事特连为一体且存在于每一曾有、现有或将有的事物之中的东西。具有超常神视能力的人在自己大脑"沉睡"之时通过他人大脑进行思考，但其疑难点却在于死人并没有智力，并因此没有大脑——事实上，死人

------

*　阿特玛是叔本华为自己卷毛狗所起的名字。

没有任何"有形的"东西来操控意志。[107] 更深入地来看，死亡使任何会让某个死人不同于其他死人的东西都不复存在——他们中的每一个以及处于意志层面的一切东西都只不过是意志而已。后来，他会断言关于个体植根于所有事物的存在本身之中究竟有多深的问题是众多需要超验答案的问题中的一个，是一个不可能存在的问题。[108] 即便将个体性归入死人本体的做法并不荒谬，叔本华所能说的也只会是，一定有某种他藉之才恰似看见卷毛狗阿特玛一般地看见了海因利希·弗洛瑞斯鬼魂的魔力存在，但他那亲爱老爸的鬼魂只存在于他的头脑之中，只向他独自显现并因此不具有主体间性；也即是说，它虽然无法被其他人感知，却客观存在，并非某种他用自己大脑臆想出来的东西："一种仅仅貌似外在却实则作为内心印象的产物而出现的感觉，但它必须得被同纯粹的幻想怪念区别开来，

---

[107] 在《论道德的基础》中，叔本华断言，同情中不可或缺的部分是对他人痛苦立即感同身受，这种感同身受促使同情者将他人痛苦当作自己的痛苦来加以对待；亦即，拿出行动来消除它。他将这种感同身受解释为必然在他人身体中体验到了他人痛苦的经验。他因为这种奇特经验而断言同情无法从心理上加以解释，同情被他称之为伦理学中那极难解开的谜团及一种需要形而上学解释的奇异现象。为了论证善人将他人视为"另一个我"因为个体只是表面上的一种假象而具有形而上学的合理解释，他再次求助于康德对自在之物与表象所作的区分。令人奇怪的是，他却从未回过头来为一个人如何能够真正在他人身体中感受到另一个人的痛苦提供一种形而上学解释。他本来可以运用他曾经用于解释他所作的关于具有超常神视能力的人确实能够通过他人大脑进行思考的断言的那种形而上学解释，注意到这点也颇为有趣。叔本华或许对他用于超常神视能力的解释去解释在他人身上感受到他人痛苦的奇特经验怀有顾虑（毕竟，如果我们能用他人的大脑进行思考，那又为什么不能在他人身上感受到另一个人的痛苦呢？），因为有奖征文的评委，丹麦皇家科学研究院的成员不会理解他的观点。无论如何，这是他在这同一篇文章中对于他未能论述哪怕是一个他所认为的刺激人类行动终极动因以及唯愿自己倒霉的愿望所给出的解释；关于叔本华试图为同情找出形而上学的依据所作的种种努力。参见《作为意志与表象的世界》，第 2 卷，第 607 页脚注 /《全集》，第 3 卷，第 697 页脚注，并参见我刊于《欧洲哲学杂志》（European Journal of Philosophy）第 16 卷，第 2 部分（2008），第 292—310 页"同情及与受苦者的连体性：同情（Mitleid）的形而上学"（Compassion and Solidarity with Sufferers: The Metaphysics of Mitleid）。

[108] 在一则 1834 年写的笔记当中，叔本华记录了存在于他的两大断言——性格在伦理上的多样性是意志所产生的一种功效及意志并未被个体化——之间的互为矛盾的关系。他为这种互为矛盾的关系绞尽了脑汁，希望"或许有某个在我之后的后来人会将光明投射在这一深渊之上"，《手稿遗稿》，第 4 卷，第 222 页 /《手写遗稿》，第 4 卷，第 193 页及随后一页。然而，点亮火炬来为他照亮道路走出深渊的人却从未出现。

它并不会发生在所有人身上。"[109] 但这种"必须"只有在确实存在着鬼魂的情况下才谈得上。因此，他投在幽灵奇观上的只是一束微光而已。但还是让我们及时就此打住，回过头来吧！但不要完全按照时间顺序，而是回到当叔本华意外遇见父亲鬼魂之后的法兰克福。

法兰克福

叔本华于 1831 年 8 月 28 日到达歌德的出生地。他在匆忙之中迁离了柏林，没有留下任何关于自己选择前往法兰克福原因的记录，尽管它据说是一座霍乱无法肆虐的城市。他曾经有过迁往瑞典或英国的想法，但他去往法兰克福的愿望或许与黑格尔之死直接相关，因为后者的去世让柏林大学哲学系的教席中出现了一个空缺。只是在贝内克获得了这一席位之后，——这一任命会让黑格尔与叔本华同样生气——他才让自己的友人洛夫佐夫安排将他的书籍及其他家具装船运往法兰克福的事宜。

法兰克福在哲学家匆忙抵达之时的人口大约在五万左右。在维也纳和会之后，法兰克福获得了自治权，在它所选任的带有半共和性质的市议会当中，充斥着贵族的立法会受到了一个市民委员会和一个部分成员甚至是选举出来的立法团体的制约。它还是德意志邦联议会所在地，就其本身而言，它吸引了来自德意志及其他欧洲国家各个地方各种各样的政治家、皇家公使、贵族及达官显要。混杂其间的还有那些被吸引来参加在此处举行定期商品交易会的人，这对哲学家能够观察到各色人等助益良多——在叔本华看来这可谓最大的幸事，因为他觉得法兰克福的常住居民就是——他在此借用了维兰德作品中的说法——一帮"为自己是农民而感到骄傲的阿

453

---

[109] 叔本华《附录与补遗》，第 1 卷，第 306 页 /《全集》，第 6 卷，第 326 页。关于对叔本华就神秘现象所写作品在 19 世纪下半叶这一语境中所作的详细论述，参见马可·塞加拉《幽灵、头脑、灵魂——叔本华、神秘与科学》(*I fantasmi il cervello, l'anima, Schopenhauer, l'occulto e la scienza*, Florence: Leo S. Olschki, 1998)。

布德拉人，对这些人我宁愿避而远之，不打交道"[110]。

这句关于法兰克福人的评语是 1838 年作出的，他当时已经作出了选定法兰克福为自己永久居住地的决定。在早前的 1832 年，他曾经远离了所有法兰克福的人，这其中不仅包括那些会在后来被他称作狭隘愚人或"阿布德拉人"的家伙，甚至还包括那些他在 1838 年前受其吸引的各不相同的人。1832 年年初，身患疾病又心情抑郁的叔本华，躲在自己房里。我们只是通过一封他与母亲的往来信件才了解到了他的这一状况，而且还只是从一个角度，因为在叔本华写给母亲的那些信件当中仅有一封留存于世。约翰娜正如早前所做的一样销毁了儿子的来信，被她销毁的还有他写给阿黛勒的信件。双方因为他们在奥拉的财产带给各自的金钱收益而不出意料地恢复了通信。已有十二年之久未曾与母亲通过信的叔本华，更愿意通过阿黛勒来间接与母亲进行联系，或是再转个弯地通过奥森写给妹妹的信件来传递信息。

454

从约翰娜信中所提供的信息来看，可以推断出叔本华在谈论完用于解决他们资金问题的各种策略与必备物之后，逐渐对他自己抑郁的心境与糟糕的健康状况进行了生动的描述。它几乎与他们在叔本华身为但泽商人学徒哀叹着自己那不幸命运时候的通信内容一般无二，但也有所差别。那时的他，想让母亲解脱他身上的束缚——想让母亲告诉他如何去做；此时的他，想要告诉母亲如何去处理金钱事务，他还想力图得到母爱，或至少是对自己不幸的同情。此外，叔本华还在心理上极其脆弱，不仅因为他那不时伴有偏执狂症状的抑郁症，而且还因为他在哲学事业上的

[110] 叔本华《书信集》，第175页，叔本华1838年1月23日致卡尔·拉伯斯（Carl Labes）。经由其兄弟埃杜德的介绍同叔本华有过短暂会面的拉伯斯，1833年受雇成为叔本华的律师为他处理在奥拉的事务。叔本华提及"阿布德拉人"，是在暗指维兰德的讽刺滑稽小说《阿布德拉人的故事》（*Geschichte der Abderiten*，两卷本，Carlsruhe: Schmieder，1774—1781），小说中故事发生的场景是公元前15世纪的古希腊城市阿布德拉。维兰德将阿布德拉人描写成了自鸣得意、心胸狭隘、蠢笨乏味又沾沾自喜的乡巴佬。这部长篇小说被视为对德国小镇生活的批评之作。

失败感，这种失败感在某种程度上可能因为约翰娜的建议与行为以及叔本华父亲的去世而产生。在互通信件期间，无论是约翰娜还是阿图尔都没有提及约翰娜在文学上所取得的成功——她二十四卷的作品集刚刚面世——以及叔本华自己那些仍然无人来读的作品。

约翰娜写给儿子的信中不包括向其致意的问候语，也没有"亲爱的阿图尔"之类亲昵称谓。她是在作为一名母亲给儿子写信，用的是熟不拘礼的第二人称形式"你"（du），而不是拘谨刻板的"您"（Sie）。后者那样的尊称会显得她与儿子极度地疏远。叔本华那封留存于世的唯一信件，既有恰如其分地向母亲致意的问候语，又有用于一封儿子写给母亲信当中的人称代词；而约翰娜的那些信件在谈及儿子的痛苦之时，采用的则是既亲密又关切的语气。然而，约翰娜在最初对叔本华说自己生病的来信作出回应的时候却不乏冷淡："我无法想象你身患疾病已如此之久，我希望你已经拜访过良医，得到了精心的日常护理。"[111] 在第一封信中，她对她自己糟糕的健康状况只字未提，那封信本身也有些简短。她为那封信短小的篇幅进行了辩解，说它的完成实际上费时颇长，因为她当时被街上的喧闹声弄得心烦意乱（厌恶噪音的叔本华应当不难理解这一问题）。她还告诉他说，她没有指望他会回信。

但叔本华给她回了信，还为她提供了更多金钱方面的建议。他一定向她讲述了更多有关自己健康的情况，这才引来了约翰娜的以下回应："你的疾病令我担忧。我恳请你照顾好自己。你得的究竟是什么病？灰白的头发！满脸的络腮胡！我无法想象你会是这副模样。前者并非如此可怕，而后者也很容易纠正过来。整整两个月都足不出户，避不见人，我的儿子，那可不利于健康，我对此难以心安。人恐怕不该活得如此离群索居……"[112]

455

---

[111]　吕特克豪斯《叔本华一家》，第335页，约翰娜1832年2月24日致阿图尔。
[112]　同上书。

在叔本华的那些信中，关于他困境那乱人心绪的描写还在继续。十天之后，显而易见牵挂着儿子不幸境况的约翰娜，表达了自己心中对儿子濒于自杀边缘所怀有的恐惧："你在来信中向我谈到的关于你健康状况、你的不好交际及阴郁心情的林林总总，都使我比我所能与所敢说的要更为悲哀；你知道这是因为什么。愿上帝对你伸出援手，将光明、勇气与自信都送入你郁闷的心境；那是我最诚挚的希望。"[113] 她不能与不敢说的——她不需说的，因为阿图尔知道那是什么——是她担心儿子会步自己父亲的后尘，会自行结束自己的生命。约翰娜目睹了丈夫在心理上是如何每况愈下，她或许觉察到了在儿子身上正在出现相同的症状。海因利希·弗洛瑞斯在自杀时五十有八，而她的儿子刚刚年过半百。

阿黛勒同母亲一样为兄长感到担忧。她也看到过父亲在生命行将结束之际的行为举止，在同穆尔产生的财政危机期间，她获悉了母亲与兄长都认为父亲是死于自杀。但她的看法不同于约翰娜，而类似于阿图尔，她从自身经历中获得了对于内心里那种阴郁感的了解，因为她也是海因利希·弗洛瑞斯的孩子。尽管她会在写给密友的信中将自己的郁郁寡欢和盘托出，但她在写给兄长的信中对此表达得更为透彻与深刻——尤其是在那封回复叔本华写来说他绝望之极的那些信件的回信当中，就更是如此。当兄长首先恢复与她通信的时候，阿黛勒迟迟未作答复，而当双方的信件往来展开之后，她却向兄长袒露了自己内心的挣扎与悲苦。

在一封写给兄长的长信当中，阿黛勒吐露了自己的苦恼，以不仅要与他休戚与共而且还要拯救两人的言辞主动向叔本华表达了愿意相助的关切之情。她在信中说自己既没有欢乐，也没有希望，更没有打算。她像兄长一样身患疾病，苦熬着撑过了前一个冬天，觉得自己大限将至。她在绝望中甚至还考虑过缔结一桩基于财物利益的婚姻，但命运阻止了她这样去做，她这样说道，她在心里越来越清楚，她只能嫁给某个与自

456

---

[113] 同上书，第339页及随后一页，约翰娜1832年3月20日致阿图尔。

己心心相印的知己。然而，这样的男子无处可寻，更糟糕的是这样的男子几乎就不可能找得到她。她继续写道，了解她的人几乎就没有，因为她的灵魂隐藏在类似于威尼斯人面纱与面具的社交礼服下面，它们将她真实的自我掩盖得严严实实。她害怕年老，害怕孤单的生活。她接着吐露了自己想死的愿望："我坚强得足以承受孤独，但如果霍乱能够让我不用承受剧痛便从这整个故事中得以解脱的话，那我将会对它由衷地感激。"[114]

但阿黛勒在兄长想死的愿望当中看清了某种他自己并未看清的东西。对某个如此不幸的人而言，他对霍乱的逃离实属异常："因此，你的焦虑对我而言——着实奇怪，因为你自觉不幸并时常想要以暴烈的方式结束生命。"[115] 阿黛勒需要让兄长认识到他自己的行为表明他实际上并不想死。此外，她尽管大倒苦水，却也告诉他说她能够活得很好、时时开心。这些话并非子虚乌有的无稽之谈。她在信的开头就非常清楚地说明了，她觉得要满足兄长让她告知她在他们互不通信那段时间里生活细节的要求极其困难。她写道，那是段黯淡的时光，直到她遇见了"梅尔滕斯夫人"，这位夫人的爱将她从非疯即死的困境中解救了出来。就她与这位女士的关系而言，"毋庸置疑的是，绝少有人像我一样在生命中曾经如此幸运。"[116]

阿黛勒试图通过向兄长暗示她或许就是他的"梅尔滕斯夫人"来主动向其表达愿意相助的关切之情。她写道，无论好坏与否，他们在性格方面都颇多共同之处，她知道他们俩都想要见到对方。她提议她们应当聚在一起来看看他们是否能够和睦共处，并承诺不会打探他的私事。或许就在明年春天，如果他会到南方来旅行的话，那他们就可以在某个她

[114]　同上书，第319页，阿黛勒1831年10月27日致叔本华；同上书，第337页，约翰娜1832年3月10日致阿图尔。
[115]　同上书。
[116]　同上书，第318页。

457 便于前往的小镇约好见面。几乎是让他忙个不停作为任务来完成的她，让叔本华写信给她谈谈关于他自己、其他人以及书籍、城市与音乐的情况——只要他想说，他就无论什么都可以写在信里。

叔本华那年春天并未到南方旅行，他并未同妹妹见面。觉察到阿黛勒心怀绝望的他，并没有来向她伸出援手，也没有接受她所发出的让她来拯救他的邀请，而是迁往了曼海姆。他有他自己的邪恶性格，阿黛勒也有她自己的不良习气。他们或许只是从对方的绝望中吸食了营养，这对彼此都没好处。正如他那破解存在之谜的人生使命象征着对人类的关爱之举一样，他对阿黛勒的爱也与此相似。他对人类的爱是抽象的、普遍的，并未针对某个特定的人。特定的人、血肉之躯的活人、徒具人身的两足动物或是工厂的批量产品——这是他对他们的称呼——最好是远远地去爱。他对阿黛勒的爱就有那种距离，他对她的爱是一种抽象的对妹妹的爱，而非具体的对某一个人的爱。他不能让她在他日常生活中扮演某种角色，因为那样他就不得不把她作为一个人来认识。他会继续同她通信，直至她离开人世，她对他具有吸引力的原因在于他们阴郁的血缘纽带与共同的金钱利益。

为财产所发生的不必要争吵让约翰娜终止了同儿子的通信。阿黛勒再次夹在两人中间左右为难。叔本华被告知信只应该写给妹妹。约翰娜给儿子的最后一封信是由这两位都姓叔本华的女子共同署名的，她们在这封信中终于同意了哲学家的资金计划。那是 1837 年 8 月。约翰娜与阿黛勒当时住在波恩，正在为移居耶拿进行准备。

家庭的终结

约翰娜与阿黛勒从波恩迁往耶拿的搬家活动本来应该能为两人提供探望叔本华的机会，但她们在搬家前写给阿图尔最后一封信的附言却立即消除了这种可能性。她们不会途经法兰克福，因为另外一条路线使她们能够在友人处逗留，而避免了在旅馆里过夜。当然，约翰娜希望避开儿子；阿黛勒则想要见到兄长；而叔本华却宁愿一个都不见。

这两位叔本华女士是因为经济原因而在 1829 年离开魏玛。她们再也无力负担在那里的生活。穆尔的清偿耗尽了她们的大部分遗产，约翰娜的著述带来的金钱收益则少之又少。她们迁往了莱茵河沿岸的地区，在一个名叫温克尔的小村庄一所乡舍中度过夏日时光，冬天则住在波恩。她们过着节俭的生活，但还是在 1837 年之前就陷入了贫困，尽管事实上约翰娜的作品集 1834 年又得以再版。她作为作家所具有的声望已经下降，甚至那点微薄的收入也断了来源。约翰娜的健康状况急剧恶化，又因为 1823 年所罹患的那次中风更是雪上加霜，阿黛勒日渐变成了她的保姆。绝望中的约翰娜将自己的困境告知了萨克森—魏玛公国大公卡尔·弗里德利希（Karl Friedrich），他是卡尔·奥古斯特的儿子。这位大公授予她一笔养老金，这笔养老金使她们可以在耶拿过上衣食无忧的生活，有足够的款项雇来两名年轻姑娘照顾患病的约翰娜，并帮阿黛勒做些家务。

两位叔本华女士再也没有回过魏玛。公爵所授予的养老金似乎附含了她们必须在耶拿居住的条件。没人知道他为何要在自己这项善举之外附上这一条件。这或许与约翰娜同那位因为某种不为人知的原因而已经名誉扫地的格斯腾贝克仍然往来不断有所关联。就像阿黛勒告诉兄长的一样，格斯腾贝克当时正住在德累斯顿，他已经同妻子分居并"卷入了一些丑闻"[117]。然而，她并未评述这究竟是些什么样的"丑闻"或是她母亲这位友人在其中牵扯得有多深。如果约翰娜搬到了魏玛，那格斯腾贝克的到访就会使大公及其同僚感到不快。

约翰娜在耶拿期间只要条件允许就都投入到了自己回忆录的写作之中。她在这部回忆录完成之前就离开了人世，阿黛勒编辑了约翰娜留下的那些文字，并设法使其得以出版。甚至在母亲去世之后，阿黛勒都还

----

[117] 同上书，第 388 页，阿黛勒 1836 年 12 月 2 日致叔本华，摘引自贝尔格曼《约翰娜·叔本华》，第 301 页；另参见贝尔格曼关于迁居耶拿及格斯腾贝克的论述，第 300—306 页。

458

在为她服务。[118]叔本华是否读过这部回忆录并不为人所知。在叔本华去世时所留下的藏书当中，有两本是他母亲的作品：她那本记录全家环游欧洲大旅行的游记以及她的《卡尔·费尔诺夫的一生》（*Carl Fernow's Life*），这两本书都是在母子反目之前就已面世。如果这位被疏远的儿子读过自己母亲这本《活力生命与漫游画卷》（*Youthful Life and Travel Portraits*，1839）的话，那他便会在母亲身上看到自己的某种影子。该书第一章标题为"绝无虚构的真相"，是在歌德自传《诗与真》基础上玩的一个文字游戏，它包括了一些哲学家自己可能会作出的评论："我将要提供的是纯粹而完全的真相，丝毫没有掺杂任何虚构的成分。"她这样写道。如果她所说的是"赤裸裸的真相"，那它就会是如假包换的阿图尔·叔本华 *。当约翰娜解释说她的读者可能通过这些关于她生命中诸多事件的概略描述发现些关于她什么情况的时候，她的儿子或许会不无欣喜地认可了她的以下说法：读者会发现"我是什么样的人以及我不是什么样的人，或者更确切地说，我相信我自己是谁与我相信我不是谁，因为究竟又有谁能够获得关于自己那个神秘自我的全面认识呢？"[119]约翰娜那"神秘"或"令人费解"的自我，她那"谜一般的"（rätselhaft）自我——她在此使用了一个她儿子用以指称存在这一令人费解神秘问题的术语——指向了那个实为儿子哲学基石的深奥未知之物。但约翰娜在接下来所发表的最后一条评论中却清楚地指出了她并未"用哲学的眼光与男子的勇气来看待

[118] 约翰娜的回忆录是以《活力生命与漫游画卷》（*Jugendleben und Wanderbilder*）为书名出版的，编者是她女儿，共有两卷（Braunschweig: Westermann, 1839）。她是叔本华家中作品被翻译成英语的第一人，她的《活力生命》在当时出版的译本书名是：*Mme Schopenhauer, Youthful Life and Pictures of Travel: Being the Autobiography of the Authoress*（1847）。

 * 这可以被视作歌德自传的书名应被译为《虚虚实实》的又一明证。

[119] 约翰娜·叔本华"青春的回忆"（Jugenderinnerungen），刊于沃尔夫·韦伯（Rolf Weber）所编《约翰娜·叔本华：时代更替中，汹涌人潮里》（*Johanna Schopenhauer: Im Wechsel der Zeiten, im Gedränge der Welt*, Munich: Winkler, 1986），第32页。例如，参见叔本华《作为意志与表象的世界》，第2卷，第171页/《全集》，第3卷，第189页，叔本华在此处所写的正是关于"永困人心的存在之谜"。

所有的生活际遇"[120]。叔本华将约翰娜评价为糟糕的母亲与优秀作家的评语，只是勉强触及了一位卓尔不群的女性的外在表现。

约翰娜于 1838 年 4 月 16 日夜里在睡眠中安详辞世。尽管她在同疾病的较量中败势已定，但她的去世仍出乎意料。当口傍晚，约翰娜感到呼吸困难，就回到房间睡下了，当时身在附近的魏玛拜访奥蒂莉·冯·歌德的阿黛勒，在约翰娜显而易见临近死亡的时候被叫了回去。她写信给兄长告知了母亲已经去世，她这样写道："亲爱的阿图尔，我们的母亲在今天夜里十一点左右极其平静地离开了我们——这来得太突然了。——我当时人在魏玛，晚回去了两个小时！……我知道她得到了无微不至的照顾——但我永远都不会忘记他们是在为时已晚的时候才来将我接了回去，这是我心中永远无法抹去的悔恨！"[121]

阿黛勒与她的友人安排了约翰娜的葬礼，当约翰娜被下葬于耶拿的约翰尼斯公墓（Johannisfriedhof）得以安息的时候，阿图尔并未到场。他不想与自己母亲在尚在人世之时见面，也没有去看她死后遗容的愿望。阿黛勒继承了约翰娜所留下的遗产，这当中既有财产又有债务，她给兄长提供了一份结算财产与债务的精确账单。阿黛勒结清了账单，她预计兄长会持有异议，但她恳请他"让母亲安息；让那些她或许做过的对不起我们俩的事情都被忘记"[122]。令人吃惊的是阿图尔并未对这份遗嘱提出异议，如同他告诉一位熟人的一样，"我本来可以对遗嘱提出异议，但我不希望这样去做。"[123] 他并未提及作此质疑的种种理由，也没有说他不想表示反对的原因。约翰娜遗产的净值并非无足轻重，它包括了大约两千塔勒的财产以及在奥拉的土地。叔本华当然不需要这些钱，而且他还知道，妹妹如今是再也无依无靠，约翰娜又几乎花光了阿黛勒所继承的全部财产。

460

---

[120] 约翰娜·叔本华 "青春的回忆"，第 33 页。

[121] 吕特克豪斯《叔本华一家》，第 392 页，阿黛勒 1838 年 4 月 17 日致叔本华。

[122] 同上书，第 396 页，阿黛勒 1838 年 4 月 23 日致叔本华。

[123] 叔本华《书信集》，第 179 页，叔本华 1838 年 7 月 12 日致卡尔·W. 拉伯斯。

约翰娜的去世似乎并没有对哲学家产生重大影响。他几乎是把母亲的去世当作了题外话说给了他的法国兄弟安蒂姆："我母亲4月份去世了。我妹妹对此似乎并不比我惋惜。看呀，我再不会就此多说任何东西。愿她的灵魂得享安宁。"[124] 叔本华就母亲之死对阿黛勒产生影响所作的评价是片面的——确切来说是从他自己角度出发得出的。阿黛勒的生活过去是被约翰娜的生活所操纵的，但这种操纵也为她提供了稳定。尽管母亲的去世在客观上解除了对阿黛勒的控制，但它也带走了那种稳定。此外，约翰娜的欢快、乐观以及她作为作家所过的那种颇有节制的生活，也有助于抵消阿黛勒自身阴郁的心境对她所产生的不良影响；再者，她特别是通过母亲举办的那些茶会以及母亲作为一名作家所具有的名望，才幸运地逐渐培植出了一个异常牢固的朋友圈。这些友人会给阿黛勒鼓励，会在她探索去过一种与自己天性更为一致生活的过程当中为她提供支持，这就让她不必依附于自己的兄长。

阿黛勒在约翰娜去世之后找到了施展自身文学才华的方式，尽管她的作品从未享有过母亲作品所获得的热烈反响。她还有能力到意大利去小住片刻，这一愿望起因于她同费尔诺夫的稔熟无间。她同歌德两位孙子进行过合作：瓦尔特，她为他的歌剧《恩泽莪》（*Enzio*, 1838）写过脚本；沃尔夫冈，她同他合写过短篇小说《埃尔琳德》（*Erlinde*, 1842）。她的中篇小说《台奥琳德》（*Theolinde*）发表于 1841 年，就在这一年，《作为意志与表象的世界》第二版也面世了。她的《家庭、森林与田间童话》（*Haus-*, *Wald- und Feldmärchen*, Leipzig: F. A. Brockhaus, 1844）也是由母亲和兄长的出版商布洛克豪斯出版的。她的长篇小说《安娜》（*Anna*）1845 年由布洛克豪斯发行，写于 1847 年的《丹麦故事》（*Eine dänische Geschichte*）则在 1848 年由格奥尔格·魏斯特曼（Georg Westermann）出版。从 1844 年至 1849 年，阿黛勒住过的城市包括热那亚、罗马、那不勒斯及

461

---

[124]　同上书，176 页，叔本华 1838 年 6 月 17 日致格雷古尔·德·布雷兹迈尔。

佛罗伦萨，在此期间，她定期返回德国居住。

约翰娜去世之后，兄妹俩之间的关系有所改善。他们继续保持着通信联系，并于1842年在二十二年都未曾相见之后在法兰克福手足重聚。阿黛勒吃惊地发现哲学家竟然有一幅母亲的肖像画。他主动提出将它送给妹妹，却被她拒绝了，因为她觉得它既令人反感又不像本人，甚至在叔本华生命的最后一年，这幅画都还与哲学家本人的一张银版照相照片一道挂在他位于美景街十六号的最后租住公寓住宅里沙发对面的墙上。

阿黛勒比其他任何人都更了解自己的兄长，在她剩下的那些日子里，他们步入了一种保持着距离的友好关系。叔本华将自己主要著作第二版寄给了她，正如他将《伦理学的两个基本问题》也寄给了她一样，而阿黛勒竟然看穿了他近期被某位学者称之为"他故作厌恶人类的姿态"的遁世之举，认识到他对痛苦那种令人难以置信的敏感是他身上所具有的一种对世间所有生灵怀有一种几近神圣关切的性格特征。[125]这同约翰娜将他对人类苦难的忧思视为心理上存在问题表现的做法截然相反。阿黛勒在1842年看望了兄长以后，甚至开始对他有了更进一步了解，知道他需要拥有一套不会搅扰他"梵心"（Brahman soul）的生活模式，那是保证他去探寻他将与他人分享的般若智慧的必要前提。她在给兄长的信中写道："我认为你是一位深刻的思想家，不，我更愿意说的是，近乎于神的思想家。[我]珍视你的意见并常常以之为荣，我钦佩你的才智，对你那敏锐的理解力我甚至还更为倾慕，还有那常常出自你看待事物的迷人方式的绝妙好诗。"[126]尽管她看重他的意见，但她还是告诉兄长，她在处理日常事务的时候不会完全对他言听计从——她会听取专业人士的意见，那会直接提醒她该如何去管理自己的金钱以及每况愈下的健康。

阿黛勒在她去世的九年之前开始长期受着下腹疼痛的折磨，而这种　462

---

[125]　吕特克豪斯《叔本华一家》，第39页。我认为吕特克豪斯对于阿黛勒与叔本华之间复杂关系的分析极其有用，同上书，第459页。阿黛勒1844年1月20日致叔本华。

[126]　吕特克豪斯《叔本华一家》，第448页及随后一页。

病痛随着岁月的流逝终于演变为了癌症。最后，病到了极点的阿黛勒在1848年从佛罗伦萨前往波恩，她1849年3月在法兰克福同兄长见了最后一面。对于在这次短暂拜访期间所发生的一切，外界几乎是一无所知。叔本华对于妹妹的健康及其身体状况的了解，应该已经让他知道阿黛勒死期将近。陪同阿黛勒的是对她充满关爱的忠实友人西比勒·梅尔滕斯-夏夫豪森（Sibylle Mertens-Schaffhausen）。叔本华还知道，这位艺术品收藏家及考古学家在妹妹生活中有着举足轻重的作用，尤其是在他们母亲去世之后，更是如此。她会精心照料他那将死的妹妹。在见过兄长之后，阿黛勒与梅尔滕斯可以说是进行了一次告别旅行，她们在柏林、耶拿及魏玛三地看望了友人与熟人之后最终返回了梅尔滕斯位于波恩的家中，阿黛勒会在那里静候死亡的来临。

感觉自己大限将至的阿黛勒向梅尔滕斯口授了给兄长的最后一封信。她在信中请求兄长不要反对她对自己财产所作的安排；梅尔滕斯会按照她的愿望来办理此事。她进而说道，上述财产并不值钱，因此并不值得他劳神费力地去试图售卖。她在信末向哲学家为其在过去几个月当中向她作出的所有友善表示衷心的感谢。阿黛勒用尽了力气才好不容易在信末签上了"你忠实的妹妹阿黛勒"[127]几个字。

叔本华就妹妹向他提出的快速回信的请求立即作出了回应：

亲爱的阿黛勒：

我收到了由你签名的信件，万分悲痛地看到你在病榻上仍然忙于为各种琐碎而又纯粹多余的钱财俗事操心费神。同时，如果它真能让你再无挂碍的话，那我向你保证，假如你会像我们佛教徒所说的那样投胎转世，我将会按照你在信中所说的希望我去做的那样行事。但愿这次此事还不会发生，但愿上苍为你加持，保你平安，那是我

---

[127]　同上书，第491页，阿黛勒1849年8月20日致叔本华。

发自肺腑的衷心祝福。

你的兄长阿图尔·叔本华 [128]

阿黛勒在去世前一天收到这封信，她虚弱得无法读它，因此，梅尔滕斯将这封信读给了她听。路易丝·阿黛莱德·拉维尼亚·叔本华（Louise Adelaide Lavinia Schopenhauer）于 1849 年 8 月 25 日下午三点十五分离开了人世。阿图尔是在梅尔滕斯当天写来的信中获悉了她的死讯。梅尔滕斯出于善意告诉哲学家，她将他写给妹妹的最后一封信读给了阿黛勒听，而"她则通过点头与眨眼的方式表示了对你所给她友谊的谢意"。[129] 梅尔滕斯并未提及阿黛勒是否对兄长的佛家之说有所回应，哲学家知道，这一佛家之说不会对妹妹毫无影响。她同奥古斯特·施莱格尔交往良久，她通过这一交往以及对于相关英文书籍的阅读，已经熟悉了各式各样的印度宗教。而且，尽管阿黛勒对于灵魂转世的理论持有怀疑，但她可能认识到了兄长是在通过说某种关于她的东西不会骤然消亡来给她以安慰，他的体贴足以使他不会把这说成是她的意愿。

阿黛勒像母亲一样被葬在了波恩，却是在歌德百年诞辰之际才被下葬。她的友人为她安排了一切。深为悲痛的梅尔滕斯让人做了块纪念碑立在友人墓前，并用意大利语写了一段长长的墓志铭，她在其中赞扬了阿黛勒杰出的心灵、才智及天赋，称她是"最好的女儿"，并给了她"对朋友温柔又忠诚"[130] 的评价。其中并未提及阿黛勒是位久病缠身的病人与忠诚不渝的妹妹。叔本华没有出席葬礼，但毫无疑问对妹妹的去世感

---

[128]　叔本华《书信集》，第 236 页，叔本华致阿黛勒；许布舍尔将这封信的日期标注为 1849 年 8 月 23 日前后。

[129]　同上书，第 491 页，梅尔滕斯－夏夫豪斯 1849 年 8 月 25 日致叔本华；同上书，第 491 页，叔本华致阿黛勒，未注明日期（1849 年 8 月）。

[130]　关于这篇意大利语墓志铭的德语译文，参见毕希《人生皆梦》，第 356 页。毕希还提供了一句摘自奥蒂莉·冯·歌德写给友人一封信中的引文，奥蒂莉在其中表达了自己对于用意大利语来为一位德国作家撰写墓志铭的做法所感到不快，参见上书。

到悲痛。如今，再也没人能让他如此毫无顾忌地对之倾诉心曲，再也没有能够让他找到另外一个像阿黛勒一样了解他的知音的地方。还更确切无疑的则是，没有人像梅尔滕斯一样对阿黛勒的去世深感悲伤。她在为阿黛勒所立的墓碑底部刻上了"伤心欲绝的友人，西比勒·梅尔滕斯－夏夫豪森"。

　　叔本华对梅尔滕斯为自己妹妹在临终前付出的慈爱关怀心存感激。他认识到阿黛勒的离世给她这位友人留下了深深的感伤，他试图安慰这位悲伤不已的妇人："时间会击退这［悲伤］，就此而言，我们完全有理由不去反对时间，而是对它予以协助。我们必须使自己先于其他任何事情明白以下道理：无论如何，我们都无法想象自己的悲痛与哀伤能够在某种程度上有利或有助于死者，正如它们对我们自身来说绝少助益一样。"他引用了莎士比亚第七十一首十四行诗来继续尝试帮助梅尔滕斯消除绝望，却对原诗作了某些改动："当我死去之时，别再为我哀痛／沉钟鸣响之际，宣告着我已踏上了归途。"[131] 叔本华遵守了不会妨碍梅尔滕斯执行阿黛勒遗嘱的诺言，这必定也对她的焦虑有所缓解。在这点上，他对西比勒可谓彬彬有礼。阿黛勒并未像母亲一样剥夺叔本华的继承权，他从阿黛勒的遗产中获得了各式各样的东西：两千塔勒、奥拉田产每年一百五十塔勒的年租、几枚刻有叔本华姓氏的私章、家人所用的银质餐具以及外祖母伊丽莎白·特罗西纳的一幅肖像画。特别让他高兴的是得到了一幅他自己二十一岁时的微型画像以及父亲在全家周游欧洲时所用过的几本笔记本。梅尔滕斯对哲学家颇为宽厚，他们彼此间保持着相当良好的关系，直至梅尔滕斯 1857 年在罗马离开人世。

---

[131]　叔本华《书信集》，第 237 页，叔本华 1849 年 9 月 9 日致西比勒·梅尔滕斯—夏夫豪森。引自莎士比亚作品引文的原文应该是："当我死去之时，别再为我哀痛／于是你将听到乖戾而沉闷的钟声／告知世人我已逃离。"叔本华似乎是凭记忆写下了这几句诗的引文，用来迎合当时的情景，他或许是出于善意而并未提供紧接着的下一行诗"这个最卑鄙的懦夫栖身其间的可憎世界"。

464

不再漂泊的哲学家

叔本华在妹妹去世之际已经作为外来居民在美茵河畔的法兰克福居住了不止十六个年头。尽管他从柏林逃向了有父亲幽灵现身的法兰克福，但海因利希·弗洛瑞斯阴影的出现只是为了暗示叔本华会活过母亲去世的那天——他并未指明儿子会在哪里活过那天。被病痛及抑郁驱使的叔本华在1832年7月返回了曼海姆。在法兰克福所度过的那十个月当中的恶劣天气，给了他足够的理由迁回这座位于莱茵河与内卡河交汇处的城市。[132]

叔本华在曼海姆更为合群，他加入了和谐协会这一由当地达官显贵 465 及那些渴望跻身其中的人所组成的社团。对一个与"人类这个两条腿动物"绝少和谐关系的男子而言，他觉得该协会及其藏书都很对自己的胃口。生活节奏缓慢的曼海姆自有其迷人之处，而法兰克福则仍使人难以忘怀，他应当选择何处作为自己的永久居住地呢？为了得出答案，他对这两座城市居住的费用及益处进行比较与分析。在他看来，曼海姆的有利之处在于：和谐协会及其藏书、它较低的盗窃犯罪率——由一位有点疑神疑鬼的哲学家所获得的一项重大发现——它较好的外国书商及夏日浴场、海德堡的图书馆以及绝好的饭店。[133] 但它也有自身的不利因素：拥挤的娱乐及就餐场所、夏日里令人难以忍受的酷暑。法兰克福则有着宜人的气候、大城市所能提供的全部舒适及隐身于陌生人之中所带来的自由自在、更多的英国绅士、更好的剧团、音乐会与歌剧、自然历史博物馆、申肯贝克图书馆、更好的餐桌美食与咖啡馆，以及或

---

[132]　叔本华在离开法兰克福之前曾试图拜访游览德国期间恰好逗留于此的瓦尔特·司各特（Walter Scott）爵士。他给司各特寄了张卡片，请求对方让他登门拜访，但这位正在病中的作家给哲学家寄了张签有自己姓名的短笺，请他原谅自己无法同他见面。将司各特视为最伟大英国小说家的叔本华，对得到的这个司各特亲笔签名颇为珍视。参见，同上书，第135—136页，叔本华1832年6月12日及6月24日致约翰·凯欧。

[133]　叔本华在他私人日记中记录了自己对于盗贼所怀有的恐惧："如果夜里出现了响动，我就从床上跳了下来，抓住剑和我总是上好了子弹的手枪。"《手稿遗稿》，第4卷，第507页 /《手写遗稿》，第4卷，下册，第121页。

许最为重要的一点：能干的牙医与较少的庸医。[134]

法兰克福最终胜出，叔本华退出了和谐协会，将自己的行李及书籍、笛子还有卷毛狗全都打包装好。但在他装船前往这座商业大都市之前，他却笼罩在一种克尔凯郭尔式的恐惧之中："当我正要在 1833 年 7 月离开曼海姆之际，却突然被一种毫无外因无法言传的恐惧感压得喘不过气来。"[135]然而，他的这种恐惧（Angst）并未使哲学家慑服在曼海姆无法动弹。他于 7 月 6 日到达法兰克福。在他生命里接下来的二十八年当中，他都是定居在法兰克福，仅在 1835 年冒险到莱茵河地区作了一次四日游以及到美因茨与阿夏芬堡两地作过几次短暂的一日游。叔本华将继续在法兰克福体验孤独，但在他生命里最后七年当中并非如此，他会在那时颇具讽刺意味地品味到自己的成功。他将死于那里，并被葬在那里。

---

[134] 叔本华对于费用及益处所作的分析，记录在他的账簿当中，见格温纳《叔本华一生》第三版（Leipzig: F. A. Brockhans, 1910），第 242—243 页。

[135] 叔本华《手稿遗稿》，第 4 卷，第 507 页／《手写遗稿》，第 4 卷，下册，第 121 页。

第十章　法兰克福的哲学家

1836 年 3 月，当法兰克福出版商西格蒙特·希梅尔伯（Siegmund 466 Schmerber）将叔本华《论自然中的意志》一次印了五百本的时候，后者强迫自己保持了十七年之久哲学上的沉默终于被打破了。该书作者想让自己的见解再次通过出版的方式为人所知的急切心情，竟让他放弃了作者所应得的稿酬。但如果他没有意识到他若想要让《作为意志与表象的世界》得以再版就需要为其哲学培育出一批读者，那他就不大可能会出版《论自然中的意志》了。他把自己在自然科学方面的看法结集出版，希望能出一点儿名，这是有点儿绝望的做法。这些看法如果不单独出版，会被用作补充说明来支持他对自然哲学的观点，那是他主要著作第二卷的题目。他所需要做的一切便是，充实那些他自其主要著作出版以来便勤勉地对之加以了逐步完善的笔记，此事的成功完成在某种程度上得益于他对申肯贝克图书馆的充分利用，这个图书馆在他作出定居法兰克福决定的过程当中实际上起到了至关重要的作用。《论自然中的意志》是为了吸引读者上钩去读他早前作品而投放的一枚诱饵。[1]

---

[1] 申肯贝克图书馆是一家专门收藏自然科学类书籍的大规模私人图书馆，它的所有者是申肯贝克自然研究协会（Die Senckenbergische Naturforschende Gesellschaft），叔本华是这家协会的成员。叔本华本人收藏了大量自然科学方面的书籍，在他去世的时候，他有近（转下页）

467   叔本华试图在《论自然中的意志》中证明，那些不知道他的哲学的"不带成见的经验主义者"，从后验的源头出发，清楚有力地表达了对他的基本观点——那就是被我们在自己身上确认为意志的东西正是在所有自然现象中被表达出来的一切——予以支持的理论。[2] 叔本华不仅认为他的形而上学与最佳的科学研究成果并行不悖，而且还辩称他的哲学为科学世界观提供了根本性解释。这是叔本华的一贯立场，因为他认为哲学与科学两者最终都不得不求助于经验来证明其主张的合理性并富于意义地将这些主张表达出来。但与他在《作为意志与表象的世界》中所辩称的一样，科学仅仅停留在事物的表面。它统辖的领域是处于因果关系特定的时空中的物体，它要么将这些物体归入较大的属当中（形态学），要么通过发现对于事物的必然变化给出了终极描述的因果法则而领悟这些物体的变化（原因论）。他相信科学受限于关于外部世界的经验，而哲学所关涉的则并非特定的个体现象，而是为作为整体经验提供解释及其所

（接上页）两百本各不相同的该类书籍；关于他那些与自然科学相关书籍的目录，参见《手写遗稿》，第 5 卷，第 236—283 页。令人奇怪的是，叔本华有超过一百本书籍都是关于神秘超自然现象的主题；参见上书，第 5 卷，第 287—318 页。在科学方面所受的常规大学训练多于哲学训练的叔本华，一直都对自然科学发展的最新状况了如指掌。他在去世之前的几个月前读过一篇关于查尔斯·达尔文（Charles Darwin）的《论以物竞天择，适者生存为依据的物种起源》（*On the Origin of Species by Means of Natural Selection, or the Preservation Favored Races in the Struggle of Life*, London: John Murray, 1859）的报道。哲学家告诉他的友人弗劳恩席德特，达尔文的思想都是些"浅薄的经验论"，只不过是拉马克观点的翻版而已，它们"同我的理论绝对扯不上丝毫的关系；叔本华《书信集》，第 472 页，1860 年 3 月 1 日。奇怪的是，达尔文却会在《人类的起源》（*The Descent of Man*，第二版，两卷本，London，1874）第 20 章中引用叔本华主要著作第二卷那篇文章"性爱的形而上学"中的一段话来帮助自己说明其对于性吸引力的描写是合理的。他是在大卫·阿谢尔（Darid Asher）刊于《人类学杂志》第 1 卷（1866）"叔本华与达尔文主义"（Schopenhauer and Darwinism）中找到这段引文的。

[2] 叔本华《论自然中的意志》，第 19 页/《全集》，第 4 卷，第 1 页。使叔本华极其懊恼的是，他将会发现丹麦内科医生与生理学教授约阿西姆·迪特利希·布兰第斯（Joachim Dietrich Brandis）——他在第一章中大量地从此人作品中进行了引述来证实关于一种无意识的意志乃是一切充满活力的机能源泉的主张是正确的——自始至终都很了解他的哲学，却在对其进行利用之时并未提及其出处。在《论自然中的意志》第二版中，叔本华并未删去那些提及布兰第斯的地方，而是猛烈抨击了这位丹麦生理学家抄袭自己哲学的不正当做法，并用了布兰第斯作为例子来谈论其他的此类行径。

具有的意义。因为科学最终使用的对于那些包含有实属必然却又在科学上无法加以解释的种种因素的自然现象所作的解释是通过对这些因素进行解释来加以完成的，所以叔本华认为他的哲学完成了世界的科学图景。不同于被他指为将被发现的东西作为了后验之物并通过歪曲及颠倒其本末而将其强行塞入自己先验自然哲学的谢林的是，他将要表明科学如何自然而然地达到了与将为其提供依据的哲学相交汇的切点，但他不会将他的作品仅仅局限于自然科学。事实上，他的前四章涉及的便是自然科 **468** 学，因为叔本华依次谈论的是"生理学与病理学"、"比较解剖学、"植物生理学"和最后的"物理天文学"。他在第四章之前就表明了自然科学是如何由他关于意志的形而上学而得以完成。[3] 但为了真正地理解世界，人们需要的便不仅仅是一种具有形而上学依据的科学。人们需要知道语言动物磁力与魔术以及东方智慧是如何有助于促进对于存在的终极伦理意义的理解。为此就不得不再另外加上四章。

《论自然中的意志》

在第一章"生理学与病理学"当中，叔本华论证了意志在自发与非自发的身体机能中均为动因；而在第二章"比较解剖学"当中，他则力图表明，包括人在内众多动物的身体结构，乃是其意志在时空上的具体表现。他从动物生命所具有的使人产生目的论联想的特征及其对其环境的适应当中，得出了这是肇因于意志而不受制于知性的结论。哲学家在"植物生理学"一章中继续这一话题，辩称从植物生命中所冒出的实为意志。在这一章中，他提供了对在动植物及无生命的自然界中大行其道的各色因果律所进行的最为清晰的论证；确切来说即是，狭义上的动机、动

---

[3]　关于对叔本华涉及科学与哲学间种种关系的全面论述，参见马可·塞加拉《叔本华，哲学与科学》(*Schopenhauer, la philosophy, le scienze*, Pisa: Scuola Normale Superiore, 2009)。

因及因果关系。他后来会将这一对于各色因果律所作的内容丰富的论证以较为简略的形式收入《论充足理由律的四重根》第二版当中。

叔本华赋予第四章"物理天文学"极为重要的意义，他后来会在这一章中声称："我在那里比在其他任何地方都更为清楚地论述我学说中的那一根本性真理，并令其降至以实际经验为依据的自然知识层面……任何希望透彻理解我哲学并对其进行严肃探究的人，都必须对那一章的内容给予考虑。"[4] 叔本华在这一章的目的是要表明：意志乃是所有最重要自然力中的动因。奇怪的是，除了一则他在提及哥白尼的脚注之外，他用以支持他见解的唯一一位"不带偏见的经验主义者"却是英国物理学家约翰·赫歇尔（John Herschel）爵士，他是威廉·赫歇尔爵士的儿子，他所造出的那些被固定在大如宅邸平台上的望远镜，仅仅让哲学家在他环游欧洲时于1803年6月26日所写那则旅行日记中提了一下。叔本华相信，重力是最基本的、被表达得最为普遍的自然力。他引用赫歇尔的例证是为了声称重力是意志的一种表达方式，但叔本华也特别指出了赫歇尔并非毫无偏见，因为他像许多经验主义者一样在错误观念的驱使之下反复重申"意志与意识是分不开的"[5]。不过，他却对赫歇尔发现在无生命的自然界中表达出的意志一事感到惊喜，这种洞见被他充分用来表明"康德的自在之物就是意志这一基本原理，而且在这一部分中我表明了在自然的一切根本力量中起作用的东西与在我们自身中作为意志为我们所认识的东西是绝对一致的。"[6]

叔本华所说的"物理天文学"包含了那种对于他哲学中的根本性真理所作的最为清晰呈现的话语，可谓意味深长。他在自己主要著作当中运用了宏伟的宇宙来作比拟，以断言意志在所有表象中都得到了表达。

---

[4] 叔本华《作为意志与表象的世界》，第 2 卷，第 191 页 /《全集》，第 3 卷，第 213 页。

[5] 叔本华《论自然中的意志》，第 57 页 /《全集》，第 4 卷，第 83 页，叔本华提到赫歇尔的新版《天文学研究》（*A Treatise on Astronomy*）。

[6] 同上书，第 85 页 / 同上书，第 80 页。

但他在 1835 年之前更为自觉地领会到：他的形而上学旨在正确地解释作为整体的经验，他的哲学必须得驻足于一切可能的经验所划定的界限之内。因此，他更为坚定地秉持这一见解：形而上学知识的源头向其显露的对象，是通过感官而获得的感知、是我们对于其他事物的意识以及内在经验、反观内照或自我意识。他认为，对作为整体的经验进行解释，"在于在恰当的地方将外在经验同内在经验连为一体，并使后来者成为前者的线索"[7]。在《论自然中的意志》中，他会将我们对于意志的个人认知作为领悟在我们试图认识自然的过程当中所发现的未知之物所需的钥匙。　　470

　　叔本华在内在及外在经验之间找出了关联，他首先对贯穿于自然界各个等级中的因果律进行了探究，从其表达方式最为普遍与常见的自然力到其表达方式最具个性又最为独特的人类性格，皆在他的探究范围内。他认为，我们对于自然的理解在关涉诸如算术、几何与逻辑这样的先验性科学时最为清楚与确定，因为这些科学所涉及的是认知的先验形式。然而，一旦我们注意的是某种带有哪怕一星半点的以实际经验为依据的含量的事物——这种含量随着我们在自然等级中的逐级前行而递增——我们对于现象的理解便呈递减之势，我们所作的解释也变得不那么完全，这使我们日益强烈感受到自然中存在着某种未知之物。比如，当一个台球与另一个相撞时，我们有着对某种因果关系最为充分的理解：确切来说即是，被撞击的球所获得的动能与撞击它的球所失去的动能分毫不差，但有一种未知因素却神秘莫测——这正是可能存在动能这样一种从某个有形物体传导到另一个有形物体的无形之物。他认为，在无生命的自然

[7]　叔本华《作为意志与表象的世界》，第 2 卷，第 181 页 /《全集》，第 3 卷，第 201 页。这句话出自他主要著作第二版。在第二版中，他明确地将他关于形而上学的非康德见解言之凿凿地阐述为对于作为整体经验的正确解释，并声称形而上学的基础是以实际经验为依据与指导的。他还在此断言，为了解开存在这个谜团，人们必须提供一种将外在经验与内在经验联为一体的关于经验的描述。叔本华在提出了关于形而上学的这一见解之后，便让读者去读"物理天文学"，在其中"我给出了 [关于这一联体性] 的透彻而全面的解释"。学者常常都忽视了叔本华在《论自然中的意志》里为了将意志那种具有自我意识的经验同外在经验的诸多客体结合起来所作的努力。

界当中，更令人费解的因果关系表明在因果之间有着更大的异质性：同是热度增高，蜡变得更软，而黏土却变得更硬。转到有机界来考虑一下包括动植物在内生物的情况，就会发现因果体系仍然适用；然而，在因果之间却既没有质的关系，也没有量的关系，尤其是针对具有理智、出于抽象动机行事的人类而言，则更是如此。如果你将水浇在一株植物上面，这或许会促进其生长；如果你将水泼在一只狗身上，它可能会逃开；如果你将它泼在一个人身上，谁也不知道会发生什么。叔本华认为，因果之间的差异变得如此之大，以至于那个一度浑身湿透的人似乎毫无缘由地在两周后对我们大喊道："一般人的智力一点也感觉不到原因的存在，意志的行为对它来说看起来是无条件的、无原因的，就是说是自由的。"[8] 他因此得出结论：我们意识到了某种自己无法理解的自然界中神秘的未知之物。

为了从大体上理解这种运作于大自然中的未知之物，叔本华转而将既为表象又是意志的我们身体的经验作为了理解自然的关键。这种从向外指向其他表象的感知到指向内在的内省的转变，使得评判者与被评判者成为一体，并承认意志是在身体活动中被表达出来的动因。我们从这种认识中所发现的力正是自然中的未知之物。他断言道："我们认识中的这两种完全不同的来源，就是说内部的和外部的来源，只有通过反思在这一点上被连接到一起。只有从这种联系中，我们对于自然的、对于我们自身的领悟才能产生；但是另一方面，自然内部的那一面透露给了我们的理智，若靠其本身所能达到的那就仅仅是外界；哲学如此长久以来努力去解决的秘密，现在展现在我们面前。"[9] 他辩称道，人们由此清楚了何为唯心之物，何为实在之物，何为现象与何为自在之物。因果律在现象中为君为王，其方式与机械、物理及化学的原因起作用的方式完全一致，

471

---

[8] 叔本华《论自然中的意志》，第 93 页 /《全集》，第 4 卷，第 90 页。
[9] 同上书，第 94 页脚注 / 同上书，第 91 页。

之后则作为动因与动机产生威力。通过因果律的这些表现形式，那个我们在自己身上发现其实是意志的未知之物，在那里发挥着作用。这两者并非截然不同，而是实则为一，尽管对其加以了解的方式有所差异。"我们是以两种完全不同的方式认识因果关系和意志：因果关系完全是从外部、相当间接地通过知性来认识的；而意志完全是通过内部、相当直接地来认识的；因此即在一种特定情况下对其中之一认识越清晰，对它者的认识就越不清晰。"[10] 叔本华得出结论：因为因果律是种种表象的实质，是知性的一种先验形式，这只是世界的一个方面，另一个方面则是意志。对某个身体而言，并不存在像那种老旧的哲学偏见所会认为的那两种活动源头，意志出自内部，因果律出自外部，而是只有一个；身体活动的内部条件是意志，外部诱因则是原因，这种原因所能显现的方式是刺激物或动机。[11]

"物理天文学"那章为叔本华关于他的哲学受到了自然科学支持的论述划上了句号。接下来的三章利用其他对他的形而上学予以支持的"以实际经验为依据和指导的"资料来源。全书中最短的"语言学"一章，包含了他关于各种不同语言都认为有某种意志运作于包括无生命的自然物在内的自然物体内的评论。他因此引用了塞内加（Seneca）、普林尼、亚里士多德的著述以及德法两国的格言来支持自己的断言。他甚至还引用了《易经》（I-Ching）中的话："阳，或天空的物质，想重新到达那儿，（借荀子之言）想重新到更高的地方，因为它的本质的原则，及它内在的法则使它这样做的。"[12] 尽管叔本华在语言中看到了深嵌其间的智慧，但他却从未考虑过看似并无认知能力的存有具有意志的那种做法是否显示出人类某种执着于人神同形本性的根深蒂固倾向，这一指责完全可以用

472

---

[10] 同上书，第96页／同上书，第93页。

[11] 参见叔本华，同上书，第88页及随后一页／同上书，第84页及随后一页，在这里，哲学家追溯了那种假定有两种不同运动的基本原理的普遍自然观的来龙去脉，它上起柏拉图，经由西塞罗，再到亚里士多德、卢梭，甚至生理学家卡尔·弗里德利希·布尔达赫（Card Friedrich Burdach）。

[12] 同上书，第100页／同上书，第97页。

来驳斥他自己的见解。难道我们将从自己身上所深挖出的东西赋予世间万物的做法就可能是人神同形的本性？

如前所述，"动物磁性学与魔术"是这本书篇幅最长的一章。相信诸如磁力、感应治疗、心灵致动、心灵感应术、超常神视能力及魔术之类的奇异现象确为事实的他，辩称这些异乎寻常的经验经由假定存在着某种肇因于意志的形而上学的关联而获得了一种站得住脚的解释。接下来的"汉学"这一章，详细列举了他的哲学同道教、儒教、佛教及印度教之间各不相同的密切关系。这一章当中还包括对许多叔本华通过其最终精通东方思想资料来源的引用，它还有另一个稀奇古怪的特征。哲学家在自己所有书中总是从世界上的文学、宗教、哲学及科学里旁征博引。在多数情况下，他这样做的目的是为了表明，其他举足轻重的思想家所表达过的洞见在他的哲学中得到了更为透彻的解释。尽管叔本华这样做是为了有助于证实他的见解。但他还暗示了自己是在未受他人影响的情况下形成了这种种观点，它们源于他自己对这个世界所感到的诸多困惑。在这当中，康德是个大大的例外，他在自己整个的哲学生涯当中一天更比一天地自视为康德的信徒，甚至到了声称他的哲学"仅仅是康德先验唯心主义的臻于化境"[13]的产物。然而，"汉学"是个罕见的特例，他在其中试图表明他的根本观点：我们关于意志的内省经验是用于理解这个世界的钥匙，在曾经说过"天的精神也许可以从人类的意志为何物中推知"[14]的 12 世纪中国学者朱夫子 * 著述当中就能找到。叔本华很快聪敏地指出了这一表述最早刊登在 1826 年的《亚洲杂志》上，那是在他的主要著作面世八年之后。

乍看之下，最后一章"关于伦理学"似乎是原计划之外的一章加在了一部力图为自然科学提供形而上学依据的作品之后，但它明白无误地

---

[13]　叔本华《书信集》，第 284 页，叔本华 1852 年 7 月 22 日致弗劳恩席德特。

[14]　叔本华《论自然中的意志》，第 136 页 /《全集》，第 4 卷，第 137 页。

　*　即朱熹。

表述了叔本华在 1813 年所展望过的那类哲学，一种伦理学与形而上学在其中合而为一的哲学。[15]他声称："从远古以来，所有的国家都承认，世界除了有一种物理含意外，还有一种道德的含意。"[16]他特别指出，只要不是粗俗的唯实论者，那事实便的确如此。此外，他还声称，他比斯宾诺莎更有权利将自己的形而上学称之为"伦理学"，因为他证实了在大自然中所表达出的意志满足两项为任何一种道德特性所必需的要求：确切来说即是，它自由自在并负有责任。叔本华从神学中借用了一个术语，他声称仅有意志具有自我存在；它源于自身，决定着自身，独立于其他任何东西。世界上的所有一切之所以如其所是，是因为它是意志。因此，见之于世的所有罪过或美德都汇入了意志。事实上，不同于其他除了用振振有词的空话来对体现令人痛彻心扉的世间不幸当中的令人发指、不可言状的诸多邪恶作出解释而别无其他的哲学的是，叔本华为自己通过承认邪恶乃是本体的固有组成部分而诚实地直面邪恶这一问题感到自豪。死亡与毁灭实乃为意志之客观表现的世界的必要特征。如同他会在后来所声称的一样，正是因为这一原因，"除了对我们最好不要存在这件事情的认识之外，再也没有其他任何东西能被说成是我们存在的目的。然而，这却是所有真理中最重要的那条，因此，无论它同眼下时兴的欧洲思想模式形成了何等鲜明的反差，它都必须被说出来。"[17]

　　与欧洲思想截然不同的立场，是某种叔本华知道自己在其整个哲学生涯当中一直都在做的事情。他在"关于伦理学"这章中提到了他哲学的苦行结论的悖论特点是如何地冒犯了对他心怀好感的让·保尔，又如何使得雷策写了一本出于好心的书来反对他。此外，他还表达了那种在尼采看来是显露出他对抗所处时代的英雄气概的观点，这种观点被尼采看作是意味着贯穿于叔本华哲学始终的极度诚实。他知道自己的反乐观主

474

---

[15]　参见叔本华，《手稿遗稿》，第 1 卷，第 59 页/《手写遗稿》，第 1 卷，第 55 页。

[16]　叔本华《论自然中的意志》，第 139 页/《全集》，第 4 卷，第 140 页。

[17]　叔本华《作为意志与表象的世界》，第 2 卷，第 605 页/《全集》，第 3 卷，第 695 页。

义的立场因为发现了存在本质乃邪恶而会令其所处时代的时代精神——用一个他所厌憎的字眼来说——痛入骨髓。他婉言告诫道:"而且所有哲学体系中的乐观主义是与伦理学密切相关的,而伦理学则好像是责无旁贷地满足它们的要求:因为世人愿意听到这是值得称赞的、是卓越的,而哲学家也要讨世人喜欢。这对我来说就不一样:我已经看出什么东西讨世人的喜欢,因此不会为了讨其欢心而背离真理的道路一步。"[18] 他以这种方式断言道:他的哲学与所有其他的哲学都不相同,它遗世独立。当然,这是一位强烈渴盼获得读者的人笔下之言。篇幅短小得仅为两页的"结论"部分,以对"职业哲学家"的猛烈抨击来结束该书,这些"行会哲学"从业人员对他的著述漠然视之。他们的目标是为了取悦自己、家人、教会及国家。他写道,如果赤身裸体的真理女神从奥林匹斯山上下来,也无法使他们变得兴奋——相反,他们将三个手指放在自己嘴唇上,恭敬地把她送回到她的奥林匹斯山上,然后回到自己书斋中去。

自由是个谜

《论自然中的意志》仅仅在他另出了一本新书的意义上打破了叔本华在哲学上所保持的沉默,而并未打破哲学界对他作品所保持的沉默。这本书被接受的方式比他博士论文与主要著作被接受的方式更令人沮丧。《论充足理由律的四重根》至少获得了三篇最初反应冷淡的评论,而《作为意志与表象的世界》则引来了包括雷策那本出于好心所写的书及贝内克向其发难的论争在内的半打评论。此外,他的主要著作还将继续在 19

---

[18] 叔本华《论自然中的意志》,第142页/《全集》,第4卷,第143页。尼采这位以其狄俄尼索斯式力量的悲观主义和悲剧性世界观而赋予叔本华悲观主义以更深程度而自豪的后来者,似乎就是一位符合叔本华为这种典型哲学家所描绘标准的哲学家;亦即,想要取悦世人的哲学家。参见我的"尼采对于叔本华道德哲学的运用与滥用"(Nietzsche's Use and Abuse of Schopenhauer's Moral Philosophy),第150页。

世纪 20 年代与 30 年代初期间为他在德国哲学手册中不止一次地赢得一席之地。他试图用科学来证实自己哲学的努力，引来的是唯一一篇否定的评论，它以仅仅署名为"H"的匿名方式发表在《全德文献索引》（*Repertorium der gesammten deutschen Literatur*, 1836）上。评论作者是一位名叫古斯塔夫·哈滕施泰因（Gustav Hartenstein）的莱比锡哲学教授，这位赫尔巴特从前的学生对叔本华哲学持有同他老师完全相同的评价——他的基本观点能够在费希特与谢林的学说当中找到。哈滕施泰因还证明了自己确有先见之明，他准确无误地预见到这本关于自然哲学的小书将无法为叔本华的主要著作吸引到读者。然而，哈滕施泰因并没有说这一先见之明是否是形而上学关联的表现。这位先知般的批评者还会为《伦理学的两个基本问题》及叔本华主要著作第二版提供否定的评论。在付印一年之后，《论自然中的意志》仅卖出了一百二十五本。

475

　　当《论自然中的意志》在出版商的架子上积灰蒙尘之时，设在特隆赫姆的挪威皇家科学院正在为人类意志的自由这一问题而大伤脑筋。为了去除这一困惑，科学院决定出资举办一次有奖征文竞赛。1837 年 4 月，叔本华在《哈勒文学报》（*Hallische Litteratur-Zeitung*）上偶然发现了一则启事。哲学家立即就对征文竞赛的问题"人类意志的自由能从自我意识得到证明吗？"产生了极大的兴趣，他感到自己非得对其作答不可。[19]毕竟，他在自己博士论文、主要著作以及关于自然中的意志的这篇论文当中都曾经间接谈到了这一话题，但并未以一种目的专一的集中而持续的方式来谈。因此，他已经知道这个问题的答案是"不！"，因为他新近才发表了自己的哲学见解，所以他在知道至少有一些某个社团的成员会

---

[19]　这个问题的拉丁文原文是"Nun liberum hominum arbitrium e sui ipsius conscientia demonstrati potest"。叔本华注意到了"conscientia"这个既可以指"意识"又可以指"良心"的词的模棱两可性。他准确无误地排斥了挪威皇家科学院想要的是关于"conscience"一词论述的想法，因为意为"关于其自我的意识"的"ipsius conscientia"这个词组立即就排除了"良心"的意义的可能性。参见叔本华《论意志自由的获奖征文》，第 9 页 /《全集》，第 4 卷，第 10 页。

听闻他观点的情况之下决心要再次提笔发出自己的声音。

　　叔本华从 1837 年秋至 1838 年春认真致力于这篇征文的写作，在此期间所发生的事情，包括他与罗森克兰茨就康德作品集的恰当形式所进行的通信，他为试图说服法兰克福以恰当的方式给歌德以荣誉所作的努力以及他母亲的行将辞世。挪威皇家科学院收到他就该问题所给出的答 **476** 案是在 1838 年 6 月 19 日，而在 1839 年 1 月 26 日，科学院授予叔本华这篇征文以桂冠。除了所收到的那枚哲学家极其珍视的金质奖章之外，他还被任命为科学院的成员。科学院于 1840 年发表了这篇征文，却并未给叔本华提供修正样稿的机会，这一做法令征文作者怒不可遏。[20] 科学院自己保有了这篇征文的出版权，但在几经协商之后，叔本华获得了它在德国的出版权。

　　叔本华不得不以匿名的方式呈交这篇征文，因此，他写作它的方式不可能预先假定他自己哲学的存在。不同于他在假定他关于意志形而上学存在的情况下所写就的《作为意志与表象的世界》对自由的论述，他不得不在这一问题的框架结构内得出自己的观点；亦即：人类意志的自由是否能够从自我意识当中得到。正因如此，"论人类意志的自由"是一篇就自由及决定论的话题进行论述的自成一体的独立论文。它也是他所有素以明晰易懂而著称的著述当中最浅显易懂的文章。

《论人类意志的自由》

　　论文分为五章和一篇附录。第一章"定义"读起来似乎是出自一位 20 世纪英美哲学家之手，而不是一位 19 世纪的德国哲学家所写。叔本华通过对常规语言的细致观察以及对被用于科学院所提问题中重要概念的

---

[20]　这篇论文是以以下的挪威语标题登载的："Kan Menneskets frie Villie bevises af dets Selvbevidshed? En med det Kongelige Norske Videnskaber-Selskabs større Guldmedaille belonnet Priis Afhandling", *Det Kgl. Norske Vidselsk Skr. i det 19 deAarh., 3.B. 2.H*（1840）。

着重论述，清晰地描述了关键术语的含义，精确地表达了这一问题。在"定义"这一部分当中，叔本华区分了三种关于自由的概念。"自然的自由"暗含着对某种没有物质阻碍或障碍物的力的表述。因此，当一条小溪流淌着而无山岳或水闸阻挡之时，它是自由的；当一个动物能够不被困于笼中信步闲逛时，它是自由的；当一个人在回家的路上没有受到意外事件的阻挠时，他或她是自由的。"智力的自由"关乎的是一个人如其所愿地行事的能力，没有某种认知上的缺陷或错误会使得他或她违背自己的意愿行事。对于智力的自由的重要性，叔本华会在附录当中展开来进行 477 详细的论述。

"道德的自由"被叔本华定义为没有动机限制的意志自由，他在更为古老与宽泛的意义上将"道德"用作与心理及精神领域而不是身体领域相关的东西。他声称，"道德的自由"是那种被用于征文问题中的拉丁文短语 liberum arbitrium 在其语境里所指明的自由，它是"自由的意志决定"。

叔本华的论文准确无误地将论述的重点集中在了道德的自由这一概念之上。他接受了所有仅仅将自然的自由归之于人类行为的主张，因为任何存有或事物都可以被说成是"就物质而言是自由的"，尽管它所有的一切在前因后果上早已注定。对叔本华而言，至关重要的问题并不是人们是否能够做他们想做的事（自然的自由），或者甚至是他们是否可能想要得到他们所想要的东西，而是意志本身是否是自由的；亦即："它的单个的表现（意志动作）……从本原来讲完完全全是产生于它自己的，而并不是由事先的条件所必然造成的，因此也就是不是由任何东西，按照什么规则所能决定的。"[21] 叔本华评述道，有了这一概念，清晰的思考就结束了，因为它要求放弃充足理由律这种我们认知能力的根本形式，但他特别提到了，学者使用了一个专业术语来作为这一概念的名称，"自由的，任何方面都不受影响的意志决定"（ liberum arbitrium indifferentiae ）。

---

[21] 叔本华《论意志自由的获奖征文》，第8页/《全集》，第4卷，第8页及随后一面。

为了斟酌自由是否能以自我意识为依据这一问题，叔本华首先为自我意识下了定义。他断言道，自我意识是关于人自己意志的直接意识，它关乎一个人内省经验的方方面面。它不仅包括对于表现为特定行为以及导致此类行为种种决定的意志之明确活动的意识，而且还包括一个人在其程度与种类上各各不同的情感生活。因此，自我意识是对于"一切渴望、努力、愿望、要求、向往、希望、爱好、愉悦、欢唤等等，和不想要或反对，简言之，一切的情绪和热情……一直扩展到肉体的舒服或痛苦，以及处于这两个极端之间的无数种感觉"[22]。他断言道，自我意识的领地，内在感觉的范围，延伸到了一种同在外部世界中被感知和认识到的东西彻底及被广泛认可的关系当中，对于外部世界的意识是关于他物的意识，这是外在感觉的疆土，它的客体意味着自我意识的终结。他声称，在外部世界里被感知到的客体，是就意志的所有行为而言的材料与动机，意志的行为总是关乎这些客体，这些客体在被认知为行为的目的并起着动机的作用时会引发意志的活动。他认为，如作他想会令意志完全脱离外部世界，会令意志"被关闭在自我意识黑暗内部"[23]。

478

叔本华在第二章"自我意识前的意志"当中对科学院所提出的问题处理得相对较少。他使用了自己对自我意识所给出的宽泛概念以及对自然的自由与道德的自由所进行的区分，来辩称自我意识的材料并不能建立起道德的自由。自我意识充其量只能够揭示出自然的自由，比如下班以后，我可以去图书馆，可以回家，可以去咖啡屋，或是决定逃离自己痛苦的生活、漫游这个广袤的世界。如果我愿意，我就可以去做这些事情中的任何一件，除非我因物质条件而受阻，那么，如果我想要这样去做，我就拥有这样去做的自由。叔本华愿意勉强承认这一切都是真的，但它却绝对同意志自由毫不相干。与此密切相关的问题乃是：我是否能够

---

[22] 同上书，第10页/同上书，第4卷，第11页。

[23] 同上书，第11页/同上书，第4卷，第12页。

在这种情况下既想要某个东西又想要同它对立的那个东西，自我意识所能揭示出的全部乃是：我能做我所想做的事情。然而，这里却是自我意识的局限所在。假定我想要这样去做，仅仅能够想象我可以在一系列特定境况当中做许多事情中的任何一件，并未谈及我是否可能曾经想要这样去做；它并未谈及我是否可能曾经想要去做不同于我在事实上的确曾经想要去做的事情的其他任何一件事。因此，叔本华得出了结论：自我意识无法建立起自由的意志决定（liberum arbitrium）。

接着，叔本华探讨了关于他物的意识，他以此展开了表明意志的自由绝无可能的艰难努力。在第三章"在他物意识面前的意志"中，他并未通过由单个个体对意志的具有自我觉知的经验所构成的具有局限性的透镜来主观地探究这一问题，而是转而采取了一种"客观的立场"，将意志作为被某一深嵌在这个世界之中的本体所拥有的东西以及认知能力的客体来加以详察。叔本华始终对他从康德哲学所获得的根基，并因此对 479 他在自己博士论文与主要著作中所做的工作保持着忠诚，他辩称道，外在感觉的所有客体，都受着因果法则的支配。他在这一部分中探寻了在大自然的无机界及有机界里面运作着的各种不同的原因。

叔本华论据中的要点，是对于为动物生命所独有的各种因果律（亦即各种动机）的论述。非人类的动物，局限于那些充当其活动动机的对于这个世界的直觉性感知，而人类或具有理性的动物，则善于接受某种其他类型的动机，这类动机使他（它）们摆脱了当下的影响。人们因为能够将抽象的表象或概念诉诸表达——它们接着被用言语表示出来并以各种组合方式被用于作出判断——而具有思考能力。尽管叔本华认为这为人类提供了某种在级别上比非人类的动物所具有的选择要高出许多的选择，但这种自由却只是相对的，只能使他们摆脱当下，而无法逃脱因果律的支配。正如在诸多非人生物中所表现出的一样，动机的效力是绝对的；动机是通过引发行为的认知而运作着的因果律。任何一个行为都源自一个充足的动机，而决定一个充足动机的，则是某个行动者的性格所具有的作用。他辩称道，一个人的性格是个体的，它是不变的、是验知的、是天赋的；它是他或她的本质。他使用了拉丁文的短语"行为取决于本体"（operari sequitur esse）来断言：每一人类行为都是一个人的性格和诸多动机的必然结果。尽管情况看来或许是：下班以后，我可以回家，可以去图书馆或者咖啡屋，或是逃离我那不幸的生活而去漫游世界，如果我回到家的话，但我鉴于自己的性格以及那一系列的动机却不可能做出别的事情。在我实际上下班之后回到家中的时候去想我可能逃离了我那不幸的生活而去漫游世界，就会像是一枚石子在空中飞行之时想着它既可以继续前行又可以坠落在地。[24]

叔本华在说出了自己支持一切人类行为均属绝对必然观点的理由之后，在第四章"先驱"当中提到了无数持有他这一见解的先驱。他引用了其著述来确认人类行为的绝对前定性的有：诸如亚历山大的克雷芒（Clement of Alexander）、圣奥古斯丁及马丁·路德等宗教人士；诸如托马斯·霍布斯（Thomas Hobbes）、斯宾诺莎、休谟、约瑟夫·普里斯特利（Joseph Priestley）、康德等哲学泰斗；以及诸如莎士比亚、瓦尔特·司各特爵士、歌德及席勒等文坛大师。他提到了谢林与费希特，明确地指出了他们不属他的先驱之列。他甚至还指责谢林试图将康德的观点窃为己有。然而，尽管承认其他人也持有他这些洞见，但他提醒科学院，他并非是为了采取不正当的手段求助于权威以证明自己观点的合理性而提到了这些人，而是已经表明了自己的立场。[25]他说，他的主要兴趣是要表明他的立场不同于早前那些类似的观点。他特别提到了两处不同。首先，不同于其他所有人的是，他通过对内在与外在经验所进行的仔细区分，表明了意志是自由的这一颇具欺骗性的说法为何令人无法抗拒。其次，他通过对意志在其与自然界万事万物的关联之中所进行的考察而对这一

---

[24]　同上书，第69页/同上书，第76页，叔本华在此引述的是斯宾诺莎《伦理学》，第3部分，命题2，附释（Schol），那正是石子一例的出处。

[25]　同上书，第81页/同上书，第90页。

话题进行了系统而完整的论证。[26]

　　"真正的道德自由"是第五章"结语和进一步的见解"这最后一章的主题，在这一章中，叔本华提出了他从康德那里获得了灵感而得出的观点：自由同人类行为的必然性并行不悖。他将康德对悟知性格与验知性格所作的区分——他最初在自己博士论文当中就对这种区分以某种可谓古怪的方式致以敬意——作为出发点来构建自己的观点。他辩称说，我们的悟知性格，并不在充足理由律这一所有必然基础的控制范围内。因为悟知性格构成人的本质——他在此采用一种与让·保尔·萨特（Jean Paul Sartre）的观点——我们的本质是自由的——截然相反的立场；亦即：它并非必然如此，尽管我们所有的行为都必定源自这一性格和诸多动机。[27]但不同于导师康德的是，叔本华反对这样的主张：自由是某种不同于在自然界中显示出来的那类因果关系的因果律。对叔本华而言，我们的本质或我们的悟知性格，在我们所有行为当中显露无遗，我们的行动取决于我们的本体，但我们的本质自身既非他物之果又非他物之因，它像一切自然力一样显露于一切因果关系之中。自由是超验的，它适用于我们的本质，却不适用于这个尘世。

　　为了对自由的超验特质作出合理解释，叔本华用了一种使人联想起他在初涉哲学这一领域时用以觉察尘世间更优的意识方法的方式来进行论证。各式各样的"意识事实"都表明，我们那非时间性、非空间性、非因果性的悟知性格、我们的意志与本质，是在我们的种种行为中所表现出来的东西，而我们这些行为中的桩桩件件全都是必然性的产物。他

481

[26]　参见叔本华，同上书，第 73 页／同上书，第 82 页。

[27]　萨特在那篇著名的文章"存在主义"（Existentialism）中辩称，人类的存在先于本质，我们是通过我们的行动创造出了本质。叔本华则认为，就逻辑而言，我们的本质先于我们的存在，我们之所为必然源自于我们之所是（我们的本质）。参见让－保尔·萨特《存在主义与人类的情感》（Existentialism and Human Emotions, New York: Citadel Press, 2000），第 13—15 页，与叔本华《论自然中的意志》，第 51 页，第 87 页／《全集》，第 4 卷，第 57 页，第 97 页。

特别指出，我们对于我们之所为具有一种深沉的责任感与义务感，我们意识到我们诸多行为的自发性与独特性，这使得它们觉得它们仿佛是我们的行为。我们觉得我们是自己行为的实行者。正如康德辩称"我思"与我们的所有表象具有关联一样，叔本华断言"我欲"同我们的所有行为密不可分。[28] 这些感觉指向的是我们的悟知性格，它同诸多动机一样是任何一个行为的次要必然因素。我们的性格构成了诸多动机所具效能的潜在原因，它就是那使某个具体动机成为某一特定行为充分动机的东西。然而，这一性格既没有推动任何其他事物的发生也没有受其他任何事物的推动而生成，但它正是在我们所有行为当中表现出来的东西。此外，我们的行为还展现出我们性格所具有的道德品质。他辩称道，其他人用我们的行为作为证据来认识我们性格所具有的道德品质，而我们的意识也使我们同样意识到了这一点。经由通过我们的行为来对我们性格的道德价值所做的评定以及对于我们行为取决于我们性格这一事实的认识，叔本华最终将我们的责任感与义务感归因于我们的性格。如果我们具有的是另外一种性格，那我们的行为就会完全不同，但鉴于我们是自己之所是，它们则系出必然。但我们确为自己之所是，我们的行为实出我们之所是。因为这种悟知性格处于实为所有必然的源头及所有解释准则的充足理由律效力范围之外，所以这种性格并非必然如此，也无法加以解释。因此之故，自由实为超验的。它关乎的，并非我们的行为，而是我们的性格；并非作为表象的世界，而是那个世界的内核。叔本华将尼可拉斯·马勒伯朗士 * 说过的一句话在措辞上进行了变换，写道："自由是神秘的"，是某种无法解释的东西。[29]

---

[28] 参见康德，《纯粹理性批判》，B131f.。

　* 尼可拉斯·马勒伯朗士（Nicolas Malebranche, 1638—1715），法国哲学家，继承并发展了笛卡尔学说，主张偶因论，认为人的认识来源于神，万物包含于神之中。

[29] 叔本华《论意志自由的获奖征文》，第 88 页 /《全集》，第 4 卷，第 98 页。许布舍尔认为此话语出克劳德－阿德里安·爱尔维修（Claude-Adrien Helvétius）《精神论》（De Lésprit），而非马勒伯朗士的作品；参见《手写遗稿》，第 5 卷，第 66 页。

倡导同情的哲学家 482

1837 年，另一个北方学术团体发觉自己大惑不解：让他们大惑不解的并非是人类意志的自由，而是道德的种种基础。这个令人困惑的问题催生出了另一次有奖征文竞赛，它用以下方式提出这一问题："道德的来源和基础可否在直接蕴含于意识（或良心）之中的德行的理念中和在对其他由此生发的道德基本概念的分析中探得，抑或可否在另一个认识根据中探得？"[30] 叔本华 1838 年 5 月再次在《哈勒文学报》上偶然发现了征文启事。赛兴未尽又仍在试图为自己的哲学招揽读者的哲学家，决定去解开这个由丹麦皇家科学院所提出的难题。正如他在为挪威皇家科学院有奖征文竞赛撰写论文时所处的境况一样，他这一次也已经知道问题的答案。这个答案在《作为意志与表象的世界》第四篇已经给了出来。他再次只需在没有假设自己形而上学存在的情况下从一条后验的路径出发来得出自己的正确判断。

1839 年 7 月 26 日，叔本华将自己的参赛征文"论道德的基础"寄给了丹麦皇家科学院。[31] 随同征文一道寄出的是哲学家的一封尽力展示出自己最佳拉丁文水平的信。这是一封必定会让科学院读罢便觉其极端放肆与傲慢的信件。这封信的第一句话，叔本华便要求对方通过信件告知他获胜的消息。接着，他对自己在挪威皇家科学院征文竞赛中新近获得的胜利进行了一番吹嘘，他告诉丹麦皇家科学院，他对也被任命为另一协会的成员是何等深感荣幸。他继续写道，在接下来的一年中，他将把自己这两篇"夺冠"征文结集为《伦理学的两个基本问题》出版，这是一部将会完整地勾勒出伦理学体系纲要的作品，一本"人们将不得不为之

---

[30]　叔本华《论道德的基础》，第 215 页及随后一页 /《全集》，第 4 卷，第 105 页。

[31]　随着《伦理学的两个基本问题》出版，叔本华将论文的标题从"论道德的基础"（Über das Fundament der Moral）改为了"论道德的基础的获奖征文"（Preisschrift über die Grundlage der Moral），尽管他在该书的扉页上提到这篇文章时用的仍然是最初的标题。

而感激斯堪的纳维亚半岛上那些研究院的慷慨大方"[32] 的书籍。叔本华或许还应该告诉丹麦皇家科学院，他们没有去读那篇征文的必要，只需把金质奖章寄给他就行。

483　　　　叔本华从未收到过关于他获胜通知的信件，也没有奖品像他在给丹麦皇家科学院的信中所请求的那样通过丹麦驻法兰克福的使节颁发给他。这并非是因为丹麦皇家科学院作出了不遵照叔本华的要求行事的决定。假如他赢得了这场竞赛，那丹麦皇家科学院就有可能这样去做。但他并未获胜，尽管事实上他的文章是唯一的参赛征文。他的这篇论文被认为不配荣膺桂冠。丹麦皇家科学院在其裁决书中声称，这篇论文因作者对问题的理解有误而不配获奖。他所认为的主要任务是去阐述伦理学的某项原则，但重中之重的首要任务却是展示伦理学与形而上学之间的关联，而这却被作者降格为在附录中所完成的任务。此外，皇家科学院还认为作者关于同情是道德基础的论述不够充分。最后，皇家科学院不能"还有一点不得不提到：好几个近代杰出哲学家竟被不得体地提到，这不能不使人们感到恼怒不快"[33]。

　　　　丹麦皇家科学院是1840年1月17日作出的负面裁决，并一直拖到夏天才将论文发表在一份主要在哥本哈根发行的杂志上面。叔本华在当年夏天稍晚的时候通过他的一位友人——一位名叫马丁·埃姆登（Martin Emden）的律师——的帮助获悉了这份裁决书的内容。说叔本华没有用哲学家所应有的沉着镇静来读完这一裁决，绝对是太过轻描淡写。他可谓怒气冲天。他按照原定计划通过法兰克福的约翰·克里斯蒂安·赫尔曼（Johann Christian Hermann）与F. E. 苏赫斯兰特（F. E. Suchsland）的出版社出版了五百本《伦理学的两个基本问题》。他在扉页中特别指出，他关于意志自由的论文被挪威皇家学院"授予桂冠"，而那篇论道德基础的

---

[32]　叔本华《书信集》，第 183 页。
[33]　叔本华《论道德的基础》，第 216 页 /《全集》，第 4 卷，第 276 页。

论文却没有被丹麦皇家学院"授予桂冠"。

叔本华在一篇冗长而尖刻的前言里尽情发泄了他心中的愤怒，他在这篇前言中对于丹麦皇家科学院所提出的问题进行了透彻的分析，表明科学院所问的恰好是他所提供的东西；确切说来即是，对于道德终极基础的描述，而非一篇着重论述形而上学与道德之间关联的论文。此外，他所提供的关于后者的论述，也并非如皇家科学院所指控的一样是以"附录"的形式来加以呈现的，而是用了最后一整章来加以完成。而作为对丹麦皇家科学院宣称他未能充分确立起自己伦理学基础的断言所予以的回应，哲学家则是这样答复的："对此我要说：我确确实实和认认真真地证明了我的道德的基础，而且几乎和数学一样严谨精确。这在道德学中是无先例的，我之所以能做到这一点，是由于我比以前任何人研究都更深刻，我深入到了人的意志的本质之中。"[34] 可以像据说是终身记仇的大象一样地怀恨在心的叔本华，在他在去世前几周为《伦理学的两个基本问题》第二版撰写前言之时，仍然在满怀怒火地对丹麦皇家科学院进行痛斥。

484

《论道德的基础》

比科学院对叔本华论文的批评更让他怒火中烧的，是他们所说的"好几个近代杰出哲学家竟被不得体地提到，这不能不使人们感到恼怒不快"[35] 这样的话。事实上，他在前言中用于抨击他所称的"杰出哲学家"——即费希特与黑格尔——以及给这些人荣誉的丹麦皇家科学院的时间，多过他用于对后者的批评性言论进行回应的时间，正是在这篇前言中，叔本华对他曾经的柏林大学同事发起最肆无忌惮的攻击。为了进一步贬损黑格尔，他在自己的激愤狂嚣当中将费希特称之为远胜黑格尔的

---

[34]　同上书，第 13 页／同上书，第 4 卷，第 xvi 页。
[35]　同上书，第 216 页／同上书，第 4 卷，第 276 页。

"天才"，他还明确地指出费希特少有才华。为了谴责丹麦皇家科学院，他还从格拉西安的讽刺作品《好评论的人》中翻译了一段篇幅颇长的段落，以暗示丹麦人因为觉得诸如黑格尔之流的雇佣哲学文人值得尊敬而愚蠢透顶。

令人感到奇怪的是，叔本华只是将费希特与黑格尔认定为科学院所指的"好几个近代杰出哲学家"，除了"几个"暗示多于两个的事实之外，还有一些原因表明情况的确如此。他在论文中，尤其是在论文第十一章"作为康德道德学错误放大镜的费希特伦理学"中，尽情地将费希特痛骂了一顿。但他对谢林与雅各比的挖苦漫骂之辞却比他对他在文章中仅仅提到过一次的黑格尔还要更多。当然，他对黑格尔的确进行了猛烈的抨击，称他是个"愚蠢而拙劣的江湖骗子"，断言他甚至比"冒充的哲学家"费希特与谢林都更没才能。[36] 不过，他本该想到，科学院可能注意到了他就康德学说所进行的论述。叔本华花了论文三分之一强的篇幅来对康德伦理学进行严厉而广泛的批评，这一批评如同最近一位评论家所特别提到的一样，"列举出了过去两个世纪当中大多数针对康德〔的

485

---

[36] 同上书，第 80 页 / 同上书，第 4 卷，第 147 页。保罗·多伊森（Paul Deussen）特别提到过，叔本华在初版《伦理学的两个基本问题》扉页上写有一位来自（瑞典）乌普沙拉的诺德瓦尔博士（Dr. Nordwall）曾经说过，哥本哈根征文的实际评判者是一个叫作马腾森的家伙，他是一名黑格尔派学者，著有持黑格尔哲学观点的伦理学著作，他后来成了一位主教。参见他的《全集》（Munich: Piper, 1911—1942），第 3 卷，第 793 页。叔本华所指的无疑是克尔凯郭尔的宿敌汉斯·拉森·马腾森（Hans Lassen Martensen）。此人常常被认为就是那个将黑格尔介绍进哥本哈根知识界的人，克尔凯郭尔在一系列现在以《对基督教徒的攻击》（*Attack upon "Christendom"*）为书名出版的著述当中对其猛批了一番，参见库尔蒂斯 . L. 汤普森（Curtis L. Thompson）为由他翻译的《在黑格尔与克尔凯郭尔之间：汉斯·L. 马腾森的宗教哲学》（*Between Hegel and Kierkegaard: Hans L. Martensen's Philosophy of Religion*, Atlanta: Scholars Press, 1997）所写序言，这篇序言中包括马腾森的"黑格尔伦理学"及"道德哲学体系纲要"（1841）的译文。因为马腾森的伦理学直到 1841 年才出版，也因为他直到 1854 年才成为西兰岛主教，所以叔本华很可能在写《伦理学的两个基本问题》第一版序言的时候并不知道马腾森是哥本哈根征文的"实际评判者"。

伦理学］所提出的强烈批评"。[37] 因为康德的道德哲学对叔本华而言是那一领域的收尾及扛鼎之作，所以他觉得非得在构建自己伦理学基础之前将其从根本上彻底推翻不可。叔本华还视康德的实践哲学为灭顶之灾，尤其是同他绝妙的理论哲学相较而言，则更是如此，他会提出一套与康德学说截然相反的伦理学。此外，叔本华还在对他这位英雄的伦理学所提出的批评当中，对康德本人也大加嘲弄，断言康德对建筑对称的钟爱、因其声望日盛而敢于急躁鲁莽以及年迈的喋喋不休是造成他道德哲学终归空泛的原因。他甚至还声称，康德《德行论的形而上学基本原理》（ *Metaphysische Anfangsgründe der Tugendlehre*, 1797 ）是"老迈羸弱"[38]的结果。

　　叔本华或许未曾觉察到，丹麦皇家科学院有可能被他对待康德的态度触怒了。当然，叔本华视康德为最伟大的哲学家，并早在撰写这篇论文的很久前就自视为康德的追随者。但在他这篇呈交给丹麦皇家科学院的论文当中，他对这些信念鲜有表露。他确实赞扬了康德将幸福论从伦理学中给清除了出去，否认自利的行为具有道德价值，将伦理学同神学区分开来，承认人的行为具有形而上学的意义。他甚至还将康德关于自由与必然共存的学说称为"人类智慧最伟大的成就"，正如他在自己那篇获奖征文中提到相同的信条一样。[39] 然而，除这一学说之外，叔本华却收回了他对康德的赞扬。他辩称说，康德关于至善及幸福与美德互为一致的见解，使他对于幸福论的拒绝仅仅流于表面而不真实，因为康德令人觉得似乎有德者就会幸福。此外，他还辩称，只有自身利益可能驱使某

486

[37]　约翰·阿特韦尔《叔本华：人类品格》，第 91 页。另请参见我的 "叔本华那更狭义的道德性"（Schopenhauer's Narrower Sense of Morality），刊于克里斯托弗·杰纳威编《剑桥叔本华指南》（ *The Cambridge Companion to Schopenhauer*, Cambridge: Cambridge University Press, 1999 ），第 254—269 页。

[38]　叔本华《论道德的基础》，第 51 页 /《全集》，第 4 卷，第 119 页。

[39]　同上书，第 111 页 / 同上书，第 4 卷，第 175 页；另请参见叔本华《论意志自由的获奖征文》，第 86 页 / 同上书，第 4 卷，第 95 页。

个人遵从康德的道德法则，他的道德哲学是神学伦理学的某种延续，而神学伦理学则是一种总是仰赖于上帝所允诺会给予奖赏或威胁要施以惩罚来迫使人服从的伦理学。按照叔本华的说法，康德在他看来基于其伦理学的道德神学，实际上只不过是恰恰与此相反罢了。关于康德诸如绝对应然、绝对命令、无条件的道德法则等等道德概念的逻辑学是以这样一位指挥官为先决条件的：他发布这样无条件的法令，并用威胁施以惩罚或允诺给予奖赏的方式来支持这些关于绝对义务的说法。[40] 叔本华因此辩称，康德的伦理学是以神学为先决条件的，他所谓的道德神学仅仅是通过那扇自始至终都敞开着的后门走私进了：上帝，不朽与自由。当然，叔本华还认为这对人类行为形而上学的意义描写得不够充分。他指责康德的伦理学为见诸莱因霍尔德、费希特、谢林与雅各比这书中的不着边际的胡思乱想提供了跳板："因此在康德的学派中，实践理性及其定言命令似乎越来越像一个超自然的事实，像一座人的灵魂中的德尔斐神庙，虽然由它的幽暗神殿所发出的神谕，可惜！未宣告将要发生的事，但却确

487

---

[40] 约翰·阿特韦尔特别提到了，叔本华对于康德伦理学的批评出现在一些对某种关于责任的康德风格伦理学持有异议的主张之前，这些主张中比如就有见诸 G. E. M. 安斯康姆（G. E. M. Amscombe）刊于《哲学》（*Philosophy*），第 33 卷（1958 年），第 1—19 页 "当代道德哲学"（Modern Moarl Philosphy），以及菲利帕·福特（Phillippa Foot）刊于《哲学评论》（*Philosophical Review*），第 8 卷（1972），第 305—316 页 "作为一套假设的必做之事的道德"（*Morality as a System of Hypothetical Imperatives*）当中的那些断言。参见他《康德道德思想中的目的与原则》（*Ends and Principles in Kant's Moral Thought*, Dordrecht: Martinus Nijhoff, 1986），第 218—220 页。理查德·泰勒（Richard Taylor）在《道德伦理学导论》（*Virtue Ethics: An Introduction*, Interlaken, NY: Linden Books, 1991）中对于某种关于责任伦理学的批评在极大的程度上都应归功于叔本华对康德的批评。参见我的 "叔本华那更狭义的道德性"，《剑桥叔本华指南》，第 254—263 页。

实宣告应当发生的事。"[41]

叔本华反对康德关于我们对自身负有责任的断言，反对他关于撒谎与自杀的见解，反对他的良心理论，反对他关于道德动机的观点，反对康德关于诸如爱、同情及我们道德生活中的怜悯之类善意情感的作用的见解，还反对他关于动物道德状态的愚昧看法，这些动物在康德看来仅仅因为缺乏理性便就没有被从道德上加以考虑的可能性。[42] 叔本华不仅反对康德使纯粹理性成为发现人为的先验道德法则的手段，而且还反对他形成了一套"对一切可能的有理性者来说，都被认为是有效的。确实，他宣布'单纯由于这个原因'，这道德原则就适用于人类，即，因为偶然性，人类才归入有理性者的范畴"[43] 的伦理学。叔本华指责说，这就如同形成了一套适用于可爱小天使的伦理学，对于全为意欲的血肉之躯的凡人则毫无意义。叔本华像休谟一样认为理性是激情的奴隶，他声称理性在人类生命中仅有工具效用。意志就形而上学与伦理学而言都是首要的，人类的本质并非是具有理性，理性也并非是道德个性的载体。邪念利用理性的狡诈来达到其罪恶的目的，就如同善念同样会巧用理性以带来善果

---

[41] 同上书，第 79 页 / 同上书，第 4 卷，第 146 页。叔本华指的是康德《实践理性批判》，在这本书中，康德将道德法则与实践理性这两者都假设为"理性的事实"，叔本华将这一举动解读为了康德对于自己在《道德形而上学基础》(*Groundwork of the Metaphysics of Morals*) 所持立场的推翻，认为它意味着对一种濒临危亡立场的回归。与叔本华相似的是，亨利·艾利森 (Henry Allison) 将康德视道德法则为"理性的事实"的做法看作是承认了他在《基础》中所得出的结论其实有误；但不同于叔本华的是，艾利森却认为这一举动是康德思想的某种进步。参见他的《康德的自由理论》(*Kant's Theory of Freedom*, Cambridge: Camdridge University Press, 1993)，第 201 页。

[42] G. E. 瓦尔纳 (G.E.Varner) 认为叔本华逐渐形成了一套足以催生出某种在赋予自然界中的客体以道德上的耐心同时将整体论与个体论有机地合为一体的环境伦理学的元伦理学。他还声称，叔本华提出这一见解早于林恩·怀特 (Lynn White) 刊于《科学》(*Science*)，第 155 卷 (1967) 的"我们的生态危机的历史根源"(The Historical Roots of our Ecological Crisis) 所提出的著名论点：我们的基督教传统是导致我们视动物为物体的原因。参见"叔本华在环境伦理学中所提出的质疑"(The Schopenhauer Challenge in Environmental Ethics)，《环境伦理学》(*Environmental Ethics*)，第 7 卷 (1985)，第 209—229 页。

[43] 叔本华《论道德的基础》，第 63 页 /《全集》，第 4 卷，第 131 页。

488 一样。按照叔本华的说法，"所以在康德以前，从来没有任何人曾把公正的、善良的和高尚的行为，与有理性的行为等同起来；在某人既有理性的又邪恶的或某人既心灵高尚又是非理性的说法中，并无矛盾之处。"[44]

为找出康德在伦理学中失误的第一步，叔本华引述了这位大师自己的话："在一门实践哲学体系中，我所关注的并不是要找出发生之事的理由，而是要找出关于纵然从未发生，仍应当发生之事的法则。"[45] 叔本华辩称，这种毫无根据的设想需要一个正当的理由，它使康德得以通过将道德法则同经验和以实际经验为依据和指导的内容剥离开来而以立法的强制形式形成了一套伦理学。他断言道，但康德的伦理学因为将伦理学同所有经验剥离开来而盘旋在空中，同人类的现实毫不相干，它适用于天使，而非欲望满满的凡人。同康德截然相反的是，叔本华形成了一套坚决拒绝颁布绝对道德法则的伦理学——这些道德法则被说成是约束着人而置其利益于不顾——，他回避了一种适用于所有可能存在的理性生物的伦理学，一种规定它们应当去做什么的伦理学。相反，叔本华的论证同他惯用的哲学方法完全一致：道德哲学家所做的是提供一种关于道德现象融会贯通的解释：

> 我放在道德科学前面的目的是指出所有各式各样人的行为的道德方向；解释它们；并且追溯到它们的终极来源。所以除去经验的方法以外，找不到任何发现道德基础的其他方法。我们应该寻找并且看看，是否我们能发现任何我们不得不把它们归因于**真正有道德价值**这样的行为；那就是自愿的公正行为，纯粹的仁爱行为，以及真正的高尚行为。这种行为，当找到以后，便被看作一已知应加以适当说明的现象；换句话说，必须考察它的真正始源，这包括对特殊动机的研究解

---

[44] 同上书，第83页／同上书，第4卷，第150页。

[45] 同上书，第52页／同上书，第4卷，第120页。叔本华摘录的是康德《道德形而上学基础》，AK. 427，强调的符号是叔本华自己加上去的。

释，这些动机导致一些人的行为和所有其他的非常不同，以至于他们自己竟形成一个阶级。这些动机，连带对它们的反应敏感性，将构成道德（Moralität）的终极根据，而关于它们的知识将是道德学（Moral）的基础。[46]

　　唯意志论的叔本华将这种道德的角度拆解成了行动者对其行为在情感上的反应与置身事外的行为目击者对这些行为在情感上的反应。具有积极道德意义的行为——叔本华认为这些行为具有道德价值——催生出行动者的自我满足与被人认可的感觉以及一位公正目击者的认可。其中一例可能会是一名穷汉将丢失的财物交还给一位富翁的行为，或者——套用叔本华关于利他行为的一个惯爱举证的典型范例——阿诺德·冯·温克尔里德 * 在森帕赫战役（the Battle of Sempach, 1386）中为拯救战友而英勇献身的事迹。具有消极道德意义的行为——叔本华称这些行为在道德上应受谴责——引来行动者的遭人非议或面对其自身行为以及置身事外的旁观者不予认可所受到的"良心谴责"。关于在道德上应受谴责行为的一个例子是，聚众斗殴中的赢家"还拔出他［输家］整个下颌骨，带着它当作战利品，离开他的仍然活着的敌手走开了"[47]。既缺乏积极又缺乏消极道德价值的行为，是道德冷漠的行为，它们既不具有价值，也不应受到谴责；既不能引起其行为实行者的情感反应，也不能引起目击者的情感反应。其中一例便是商人为了使利润最大化而勤勉不倦地投合客户种种需求。

　　在将人类行为分成三大类并驳斥由会辩称一切人类行为全都出于私

489

---

[46]　同上书，第 130 页／同上书，第 4 卷，第 195 页。

　　* 　温克尔里德（Arnold von Winkelried，？—1386），瑞士英雄。

[47]　同上书，第 169 页／同上书，第 4 卷，第 232 页及随后一页；关于商人的例子与温克尔里德的例子，分别参见，同上书，第 126 页，第 139 页／同上书，第 4 卷，第 191 页，第 203 页。

心的"道德怀疑论者"所提出的强烈质疑之后,叔本华展开了对驱使人完成这些不同种类行为的事物进行确定的艰巨工作。他对自己博士论文与呈交给挪威皇家科学院的获奖论文都加以利用,他辩称一切人类行为都是一个人性格与某个充分动机共同作用的结果,它们的目的是某种"与一个意志相一致或与一个意志相反的事物"[48]。他通过认定与个人意志一致的东西同此人的康乐或福祉密不可分,而与个人意志对立的东西则同此人的痛苦或不幸具有关联的方式,断言一切人类行为都有某人的祸福苦乐作为其最终目的。在否认了康德关于我们对于自身负有责任的观点之后,他提出以下见解:道德性关乎个体之间的关系,人类行为具有四种终极目的:自己的幸福、自己的痛苦、他人的幸福及他人的痛苦。对于这些目的的认知便是可以起到激发起人采取行动的四大根本或原始动机作用的缘由,确切来说即是:利己心,对于自身幸福的渴望;他并未在论文中予以论述的无名动机,对于自身痛苦的渴望;同情心,渴望他人幸福的意愿;以及害人心,渴望他人痛苦的意愿。[49]他辩称道,每一行为都非得归因于这些动机中的某一个不可,尽管他认为某些行为是这些动机共同作用的结果。他还声称,每个人都在不同程度上具有这些动机,人的性格实为这些动机混合而成。

490

叔本华随即辩称,利己心是引发道德冷漠行为的动机,恶毒的害人心引发了在道德上应受谴责的行为,而同情心引发的则是具有道德价值

[48] 同上书,第141页/同上书,第4卷,第205页。

[49] 叔本华并未在《论道德的基础》中论述这种未被指明的刺激,他声称他之所以没有这样做是因为他秉承着盛行于新教欧洲哲学伦理的精神在写这篇论文,还有一个原因是因为丹麦皇家科学院的院士不会理解。参见《作为意志与表象的世界》,第2卷,第607页/《全集》,第3卷,第697页的注释。他在其他地方还断言过,这种对于自身痛苦的愿望具有"禁欲价值"。参见《书信集》,第221页,叔本华1844年12月10日致约翰·奥古斯特·贝克尔。叔本华可能是因为想起了让·保尔对他主要作品的反应而打消去论述这种禁欲主义动机的念头,因为他避免去对其进行论述,所以他觉得他会让丹麦皇家科学院免受类似的对他悖论式"伦理学禁欲结论"困惑之苦;另请参见《论自然中的意志》,第143页/《全集》,第146页。如果事实果真如此,那么,这便是叔本华刻意不让自己读者"感到不快"的一个例子。

的行为。为使自己关于同情心是引发具有道德价值行为的唯一动机的断言令人信服，他首先通过排除法（第十六章）来展开了论证，他在其中言之凿凿地声称，无论是利己心也好，还是害人心也罢，它们都无法对彰显出绝对正义与完全仁慈的行为予以解释。这必然意味着这些行为必定出自同情心。认识到通过排除法所进行的论证无法令人完全满意，他还提供了正面的证据。在论文的较前部分，他阐明了自己的道德原则：不要损害人，但要尽力帮助人（neminem laede, imo omnes, quantum potes, juva）[50]。叔本华的道德原则并未对行为举止作出具体规定，仅仅是概述能够被赋予道德价值的行为方式。第一条阐述的是叔本华的正义观，第二条记录的则是他对仁慈或博爱（Menschenliebe）的看法。正义与仁慈构成了叔本华眼中的基本美德，以及一切美德的双重源泉或基础。在第十七章及第十八章当中，他论证了正义与仁慈的美德都是基于同情心。这样一来，他认为他表明了同情心实为一切美德的根本源泉。

　　作为意志论哲学家的叔本华，强调了利己心在动物与人类生活中的支配地位，这是某种遵从他们作为意志本质的东西。他在"论道德的基础"中继续将利己心称为人类生活中的最重要与根本的动机，建议人们　491
在任何试图解释某个特定行为的时候，都应当力图从利己角度出发。当然，尤其令他觉得非做不可的是，对同情心如何挫败天生自私自利的出发点以及同情心是如何成为可能这两点来加以阐明。叔本华直接在德语词"同情"（Mitleid）的字面意思上作起了文章——该词像对应的英语词"同情"（compassion）一样是指"[同他人]一道受苦"的意思——，他写道："在他痛苦时，我深切体会他的痛苦与不幸（ich bei seinem Wehe als solchem geradezu mit leide），正如大多情况下我自己所感受的痛苦与不幸，所以便急切地想望他能幸福，正如别的时候我急切地想望自己的

---

[50]　同上书，第92页/同上书，第4卷，第158页。

一样。"[51] 通过像自己的痛苦一样感受他人的痛苦以及因直接分担他人的痛苦来认同他人，富于同情心的行为的实行者将他人的痛苦当作自己的痛苦来对待；这就是说，他们愿意为防止或减轻他人的痛苦而行动。

按照叔本华的说法，同情心无法从心理学上加以解释，因为它涉及一种异乎寻常的经验——一种在他人身上感受他人痛苦的经验："……是他（his）亲身，而不是我们亲身感受这种使我们痛苦的不幸或危难。我们同他一起受苦，所以我们和他（in him）一致的；我们感知他的困难是他的（his），并不误以为那是我们的。"[52] 因为这一非凡的经验，他将同情心称为一种需要形而上学解释的"伦理学的真正神秘"。此外，同情心需要这样一种解释的实际情况，还源于——他在此使用了一个引自歌德的术语——同情心实为具有道德价值行为的元现象（Urphänomen）的事实；也即是说，同情心解释了一切具有正面道德价值的人类行为，但同情心本身一直无法用任何其他经验来加以解释。没有形而上学解释的同情心，在我们面前是一个"谜团"，而叔本华从来不会听任这样的哲学之谜不被破解。在他论文第十五章，也就是最后一章，他提供了某种他说是并未被丹麦皇家学院提出的问题所要求的东西，即关于元初伦理现象的形而上学解释。他说，他之所以这样做，一来是因为他无法不用形而上学所提供的更深立足点就能支撑起他的道德基础，二则是因为面临元现象之时，"人类精神得不到永久的满足，得不到真正的宁静"[53]。而此处所需的满足却比在科学与美学中要求与元现象一起的满足要更为重要与急迫，叔本华特别指出，之所以如此，是因为众多的哲学与宗教体系都赞同以下观点：人类行为的伦理意义必定是形而上学的，存在的意义通常所达到的最高点则是与伦理相关的。叔本华认为他通过这样将自己的伦理学建立在形而上学上的做法是在让最为重要的人类精神得到满足。当然，

[51] 同上书，第143页 / 同上书，第4卷，第208页。
[52] 同上书，第147页 / 同上书，第4卷，第211页。
[53] 同上书，第199页 / 同上书，第4卷，第260页。

作为一位呈现的是一种伦理学与形而上学在其中实为一体的哲学的哲学家，他个人觉得非得找出这两者之间的联系不可。

因为叔本华认为他正在提供的东西超出了回答有奖征文问题的所需，也因为竞赛所强制规定的严格匿名制使他无法运用其形而上学，所以叔本华只是给出了关于道德形而上学的纲要，这一纲要在大体上是以康德的形而上学为依据的，对康德形而上学中的超验观点，叔本华在自己论文的较前部分已有提及。奇怪的是，他并未提供关于感受到他人身体上痛楚的超常经验的形而上学解释。正是这种经验使得同情心成为伦理学的真正神秘。相反，他准备考虑的却是这样一个问题：一个善人，即一个富于同情心的人，对自我与他人间关系的理解是否是错误的，是否是幻觉所致，或者说一个坏人，即一个具有自私或害人强烈倾向的人，对自我与他人间关系的理解是否是一种幻觉。或许，假如他能够借助他的形而上学著作本文的话，他便会从《论自然中的意志》里对巫术所作的分析当中得出些什么，便会将富于同情心的人看成是合乎道德的具有洞察力的人，此人因为形而上学的关联而使得这种文字上所描述的在看似不同的本体间痛苦的共同分担成为可能。[54] 然而，叔本华在这篇论文当中却一直都是小心翼翼。他并未就催生出渴望自己痛苦意愿的根本动机进行论述，因为他害怕科学院的人对此无法理解。他之所以决定不诉诸巫术来解释隐藏在同情心后面的神秘经验，也可能是出于同一原因。

叔本华辩称，善人对待他人的行为表明了一种具有形而上学合理性的立场，而恶人则否。善人对自身与他人之间的不同看得不像其他人那么重，他们是将他人作为"又一个我"来加以对待的，而坏人则是把他人当成了绝对的"非我"[55]来加以对待。他继续写道，从一个严格地以实

---

[54]　在"论道德的基础"问世三年之后，叔本华将同情心连同性爱与巫术归入"同感"（Sympathie）当中，通过这三种现象，意志形而上学的本体得以显现于现象的有形杂多性之中。参见《作为意志与表象的世界》，第 2 卷，第 602 页 /《全集》，第 3 卷，第 691 页。

[55]　参见叔本华《论道德的基础》，第 211 页 /《全集》，第 4 卷，第 271 页。

际经验为依据与指导的角度来看，坏人的态度和行为似乎是对的，因为每个人在空间上都截然不同于他人，如此说来他人便似乎是绝对的"非我"了。但这种以实际经验为依据与指导的立场并没有根据，叔本华这样断言道。他再次求助于某种我们关于自身所有的双重经验。通过直觉性感知这种我们对于其他事物的意识，我们经验到我们的身体，如同我们认知到其他存在于时空之中的客体。通过反观内照或自我意识，我们也意识到了我们自己是一连串的强烈愿望或意欲之举。但最终我们发现自己并不好懂，换言之，我们的认知能力本身，它所了解的东西，却并不自知；它从来都不是某个主体的客体，"我们最内在的，具意志力与领悟力的本体自身，是不能为我们所理解的。"[56] 因为这一关于我们自身的未知维度，我们无法推断我们绝对是截然不同于他人的，这样就出现这样的可能性：我们最内在的本质在所有人身上也许完全相同，并且实际上也完全相同。

谈罢我们关于自身的现象学经验之后，叔本华转到以实际经验为依据与指导的立场这种我们对于其他事物意识的上面，这是一种看似为坏人的态度提供依据的立场。叔本华说，空间与时间、个体化原理，使得众多性与用数字表示的异样成为可能。但他现在求助的人却是康德；他在《纯粹理性批判》"先验美学"中表明空间与时间都是想象的产物，它们是我们自己赋予我们经验的东西。这必然意味着我们经验的只是事物的现象，而非事物的本身。从这一洞见出发，叔本华得出结论："如果众多性与差异仅仅属于现象；如果在一切有生命事物中显示出来的只有自身的，实则为一的同一本质；由此可见，当我们去掉自我和非我之间区别

---

[56]　同上书，第205页 / 同上书，第4卷，第266页。

的概念并非有误，恰恰相反，与之相反的概念却必定［为真］。"[57]

　　根据他就自我意识及对他物的意识所作的简要概述，他得出结论：善　494
人的生活与现实的特质协调一致，坏人则活得虚妄欺迷。前者在其态度
及行为中表现出一种同最为深刻的形而上学知识完全符合的生活，似乎
他们真正的本性与他们的自我都存在于他人身上。这种生活的依据是存
在那形而上学的一体性，所有的温柔、仁慈、仁慈与宽容都在恳求和提
醒我们：大家实则为一、毫无分别。预计这种关于善人行为的形而上学依
据会令西方学者大为不解的叔本华，提到他理论所赖以支撑的一元论是
被埃利亚学派的哲学家、新柏拉图主义者、斯科图斯·埃里金纳＊、基督
教神秘主义者、乔尔达诺·布鲁诺、斯宾诺莎及谢林的哲学都予以认可
的。他们中的每一位都承认存在最终个体性，以及，他补充说，他的
"伦理学形而上学乃是几千年以前印度智慧的根本原则"。由于这一原因，
叔本华觉得特别适于作此断言：善人是根据伟大圣言（mahāvākya），"这
就是你"（tat tvam asi）这一至理箴言来理解和看待他人的，而坏人则如
印度教所描述的一样活在摩耶之幕的欺骗中。[58]

　　事实证明，《伦理学的两个基本问题》最终也只是另一枚投入泥沼中
的石子，它砰然落地，却并未激起任何富有意义的反响。它引来两篇短
小的评论，其中只不过是些娱乐性报纸的内容，尽管其中发表在《领航
员》（Der Pilot）上的那一篇将叔本华称为"当代最伟大的哲学家"。[59] 有

[57]　叔本华用以作结的之所以是这一表述复杂、带有条件的陈述，是因为他无法借助他的形
　　　而上学，以及他只是在为他关于道德的形而上学提供纲要与梗概。他当然相信他已经在
　　　自己主要著作当中证明这一附有条件陈述的两大前件，即"众多性与差异性仅仅属于现
　　　象"，"同样的实则为一的本质表现在所有事物当中。"因此，他相信他证明了相关的后
　　　件——"去掉了自我与非我之间区别的概念并非有误；与之相反的概念必定为真。"
　　＊　埃里金纳（Scotus Erigena, 810—877），爱尔兰神学家、经院哲学家和翻译家，利用新
　　柏拉图主义的"流溢说"创立了神秘主义哲学，认为神与宇宙是同一的。
[58]　关于他就"印度智慧"所说的话，参见同上书，第 213 页 / 同上书，第 4 卷，第 274 页；
　　　关于他对"这就是你"（tat tvam asi）的应用，参见同上书，第 211 页 / 同上书，第 4 卷，
　　　第 272 页。
[59]　摘引自许布舍尔《在智性语境中的叔本华哲学》，第 508 页，第 17 条注释。

两篇发表在学术期刊上的评论全都是否定的。古斯塔夫·哈滕施泰因再次发起攻击。他所写的评论此次发表在由布洛克豪斯所出版的《德语文献汇编索引》上，署名是"78"，而非他为《论自然中的意志》所写的评论所签下的"H"。[60]其中每个数字代表的是他名字的两个首写字母——字母表中的第七和第八个字母。尽管"78"赞扬"119"*文风明晰，但他却将这两篇论文都当作毫无新意及包含些在别处——确切来说即是在赫尔巴特的哲学当中——被表述得更好的东西的文章而加以摒弃。哈滕施泰因这篇略带褒扬而又未将叔本华的伦理学认可为"自康德以来最重要的伦理学著作"的评论使得叔本华告诉该评论出版人布洛克豪斯，他宁愿被"狂怒的黑格尔信徒"撕成碎片，也不愿得到一篇像哈滕施泰因一样的评论。[61]而下一篇评论几乎就让他得到这两者中更愿意得到的那样东西。

哈滕施泰因教授并未说过任何东西来反对叔本华对于黑格尔的尖酸刻薄。作为一位赫尔巴特的门生，他或许对此还颇为高兴。而第二位评论作者"粗气音符"（Spiritus asper）就不是这样了，他发表在《德国科学与艺术哈勒年鉴》（Hallische Jahrbücher für deutsche Wissenschaft und Kunst）上那篇评论是篇长达二十二页的激烈的讽刺文章。这位评论作者不是别人，正是弗里德利希·威廉·卡罗维这位黑格尔在柏林大学帮助学生备考的助教。他因为自己在某个学生社团（Burschenschaften）或大学

---

[60]　关于哈滕施泰因为其评论所写的"78"签名，参见许布舍尔《叔本华文献目录》（Schopenhauer-Bibliographie, Stuttgart-Bad Cannstatt: Frommann-Holzboog, 1981），第28页，第37条注释。

　*　指叔本华，他名字的两个首写字母分别是字母表中的第一和第十九个。

[61]　叔本华《书信集》，第209页，叔本华1844年3月22日致F. A.布洛克豪斯。在这封信中，他指名道姓地说出了哈滕施泰因就是《论自然中的意志》和《伦理学的两个基本问题》评论文章的作者。他还指责哈滕施泰因因为发表自己那部忽视叔本华《伦理学的两个基本问题》的伦理学著作而积极参与哲学教授对公众隐匿（sekretiren）其哲学的卑劣行径。叔本华在这封信中写道："现在是我撕下［诸如哈滕施泰因之流的］伪君子假面具的时候了。"

生联谊会——它们倡导的是一种在政治上颇为激进的议程——中的诸多活动而终生都被普鲁士政府禁止在大学任职。卡罗维用一种冷酷甚至是残酷的态度来评论叔本华就伦理学所写的这本书，他既拒绝为这部作品加冕，又拒绝承认作者是位"杰出的哲学家"。他挖苦说，他将这一发现留给后人来做。[62] 叔本华非常自然地对这篇评论憎恶不已，觉得它是另外一个在他所处时代里尽管已经式微但依然存在的"黑格尔光环"是如何依旧在试图使他的哲学不能发出声音的例子。令人奇怪的是，在评论撰写及发表期间，卡罗维同叔本华关系相当不错，他甚至还同哲学家讨论过这篇评论。由于某种不为人知的原因，他们最终失和。在评论发表三年之后，仅仅是在卡罗维去世后，叔本华才通过他的友人马丁·埃姆登（Martin Emden）发现原来卡罗维就是"粗气音符"。如同叔本华告诉弗劳恩席德特的一样，"他［卡罗维］是个十分卑鄙的小人，常常都有下作之举。"[63]

为素描着色

　　失败从来都吓不退叔本华。他学着把自己被学术界拒不接受的这件事情当作是荣誉的象征与鞭策自己继续迎难而上的鼓励，他写作是为那些他认为置身流行时尚短暂潮流之外的人。尽管卡罗维在评论的最后挖苦说他将叔本华作为一名杰出哲学家（summus philosophus）的称号交给后人来颁发，但这成了叔本华的信条。在他为自己主要著作第二版前言所写的一篇草稿当中，——当他在 1832 年写时，这第二版是否可能出版尚不确定——，哲学家通过惨痛的经历认识到，他的同辈人对真理并不感兴趣，至少是对他的真理不感兴趣："我的同时代人对我不感兴趣并不令我吃惊，因为如同每一件性质相似的事物一样，它并非为某个时期的

---

[62]　摘引自许布舍尔《在智性语境中的叔本华哲学》，第 345 页。

[63]　叔本华《书信集》，第 347 页，叔本华 1854 年 6 月 29 日致尤利乌斯·弗劳恩席德特。

同时代人所写，而是为那些在任何时代均属异类的人而写。"[64]

尽管事实上叔本华最近两本书并未在其同时代人当中找到足够数量的异类人士以促成对《作为意志与表象的世界》的需求，但在1843年，这位五十五岁的哲学家在花费三年时间对主要作品进行增补之后，却在一种己之将死的感觉驱使下不得不再次就请求出版第二版同布洛克豪斯进行接洽。他做得非常大胆，要求的并非是仅仅对一本鲜有读者的作品进行修订与材料上的添加，而是通过增加由五十篇旨在对初版作品四篇予以精确反映的论文所组成的第二卷来使作品原有篇幅增加一倍以上。哲学家告诉他犹豫不决的出版商，这些论文表明长达二十四年之久的精研细读，延续了对他主要作品中所表达的那些观点的反思，它们之于1819年出版的作品第一版，"就如同一幅着色完毕的画作之于一幅草草而就的素描"[65]。此外，这些论文还是他所写过的东西当中的上乘之作。他继续写道，他之所以能够在这部作品中更为自由地言说，是因为他确定无疑地在一定程度上不受被加诸在那些依附于某所大学的人身上种种要求的限制，那些人实际上就是，或者说不得不成为听命于教会与国家的唯利是图者。叔本华还谈到种种使得他的思想在如今更易于被人接受的情况来作为支持，这些情况在他看来已经与在他初次写书之时占据主导

497 地位的那些情况有了显著的不同。宗教信仰已经式微，这就催生出一种对哲学强烈的需求感，并因此引发一种比以往任何时候都远为巨大的对于哲学的普遍兴趣。因此，他的作品以其复原及完美形式面世的时机已然成熟。他继续写道，伪劣之物只能在真善良品大白于天下之前短暂地存在，因此，"属于我的时刻最终并且必定会到来，它来得越晚就越是灿烂夺目。"[66] 他说，这一哲学事实上是如此地富于价值且意义重大，以至于他竟敢将之提供给一位他明白不会信任自己的出版商，而为了表明他

[64] 叔本华《手稿遗稿》，第4卷，第121页/《手写遗稿》，第4卷，上册，第99页。
[65] 叔本华《书信集》，第195页，叔本华1843年5月7日致布洛克豪斯。
[66] 同上书，第195页。

的兴趣仅仅在于让其作品再度面世，他愿意把为这两卷书支付版税的事情留给出版商自行决定。这是他倾注毕生心血的作品，他完成它可不是为了赚钱。在信的末尾，他说道，他可以在接下来的那个月里将完成的那卷新书交付印刷，在为出版进行准备期间，他将对第一版加以修订，只会对"康德哲学批判"这部分作出重大改动。

布洛克豪斯并不为叔本华的提议所动。1819年所出的那部作品是桩"蚀本的买卖"，他们在1830年将除五十册之外的全部印本书悉数化为纸浆之后至今手中还有九本尚未售出。出版商自然是无心重印该书，除非叔本华会承担这两卷书的印刷费用。如果作者愿意支付一半的成本费用，那布洛克豪斯就愿意同他平分所获的纯利润，其分配方式如下：出版商获得所售出的前一百本及前三百本的利润，作者则获得所售出的前两百本及前四百本的利润，以此类推。[67] 叔本华对布洛克豪斯的答复感到吃惊。他在回信中写道，他愿意送给公众一份礼物，但他认为出版商开出的条件无法令人满意——甚至还具有侮辱性。他不会为这份礼物埋单。他抱怨说，黑格尔的胡言乱语享受了集结成书的待遇，而他却在被要求为自己那为之倾注毕生心血的作品支付印刷费用。这是他所无法容忍的事情。他宁可它在自己亡故之后面世——那时的年青一代将会满怀喜悦地对他的哲学表示欢迎——也不愿支付印刷费用。

叔本华不顾一切地要让他这卷由众多论文组成的新书付梓出版，因为他知道，要说服一位出版商为一部归另一位出版商所有的作品发行补充性论文几乎就是不可能的事情。他提议布洛克豪斯只出版这些新写的论文。他写道，他愿意放弃版税，但他不愿意支付印刷费用。他辩称说，498
这些费用仅仅因为1819年所出作品的拥有者就会被赚回来，他们会想要拥有对其进行补充的东西。此外，这些论文本身也可以同早前出版的那部作品分开来读，因为每篇论文都是以自成一体的方式来论述其主题的。

---

[67] 关于布洛克豪斯所开条件的描述，参见叔本华。同上书，第536页。

哲学家再次试图让这位不情愿的出版商认识到这部作品的重要性及其为何会受人欢迎的原因。因此，他反复重申自己的主张：这些论文代表着坚持二十四年之久不懈思考的完美典范，并再次强调这些补充性文章构成了他所写过的东西当中的上乘之作。他说，它们会被证明是畅销之作，因为它们是以一种明晰、轻快且极富直觉性的风格所写就，它们中没有任何难懂的行话，读起来实在令人愉快。假如出版商本人就在法兰克福的话，那么，他就会让布洛克豪斯读读他的"性爱的形而上学"一文，他这样写道，并预言出版商会认为"这种激情实属首次以最为精确的细节追溯回其最为深奥的终极缘由"[68]。叔本华或许一直都希望性会为其作品打开销路。

尽管提出将这些补充性文章单独来出，叔本华却还是为 1819 年所出作品的再度出版进行最后一搏。他提到让·保尔对那部作品的赞扬，提到罗森克兰茨在那篇见诸由他所编康德作品集第十二卷的"康德哲学的历史"当中对自己所作的"一流哲学家"的评价，提到《领航员》上由那位匿名评论作者所给予自己"当代最伟大哲学家"的称号。他借助修辞手法反问道："难道我就是一个其所有尚不值印刷费用的人吗？"[69]他提醒出版商，他知道好些书籍都是在面世多年之后才畅销起来的。他援引大卫·休谟的《从尤利乌斯·恺撒的入侵至 1688 年革命的大不列颠史》（*History of Great Britain from the Invasion of Julius Caesar to the Revolution of 1688*，六卷本，London，1754—1762）作为例证，该书在出版一年之后仅售出四十五本，但在八十年之后却每隔几年不是出新版就是又有了译本。最后，叔本华写道，如果他修改过的提议不被接受，他就想设法保有自己原书的版权，以便他能够为这两卷书另寻出版商。

---

[68] 同上书，第 197 页，叔本华 1843 年 5 月 17 日致布洛克豪斯。叔本华告诉布洛克豪斯，他不会将这些文章的抄本寄给别人，因为它们的内容是如此的"新颖之至"，以至于他片刻也不会让其离开自己的手中。换言之，他害怕有人会剽窃他的思想。

[69] 同上书，第 197 页，叔本华 1843 年 5 月 17 日致布洛克豪斯。

布洛克豪斯对于叔本华修改过的提议所作出的回应，恰如其对后者 499
首个提议的反应一样出人意料。他接受了构成叔本华主要著作这两卷，
这令叔本华非常高兴。兴奋不已的叔本华向这位一度勉强的出版商保证，
他做了桩"赚钱的买卖"。他写道，这本书绝对会有读者，因为"费希
特—谢林—黑格尔之流哲学硕大吹胀的肥皂泡就在此时终于要破裂了。
现在比以往任何时候都更需要哲学。人们渴望得到货真价实的滋补品。
这只能在我这样一个长期不被认可的哲学家这里找到，因为我找寻的只
是真理而别无其他，在我整个生命当中我长期都是在内心的使命感的驱
策下发愤用功、默默工作"[70]。在叔本华说服出版商不将修订过的1819版
作品及其补充性论文合为单卷——他说那会要么使书又大又厚，使人无
法拿在手里要么则让所印的字体小得使人无法阅读——之后，出版商与
作者通过协商达成合约。叔本华放弃了版税，接受十本免费赠书作为稿
酬。《作为意志与表象的世界》第一卷印数会是五百本，而第二卷印数则
是七百五十本。在第二版售罄之后，书的版权会还给作者。

叔本华作出的布洛克豪斯用《作为意志与表象的世界》第二版做了
桩赚钱买卖的大胆断言，被证明是由一位一心寻求真理的哲学家所说的
谎言。费希特—谢林—黑格尔之流哲学的大肥皂泡是破裂了，但这同叔
本华毫不相干，他的书缺少被饥饿的哲学公众加以寻求的营养。为了提
供会对教会与国家这两者均予以支撑的营养，弗里德利希·威廉四世
1841年将年老的谢林带到柏林，这颇似在对黑格尔的鬼魂发起宣战，尤
其是当其精神左转，而诸如米哈依尔·巴枯宁（Michael Bakumin）、弗里
德利希·恩格斯、卡尔·马克思及阿诺德·卢格*等青年黑格尔派的人都
在作为黑格尔左派进行战斗之时，则更是如此。这一切都发生在当叔本
华主要著作第二版获得的关注甚至比第一版还少的时候。哈滕施泰因再

---

[70]　同上书，第198页，叔本华1843年6月14日致布洛克豪斯。
　*　卢格（Arnold Ruge, 1802—1880），德国哲学家和政治评论家。

次匿名猛烈地进行抨击，他在布洛克豪斯自己的《书目全录》（*repertoria*）上老调重弹，大肆指责作者忽视了赫尔巴特那些精准而透彻的评论文章。[71] 叔本华怀疑这是赫尔巴特的走卒又在暗箭伤人。

500

在布洛克豪斯的另一份杂志上，发表了一篇呆板生硬、仓促而就的评论文章。在《文学消遣报》（*Blätter für Litterarische Unterhaltung*, 1845）上，弗里德利克希·克彭（Friedrich Köppen）这位雅各比的友人及仰慕者，试图在他所认为的意志哲学那过度东方神秘主义色彩中加入某种理由。他似乎甚至从未读过由补充文章所构成的第二卷——他从未提过它。后来，叔本华把克彭的著作《佛教及其起源》（*Die Religion des Buddha und ihre Entstehung*, 1857）赞誉为一份关于佛教的不带偏见的完整纲要，在自己主要著作第三版中语多褒扬地加以引述。哲学家这样做，是在他尽管在该书作者身上发现黑格尔门徒倾向的情况下依然如此的。[72]

第三篇评论文章发表在《新耶拿文学汇报》（*Neue Jenaische Allgemeine Litteraturzeitung*, 1845 年 6 月）上，作者是一位被叔本华称作"像只戴着口套作噬咬状的狗一样地追赶着我"[73] 的人。这只叫得虽凶却不咬人的狗正是卡尔·福特拉格（Carl Fortlage），他在逃离自己不再拥护的黑格尔之后来到费希特的阵营，他之所以到柏林来旅行是为了亲眼见证老迈的谢林在哲学界东山再起，他还是叔本华那位强劲的宿敌贝内克

---

[71] 哈滕施泰因这篇未署名的评论文章发表在《莱比锡德国与外国文献全集》（*Leipziger Repertorium der deutschen und ausländischen Litteratur*），第 3 卷（1844），第 91—93 页。叔本华准确无误地推断出了哈滕施泰因就是这篇评论的作者，因为他简直原封不动地从他那些早前的评论文章当中借用了一些段落。

[72] 关于叔本华对克彭就佛教所写的那本书的赞词，参见他 1858 年 3 月 14 日致亚当·冯·多斯，《书信集》，第 425 页。在对克彭那本书所作的一条眉批当中，叔本华用写下"我们这些黑格尔信徒"的方式强调"我们会说婆罗门教是用成为唯一本体的概念来加以理解的"这段话，参见《手写遗稿》，第 5 卷，第 334 页。令人奇怪的是，他尽管在克彭的作品中发觉黑格尔的踪迹，却仍然对它给予称赞。

[73] 叔本华《书信集》，第 335 页，叔本华 1854 年 3 月 26 日致弗劳恩席德特。在这封信中，叔本华表达了他对福特拉格就弗劳恩席德特《论叔本华哲学的信件》（*Briefe über die Schopenhauer'sche Philosophie*, 1854）所写评论的蔑视。

的友人及追随者，并在这篇评论中对其不乏赞许地有所提及。福特拉格赞同叔本华愿意直面存在阴暗面的做法，他同意后者关于真正的基督教实为悲观的断言。对于叔本华对哲学那种发自内心的存在主义者的忠贞不渝，他怀有深切的敬意，将之视为其性格当中的某种真诚可信、值得赞扬的东西。然而，他却采取一种恰好同叔本华主要著作的最初几篇评论颇为相似的观点，强调叔本华在费希特从康德发展而来的哲学当中所处的位置。福特拉格辩称，费希特在叔本华之前就已经确认意志是自在之物，但其方式却更令人满意，它是在纯粹的行为与纯粹的欲想当中确立的自我统一体，这是关于叔本华永远都无法加以调和的一对截然对立的矛盾体的解决之道。福特拉格声称，说叔本华并未看出他为通过其关于否实意志的学说而将幸福论从伦理学中清除出去所作的尝试早就由费希特加以完成，是一种基于深层心理困惑的谬见，他认为费希特是通过所持的关于纯粹欲想行为的绝对活动的见解以一种更为充分的方式完成了这一尝试。他用以结束这篇评论的是一句只会令叔本华生气的善意仅半的话，他将叔本华的书称作"那些少有的以活生生的例子佐证白昼日光或许终将照彻只因拜谢林所赐而初见美丽却暗淡曙色的德国自然哲学这一事实书籍当中的一本"[74]。这句话极有可能对叔本华伤害尤甚，因为他知道福特拉格读过他的《论自然中的意志》。

501

叔本华在"第二版前言"中抱怨哲学教授"无视"并"隐匿"[75]，亦即压制他的哲学，福特拉格证实哲学家所言不假："叔本华抱怨对其作品确实存在着某种早有预谋的'隐匿'行为。不幸的是，这并非空穴来风的无端怨言。本［评论］作者手中便握有一份某家编辑部的文件，这份文件决定对一篇出自叔本华本人手笔的评论《论自然中的意志》（法兰

---

[74]　摘引自许布舍尔《在智性语境中的叔本华哲学》，第 347 页。

[75]　叔本华《作为意志与表象的世界》，第 1 卷，第 xxv 页／《全集》，第 2 卷，第 xxvii 页。叔本华将"隐匿"的点子归于歌德。

克福，1836）的评论不予刊登。"[76]尽管叔本华认为福特拉格丝毫都未对他的哲学有所了悟，尽管他因为评论作者在他的伦理学与费希特的伦理学——这是被他视为就康德那已是漏洞百出的伦理学所作的一幅粗俗漫画而彻底予以摒弃的东西——之间发觉了相似性而倍感烦恼，但他很高兴福特拉格为他说自己的哲学遭人隐匿的指控提供了证据。叔本华后来证实这份杂志就是《海德堡年鉴》（ *Die Heidelberger Jahrbücher* ）。"当他［福特拉格］在此处（法兰克福）拜访我之时，他自己对我说，他为这份杂志写了篇评论。他是海德堡一名讲师。"[77]

502　　《作为意志与表象的世界》第二版并未让叔本华的哲学摆脱被人忘却的状态。那些评论文章都在暗示：他正在进行的哲学思考已经远远地落在了时代后面；甚至连已经过时的费希特所思考的都比他这位从前的学生更为高明；赫尔巴特，甚至连贝内克都将哲学思考的界限扩展到了超出叔本华那些辩才无碍的沉思冥想之外的所在。这些批评者中没有任何人觉察到这些补充性文章的重大意义。克彭可能会托词说他并未读过该书第二卷，因为他从未在自己评论文章中提到过，但这个借口也说明他作为一名评论作者而言实在是有失水准。哈滕施泰因在他这些评论文章的每一篇当中所使用的惯用手法（modus operandi）都是贬低叔本华以抬高赫尔巴特。他只是一块凸伸而出以令受害者粉身碎骨的顽石，福特拉格的立场则因其表达对于叔本华悲观主义的某种共鸣以及对于叔本华对哲学所怀有的那种深切而真挚献身精神的钦佩而更有进步。不过，他却仍然将叔本华从康德处演进而来的哲学视为某种穷途末路的学说，他渴盼的是由老迈而神秘的谢林所给出的种种启示。

　　这些各怀企图的批评者都没有能够完全理解叔本华用以阐明其独创性观点的方式，也都没有能够明了他是如何地以果敢无畏的方式将其早

---

[76]　叔本华《书信集》，第 583 页。

[77]　同上书，第 335 页，叔本华 1854 年 3 月 26 日致弗劳恩席德特。

前的种种洞见扩展至新的研究领域。尽管福特拉格像其他批评者一样承认哲学家在至关重要的第十七篇论文"论人类对形而上学的需要"中所坚持的真正基督教像印度教与佛教一样都是悲观主义这一观点，但他并未领会叔本华所持的形而上学是关于整体经验的解释这一与康德截然不同的观点所具有的重大意义。他还忽视了哲学家用以裁定其哲学是否具有根据的准则，确切地说即是，它是否能够提供一种关于经验的毫无遗漏的透彻解释。每一位评论者都忽视了叔本华为阐明他关于其哲学承认意志是自在之物的观点所进行的尝试。

　　在第十八篇论文"论认识自在之物的可能性"中，叔本华辩称，对自在之物的认识绝无可能，认识某个东西就其本身而言即是成为某个主体的客体，而自在之物从来都不是某个主体的客体。他声称，意志是显现于至薄轻纱之下的自在之物：它是自我意识的客体，只受时间这一先验形式的制约，除了我们对意志那具有自我意识的经验之外，我们无法再有其他认识。正如他后来在那些补充性文章中所说的一样："严格地说……我们所知的自己的意志仅为现象，而非完全与那种它可能所是的绝对的自在（in itself）及自由（by itself）之物毫无二致。"[78] 七年之后，他将在《附录与补遗》中把这种在意志轻纱后面稍作窥探的可能性赋予神秘主义者，尽管他也认识到，无论发现什么，都不是具有意义的话语所能表达的东西。就像后来维特根斯坦在《逻辑哲学论》（*Tractatus Logico-Philosophicus*, 1922）中那个著名的最终陈述里所说的一样，叔本华也主张对那种我们不可言说的东西保持沉默。真理或许会以毫无遮蔽的方式显现，而它却存在于充足理由律当中，充足理由律完结之处，便

---

[78]　叔本华《作为意志与表象的世界》，第 2 卷，第 494 页 /《全集》，第 3 卷，第 565 页及随后一页。

是哲学消失无踪的所在。[79]

没有人关注过第三十一及第三十二篇文章。在这两篇文章当，叔本华对天才与疯子这两个自他早年的大学岁月以来就一直困扰着他的问题进行了详尽的分析，它们也表明他对自己的看法（天才）以及他所害怕自己可能面临的结局（疯子）。任何批评家都没有认识到第三十八篇文章"论历史"——叔本华在这篇文章中坚持历史并非科学的观点——是如何会像水一样地去浇灭黑格尔的历史决定论与将哲学历史化的做法那闪着微光的余烬，他促使其他人——比如瑞士历史学家雅各布·布克哈特这位巴塞尔大学的历史教授——在后来的 1861 年至 1871 年期间秉承叔本华的精神开设了关于历史的讲座课程。[80] 布克哈特的年轻同事尼采不无可能去听过这些讲座课程中的某些部分，但将他们彼此吸引到对方身边的是他们对叔本华所共有的激情却毫无疑问。也正是这篇文章帮助理查德·瓦格纳根据叔本华在紧接着的那篇文章"论音乐的形而上学"中的论点抛弃了历史歌剧，叔本华在后面这篇文章当中再次把更为有效的表达真理的威力归于音乐，而非形而上学那些僵死的概念。当然，瓦格纳对于叔本华及其关于音乐的哲学所怀有的热忱也有助于将尼采吸引到他这位一度的偶像身边。尼采会在后来将作曲家与这位他曾经的哲学英雄一并降

504

---

[79] 我在"'自在之物'在叔本华哲学中的双重意义"（The senses of "Thing-in-itself" in Schopenhauer's Philosophy）当中论述了叔本华将意志视为自在之物的观点。另请参见布莱恩·麦基《误解叔本华》（*Misunderstanding Schopenhauer*, London: University of London, Institute of Germanic Studies, 1990）；约翰·E. 阿特韦尔《叔本华：论世界的特性》（*Schopenhauer: On the Character of the World*），第 126—127 页，第 165—172 页；鲁道夫·马修特《阿图尔·叔本华：超验哲学与意志的形而上学》（*Arthur Schopenhauer: Transzendentale Philosophie und Metaphysik des Willens*），第 235 页；以及尼柯勒塔·德·西安（Nicolletta De Cian）与马可·塞加拉"意志何为？"

[80] 关于对布克哈特从叔本华处所受的种种恩惠的论述，参见赫尔伯特·席内德尔巴赫（Herbert Schnädelbach）《1831—1933 年间的德国哲学》（*Philosophy in Germany 1831—1933*，埃里克·马修斯译，Cambridge: Cambridge University Press, 1982）；关于就布克哈特与尼采两人对叔本华所共有的热情的论述，参见埃利希·海勒（Erich Heller）《无所继承的心智》（*The Disinherited Mind*, Orlando, FL: Harcourt Brace Javanovich, 1975）。

格为与自己势同水火的对头。[81]

当两者以我的名义聚在一起之时

　　尽管《论自然中的意志》、《伦理学的两个基本问题》及其主要著作第二版——三篇评论是三篇更应该说是由《论充足理由律的四重根》第二版（1847）所引起的评论——均告失败，但叔本华的哲学却逐渐慢慢地吸引到了追随者。这些人并非哲学教授或学界中人，而是生活中讲究实际、衣食无忧的成功人士，以及那些为谋生（Brotstudium）已经在大学深造完毕的人，这之中尤以法律专业的学子为甚，还有些自由学者。因为某种由叔本华的哲学使命所具有的世俗化弥赛亚式的意义而昭示出的讽刺意味，哲学家视这些人在传播他学说的过程中愿意从事的活动的不同而将其要么称为"福音书作者"，要么称为"基督使徒"。那些愿意去写赞美他的宣讲短文以及发表攻击他批评者的檄文的人被称为"福音书作者"，而那些只会密切注意与他著作有关的无论好坏的消息以及会通过同信件往来表达热忱与支持的人则是"基督使徒"。

　　首位在叔本华的哲学中觅得营养的追随者是弗里德利希·路德维希·安德烈亚斯·多古特（Friedrich Ludwig Andreas Dorguth）这位雄心勃勃的哲学家，他是马堡地方法院的法官，曾经单枪匹马地试图快速地轻轻弹破费希特—谢林—黑格尔的哲学那吹胀的肥皂泡。不幸的是，他却甚至连一枚钝头的别针都没拿起来作过武器。为了在他这种堂吉诃德式愚侠挑战中设法获得援助，这位年届六十二岁的法官将他那晦涩难懂的《唯心主义批评与作为无可置疑的实在—理性主义基础的证据》（*Kritik*

---

[81]　参见尼采《尼采对阵瓦格纳》（*Nietzsche Contra Wagner*）中的"我们这些势不两立的对手"，他在其中将自己置于叔本华与瓦格纳浪漫悲观主义的对立面；再参见《瓦格纳事件》（*The Case of Wagner*）的前言，他在其中论述他是如何克服了自身的颓废，亦即他是如何摆脱了瓦格纳与叔本华这两个"与他势不两立的对手"对他的吸引。

des Idealismus und Materalien zur Grundlage des Apodiktischen Real-Rationalismus, 1837）寄了一份给当时还是黑格尔信徒的路德维希·费尔巴哈（Ludwig Feuerbach）。费尔巴哈迅速不费吹灰之力地将多古特的评论文章批驳一番，终止了他对费尔巴哈学说的一时兴趣。奇怪的是，费尔巴哈却会在接下来的一年里用他发表在《哈勒年鉴》（*Halle Yearbooks*）上的论文"关于黑格尔哲学的批评"（"Zur Kritik der Hegelischen Philosophie"，1839）来开启自己的职业生涯。

505

多古特是在 1836 年读过《论自然中的意志》之后写信给叔本华的。让哲学家颇感高兴的是，他在询问如何才能最好理解叔本华体系的同时，还附上一首对黑格尔哲学大加讽刺的诗作，叔本华建议他去读自己博士论文与主要著作。渐渐地，多古特变成了叔本华哲学的狂热信徒。1843年，多古特写信给当时同叔本华关系尚好的卡尔·罗森克兰茨说："我不能不承认，叔本华是整个文学史上首位真正有体系的思想家。"[82] 多古特将写出几篇推广并捍卫他心目中这位"大师"哲学的宣讲短文，他还将把哲学教授对待叔本华思想的态度同卡斯帕尔·豪泽（Caspar Hauser）所经受的痛苦来进行对比，这位德国青年是名弃婴，他声称自己被迫在单独监禁中度过了大半辈子的时光。哲学家将在他在《论自然中的意志》第二版前言中使用这一对比的时候为此对多古特进行赞扬，他是在告知那些哲学教授："啊！他们的卡斯帕尔·豪泽逃出来了。"[83] 叔本华尽管感激多古特的热忱，戏称他为"最早的福音书作者"（Urevangelist），但对多古特的才华却评价不高。不过，他却觉得，凡是他的崇拜者所写的东西，他都出自一种责任感而非得去读不可。当多古特 1854 年以七十七岁的年纪死于霍乱之时，他表达了深切哀悼。如同他告诉他另一名追随者

---

[82] 摘引自许布舍尔"生命画卷"，《全集》，第 1 卷，第 110 页。

[83] 叔本华《论自然中的意志》，第 5 页 /《全集》，第 4 卷，第 xii 页。叔本华给多古特寄了一本《论自然中的意志》第二版，多古特的女儿记录道，她父亲是在 1854 年去世的两天前读到这本书。参见《书信集》，第 359 页。

的一样，多古特直至生命的最后一息都还在传播他的哲学，"因此可谓是至死不渝"[84]。

然而，另一位"最早的福音书作者"就忠诚而言毫不逊于多古特，又在推广叔本华哲学过程中起到至关重要的作用。这位将会写出不止一部叔本华学说福音书的人，便是柏林的哲学博士及自由学者尤利乌斯·弗劳恩席德特（Julius Frauenstädt）。不同于多古特的是，弗劳恩席德特在短暂地对黑格尔哲学稍作把玩之后，得到的只是对它毫无肉体可以依附精神的彻底失落；而类似多古特的则是，他也觉察到黑格尔哲学与费尔巴哈学说之间的某种密切关系，这促使他将自己的《据其可能性、现实性及必然性而来的上帝成人》（*Die Menschwerdung Gottes nach ihrer Möglichkeit. Wirklichkeit and Nothwendigkeit*, 1839）寄给了费尔巴哈。费尔巴哈并未给予回应。如同他将在他那本具有革命性的名著《基督教的本质》（*Das Wesen des Christentums*, 1841）中所说明的一样，他当时正忙着考虑人如何变成上帝的问题而无暇他顾。费尔巴哈的不予回应足以驱使这位柏林学者去另觅哲学上的盟友。弗劳恩席德特是在相当偶然的情况下接触到叔本华的学说。他在大学深造的五年期间甚至从未听说过叔本华的名字，他偶然间发现在厄尔希（Ersch）与格鲁贝尔（Gruber）所编《百科全书》（*Encyklopädie*）的某篇论"唯心主义"文章里提及"由 Arth. 叔本华所著的奇思妙想又富于创见的《作为意志与表象的世界》"，是他为撰写参赛征文进行研究工作的过程当中。[85] 弗劳恩席德特被这简短的一提激起的好奇心大得足以让他去找出叔本华这部才华横溢的（geistreich）作品。如同他后来所说的一样，他对叔本华作品所进行的阅读是一种令生命发生彻底改变的经历，它将黑格尔精神（Geist）的所有阴影从他精神中给驱

506

---

[84]　同上书，第 359 页，叔本华 1855 年 1 月 10 日致亚当·冯·多斯。

[85]　摘引自许布舍尔"生命画卷"，第 111 页。这套百科全书的全称是《科学与艺术通用百科全书》（*Allgemeine Encyklopädie der Wissenschaft und Künste*, 1838）。"唯心主义"作者是 C. F. 巴赫曼（C.F. Bachmann）。

逐出去:"《作为意志与表象的世界》是一种比黑格尔学说更高级的哲学，人们从叔本华十页作品中能够学到的比从黑格尔十卷作品中所学到的东西都还要多。"[86]

　　代表叔本华进行宣传活动、写印宣传小册子，并劝人加入其中的弗劳恩席德特，是叔本华那些早期追随者当中最为活跃与忠诚的一位。他在只要自己可能而叔本华又会允许的情况下就会去拜访后者。他的人脉交往使得叔本华出版了《附录与补遗》，在他的英雄去世很久之后，他还在以担任叔本华作品第一套全集编辑的方式继续推广叔本华哲学。[87]1847年至1856年期间，他们俩保持了频繁的书信往来。年轻者常常一再敦促年长者就其哲学的关键所在作出解释，而叔本华的解释则心不在焉，常常极不耐烦。借用尼采的话就是：人们有时对自己的狗爱之最深，笞之最狠，而弗劳恩席德特则是叔本华最受宠的狗。弗劳恩席德特是个精力充沛又容易激动的人，他一直都对叔本华关于意志是自在之物的断言及其否定意志的学说均感不安，他觉得如若意志果真是自在之物，那么后者则绝无可能。[88]他还认为叔本华哲学所得出的禁欲主义结论损害了他关于同情心的伦理学所具有的重大意义。同情心所专注的是防止与减轻他人的痛苦，而对意志所进行的否定似乎仅仅关涉防止与减轻意志征服者的

507

---

[86]　埃内斯特·奥托·林德尔（Ernest Otto Linder）与尤利乌斯·弗劳恩席德特《阿图尔·叔本华，来自他的概况，关于他的详情》(*Arthur Schopenhauer. Von ihm. über ihn*)，第134页。摘引自许布舍尔"生命画卷"，《全集》，第1卷，第111页。

[87]　《阿图尔·叔本华全集》(*Arthur Schopenhauers Sämtliche Werke*，6卷本，尤利乌斯·弗劳恩席德特编，Leipzig: F. A. Brockhaus, 1873/1874)。

[88]　参见叔本华《书信集》，第287—297页，叔本华1852年8月6日、1852年8月24日、1852年9月12日以及1852年10月12日致弗劳恩席德特；关于弗劳恩席德特向叔本华所提出的问题以及对其作出的答复，参见第568及570页。我在"'自在之物'在叔本华哲学中的双重意义"第42—44页谈到弗劳恩席德特的这些信件。叔本华重申了他在其主要著作第二版中所持的立场；亦即，意志只有在同其他现象的关联之中才是自在之物，超出这一范围之外，我们便根本无法对自在之物有所了解，而对意志的否定也并非是对某种本体的否定——它只是无所欲求而已。

痛苦。[89]

正是这一伦理学话题促使叔本华中断了同这位首席福音书作者的通信。在他《唯物主义：其真知与谬见》（*Der Materialismus: Seine Wahrheit und Sein Irrthum*, 1856）中，弗劳恩席德特同路德维希·毕希纳（Ludwig Büchner）那本大获成功的《力与物质》（*Kraft und Stoff*, 1855）进行了论战，他还试图推广叔本华的《论自然中的意志》。在他这本书的整个行文当中，这位首席福音书作者对一篇由当时尚在求学后来成为波恩大学哲学教授的于尔根·波拿·迈耶（Jürgen Bona Meyer）所写的文章进行引用，来证明认识到唯物主义危害性的绝不只是叔本华一人，刚巧波拿·迈耶又在同一段引文中不无赞许地提到了弗劳恩席德特。这让叔本华好生惊恐，因为他认为波拿·迈耶是一个感官享乐者和物质主义者，而弗劳恩席德特对这段话的引用在他看来就意味着他这位首席福音书作者站在了波拿·迈耶一边。哲学家向他这位仰慕者开火斥责道："你必须为自己被那个大学生给予的赞扬而感到羞耻，因为你和他都采取了相同的方式来为物质主义者的道德性进行辩护。"[90] 叔本华继续写道，他想要弗劳恩席德特感到荣幸，但弗劳恩席德特的所作所为适得其反，他从来都不希望说伏尔泰这位法国哲学家引述斯宾诺莎时所说过的那句话"我有的是愚笨的学生和糟糕的批评者"，但他现在感到非得这样做不可。他暗示自己这位仰慕者罹患了心理疾病，并为其开出"知性药方"——去读一读他那篇关于道德基础的获奖征文以及《作为意志与表象的世界》第四篇。

叔本华巧妙地用引自莎士比亚《仲夏夜之梦》（*Midsummer Night's Dream*）里的"吼得好，狮子！"结束了他对弗劳恩席德特愤怒的宣泄。弗劳恩席德特的回应并不令这只狮子满意。这位信徒回答说，如果他正确地理解自己这位信徒是在何种意义上对波拿·迈耶的看法表示赞同的

508

---

[89]　弗劳恩席德特一直等到叔本华去世之后才在《道德生活：伦理学研究》（*Das sittliche Leben, Ethische Studien*, Leipzig: Brockhaus, 1866）中明确有力地阐述了他所作的区分。

[90]　叔本华《书信集》，第 403 页，叔本华 1856 年 10 月 31 日致弗恩席德特。

话，他就不会对自己"怒吼"了。他们二人都像叔本华一样认为懿行善举并非源自理性产物的抽象教条或箴言。他强调说，他并未拥护物质主义或赞同波拿·迈耶的观点。叔本华对他的解读其实有误。[91] 在得到这一毫无敬意的答复之后，叔本华中断了同弗劳恩席德特的通信。然而，这位首席福音书作者继续推广叔本华的哲学，于是，叔本华 1859 年用寄送一本《作为意志与表象的世界》第三版的方式同这位忠诚的拥护者重新建立起联系。最后，哲学家用指定弗劳恩席德特为自己著作与遗稿继承人的方式给予了酬谢。

《作为意志与表象的世界》还为叔本华带来另外一位"基督使徒"，他将会与之保持一种延续至哲学家生命尽头的友谊与通信。叔本华还会将他们之间的往来信件视为包含对其哲学的最佳论述。在双方互通十二年的信件之后，叔本华对这位比自己年轻十五岁的人给予了称赞："在所有活着的人当中，你是最精通我哲学的专家，你对我哲学的理解就像我自己对它的理解一样。"[92] 就在这封信里，这位长者试图劝说年纪较轻的那位成为自己思想的信徒，因为"没有人［像你一样］有能力来就我的哲学进行写作"。但不幸的是，叔本华从未能说服这位"使徒"成为像弗劳恩席德特所自认为和多古特实际上所是的"活跃的使徒"，以及一位以哲学家的名义作见证的福音书作者。[93] 这一拒绝并未引来叔本华的疏远，相反使这位使徒更受他的喜爱。不同于其他那些智力并不令他敬佩，参与到他哲学当中来的动机也似乎并不纯粹的人——他们是在通过推广叔本华来推广他们自己，这位使徒的动机显得很纯粹。贝克尔似乎是在叔本华的思想中感受到真理，毫无遮蔽的真理正是他唯一追寻的东西。

509

---

[91]　关于弗劳恩席德特就叔本华向他"咆哮"所作出的回应，参见上书，第 613 页。

[92]　同上书，第 341 页，叔本华 1854 年 5 月 20 日致约翰·奥古斯特·贝克尔。

[93]　关于像贝克尔这样的"基督使徒"与像弗劳恩席德特和多古特这样"活跃的基督使徒"间的这种差别，参见林德尔与弗劳恩席德特《阿图尔·叔本华，来自他的概况，关于他的详情》，第 475 页。

约翰·奥古斯特·贝克尔（Johann August Becker）在阅读叔本华那部杰作的时候是阿尔才的一名律师，这位四十一岁的人深深被叔本华那阴郁逼人的世界观所打动。他还真正由衷地对意志形而上学、关于因否定意志而获得救赎的理论以及构成同情伦理学的种种因素感到困惑。1844年7月31日，这位律师以一种充满敬意又小心翼翼的方式给哲学家写了一封信，请求叔本华允许他对叔本华哲学存有的一些疑惑提出问题。哲学家愿意考虑为贝克尔释疑解惑，但在这样做之前，他要求贝克尔仔细阅读自己主要著作由多篇论文所构成的第二卷，来看看他的"种种顾虑"是否会就此打消。他还给贝克尔寄了一本《论自然中的意志》，他告诉这位年纪比自己轻的人，这本书包含了对他哲学本质所作的最为清楚的描述：具体来说即是，他关于意志是一切事物的内在本质、是世界上唯一实在的东西，并因此是自在之物的断言。他继续写道，意志是由自我意识来发现的，它全然不同于知性，他写道，这在他主要著作第二卷第十九篇论文中可以见到。[94] 他告诉贝克尔，有两大断言构成了他整个哲学的基础：首先，意志是世界上一切事物的本质；其次，整个物质世界仅仅作为我们的表象而存在。在信结尾，叔本华这样写道："以这些断言为出发点，人们便能轻而易举地理解［他学说中］所剩下的那些要素了，而真理的力量则自然会被人发现。"[95]

贝克尔手中并没有《作为意志与表象的世界》第二版，因此也就没有叔本华所说的会令他"种种顾虑"烟消云散的由补充性文章所组成的那卷。通过一系列信件——它们每一封都得到哲学家的认真答复——贝克尔展示出对叔本华种种观点的深刻而敏锐的理解力以及游刃有余提出质疑与问题的能力，这些质疑与问题并未引来叔本华的疏远，因为留给他

[94] 这篇论文标题是"论意志在自我意识中的首要地位"（On the Primacy of the Will In Self-Consciousness）。

[95] 叔本华《书信集》，第213页，叔本华1844年8月3日致贝克尔。

的印象是在真心诚意努力去认识真理。鉴于性格的不可改变，一个恶人
510 如何可能成为一位圣者？世界上可以发现对意志的否定，但这怎么能够
是某种既无原因又无动机的东西？因为世界上的所有事物都是严格必然
性的外在表现。悟知性格怎么能构成意志的某种超越时间的行为，而一
个人的验知性格又怎么能是意志的外在表现？如果说同情心的出发点是
某人将其他人认作"又一个我"，那么，难道同情心归根到底不是自私自
利的？因为这个具有同情心的人说穿了不过是在帮助自身而已。[96]

　　贝克尔的批评、问题及质疑，促使叔本华写下一系列用以作答的重
要信件；这些信件对阐明他的形而上学与伦理学均有帮助。这位有哲学训
练的律师使得哲学家承认，自己一些学说的解读必须取其寓意，而非照
搬原文。他答复贝克尔说："关于一个人悟知性格是意志的某种超越时间
行为的说法，我并非将其作为一个客观真理或某种关于自在之物与现象
之间关系的充分看法来加以呈现的；相反，我仅仅是将其作为暗喻与明喻，
作为关于这个问题一种比喻的说法来加以呈现……以使这个问题易于理
解。"[97] 他继续写道，要这样做，就要求使用一种有时空作为形式的凭直
觉获知的先验图式，但这些先验的形式不能真正适用于悟知性格。他还
沿用同样的方法为自己关于同情心的分析进行辩护。因此，他告诉贝克
尔，他或许应该说："同情心连同所有发源于它的美德都是自私自利
的……因为它依赖的是在他人身上所获得的对我自身本质的认知，但这
仅仅以你想要从字面意义上来解读'又一个我'这一说法为依据，而它
其实只是一个比喻的说法而已，因为'我'就严格意义而言所指的只是
这一个体，而非那虽然显现于个体之中但无法被直接认识的形而上学的

---

[96]　关于贝克尔信中哲学内容的总述以及叔本华的答复，参见叔本华，同上书，第 540—542
　　　页；参见他 1844 年 8 月 3 日、1844 年 8 月 23 日、1844 年 9 月 21 日及 1844 年 12 月 10
　　　日致贝克尔，同上书；第 213—222 页。
[97]　同上书，第 217 页，叔本华 1844 年 9 月 21 日致贝克尔。

自在之物。"[98]

这些对叔本华这位有哲学训练的使徒所承认的林林总总可谓意义重大，因为叔本华绝少在他哲学当中直接承认自己一些学说是以比喻的方式来表述的。[99]事实上，他的公开立场是，一切富于意义的话语都必定是以直觉，亦即经验，为终极基础的。存在于宗教与哲学——这两者均被叔本华断言为在寻求关于一个浸淫于痛苦与死亡世界的形而上学解释——之间的鲜明差异，在他以下断言中得到调和：宗教是以寓言的方式来表达真理的，而哲学却必须在严格的意义上就自身而言（sensu stricto et proprio）来呈现真理。此时此刻，叔本华似乎被迫认识到，他所运用的暗喻表明他也正在试图通过一些其他方法来促进我们现有认识手段与能力。在双方开始互通一段时间信函之后，叔本华一定是作出了贝克尔就目前而言需要去读他主要著作第二版的决定。他将第二版的校样作为一份出于善意的礼物寄给这位律师："如按大小装订起来，它们会让你像其他人一样得到一册这部著作。"[100]贝克尔与叔本华成为终生的友人。当贝克尔1850年调任美因茨担任地方法官之后，他将会定期拜访哲学家，而哲学家也会去看望这位律师。尤其是在叔本华的友人兼律师马丁·埃姆登去世之后，贝克尔顺理成章地成为向他提供法律建议的首要来源。

严格来说，《作为意志与表象的世界》第二版并未将贝克尔带到叔本华的身边，因为他读的是这部著作第一版。它将吸引进入叔本华信徒行列的是另外一位律师。1846年，二十六岁的慕尼黑律师亚当·路德维希·冯·多斯（Adam Ludwig von Doβ）在帕骚一家书店里非常偶然发现了叔本华这部杰作。没人知道他是否是也像那位据说1865年在罗恩的书

511

---

[98]　同上书，第220页及随后一页，叔本华1844年12月10日致贝克尔。

[99]　关于叔本华对比喻运用所作的论述，参见 G. 斯蒂芬·尼利（G. Steven Neeley）《叔本华：始终如一的解读》（*Schopenhauer: A Consistent Reading*, Lewiston, NY: Edwin Mellen Press, 2003），第64—71页。

[100]　叔本华《书信集》，第222页，叔本华1844年12月10日致贝克尔。

店里无意间欣喜地巧遇叔本华著作的尼采一样神差鬼使的买下这部作品，不过，他的确是买下了。[101] 然而，它所产生的影响却与青年尼采所体验到的那种效果颇为类似——它给这位年轻律师留下的是一种不可抗拒并改变人生的印象，如同它对尼采发生的作用一样，叔本华哲学也在他自身悲观的禀性当中同他想要理解生命意义的形而上学需求产生深深共鸣。事实上，当多斯 1849 年初次拜访这位几乎被他所有的早期追随者称为"师傅"者的时候，他这样写道："Sch* 将我在接触到他作品之时所处的那种敏感、悲观的心境比作渴盼甘霖的旱地。"[102] 多斯对他"这位师傅"的见解是如此满怀激情，以致哲学家将多斯称作一位"狂热的信徒"。尽管叔本华颇为赏识他对自己这种狂热的崇拜以及对自己哲学所具有的理解，但多斯从未成为一名福音书作者，而他还是将多斯称为"使徒约翰"。叔本华告诉弗劳恩席德特，多斯"是一位书写着的使徒，他写信给那些与他素不相识的人，告诉对方应该去读一读我的作品"[103]。

512

　　叔本华鼓励这位狂热的信徒研习佛教学说，并对他该领域的阅读给予指导。他还鼓励多斯与自己其他信徒通信并会面。在向弗劳恩席德特通报贝克尔与多斯的某次会面以及其后老多古特与多斯某次会面的时候，叔本华戏谑又不乏嘲讽地借用《马太福音》18:20 的话："因为无论在哪里，有两三个人奉我的名聚会，那里就有我在他们中间。"[104] 一如他对待其他追

---

[101]　关于尼采 1865 年 10 月在罗恩的书店里发现了叔本华作品一事，参见《尼采：三卷本作品集》(*Nietzsche: Werke in drei Bänden*，卡尔·施莱希塔［Karl Schlechta］编，Munich: 1954—1956），第 3 卷，第 133—134 页。约翰·费格尔（Johann Figl）令人信服地说明，尼采当年夏天在波恩已经对叔本华的作品进行过某种程度的研读。参见费格尔刊于沃尔夫冈·谢尔马赫（Wollfgang Schirmacher）编《叔本华、尼采与艺术》(*Schopenhauer, Nietzsche und die Kunst*, Vienna: Passagen Verlag, 1991），第 89—100 页"尼采与叔本华主要著作的相遇，在一则早前出版的摘录吸引之下"（Nietzsches Begegnung mit Schopenhauers Hauptwerk, Unter Heranziehung eines frühen veröffentlichten Exzerptes）。

　　* 指叔本华。

[102]　叔本华《谈话录》，第 142 页。

[103]　同上书，第 149 页。

[104]　同上书，第 139 页。

随者的惯常态度，叔本华也给多斯分派了些为自己跑腿的差事，其中一次是让他去给慕尼黑反动物虐待协会的创始人伊格那茨·佩尔纳（Ignaz Perner）寄一本《伦理学的两个基本问题》，关于佩尔纳其人，他后来会在该书一则脚注中提到。当然，叔本华并非就没有去为多斯爱情生活出谋划策。当三十岁的多斯向他吐露自己身陷情网并正在认真考虑步入婚姻殿堂问题的时候，叔本华无法自制地说道："年轻的朋友……别去结婚！听我的劝告。不要结婚！让科学成为你的恋人与妻子，你将发现自己要好千倍百倍。"[105] 他告诉这位坠入爱河的律师，他对女人的爱为何物可谓一清二楚，并且还告诉他，当自己生病的父亲在接受家中女仆的照料之时，自己母亲却是如何在寻欢作乐。在这位年轻人不会听从忠告的态度变得明朗之后，叔本华建议他至少要娶一位富有的女人，并暗示他这位使徒可以在布鲁塞尔或汉堡找到这样一位富有的女人。[106] 在叔本华就婚姻必定带来不幸提出多次劝诫的三年之后，多斯于 1853 年迎娶了他 ｜ 513
并不富有的恋人安娜·韦普费尔（Anna Wepfer）。叔本华并未因为多斯所办的这桩蠢事而对其耿耿于怀。婚后的律师直至 1857 年都将继续定期拜访叔本华，直至哲学家去世，他都一直保持联系。

　　叔本华的哲学之网从未捕获够十二位使徒，但在他自己算来也足有

---

[105]　同上书，第 151 页。

[106]　叔本华曾经开玩笑地用英语对一位友人说道："……如果你能找到一位至少拥有三万帝国塔勒身家的姑娘"，那他就会结婚。他还向这位友人提供了一条"虽用英语所写，但却是我自创的明智箴言：'婚姻 = 战争 + 贫困。单身之福 = 和平 + 富足'"，叔本华《书信集》，第 438 页，叔本华 1858 年 11 月 4 日致大卫·阿谢尔。大卫·阿谢尔是莱比锡一位语言学家、作家、犹太教积极分子和英语教师，他的专著《致极其博学的叔本华博士的公开信》（*Offenes Sendschreiben an den hochgelehrten Herrn Dr. Arthur Schopenhauer*, Leipzig: Dyk, 1855）开启了他们之间持续至叔本华去世的通信，叔本华试过让阿谢尔翻译他的作品，但没成功。参见叔本华，同上书，第 439 页，叔本华 1859 年 1 月 3 日致阿谢尔。

八位。[107] 他从未引来过保罗，但也从未招来过犹大。

无法无天的乌合之众（Canaille）

政治很难让叔本华产生兴趣，这种兴趣的缺乏在他哲学中就有反映。对于政治哲学，他从未进行过坚持不懈的思考，而凡是他就此主题所写下的东西，则无一例外只是某种事后的想法。这种兴趣的缺乏似乎只能是哲学家一生的必然结果。为了逃避普鲁士的统治，坚定的共和主义者海因利希·弗洛瑞斯将全家拖离但泽。年仅五岁的阿图尔也被拖走了。为了躲避拿破仑带来的危害，全家人在 1803 年及 1804 年这两年的大旅行期间，可谓费尽心力。他们在逗留法国期间游览了许多与法国大革命具有关联的景物。法国大革命是令海因利希·弗洛瑞斯与约翰娜夫妻二人都欢欣鼓舞的事件，但这些景物似乎仅仅被当作旅游景点加以观赏。当叔本华 1813 年初次逃离柏林时，他是因为害怕被应征入伍服兵役才有此一举，而在他所觅得的用以撰写博士论文的鲁多尔席塔特的宁静村庄，他并未感到自己是他所处时代中的一员。叔本华对当时政治与社会事件的终极态度，与他对各式各样哲学潮流和他所处时代种种时尚的态度都颇为类似——如果它们与他无关，他的态度就相当冷漠。他所关心的是那种包罗万象、从无更改、永远为真以及隐藏于众多变化且飞逝的情况之后恒定不变的东西。他辩称说，历史展现的只不过是同样的事情。"除此514 之外，完全相同"（eadem, sed aliter）。人类的不幸、绝望与痛苦都是生命及意志本质的机能所致，社会变革仅仅开发出新的渠道来表达同样的绝望。政治对更大的生命格局而言简直就不值一提。

---

[107] 除了多古特、弗劳恩席德特、多斯与阿谢尔之外，被叔本华算作使徒的还有柏林的医生 J. 科尔曼（J. Kormann）、法兰克福的银行职员奥古斯特·加布利尔·克尔策（August Gabril Kilzer）以及柏林《福斯报》（*Vossische Zeitung*）的编辑埃内斯特·奥托·林德尔（Ernest Otto Linder）。

然而，尽管叔本华尽最大努力试图对种种社会及政治事件拒不理睬，但他还是在进步的变革势力试图将民主主义改革一股脑儿地推进顽抗的德意志诸邦国的时候，无法逃脱 1848 年的那场革命。就在那一年，马克思与恩格斯在《共产党宣言》中激励各国工人阶级联合起来，他们夸大了共产主义的幽灵游荡在欧罗巴上空的程度。但看见幽灵的叔本华却被弄得提心吊胆，他害怕这场社会剧变会抢夺走他的财产。他甚至开始更为小心地管理自己的钱财，并精打细算地控制起自己的花销，他甚至取消了书籍的订购，这对一位爱书人来说可是一项尤为激进的举措。

1848 年 9 月，在法兰克福发生了暴力事件。汉斯·阿道夫·埃尔德曼·冯·奥尔斯瓦尔特（Hans Adolf Erdmann von Auerswald）* 将军与菲力克斯·李希诺夫斯基（Felix Lichnowsky）亲王这两位奥地利现有当权者的代表人物被极其野蛮地谋杀了。街头爆发了巷战，道路被障碍物阻塞起来，飞舞的子弹在空中穿行。9 月 18 日，从叔本华所住的位于美景街上那座两层楼的公寓望出去的景致并不美丽。哲学家看到一群拿着杆子、干草叉和步枪作为武器的乱民蜂拥着从萨克森豪森方向而来穿过座座桥梁向前进发。狙击手在街上夺取战略上的有利位置，忙着不停射击。当叔本华身处自己房中安全地看着这混乱的一幕幕在眼前发生之时，他听到了巨大的声响，有人在猛敲他那上了锁又上了闩的房门。正如他在信中告诉弗劳恩席德特的一样，他害怕这是那些"无法无天的乌合之众（Canaille）"。他的确做好了最坏准备，尽管他并未提及是否将他那把随身携带的手枪抓在手里。他那位看起来似乎比哲学家更为勇敢的女仆告知自己雇主，来的是那些引起这场骚乱的奥地利军人。他在给他首席福音书作者的信中这样写道："我立即为这些值得尊敬的朋友打开了房门。二十名身穿蓝色长裤的波希米亚壮汉涌了进来，到窗边向那些无法无天的乌合之众射击。没过多久他们便认为别处地形更佳，于是就去了隔壁

---

* 此处系按作者要求所改，与第一版中相对应的人名并不相同。

的那幢楼房。那名军官站在二楼向下察看，试图近距离侦察街垒后面暴民的敌情。我立即为他递上了我那副用于观看歌剧的双筒大望远镜……"[108]

515　　据说，保守的叔本华曾经说过，此次叛逆的首领之一罗伯特·布鲁姆（Robert Blum）应该被绞死而不是枪毙。他对阿尔弗雷德 C. F. 温迪希格勒茨（Alfred C. F. Windischgrätz）亲王因为恢复秩序所做的一切而大声表达出的由衷支持，甚至引发了那些与他同在英吉利饭店进餐的贵族军官的指责。[109]然而，尽管叔本华对那些民主力量既害怕又反对，但他还是逃脱了 1848 年的翻天巨变，损失的只不过是一些书籍和那副用于观看歌剧的望远镜而已。此外，他所得到的收获远大于他所失去的东西。1848 年与 1849 年这两年所发生的这场革命的最终失败，对造就一种更易接受他哲学的文化及社会情绪颇有助益。对叔本华而言，就像对其他许多人一样，对社会势必会发展进入那种真正而实在的人类自由将会在其中开花结果的国家状态的黑格尔信仰，被青年黑格尔派的那些唯物主义者重新用别的概念加以表达，这种信仰许诺会给人们带来一个梦想，但这最终被证明只是一种痴心妄想。哲学家告诉弗劳恩席德特，欧洲历史的真正内容只不过是一场"聚众斗殴"，以及一系列的激烈争吵而已。当似乎出现进步的时候，就总会有某种倒退来加以抵消，野蛮粗鲁就会故态复萌。这正是 1848 年多次聚众斗殴所表明的东西。哲学家继续写道，即便是历史最终会为人间带来一个天堂，这也无法为那些痛苦终生而今已长眠于九泉之下的人带来任何安慰。叔本华曾经有一次在其他场合满怀悲观决绝地说道："人类这一物种即刻就由其天性决定了会受苦与灭亡。

---

[108]　同上书，第 234 页，叔本华 1849 年 3 月 2 日致弗劳恩席德特。在这封信中，叔本华提醒弗劳恩席德特，他递给这位奥地利军官的用于观看歌剧的双筒望远镜，正是那副弗劳恩席德特 1847 年夏用来观察查尔斯·乔治·格林（Charles George Green）的气球如何升空的望远镜。

[109]　参见叔本华《谈话录》，第 222 页，由罗伯特·冯·霍恩施泰因（Robert von Hornstein）所记录的那些话；另请参见萨弗兰斯基《叔本华与哲学的狂野年代》，第 323 页。

然而，如果不公与贫穷会经由国家来加以终结，可能会出现的将会是一种懒汉的生活，人们会出于无聊而杀气腾腾地自相争斗，或是他们会因为人口过剩而挨饿绝种。"[110] 人类的压迫与剥削并非仅仅是非人的社会境况所产生的结果；使生活痛苦凄惨的并非是某个地主、工厂主或国王——意志才是国王，救赎只有通过对意志进行否定才可能得以实现。

叔本华认为，倒退回野蛮、残忍、暴力和疯狂的状态是不可避免的，因为它们所表达的是见诸人性中的种种根深蒂固的天性。叔本华辩称，理论上的利己主义或唯我论是一种只由那些身处疯人院中的人所坚守的立场——在疯人院里，这一立场的鼓吹者需要的是治疗而非哲学上的驳斥——，可大多数人都是实际的利己主义者，都活得仿佛只有他们自己的利益与福祉才至关重要一样。叔本华辩称："利己主义是高踞于世界之上的一个庞大巨怪，如果允许每一个人在他个人的毁灭和其余人类的毁灭之间进行选择的话，就不必我说在大多数情况下这一选择决定会是什么了。"[111] 哲学家试图找到一个夸张的说法来表达关于利己主义在人类行为中的支配作用及其所导致的令人惊恐举动的观点。他认为，许多人可能会为了用受害者身上的油脂来擦亮自己的靴子而杀戮他人的说法似乎是一针见血，但他紧接着又对"这终究是否有什么夸大之处"[112] 表达了疑惑。1848 年那些叛乱威胁到了国家，而如果没有国家，利己主义就会如脱缰野马一般无法无天。如果没有国家，人类的生活就会是——用霍布斯的话来说——"一切人对一切人的战争"（bellum omnium contra

[110] 同上书，第 113 页。叔本华声称，并非是你无法通过改变社会状况来减轻某些种类的人类痛苦，而是人类苦难的根源在于意志是人类的本质，这是某种从未因社会现状有所变更而得以改变的东西，关于马克思主义对叔本华的批评，参见乔治·卢卡契（György Lukács）《理性的毁灭》（*The Destruction of Reason*，彼得·帕尔默［Peter Palmer］译，London: Merlin, 1979），第 4 章，以及伯纳德·比科夫斯基（Bernard Bykhovshy）《叔本华与存在的理由》（*Schopenhauer and the Grounds of Existence*，菲力普·莫拉尔［Philip Moral］译，Amsterdam: Gruner, 1984），特别参见第 9 章与第 10 章。

[111] 叔本华《论道德的基础》，第 132 页 /《全集》，第 4 卷，第 197 页。

[112] 同上书，第 134 页 / 同上书，第 4 卷，第 198 页。

omnes ）。[113]

　　顺着霍布斯的思路，叔本华辩称道，国家源自双方各自怕对方向自己施加暴力所怀有的恐惧，这种恐惧使得为了每个人的自身利益起见必须有一个以国家的形式制度化下来的至高权力来保护每个人免受自己同胞的攻击与外来势力的侵略。人之于人即为狼（Homo homini lupus）是叔本华所乐于评论的现象，国家就是用来为利己主义这只恶狼戴上口套的。通过刑法与刑事处罚，利己主义自身控制住利己主义的种种有害后果。对于惩罚所怀有的恐惧制止了利己主义，并将其导向了正当与公正的行为：亦即，无损于他人的行为。不同于其惩罚的报应观给叔本华留下的是一种改头换面复仇印象的康德，叔本华基于惩罚的威慑作用为其合理性作出辩护：它能够防止将来可能发生的罪行。因此，国家并非是用于道德改良或进步的工具，它只是使行为有所改变而已，根据叔本华的说法，一个人的道德性是一个人的内在天性所产生的结果，这是一个人性格及一个人意志所发挥的作用，就其准确意义而言，它是天生的、不变的、个体性的："恶人生来就有他的邪恶和蛇生来就有它的毒牙与毒腺一样，前者就像蛇的毒牙一样，一点儿也不能改变他的本性。"[114] 蛇可以被戴上口套，但总是喜欢发起攻击，人类的情形同样如此。

517

　　1852 年 6 月 26 日，叔本华对自己所立的遗嘱作出一项修正，他并未将自己大量财产留给那些闯进他公寓住宅中的身穿蓝色衣裤的波希米亚人，而是留给"设在柏林，旨在资助那些在 1848 年和 1849 年的骚乱与暴动的多次战役中为维护与恢复德国的法律秩序而战斗并致残的普鲁士士兵及其遗属的基金"[115]。海因利希·弗洛瑞斯不可能赞成儿子对普鲁士人

---

[113]　参见叔本华，同上书，第 133 页 / 同上书，第 4 卷，第 198 页。叔本华摘引的是托马斯·霍布斯《利维坦》（*Leviathan*, Amsterdam: 1670 ），第 1 部，第 13 章。

[114]　同上书，第 187 页 / 同上书，第 4 卷，第 249 页。

[115]　胡果·布希（Hugo Busch ）《阿图尔·叔本华的遗嘱》（*Das Testament Arthur Schopenhauer*, Wiesbaden: Brockhaus, 1950 ），摘引自许布舍尔《全集》，第 1 卷，第 118 页。

如此慷慨大度——使得全家人逃离但泽的正是普鲁士——他甚至更不可能欣然接受儿子对一个世袭君主统治的国家所给予的支持。[116]

写给世人的哲学

如果说 1848 年革命加剧了叔本华天生多疑的习性，那么，1849 年则带给哲学家以巨大的悲痛。他的妹妹去世了，上天夺走了他能够对之尽情倾诉心曲并获得共鸣与理解的唯一之人，然而，使他甚至更为悲痛的，却是某个给了他无条件爱的生物的死亡。他曾经在同弗劳恩席德特的一次交谈中告诉过这位忠实的追随者，如果没有狗的陪伴，他就宁愿不再独活。他对他的首席福音书作者这样悲叹："我失去了我忠实的、钟爱的、亲密的卷毛狗，它在尚未年老体弱之时就作别了尘世，连十岁都不到。这让我在相当长一段时间里都万分沮丧、郁郁寡欢。"[117] 叔本华无法再得到一位妹妹，但他立即另买了一只卷毛狗，尽管这只卷毛狗毛色棕黄而非雪白，但他还是将它像上只那样取名为"阿特玛"——仿佛他从未失去过自己的爱犬一般。

在自己博士论文与主要著作第二版均告失败之后，叔本华逐渐形成一套新的策略来培育自己的读者群。1850 年 6 月，他再次同布洛克豪斯进行接洽，但此次是就《附录与补遗》这部九百八十六页两卷本皇皇巨著的内容简介进行的接洽。继《作为意志与表象的世界》第二版之后，六年来，他一直埋头于该书的写作。如同他告诉布洛克豪斯的一样，这

518

[116]　参见叔本华《作为意志与表象的世界》，第 2 卷，第 595 页／《全集》，第 3 卷，第 683 页及随后一页，叔本华在此论述了人们使自己免受众人保护者伤害的问题，亦即，为世袭君主提供保护的问题。他辩称，此事的达成是通过赋予国王以如此之多权力、财富、安全及绝对的不可侵犯性，以至于他再也不受利己心的支配。

[117]　叔本华《书信集》，第 240 页，叔本华 1849 年 12 月 9 日致弗劳恩席德特；关于叔本华所说的如果没有狗的陪伴他就希望不再活在世上的那句话，参见叔本华《谈话录》，第 100 页。

部作品构成了他哲学杂项的完成，亦即，他对那些无法被收录进他哲学体系中题材所进行的思考。他暗示说这可能是他写作生涯的封笔之作："我想以后我将再也无话可写，因为我将会提防出现以老迈之躯生出孱弱之子的情况，这些孱弱的孩子既会控诉他们的父亲，又会有损于这位父亲的声誉。"[118] 或许，他在此所指的是他两位英雄：康德与歌德，他们二人都被他指责为在晚年作品当中喋喋不休地废话连篇。因为这部作品偏向的是普通读者，所以他假定会畅销，正因如此，不同于他为自己主要著作的再版分文不取的是，他要求为自己所付出的诸多努力获得适当的报酬。

布洛克豪斯此次并未买下叔本华所售卖的东西。出版商已经两度因其哲学体系而损失惨重，因此，布洛克豪斯对他哲学杂项便更少兴趣。叔本华得到的忠告是自行出版这部作品。但叔本华并未就此罢手，而是求布洛克豪斯帮他设法敲定一位出版商。同这一古怪请求无法分割开来的是为售卖他这本书所作的另一次尝试。他告诉出版商，他愿意放弃稿酬，而他也告诫布洛克豪斯，如果拒绝出版这部作品，那会是个错误。叔本华写道，随你怎么看他都毫不在乎，但他并非是那个认为其著作实乃这个世纪当中所写的巅峰之作的唯一之人，他还满怀自信地认为，这部书将会克服由"哲学教授行会"所进行的"消极抵抗"，因为他所写的是"写给世人的哲学"，因此，他向这位态度勉强的出版商保证，这部作品将会畅销。[119] 布洛克豪斯拒绝帮助哲学家设法敲定出版商，同时也拒绝了叔本华的第二次叫卖。

519　　叔本华又接洽了法兰克福的书商弗里德利希·埃米尔·苏霍斯兰特，他曾经接受过《伦理学的两个基本问题》与叔本华博士论文第二版的出版事宜。然而，苏霍斯兰特并不认为世人已经为接受他的哲学做好了准

---

[118]　同上书，第 242 页，叔本华 1850 年 6 月 26 日致布洛克豪斯。
[119]　同上书，第 247 页，叔本华 1850 年 9 月 3 日致布洛克豪斯。

备。持有这一看法的还有哥廷根的迪德利希书店。再次受挫的叔本华转而向他的首席福音书作者弗劳恩席德特求助，但他首先进行一番尖酸刻薄抱怨的是布洛克豪斯出版了诸如海因利希·莫里茨·查利博伊（Heinrich Moritz Chalybäu）的《伦理学：论家庭、国家及宗教习俗》（*Ethik, über die Familie, den Staat und die religiöse Sitte*, 1850）与卡尔·罗森克兰茨的《知识体系》（*System der Wissenschaft*, 1850）之类"黑格尔的胡言乱语"。叔本华冷笑道，甚至连赫尔巴特的作品都出了十二卷之多。他继续写道，甚至更糟糕的是，巴伐利亚的路德维希一世情妇、舞蹈演员罗拉·蒙特兹（Lola Montez）都在写她的回忆录，有传闻说英国出版商为争得她这本书的出版权而纷纷向她开出价格不菲的条件。叔本华还给弗劳恩席德特提供了他为出版写给世人的哲学所要求的种种条款。它必须用德语（花体字［Frakturschrift］）而非拉丁文印刷字体出版；他必须收到校样；所需印数是七百五十本；他需要对该书的试印本进行评估与认可，他将收到十本以优质纸张装订而成的样书；他必须保有该书第二版的种种权利，然而，他并未要求得到稿酬。[120] 弗劳恩席德特引起了柏林出版商阿道夫·威廉·海恩（Adolf Wilhelm Hayn）的兴趣。叔本华指定弗劳恩席德特作为自己的代理人，并建议他"用雷霆之声向海恩大声读出签订合同的种种条件，我将寸步不让"[121]。首席福音书作者必定是发出了足够响亮的隆隆雷声，因为海恩同意了叔本华的各项条款。"写给世人的哲学"于1851年面世了。

附录与补遗

叔本华坚持他写给世人的哲学必须得冠以一个庄重的书名，因为它

---

[120]　同上书，第247页，叔本华1850年9月16日致布洛克豪斯。
[121]　同上书，第248页，叔本华1850年9月30日致布洛克豪斯。

是为学者而写。《附录与补遗》这一取自两个希腊语词汇的笨拙书名极具描述性，其字面意义即是他哲学本身的"附庸作品与遗漏之物"。*叔本华在前言中声称，他一些文章如果不是出现得如此之晚，就会在他早前书籍当中找到自己的位置。其他那些文章则因其题材的缘故而无法放入他那些具有系统性的作品之中，无论如何，叔本华都向自己的读者保证，除了个别段落之外，所有这些文章对那些并不熟悉他早前作品的读者来说都会既有趣又易懂。哲学家解释道，这些"遗漏"在他系统作品之外的文章将会促进对他观点所作的补充性解释。而那些"次要的文章"也将会如同他所说的那样，对于哲学的阐明不无裨益，因为所有从他头脑中生发而出的东西都有助于阐明他的哲学。

520

构成第一卷《附录》（*Parerga*）的是六篇文章，头两篇文章"关于理想与现实事物的历史概略"与"哲学史的残篇"，起到了提供关于现代哲学与西方哲学史注释的作用。第一篇文章详细描述了叔本华对于他所认为的存在于上至笛卡尔下至他自己所处时代的哲学当中的主要问题所作的分析，这个主要问题便是我们对事物的感知与我们对自在之物的领悟之间的关系究竟如何。纵观笛卡尔、尼柯莱斯·德·马勒伯朗士、斯宾诺莎、莱布尼茨、洛克、贝克莱、休谟及康德等人的哲学就此问题的论述之后，哲学家毫不谦虚地得出结论：只有他的哲学才通过表明唯心事物或理想与实在事物或被象征的东西均是意志而解决了这一问题。为了表明自己对与他同时代人，尤其是费希特、谢林及黑格尔"三个诡辩家"的蔑视，哲学家将他们的观点排除在哲学发展的进程之外，对他们就此问题所持观点所做的处理，便是将其列入附于这篇文章后面一篇吹毛求疵的附录当中。在第二篇文章中，叔本华将自己的哲学融入了西方哲学传统之中，他将自己的哲学所置入的，正是哲学教授试图将之排斥在外的那种传统。在这篇文章的第十四部分"关于我自己哲学的一些评论"当中，他叙述了自己哲学所

---

* 此处内容系按作者要求所改，与第一版中相对应的原句并不相同。

具有的康德基本原则，强调自己对其始终如一的坚持，并竭力表明自己的思想为什么可能因其所具有的康德根基而同费希特与谢林两人看起来有几分类似。不过，正如他在初入哲学这一行的时候所做的一样，他在文章结尾处也对这一指责给予回击："诺阿克（Noak）[原文如此]说……我所有的观点都是从费希特与谢林这两个人那里偷来的。"[122] 这两篇文章最后都要表明，这个不被哲学界接受的局外人才是主流西方哲学传统当中最忠实的弄潮儿，他的哲学代表着西方哲学传统最高阶段的发展。

521

第三篇文章"论大学里的哲学"是一篇针对学院哲学与哲学教授无情的讨伐檄文，他在这篇文章中对德国大学里的哲学现状予以谴责。鉴于德国学院哲学那被徒为国家与教会忠实奴才的以哲学为生而非为哲学而活的家伙所讲授的现状，叔本华呼吁废除大学里的哲学课程。所有大学生真正需要的是一学期关于哲学史的描述性课程与一门逻辑学课程。这些课程会让大学生为他们自己自主安排的研究性课程做好准备，而他们自己自主安排的研究性课程则应当由对真正哲学家原著的阅读所构成。

第四及第五篇文章"关于个体命运中的明显目的性的超验思索"（Transcendent Speculations on the Apparent Deliberateness in the Fate of Individuals）与"论视灵及与之相关一切的文章"（Essay on Spirit Seeing and Everything Connected Therewith）写的都是些奇闻怪谈。前一篇文章是一种"形而上学的胡思乱想"，它试图去解释那种看似是对某个个体的生命中诸多事件起着某种形式超自然引导作用的东西。这种在黑暗中的摸索前进让叔本华最终在表面上看起来违背了他要发展出一种完全内在的哲学的诺言，这种完全内在的哲学是一种将不会超出经验界限的哲学。叔本华小心而审慎地提出了一项超常的主张，他暗示说每个个体的生命所接收到的那种看不见的引导都似乎是在指引某个人的意志去远离生命。

---

[122] 同上书，第460页，叔本华1859年11月21日致林德尔。路德维希·诺阿克（Ludwig Noack）在两卷本《谢林与浪漫派哲学》（*Schelling und die Philosophie der Romantik*, Berlin: Mittler, 1859），第2卷，第360—375页强调了费希特与谢林对叔本华的影响。

那篇"论视灵"则清楚有力地表达了哲学家对神秘超常现象所怀有的浓厚兴趣以及他关于早前已经谈到过的幽灵形而上学的唯心主义描述。

最后两篇文章表明叔本华是在以他不会在其系统性作品中所采用的方式进行思索与发表意见。第六篇文章，即《附录与补遗》第一卷收尾之作《人生智慧箴言》，甚至还一板一眼地暂时放弃了他哲学本身的那种"更高的形而上学及伦理学的立场"——这种立场所得出的结论是：不存在比存在更可取——以形成一种指导人们如何能活得尽可能愉快的幸福论学说。[123] 这篇文章是他写给世人哲学的核心所在，也是他所有文章当中最受欢迎的作品。一种相对幸福的生活，亦即一种并非不幸的生活，源自三大源泉：某人之所是，某人之所有，以及某人所代表的东西——某人是如何被他人看待的。叔本华得出的最终结论是：活得好的关键是某人之所是，他建议人们需要去认识自己，认识自己身上隐藏得最深的癖好与性格，并塑造一种最适合自身个性的生活。这篇文章代表关于叔本华是在如何尝试去生活的理想化描述，尽管他常常未达到自己所设定的理想。

这部作品第二卷，即所说的"补遗"部分，由三十一章组成，其结尾部分是一组主要取自叔本华早年所写诗歌的诗作，前十六章是对他系统性著述所作的补充，涵盖了从哲学及其方法、关于自在之物与现象这两个对立的评论、伦理学、哲学与科学、色彩理论到对于存在的虚幻、自杀及宗教的评论等形形色色的论题。[124] 剩下的后十五章以更为间接的方式涉及他的哲学，哲学家那诸多涉猎广泛的兴趣当中的一些在其间得

---

[123] 叔本华《附录与补遗》，第 1 卷，第 313 页 /《全集》，第 5 卷，第 333 页。

[124] 叔本华用以开启上书第 2 卷第 15 章 "论宗教"（On Religion）的是在德摩菲勒斯（Demopheles）与菲拉勒特斯（Philalethes）之间所进行的一场对话，这则对话，据菲力普·利夫（Philip Rieff）所说是弗洛伊德曾经仔细研读过并用作《一个幻觉的未来》（*The Future of an Illusion*，詹姆斯·斯特雷奇［James Strachery］译，New York. W. W. Norton, 1963）中对话的典范。弗洛伊德像叔本华一样认为宗教信仰被理智的人看作是荒谬愚蠢的，但弗洛伊德对于科学取代宗教的能力更为乐观。参见菲力普·利夫（Philip Rieff）《弗洛伊德：道德主义者的精神》（*Freud: The Mind of the Moralist*），第 294—297 页。

到了体现。他将那些关于他就梵文文献、考古学、神话学、文学批评、学者与治学、语言与文字、阅读、教育、面相学及嗓音等所作评论的篇章放进其他主题之中。第二十七章便是他那篇臭名昭著的仇视女性的文章"论女人"。尽管叔本华知道他是一名哲学家而非诗人，但他仍然用一组诗作来为他这部"封笔之作"收尾作结。他之所以这样做，是为了以一种具有个性及富于人性的方式来更为坦率与公开地表达他的情感，这是他用以让他读者获得一种对于哲学作者更如见其人认识的东西——就仿佛通过阅读他的哲学便能对叔本华其人有所了解一般。然而，这对这位老迈的哲学斗士而言却是心境上的重大改变。他过去是将他的哲学视为他生活的目的，而他的哲学在他看来则是立足于自身的优点，对于这些优点的认可并不要求人们了解该哲学的作者，但他如今却在变得个性十足、血肉丰满。对一个将哲学本身视为霍布斯所说的一场"一切人对一切人的战争"的人来说，以诗作结，实乃和平之举。[125]

523

---

[125]　在"哲学及其方法"（Philosophy and Its Method）中，叔本华辩称，好诗可以成千上万，但真正的哲学却只有一种，他因此断言，哲学总是好斗善辩，众多的哲学体系正是霍布斯所说的"一场一切人对一切人的战争"："因此……诗人作品就像一只羊羔并排着安静地吃着草，而哲学著作则生来就是凶残的猛兽，即便是在它们破坏性的冲动当中，它们也好似蝎子、蜘蛛与一些昆虫的幼虫一般，首先是转而与它们自己的物种为敌。《附录与补遗》，第2卷，第5页/《全集》，第6卷，第5页。

第十一章 声名乍现，生命尽头

524 　　"我十分高兴地经历了我最后一个孩子的诞生，在我看来，我对世界的使命由此得以完成，"叔本华这样在信中对弗劳恩席德特写道，"事实上，我如今感到那个我生而有之并自我二十四岁起就真切感受着其存在的沉重负担终于被卸了下来。没人能想象那意味着什么。"[1]叔本华最后一个孩子并未像他早前的兄弟姐妹一样因报刊而致夭折。

　　《附录与补遗》吸引到了读者，那几位首席福音书作者都尽到了自己职责。多古特、弗劳恩席德特与克尔策都写了恭维的文章来赞美他们的师傅。[2]匿名且多为褒扬的评论文章出现在汉堡的《四季》(*Jahreszeiten*, 1851 年 12 月)与《德意志文学中心报》(*Litterarisches Centralblatt für Deutschland*, 1852 年 1 月)这两份报纸上；1852 年 4 月 1 日，当一篇三页长的评论文章刊登在英国《威斯敏斯特评论》(*The Westminster Review*)上时，叔本华收到了他德国境外的首篇评论——这可不是在愚人节开的

---

[1] 叔本华《书信集》，第 251 页，叔本华 1850 年 10 月 23 日致弗劳恩席德特。

[2] 参见多古特《叔本华哲学杂论，给师傅的一封信》(*Vermischte Bemerkungen über die Philosophie Schopenhauers, Ein Brief an den Meister*, Magdeburg: Heinrichshofen, 1852)。弗劳恩席德特的那篇评论刊登于 1852 年 3 月第 9 期《文学娱乐报》(*Blätter für litterarische Unterhaltung*)，而克尔策的那篇评论则于 1852 年 4 月 14 日发表于法兰克福《教义》(*Didaskalia*)。〔作者：是为了使书目一致才将克尔策加于其中的吗？〕

玩笑。短短一年之后，这位不为人知的英国批评家将会在叔本华思想被大众接受的过程中起到至关重要的作用。《四季》上的那篇评论则让叔本华感到激动："它是彻头彻尾的褒扬之辞，几乎可以说是热情洋溢、文采飞扬……狂犬乱吠与愤激叫嚣的时候已经过去。"[3] 当一位批评家提到他说是"已故之人"[4] 的时候，他甚至还觉得很有趣。

当《附录与补遗》开始在更广的知识界中掀起波澜之时，哲学教授逐渐地打破了沉默。海德堡的哲学家卡尔·福特拉格在他《自康德以来的哲学起源史》(*Genetische Geschichte der Philosophie seit Kant*, 1852) 当中广泛详尽地论述了叔本华思想，费希特之子伊曼努尔·赫尔曼·费希特(Immanuel Hermann Fichte) 也自图平根在其《伦理学体系》(*System der Ethik*) 当中对叔本华的思想给予了详尽论述，他与来自哈勒的赫尔曼·乌尔利奇(Hermann Ulrici) 共同编辑的杂志则频频提到叔本华及其学说。来自哈勒的黑格尔信徒约翰·爱德华·埃尔德曼(Johann Eduard Erdmann)——叔本华引了他的话以用作年轻哲学教授对康德一无所知的例证——在小费希特的杂志中将"叔本华与赫尔巴特"(1853) 两人对比得泾渭分明，致使编者在文章后面加了一则附言。倾尽全力去理解叔本华并会在后来笨拙地与哲学家共进晚餐的埃尔德曼，在他的《德国思辨哲学自康德以来的发展》(*Die Entwicklung der deutschen Speculation seit Kant*, 1853) 当中加进了三十七页论述叔本华思想的内容。叔本华本人则写下了"关于我生平的介绍"发表在这位哈勒教授所写的这本书上。[5]

525

---

[3] 叔本华《书信集》，第 274 页，叔本华 1852 年 1 月 11 日致弗劳恩席德特。

[4] 同上书，《书信集》，第 311 页，叔本华 1853 年 5 月 9 日致林德尔。

[5] 关于叔本华所写的生平简介，参见上书，第 260—261 页，叔本华 1851 年 4 月 9 日致埃尔德曼。叔本华称自己与埃尔德曼在英吉利饭店尴尬地一道进餐是场"滑稽戏"，他 1854 年 5 月 11 日致弗劳恩席德特的信中是这样说的。参见上书，第 340 页。叔本华发觉埃尔德曼无法连贯地表达自己一系列思想，当同桌有人作为第三方参与进来同这位年轻教授进行交谈的时候，他感到如释重负。叔本华趁此机会急忙吃光了他那半只鸡，在表达了对同埃尔德曼的相见所感到的愉快并请对方在回到柏林的时候转达他对弗劳恩席德特的问候之后，他便出人意料地突然离开了。

叔本华当然颇为享受这种由学术界的教授所给予的关注，但他也乐于对他评论者作品的质量进行控诉。然而，他却并未公开回击他的批评者。事实上，除了早期同贝内克之间的插曲以及对丹麦皇家科学院的卑劣裁决怒气冲冲的抨击之外，他对这种恶意对骂的激烈笔战通通予以回避。他在私下对门徒大倒苦水，鼓励他的福音书作者奋起为他辩护。尽管叔本华称赞福特拉格从他书中所选的段落都颇有见地，但他觉得这位海德堡教授在对自己所作的种种评价当中表现出的恰恰只是比前者有过之而无不及的缺少才智，他称这些评价"错误、失真又糟糕"。他还将福特拉格这本书本身视为十足的"出书狂的草率之作。"一贯热衷于大肆进行人身攻击（ad hominem）的叔本华告诉弗劳恩席德特，福特拉格是"一个先天的蠢货"（a priori dumb）[6]。他对小费希特的态度还更严苛。费希特的书是"一张彻头彻尾的谎言之网"，而费希特的伦理学体系则被叔本华指责为"一套最为卑下的平庸主义"。他甚至还挖苦地声称，小费希特对叔本华关于孩子的性格继承自父亲的理论提出质疑。老费希特是个"夸夸其谈的人"，但他还具有几分天赋与理解力；然而他的儿子仅仅是个"说谎的人"。[7] 他告诉弗劳恩席德特，埃尔德曼那篇关于叔本华与赫尔巴特的文章准确无误地将赫尔巴特描述为他的对立派，但并非像那位哈勒教授所辩称的一样是源于他们从康德学说中各不相同的出发点，而是因为假与真截然对立，互为抵触。至于这位地球人*在书中对他的论述，叔本华认为这三十七页中的前十页尚属不错，但它们也仅仅是关于他就充足理由律的四重根所做论述总的看法。他说，埃尔德曼这部作品就其他方面而言则是粗略而混乱，完全忽略了他的根本性学说。因此，埃尔德曼并不具备正确评价他是如何不同于其他人的能力，而埃尔德曼也正是

526

---

[6]　叔本华《书信集》，第 283 页，叔本华 1852 年 6 月 10 日致弗劳恩席德特。

[7]　同上书，第 300 页，叔本华 1852 年 11 月 22 日致弗劳恩席德特。

　*　埃尔德曼的姓氏 Erdmann 是由 Erde（地球）与 Mann（男人）两个名词所组成的合成词，这两个名词的意思分别是地球与男人。

这样将他"作为诸蛇当中的一条"来加以论述。他对弗劳恩席德特说，他只能找到两则彻头彻尾的谎言。他并未说过莱布尼茨是数学家与博学之士而非哲学家，他只是说他更像数学家与博学之士而不那么像个哲学家；他并未说过黑格尔是"我们这个时代的傻瓜"，相反，他说这话指的是"黑格尔的信徒"。[8]为了查探出"谎言"，叔本华区分得当然非常精细。

当叔本华身边正聚集起一小群热心的追随者，一些哲学教授认为他的哲学值得注意，《附录与补遗》慢慢地吸引到读者的时候，那位匿名的英国评论作者 1853 年 4 月再次在《威斯敏斯特评论》上发出声音。不同于他那篇就《附录与补遗》所写的三页缺乏热情评论的是，此次这篇名为"德国哲学中的偶像破坏"（Iconoclasm in Geman Philosophy）的评论篇幅竟有二十页之多，并在正文之前列出叔本华除《论视觉与色彩》之外的全部作品，这篇仅仅旨在描述叔本华哲学并在不接受其学说极端悲观说法的前提下赞美其文风的评论文章，称赞了叔本华的哲学态度，他在其哲学遭受隐匿的几十年间所表现出来的坚韧不拔，以及他的思想所具有的明晰性与影响力，它以极其吸引人的史诗般方式对这位著述者进行了描写：

> 事实上，我们敢说，在我们英国读者当中，很少有人熟悉阿图尔·叔本华这个名字；意识到这位叫那个名字的神秘人物致力于推翻自伊曼努尔·康德去世以降就被大学教授建立起来的整套德国哲学体系已有近四十年之久以及他在经过长期努力之后刚刚成功得以使自己成名——这绝妙地以使人如闻其声的方式阐释着那指明在发射炮弹与听见报告之间的时间间隙会是何其长的学说——的人还要更少；而意识到阿图尔·叔本华是世界上最富于独创性与最值得阅读的作者之一，意识到他在理论构建方面技艺娴熟、取得成就的领域包罗万象、

527

---

[8]　同上书，第 326 页，叔本华 1853 年 11 月 2 日致弗劳恩席德特。

阐释事物的能力无穷无尽，在穷根究底、追求卓越的过程中表现出令人生畏的逻辑头脑与不屈精神，意识到他是对手们难以对付的打击者——这是对除了那些"迎合他人"的人之外所有人而言某种最令人好笑局限的东西——的人，则甚至还要少之又少。[9]

叔本华的律师与友人马丁·埃姆登非常偶然无意间在英国商业周刊《经济学家》（The Economist）上发现有人提到了第二篇威斯敏斯特评论之后，提醒叔本华去读一读这篇评论文章，叔本华通知他的小友林德尔，后者找到了这篇评论并寄了一份给哲学家，这位终生的亲英人士对这篇评论颇为喜欢，将它总共读了三遍——正如他告诉林德尔的一样。对于作者声言并未将他的哲学仅仅认同为防止"以这样一个秉持异端学说、凶暴无神论者的坚定支持者面目出现"[10]的策略，叔本华是理解的。此外，他对评论作者对康德的了解也颇为满意，他还高兴这位评论作者承认黑格尔哲学既晦涩难懂又显然空洞无物。这篇评论中还包括三段选自叔本华作品的篇幅颇长文字的译文，这些段落被翻译成英文的质量尤其令他印象深刻。[11]他还很乐于看到从《论充足理由律的四重根》第二版当

528 中选出的一段文字。在这段文字中，叔本华痛斥"德国哲学教授"对康德漠然视之，试图将一种变相的宇宙论观点强加在"绝对"这个"具有

[9] 约翰·奥克森福德"德国哲学中的偶像破坏"，第388—407页；重印于《叔本华协会年鉴》，第12期（1923—1925），第117—407页，这段引文见重印文第117—118页。

[10] 叔本华《书信集》，第311页，叔本华1853年5月9日致林德尔。

[11] 奥克森福德从《作为意志与表象的世界》中翻译了两段话，它们分别出自《作为意志与表象的世界》，第1卷，第36—37页/《全集》，第2卷，第43—44页，及《作为意志与表象的世界》，第1卷，第105页/《全集》，第2卷，第125页及随后一页（第二段话是叔本华所做的大宇宙类推，他在其中将显露于自我意识中的意志扩展到所有的表象），另一段话译自《论充足理由律的四重根》，第57—59页/《全集》，第1卷，第37—39页。这些段落分别见于评论原文第397—398页，第402页及第399—400页与重印文第124—125页，第129页及第126—127页。叔本华告诉他试图说服将自己作品翻译成英语的阿谢尔，他惊叹于奥克森福德那种"不仅能准确地传达出题义，而且能生动地展示出［他写作的］文风、手法及姿态"的能力，《书信集》，第420页，叔本华1857年10月22日致阿谢尔。

一种陌生、体面而又高贵的光环；我们最了解德国人能借此故作高傲地达成何物"的字眼之上。接着，这篇评论提供了关于叔本华写作风格的描述，这是一段使得哲学家心情平静的描述："它表现出那种由讽刺、痛骂以及构成叔本华论战风格的清楚易懂的论证夹杂在一起的奇妙特质，同时，它又使那从未被全然忘却的个人愠怒显露为辛辣的讥讽。"[12] 令人奇怪的是，叔本华所认为评论中的绝佳之处竟是评论作者在谈及德国哲学教授对叔本华书籍作出何种回应时共用了三次"聊胜于无"一词。[13]

尽管叔本华为这篇评论感到激动，但他认为它对自己的哲学描述得并不完整。他觉得它故意在对自己伦理学的介绍上有所疏漏，没有能够传达出自己哲学的统一与完整，并且对他视意志为首要、知性为次要的关键学说只字未提。他还对评论在结尾处将他称为"法兰克福的这位厌世哲人"[14] 的做法颇为不快。他能够接受"哲人"的称谓，但不愿被人指为"厌世"。他的哲学是"慈悲的"：是一种对人类抽象之爱的表现。通过解决永困人心的存在的难题，通过解释生活在一个痛苦与死亡在其间因为其本质而必然产生的世界中的意味与意义，他正在试图为人类提供形而上学的安慰——尽管他觉得难以具体去爱那些特定的人类的两条腿动物。或许正是评论在最后加在他身上这一厌世者的称号让他相信这位匿名的评论作者是威廉·史密斯（William Smith）这位费希特学说的推广者。仅仅在后来他才发现评论的真正作者是约翰·奥克森福德这位诗人、作家兼戏剧评论家，他还是歌德自传《诗与真》的译者。《威斯敏斯特评论》第一篇评论也是他写的。

[12] 奥克森福德"德国哲学中的偶像破坏"，第 400 页及随后一页；重印文，第 127 页。

[13] 参见叔本华《书信集》，第 311 页，叔本华 1853 年 6 月 9 日致林德尔。奥克林福德将"聊胜于无"一词用于描写外界的反应实际只有两次，第一次是用来描写外界对叔本华博士论文的反应，第二次是用于针对他主要著作的反应。关于外界对《伦理学的两个基本问题》的反应，奥克森福德所说的是"根本没有任何报道"。参见"德国哲学中的偶像破坏"，第 389—390 页；重印文，第 116—117 页。

[14] 奥克森福德，同上书，第 407 页；重印文，第 134 页。

　　叔本华说服林德尔去让他那位出生于英国的妻子将奥克森福德的这篇评论翻译成德语，但他让她略去了将他说成"厌世的"地方，然而，当他后来对照原文校阅译文的时候，他却在自己做改动的那些地方将这个被略去的词添回原处。他告诉林德尔说："我甚至亲自［把"厌世的"］再次写了上去，我们必须如实且诚实地进行翻译。"[15]这篇译文将于 1853 年 6 月发表在《福斯报》（Vossische Zeitung）上，而弗劳恩席德特则会将它收进将会是对他师傅的哲学体系所做的第一部详细阐释之作《关于叔本华哲学的信件》（Briefe über die Schopenhauersche Philosophie, Leipzig: F. A.Brockhaus, 1854）里面。甚至一篇关于评论的评论文章，亦即一篇关于奥克森福德评论的评论文章，也以"A. 叔本华，一位在英国享有盛名的德国哲学家"（A. Schopenhauer, a German Philosopher Celebrated in England）为标题发表于设于柏林的《外国文学杂志》（Magazin für die Literatur des Auslandes, 1854）上面。然而，卡尔·罗森克兰茨对此抱有怀疑。他认为奥克森福德这篇评论是由叔本华的某位信徒在德国所写。[16]

　　继叔本华的福音书作者行动之后，多篇广为流传的《附录与补遗》的正面评论、一些哲学教授的介绍以及奥克森福德评论的德语译文都起到了引发对叔本华哲学兴趣的着燃点的作用。随着他越来越受到大众的欢迎，叔本华得以在 1854 年既说服了苏赫斯兰特出版《论自然中的意志》第二版，又说服了哈特克诺赫出版《论视觉与色彩》第二版。布洛克豪斯将这两本书都付印成书，后一本书印数是一千零五十册。天主教神父贝达·韦伯（Beda Weber）感到非得就这位在《法兰克福天主教教会报》（Frankfurter Katholische Kirchenzeitung, 1854 年 11 月）上承认"对个人

---

[15] 叔本华《书信集》，第 313 页，叔本华 1853 年 6 月 9 日致林德尔。叔本华在一封 1853 年 5 月 9 日写给林德尔的信中，曾经请求林德尔将"厌世的"一词从译文中删去，参见上书，第 312 页。

[16] 参见卡尔·罗森克兰茨"论叔本华的特征"，注释 63。另请参见许布舍尔《在智性语境中的叔本华哲学》，第 509 页及第 517 页。

而言，并无人格化的上帝，并无个人的自由，也并无死后的存在"的哲学家向自己的教区居民提出告诫不可。[17] 在苏黎世，一群德国政治流亡者仍然在舔舐着他们在 1848 年与 1849 年的彻底失败中所留下的伤口，"极端的民主主义者"正忙于阅读与谈论这位保守哲学家的作品。在这些流亡者当中有一位名叫弗兰茨·毕松飞（Franz Bizonfy）的匈牙利学生，他写信给哲学家邀请他到苏黎世去小住几日或几周，并说明哲学家要见的并非仅仅是他，"还有其他许多人，他们将带给你的乐趣比两个世纪里所有教授所给予你的乐趣都要更多，应我所求到我这里来吧"[18]。叔本华拒绝了这一邀请，正如他告诉一位友人一样："这位同一大群才子被［从德国］逐出的匈牙利人为了满足他们的好奇心而诚挚请求我在今年 12 月到苏黎世去；我礼貌、友好而又简短地回答说，……我再也不会外出旅行。"[19]

530

　　毕松飞所提到的才子中的两位便是诗人约尔格·赫尔维格（Jörg Herwegh）与作曲家理查德·瓦格纳。后者觉得自己为避免重蹈他无政府主义者的友人与后来第一国际的创建者米哈依尔·巴枯宁的覆辙最好在 1849 年夏从德累斯顿逃往瑞士。也就在这一年秋，巴枯宁自己则在德国身陷囹圄。在 1854 年让四十一岁的瓦格纳初次接触到叔本华《作为意志与表象的世界》的人正是赫尔维格*。瓦格纳对叔本华作品的阅读使他有脱胎换骨之效。正如他将写信告诉伟大的钢琴演奏家与作曲家弗兰茨·李斯特** —— 瓦格纳将在后来从汉斯·冯·毕洛夫（Hans von Bülow）手中夺走其女柯西玛并娶为妻 —— 的一样，叔本华的哲学"……在我孤独寂

---

[17]　叔本华《书信集》，第 593 页。

[18]　摘引自许布舍尔《在智性语境中的叔本华哲学》，第 427 页。

[19]　叔本华《书信集》，第 357 页，叔本华 1854 年 12 月 30 日致弗劳恩席德特。

　*　此处的内容系按作者要求所改，与第一版中相对应的原句并不相同。

　**　李斯特（Franz Liszt, 1811—1886），匈牙利作曲家与钢琴演奏家，首创交响诗体裁，他后来成了瓦格纳的岳父。

奡之时如同从天而降的礼物来到我的身边"[20]。似乎一贯凡是他爱过谁，就会在之后将其杀死的尼采，满怀嘲弄地总结了这种关系："叔本华带给瓦格纳的好处实在无法估量。只有这位颓废的哲学家才会把他自己交给这位颓废的艺术家。"[21]

瓦格纳回赠了一份礼物给哲学家。1854 年 12 月，叔本华相当意外地在邮包中收到一份装帧精美、用优质厚纸张专门为友人印制的《尼伯龙根指环》（*Der Ring der Niebelungen*）的剧本。作曲家太过羞怯，并未附上书信。他只是在标题下方写上"怀着敬意与感激"。叔本华并未对作者作出回应，相反，他倒更愿意在手稿上写满暗讽的词句与批评的评语或画满问号、着重号与惊叹号。他不时地为瓦格纳的语言所触怒——它刺痛了他的双耳："他没有耳朵，这个耳聋的音乐家。"[22] 对于剧本中一则指出幕布应当尽快落下的舞台指导说明，叔本华嘲讽道："这应该立刻去办才是。"而对《女武神》（*Die Walküre*）第一幕结尾处的西格蒙特与西格琳德两人乱伦通奸的做爱场景，有时候也会将性道德暂且抛诸脑后的叔本华，则感到惊骇不已："对于道德，我们间或能够忘却，但不应该侮辱。"在叔本华旁注中全然没有一星半点的赞美之辞与欣赏之举，不能不令人心生好奇。他告诉友人弗劳恩席德特的是："［这］很可能是真正属于

---

[20] 摘引自许布舍尔《在智性语境中的叔本华哲学》，第 429 页。瓦格纳当时正在写组成《尼伯龙根指环》四部组剧中第二部《女武神》中第二和第三幕，参见布莱恩·麦基《叔本华哲学》（*The Philosophy of Schopenhauer*, New York: Oxford University Press, 1997），第 331 页。我对瓦格纳与叔本华之间关系的理解，在很大程度上得益于麦基这部佳作。

[21] 弗里德利希·尼采《瓦格纳事件》，第四部分。在该书前言部分，尼采将自己对叔本华与瓦格纳两人的一度迷恋解释为自身颓废的表现，他声称他通过对这两个水火不容对手的超越而得以成为自己，并得以超越了现代性。

[22] 叔本华《手写遗稿》，第 5 卷，第 436 页。此外包括叔本华旁注及其在瓦格纳那长度为一百五十九页剧本中所画的着重符号。瓦格纳总共让人印了五十本这样的剧本分送友人。

未来的艺术作品。它显得非常杂乱无章。"[23]

　　瓦格纳将间接地获知叔本华对于《尼伯龙根指环》的评价。苏黎世作曲家圈中的一员，瑞士新闻记者弗兰茨·阿诺德·韦勒（Franz Arnold Wille）1855 年 4 月拜访了叔本华。他们之间的谈话非常自然地传到瓦格纳耳中。哲学家将声音拖得长长地说道："请向您的朋友瓦格纳转达我为他寄给我的《尼伯龙根指环》而怀有的谢意，但请您告诉他，他应该停止创作音乐作品。他作为诗人更有天赋。我叔本华仍然忠实于罗西尼和莫扎特。"[24] 瓦格纳对叔本华为他的礼物所表达的"谢意"深感失望。他认为他在剧中所塑造的沃坦一角象征着对意志的破除，但并无某种更高神的恩惠的介入。他 1878 年对妻子柯西玛说道："我确信叔本华会对我在知晓他哲学之前就发现这一点而感到气恼。"他还暗示他早就预料到叔本华的这种反应："我这样一个政治避难者，他的理论已经被叔本华门徒柯萨克基于其师的哲学证明为站不住脚，因为我的音乐本来就应该没有曲调。但那也未免有失厚道。这是歌德对待克莱斯特的方式，前者本来应该为后者喝彩才对……"[25]

532

　　卡尔·路德维希·恩斯特·柯萨克（Karl Ludwig Ernst Kossak）并非叔本华的门徒。充满活力的哲学家在有音乐及戏剧评论家曾经将他说成"已故"的时候感到好笑。然而，叔本华却是读过柯萨克攻击瓦格纳的檄文并对之予以赞同："唯美主义者柯萨克十分恰当地运用了我那些不利于

---

[23]　叔本华《书信集》，第 357 页，叔本华 1854 年 12 月 30 日致弗劳恩席德特。叔本华在这封信中既提到了瓦格纳寄来的赠书，又提到他并未有信随同《尼伯龙根指环》寄来的情况。叔本华获赠的这本剧本现藏哈佛大学的霍顿图书馆。关于叔本华接受瓦格纳礼物的情况，另请参见卡尔·S. 古特克（Karl S. Guthke）刊于《哈佛杂志》（Harvard Magazine），第 99 卷，第 1 期（1996 年 9 月—10 月）的"耳聋的音乐家：阿图尔·叔本华对理查德·瓦格纳的解读"（The Deaf Musician: Arthur Schopenhauer Reads Richard Wagner）。

[24]　叔本华《谈话录》，第 199 页。

[25]　摘引自麦基《叔本华哲学》，第 338 页，柯西玛·瓦格纳的日记，第 2 卷，第 52 页。

瓦格纳的观点，并且相当公正。妙极了！"[26] 叔本华去观看过瓦格纳《漂泊的荷兰人》(*Der Fliegende Holländer*)的演出，认为它表演得实在过火，且非常令人眼花缭乱。事实上，音乐高踞于叔本华的艺术等级体系的顶端，因为它用音调表达了存在的内在本质——意志，而其他所有的艺术则都停留在现象层面。瓦格纳的整个艺术作品基于的乃是音乐、动作、言语与场景之间的交互作用，在它们的交互作用当中，音乐终究还得有言语与图像相伴，诗歌似乎占据了主导地位。这种将诸多艺术合为一体的紧密联系，回首倾听的乃是浪漫派的主张，而叔本华则将纯粹的器乐尊为终极艺术。对叔本华而言，没有认识到这一点即是未能认识到音乐实乃一种无意识的形而上学活动。正如叔本华让韦勒转达给瓦格纳的一样，与其说他是一位音乐家，倒不如说他是一位诗人。在叔本华看来，瓦格纳的音乐并未传达出意志；相反，它埋葬了它。

当瓦格纳 1858 年用《特里斯坦与伊索尔德》(*Tristan und Isolde*)的歌剧剧本赠送给哲学家作为礼物的时候，叔本华没有丝毫回应。然而，即便是哲学家冷若冰霜，瓦格纳对叔本华的似火热情也从未有过消减。作曲家终其一生都在不断地推广叔本华学说，他为叔本华所做的一切或许比哲学家的福音书作者为其师所做的一切对增强叔本华的受欢迎程度起到了更大的作用。而按照布莱恩·麦基的说法，叔本华对瓦格纳的影响则"很可能是我们文化当中关于艺术大师的杰作受到一位哲学泰斗至深影响的卓越事例"[27]。无论如何，保持一定距离去爱叔本华方为上上之法。当瓦格纳 1860 年身处法兰克福之时，他甚至都没考虑过要去拜访这

533

---

[26] 叔本华《书信集》，第 343 页，叔本华 1854 年 5 月 22 日致弗劳恩席德特。他在此前的两天告诉过贝克尔，在《柏林音乐回声报》(*Berliner Musik-Zeitung Echo*，1854 年 5 月 7 日及 14 日)上，发表了一篇文章。"在这篇文章中，多个摘自我作品中的论述音乐的段落，被用作声讨查德·瓦格纳歌剧的檄文，就仿佛这些话是神谕一般"，同上书，第 341 页。柯萨克文章的标题是"关于近期音乐文献的断想"(Gedanken-Späne zur Neueren Musikalischen Litteratur)。

[27] 麦基《叔本华哲学》，第 379 页。麦基在这部作品第 326—378 页，对瓦格纳从叔本华处所受的影响进行了巧妙分析。

位老迈的哲学家。

然而，如果说瓦格纳因太过拘谨而无法尝试去同他的哲学英雄搭话交谈，那么，作曲家的这位英雄也因太过拘谨而无法尝试去同自己的音乐英雄搭话交谈。当叔本华让韦勒去告诉瓦格纳他仍然忠实于罗西尼和莫扎特的时候，他首先提到的是这位意大利作曲家绝非出于巧合。焦阿基诺·安东尼奥·罗西尼（Gioachino Antonio Rossini）的音乐，体现了所有瓦格纳音乐所缺乏的优点。叔本华辩称，罗西尼因其并未迫使音乐依附于言语以及并未迫使音乐根据事件来改变自身，而并未在试图让音乐说外语："他的［罗西尼的］音乐是那么清晰地、纯洁地说着音乐如自己的语言，以致根本无须唱词，单是由乐器奏出也有充分的效果。"[28] 据说，叔本华在说到罗西尼的时候，便抬头转睛望向天空，他经常用长笛吹奏罗西尼的乐曲，而罗西尼的所有乐曲又都被他编排成长笛吹奏曲。当这位意大利作曲家 1856 年 9 月逗留法兰克福时，叔本华通过英吉利饭店的店主为自己预订了两个靠近自己这位英雄的座位，但他根本就没去同这位意大利人说一句话。后来，他告诉罗伯特·冯·霍恩施泰因（Robert von Hornstein）说："我并不想去结识他［罗西尼］。"[29] 然而，他并未告诉霍恩施泰因为何如此。或许，叔本华像瓦格纳一样太过害羞，被他的偶像给吓倒了。然而，这或许又是因为他也像瓦格纳一样太过骄傲，害怕得不到他认为自己所应得的欢迎。

索伦·克尔凯郭尔（Søren Kierkegaard）私下在自己日记中曾特别提到叔本华的受欢迎程度，也恰恰就在这一年，瓦格纳找到了自己哲学上的良师益友。这位丹麦人沉思道："毫无疑问，德国的情况的确如此，——这简直是显而易见，因为所有文人的流言蜚语、新闻记者与无名作家都已经开始为 S［叔本华］而手忙脚乱——他如今正要被拖上前

---

[28]　叔本华《作为意志与表象的世界》，第 1 卷，第 262 页 /《全集》，第 2 卷，第 309 页。
[29]　叔本华《谈话录》，第 220 页。谢曼写道："叔本华太过骄傲，因而没有去打扰这位大名鼎鼎的贵客。"同上书，第 221 页。

534 来，进入公众的视线，公开受到赞扬。"[30] 克尔凯郭尔欣赏叔本华的文风与反话，赞同他针对哲学教授所发出的控诉。当然，克尔凯郭尔还幸灾乐祸于叔本华对黑格尔的辱骂，他羡慕德国人有"夸夸其谈者"（windbag）这个词可用，他特别提到，这个词无论是作为名词还是形容词，都被叔本华运用得精妙绝伦。然而，就像后来的尼采一样，这位伟大的丹麦人却对叔本华的"悲观主义"提出质疑，这却是一个哲学家从未在自己任何一本准备出版的书籍中用来描述自己哲学的术语。[31] 当他以雷霆万钧之势大肆奚落德国哲学教授之时，他表现出的是过多的欢欣。他想要得到名望与声誉。如果他是一个真正悲观主义者的话，那他就会欢迎外界的嘲笑奚落，他就会蔑视名望。此外，这位反语大师还禁不住特别提到，尽管叔本华把同时代的人骂得狗血喷头，但他自己所说的话却颇似那些教授。"他［叔本华］在说的时候不无极度的自我满足：他是让禁欲主义在某套体系当中占有一席之地的第一人。是的，那完全是教授说话的口气，我是第一个……"[32] 事实上，哲学家竟然为他那篇关于意志自由的论文被挪威皇家科学院授予桂冠如此乐不可支，又为克尔凯郭尔家乡的丹麦皇家科学院拒绝给予他那篇有关道德的论文以相同的荣誉而心烦意乱，着实令克尔凯郭尔惊愕不已。克尔凯郭尔得出的结论

---

[30] 索伦·克尔凯郭尔《克尔凯郭尔日记》（*The Journals of Kierkegaard*，亚历山大·德鲁［Alexander Dru］译，New York: Harper Row, 1959），第 237 页。

[31] 叔本华称其哲学为"悲观主义"的说法，我能找到的仅有一处。在 1828 年一则笔记中，他在将自己的哲学与泛神论进行对比的时候，称后者是"乐观主义的"，并注明"我的学说是悲观主义的"。叔本华会在《作为意志与表象的世界》第二卷中将这则笔记用到极致，但却略去了他的学说是"悲观主义的"这一说法。他可能因为用"乐观主义"与"悲观主义"来彰显各类宗教之间的最重大差别而未接受他哲学有此特征的说法。不同于宗教的是，他的哲学并未掩盖神话和寓言中真实可信的成分，因此，他或许认为这一术语并不适用于他的哲学。参见叔本华，《手稿遗稿》，第 3 卷，第 504—506 页 /《手写遗稿》，第 3 卷，第 463—465 页以及《作为意志与表象的世界》，第 2 卷，第 642—646 页 /《全集》，第 3 卷，第 736—741 页，如同我们在无数场合已经看到的一样，叔本华自称为悲观主义者，也不反对其他人说他是悲观主义者。

[32] 克尔凯郭尔，摘引自《关于阿图尔·叔本华》（*Über Arthur Schopenhauer*，格尔特·哈夫曼斯［Gerd Haffmans］编，Zurich: Diogenes, 1977），第 209 页。

是：他本来应该对荣膺桂冠和未能夺冠同样一笑置之才对。然而，尽管对其思想全无赞同，但这位丹麦人还是惊讶于"雷电朱庇特"是何其之深地触动了他自己。

当克尔凯郭尔与瓦格纳正在为叔本华反应各异之时，《皮埃尔通用百科全书》（*Pierer's Universal Lexicon*）的编辑请求哲学家提供给他一份生平简介并如愿以偿地得到了，这是他将要写的三份生平简介中的一份。[33]后来，当阿谢尔询问是否有人正在写他传记的时候，哲学家转换了话题，谈到他的自传。"我不会把我的私生活拿去款待公众冷酷而恶毒的好奇心。"[34]在他去世两年之后，格温纳将会出版一本传记，这本传记在叔本华追随者当中引发了一场对他私人日记"关于我自己"命运的公开争执。将这些私人日记用于叔本华传记写作的格温纳，声称他是奉叔本华之命才毁掉这些日记，因为哲学家对"冷酷而恶毒的公众"[35]可能会造成的危害怀有恐惧。

而在事关命运的 1854 年，神学家路德维希·诺阿克（Ludwig Noack）——他在之前率先介绍了叔本华关于音乐的形而上学并在后来以流行心理学家的面目出现辩称叔本华对女性的厌恶实乃具有鸡奸倾向的症状——则效法埃尔德曼，试图将黑格尔对意识的发展综合进叔本华对意志发展的描述当中，却未获成功。[36]诺阿克的《哲学入门知识》

535

---

[33] 叔本华除了为埃尔德曼"德国思辨哲学自康德以来的发展"一文以及《皮埃尔通用百科全书》准备的生平简介之外，还为《迈耶百科全书》（*Meyers Konversationslexikon*）写过一篇生平简介。参见叔本华《书信集》，第 260—261 页，第 263 页及第 417 页。

[34] 同上书，第 417 页，叔本华 1857 年 7 月 15 日致阿谢尔。

[35] 许布舍尔提供了对围绕叔本华私人日记"关于我自己"所展开的争执及其在《手稿遗稿》，第 4 卷，第 472—513 页/《手写遗稿》，第 4 卷，下册，第 106—127 页中展现的简要描述。

[36] 诺阿克对叔本华关于音乐的形而上学所作的描述，是在他的《哲学史概要——用于学术讲座与自学的教科书》（*Geschichte der Philosophie in gedrängter Übersichte. Lehrbuch zum Gebrauche bei akademischen Vorlesungen und Selbstunterricht*, 1853）一书中。他断言叔本华具有鸡奸的倾向是在《一为女性仇视者一为女性赞美者的大师们——法兰克福的叔本华与道美尔之间的心理对照》（*Die Meister Weiberfeind und Frauenlob. Eine Psychologische Antithese zwischen Schopenhauer und Daumer in Frankfurt*, 1860）一书中。

（*Propädeutik der Philosophie*）在叔本华看来是在试图将圆圈画方。而如果说诺阿克干的这桩自毁长城的苦差事令哲学家感到不快的话，那他便实在是由于亚历山大·韦尔（Alexander Weill）的《魔术哲学》（*Philosophie de la Magic, Revue française*, T. VII, 1856）这篇叔本华作品的首篇法语译文而得到补偿。这篇译文的原文取自《论自然中的意志》中内容稀奇古怪的那一章"动物磁性说与魔术"。也在此期间，毫不怀疑的哲学家为那些由令人称奇的雷加佐尼先生所演示出的魔术奇迹而赞叹不已，他将会把此人写入后来由韦尔译成法语的那一章而使其名垂千古。当他可爱的弗劳恩席德特告诉他自己赞同评论家对雷加佐尼的批评时，叔本华很不以为然："但是，我最好的朋友，你是把我当成了一个并不知道自己所见为何物的老傻瓜吗？"[37] 弗劳恩席德特明智地没有对师傅的问题予以回应，在这种情况下，他不是没有可能被引得禁不住点头称是的。

接着，十多年前还几乎是难以想象的事情，实实在在发生了。1856年，莱比锡大学为了最好地"解释与评论叔本华哲学的原理"，主办了一场征文比赛。叔本华是 1856 年 1 月 5 日在《法兰克福杂志》（*Frankfurter Journal*）一则通告中读到关于比赛的消息。起初，他还为是否有人应征而感到担心，因为他觉得比赛的宣传力度确实不够；但在沉思片刻之后，他立即转而认为这场比赛是个旨在猛烈抨击他哲学的圈套。他认为莱比锡大学的哲学教员都是他的敌人，尤其是古斯塔夫·哈滕施泰因（Gustav Hartenstein）与莫里茨·德罗比希（Moritz Drobisch）这两个赫尔巴特的门徒，更是如此。简直无法让叔本华打消疑虑的是，背离了黑格尔转而拥护谢林实证哲学的克里斯蒂安·赫尔曼·魏瑟（Christian Hermann Weiße）

[37]　叔本华《书信集》，第 355 页，叔本华 1854 年 11 月 30 日致弗劳恩席德特。

正是出题人，他将会同德罗比希一道担任征文比赛的评委。[38]当神学专业的学生鲁道夫·赛德尔（Rudolf Seydel）以《叔本华哲学体系的描述与评论》（*Schopenhauers Philosophisches System dargestellt und beurtheilt*）赢得金质奖章的时候，叔本华认定他对比赛公正性的怀疑得到证实。赛德尔还以这篇文章获得了博士学位。

赛德尔的论文发表于 1857 年 6 月。贝克尔立即设法搞到一份，他向叔本华报告说，这篇论文极尽吹毛求疵之能事，并且满是"对于引文侮慢的滥用"[39]。叔本华的回应则更为极端。将赛德尔论文选为优胜者的做法本身，就表明莱比锡大学哲学教员并没有真正兴趣去尝试理解他的哲学。相反，他们只是想将它拆卸得不值一读。他认为，如果他们对他哲学感兴趣的话，那他们所甄选出的会是此次比赛中唯一的另一篇论文；这篇论文作者是二十二岁的法律专业学生卡尔·格奥尔格·贝尔，他的父亲约翰·卡尔·贝尔（Johann Karl Bähr）这位居住在德累斯顿大学的教授是叔本华一位友人。小贝尔的文章标题便说明了一切。他的《以其基本特征加以描述并以批判性眼光加以阐释的叔本华哲学》（*Die Schopenhauerische Philosophie in ihren Grundzügen dargestellt und Kritisch beleuchtet*, Dresden: Rudolf Kuntze, 1857 ），试图对主题进行描述与阐释，而赛德尔却试图去描述并进行否定的批评；贝尔感兴趣的是真理，而赛德尔感兴趣的则是取悦那些反对叔本华的教授，至少叔本华阵营的人坚持认为情况如此。

537

---

[38] 卡尔·贝尔向叔本华报告说，魏瑟定期举行小组讨论，学生在讨论中对叔本华哲学提出质疑，征文比赛就是受这些讨论会的启发而举办的。尽管魏瑟与德罗比希担任了比赛评委，但他们有可能得以将自己对叔本华的偏见放在一边。决定比赛结果的是全体教授，参见上书，第 394 页及随后一页，叔本华 1856 年 6 月 6 日致弗劳恩席德特，以及上书，第 398 页，叔本华 1856 年 7 月 20 日致阿谢尔；关于对征文比赛的论述，参见马克斯·布拉恩（Max Brahn）《阿图尔·叔本华的往来信件与其他文献》（*Arthur Schopenhauer Briefwechsel und andere Dokumente*, Leipzig: Insel, 1911 ）。

[39] 叔本华《书信集》，第 619 页，贝克尔 1857 年 6 月 7 日致叔本华。

叔本华发觉赛德尔对引文的使用比侮慢有过之而无不及。这种使用实乃借以引出他多次断言叔本华思想自相矛盾的某种手段。叔本华告诉贝克尔，赛德尔的文章"是篇卑劣之作。本来自成体系的一些段落从我著述中不显眼的地方支离破碎地给摘录出来，接着又为表明我的作品简直漏洞百出的缘故而加以歪曲、误读与窜改。指出众多自相矛盾的地方是用以驳倒某位作者最恬不知耻与最臭名昭著的手法。人们可以将之用于任何一个人身上，因为这种自相矛盾十有八九都只是貌似错误而已。"[40] 叔本华指责赛德尔谎话连篇，并称这位神学专业的学生是个"蠢货"，因为他误解了自己所赞扬的那则寓言故事。

在此之前，叔本华已经习惯直面别人说他自相矛盾的指责 [41]。从最早那几篇关于他主要著作的评论起就附在他哲学身上作祟的是一个恶魔，一个一直横行至今的恶魔。赫尔巴特、雷策与贝内克提出了这种该死的指责，而就在赛德尔事件前不久，海德堡大学编外讲师阿尔多尔普·柯尼尔（Aldolp Cornill）与法国作家兼历史学家圣勒内·塔扬迪耶（Saint-René Taillandier）再度兴风作浪。[42] 不过叔本华却让他们吃够了苦头，并非是以公开辩论的方式——他留给自己的追随者去做——而是在一封写给弗劳恩席德特的信中。柯尼尔与塔扬迪耶都是"傻瓜"，"也只有这样的傻瓜才会相信，我的思想在实质上并未遵循所有逻辑法则中最为简单的矛盾律，或有人可以将终生的心血倾注于某套体系，而眼前却没有一幅所有可能出现的自相矛盾的说法都因其而消失无踪的清晰图

538

---

[40] 叔本华，同上书，第 415 页，叔本华 1857 年 6 月 10 日致贝克尔。

[41] 许布舍尔特别提到，叔本华这样做对赛德尔有失公允。他并未暗指沙漠与绿洲的寓言表达的是一种神正论的观点，而只是暗示《附录与补遗》中其他一些段落进行了这样的暗示。所提到的这则寓言在《附录与补遗》，第 2 卷，第 380 节中。参见叔本华《书信集》，第 619 页，注释 415。

[42] G. 斯蒂芬·尼利在《叔本华：始终如一的阅读》中对许多指责叔本华哲学前后互相矛盾的说法，进行了论述与回应。

像"。[43] 在叔本华看来，没有能够把握他哲学整体性以及他哲学同世界的一致性，成为缺乏理解他思想能力的铁证。但更受叔本华谴责的，并非这种对其思想理解的无能为力，而是如何表现出这种能力的欠缺。如果他判定他的批评者只是将其作为一种谋求私利而非献身真理的手段以求飞黄腾达才有此一举，那叔本华就会失去他仅有的那么一丁点儿哲学家所应有的沉着镇静。问题在于，他在几乎所有批评者的控诉当中，都发觉有自利的目的隐藏其后。唯一的例外似乎是严厉质疑过叔本华观点的贝克尔，甚至就连弗劳恩席德特这位首席福音书作者，都在哲学家觉得其质疑当中有着自利目的而吃过苦头。叔本华根本就没有考虑过存在这种可能性：他自己对真理忠诚就是为了自利。他对自己见解正确性的确信程度，达到了对他哲学的非难在他眼中即是对真理本身攻击的程度。

哲学教授的种种批评让叔本华同样恼怒，但从另一层面来看，他们却令他满心欢喜。居心叵测的沉默被打破了，不好的评论总比根本没人评论要好。至少他正在得到认可，并被判定为具有值得反驳的重要性。他还希望，终有一日会出现为哲学而生而非以哲学为生的学界中人，这些真理的热爱者将会在他的哲学中找到他们的所爱。当波恩的神学家与哲学教授弗兰茨·彼得·克诺特（Franz Peter Knooth）以及布雷斯劳大学编外讲师 G. W. 科尔柏（G. W. Körber）1857 年开课讲授他哲学的时候，哲学家相信，学术界总有一天会改变自身。不过，叔本华还是认清他获得名望全赖广大受过教育的读者，如果哲学界人士只是为了谴责他才有所评论的话，那么，阿拉伯神话中的神怪就已经跑出了瓶子。眼下，他所想的是："他们［哲学教授们］通过沉默将我的光芒掩盖了长达三十五年 539 之久。如今，他们又竭尽全力地来让我名誉扫地，这样做的人是［I. M.］费希特、米歇勒特、罗森克兰茨、霍夫曼、埃尔朗恩的劳美尔、乌尔利

---

[43]　叔本华《书信集》，第 400 页，叔本华 1856 年 8 月 4 日致贝克尔。

奇、巴尔托罗梅斯等——他们对我最为卖力。现在，我祝他们好运。"[44]

学术界并未像叔本华希望的那样改变自身。从来就没有出现过一个像康德派、费希特派、谢林派、黑格尔派、赫尔巴特派以及后来的新康德派一样的由支持叔本华哲学的哲学家所组成的学派。[45] 叔本华一直都是一位身处学院哲学圈与职业哲学圈之外的富于哲人气质的局外人，正如他现在一直都是哲学经典中的名人，却几乎从来没被树为典范一样。这在某种程度上应归因于那部使得他广受欢迎的作品《附录与补遗》。取自这部作品的多篇文章在德国、英国、法国、意大利及俄国等地被大规模出版发行。"人生智慧箴言"、"论视灵"、"对个人命运具有的明显目的性所作的超验思考"及声名狼藉的"论女人"这些文章与那些诸如"性爱形而上学"之类的选自他主要著作的作品，都被证明是极受欢迎的作品，这对他跻身于近代被人阅读得最多哲学家之列大有帮助。这些文章并未将他的哲学本身包含在内，并且缺乏严密性与用于确立他那些根本所在且最为重要哲学观点的论证过程。对许多职业哲学家而言，叔本华被认为是一位伟大的文体家、社会批评家和人类行为的敏锐观察者，但他也被认为是缺乏一种持续不变又加以细致阐述的根本性哲学观点。正如人人都听说过叔本华一样，人们却常常失之公允地了解其生平多于了解其

[44] 同上书，第 389 页，叔本华 1856 年 3 月 21 日致弗劳恩席德特。卡尔·路德维希·米歇勒特（Karl Ludwich Michelet）是一名"年轻的黑格尔信徒"，他是柏林一位哲学教授；弗兰茨·霍夫曼（Franz Hoffmann）是维尔茨堡大学一位教授，他是弗兰茨·冯·巴德尔（Franz von Baader）的追随者；弗里德利希·冯·劳美尔（Friedrich von Raumer）是布雷斯劳大学一位历史教授，他后来去了柏林大学；赫尔曼·乌尔利奇（Hermann Ulrici）是黑格尔与担任《哲学与哲学批评杂志》（Zeitschrift für Philosophie und philosophische Kritik）编辑的 I. M. 费希特的有神论反对者；克里斯蒂安 - 让 - 纪尧姆（Christian-Jean-Guillaume）是法国一位历史学家。

[45] 在《德国悲观主义与印度哲学：一种解释学的解读》（German Pessimism & Indian Philosophy: A Hermeneutical Reading, Frankfurt am Main: Ajanta Publications, 1986）中，约翰·约阿西姆·格斯特林（Johann Joachim Gestering）将爱德华·冯·哈特曼、菲力普·梅德尔（Philipp Mainländer）与保罗·多伊森定义为"三个叔本华思想家"，而非叔本华的信徒，参见第 67—88 页。

哲学。[46]

成名的喜剧

1854 年冬，叔本华成为一位取了德国名字的法国画家的友人。尤勒斯·[伊萨克·] 伦特许茨（Jules [Isaac] Lunteschütz）是常同叔本华一道进餐的饭友，叔本华在静静地打量罗西尼时与之同桌而食的正是此人。这位法国人说服哲学家坐下来让自己为他画一幅油画，这是四幅此类肖像画中的第一幅，却是唯一一幅叔本华坐下来让人面对面地为自己画的肖像画。这幅画像曾经在法兰克福的展览厅展出过，在那里看过此画的访客普遍认为，艺术家以其妙笔捕捉住了所画之人的特征。叔本华、埃姆登和克尔策却对这一评价持有异议。他们认为，1855 年的这幅画像并未传达出叔本华那种聪明而热情的神韵。伦特许茨承担了参展的全部费用，他投身其中纯粹为了投机。无人知晓哲学家何以参与其中，但他或许出于虚荣的动机，希望画像的展出会提高自己的知名度。

伦特许茨的这桩投机买卖获利颇丰，因为他将这幅画像以极高的价格卖给一名狂热崇拜着叔本华的富裕地主卡尔·费迪南特·维斯克（Carl Ferdinand Wiesike）。叔本华对自己崇拜者的一片热心感到惊讶。他激动地写信告诉弗劳恩席德特："前所未闻的是，他相当严肃地告诉我和画家，他想建一所房子来陈列这幅画——那将是为我所建起的第一座教堂。宣叙调（Recitativo）：是的，是的！在此统治的是萨拉斯托 *。"[47] 这位富裕的地主还建了座圣坛。在这幅画像前面，他摆张桌子来放置叔本华的全

---

[46] 约翰·E. 阿特韦尔评论道，"哲学专业的学生对叔本华的了解常常要多过对其哲学的了解"，《叔本华：人类品格》，第 3 页。

　*　萨拉斯托（Sarasto），为莫扎特歌剧《魔笛》中的太阳祭祀。

[47] 叔本华《书信集》，第 370 页，叔本华 1855 年 8 月 17 日致弗劳恩席德特。叔本华在这段引言末尾并未注明所引用的是莫扎特《魔笛》I, 19 的台词："在此统治的是萨拉斯托。"

部作品，就仿佛它们是神圣的典籍一般。

维斯克的狂热崇拜感染了其他人。倾慕者竭力搜寻，想要得到《作为意志与表象的世界》第一版，仿佛它是耶稣在最后晚餐时所用过的圣杯或圣盘一般；其他人则游历到鲁多尔席达特去寻觅他在撰写博士论文的房间里留在墙壁上的乱涂字句，如同哲学家再次告诉弗劳恩席德特的一样，他们将这潦草的字迹当作"圣物"来顶礼膜拜。叔本华的肖像油画被制成平版印刷品，用银板照相法复制出的叔本华肖像画、叔本华的照片及素描画都在忠实信徒当中广为流传，他的画像仿佛变成被认为有神力而加以崇拜的物品。这种环绕在哲学家四周的狂热，汇入他半是戏谑 541 半是严肃地挪用来谈及自己哲学及其接受的那些宗教术语当中。门徒、使徒、福音书作者及首席福音书作者，都服务于这种由一位现世的先知所提供的形而上学安慰。叔本华一直强调，在宗教中以寓言形式表达出的真理，在他哲学中以哲学的方式加以论证；他的哲学就像宗教一样，针对的正是人类必须退而学会如何活在一个痛苦与死亡横行其间的世界的需求。而谈到他的救赎理论，谈到他那否定意志的学说——他在其中为了给出线索及为人们指出理解之道几乎令人难解其意——他所说的则是：意志的否定、灵魂的拯救、意志在表面上的自由，都并非因果律作用的结果，而是基督徒口中的"重生"，它源自有效验的"天惠神恩"；是一种如晴空霹雳般骤然而至的超验改变。此外，他还不时地感到他那些更为深刻的洞见实系出同源，他说这些洞见"可以被称为某种启示，是由真理之魂赋予灵感所得到。甚至在〔《作为意志与表象的世界》的〕第四篇中，也有一部分可以被视为神灵启示的结果。"[48]

他那扰攘的名声，既未能彰显出叔本华哲学在他自己眼中所具有的尊严与高贵，又无法对其哲学多年来遭受忽视与怠慢给予充分的补偿。他变成法兰克福一道吸引游客的小小景观。人们庆祝他的生日，崇拜者

---

[48] 叔本华《手稿遗稿》，第4卷，第366页 /《手写遗稿》，第4卷，下册，第8页。

会给他寄送礼物。他们会在他每天同阿特玛一道散步的时候远远打量他，卷毛狗在法兰克福变得流行起来。他在英吉利饭店进餐的场景成了人们观察的对象，他们在那里可以看到他闻名的饭量，听到他和与他同桌进餐的饭友常常声音洪亮的热烈交谈。此外，他还相信，他在这家小饭店的出现提升了它的营业额。人们寻求他的亲笔签名，幸运的话则会在喜获签名同时得到一道写上的恰当赠言。在剧作家克里斯蒂安·弗里德利希·黑贝尔（Christian Friedrich Hebbel）一次来访当中，哲学家谈到"我成名的喜剧"。他说，他的处境类似于一个管理舞台布景的工作人员所处的境地：在忙着点亮舞台上的蜡烛之后，却在众人注视下急匆匆随着幕布的升启跑下舞台。[49] 如果说这句话表明叔本华对自己名声语含讥讽地打趣，那么，他私人日记则记录下他对其最终结果所怀有的那种充满怨恨的失望之情："当有人在备受忽视与白眼的卑微境地中度过自己生命中如此漫长岁月的时候，他们接着才在最后敲锣打鼓地吹着喇叭登场了，这多少是种安慰或收获？亏他们想得出来！"[50] 而当叔本华意想不到收到一封奥蒂莉·冯·歌德的来信——在这封信中，她表达了对目睹他终于达到他早在五十年前就为自己所设定的成为"19世纪哲学家"的目标而感到欢欣——的时候，他这位结识于魏玛时期的老相识，坦言道："你知道我从来就不太喜欢交际，而我如今也活得一如既往地离群索居。有时会有几位友人登门来看看我，而在夏天我则多次接待来自四面八方的陌生访客——这正是米开朗琪罗所说的在好奇心的驱使下所作的探访（Visite di curiositá）。"[51]

在写给歌德儿媳的回信当中，叔本华还哀叹老年人所共有的令人悲痛的经历，哀叹看着友人与同时代人一个个相继辞世的无奈。对这位老哲学家打击甚巨的是两个人的离世。他从那位"不知疲倦的博士"（Dr.

542

---

[49]　叔本华《谈话录》，第306页。

[50]　叔本华《手稿遗稿》，第4卷，第517页/《手写遗稿》，第4卷，下册，第126页。

[51]　叔本华《书信集》，第476页，叔本华1860年4月22日致奥蒂莉·冯·歌德。

indefatigablis）林德尔那里获悉海因利希·冯·洛夫佐夫的死讯，后者死时处于穷困潦倒的悲惨境地。这位怂恿叔本华将资金误投墨西哥公债而致使其损失惨重的男爵，是哲学家眼中的忠实挚友。他为洛夫佐夫的去世深感悲痛。但对古稀之年的哲学家打击甚至更大的，却是友人马丁·埃姆登这位犹太律师的去世。这次是叔本华向林德尔告知埃姆登的死讯："哎呀！我多年来最好的朋友埃姆登博士今天离开了人世。我因为这一无法挽回的损失而深感悲痛。"[52]

叔本华同埃姆登的关系就像他早前同那位柏林犹太大学生约瑟夫·甘斯的关系一样令人奇怪。他还对他的"使徒"大卫·阿谢尔怀有敬意，后者在忠于自己信仰及参与犹太人社会事务方面都颇为积极。尽管可以说叔本华的哲学表达了一种对于人类抽象的爱，并且他也觉得自己难以真正去爱那些具体的人，但可以说的是，他对犹太人所怀的憎恨虽也抽象，但他可以高度评价个别的犹太人。他对犹太教所怀的蔑视是哲学上的，针对的是早期的圣经形式，在这种形式当中，似乎没有笃信之人能得永生的信条，而这种信条在他看来却是一种宗教所必不可少的要素。他所怀的蔑视更因他视犹太教为实在论与乐观主义的体现而进一步增强，在他看来，乐观主义是一种虚伪的形而上学，是一种在面对一个注定苦难深重、死亡横行的世界时所持的有害态度。他认为《创世记》中上帝造人的故事荒谬绝伦，因为它假定一位开辟鸿蒙并用称为"善"的方式来认可由自己所创造出天地万物的上帝。他辩称，第一种说法在逻辑上绝无可能，而第二种说法则同世界上的满目疮痍互相矛盾。最后，他辩称犹太教因为宣称只有人类才是上帝依照自己的模样所造而将人类与其他

---

[52] 同上书，第437页，叔本华1858年11月3日致林德尔，以及第383页，叔本华1856年2月11日致林德尔（叔本华对洛夫佐夫之死的反应）。

生灵截然分离开来。[53] 从多个方面来看，叔本华对于犹太教的憎恨都类似于他对黑格尔哲学的憎恨：这是对一种其学说使得人生对于其追随者而言变得更糟的世界观的憎恨。不过，他对犹太教的厌恶却大到这样一种程度：他会声称在任何一种他觉得源自犹太教的观点中都闻到一股"犹太人的恶臭"（Foetor judaicus）[54]。他可从来都不会因"黑格尔的恶臭"而抵制某个观点。

---

[53] 叔本华对犹太教的态度及对犹太人的看法，都带有德国文化及政治生活中反犹倾向的色彩，并助长了这种倾向。他辩称，仅仅将犹太人视为宗教团体的做法是错误的：他们应被看作一个无家可归、民族至上的种族，他们的一神论带有根深蒂固的种族优越感。尽管他强烈反对犹太人在欧洲所受到的野蛮对待，尽管他辩称他们应被赋予公民权并允许同基督徒结婚，但他还说过：犹太人不应被允许参与基督教国家的管理，跨族通婚会减少犹太人的数量，他们是靠其他民族过活的寄生虫。在一则对宗教的最糟方面——亦即：信徒自视为被神赋予去极端恶毒而残酷对待教外人士的权利——的论述中，叔本华试图通过借助古罗马两位历史学家塔西佗与查士丁尼的著作去找出《出埃及记》的历史依据，他们二人都提到犹太人受到鄙视的情况。叔本华推测，他们受人鄙视"或许在某种程度上是因为他们是地球上唯一不认为人类在现世之外还存在的民族，因此，他们在人们眼中若不是大谎言家，便是牲畜和人渣。"《附录与补遗》，第 2 卷，第 357 页脚注 /《全集》，第 6 卷，第 379 页脚注。声称自己在第一次世界大战期间把叔本华五卷作品带在身边的希特勒，在《我的奋斗》（Mein Kampf）中两度引用这段话结尾处的"大谎言家"一词，却出于自身的需要而把这句话本来是叔本华用来痛斥诸如"基督徒针对印度教徒、穆斯林、美洲土著、黑人、犹太人、异教徒及其他人"等狂热之徒残暴行径的上下文语境给抛诸脑后，略去不提。同上书，第 2 卷，第 358 页 / 同上书，第 6 卷，第 379 页。不过，叔本华得出的结论却是：这种自成体系的残暴行径唯一根源便是一神论的宗教：犹太教及其分支、基督教和伊斯兰教，其中暗含的意味便是：犹太人的一神教正是其自身痛苦的根源。沃尔夫冈·维美尔（Wolfgang Weimer）在刊于《叔本华年鉴》，第 84 期（2003），第 157—167 页"哲学家与独裁者：阿图尔·叔本华与阿道夫·希特勒"（Der Philosoph und der Diktator:Arthur Schopenhauer und Adolf Hitler）中仔细分析了希特勒同叔本华的关系。

[54] 叔本华还声称在斯宾诺莎的哲学中发现一种"犹太人的恶臭"。然而，他对斯宾诺莎本人却极其钦佩，对这位伟大一元论者的才智与正直都赞赏有加。他称赞斯宾诺莎的一生是为哲学而生而非以哲学为生的一生，叔本华得出这一结论的依据是：斯宾诺莎宁愿靠打磨镜片为生也不愿意接受一个在他自己看来会剥夺其智力自由的学术职位。他还钦佩斯宾诺莎对见解正确性的执着捍卫，这使他被逐出犹太社团。不过，叔本华对那种被他视为斯宾诺莎乐观泛神论的东西及把世界称为"上帝"而使之神化的做法进行谴责。事实上，他把斯宾诺莎哲学中几乎所有的缺陷，都归因于犹太教神学在其思想中的无意识侵入。例如，请参见《附录与补遗》，第 1 卷，第 70—74 页，特别是第 73 页 /《全集》，第 5 卷，第 76—81 页，特别是第 78 页。

544 　　叔本华同埃姆登的友谊并未对改变他对犹太教的严苛态度起任何作用。然而，他受人欢迎的结果或许促使他改变了对女性的看法。来到法兰克福为叔本华雕刻半身塑像的二十六岁伊丽莎白·内伊（Elisabeth Ney），迷住了这位年老的女性厌恶者。这位活泼又聪颖的女雕塑家以其艺术上的天赋令哲学家留下深刻的印象，尽管她实际上是位丰满的金发女郎而非黑发女子，但当这位米歇尔·内伊*元帅（他在滑铁卢被处决）的侄孙女给老人寄来一张自己的照片——照片中的她站立在叔本华半身塑像旁边，塑像当时在汉诺威展出，她是为给国王乔治五世塑像而去了那里——的时候，他却满心欢喜。叔本华同内伊以及那些热衷于谈论他哲学的女性密切交往，或许使他终于在自己过去确信的女性缺乏卓有成效投身于科学或哲学的才能与客观的看法上有所动摇。马尔维达·冯·梅森布克（Malwida von Meysenbug）这位瓦格纳的友人与尼采的熟人，用道听途说得来的证据表明这种可能性的确存在，她说一位女友曾经告诉过她，年老的哲学家对她说道："哦！对于女人，我依然未下定论。"[55] 如果说叔本华的确改变了对女性的看法，那么，他没能活到将自己就此所下的定论通过出版物公之于众的那一天。他留给梅森布克的那位女友的，只是他观点有可能会改变这样一种可望而不可即的可能性，他告诉她的是：当一位女性果真得以使自己卓尔不群的时候，她便会不断成长，胜过男子。

没有意志，没有表象，没有世界

　　叔本华在晚年享有相对来说还算不错的健康身体，他认为这是持续运动与新鲜空气的共同结果。无论天气如何，他都每天坚持散步。他向

---

　　* 米歇尔·内伊（Michel Ney, 1769—1815），法国元帅，以骁勇善战著称，参加过包括滑铁卢战役在内的拿破仑历次战争，波旁王朝第二次复辟后被处以极刑。
[55] 叔本华《谈话录》，第376页。

饱受病痛折磨的多斯提出忠告："每天都去散步，快走两个小时，那比任何一处温泉都对你更加有用，而且这还不用花钱。我如果未曾天天散步，就不会在七十二岁古稀之年仍然像现在所是的和依然如故的完全健康、精神矍铄、身体强健。"[56] 他为自己不戴老花镜就能读书看报以及直至去世前都一直胃口奇佳而颇感自豪。他坚持每天吹奏笛子，以确保自己获得适度的夜间休息。当多斯告诉"师傅"他的生活繁忙得必须为读书而牺牲睡眠的时候，叔本华劝他不要这样做："睡眠是一切健康和精力的源泉，即便对于知识分子而言，也是如此。我每天的睡眠时间是七个小时，通常会达到八个小时，有时甚至九个小时。"[57] 这位休息良好的漫步者依然活力十足地进行脑力劳动：读书看报、与他的门徒及仰慕者通信并将自己的所思所想加进他手写书稿以及为将来出书所准备的材料当中。就在他去世前三个星期，叔本华还给两位军校学生写了一封明白易懂的信件，认真地说明在他们担心否定意志必然会导致世界灭亡的忧虑当中包含某种"概念的模棱两可性"。[58] 他准备出版自己主要著作第三版，而布洛克豪斯则迫不及待地出版了它（1859）。对这家莱比锡出版社而言，《作为意志与表象的世界》终于成为一桩"赚钱的买卖"。叔本华试图同布洛克豪斯一道筹备自己作品集的出版，但因其书的版权散布在六位出版商手中，这一计划便由于随之而来的繁琐法律程序而未能在哲学家生前得以完成。直至 1873 年，一套由弗劳恩席德特编辑的六卷本《作品集》（Collected Works）才由布洛克豪斯付梓出版。[59] 在叔本华去世前不久，他的《伦理学的两个基本问题》第二版于 1860 年出版，在第二版前言中，哲学家仍然在咒骂那些他认为因为没有授予那篇关于道德的论文以金质

545

---

[56]　叔本华《书信集》，第 472 页，叔本华 1860 年 3 月 1 日致冯·多斯。

[57]　同上书，第 425 页，叔本华 1858 年 3 月 4 日致冯·多斯。

[58]　同上书，第 482—483 页，叔本华 1860 年 9 月 1 日致斯基克与希拉美克。

[59]　弗劳恩席德特《阿图尔·叔本华全集》（Arthur Schopenhauers Sämtliche Werke）是许布舍尔那部历史考证版《全集》的前身。

奖章而待他不公的人。

尽管年老的叔本华享有相对来说还算不错的健康身体，但这不是说他就逃离了佛陀口中的"老年"恶魔。19世纪50年代中期，他的双脚罹患风湿，他用白兰地酒和盐来治疗该病。他的听力持续衰退，这个问题自青年时代起就一直困扰着他。1823年前，他的左耳已经完全失聪；而1856年将至之时，他正承受着丧失他那只好耳朵听力的痛苦。他不再去剧院，只去看滑稽戏。他害怕自己最终只能去听歌剧，这种前景令他感到悲伤。奇怪的是，这位对噪音特别敏感并在《附录与补遗》第二卷"论闹声与噪音"（On Din and Noise）中对之颇有抱怨的哲学家，却并未把他对鞭子的噼啪、狗儿的狂叫、连续的锤打及猛烈敲击的毫无反应，视为对他不能去看戏所给予的补偿，这些声音本来已经是"一种我自己整个一生当中每日必受的折磨"[60]。1860年，他从美景街十七号搬到了这条街的十六号，那是一套底层公寓，搬家的原因是他害怕自己可能会因为跑得不够快而无法逃离火灾。

1860年4月，他在从英吉利饭店回家途中，发觉自己行走的步伐难以轻快如常，并且因为气短和心悸而感到难受。这些症状持续了整个夏天。固执的哲学家除了缩短每日散步的距离之外，并未听从医生或友人劝告改变自己生活方式。9月9日，他因"肺部发炎"而病到极点，他觉得自己就快命将不保。但在几天之后，他康复如初，并下床来款待访客。格温纳是叔本华友人中记录自己多次探望将死的哲学家情况的最后一位。[61] 9月19日，格温纳最后一次探望了自己这位英雄。尽管哲学家说他因心悸而感到难受，并且说话的声音也微弱之至，但他们俩还是一直谈到黄昏时分。

格温纳同叔本华谈到巴德尔对圣马丁著述的评论以及雅各布·伯麦的

---

[60] 叔本华《附录与补遗》，第2卷，第643页/《全集》，第6卷，第679页。

[61] 关于叔本华最后的时日以及葬礼的描写，参见格温纳《私人交往中的阿图尔·叔本华》，第195—204页。

重要性。哲学家正在读伊萨克·狄斯雷利（Isaac D'Israeli）的《文学搜奇》（*Curiosities of Literature*, 1834），他开玩笑说道，自己都几乎可以收入作者关于致使书商倾家荡产的作家秘史的论述部分了。他表现出对自己能够将一些重要补充材料加进《附录与补遗》之前就会辞世的忧虑，也表现出对以下事实颇感自豪：他加进《作为意志与表象的世界》中的东西，与他早期著作一样鲜活灵动，甚至更为明晰。这位一直认为自己哲学为读者提供了形而上学安慰的哲学家，表达了这样一种希望：在一个痛失信仰的年代，他的非宗教学说会填补这一空白，成为内心的安宁与满足的源泉所在。

这位曾经如此有力、广泛且深刻地就死亡进行过写作的哲学家，从容地面对着自己的行将辞世。他语气轻柔但却言辞辛辣地告诉格温纳"想到他的身体很快就会有蛆虫来啃噬，他并不觉得生气。相反，一想到他的神魂会如何被那些'哲学教授'的双手妄加滥用，他便会毛骨悚然。"[62] 他告诉这位老朋友，他会带着理智问心无愧地离开人世，"到达绝对的虚无对他而言只会是桩幸事，但不幸的是，死亡却并未提供这样的前景。"[63] 究竟叔本华的这最后一句话是在开玩笑，还是格温纳的记录有误，抑或哲学家已经忘记了自己在主要著作第一版结尾部分曾经驳斥过存在某种"否定的无"（nihil negativum）的说法，实在不甚明了。

格温纳永远再也不会见到活生生的哲学家，9月20日，哲学家在起床后摔倒在地，头部受到猛烈撞击。不过，他在那天夜里倒还睡得不错，次日早晨起床之后也并无异常。他按照每天的惯例，在用冷水洗浴完毕之后吃了早餐。女仆打开叔本华房间的窗户，好让哲学家觉得对健康极为有益的新鲜空气涌进房中。她在叔本华的医生到达前的几分钟离开了房间。新鲜空气并未对老人起到任何作用，人们发现他倒在长沙发的一

547

---

[62] 同上书，第197页。

[63] 同上书，第200页。

角，已经与世长辞。他看起来像是睡着了，没有任何迹象表明他有过痛苦的挣扎。叔本华去世的那天是 1864 年 9 月 21 日，这一天和他出生的那天一样都是星期五。

没有人对叔本华的遗体进行过尸体解剖。他头部戴有月桂叶花冠的尸体，在墓地的停尸房里停放得比一般情况要长（哲学家害怕自己在被人埋葬之时尚有生机）。除了那个月桂叶花冠之外，所有一切都是依照叔本华的指示办理。在 9 月 26 日这样一个下着雨的星期三，举行了一个非公开的小型葬礼以将哲学家葬入墓穴，在墓穴上面所放的那块平整黑色大理石石板上只刻了"阿图尔·叔本华"这个名字。贝克尔、克尔策、霍恩施泰因、格温纳及路德教牧师巴瑟博士，护送叔本华已在腐烂的尸体到达墓地（叔本华像他的唯心主义英雄乔治·贝克莱一样，知道尸体在停尸房停放五日里所发出的腐臭，会证明其人确已死亡）。牧师举行了一个福音派的仪式。格温纳所致的颂词，既言简意赅，又情真意切。这位首部叔本华传记的作者，赞扬了哲学家对真理始终不懈的绝对忠诚，赞扬了他在追求那位腼腆的女主人*过程当中的甘于寂寞，以及叔本华那种渴盼对自己所得到的遗产——这使他得以投身于自己使命的完成而不必为世间俗务所累——定不相负的热切愿望。格温纳特别提到说，戴在叔本华双眉之上的月桂叶花冠，直至他垂垂老矣才姗姗来迟，却也从另一方面证明了他对自己命定的使命是何等坚信不疑。格温纳最后用一句会令哲学家高兴的引言结束了自己的演说："真理是伟大的——无比的强大！"[64] 这句话出自《以斯拉上》的引言**，曾经被用作《伦理学的两个基本问题》的扉页警句。该书第二版面世于其作者去世前的几个星期。

这位崇尚意志、倡导同情的哲学家，在几年前就已经给出了他对自

548

---

　　*　即真理。

[64]　同上书，第 203 页。

　　**　见《以斯拉上》（I Esdras）4:41，译文采自张久宣《圣经后典》中译本（北京：商务印书馆 1996 年第 2 版），第 455 页。

己一生的反思，进行这一反思的出发点如同格温纳颂词的出发点一样，并非基于他人所见的一生，而是基于本人所过的一生。叔本华在他私人日记中是这样来将自己的所思所想诉诸表达的："［我一直都希望死得轻松。］因为对于任何一个孤独终生的人来说，他都更能比别人对这一孤独的况味作出准确的评鉴。我不会出去混迹于适合那些无才乏能、徒具人形的两足动物的胡言愚行，而是将怀着已经完成自身的使命并即将回归于那赋予我如此之高天资的来处而感到满心喜悦，以结束自己的人生旅程。"[65] 叔本华回家了。

---

[65]　叔本华《手稿遗稿》，第 4 卷，第 517 页 /《手写遗稿》，第 4 卷，下册，第 127 页。

参考文献

Allison, Henry. *Kant's Theory of Freedom*. Cambridge: Cambridge University Press, 1993.

Ameriks, Karl. *The Cambridge Companion to German Idealism*. Cambridge: Cambridge University Press, 2000.

Anquetil-Duperron, Abraham Hyacinthe (trans.). *Oupnek'hat (id est, secretum tegendum)* ..., 2 vols. Argentorati: Levrault, 1801.

Anscombe, G. E. M. "Modern Moral Philosophy," *Philosophy*, Vol. 33 (1958): 1–19.

Apel, Johan August and Friedrich Laun (eds). *Das Gespensterbuch*. Leipzig: G. J. Göschen, 1811-17.

App, Urs. "Notes and Excerpts by Schopenhauer Related to Volumes 1–9 of the Asiatick Researches," *Schopenhauer-Jahrbuch*, Vol. 79 (1998): 1–33.

———. "Notizen Schopenhauer zu Ost-, Nord-und Südostasien vom Sommersemester 1811," *Schopenhauer-Jarhbuch*, Vol. 84 (2003): 21–39.

———. "Schopenhauer's Initial Encounter with Indian Thought," *Schopenhauer-Jahrbuch*, Vol. 87 (2006): 35–76.

———. "Schopenhauers Begegnung mit dem Buddhismus," *Schopenhauer-Jahrbuch*, Vol. 79 (1998): 11–33.

Asendorf, Kurt. "Altes und Neues zur Schopenhauer-Genealogie," *Schopenhauer-Jahrbuch*, Vol. 69 (1988): 609–13.

Asher, David. *Offenes Sendschreiben an den hochgelehrten Herrn Dr. Arthur Schopenhauer*. Leipzig: Dyk, 1855.

———. "Schopenhauer and Darwin," *Journal of Anthropology*, Vol. 1 (1866): 312–32.

Atwell, John E. *Ends and Principles in Kant's Moral Thought*. Dordrecht: Martinus Nijhoff, 1986.

———. *Schopenhauer on the Character of the World: The Metaphysics of the Will*. Berkeley: University of California Press, 1995.

———. *Schopenhauer: The Human Character*. Philadelphia: Temple University Press, 1990.

Bachmann, C. F. "Idealismus," in *Allgemeine Encyklopädie der Wissenschaft und Künste*. Leipzig: Brockhaus, 1838.

Bähr, Carl Georg. *Die Schopenhauer'sche Philosophie in ihren Grundzügen dargestellt und kritisch beleuhtet*. Dresden: Rudolf Kuntze, 1857.

Bartholmèβ, Christian. "Herbart et Schopenhauer," in *Histoire critique des doctrines religieuses de la philosophie monderne*. Paris: Meyrueis, 1855.

Baumgarten, Alexander Gottlieb. *Metaphysica*. Magdeburg: Hemmerde, 1757.

Beck, Lewis White. "From Leibniz to Kant," in *The Age of German Idealism*, eds. Robert C. Solomon and Kathleen M. Higgins. London/New York: Routledge, 1993.

Beneke, Friedrich Eduard. "Antwort des Rezensensenten," *Intelligenblatt der Jenaischen Allgemeinen Litteratur-Zeitung*, No. 10 (February 1821).

————. *Neue Grundlegung zur Metaphysik*. Berlin: Mittler und Sohn, 1822.

————. Review of *Die Welt als Wille und Vorstellung*, in *Jenaische Allgemeine Litteratur-Zeitung*, Nos. 226–9 (December 1820); reprinted in the *Sechstes Jahrbuch der Schopenhauer-Gesellschaft* (1917): 118–49.

Berger, Douglas L. *The Veil of Māyā: Schopenhauer's System and Early Indian Thought*. Binghamton, NY: Global Academic Publishing, 2004.

Bergmann, Ulrike. *Johanna Schopenhauer: 'Lebe und sei so glücklich als du kannst.'* Leipzig: Reclam, 2002.

Birnbacher, Dieter. "Induktion oder Expression?" *Schopenhauer-Jahrbuch*, Vol. 69 (1988): 7–40.

————. "Schopenhauer und die ethische problem des Selbstmordes," *Schopenhauer-Jahrbuch*, Vol. 66 (1985): 115–30.

Bloch, Iwan. "Schopenhauer's Krankheit im Jahre 1823," *Medizinische Welt* (1906).

Boas, Elizabeth. "Wieland's *Musarion* and the Rococo Verse Narrative," in *Periods in German Literature*, ed. James M. Ritchie, Vol. 2. London: Wolff, 1968,

Bohlen, Peter von. *Die Genesis historisch-kritisch erläutert*. Königsberg: Bornträger, 1835.

Brahn, Max. *Arthur Schopenhauer Briefwechsel und andere Dokumente*. Leipzig: Insel, 1911.

Breazeale, Daniel. "Fichte and Schelling: The Jena Period," in *The Age of German Idealism*, eds. Robert C. Solomon and Kathleen M. Higgins. London: Routledge, 1993.

Bridgwater, Patrick. *Arthur Schopenhauer's English Schooling*. London/New York: Routledge, 1988.

Büch, Gabriele. *Alle Leben ist Traum: Adele Schopenhauer, eine Biographie*. Berlin: Aufbau Taschenbuch Verlag, 2002.

Büchner, Ludwig. *Kraft und Stoff*. Frankfurt: Meidinger Sohn & Comp., 1855.

Burckhardt, Jacob. *Weltgeschichtliche Betractungen*. Stuttgart: Kröner, 1955.

Busch, Hugo. *Das Testament Arthur Schopenhauer*. Wieshaden: Brockhaus, 1950.

Bykhovshy, Bernard. *Schopenhauer and the Grounds of Existence*, trans. Philip Moral. Amsterdam: Gruner, 1984.

Cassina, Ubaldo. *Analytischer Versuch über das Mitleiden*, trans. K. F. Pokkels. Hannover: Ritscher, 1790.

Cartwright, David E. "Compassion and Solidarity with Sufferers: The Metaphysics of *Mitleid*," *European Journal of Philosophy*, Vol. 16, No. 2 (2008): 292–310.

————. "Locke as Schopenhauer's (Kantian) Philosophical Ancestor," *Schopenhauer-Jahrbuch*, Vol. 84 (2003): 147–56.

————. "Nietzsche's Use and Abuse of Schopenhauer's Moral Philosophy," in *Willing and Nothingness: Schopenhauer as Nietzsche's Educator*, ed. Christopher Janaway. Oxford: Clarendon Press, 1998.

————. "Reversing Silenus' Wisdom," *Nietzsche-Studien*, Vol. 20 (1991): 309–13.

————. "Schopenhauer on Suffering, Death, Guilt, and the Consolation of Metaphysics," in *Schopenhauer: New Essays in Honor of His 200th Birthday*, ed. Eric von Luft. Lewiston, NY: Edwin Mellen Press, 1988.

————. "Schopenhauer's Narrower Sense of Morality," in *The Cambridge Companion to Schopenhauer*, ed. Christopher Janaway. Cambridge: Cambridge University Press, 1999.

————. "The Last Temptation of Zarathustra," *Journal of the History of Philosophy*, Vol. 31 (1993): 49–69.

————. "Two Senses of 'Thing-In-Itself' in Schopenhauer's Philosophy," *Idealistic Studies*, Vol. 31 (2001): 31–53.

Chalybäus, Heinrich Moritz. *Ethik über die Familie, den Staat und die religiöse Sitte*, 2 vols. Leipzig: Brockhaus, 1850.

Claudius, Matthias. *Asmus omnia sua portans, oder sämtliche Werke des Wandsbecker Bothen*. Hamburg: Bode et al., 1775–90.

————. *An meinen Sohn H.* Hamburg: Perthes, 1799.

Cornill, Adolf. *Arthur Schopenhauer, als Uebergangsformation von einer idealistischen in eine realistischen Weltanschauung*. Heidelberg: I. C. B. Mohr, 1856.

Darwin, Charles. *On the Origin of Species by Means of Natural Selection, or the Preservation of Favored Races in the Struggle for Life*. London: John Murray, 1859.

————. *The Descent of Man, and Selection in Relation to Sex*, 2 vols. London: John Murray, 1874.

————. *The Expression of the Emotions in Man and Animals*. Chicago: University of Chicago Press, 1965.

De Cian, Nicoletta and Marco Segla, "What Is Will?" *Schopenhauer-Jahrbuch*, Vol. 83 (2002): 13–42.

Decher, Friedhelm. "Das bessere Bewuβtsein: Zur Funktion eines Begriff in Genese der Schopenhauerschen Philosophie," *Schopenhauer-Jahrbuch*, Vol. 77 (1996): 65–83.

Deetjen, Werner. "Aus dem Weimarer Schopenhauer-Kreise," *Jahrbuch der Schopenhauer-Gesellschaft*, Vol. 12 (1925): 96–100.

Descartes, René. "Meditations on First Philosophy," in *The Philosophical Works of Descartes*, trans. E. S. Haldane and G. R. T. Ross, Vol. 1. Cambridge: Cambridge University Press, 1972.

Deussen, Paul. "Schopenhauers Leben," *Sechstes Jahrbuch der Schopenhauer-Gesellschaft*, Vol. 6 (1917):3–46.

Dorguth, Friedrich. *Kritik des Idealismus und Materialismus zur Grundlage des apodiktischen Realrationalismus*. Magdeburg: Heinrichshofen, 1837.

————. *Vermischte Bemerkungen ueber die Philosophie Schopenhauers, Ein Brief an den Meister*. Magdeburg: Heinrichshofen, 1852.

Dürr, Thomas. "Schopenhauers Grundlegung der Willensmetaphysik," *Schopenhauer-Jahrbuch*, Vol. 84 (2003): 91–119.

Eckermann, Johann Peter. *Gespräche mit Goethe in den letzten Jahren seines Lebens*, ed. Heinrich Hubert Houben. Leipzig: Klinkhardt & Biermann, 1909.

Erdmann, Johann Eduard. *Entwicklung der deutschen Spekulation seit Kant*. Leipzig: Vogel, 1853.

———. "Schopenhauer and Herbart," *Zeitschrift für Philosophie und philosophische Kritik*. Neue Folge, Vol. 21 (1852).

Fichte, Immanuel Hermann. *System der Ethik*. Leipzig: Dyk, 1850–53.

Fichte, Johann Gottlieb. *Das System der Sittenlehre nach den Principien der Wissenschaftslehre*. Jena/Leipzig: Gabler, 1798.

———. *Die Wissenschaftslehre in ihrem allgemeinen Umrisse dargestellt*. Berlin: J. E. Hitzig, 1810.

———. *Gesamtausgabe der Bayerischen Akademie der Wissenschaften*, 24 vols, ed. Lauth, Fuchs, Gliwitzky, Stuggart/Bad Cannstatt: Frommann, 1964–.

———. *Grundlage des Naturrechts nach Principien der Wissenschaftslehre*. Jena/Leipzig: Christian Ernest Gabler, 1796.

———. "Review of Aenesidemus," in *Fichte: Early Philosophical Writings*, ed. and trans. Daniel Breazeale. Ithaca, NY: Cornell University Press, 1988.

———. *The Science of Knowledge*, trans. Peter Heath and John Lachs. Cambridge: Cambridge University Press, 1982.

Fiebiger, Otto. "Neues über Friedrich Müller von Gerstenbergk," *Jahrbuch der Schopenhauer-Gesellschaft*, Vol. 12 (1922): 68–95.

Figl, Johann. "Nietzsches Begegnung mit Schopenhauers Hauptwerk. Unter Heranziehung eines frühen veröffentlichten Exzerptes," in *Schopenhauer, Nietzsche, und die Kunst*, ed. Wolfgang Schirmacher. Vienna: Passagen Verlag, 1991.

Fischer, Kuno. *Schopenhauers Leben, Werke, und Lehre*. Zweite neu bearbeitete und vermehrte Auflage. Heidelberg: Winter, 1898.

Flourens, Marie-Jean-Pierre. *De la vie et de l'intelligence*. Paris: Garnier frères, 1858.

Foot, Phillippa. "Morality as a System of Hypothetical Imperatives," *Philosophical Review*, Vol. 8 (1972): 305–16.

Fortlage, Carl. *Genetische Geschichte der Philosophie seit Kant*. Leipzig: Brockhaus, 1852.

Franks, Paul. "All or Nothing: Systematicity and Nihilism in Jacobi, Reinhold, and Maimon," in *The Cambridge Companion to German Idealism*, ed. Karl Ameriks. Cambridge: Cambridge University Press, 2000.

Frauenstädt, Julius *Briefe über die Schopenhauer'sche Philosophie*. Leipzig: F. A. Brockhaus, 1854.

———. *Das Sittliche Leben, Ethische Studien*. Leipzig: Brockhaus, 1866.

———. *Der Materialismus. Seine Wahrheit und sein Irrthum. Eine Erwiderungen auf Dr. Louis Buchner's "Kraft und Stoff."* Leipzig: F. A. Brockhaus, 1856.

———. Review of *Parerga and Paralipomena* in *Blätter für litterarische Unterhaltung*, No. 9 (March 1852): 677-80.

Feuerbach, Ludwig. *Das Wesen des Christenthums*. Leipzig: Otto Wigand, 1841.

Freud, Sigmund. *Civilization and Its Discontents*, trans. James Strachery. New York: W. W. Norton, 1961.

————. *The Future of an Illusion*, trans. James Strachery. New York: W. W. Norton, 1963.

Frommann, Hermann. *Arthur Schopenhauer, Drei Vorlesungen*. Jena: Friedrich Frommann, 1872.

Gestering, Johann Joachim. *German Pessimism and Indian Philosophy: A Hermeneutic Reading*. Frankfurt am Main: Ajanta Publications, 1986.

Gilleir, Anke. *Johanna Schopenhauer und die Weimarer Klassik: Betrachtungen über die Selbstpositionierung weiblichen Schreibens*. Hildesheim: Olms-Weidmann, 2000.

Gillies, A. "Herder and Goethe," in *German Studies: Presented to Leonard Ashley Willoghby by Pupils, Colleagues and Friends*. Oxford: Basil Blackwell, 1952.

Goethe, Johann Wolfgang von. "Lähmung," in *Goethes Gedichte*, Part 2. Stuttgart/Tübingen: J. G. Cotta 1815.

————. *Letters from Goethe*, trans. M. von Herzfeld and C. Melvilsym. Edinburgh: Edinburgh University Press, 1957.

————. *Sämtliche Werke*, 45 vols., ed. Peter Boerner. Munich: Deutscher Taschenbuch Verlag, 1961–3.

————. *Tagebücher 1810–1832*, ed. Peter Boerner. Munich: Deutscher Taschenbuch Verlag, 1963.

————. *The Autobiography of Johann Wolfgang von Goethe*, trans. John Oxenford. Chicago: The University of Chicago Press, 1974.

————. *Theory of Colours*, trans. Charles Eastlake. London: 1840.

Goldschmidt, Hermann Levin. *Pestalozzis unvollendete Revolution: Philosophie dank der Schweiz von Rousseau bis Turel*. Vienna: Passagen, 1995.

Gracián, Baltasar, *Gracians Handorakel und Kunst der Weltklugheit*, trans. Arthur Schopenhauer. Leipzig: F. A. Brockhaus, 1862.

Gräf, Hans Gerhard. *Goethes Ehe in Briefen*. Leipzig: Rütten & Loening, 1972.

Gruber, Robert, "Die Familie Schopenhauer und der Ausgleich Muhls," in *Suddeutsche Monatshefte*, Vol. 30 (May 1933): 492–505.

Guthke, Karl S. "The Deaf Musician: Arthur Schopenhauer Reads Richard Wagner," *Harvard Magazine*, Vol. 99, No. 1 (Sept.-Oct. 1996).

Guyer, Paul. "Schopenhauer, Kant, and the Methods of Philosophy," in *The Cambridge Companion to Schopenhauer*, ed. Christopher Janaway. Cambridge: Cambridge University Press, 1999.

Guyon, Jeanne-Marie Bouvier de la Motte. *La vie de Madame de la Motte Guyon*. Cologne: J. de la Pierre, 1720.

————. *Les opuscules spirituels*, new ed., 2 vols. Paris: Libaires associés, 1790.

Gwinner, Wilhelm. *Arthur Schopenhauer aus persönlichem Umgange dargestellt: Blick sein Leben, seine Charakter und seine Leben*, ed. Charlotte von Gwinner. Leipzig: Brockhaus, 1922.

————. *Schopenhauers Leben*, 3rd ed. Leipzig: Brockhaus, 1910.

Haffmans, Gerd (ed.). *Über Arthur Schopenhauer*. Zurich: Diogenes, 1977.

Hamlyn, D. W. "Why Are There Phenomena?" in *Zeit der Ernte: Studien zum Stand der Schopenhauer-Forschung. Festschrift für Arthur Hübscher zum 85. Geburtstag*, ed. Wolfgang Schirmacher. Stuttgart/Bad Cannstatt: Frommann-Holzboog, 1982.

Hardy, Robert Spence. *A Manuel of Buddhism, in Its Modern Development*. London: Partridge and Oakey, 1853.

———. *Eastern Monachism: An Account of the Orgins, Laws, Discipline of the Order of Mendicants Founded by Gôtama Buddha*. London: Partridge and Oakey, 1850.

Hartenstein, Gustav. Unsigned review of the second edition of *Die Welt als Wille und Vorstellung*, in *Leipziger Repertorium der deutschen und ausländischen Litteratur*, Vol. 3 (1844): 91–3.

Hartmann, Eduard von. *Die Gefühlsmoral*, ed. Jean-Claude Wolf. Hamburg: Felix Meiner, 2006.

———. *Philosophy of the Unconscious: Speculative Results According to the Inductive Method of Physical Science*, trans. WilliamCoupland. New York: Harcourt, Brace & Company, 1931.

———. *Schelling's positive Philosophie als Einheit von Hegel und Schopenhauer*. Berlin: Otto Loewenstein, 1869.

Haßargen, Hermann. "Die Danziger Vorfahren Arthur Schopenhauers," in *Heimatblätter des Deutschen Heimatbundes*. Danzig, 1928.

Hecker, Jutta. *Wieland: Die Geschichte eines Menschen in der Zeit*. Stuttgart: Mellinger, 1971.

Hegel, Georg Wilhelm Friedrich. *Hegel's Logic*, trans. William Wallace. Oxford: Clarendon Press, 1975.

———. *Hegel's Philosophy of Mind*, trans. William Wallace. Oxford: Clarendon Press, 1971.

———. *Hegel's Philosophy of Nature*, trans. A. V. Miller. Oxford: Clarendon Press, 1970.

———. *Phenomenology of Spirit*, trans. A. V. Miller. Oxford: Oxford University Press, 1981.

———. *Philosophy of Right*, trans. T. M. Knox. Oxford: Oxford University Press, 1967.

———. *Reason in History*, trans. Robert S. Hartman. Indianapolis/New York: Bobbs-Merrill, 1953.

———. *Science of Logic*, 2 vols., trans. W. H. Johnson and L. G. Struthers. London: Allen and Unwin, 1929.

———. *The Letters*, trans. Clark Butler and Christiane Seiler. Bloomington, IN: Indiana University Press, 1984.

———. *The Philosophy of History*, trans. J. Sibree. New York: Dover, 1956.

Heisenberg, Werner. "Die Goethesche und die Newtonsche Farbenlehre im Lichte der modernen Physik," in *Wandlungen in der Grundlagen der Naturwissenschaft*. Leipzig, 1943.

Helvétius, Claude-Adrien. *De l'espirt*, 2 vols. Paris: Durand, 1758.

Herbart, Johann Friedrich. *Hauptpuncte der Metaphysik*. Göttingen: Justus Friedrich Danckwerts, 1808.

———. Review of *The World as Will and Representation* in *Hermes oder kritisches Jahrbuch der Litteratur*, No. 3, 1820; reprinted in *Sechstes Jahrbuch der Schopenhauer – Gesellschaft*, Vol. 6 (1917): 89–115.

Herder, Johann Gottfried, *Ideen zur Philosophie der Geschichte der Menschenheit.* Riga/Leipzig: Johann Friedrich Hartknoch, 1784–91.

―――. *Verstand und Erfahrung. Ein Metakritik zur Kritik der reinen Vernunft.* Leipzig: Johann Friedrich Hartknock, 1799.

Herschel, John F. W. *A Treatise on Astronomy*, new ed. London: Longman, Rees, Orme, Brown, Green, and Longman, 1833.

Hillebrand, Karl. Review of Friedrich Nietzsche's "Schopenhauer als Erzieher," in the *Allgemeine Zeitung Augsburg* (18 December 1874).

Hobbes, Thomas. *Elementa philosophica de Cive.* Amsterdam: L. Elzevir, 1647.

―――. *Leviathan, siva, De material, forma et poteste civitatis ecclesiasticae et civilis.* Amsterdam:L. Elzevir, 1670.

Hoffbauer, Johann Christoph. *Analytik der Urtheile und Schlüsse.* Halle: Schwetschke, 1792.

Hoffmann, Paul. "Schopenhauer und Hamburg," *Jahrbuch der Schopenhauer-Gesellschaft*, Vol. 19 (1932), pp. 207–51.

Holtman, Robert B. *The Napoleonic Revolution.* Philadelphia/New York/Toronto: Lippincott, 1967.

Horstmann, Rolf-Peter. "The Early Philosophy of Fichte and Schelling," in *The Cambridge Companion to German Idealism*, ed. Karl Ameriks. Cambridge: Cambridge University Press, 2000.

Hübscher, Arthur. "Adele an Arthur Schopenhauer. Unbekannte Briefe 1," *Schopenhauer-Jahrbuch*, Vol. 58 (1977): 133–86.

―――. "Arthur Schopenhauer: Ein Lebensbild," in *Arthur Schopenhauer: Sämtliche Werke*, 7 vols., ed. Arthur Hübscher, Vol. 1. Mannheim: F. A. Brockhaus, 1988.

―――. (ed.). *Arthur Schopenhauer: Gespräche.* Stuttgart/Bad Cannstatt: Frommann-Holzboog, 1971.

―――. "Drei Tanten Schopenhauers," *Schopenhauer-Jahrbuch*, Vol. 61 (1980): 127–50.

―――. "Ein vegessener Schulfreund Schopenhauers," *Schopenhauer-Jahrbuch*, Vol. 46 (1965): 130–52.

―――. "Eine verschollene Arbeit Schopenhauers," *Schopenhauer-Jahrbuch*, Vol. 22 (1935): 239–441.

―――. *Schopenhauer-Bibliographie.* Stuttgart/Bad Cannstatt: Frommann-Holzboog, 1981.

―――. *Schopenhauer-Bildnisse: Eine Ikonographie.* Frankfurt am Main: Kramer, 1968.

―――. *The Philosophy of Schopenhauer in Its Intellectual Context: Thinker against the Tide*, trans. Joachim Baer and David E. Cartwright. Lewiston, NY: Edwin Mellen Press, 1989.

―――. "Zwei Hamburger Jugenfreunde," *Schopenhauer-Jahrbuch*, Vol. 51 (1970): 38.

Hühn, Lore. "Die intelligible Tat, zu einer Gemeinsamkeit Schellings und Schopenhauer," in *Selbstbesinnung der philosophischen Moderne*, eds. C. Iber and R. Pocai. Dartford: T. Junghans Verlag, 1998, 55–94.

Hume, David. *A Treatise of Human Nature*, 2 vols. London: 1739.

————. *Dialogues Concerning Natural Religion*, 2nd ed. London: 1779.

————. *Essays Moral, Political and Literary*. Indianapolis: Library Fund, 1987.

————. *History of Great Britain from the Invasion of Julius Caesar to the Revolution of 1688*, 6 vols. London: Andrew Millar, 1754–62.

————. "The Natural History of Religion," in *Four Dissertations*. London: A. Murray and Son, 1757.

Jacobi, Friedrich Heinrich. *David Hume über den Glauben oder Idealismus und Realismus. Ein Gespräche*. Breslau: Gottlieb Loewe, 1787.

————. *Jacobi an Fichte*. Hamburg: Friedrich Perthes, 1799.

————. *The Main Philosophical Writings and the Novel Allwill*, trans. and ed. George di Giovanni. Montreal: McGill–Queens University Press, 1994.

————. *Von den Göttlichen Dingen und ihrer Offenbarung*. Leipzig: Fleischer d. Jung, 1811.

Jacquette, Dale. "Schopenhauer on the Ethics of Suicide," *Continental Philosophy Review*, Vol. 33 (2000): 43–58.

————. "Schopenhauer's Circle and the Principle of Sufficient Reason," *Metaphilosophy*, Vol. 23 (1992): 279–87.

————. *The Philosophy of Schopenhauer*. Chesham: Acumen, 2005.

Jaeger, Werner. *Paideia: The Ideals of Greek Culture*. Oxford: Oxford University Press, 1933–44.

Jakob, Ludwig Heinrich. *Grundriß der allgemeinen Logik*. Halle: Francke and Bispisch, 1788.

Janaway, Christopher. "Nietzsche, the Self, and Schopenhauer," in *Nietzsche and Modern German Thought*, ed. Keith Ansell-Pearson. New York: Routledge, 1991.

————. *Self and World in Schopenhauer's Philosophy*. Oxford: The Clarendon Press, 1989.

————. "Schopenhauer as Nietzsche's Educator," in *Willing and Nothingness: Schopenhauer as Nietzsche's Educator*, ed. Christopher Janaway. Oxford: The Clarendon Press, 1998.

————. "Will and Nature," in *The Cambridge Companion to Schopenhauer*, ed. Christopher Janaway. Cambridge: Cambridge University Press, 1999.

Kamata, Yasuo. *Der junge Schopenhauer: Genese des Grundgedankens der Welt als Wille und Vorstellung*. Munich: Alber, 1988.

Kant, Immanuel. *Critique of Judgment*, trans. J. C. Meredith. Oxford: The Clarendon Press, 1952.

————. *Critique of Practical Reason*, trans. Lewis White Beck. Indianapolis: Bobbs-Merrill, 1956.

————. *Critique of Pure Reason*, trans. Paul Guyer and Allen W. Wood. Cambridge: Cambridge University Press, 1998.

————. *Gesammelte Schriften*, ed. by the Prussian Academy. Berlin: Walter de Gruyter, 1902 –.

————. *Groundwork for the Metaphysics of Morals*, trans. H. J. Paton. New York: Harper and Row, 1964.

———. *Kant's Sämtliche Werke*, 12 vols., ed. Karl Rosenkranz and Schubert. Leipzig: Leopold Voss, 1838–42.

———. *Logik*. Königsberg: Jäsche, 1800.

———. *Prolegomena to Any Future Metaphysics*, trans. Lewis White Beck. Indianapolis: Bobbs-Merrill, 1950.

———. *Träume eines Geistersehers, erlautert durch Träume der Metaphysik*. Königsberg: Johann Jakob Kanter, 1766.

———. *Über die von der Königl. Akademie der Wissenschaften zu Berlin für das Jahr 1791 ausgesetzte Preisfrage: Welches sind die wirklichen Fortschritte, die die Metaphysik seit Leibnitzens und Wolf's Zeiten in Deutschland gemacht hat*. Königsberg: Goebbels and Unzer, 1804.

Kantorowiez, Hermann. "Schopenhauer's akademische Erfahrungen," *Frankfurter Zeitung*, 28 May 1929; excerpted in *Kantstudien*, Vol. 34, 516–17.

Kerner, Justinus. *Die Seherin von Prevost. Eröffnung über da innere Leben des Menschen and uber das Hereinragen einer Geisterwelt in die unsere*. Stuttgart: J. G. Cotta, 1837.

Kierkegaard, Søren. *Attack upon 'Christendom'*, trans. Walter Lowie. Boston: The Beacon Press, 1960.

———. *The Journals of Kierkegaard*, trans. Alexander Dru. New York: Harper & Row, 1959.

Kiesewetter, Johann Gottfried Carl Christian. *Grundriß einer reinen allgemeinen Logik nach Kantischen Grundsätzen, zum Gebrauch für Vorlesungen*. Berlin: F. T. Lagarde, 1802/1806.

Kilpatrick, William. *The Education of Man – Aphorisms*. New York: Philosophical Library, 1951.

Knox, Vicesimus. *Liberal Education*. London: C. Dilly, 1788.

Köppen, Carl Friedrich. *Die Religion des Buddha und ihre Entstehung*. 2 vols. Berlin: Schneider, 1857–9.

Kosack, Carl Rudolf. *Beiträge zu einer systematischen Entwickelung der Geometrie aus der Anschauung*. Nordhausen: Eberhardtsche Buchdruckerei, 1852.

Koβler, Matthias. "Empirischer und intelligibler Charackter: Von Kant über Fries und Schelling zu Schopenhauer," *Schopenhauer-Jahrbuch* 76 (1995): 195–201.

Krause, Karl Christian Friedrich. *Anschauungen oder die Lehren und Entwürfe zur Höherbildung des Menschenlebens. Aus der handschriftlichem Nachlaß des Verfassers*, ed. Paul Hohfeld and August Wünsche. Leipzig,: Dieterische Verlagsbuchhandlung Theodor Weicher, 1891.

Krug, Wilhelm Traugott. Review of *Die Welt als Wille und Vorstellung* in *Leipziger Litteratur-Zeitung*, No. 21 (24 January 1821); reprinted in *Sechstes Jahrbuch der Schopenhauer-Gesellschaft* (1917): 158–75.

Kuehn, Manfred. *Kant: A Biography*. Cambridge: Cambridge University Press, 2001.

Lambert, Johann Heinrich. *Neues Organon, oder Gedanken über die Erforschung und Bezeichnung des Wahren und dessen Untersheidung vom Irrthum und Schein*. Leipzig: Wendler, 1764.

Lampert, Laurence. *Nietzsche's Teaching: An Interpretation of* "Thus Spoke Zarathustra." New Haven, CT: Yale University Press, 1986.

Lauxtermann, Paul F. H. "Hegel and Schopenhauer as Partisans of Goethe's Theory of Color," *Journal of the History of Ideas*, Vol. 50 (1990): 588–624.

———. *Schopenhauer's Broken World-View: Colours and Ethics between Kant and Goethe.* Dordrecht: Kluwer Academic Publishers, 2000.

Leibniz, Gottfried Wilhelm. *Epistolae ad Diversos,Theologici, Juridici, Medici, Philosophici, Mathematici, Historici, et Philologici.* Vol. 1. Bern: Christoph Breitkoph, 1734.

Leip, Hans. *Die Lady und die Admiral.* 1933.

Linder, Ernest Otto and Julius Frauenstädt. *Arthur Schopenhauer. Von ihm. Über ihn.* Berlin: A. W. Hayn, 1863.

Locke, John. *An Essay concerning Human Understanding, in Four Books.* 14th ed. London: S. Birt, 1753.

Lovejoy, Arthur O. "Schopenhauer as an Evolutionist," *Mind*, Vol. 21 (1911): 116.

Lukács, György, *The Destruction of Reason*, trans. Peter Palmer. London: Merlin, 1979.

Lütkehaus, Ludger (ed.), *Die Schopenhauers: Der Familien Briefwechsel von Adele, Arthur, Heinrich Floris und Johanna Schopenhauer.* Zurich: Haffmans Verlag, 1991.

Maass, Johann Gebhard Ehrenreich. *Grundriß der Logik zum, Gebrauche bei Vorlesungen.* Halle: Ruff, 1793.

Machtaler, Hildegard von. "Lorenz Meyers Tagebücher," *Schopenhauer-Jahrbuch*, Vol. 49 (1968) : 95–111.

Maimon, Salomon. *Versuch einer neuen Logik oder Theorie des Denkens.* Berlin: Felisch, 1794.

Magee, Bryan. *Misunderstanding Schopenhauer.* London: Institute of Germanic Studies, University of London, 1990.

———. *The Philosophy of Schopenhauer.* New York: Oxford University Press, 1997.

Majer, Friedrich. "Das Bhaguat-Geeta, oder Gespräche zwischen Kreeshna und Arjoon," in *Asiatisches Magazin*, Vols. 1 and 2 (1802).:412–453; 105–35.

———. *Zur Kulturgeschichte der Völker, historische Untersuchungen.* Leipzig: J. F. Hartknoch, 1798.

Malter, Rudolf. *Arthur Schopenhauer: Transzendental Philosophie und Metaphysik des Willens.* Stuttgart/Bad Cannstatt: Frommann, 1991.

———. *Der eine Gedanke: Hinführung zur Philosophie Arthur Schopenhauers.* Darmstadt: Wissenschaftliche Buchgesellschaft, 1988.

———. (ed.), *Faksimilenachdruck der I. Auflage der Welt als Wille und Vorstellungen.* Frankfurt am Main: Insel, 1987.

Mann, Thomas. *Schopenhauer.* Stockholm: Bermann-Fischer Verlag, 1938.

Mannion, Gerard. *Schopenhauer, Religion, and Morality: The Humble Path to Ethics.* Burlington, VT: Ashgate, 2003.

Martensen, Hans L. *Between Hegel and Kierkegaard: Hans L. Martensen's Philosophy of Religion.* trans., with an introduction by Curtis Thompson. Atlanta: Scholars Press, 1997.

Marx, Karl. *Capital*, trans. Samuel Moore and Edward Aueling, Vol. 1. New York: International Publishers, 1974.

McCarthy, John A. *Christoph Martin Wieland*. Boston: Twayne, 1979.

McCleland, Charles E. *State, Society, and University in Germany: 1700–1914*. Cambridge: Cambridge University Press, 1980.

McGill, V. J., *Schopenhauer: Pessimist and Pagan*. New York: Haskell House, 1971.

Mendelssohn, Moses. "Morgenstunden, oder Vorlesungen ueber das Dasein Gottes,".in *Gesammelte Schriften*, Vol. III/2. Leipzig : F. A. Brockhaus, 1843.

Muscheler, Karl-Heinz. *Die Schopenhauer-Marquet-Prozesse und das Preußische Recht*. Tübingen: J. C. B. Mohr, 1996.

Neeley, G. Steven. *Schopenhauer: A Consistent Reading*. Lewiston, NY: Edwin Mellen Press, 2003.

Nicholls, Moira. "The Influence of Eastern Thought on Schopenhauer's Doctrine of the Thing-in-Itself," in *The Cambridge Companion to Schopenhauer*, ed. Christopher Janaway. Cambridge: Cambridge University Press, 2000.

Nietzsche, Friedrich. *Beyond Good and Evil*, trans. Walter Kaufmann. New York: Vintage, 1966.

———. "David Strauss, the Confessor and Writer," in *Untimely Meditations*, trans. R. J. Hollingdale. Cambridge: Cambridge University Press, 1983.

———. *Daybreak: Thoughts on the Prejudices of Morality*, trans. R. J. Hollingsdale. Cambridge: Cambridge University Press, 1982.

———. *Human, All Too Human*, trans. R. J. Hollingdale. Cambridge: Cambridge University Press, 1986.

———. *Nietzsche: Werke in drei Banden*, Vol. 3, ed. Karl Schlechta. Munich: Hanser Verlag, 1954–6.

———. *Nietzsche: Kritische Gesamtausgabe*, Vol. 5, eds. G. Colli and M. Montinari. Berlin: de Gruyter, 1971.

———. *On the Genealogy of Morality*, trans. Maudemarie Clark and Alan Swensen. Indianapolis: Hackett, 1998.

———. "Schopenhauer as Educator," in *Untimely Meditations*, trans. R. J. Hollingdale. Cambridge: Cambridge University Press, 1983.

———. *The Gay Science*, trans. Walter Kaufmann. New York: Vintage, 1974.

Noack, Ludwig. *Schelling und die Philosophie der Romantik*, 2 vols. Berlin: Mittler, 1859.

Oettingen, Wolfgang von (ed.). "Aus Ottilie von Goethe's Nachlaß. Briefe von ihr und an sie 1806–1822," in *Schriften der Goethe-Gesellschaft*, Vol. 27, (1912).

———. (ed.). "Aus Ottilie von Goethes Nachlaß. Briefe von ihr und an sie bis 1833," in *Schriften der Goethe Gesellschaft*, Vol. 28 (1913).

Oxenford, John. "Iconoclasm in German Philosophy," *The Westminster Review* New Series III (1 April 1853): p. 388–407; reprinted in *Zwölftes Jahrbuch der Schopenhauer-Gesellschaft für die Jahre 1923–1925*.

Paul, Jean (Johann Paul Friedrich Richter). *Vorschule der Ästhetik*, 2 vols. Breslau: Josef Max und Komp, 1825.

Pinkard, Terry. *German Philosophy 1760–1860: The Legacy of Idealism*. Cambridge: Cambridge University Press, 2002.

———. *Hegel: A Biography*. Cambridge: Cambridge University Press, 2000.

Platner, Ernst. *Philosophische Aphorismeus, nebst einigen Anleitungen zur philosophischen Geschichte*. Leipzig: Schwickert, 1782–4.

Plato. *The Collected Dialogues*, eds. Edith Hamilton and Huntington Cairns. Princeton, NJ: Princeton University Press, 1973.

Pleticha, H. (ed.), *Das Klassische Weimar: Texte und Zeugnisse*. Munich: Deutscher Taschenbuch Verlag 1983.

Polier, Louis Henri de. *Mythologie des Indous*. Rudolstadt/Paris: Schoel, 1809.

Räsänen, Petri. *Schopenhauer and Kant's Transcendental Idealism*. Tampere: Tampere University Press, 2005.

Rauschenberger, Walther. "Nachträge zu Schopenhauers Ahnentafel," *Jahrbuch der Schopenhauer-Gesellschaft*, Vol. 24 (1937) : 153–56.

———. "Schopenhauers Ahnen," *Jahrbuch der Schopenhauer-Gesellschaft*, Vol. 21 (1934): 131–49.

Reimarus, Hermann Samuel. *Die Vernunftlehre, als eine Anweisung zum richtigen Gebrauch der Vernunft in der Erkenntniß der Wahrheit, aus zwoen ganz natürlichen Regeln der Einstimmung und des Widerspruch hergeleitet*, 5th ed. Hamburg: Bohn, 1790.

Reinhold, Carl Leonhard. *Briefe über die kantische Philosophie*. Leipzig: Georg Joachim Göschen, 1790

———. *Ueber das Fundament des philosophischen Wissens*. Jena: Mauke, 1790; reprint, Hamburg: Felix Meiner, 1978.

———. *Versuch einer Neuen Theorie des Menschlichen Vorstellungsvermögens*. Darmstadt: Wissenschftliche Buchgesellschaft, 1963: reprint of the 1781 edition, Widtmann and Mauke, Prague and Jena.

Riedinger, Franz. "Die Akten über Schopenhauers Doktorpromotion," *Jahrbuch der Schopenhauer-Gesellschaft*, Vol. 11 (1924): 98.

Rieff, Philip. *Freud: The Mind of the Moralist*. Chicago: University of Chicago Press, 1979.

Rosenkranz, Karl. *George Wilhelm Friedrich Hegels Leben*. Berlin: Duncker and Humbolt, 1844.

———. "Zur Charakteristik Schopenhauer," *Deutsche Wochenschrift*, No. 22, ed. Karl Gödeke. Hannover: Rümpler, 1854.

Roy, Rām Mohan. *Translation of Several Principal Books, Passages, and Texts of the Vedas*. London: Parbury, Allen & Co., 1832.

Ruhl, Ludwig Sigismund. *Eine Groteske* .Cassel: Krieger, 1882.

Safranski, Rüdiger. "Hoch auf dem Berge und – entronnen! Schopenhauers bessere Bewußtsein: Ekstase des Sehers," *Lutherische Monatshefte*, Vol. 28 (1989): 267–71.

———. *Schopenhauer and the Wild Years of Philosophy*, trans. Ewald Osers. Cambridge, MA: Harvard University Press, 1990.

Salaquarda, Jörg. "Der Antichrist," *Nietzsche Studien*, Vol. 2 (1973): 90–136.

Sartre, Jean-Paul. *Existentialism and Human Emotions*. New York: Citadel Press, 2000.

Schacht, Richard. *Nietzsche*. London: Routledge and Kegan Paul, 1983.

Schelling, Frederick Wilhelm Joseph. *Bruno oder über das göttliche und natürliche Princip der Dinge. Ein Gespräch.* Berlin: Johann Friedrich Unger, 1802.

———. *Ideas for a Philosophy of Nature,* trans. Errol E. Harris and Peter Heath. Cambridge: Cambridge University Press, 1988.

———. *Philosophische Schriften,* Vol. 1. Landshut: Philipp Krull, 1809.

———. *Sysytem des transcendentalen Idealism.* Tübingen: J. G. Cotta, 1800.

———. *Über das Verhältniß des Realen und Idealen in der Natur. Oder Entwickelung der ersten Grundsätze der Naturphilosophie an den Principien der Schwere und des Lichts.* Hamburg: Friedrich Perthes, 1806.

———. *Von der Weltseele, eine Hypothese der höhern Physik zur Erklärung des allegeinen Organismus.* Hamburg: Friedrich Perthes, 1798.

Schemann, Ludwig. *Cosima Wagner: Briefe an Ludwig Schemann,* ed. Bertha Schemann. Regensburg, 1937.

Schlegel, Friedrich. "Athenäum-Fragment," 216, in *Philosophical Fragments,* trans. Peter Firchow. Minneapolis: University of Minnesota Press, 1991.

Schleiermacher, Friedrich. *On Religion: Speeches to Its Cultured Despisers,* trans. Richard Crouter. Cambridge: Cambridge University Press, 1988.

Schmidt, Alfred. *Idee und Weltwille. Schopenhauer als Kritiker Hegels.* Munich: Hanser Verlas, 1988.

Schnädelbach, Herbert. *Philosophy in Germany 1831–1933,* trans. Eric Matthews. Cambridge: Cambridge University Press, 1984.

Schopenhauer, Adele. *Anna: Ein Roman aus der nächsten Vergangenheit.* Leipzig: F. A. Brockhaus, 1845.

———. *Eine dänische Geschichte.* Braunschweig: George Westermann, 1848.

———. *Haus-, Wald- und Feldmärchen.* Leipzig: F. A. Brockhaus, 1844.

———. *Tagebuch einer Einsamen,* ed. Heinrich Hubert Houben. Munich: Matthes and Seitz, 1985.

———. *Tagebücher,* ed. Kurt Wolff, Vol. 1. Leipzig: 1909.

Schopenhauer, Arthur. *Der handschriftliche Nachlaß,* 5 vols., ed. Arthur Hübscher. Frankfurt am Main: Kramer, 1970.

———. *Faksimilenachdruck der 1. Auflage der Welt als Wille und Vorstellung,* ed. Rudolf Malter. Frankfurt am Main: Insel, 1987.

———. *Gesammelte Briefe,* ed. Arthur Hübscher. Bonn: Bouvier Verlag Herbert Grundmann, 1987.

———. *Gespräche,* ed. Arthur Hübscher. Stuttgart/Bad Cannstatt, 1971.

———. *Manuscript Remains in Four Volumes,* trans. E. F. J. Payne, ed. Arthur Hübscher. Oxford: Berg, 1988.

———. "Notwendige Rüge erlogener Zitate," *Intelligenzblatt der Jenaischen Allgemeinen Litteratur-Zeitung,* No. 10 (February 1821).

———. *On the Basis of Morality,* trans. E. F. J. Payne, with intro. by David E. Cartwright. Indianapolis: Hackett, 1997.

———. *On the Fourfold Root of the Principle of Sufficient Reason,* trans. E. F. J. Payne, with an intro. by Richard Taylor. La Salle, IL: Open Court Press, 1974.

————. *On the Will in Nature: A Discussion of the Corroborations from the Empirical Sciences That the Author's Philosophy Has Received Since Its First Appearance,* trans. E. F. J. Payne, edited with an intro. by David E. Cartwright. Oxford: Berg, 1992.

————. *On Vision and Colors,* trans. E. F. J. Payne, edited with an intro. by David E. Cartwright. Oxford: Berg, 1994.

————. *Parerga and Paralipomena,* 2 vols., trans. E. F. J. Payne. Oxford: Clarendon Press, 1974; reprint, 2001.

————. "Philosophie de la magie," trans. Alexandre Weill, *Revue française,* T. VII, 1856.

————. *Philosophische Vorlesungen aus dem handschriftlichen Nachlaß,* 4 vols., ed. Volker Spierling. Munich: R. Piper, 1984–6.

————. *Prize Essay on the Freedom of the Will,* trans. E. F. J. Payne, with an intro. by Günter Zöller. Cambridge: Cambridge University Press, 1999.

————. *Reisetagbücher aus den Jahren 1803–1804,* ed. Charlotte von Gwinner. Leipzig: F. A. Brockhaus, 1923.

————. *Sämtliche Werke,* 6 vols., ed. Julius Frauenstädt. Leipzig: F. A. Brockhaus, 1873/4.

————. *Sämtliche Werke,* 16 vols., ed. Paul Deussen. Munich: Piper, 1911–1942.

————. *Sämtliche Werke,* 7 vols., ed. Arthur Hübscher, 4th ed. Mannheim: F. A. Brockhaus, 1988.

————. *Schopenhauer's Early Fourfold Root,* trans. F. C. White. Aldershot: Avebury, 1997.

————. *The World as Will and Presentation,* Vol. 1, trans. Richard E. Aquila with David Carus. New York: Pearson/Longman, 2008.

————. *The World as Will and Representation,* 2 vols., trans. E. F. J. Payne. New York; Dover, 1969.,.

————. *Two Essays. I. On the Will in Nature. II. On the Fourfold Root of the Principle of Sufficient Reason,* trans. Mme. Karl Hillebrand. London: G. Bell, 1889; reprint Cosimo Classics, New York, 2007.

————. *Werke in zehn Bänden,* 10 vols., ed. Arthur Hübscher. Zurich: Diogenes, 1977.

Schopenhauer, Johanna. *A Lady Travels: The Diaries of Johanna Schopenhauer,* trans. Ruth Michaelis and Willy Merson. London: Routledge, 1988.

————. *Carl Ludwig Fernows Leben.* Tübingen: Cotta, 1810.

————. *Gabriele: Ein Roman.* Leipzig: F. A. Brockhaus, 1819.

————. "Jugenderinnerungen" in *Johanna Schopenhauer: Im Wechsel der Zeiten, im Gedränge der Welt,* ed. Rolf Weber. Munich: Winkler, 1986.

————. *Jugendleben und Wanderbilder,* ed. Adele Schopenhauer, 2 vols. Braunschweig: Westermann, 1839.

————. *Jugendleben und Wanderbilder,* ed. Willi Drost. Barmstedt Holstein: Velox-Verlag, 1958.

————. *Sämtliche Schriften,* 24 vols. Leipzig: F. A. Brockhaus, 1st ed, 1830–31; 2nd ed., 1834.

Schröder, William von. "Der Frankfurter Skandal um den Magnetiseur Ragazzoni," *Frankfurter Allgemeine Zeitung* (31 December 1957).

Schulze, Gottlob Ernst. *Aenesidemus, oder über die Fundamente der von dem Herrn Professor Reinhold in Jena gelieferten Elementar-Philosophie. Nebst einer Vertheidigung des Skepticismus gegen die Anmaassungen der Vernuftkritik.* [Helmstädt]: 1792.

————. *Grundsätze der allgemeinen Logik.* Helmstädt: Fleckeisen, 1810.

————. *Kritik der theoretischen Philosophie,* 2 vols. Hamburg: Carl Ernst Bohn, 1801.

Segala, Marco. *I fantasmi, il cervello, l'anima Schopenhauer, l'occulto e la scienza.* Florence: Leo S. Olschki, 1998.

————. *Schopenhauer, la filosofia, le scienze.* Pisa: Scuola Normale Superiore, 2009.

Seydel, Rudolf. *Schopenhauers philosophisches System, dargestellt und beurteilt.* Leipzig: Breitkopt and Härtel, 1857.

Sheehan, James. *German History: 1720–1866.* Oxford: Oxford University Press, 1989.

Silber, K. *Pestalozzi: The Man and His Work.* London: Routledge & Kegan Paul, 1965.

Singer, Peter. *Animal Liberation: A New Ethics for Our Treatment of Animals.* New York: Avon Books, 1975.

Sober, Elliot and David Sloan Wilson. *Unto Others: The Evolution of Unselfish Behavior.* Cambridge, MA: Harvard University Press, 1998.

Spinoza, Benedict de. *Ethics,* trans. R. H. M. Ewes. New York: Dover, 1955.

Stadler, Peter. *Pestalozzi: Gerschichte Biographie von der alten Ordnung zur Revolution, 1746–1797.* Zurich: Neu Zürcher Zeitung, 1988.

Steinmetz, Max (ed.), *Geschichte der Univesität Jena.* Jena: VEB Gustav Fischer, 1958.

Sterne, Laurence. *The Life and Times of Tristram Shady, Gentleman.* Altenberg: G. E. Richtert, 1772.

Stoetzer, O. Carlos. *Karl Christian Friedrich Krause and His Influence in the Hispanic World.* Cologne: Böhlau, 1998.

Strauss, David Friedrich. *Der alte und neue Glaube.* Stuttgart: Kröner, 1872.

————. *Das Leben Jesu kritisch Bearbeitet.* Tübingen: C. F. Oslander, 1838-39.

Taylor, Richard. *Virtue Ethics: An Introduction.* Interlaken, NY: Linden Books, 1991.

Varner, G. E. "The Schopenhauer Challenge in Environmental Ethics," *Environmental Ethics,* Vol. 7 (1985): 209–29.

Wackenroder, Wilhelm Heinrich. *Confessions and Fantasies,* trans. Mary Hurst Schubert. University Park, PA/London: The Pennsylvania State University Press, 1971.

Weimer, Wolfgang. "Der Philosoph und der Diktator: Arthur Schopenhauer und Adolf Hitler," *Schopenhauer-Jahrbuch,* Vol. 84 (2003): 157–67.

White, Lynn Jr. "The Historical Roots of Our Ecological Crisis," *Science,* Vol. 155 (1967): 1203–07.

Wicks, Robert. *Schopenhauer.* Malden, MA:Blackwell, 2008.

Wieland, Martin. *Geschichte der Abderiten,* 2 vols. Karlsruhe: Schmieder,1774-81.

————. *Musarion, oder die Philosophy der Grazien* Karlsbad: G. Braun,. 1768

Wittgenstein, Ludwig. *Philosophical Investigations,* trans. G.E.M. Anscombe. New York: Macmillan, 1966.

————. *Remarks on Colour*, trans. G. E. M. Anscombe. Berkeley and Los Angeles: University of California Press, 1978.

————. *Tractatus Logico-Philosophicus*, trans. C. K. Ogden. London: Routledge & Kegan Paul, 1922.

Wolff, Christian. *Philosophia prima, sive Ontologia methodo scientifica pertractata, qua omnis cognitionis humanae principia continentur.* Francof. et Lips, 1736.

Young, Christopher and Andrew Brook. "Schopenhauer and Freud," in *International Journal of Psychoananlysis.* Vol. 75 (1994): 101–18.

Young, Julian, *Schopenhauer.* London: Routledge, 2005.

————. "Was Schopenhauer an Irrationalist?" *Schopenhauer-Jahrbuch*, Vol. 69 (1988): 85–100.

————. *Willing and Unwilling: A Study in the Philosophy of Arthur Schopenhauer.* Dordrecht: Nijhoff, 1987.

Zentner, Marcel. *Die Flucht ins Vergessen:Die Anfänge der Psychoanalyse Freuds bei Schopenhauer.* Darmstadt: Wissenschaftliche Buchgesellschaft, 1995.

Zimmern, Helen. *Arthur Schopenhauer, His Life and His Philosophy.* London: Longmans, Green and Co., 1876.

Zint, Hans. "Schopenhauer und seine Schwester, Ein Beitrag zur Lebensgeschichte des Philosophen," *Sechstes Jahrbuch der Schopenhauer-Gesellschaft* Vol. 6 (1917): 179–250.

————. "Schopenhauers Philosophie des doppelten Bewußtsein," *Schopenhauer-Jahrbuch*, Vol. 10 (1921): pp. 3–45.

Ziolkowski, Theodore. *German Romanticism and Its Institutions.* Princeton, NJ: Princeton University Press, 1990.

Zöller, Günter. "German Realism: The Self-limitation of Idealist Thinking in Fichte, Schelling and Schopenhauer," in *The Cambridge Companion to German Idealism*, ed. Karl Ameriks. Cambridge: Cambridge University Press, 2000

————. "Kichtenhauer: Der Ursprung von Schopenhauers Welt als Wille und Vorstellung in Fichtes Wissenschaftslehre 1812 und System der Sittenlehre," in *Die Ethik Schopenhauer im Ausgang von Deutschen Idealismus*, ed. Lore Hühn with Philipp Schwab. Würzburg: Ergon, 2006.

索　引

（索引页码为原书页码，即本书边码，n 则表示相应页码的注释）

译后记

　　接译此书，实出机缘。为此，我首先必须感谢的是虽至耄耋之年、仍怀赤子之心的慈祥长者朱雁冰先生。如果不是他在八年前应本书编辑周运先生之请而向后者热心推荐了我这个当时同他并无交往的晚辈与他共同翻译叔本华作品集，那便没有我同周运先生这位博学多识的爱书人两年后在电话中的相识。如果没有至今与我素未谋面的周运先生一直以来所给予我的信任（他是在从未看过我译文的情况下，邀请的我这样一个既无哲学专业背景又非英语专业出身的德语教师来翻译这部用英语所写的叔本华传记）、理解（这部译作的后半部是由他找人把我为了避免继续遭受电脑辐射之苦而用纸笔所译的手写稿最终变成了电子文档）及支持（他在我翻译此书的过程中，陆续给我寄来了除书信集之外的全部叔本华作品复印件供我查阅），那也同样没有这部译作的面世之日。

　　翻译这本关于叔本华这样一位独步古今的天才人物的传记作品，对我而言，既是一种无比惬意的精神享受，又是一次对于脑力与体力的双重挑战。个中滋味，可谓点滴于心，唯我自知。尤其是书中所涉及的除英德这两门我自己学过的外语之外的法语、意大利语、西班牙语、拉丁语、古希腊语及日语这些种类绝不算少的外语语种，更让我幸得友朋相助才有可能完成这部译作。书中出现的大量法语人名、书名、短语及句子，全赖葛长义与胡博乔二位先生鼎力相助方得译出；为我译出书中意大利语书名及人名的则是我的好友杨琳女士；申义兵与杨伟二位先生则分别为我提供了他们所查到的西班牙作家格拉西安所写的《智慧书：做人要义与修身之道》一书的中译名以及镰田康男这位研究叔本华的日本学者的名字。此外，还有我的老校友刁承俊先生和他的友人李明远先生为我提供的热心帮助也令我深深感激，前者主动让我查阅他所藏有的《世界地名词典》以作翻译书中出现的地名之用，后者则耐心解答了我就书中一些句子所提出的英语方面的疑问。而本书作者卡特赖特先生则不仅在意外地收到我冒昧写去向他求助的邮件之后友好地逐一为我解答了相关的拉丁语、古希腊语问题及诸多存疑之处，还主动向我提及了书中几处需要修改的地方，他所表现出的坦诚与严谨令我在感激之余又心生敬佩。

考虑到早前由石冲白先生所译的《作为意志和表象的世界》一书的书名在我国已是广为接受的通行译法，所以尽管我本人更倾向于韦启昌先生所提出的应将"意志"译为"意欲"的看法，但仍然在这部译作中采用了前者的译法，只在个别因为求神似之故而自认非得突显"欲望、欲想"之意不可的地方将"意志"这一通行译法替换为了"意欲"。这部译作中所出现的除威廉及威廉明妮之外的全部德语人名也因为出于各国人名均应按其所属国的语言发音翻译方能保持一致的考虑而均按德语发音、而非英语发音译出。为方便读者理解所加的译注中的大部分，则要么是从陆谷孙先生主编的《英汉大词典》中，要么是通过百度搜索，摘引而来，在此也一并向这些我无法知其姓名的人们致以谢意。

我最后想借此机会致以谢意的，是我当年在北京大学求学期间给予过我教导的老师们，尤其是安书祉、范大灿、李淑及罗经国这四位老师，他们当年所给予我的关爱与教诲，令我至今犹感温暖、难以忘怀。纵然岁月迢远，纵然关山阻隔，甚至天人永隔（我在去年才得知罗老师已于 2012 年驾鹤西去），唯愿这份思念与感激仍能寄达他们心间。

何晓玲

2017 年 5 月

于四川外国语大学

图书在版编目（CIP）数据

叔本华传 /（美）戴维·E.卡特赖特著；何晓玲
译. —杭州：浙江大学出版社，2018.5
书名原文：Schopenhauer: A Biography
ISBN 978-7-308-17618-7

Ⅰ.①叔… Ⅱ.①戴… ②何… Ⅲ.①叔本华(
Schopenhauer, Arthur 1788-1860)—传记 Ⅳ.
①B516.41

中国版本图书馆 CIP 数据核字（2017）第 272082 号

叔本华传

[美] 戴维·E.卡特赖特 著　何晓玲 译

责任编辑	王志毅	
文字编辑	周　运	
营销编辑	杨　硕	
装帧设计	罗　洪	
出版发行	浙江大学出版社	
	（杭州天目山路 148 号 邮政编码 310007）	
	（网址：http://www.zjupress.com）	
排　版	北京大观世纪文化传媒有限公司	
印　刷	北京中科印刷有限公司	
开　本	710mm×1000mm　1/16	
印　张	45.5	
字　数	610 千	
版 印 次	2018年5月第1版　2024年3月第4次印刷	
书　号	ISBN 978-7-308-17618-7	
定　价	128.00 元	

Schopenhauer:A Biography, 1st Edition (ISBN-13: 978-0521825986) ,

by David E. Cartwright, first published by Cambridge University Press 2010.

All rights reserved.

This simplified Chinese edition for the People's Republic of China is published by arrangement

with the Press Syndicate of the University of Cambridge, Cambridge, United Kingdom.

© Cambridge University Press & Zhejiang University Press 2017

浙江省版权局著作权合同登记图字：11-2016-418 号